한국어와
한국사회

한국어와 한국사회

왕한석 엮음

(주)교문사

한국어와 한국사회

2008년 4월 10일 초판 인쇄
2008년 4월 15일 초판 발행

엮은이 왕 한 석
펴낸이 류 제 동
펴낸곳 (주)교 문 사

책임편집 이경인
본문디자인 정연진
표지디자인 황옥성
제작 김선형
마케팅 김재광 · 정용섭 · 송기윤

우편번호 413-756
주소 경기도 파주시 교하읍 문발리 출판문화정보산업단지 536-2
전화 031-955-6111(代)
FAX 031-955-0955
등록 1960.10.28 제406-2006-000035호

홈페이지 www.kyomunsa.co.kr
E-mail webmaster@kyomunsa.co.kr
ISBN 978-89-363-0925-1 (93300)

값 16,000원

책을 펴내며

이 책은 한국어(또는 한국 언어공동체)에 관한 사회언어학 연구 논문들을 모은 논문 선집이다. 그동안 이 책과 같은 한국 사회언어학의 주요 연구 성과를 모은 단행본의 출판은 지속적인 기대에도 불구하고 지금껏 이루어지지 않았다.

이 책에 실린 서장을 제외한 14편의 논문은 모두 한국사회언어학회의 학술지 『사회언어학』에 발표되었던 연구 논문들로, 각기 다양한 주제들을 천착(穿鑿)하고 있다. 이 논문들은 현재의 단계에서 해당 주제에 대한 대표적인 사회언어학 연구 결과들이 될 것이다. 그러나 동시에 이 논문들은 그 자체로써 완결되었다기보다는, 새로운 연구 주제로 확대・발전될 가능성을 가진 연구 논문들로 읽힐 수 있을 것이다.

바라건대, 이 논문 선집이 앞으로의 한국 사회언어학 연구의 커다란 길잡이가 되고, 또 다음 세대 연구자들이 뛰어넘을 단단한 디딤돌이 되기를 기원해 본다.

책을 엮을 수 있도록 귀중한 논문들을 내주신 열다섯 분의 개별 필자들께 깊은 감사를 올리며, 또 우리 모두의 공동의 학술 활동장인 한국사회언어학회에도 공식적인 사의(謝意)를 표하고자 한다.

책을 내주신 류제동 사장님과 양계성 상무님을 비롯한 편집부 여러분들께도 감사를 올리며, 또 자료 수집과 편집 작업을 도와준 김우진 군과 강나영 양에게도 고마움을 표시하고 싶다.

2007. 12. 26 저녁

엮은이 왕 한 석 씀

차 례

서 장
한국의 사회언어학

왕한석(서울대학교)

1. 초기의 연구

한국에서 사회언어학 연구가 시작된 시점을 정확히 추적하는 일은 그리 간단치 않을 것이다. 어떤 연구를 사회언어학적 연구로 볼 것인지는 읽는 이에 따라서 상당한 정도로 다를 수 있을 것이고, 또 우리가 연구 주제를 보다 중시할 것인지 아니면 이론적 틀을 보다 중시할 것인지에 따라서도 그 결과는 달라질 수 있을 것이기 때문이다.

그러나 대체로 보아 1970년대에, 특히 70년대 중반 경에, 한국어 또는 한국 언어공동체에 대한 일련의 사회언어학적 연구가 국내학자들에 의해 시작된 것으로 보인다. 필자가 읽은 범위 내에서, 1980년대 초반까지 발표된 넓은 의미에서의 사회언어학적 연구의 주요 목록은 대체로 아래와 같은데, 아마도 1960년대 및 그 이전 시기에 발표된 연구는 없는 것으로 보인다. 물론 앞으로 좀 더 광범하고 치밀한 추적 작업이 필요할 것이다.

아래의 목록은 넓은 의미에서의 사회언어학적 연구, 다시 말하여 사회언어학적 관심을 포괄적으로라도 보여주는 연구 및 논의들이다. 대체로 말하여, 사회적 요인들과 관련하여 언어 사용(language use) 및 언어 변이(linguistic variation)를 주목하고 이를 기술 · 분석하려는 연구들이 될 것이다. 여기서 존댓말을 다루는 국어학자들의 논저의 경우에는, 존댓말의 구조보다는 사용 영역에 일차적인 관심을 두는 연구들로 주로 한정하였음을 밝혀둔다.

<국어학 전통>

이익섭
1970 '전라북도 동북부 지역의 언어 분화: 특히 언어외적 요인과 관련하여'
1976 '한국 어촌 언어의 사회언어학적 고찰'
1981 『영동 영서의 언어 분화: 강원도의 언어지리학』

신정숙
1974 '한국 전통 사회 부녀의 호칭어와 존비어'

강신항
1976 '경북 안동·봉화·영해 지역의 이중언어생활'

김석득
1977 '국어의 존대의 같은 주고받음(reciprocal use)과 다른 주고받음(non-reciprocal use)에 대하여'

서정수
1979a '사회 구조 변동과 한국어 경어법의 추이'
1979b '존대말은 어떻게 달라지고 있는가? (I): 부름말과 가리킴말'
1980 '존대말은 어떻게 달라지고 있는가? (II): 청자 대우 등급의 간소화'

최명옥
1980 『경북 동해안 방언 연구: 영덕군 영해면을 중심으로』
1982 '친족명칭과 경어법: 경북 북부 지역의 반촌어를 중심으로'

<언어학 전통>

Lee, Maeng-sung (이맹성)
1973 'Variation of Speech Levels and Interpersonal Social Relationship in Korean'

이맹성
1975 '한국어 종결어미와 대인관계 요소의 상관관계에 대한 연구(1)'
1976 '언어 사용에 비추어진 여성의 사회적 위치'

Kim, Soon-Ham Park (박순함)
1974 'On Special Uses of Kinship Terms in Korean'
1976 'Language in Relation: Some Typical Sociolinguistic Aspects in Korean'

Hwang, Juck-Ryoon (황적륜)
1975 'Role of Sociolinguistics in Foreign Language Education with Reference to Korean and English Terms of Address and Levels of Deference'

황적륜
1976 '한국어 대우법의 사회언어학적 기술: 그 형식화(Formularization)의 가능성'

Lee, Dong Jae
1975 'Some Problems in Learning Korean Second-Person Pronouns'

박영순
1976 '국어 경어법의 사회언어학적 연구'
Choi, Youngsoon Park (박영순)
1978 'Aspects in the Development of Communicative Competence with Reference to the Korean Deference System'

조준학
1980 '화용론과 공손의 규칙'
Cho, Choon-Hak (조준학)
1982 'A Study of Korean Pragmatics: Dexis and Politeness'

조준학·박남식·장석진·이정민
1981 '한국인의 언어 의식: 언어 접촉과 관련된 사회언어학적 연구'

이정민
1981 '한국어의 표준어 및 방언들 사이의 상호 접촉과 태도'
1982 '한국어 경어 체계 연구의 제 문제'

<인류학 전통>

Lee, Kwang-Kyu (이광규) and Youngsook Kim Harvey
1973 'Teknonymy and Geononymy in Korean Kinship Terminology'

Wang, Hahn-Sok (왕한석)
1979 'Sociolinguistic Rules of Korean Honorifics'

위의 목록에서 국어학, 언어학, 인류학의 전통으로 나눈 것은 연구자의 교육적 배경에 따른 편의상의 구분일 것이다. 사실이지 이 시기 동안에 이루어진 사회언어학적 연구, 그것도 넓은 의미에서의 사회언어학적 연구의 전체 숫자는 얼마되지 않음을 위에서 쉽게 볼 수 있다.

그런데 위 목록에 대한 검토에서, 이 초기의 시기에 주로 채택된 중심적인 연구 주제는 호칭어를 포함하는 존댓말의 영역이었음을 알게 된다. 말할 것도 없이 한국어의 중핵적인 특징인 존댓말의 구조와 사용이 사회언어학이라는 새로운 이론틀에 따라 보다 명시적으로 그리고 보다 적절하게 기술될 수 있었기 때문일 것이다. 여기에는 또 미국인 학자들의 이 주제에 대한 앞선 연구가 부분적으로 영향을 미친 요인도 생각해 볼 수 있겠다.

또 위의 목록을 보면 국어학의 전통에서는 부분적으로 방언의 연구에서 사회언어학적 연구로 연구 관심이 자연스레 확장되어온 경향을 볼 수 있고, 또 이 초기의 시기에 부분적이나마 언어 태도(또는 언어 의식)에 대한 연구 관심도 있었음을 알게 된다. 그러나 방언학 연구와 사회언어학 연구의 결합, 그리고 언어 태도에 대한 연구가 이후의 시기에 그리 활발하게 지속되지 않았음은 유감스러운 일일 것이다.

그러면 이 초기의 연구들에 주로 영향을 미친 사회언어학의 이론 모형은 어떤 것들이었을까? 물론 이 시기의 국내학자들도 개별적으로는 다양한 독서 배경을 가지고 있었을 것이다. 그러나 위의 목록 및 연구 주제들에 비추어 보면, 아마도 Labov류의 계량 사회언어학(quantitative sociolinguistics)보다는 Hymes류의 의사소통의 민족지학(ethnography of communication)이 이 시기에 보다 많은 영향을 미친 이론 모형이었을 것으로 짐작된다.

마지막으로 이 초기의 연구들 중에서 대표적인 사회언어학 연구로는 어느 논문이나 책을 꼽을 수 있을까? 아마도 황적륜(Hwang 1975)의 논문으로 쉽게 의견이

모아질 것으로 생각된다. 왜냐하면 이 논문은 미국 대학에 제출된 학위 논문이고, 또 외형상으로는 응용언어학의 영역과 관련을 가지지만 그 내용의 면에서는 거의 전적으로 사회언어학적 기술 · 분석이기 때문이다. 아마도 한국어에 대한 한국인 학자가 이룬 본격적인 사회언어학 연구의 첫 작업으로 볼 수 있을 것이다. 이 논문의 구체적인 연구 성과에 대한 평가는 이미 두 편의 우수한 서평(석경징 1977, Dredge 1979)이 나와 있으므로, 이들 서평으로 미루기로 하겠다.

한편 미국인 학자에 의한 한국어 또는 한국 언어공동체에 대한 사회언어학적 연구는 시기상으로 좀 더 일찍 시작된 것 같다. 1970년대 말까지 발표된 주요 연구 목록은 대략 다음과 같은데, 이 연구들은 모두 존댓말의 주제에 집중되어 있다. 여기서 필자가 존댓말이 아닌 다른 주제에 대한 사회언어학적 연구들을 놓쳤을 개연성도 있어 보이는데, 물론 앞으로의 보다 광범한 확인 작업이 필요할 것이다.

Martin, Samuel E.
1964 'Speech Levels in Japan and Korea'

Howell, Richard W.
1965 'Linguistic Status Markers in Korean'
1967 'Linguistic Choice as an Index to Social Change'
1968 'Linguistic Choice and Levels of Social Change'

Dredge, C. Paul
1977 'Speech Variation and Social Organization in a Korean Village'

Lukoff, Fred
1978 'Ceremonial and Expressive Uses of the Styles of Address of Korean'
1979 'The Styles of Address of Korean from the Viewpoint of Translation'

Song-Bradford, Linda Mari
1979 'Reflections of Status and Intimacy in Korean Speech Levels, English Code, and Their Use in Dyadic Conversations Between Bilingual Koreans'

Martin(1964)의 논문은 그 자신의 표현대로 "예비적인" 연구이긴 하지만, 이 글이 전 세계적으로 널리 읽힌 중요한 논문 선집에 수록됨으로써 이후 상당한 영향력을 미쳤을 것으로 짐작된다. 이 논문의 완성도 여부와는 상관없이, 적어도 이 글은 한국어에는 다양한 사회적 요인들과의 상호관계에 따라서 기술될 수 있는 복잡한 존댓말의 체계가 발달해 있고, 따라서 사회언어학적으로 한국어가 매우 흥미로운 연구 대상이라는 사실을 널리 알린 공헌점을 가질 것으로 생각된다. 이 글의 초고 발표는 1958년도에 이루어졌던 것으로 기록되어 있다.

한국의 학자들에게 상대적으로 잘 알려지지 않은 연구는 아마도 Howell의 논문들(1965, 1967, 1968)인 것으로 보인다. 물론 Howell은 직접적인 자료 수집 방법이 아닌 이차적인 자료 수집 방법을 택함으로써 자료 수집 방법상에서는 문제가 있을 수도 있다. 그러나 그가 채택한 기술 및 분석의 이론 틀은 당시 막 발달하기 시작한 사회언어학의 정교한 이론 틀임을 본다. 더욱이 그의 1968년 논문은 미국 인류학계의 최고의 학술지에 실린 논문이다. 따라서 미국인 학자에 의한 한국어에 대한 본격적인 사회언어학 연구는 아마도 Howell에 의해 시작된 것으로 보아도 무방할 것 같고, 이 경우 그의 중심적인 연구는 그의 학위논문(Howell 1967)이 될 것이다.

1970년대에 이루어진 미국인 학자의 사회언어학 연구 중 특히 주목해야 할 작업은 Dredge(1977)와 Lukoff(1978)인 것으로 보인다. Dredge의 연구는 전남 나주 지역의 한 반촌(班村)에서 장기간 현지조사한 경험적 연구의 결과물이다. 한마디로 Dredge의 논문은 지금까지 이루어진 한국 존댓말에 대한 국내외의 여러 사회언어학적 연구들 중 최상의 수준으로 필자는 평가하고 있다. 이 우수한 연구를 국내의 관련 학자들이 충실히 읽지 않는 것은 매우 유감스런 일일 것이다. 한편 Lukoff의 연구(1978)는 한국 존댓말의 스타일(즉, 말 단계)의 교체(style shifts) 현상에 대한 본격적인 분석을 시도한 초기의 논문으로 평가될 수 있을 것이다.

관련 문헌(Hymes 1970: 287)에 의하면, 비교적 이른 시기, 즉 1960년대에 한국에서 장기간의 현지조사를 한 미국인 언어학자에 Maner Thorpe이 있었던 것으로 전해진다. Hymes에 의하면 Hjelmslev와 Uldall의 언리학(glossematics)의 이론적 영향을 받은, 특히 Uldall의 연구에 영향을 받은 Thorpe이 한국어에 관한 언어학적 연구를 행하였으나, 불행히도 그의 연구 결과는 이후 발표되지 않았다고 한다.

뒤에 필자가 전해 듣기로는(이기문 교수 제보), Thorpe은 경남 진주 지역에서 현지조사를 하였다고 하는데, 그가 좋아한 책이 Kenneth Pike(1967)의 *Language in Relation to a Unified Theory of the Structure of Human Behavior*였다는 사실로 미루어 보면 일종의 민족언어학적(ethnolinguistic) 연구 관심을 갖고 있지 않았나 싶다. 그런데 그가 부분적으로라도 한국어에 관한 사회언어학적 관심을 가졌었는지 여부는, 물론 가능성은 높아 보이지만, 현재로서는 판명할 길이 없겠다.

마지막으로 한국어와 직접적으로 연관되는 것은 아니지만, 한국사회에서 사용되었던 영어계 피진어(즉 Korean Pidgin English 또는 'Bamboo English')에 대한 간략한 보고는 비교적 이른 시기에 발표되었다. 아래의 두 글이 바로 그것이다. 그런데 한국인 학자에 의한 Korean Bamboo English에 대한 연구 관심은 소수의 예외(조주연 1996)를 제외하고는, 오랜 시간 동안 거의 없었다고 보아도 무방할 것이다.

Algeo, John T.
1960 'Korean Bamboo English'

Webster, Grant
1960 'Korean Bamboo English Once More'

이상을 간략히 정리하면, 한국어 또는 한국 언어공동체에 대한 사회언어학적 연구는 국내학자들의 경우는 주로 1970년대 중반 경에, 그리고 미국학자들의 경우는 이보다 조금 더 이른 시기, 즉 대체로 1960년대 중반 경에 각기 시작된 것으로 볼 수 있을 것이다. 그리고 이 초기의 시기에 연구 관심이 집중되었던 중심적인 주제는 대체로 호칭어를 포함하는 존댓말의 영역이었던 것으로 이해할 수 있겠다.

2. 이후의 발달

1980년대 초반 이후의 한국 사회언어학의 발달 및 주요 연구 경향을 조망하는 작업은 사실은 그리 쉽지 않을 것이다. 체계적인 검토를 위해서는 많은 작업이 필요할 것이고, 또 실제로 제대로 된 리뷰를 위해서는 상당한 정도의 연구 성과가 그동안 집적되어 있어야 할 것이기 때문이다.

아래의 두 문헌은 한국 사회언어학의 연구 개황을 파악하는 데에 부분적이나마 도움이 될 것으로 생각된다. 먼저 신혜경의 글은 한국의 사회언어학에 대한 첫 리뷰이자 아마도 지금까지 나온 유일한 리뷰가 될 것이며, 국립국어원의 목록 또한 한국의 사회언어학 연구에 대한 유일한 논저 목록이 될 것이다.

Shinn, Hae Kyong (신혜경)
1990 'A Survey of Sociolinguistic Studies in Korea'

국립국어원
2004 '부록: 사회언어학 연구 논저 목록(1950-2003)'

1980년대에 들어, 특히 80년대 중반 이후 90년대 초반경까지, 사회언어학을 전공한 전문학자의 수가 적은 숫자였지만 조금씩 늘기 시작하였고, 1990년에는 작은 규모이지만 전문학회가 결성되었다. 즉 오늘의 한국사회언어학회(The Sociolinguistic Society of Korea)는 1990년 12월 8일에 공식으로 창립되었는데, 이후 한국의 사회언어학 연구는 주로 이 학회 활동을 중심으로 또는 이 학회의 회원들을 중심으로 이루어졌다고 하여도 과언이 아닐 것이다.

한국사회언어학회의 학회지 『사회언어학』(*The Sociolinguistic Journal of Korea*)은 1993년 11월에 처음으로 간행되었는데, 이 창간호 및 다음 해의 제2호는 1년에 1호씩만 간행되었다. 그러나 1995년도부터는 매해 2호씩 간행됨으로써, 2007년 6월 현재 한국사회언어학회의 학회지는 모두 27권이 간행되었다. 한마디로 1990년대 초반 이후의 한국 사회언어학자들의 주요한 연구 성과는 주로 이 학회지를 통해서 발표된 것으로 볼 수 있을 것이다.

『사회언어학』지에 실린 주요 논문들에 대한 소개 및 검토는 다음 절에서 주로 이루어질 것이므로, 여기서는 그동안 출판된 한국어 또는 한국 언어공동체에 대한 사회언어학적 연구를 담은 주요 단행본들에 대한 간략한 검토를 하도록 하겠다.

사실이지 한국어에 관한 사회언어학 연구서는 그 숫자에서 그리 많지 않은 편이다. 대체로 10여권 남짓의 단행본 또는 책이 그동안 출판된 것으로 보이는데, 필자는 특히 아래의 4권의 단행본을 주목하고자 한다.

Haarmann, Harald and Juck-Ryoon Hwang (eds.)
1990 *Aspects of Korean Sociolinguistics*

장태진 (편저)
1995 『국어 사회언어학 논총』

박영순
2001 『한국어의 사회언어학』

Sohn, Ho-min (ed.)
2006 *Korean Language in Culture and Society*

먼저 Haarmann과 Hwang(1990)이 편집한 논문집에는 모두 7편의 논문이 실렸다. 앞서 소개한 신혜경(Shinn 1990)의 리뷰를 빼면 6편이 되는데, 이 중 한 편은 '미국 내 한국 이민자들의 이중언어사용과 이중언어교육'에 대한 것이고, 다른 두 편은 '남북한 간의 언어 차이'와 '북한의 언어 정책'에 대한 것이다. 따라서 한국어 또는 한국 언어공동체에 대한 경험적 사실을 담은, 좁은 의미에서의 사회언어학적 연구는 다음 세 편의 논문이 될 것이다.

Wang, Hahn-Sok
1990 'Toward a Description of the Organization of Korean Speech Levels'

Hwang, Juck-Ryoon
1990 ''Deference' versus 'Politeness' in Korean Speech'

Park, Youngsoon (박영순)

1990 'A Sociolinguistic Approach to Consonant Rules in Korean Phonology'

돌이켜 보면, 이 학술지의 특집은 한국어의 사회언어적 특성과 국내학자들의 관련 연구 성과를 세계에 널리 알릴 수 있는 좋은 기회였을 것이다. 하지만 당시 전문학자 수의 부족으로 많은 논문들이 수합(收合)되지 못한 것은 매우 유감스러운 일이었을 것이다. 어쨌든 이 논문집은 한국의 사회언어학 연구를 국제 학계에 소개한 첫 단행본이 될 것이다.

다음으로 장태진(1995)의 편저는, 편저자 자신의 표현을 빌리면 "사회언어학에 관한 국어학의 논문을 위주로 엮은 것"(p.5)이다. 이 책은 모두 4개의 부로 구성되어 있는데, '1. 국어와 사회'에는 20편의 논문이, '2. 국어와 문화'에는 5편의 논문이, '3. 국어계획'에는 2편의 논문이, 그리고 '부록'에는 3편의 논문이 실려 있다. '부록'에 실린 글은 1편의 이론적 논문과 2편의 리뷰 글, 즉 일본과 중국에서의 사회언어학 연구에 대한 것이다. 따라서 '부록'의 글들을 제외하고도, 이 책은 모두 27편의 국어학자들의 사회언어학 관련 논문들을 담고 있는 셈이다. 그런데 이 27편의 논문 중 편저자 자신의 것이 9편이 된다.

이 논문집에 실린 글들이 모두 사회언어학적 연구인지에 대해서는 읽는 이에 따라 다소간 의견이 다를 수도 있을 것이다. 기술 및 분석을 위한 이론 틀의 채택면보다는 언어와 사회 간의 다면적 관계라는 연구 주제의 면에서 보면, 이 책에 실린 논문들은 대체로 사회언어학 연구의 범주 속에 들 수 있을 것이다. 정리하면, 이 논문집은 국어학계에서 이루어진 넓은 의미에서의 사회언어학적 연구 논문들을 모은 책으로, 한국어의 다양한 사회언어적 특성 및 그것의 배경에 관한 지식들을 담고 있는 논문 선집이 될 것이다.

박영순(2001)의 저서는 여러 다양한 주제에 관한 자신의 사회언어학적 논문들을 모은 책이다. 물론 이 책이 개별 학자가 자신의 주요 논문들을 모아 단행본으로 출판한 사회언어학 분야의 첫 책은 아니다. 그러나 이 책에 실린 논문들의 주제의 다양성과 전체적인 책의 체제 면에서, 이 책은 '한국어의 사회언어학'이라는 일반적인 서명(書名)에 매우 근접하고 있는 것으로 보인다.

이 책은 모두 4부로 구성되었는데, 제1부 '사회언어학의 개관'에는 저자 자신의 표현을 빌리면 "사회언어학 개론"에 해당하는, 사회언어학의 이론, 영역, 연구 방법에 관한 5편의 글이 들어 있다. 제4부 '사회언어학 연구의 최근 동향과 앞으로의 과제'에는 그야말로 사회언어학의 최근 동향과 앞으로의 과제에 관한 5편의 짧은 글이 들어 있다. 이 '제1부' 및 '제4부'는, 물론 한국어의 예들이 곳곳에 많이 제시되어 있기는 하지만, 사회언어학에 관한 일반적 논의 및 소개글이 될 것이다.

이 책의 중심 부분은 제2부 '한국어의 거시 사회언어학'과 제3부 '한국어의 미시 사회언어학' 편이 될 것이다. 제2부 및 제3부 모두 5편씩의 개별 논문들로 구성되어 있는데, 가령 제2부에는 '언어 계획과 언어 정책', '언어 교육', '남북한의 언어 통일 문제' 등이 다루어지고 있으며, 제3부에서는 '복자음 발음', '경어법', '호칭' 등의 영역이 다루어지고 있다.

이 책의 제2부 및 제3부에서 갖게 되는 아쉬움은, 저자가 한국의 1세대 사회언어학자로서 좀 더 다양한 영역 또는 주제에 관한 사회언어학적 연구를 개척하였더라면 하는 점과, 또 부분적으로 나타나는 논문의 완성도 여부에 관한 의문이다. 이 책의 구체적인 성과에 대한 평가는 이미 김혜숙(2001)의 자세한 서평이 나와 있으므로, 해당 서평으로 미루기로 하겠다.

마지막으로 최근 출판된 Sohn(2006)의 편집서는 엄밀히는 한국어에 관한 사회언어학 논문 선집은 아닐 것이다. 그러나 이 책은 "한국어의 사회문화적 특성"(p.16)에 관한 광범위한 주제들을 입문적으로 소개하는 논문들의 모음집이다.

이 책은 편집자의 서장을 포함하여 모두 22개 장으로 구성되어 있다. 제1부 '사회언어적 개신'에는 '한글', '표준어와 문화어', '중국어' 및 '일본어와의 접촉'을 다루는 4개 장이 들어있고, 제2부 '문화적 용어와 비유적 표현'에는 '음성 상징', '속담', '친척용어', '속어(slang)' 등에 관한 5개 장이 들어있고, 제3부 '언어 예절'에는 '존댓말', '호칭 및 지칭어', '친교적(phatic) 표현', '대화상의 공손', '요청 행동', '성별어' 등을 다루는 7개 장이 들어있고, 제4부 '미디어 상의 한국어'에는 '광고'에 관한 2개 장이 들어있고, 마지막으로 제5부 '한국어의 언어적 특질'에는 '한국어의 구조', '이야기(narrative) 구조', '방언 변이'에 관한 3개 장이 들어있다.

전체적으로 이 책은 외국에서 활동하는(또는 활동한) 한국어학자 그리고 한국어 교육자들에 의해 쓰인 것으로, 편자에 의하면 '한국문화' 또는 '한국의 언어와 문화' 과목의 교재로 그리고 '중급 및 고급 수준의 한국어' 과목의 보조 교재로 기획된 것이다(pp.16-17). 물론 이 책에 실린 개별 글들이 모두 논문 수준의 글은 아니다. 그러나 이 책에서 다루는 주제들은 한국어의 다면적인 실제의 사용 양상과 그 문화적 배경을 이해하는 데서 필수 불가결한 요소들일 것이다.

정리하면 이 책은 한국어의 사용 및 그것의 문화적 배경에 대한, 다시 말하여 한국어의 사회언어적 특성 및 제 측면에 대한 입문적인 개론서가 될 것이다. 그리하여 한국어의 구조 또는 문법에 대한 우수한 개론서인 가령 Sohn(1999)의 *The Korean Language*와 같은 책과 쌍을 이룸으로써, 한국어의 전체적인 모습 즉 그것의 구조 및 사용 양 면을 모두 보여주는 데에, 현재로서는 유용한 수단이 될 것으로 믿어진다.

이상의 간략한 리뷰에서 얻게 되는 생각은, 이 책과 같은 한국어에 관한 사회언어학 논문 선집의 필요성일 것이다. 우리는 아직 한 명의 개별 학자가 이룬 여러 다양한 주제에 관한 우수한 논문 모음집을 갖고 있지 못하며, 또 복수의 학자들이 참여한 제대로 된 논문 선집도 갖고 있지 못하다. 비록 Sohn(2006)의 편집서처럼 한국어의 사용 양상에 관한 중요한 주제들을 모두 포괄하지는 못할지라도, 현재의 단계에서 여러 다양한 주제들에 대한 나름대로 '힘들인' 논문들을 한 데 모음으로써, 한국 사회언어학의 현재의 연구 성과와 그리고 한국어 사용의 중요 양상 및 특성들을 집합적으로 보여줄 수 있을 것이기 때문이다.

3. 이 책의 구성과 내용

이 책에 실린 14편의 논문은 모두 『사회언어학』지에 발표된, 한국어 또는 한국 언어공동체에 관한 연구 논문들이다. 필자는 이 논문들을 선정하는 데서 체계적인 자료의 수집 과정, 이론적 분석 틀의 채택, 그리고 주제의 다양성과 같은 요인들을 주요 기준으로 삼았다.

개별 논문들의 원래의 제목 및 출처는 다음과 같다. 물론 각 장은 개별 필자에 의해 논문의 부분적인 보완이 이루어졌으며, 또 영어로 발표되었던 글은 모두 우리말로 다시 쓰였다.

제1장: 박정운·채서영
 1999 '2인칭 여성 대명사 *자기*의 발달과 사용', 『사회언어학』 7(1): 151-178.
제2장: 강희숙
 2002 '호칭어 사용에 대한 사회언어학적 분석: 서비스업을 중심으로', 『사회언어학』 10(1): 1-24.
제3장: 이진성
 1999 '약자, 약어 및 통신어에 대한 고찰: 신세대 언어를 중심으로', 『사회언어학』 7(2): 189-223.
제4장: 이정복
 2000 '통신 언어로서의 호칭어 '님'에 대한 분석', 『사회언어학』 8(2): 193-221.
제5장: 채서영
 2002 '우리말 어두 유음 사용에 나타난 영어의 영향', 『사회언어학』 10(1): 319-338.
제6장: 강현석·이장희
 2006 '천안·아산 지역어와 대구 지역어에 나타나는 *w* 탈락 현상의 비교 연구: 대학생 언어를 중심으로', 『사회언어학』 14(2): 1-25.
제7장: 김혜숙 (I)
 1999 '광고의 언어 표현 행위에 나타난 사회언어학적 특성', 『사회언어학』 7(2): 261-286.
제8장: 김용진
 1999 '한국과 미국의 신문 사설 텍스트 비교: '근거성' 표현을 중심으로', 『사회언어학』 7(1): 119-149.
제9장: Lee, Won-Pyo
 2000 'Presidents' Inaugural Speeches: Rhetorical Structure and Democratization of Discourse' 『사회언어학』 8(1): 87-138.
제10장: Kim, Kyu-hyun
 2002 'Interactive Classroom Discourse as Context of Learning and

Socialization', 『사회언어학』 10(2): 213-241.

제11장: 김혜숙 (II)

2000 '주요 로마자 표기법에 입각한 한국인의 성 표기 문제점: 영어에 근거한 발음 및 의미', 『사회언어학』 8(1): 415-443.

제12장: 백경숙

1998 '영어와 한국어에서의 칭찬에 대한 응답 전략 고찰', 『사회언어학』 6(2): 229-264.

제13장: Suh, Kyung-hee

2003 'From Unknown to Unspeakable: '*Mwe*' as a Stance Marker in Korean Conversation', 『사회언어학』 11(2): 137-160.

제14장: 왕한석

2005 '한국의 아기말', 『사회언어학』 13(1): 151-189.

이 책에서 이 논문들은 그것의 내용 및 특성에 따라 크게 3개의 부로 나뉘어진다. 제Ⅰ부 '변화 속의 언어 사용'으로 묶인 논문들은 모두가 현재 변화 중인 또는 최근에 생성된 언어 사용의 새로운 측면들을 다루는 연구들이다. 제Ⅱ부 '제도 상황과 담화'로 묶인 논문들은 현대 사회에서 새로이 중요한 유형의 담화(discourse)들에 대한 분석인데, 물론 여기서의 '제도 상황'이란 표현은 통상적인 쓰임새보다 조금 더 넓은 뜻으로 이해되어야 할 것이다. 제Ⅲ부 '언어 사용의 규범과 문화'로 묶인 논문들은 다양한 차원에서의 언어 사용 규범과 그리고 그것과 관련되는 문화적 특성들을 다루는 연구들이다.

이제 각 장의 개별 논문들이 다루는 주제에 대한 간략한 소개 및 검토를 하기로 하겠다.

먼저 제1장은 새로운 2인칭 대명사, 즉 '자기'라는 인칭대명사의 발달과 사용상의 특성에 대한 연구이고, 제2장은 현대 사회의 특정 언어 사용 영역(domain), 즉 서비스 관련 업종에서의 호칭어의 변이와 변화에 대한 연구이다. 이 두 장은 모두 현대 한국사회에서의 소위 호칭어(terms of address)의 사용 및 변화에 대한 연구가 될 것이다.

호칭어의 연구는 사회언어학의 발달 초기부터 중심적인 연구 주제 중 하나였고, 따라서 이에 대한 많은 이론적 논의와 다양한 경험적, 기술적 연구들이 그동안 축적되어왔다(왕한석 2005a 참조). 한국 사회언어학의 경우에도 호칭어의 영역은 존댓말의 영역과 함께, 상대적으로 많은 그리고 다양한 연구 결과를 쌓아온 영역이 될 것이다. 그리하여 가령 호칭어에 대해서는 관련 연구 논문들을 모은 한 권의 단행본(왕한석 · 김희숙 외 5인 2005)도 근래 출판되었음을 본다.

지금까지 발표된 한국사회의 호칭어 사용 및 그것의 변화에 대한 주요 연구 목록은, 앞 절에서의 초기 연구 목록 및 이 책의 제1장과 제2장(그리고 부분적으로 제4장)을 제외하고 정리하면, 대략 다음과 같을 것이다.

왕한석
1989 '택호와 종자명호칭'
1995 '한국 친족호칭의 변화 양상: 간현의 사례를 중심으로'
2000a '언어 생활의 특성과 변화: 신분지위호칭과 의사친척호칭의 사용을 중심으로'
2000b '영남인의 친척용어: 친척용어의 주요 하위체계들에 대한 민족지적 기술'
2001 '적서 차별의 호칭어 사용과 그 변화'

김성철
1995 '종자명제, 지역명제, 직위명제: 보조 친족명칭과 개인의 인식법'

조숙정
1998 '택호와 종자명호칭의 사용: 전남 나주 한 마을의 사례 연구'

채서영
1999 '영어 두문자 약칭에 대한 언어적·비언어적 조건'
2004 '한국인의 영어 이름 사용 실태와 작명 방식 변화에 대한 영어의 영향'

김혜숙
2004 '한국인 부부의 관계 변화에 따른 호칭어 사용 변화'

왕한석·김희숙 외 5인
2005 『한국사회와 호칭어』

호칭어의 영역은 그것이 한국사회의 언어 사용에서 중요한 위상을 차지할 뿐만 아니라, 최근의 급격한 사회문화적 변화에 맞추어 호칭어 또한 급속한 변화의 와 중에 있는 것으로 보인다. 한국인의 중요한 일상적인 언어적 상호작용의 유형 및 그것의 변화를 체계적으로 반영할 호칭어에 대한 다면적인 연구가, 특히 현대 도시 및 직장 사회에서의 변화 중인 호칭어 사용에 대한 연구가, 후속적으로 그리고 심층적으로 이루어지기를 기대해 본다.

제3장은 신세대 또는 젊은 세대들의 새로운 언어 사용 양상인 약자와 약어 그리고 통신어에 대한 깊이 있는 분석이고, 제4장은 통신 언어에서 중심적인 호칭어로 새로이 발달한 호칭어 '님'에 대한 분석이다. 말할 것도 없이 근래의 급속한 사회문화적 변화 및 기술적(technological) 변화는 한국인의 일상적인 언어 생활의 면에도 커다란 변화를 야기하였는데, 특히 젊은 세대들의 경우에는, 그것은 새로운 약자나 약어의 빈번한 사용 그리고 특이한 스타일(style)의 통신 언어의 일상적인 사용이라는 모습으로 나타나고 있다. 이 두 편의 논문은 바로 이 젊은 세대들의 새로운 언어 사용의 양상들을 기술 · 분석하는 예인데, 여기서 이 연구 결과들은 한국사회의 변화하고 있는 새로운 언어 사용의 측면들을 보여줄 뿐만 아니라, 세대 간의 새로운 언어 변이(linguistic variation)의 측면들 또한 보고하는 연구들로 이해될 수 있을 것이다.

관련 주제에 대한 연구 목록은 대략 다음과 같은데, 특히 제4장의 저자는 통신 언어의 여러 양상들에 대한 개별 논문들을 쓰고 이를 묶어 한 권의 책으로 출판하였다(이정복 2003a).

이진성
2003 '한국어와 영어에 나타난 통신 언어의 특징적 양상 비교'

이정복
2003a 『인터넷 통신 언어의 이해』

이정복 · 양명희 · 박호관
2006 『인터넷 통신 언어와 청소년 언어문화』

그런데 관련 주제에 대한 앞으로의 연구에서는, 그것이 약자 및 약어든 통신 언어든 간에, 그것의 구조 면에 대한 관찰뿐만 아니라 그것의 사용 면, 즉 기능

(function)에 대한 보다 심층적인 관찰이 이루어져야 할 것으로 여겨진다.

제5장은 영어와의 접촉에 의해 새로이 변화하고 있는 우리말 유음의 변이와 변화에 관한 경험적 연구이고, 제6장은 두 지역 방언 또는 지역어에 나타나는 *w* 탈락이라는 특정의 음운 현상에 관한 과학적인 연구 절차에 따른 비교 연구이다. 두 논문 모두 음운적 차원에서의 사회언어적 변이(sociolinguistic variation)에 연구의 초점을 맞추고 있으며, 말할 것도 없이 Labov의 좁은 의미에서의 사회언어학(sociolinguistics)의 이론 모형을 채택하고 있다. 다시 말하여 이 두 논문은 Labov류의 계량 사회언어학의 연구 모형을 채택하여 한국어의 특정 음운 변이 현상을 이해하려고 하는 연구들이 될 것이다.

현대 사회언어학의 중심축 중의 하나인 Labov류의 계량 사회언어학은 일련의 박사학위 논문들을 통해 한국 사회언어학계에 본격적으로 도입되었다. 다음의 학위 논문들이 그 대표적인 예가 될 것이다.

Hong, Yunsook (홍연숙)
1988 'A Sociolinguistic Study of Seoul Korean'

박경래
1993 '충주 방언의 음운에 대한 사회언어학적 연구'

Chae, Seo-young (채서영)
1995 'External Constraints on Sound Change: The Raising of /o/ in Seoul Korean'

Kang, Hyeon-Seok (강현석)
1997 'Phonological Variation in Glides and Diphthongs of Seoul Korean: Its Synchrony and Diachrony'

또 개별 연구 논문으로는 여기서의 제5장 및 제6장 외에 앞의 제1장도 사실상 이 계열에 속하는 연구가 될 것이며, 또 다음의 논문들도 그 대표적인 예가 될 것이다.

Kang, Hyeon-Seok
1998 'The Deletion of *w* in Seoul Korean and Its Implications'

채서영
2001 '서울말 2인칭 대명사 <너 복수형>에 나타난 변화와 영어 방언의 <you 복수형> 변이 현상'

일반적으로 말하여, 위의 연구들은 현재 변화가 진행 중인 음운적 변항(phonological variable)의 변이상의 분포를 파악하고 변화의 방향을 예측 또는 추적하는 데서 대체로 성공적인 것으로 보인다. 물론 앞으로 이러한 연구가 진행되어감에 따라 음운 변항뿐만 아니라 문법적 변항(grammatical variable)으로의 연구의 자연스런 확대도 가능할 것이다.

물론 이들 언어 변이 연구는 특정의 사회언어적 변항이 여러 사회적(social) 요인들 및 말의 맥락적(contextual) 요인들과 상호관련되는 양상을 주로 양적인 방법에 의해 발견해 왔다. 그런데 지금까지의 연구에서 그리 명료하게 드러나지 않은 사항 한 가지는, 사회적 요인들 중 사회계층과의 상호관련성에 대한 것으로 보인다. 다시 말하여, 대다수의 연구에서 연령이나 성별과의 상호관련성은 비교적 명료히 밝혀지지만, 사회계층과의 상호관련성은 그렇지 못한 것으로 나타나기 때문이다.

사실이지 이 문제는 그리 간단치는 않을 것이다. 한 면으로는 기존의 연구에서 사회계층의 요인과 체계적으로 상호관련되는 사회언어적 변항(sociolinguistic variable)을 미처 찾지 못했을 개연성도 있지만, 또 한 면으로는 현대 한국사회의 계층 구조가 아직 체계적인 언어 분화를 일으킬 만큼 발달하지 않았을 개연성도 있기 때문이다. 어쨌든 현대 한국사회에서 언어 사용과 사회계층과의 상호관련성에 대한 탐구는 지속적으로 흥미로운 주제가 될 것이다. 더욱이 Labov의 계량 사회언어학이 바로 뉴욕시(New York city)에서의 사회계층과 음운 변항 간의 체계적인 상호관련성에 대한 발견으로부터 시작되었고, 또 한국 전통 사회에서도 사회계층(즉 반촌과 민촌의 구분)에 따른 어느 정도의 체계적인 언어 분화가 발달해 왔었다는 사실(가령 왕한석 1994 등) 등을 염두에 두면, 더욱 그러할 것이다.

제7장은 현대 사회에서 새로이 중요한 언어 사용의 장르(genre)인 광고의 언어 표현상의 특성 및 전략들에 대한 분석이다. 이 장의 저자는 비교적 일찍부터 광고

에 대한 연구 관심을 가져왔는데, 다음의 두 책은 부분적으로 간판 및 광고에 대한 저자의 그동안의 연구 결과들을 담고 있다.

김혜숙
1991 『현대 국어의 사회언어학적 연구: 국어의 운용 실태와 방향』
2000 『현대 국어의 사회적 모습과 쓰임』

물론 광고라는 담화 양식에 대한 사회언어학적 접근은 일차적으로 그것의 표현 방법에 대한 분석으로부터 시작될 것이다. 그러나 동시에 광고는 특정한 유형의 언어 사용 행위이고, 따라서 그것이 이루어지는 해당 사회의 문화와도 밀접히 상호관련되는 측면이 있을 것이다. 따라서 앞으로의 연구는 광고에 대한 언어적 측면뿐만 아니라 문화적 측면에 대한 분석도 아울러 이루어지는 것이 바람직해 보이는데, 마침 근래에 이루어진 다음 연구는 한국 텔레비전 광고의 문화적 특성에 대한 본격적인 분석인 것으로 보인다.

Strauss, Susan
1998 'Language and Culture of the Television Ad: A Look at TV Commercials from Japan, Korea, and the United States'
2006 'The Television Ad as a Reflection of Culture: The Case of Korea, Japan, and the United States'

제8장은 비판적 담화분석(Critical Discourse Analysis)의 시각에서 한국과 미국의 신문 사설 텍스트를, 특히 그것의 '근거성' 표현을 중심으로, 체계적으로 비교하는 연구이다. 이 논문에서 드러나는 가장 큰 특성은 그것이 채택하는 연구 방법론, 즉 Biber류의 거시적인 사회언어학 분석 방법이 될 것이다. 다시 말하여, 컴퓨터를 이용하여 대규모의 데이터로부터 특정의 언어 자질들을 찾아내고 이를 통계적으로 검증, 분석하는 거시적인 방법론 또는 코퍼스(corpus) 언어학적 접근의 유용성을, 이 논문은 잘 보여주는 것으로 생각된다.

신문 사설이라는 현대 사회에서 매우 중요한 담화 양식에 대한 또 다른 연구로는 다음 두 편의 논문이 있으며, 이 논문과 유사한 거시적인 방법론, 즉 코퍼스 언어학적 접근을 또 다른 주제에 성공적으로 적용한 연구에는 저자의 최근 논문(김용진 2007)이 있다.

김용진
2003 '신문 사설 제목의 사회언어학적 분석'

이원표
2005 '신문 사설에서의 이념 표현에 대한 언어학적 분석: '국가보안법' 폐지에 대한 논쟁의 경우'

김용진
2007 '한국과 미국의 대중가요 가사에 나타난 '사랑'의 의미적 음상: 코퍼스 언어학적 접근'

제9장도 비판적(또는 비평적) 담화분석의 시각에서 출발하는, 대통령 취임사라는 전형적인 정치 담화(political discourse)에 대한 본격적인 분석이다. 이 논문은 크게 두 부분으로 구성되는데, 한 부분은 대통령 취임사의 수사 구조를 분석하는 것이고, 또 한 부분은 그것에 나타나는 담화의 민주화를 분석하는 것이다.

이 장의 저자는 한국어의 담화분석에 대한 여러 편의 개별 논문을 쓰고 이를 묶어 아래의 단행본으로 출판하였는데, 이 연구서에 대해서는 이미 자세한 서평(김규현 2002)이 나와 있다. 또 넓은 의미에서의 정치 담화의 영역에 속할 연설에 대한 아래의 분석 논문도 있다.

이원표
2001 『담화분석: 방법론과 화용 및 사회언어학적 연구의 실례』

김혜숙
2006 '총장 연설 화법의 텍스트 담화적 기능'

이 장은 물론 정치 담화에 대한 구체적인 분석이지만 그것은 또한 다른 종류의 정형화된 담화, 예를 들어 종교 담화 또는 의례 언어(ritual speech)와 같은, 다른 장르의 담화에 대한 분석도 앞으로 필요하고 가능할 것임을 시사해 준다고 하겠다.

제10장은 제도 상황과 관련되는 또 다른 중요한 담화의 영역인 교실담화에 대한 분석이다. 교사와 아동 학습자 간의 학습이라는 언어적 상호 작용을 다루는 이 논문은 두 가지 이론적 축으로 구성되는데, 하나는 대화분석(conversation analysis)이고 또 하나는 민속(또는 민족) 방법론(ethnomethodology)이다.

지금까지 교육 상황에서의 언어 사용에 대한 연구는 그리 많이 이루어지지 않았는데, 이 장의 저자는 교실 담화의 일반적 특성에 대한 아래의 논문을 쓴 바 있다.

Kim, Kyu-hyun (김규현)
1999 'Organization of Classroom Discourse: A Conversation-Analytic Perspective'

이 장도 물론 교실 담화에 대한 미시적 분석이지만, 다른 중요한 제도 상황에서의 언어 사용, 예를 들어 의료 상황이나 법률 상황에서의 담화분석으로 앞으로의 연구가 확장될 필요성과 가능성을, 이 논문은 또한 시사해 주고 있을 것이다.

제11장은 한국인의 성을 로마자로 표기하는 데서 발생하는 주요 로마자 표기법의 문제점들을 구체적으로 기술하는 연구이다. 따라서 이 논문은 좁게는 한글의 로마자 표기법을 다루는 연구로, 그리고 넓게는 어문 규범을 중심으로 하는 한국 사회의 언어 정책에 대한 연구로 이해될 수 있을 것이다.

간단히 말하여, 1933년도의 '한글 맞춤법 통일안'이 제정된 이래 우리는 여러 가지 중요한 어문 규범을 따라 일상적인 말과 글을 쓰도록 교육받아 왔다. 그런데 지금까지의 주요 언어 정책은 주로 일방적인 사용만을 강요하는 형식에서 크게 벗어나 있지 않은 것으로 볼 수 있을 것이다. 달리 말하여, 이 장에서 다루는 로마자 표기법과 같은 특정의 어문 규범이 실제의 사용에서 어떤 문제점을 가지는지에 대한 경험적 연구를 행하고, 그리고 그 연구 결과를 해당 어문 규범의 수정에 반영하는 제도적 절차가 아직까지 제대로 발달하지 않은 것으로 볼 수 있을 것이다. 다행히 최근 들어 이러한 어문 규범 또는 언어 정책 상의 문제점들을 실제의 사용 맥락에서 경험적으로 파악하려는 일련의 사회언어학적 연구들이 발표되고 있다.

아래의 글들은 이 장 저자의 로마자 표기법에 대한 다른 논문들과, 그리고 어문 규범 또는 국어 정책에 대한 경험적인 사회언어학적 연구의 중요한 예들이 된다.

김혜숙
1998 '한국 인명의 로마자 표기 순서 및 표기 양상'
2005 '초등학교의 로마자 표기 교육: 영어 교과서와 지도서를 중심으로'

이진성
2000 '외래어 표기와 발음의 실태'
2001 '한국 대학생들의 맞춤법 오용 실태'

이정복
2003b '사회언어학에서 본 국어 순화의 문제점'

양명희
2007 '한국인의 언어 의식의 변화'

제12장은 칭찬의 화행 또는 말 행위(speech act), 특히 그것에 대한 응답 전략의 문화적 차이에 대한 한국어와 영어의 깊이 있는 교차언어적 연구이다. 저자는 두 언어공동체에서의 해당 응답 행위의 단순한 비교를 넘어서서, 이 행위들이 수행하는 다양한 사회적 기능과 그것이 기반하는 문화적 가치관에 대한 논의로까지 나아가고 있다.

일차적으로 이 연구는 관련되는 주제들로 쉽게 확대될 수가 있을 것이다. 가령 우리가 일상 표현(routines)이라고 부르는 인사나 작별, 사과, 감사 등과 같은 또 다른 정형화된 언어 표현에 대한 체계적인 대조 또는 비교 분석이 가능함을 이 연구는 시사하고 있다. 물론 보다 복잡한 화행 또는 의사소통 유형에 대한 비교 연구도 필요하고 또 가능할 것이다.

아마도 이 연구가 함의하는 가장 중요한 방법론적 특성은, 앞의 제8장과 마찬가지로, 개별 언어공동체의 언어 사용 유형을 제대로 이해하기 위해서는 다른 언어공동체의 그것과 체계적인 비교 분석이 이루어져야 한다는 점이 될 것이다. 이 주제에 대한 다른 연구로는 아마도 다음 논문이 대표적인 예일 것이다.

이원표
1996 '한국 대학생의 칭찬 화행에 나타난 공손법 분석'

제13장은 일상 대화에서 빈번히 사용되는 비의문사 '뭐'가 가지는 대화상의 기능들에 대한 미시적인 분석이다. 저자는 이 '뭐'가 기본적으로 태도 표지(stance marker)인 것으로 보고, 그것이 수행하는 다양한 표현적 그리고 상호작용적 기능들을 대화분석(conversation analysis) 또는 담화분석의 시각에서 찾아내고 있다,

한국어 대화에 대한 여러 중요한 연구 성과들에 대해서는 이미 잘 정리된 리뷰 논문(Kim, Hae-yeon 2005)이 있으므로, 여기서는 논의를 생략하기로 하겠다. 아래의 논문들은 이 장 저자의 연구 논문들을 중심으로 한, 한국어에 대한 대화분석적 연구의 중요한 성과들이다.

Suh, Kyung-hee (서경희)
2002 'The Korean Sentence-Final Marker *cianha* in Conversational Discourse'
2004 'Interactional Functions of *Way* in Korean Conversation'
2007 'Discourse Markers *Mwe* and *Way* in Korean Conversation'

Suh, Kyung-hee and Kyu-hyun Kim
2006 'An Analysis of TV Homeshopping Commercial: A Case of Multi-Party Talk'

Kim, Kyu-hyun
2004 'A Conversation Analysis of Korean Sentence-Ending Modal Suffixes *-ney, -kwun(a), and -ta*: Noticing Social Action'

Kim, Hae-yeon (김해연)
2004 'Backchannels as Achievements of Social Interaction in Korean Conversation'
2005 'An Overview of Studies of Conversation in Korean Linguistics'

Lee, Seung-Hee
2006 'Second Summonings in Korean Telephone Conversation Openings'

마지막 제14장은 전통적인 아기말(baby talk)의 구조 및 사용상의 특성들에 대한 기술 · 분석이다. 이 장의 저자는 기본적으로 특수한 상황 변이어(register)인 아기말에 대한 교차언어적인 보편성의 틀 내에서 한국 아기말의 구조적 특성들을

찾아내고자 하며, 또 한국 유아의 발달 단계에 대한 민속 모형(folk model)과 관련하여 아기말의 사용 양상을 이해하고자 한다.

이 연구는 곧바로 두 가지 방향으로 확대될 수가 있을 것이다. 한 가지는 아기말처럼 정형화된 특수한 상황 변이어, 예를 들어 짐승을 부르는 말(animal calls)이나 초자연적 존재(supernatural being)와의 의사소통과 같은 연구 영역으로의 자연스런 확대일 것이다. 또 한 가지는 말할 것도 없이 언어 사회화(language socialization) 영역에 대한 본격적인 연구로의 확대일 것이다. 특히 후자에 대한 연구는 그것이 사회언어학 연구 전체에서 가지는 중요성에도 불구하고, 한국의 경우에는 거의 이루어지지 않은 것으로 보인다. 아마도 다음 논문이 부분적이나마 이 주제와 관련되는 예외적인 연구일 것이다.

Suh, Kyung-hee
2001 'Language Socialization through Sentence-ending Modal Particles, *-ci* and *-cianha* in Korean Caregiver-child Interaction'

4. 앞으로의 과제

한국의 사회언어학 연구는 현재 어떤 단계에 와 있을까? 답하기가 쉽지 않은 질문이지만, 아마도 그동안 많은 연구 성과를 집적한 일종의 '발전기'이기보다는, 아직도 새로운 연구를 조금씩 개척해 가는 '형성기' 또는 일반적으로 말하여 시작의 단계에 와 있는 것으로 보는 것이 맞을 것이다. 따라서 한국의 사회언어학은 그동안 연구를 통해 밝혀낸 것보다 앞으로 새로운 연구를 통해 밝혀내야 할 사항들이 더 많은 상황 속에 일반적으로 놓여 있는 것으로 보인다.

물론 한국어 또는 한국 언어공동체에 대한 지금까지 제대로 연구되지 않은 사회언어학적 주제들은 무수히 많을 것이다. 그러나 그러한 다양한 연구 주제들을 모두 열거하는 것은 쉬운 일이 아니므로, 여기서는 그 중에서도 우선적으로 연구해야 할 필요성이 있는 중요 주제들에 대해서만 간략히 논의하도록 하겠다. 이 연구 주제들 중 어떤 것은 그것의 중요도에도 불구하고 연구가 거의 개척되지 않은 경우도 있고, 또 어떤 것은 소수의 연구 결과가 있기는 하지만 여러 가지 이유로 관련 논문을 이 책에 수록하지 못한 경우도 있다.

먼저 한 영역은 언어 접촉 상황에서의 언어 간섭(interference) 및 변화의 연구, 보다 구체적으로 말하여, 현대 한국사회에서 영어와의 접촉으로 인한 한국어의 변화 양상에 대한 다면적인 연구가 될 것이다. 물론 역사적으로 한국어는 오랜 기간 동안의 중국어와의 접촉 그리고 20세기 전반기 동안의 일본어와의 접촉에 의해 다대한 영향을 받아왔다. 그러나 20세기 후반 이래로는 영어와의 접촉이 그 자리를 거의 대신하고 있고, 근년에 들어 영어의 간섭 현상은 더욱 강화되고 있는 것으로 보인다.

이 주제와 관련하여서는, 물론 이 책의 제5장도 부분적으로 이와 관련되는 연구이지만, 다음과 같은 논문들이 이미 발표되었다. 그러나 현재 진행 중인 영어의 간섭 현상이라는 주제의 중요성에 비추어, 실제의 경험적 자료를 바탕으로 하는 보다 체계적인 연구들이 활발하게 이루어지기를 기대해 본다.

Baik, Martin Jonghak (백종학)
1992 'Language Shift and Identity in Korea'
1994 'Syntactic Features of Englishization in Korean'

Baik, Jonghak
1998 'Aspects of Englishization in Korean Discourse'

Shim, Rosa Jinyoung (심진영)
1994 'Englishized Korean: Structure, Status, and Attitudes'

Song, Jae Jung
1998 'English in South Korea Revisited via Martin Jonghak Baik(1992, 1994), and Rosa Jinyoung Shim(1994)'

최근 들어 급속하게 진행된 세계화(globalization)의 물결과 이에 따른 한국사회의 급격한 변화는, 위의 연구 주제가 다시 영어의 학습 및 사용에 관한 영역으로까지 확대될 필요성을 제기해 준다. 세계어로서의 영어는 이제 단순한 외국어의 지위를 넘어서서, 영어 공용화론이 공개적으로 제기될 정도로, 그것의 학습 및 사용이 우리 언어공동체 내의 핵심적인 사안으로 떠오르고 있다.

그러나 영어 사용에 관한 경험적 연구, 특히 그것의 위상, 기능, 문화적 의미, 사용 양상 등에 대한 연구는 거의 전무한 것으로 보이고, 또 언어 정책과 관련한 영어 교육 및 그것의 사용 범위에 관한 연구도 거의 이루어지지 않은 것으로 보인다. 다음의 연구 목록은 영어의 사용과 관련되는 몇 가지 작은 주제들에 대한 연구의 예인데, 백경숙(2000)의 글은 영어 공용화론과 관련하여 '사회언어학적 상상력'을 담고 있는 드문 예이며, 채서영(2004)의 연구는 젊은 세대의 여성들이 많이 사용하고 있는 영어 이름의 사용 실태에 대한 보고이고, Lee(2004, 2006a, 2006b)의 논문은 젊은 세대 가수들의 노래 가사와 텔레비전 광고에서 사용되는 영어 표현의 문화적 의미에 대한 깊이 있는 분석이고, Collins(2005)의 글은 현대 한국사회에서 영어가 갖는 사회문화적 의미 및 영어 교육 상황에 대한 자세한 보고이다. 한마디로 이 두 번째 주제에 대한 연구도 광범하게 이루어질 필요가 있는데, 특히 언어 정책과 관련한 영어 교육 및 사용에 관한 체계적인 연구는 시급히 이루어져야 할 주제로 생각된다.

백경숙
2000 '영어 공용화론에 대한 사회언어학적 소고'

채서영
2004 '한국인의 영어 이름 사용 실태와 작명 방식 변화에 대한 영어의 영향'

Lee, Jamie Shinhee
2004 'Linguistic Hybridization in K-Pop: Discourse of Self-Assertion and Resistance'
2006a '*Crossing* and *Crossers* in East Asian Pop Music: Korea and Japan'
2006b 'Linguistic Constructions of Modernity: English Mixing in Korean Television Commercials'

Collins, Samuel Gerald
2005 'Who's this *Tong-il*?: English, Culture and Ambivalence in South Korea'

세 번째 주제 또한 최근 한국사회의 급격한 변화와 직접적으로 관련되는 것이다. 현재 우리 사회에는 한국 인구의 총 2%에 육박하는 장기 체류 외국인들이 우리와 함께 매일의 일상을 같이 하며 살고 있고, 이들로 인해 우리 사회는 사회 전체로는 다언어 사회(societal multilingualism)로 바뀌어가는 길목에 있는 것으로 보인다. 간단히 말해, 국제결혼 이주여성이나 외국인 근로자 그리고 '새터민'과 같은 이주민들의 언어 적응 문제, 그리고 여러 곳에 집거(集居) 지역을 이루고 사는 다양한 외국인 집단들의 언어 생활 양상 등에 대한 경험적, 응용적 연구가 바로 이 세 번째 연구 주제가 될 것이다.

이 주제와 관련하여서는 아래의 연구서가 현재로서는 거의 유일한 연구 결과일 것인데, 앞으로 여러 다양한 집단들을 대상으로 한 흥미로운 연구 성과들이 산출되기를 기대해 본다.

왕한석
2007 『또 다른 한국어: 국제결혼 이주여성의 언어 적응에 관한 인류학적 연구』

네 번째 연구 주제는 한국 존댓말의 연구 영역이다. 앞에서 이미 기술하였듯이 존댓말에 대한 연구는 초기의 한국 사회언어학 연구의 중심 주제였고, 그 경향은 조금 약화되기는 하였지만 지금도 계속되는 것으로 보인다. 그러나 이 책의 편집 과정에서는 근래 발표된 마땅한 논문을 구하지 못하여, 관련 논문을 싣지 못하였다.

앞의 '1. 초기의 연구'에서 이미 제시한 주요 연구 문헌들 즉 Howell(1967), Hwang(1975), Dredge(1977), Choi(1978), Song-Bradford(1979)에 뒤이어 발표된 이 영역의 주요 연구 목록은 대략 다음과 같다.

Wang, Hahn-Sok
1984 'Honorific Speech Behavior in a Rural Korean Village: Structure and Use'

김혜숙
1991 『현대 국어의 사회언어학적 연구: 국어의 운용 실태와 방향』

Kim-Park, Jeonghwa (김정화)
1995 'Linguistic Variation and Territorial Functioning: A Study of the Korean Honorific System'

이정복
2001 『국어 경어법 사용의 전략적 특성』

Kim, Joo-Kwan (김주관)
2002 'Managing Symbolic Capital: Development and Maintenance of Honorific Differences in a Rural Korean Village'

신혜경
2006 『한국인과 일본인의 언어 행동과 문화 차이』

간단히 말하여, 지금까지의 연구 중 한국 존댓말의 구조 및 사용 양상에 대한 가장 깊이 있는 연구는 Dredge(1977)와 Wang(1984)인 것으로 보인다. 둘 다 전통적인 농촌 사회에서의 장기간의 현지조사에 기반한 연구 결과물이다. 문제는 이들 연구에 비견할만한, 현대 도시 사회(물론 직장 사회를 포함하여)를 대상으로 한 변화된 또는 변화하고 있는 존댓말의 구조 및 사용 측면에 대한 구체적이고 깊이 있는 연구가 아직 나오지 않고 있다는 점이다.

뿐만 아니라 한국 존댓말에 대한 연구는 존댓말(honorifics) 일반의 이론화 작업에서 중요한 전략적 위치를 차지하고 있을 것이다. 달리 말하여, 한국 존댓말에 대한 분석적 연구는 그것이 다른 언어의 존댓말, 예를 들어 자바어 및 일본어 등의 존댓말과 체계적으로 상호 비교됨으로써, 서양 언어에서는 상대적으로 발달하지 않은 존댓말이라는 흥미로운 언어 현상의 보편성과 특수성에 대한 수준 높은 이론적 논의로까지 발달할 수 있을 것이다.

어느 연구 방향이든 향후 이 분야의 전문학자들에 의한 우수한 경험적 그리고 이론적 연구 성과가 산출되기를 기대해 본다.

다섯 번째 연구 주제는 한국인들의 특징적인 언어 가치관 및 태도(speech value and attitude), 다시 말하여 한국 언어공동체의 성원들이 일반적으로 가지는 말과 의사소통에 대한 문화적 가치관 및 관념, 생각(beliefs) 등에 대한 연구가 될 것이다. 최근에 발달한 이론적 개념인 언어 이념(language ideology)에 대한 연구도 물론 이 영역에 속할 것이다.

언어 가치관 및 태도에 대한 연구는 어느 언어공동체를 연구 대상으로 삼든지 해당 언어공동체에 대한 사회언어학적 연구의 중심 질문 중의 하나일 것이다. 그러나 우리의 경우는 아직까지 이 주제에 대한 본격적인 연구가 이루어지지 않은 것으로 생각된다. 그러나 이 주제에 대한 배경적 지식은 여러 문헌들에서 산견(散見)되는데, 가령 다음의 책에 실린 개별 논문들의 예가 바로 그러할 것이다. 말할 것도 없이 이 주제에 대한 체계적인 연구도 향후 이루어지기를 기대해 본다.

이응백
1988 『속 국어교육사 연구』

이을환
1989 『국어의 일반의미론적 연구』

마지막 연구 주제는 한국어 의사소통능력(communicative competence)의 습득, 다시 말하여 한국 언어공동체에서의 언어 사회화(language socialization) 과정에 대한 연구이다. 언어공동체 성원들 간의 공유하는 언어 사용 규범을 상정하는 사회언어학의 이론 틀에서 의사소통능력은 핵심적인 이론적 개념이고, 다시 그러한 의사소통능력을 습득하는 과정에 대한 연구는 전체 사회언어학 연구에서 한 중심 부분을 이룰 것이다. 그러나 앞서 간략히 언급하였듯이, 이 주제에 대한 연구도 전혀 이루어지지 않은 것으로 보아야 할 것이다.

한국 언어공동체에서 중시되는 한국어 의사소통능력의 중요 구성 요소들은 어떠한 것들일까? 그리고 그러한 의사소통능력의 중요 구성 요소들은 한국의 아동들에 의해 언제쯤, 어떠한 방식으로 주로 습득되고, 종국적으로는 자신의 지식으로 내면화될까? 이 흥미롭고도 중요한 주제에 대한 연구도 물론 향후 활발히 이루어지기를 기대해 본다.

이 절의 첫 부분에서 필자는 한국의 사회언어학 연구를 아직도 '시작의 단계'에 있는 것으로 보았다. 그러나 사실은 여기에 한 가지 수식어를 덧붙여 '본격적인' 시작의 단계에 와 있는 것으로 보는 것이 아마도 더 맞을 것이다 1960년대 초반 사회언어학이라는 언어 연구의 새로운 패러다임이 만들어졌을 때, 일반적으로 통상적인 유럽 언어보다는 상대적으로 언어의 사회적 기능(social function)이 중시되는 한국어와 같은 언어가, 이 새 이론 틀에 더 잘 맞아 들어갈 것으로 기대되었다. 물론 한국의 사회언어학이 이 기대에 값할 만큼 그동안 다양하고 풍부한 연구 성과를 이루어낸 것은 분명 아닐 것이다. 그러나 한국어가 가진 여러 중요한 특성들 또는 한국 언어공동체의 특징적인 언어 사용의 여러 양상들이, 이 새로운 이론 틀에 따라 보다 적절하게 그리고 보다 명시적으로 기술될 수 있을 것이라는 믿음을 여전히 유효한 것으로 보인다.

√ 참고문헌

강신항 (1976). "경북 안동·봉화·영해 지역의 이중언어생활." 성균관대학교 논문집 2, 33-51.

강현석·이장희 (2006). "천안·아산 지역어와 대구 지역어에 나타나는 *w* 탈락 현상의 비교 연구: 대학생 언어를 중심으로." 사회언어학 14(2), 1-25.

강희숙 (2002). "호칭어 사용에 대한 사회언어학적 분석: 서비스업을 중심으로." 사회언어학 10(1), 1-24.

국립국어원 (편). (2004). "부록: 사회언어학 연구 논저 목록(1950-2003)." 주요 국가의 사회언어학 연구 동향, 181-233. 서울: 국립국어원.

김규현 (2002). "서평: 이원표 『담화분석: 방법론과 화용 및 사회언어학적 연구의 실례』." 사회언어학 10(1), 409-427.

김석득 (1977). "국어의 존대의 같은 주고받음(reciprocal use)과 다른 주고받음(non-reciprocal use)에 대하여." 언어 2(1), 41-55.

김성철 (1995). "종자명제, 지역명제, 직위명제: 보조 친족명칭과 개인의 인식법." 한국문화인류학 27, 215-239.

김용진 (1999). "한국과 미국의 신문 사설 텍스트 비교: '근거성' 표현을 중심으로." 사회언어학 7(1), 119-149.

김용진 (2003). "신문 사설 제목의 사회언어학적 분석." 사회언어학 11(1), 31-54.

김용진 (2007). "한국과 미국의 대중가요 가사에 나타난 '사랑'의 의미적 음상: 코퍼스 언어학적 접근." 사회언어학 15(1), 47-76.

김혜숙 (I) (1991). 현대 국어의 사회언어학적 연구: 국어의 운용 실태와 방향. 서울: 태학사.

김혜숙 (I) (1999). "광고의 언어 표현 행위에 나타난 사회언어학적 특성." 사회언어학 7(2), 261-286.

김혜숙 (I) (2000). 현대 국어의 사회적 모습과 쓰임. 서울: 월인.
김혜숙 (I) (2001). "서평: 박영순 『한국어의 사회언어학』." 사회언어착 9(1), 259-277.
김혜숙 (I) (2006). "총장 연설 화법의 텍스트 담화적 기능." 사회언어학 14(2), 117-146.
김혜숙 (II) (1998). "한국 인명의 로마자 표기 순서 및 표기 양상." 사회언어학 6(1), 89-111.
김혜숙 (II) (2000). "주요 로마자 표기법에 입각한 한국인의 성 표기 문제점: 영어에 근거한 발음 및 의미." 사회언어학 8(1), 415-443.
김혜숙 (II) (2004). "한국인 부부의 관계 변화에 따른 호칭어 사용 변화." 사회언어학 12(2), 131-156.
김혜숙 (II) (2005). "초등학교의 로마자 표기 교육: 영어 교과서와 지도서를 중심으로." 사회언어학 13(2), 127-148.
박경래 (1993). "충주 방언의 음운에 대한 사회언어학적 연구." 서울대학교 박사학위 논문.
박영순 (1976). "국어 경어법의 사회언어학적 연구." 국어국문학 72·73, 47-65.
박영순 (2001). 한국어의 사회언어학. 서울: 한국문화사.
박정운·채서영 (1999). "2인칭 여성 대명사 *자기*의 발달과 사용." 사회언어학 7(1), 151-178.
백경숙 (1998). "영어와 한국어에서의 칭찬에 대한 응답 전략 고찰." 사회언어학 6(2), 229-264.
백경숙 (2000). "영어 공용화론에 대한 사회언어학적 소고." 사회언어학 8(1), 469-495.
서정수 (1979a). "사회구조 변동과 한국어 경어법의 추이." 성곡논총 10, 186-221.
서정수 (1979b). "존대말은 어떻게 달라지고 있는가? (I): 부름말과 가리킴말." 한글 165, 31-69.
서정수 (1980). "존대말은 어떻게 달라지고 있는가? (II): 청자 대우 등급의 간소화." 한글 167, 3-33.
석경징 (1977). "(서평) Hwang Juck-Ryoon (1975), Role of Sociolinguistics in Foreign Language Education with Reference to Korean and English Terms of Address and Levels of Deference, Doctoral Dissertation, The University of Texas at Austin, 서울: 탑출판사." 언어 2(1), 171-182.
신정숙 (1974). "한국 전통 사회 부녀의 호칭어와 존비어." 국어국문학 65·66, 199-213.
신혜경 (2006). 한국인과 일본인의 언어 행동과 문화 차이. 서울: 보고사.
양명희 (2007). "한국인의 언어 의식의 변화." 사회언어학 15(1), 107-128.
왕한석 (1989). "택호와 종자명호칭." 의민 이두현 교수 정년 퇴임 기념 논문집, 24-47. 서울: 서울대학교 사범대학 국어교육과.
왕한석 (1994). "영해 지역의 언어 분화에 대한 일 보고." 국어학 연구: 남천 박갑수 선생 화갑 기념 논문집, 587-615. 서울: 태학사.
왕한석 (1995). "한국 친족호칭의 변화 양상: 간현의 사례를 중심으로." 민족 문학의 양상과

논리: 양하 정상박 박사 화갑 기념 논총, 167-192. 부산: 양하 정상박 박사 화갑 기념 논총 간행 위원회.
왕한석 (2000a). "언어 생활의 특성과 변화: 신분지위호칭과 의사친척호칭의 사용을 중심으로." 사회언어학 8(1), 59-86.
왕한석 (2000b) "영남인의 친척용어: 친척용어의 주요 하위체계들에 대한 민족지적 기술." 민족문화논총 22, 123-181.
왕한석 (2001). "적서 차별의 호칭어 사용과 그 변화." 사회언어학 9(1), 109-142.
왕한석 (2005a). "호칭어의 주요 이론과 연구 시각." 왕한석·김희숙 외 5인. 한국사회와 호칭어, 17-48. 서울: 역락.
왕한석 (2005b). "한국의 아기말." 사회언어학 13(1), 151-189.
왕한석 (2007). 또 다른 한국어: 국제결혼 이주여성의 언어 적응에 관한 인류학적 연구. 파주: 교문사.
왕한석·김희숙 외 5인 (2005). 한국사회와 호칭어. 서울: 역락.
이맹성 (1975). "한국어 종결어미와 대인관계 요소의 상관관계에 관한 연구(1)." 인문과학 33·34, 263-288.
이맹성 (1976). "언어 사용에 비추어진 여성의 사회적 위치." 사대논총 14, 1-16.
이원표 (1996). "한국 대학생의 칭찬 화행에 나타난 공손법 분석." 말 21, 107-144.
이원표 (2001). 담화분석: 방법론과 화용 및 사회언어학적 연구의 실례. 서울: 한국문화사.
이원표 (2005). "신문 사설에서의 이념 표현에 대한 언어학적 분석: '국가보안법' 폐지에 대한 논쟁의 경우." 사회언어학 13(1), 191-227.
이을환 (1989). 국어의 일반의미론적 연구. 서울: 숙명여자대학교 출판부.
이응백 (1988). 속 국어교육사 연구. 서울: 신구문화사.
이익섭 (1970). "전라북도 동북부 지역의 언어 분화: 특히 언어외적 요인과 관련하여." 어학연구 6(1), 57-87.
이익섭 (1976). "한국 어촌 언어의 사회언어학적 고찰." 진단학보 42, 61-97.
이익섭 (1981). 영동 영서의 언어 분화: 강원도의 언어지리학. 서울: 서울대학교 출판부.
이정민 (1981). "한국어의 표준어 및 방언들 사이의 상호 접촉과 태도." 한글 173·174, 559-584.
이정민 (1982). "한국어 경어 체계 연구의 제 문제." 한상복 (편). 한국인과 한국문화, 220-239. 서울: 심설당.
이정복 (2000). "통신 언어로서의 호칭어 '님'에 대한 분석." 사회언어학 8(2), 193-221.
이정복 (2001). 국어 경어법 사용의 전략적 특성. 서울: 태학사.
이정복 (2003a). 인터넷 통신 언어의 이해. 서울: 월인.
이정복 (2003b). "사회언어학에서 본 국어 순화의 문제점." 사회언어학 11(2), 187-214.
이정복·양명희·박호관 (2006). 인터넷 통신 언어와 청소년 언어문화. 서울: 한국문화사.
이진성 (1999). "약자, 약어 및 통신어에 대한 고찰: 신세대 언어를 중심으로." 사회언어학

7(2), 189-223.
이진성 (2000). "외래어 표기와 발음의 실태." 사회언어학 8(2), 223-245.
이진성 (2001). "한국 대학생들의 맞춤법 오용 실태." 사회언어학 9(2), 119-141.
이진성 (2003). "한국어와 영어에 나타난 통신 언어의 특징적 양상 비교." 사회언어학 11(2), 215-237.
장태진 (편저) (1995). 국어 사회언어학 논총. 서울: 국학자료원.
조숙정 (1998). "택호와 종자명호칭의 사용: 전남 나주 한 마을의 사례 연구." 호남사회연구 4·5, 260-284.
조주연 (1996). "한국 피진 영어의 기원과 현실." 사회언어학 4(1), 99-121.
조준학 (1980). "화용론과 공손의 규칙." 어학연구 16(1), 1-11.
조준학·박남식·장석진·이정민 (1981). "한국인의 언어 의식: 언어 접촉과 관련된 사회언어학적 연구." 어학연구 17(2), 167-197.
채서영 (1999). "영어 두문자 약칭에 대한 언어적·비언어적 조건." 사회언어학 7(2), 1-19.
채서영 (2001). "서울말 2인칭 대명사 〈너 복수형〉에 나타난 변화와 영어 방언의 〈you 복수형〉 변이 현상." 사회언어학 9(1), 179-192.
채서영 (2002). "우리말 어두 유음 사용에 나타난 영어의 영향." 사회언어학 10(1), 319-338.
채서영 (2004). "한국인의 영어 이름 사용 실태와 작명 방식 변화에 대한 영어의 영향." 사회언어학 12(2), 261-277.
최명옥 (1980). 경북 동해안 방언 연구: 영덕군 영해면을 중심으로. 경산: 영남대학교 출판부.
최명옥 (1982). "친족명칭과 경어법: 경북 북부지역의 반촌어를 중심으로." 방언 6, 1-26.
황적륜 (1976). "한국어 대우법의 사회언어학적 기술: 그 형식화(Formularization)의 가능성." 언어와 언어학 4, 115-124.
Algeo, J. T. (1960). Korean Bamboo English. *American Speech* 60(2), 117-123.
Baik, Jonghak (1998). Aspects of Englishization in Korean Discourse. 사회언어학 6(2), 265-283.
Baik, Martin Jonghak (1992). Language Shift and Identity in Korea. *Journal of Asian Pacific Communication* 3(1), 15-31.
Baik, Martin Jonghak (1994). Syntactic Features of Englishization in Korean. *World Englishes* 13(2), 155-166.
Chae, Seo-young (1995). External Constraints on Sound Change: The Raising of /o/ in Seoul Korean. Ph.D. Dissertation. University of Pennsylvania.
Cho, Choon-Hak (1982). A Study of Korean Pragmatics: Dexis and Politeness. Ph.D. Dissertation. University of Hawaii, Honolulu.
Choi, Youngsoon Park (1978). Aspects in the Development of Communicative Competence with Reference to the Korean Deference System. Ph.D.

Dissertation.University of Illinois, Urbana-Champaign.

Collins, Samuel Gerald (2005). Who's this *Tong-il?*: English, Culture and Ambivalence in South Korea. *Changing English* 12(3), 417-429.

Dredge, C. P. (1977). Speech Variation and Social Organization in a Korean Village. Ph.D. Dissertation. Harvard University.

Dredge, C. P. (1979). (Book Review) The Role of Sociolinguistics in Foreign Language Education with Reference to Korean and English Terms of Address and Levels of Deference. By Juck-Ryoon Hwang. Seoul: Kwangmunsa, 1975. *The Journal of Asian Studies* XXXIX(1), 184-185.

Haarmann, H. and Juck-Ryoon Hwang (eds.) (1990). Aspects of Korean Sociolinguistics. *International Journal of the Sociology of Language* 82. Berlin: Mouton de Gruyer.

Hong, Yunsook (1988). A Sociolinguistic Study of Seoul Korean. Ph.D. Dissertation. University of Pennsylvania.

Howell, R. W. (1965). Linguistic Status Markers in Korean. *Kroeber Anthropological Society Papers* 33, 91-97.

Howell, R. W. (1967). Linguistic Choice as an Index to Social Change. Ph.D. Dissertation. University of California, Berkeley.

Howell, R. W. (1968). Linguistic Choice and Levels of Social Change. *American Anthropologist* 70, 553-559.

Hwang, Juck-Ryoon (1975). Role of Sociolinguistics in Foreign Language Education with Reference to Korean and English Terms of Address and Levels of Deference. Ph.D. Dissertation. University of Texas, Austin.

Hwang, Juck-Ryoon (1990). 'Deference' versus 'Politeness' in Korean Speech. *International Journal of the Sociology of Language* 82, 41-55.

Hymes, D. H. (1970). Linguistic Method in Ethnography: Its Development in the United States. In P. Garvin (ed.), *Method and Theory in Linguistics*, 249-325. The Hague: Mouton.

Kang, Hyeon-Seok (1997). Phonological Variation in Glides and Diphthongs of Seoul Korean: Its Synchrony and Diachrony. Ph.D. Dissertation. Ohio State University.

Kang, Hyeon-Seok (1998). The Deletion of w in Seoul Korean and Its Implications. 언어 23(3), 367-397.

Kim, Hae-yeon (2004). Backchannels as Achievements of Social Interaction in Korean Conversation. 사회언어학 12(1), 65-93.

Kim, Hae-yeon (2005). An Overview of Studies of Conversation in Korean Linguistics.

사회언어학 13(2), 89–126.

Kim, Joo–Kwan (2002). Managing Symbolic Capital: Development and Maintenance of Honorific Differences in a Rural Korean Village. Ph.D. Dissertation. University of California, Davis.

Kim, Kyu–hyun (1999). Organization of Classroom Discourse: A Conversation–Analytic Perspective. 사회언어학 7(2), 159–187.

Kim, Kyu–hyun (2002). Interactive Classroom Discourse as Context of Learning and Socialization. 사회언어학 10(2), 213–241.

Kim, Kyu–hyun (2004). A Conversation Analysis of Korean Sentence–Ending Modal Suffixes *–ney, –kwun(a), and –ta*: Noticing Social Action. 사회언어학 12(1), 1–35.

Kim, Soon–Ham Park (1974). On Special Uses of Kinship Terms in Korean. 언어교육 6(2), 1–7.

Kim, Soon–Ham Park (1976). Language in Relation: Some Typical Sociolinguistic Aspects in Korean. 한국외국어대학 논문집 9, 109–126.

Kim–Park, Jeonghwa (1995). Linguistic Variation and Territorial Functioning: A Study of the Korean Honorific System. Ph.D. Dissertation. University of Pennsylvania.

Lee, Dong Jae (1975). Some Problems in Learning Korean Second–Person Pronouns. In Ho–Min Sohn (ed.), *The Korean Language*, 19–32. Honolulu: The Center for Korean Studies, University of Hawaii.

Lee, Jamie Shinhee (2004). Linguistic Hybridization in K–Pop: Discourse of Self–Assertion and Resistance. *World Englishes* 23(3), 429–450.

Lee, Jamie Shinhee (2006a). *Crossing and Crossers* in East Asian Pop Music: Korea and Japan. *World Englishes* 25(2), 235–250.

Lee, Jamie Shinhee (2006b). Linguistic Constructions of Modernity: English Mixing in Korean Television Commercials. *Language* in Society 35(1), 59–91.

Lee, Kwang–Kyu and Youngsook Kim Harvey (1973). Teknonymy and Geononymy in Korean Kinship Terminology. *Ethonology* 12, 31–46.

Lee, Maeng–sung (1973). Variation of Speech Levels and Interpersonal Social Relationship in Korean. 한산 이종수 박사 송수 기념 논총, 109–142. 서울: 삼화출판사.

Lee, Seung–Hee (2006). Second Summonings in Korean Telephone Conversation Openings. *Language in Society* 35(2), 261–283.

Lee, Won–Pyo (2000). President's Inaugural Speeches: Rhetorical Structure and Democratization of Discourse. 사회언어학 8(1), 87–138.

Lukoff, F. (1978). Ceremonial and Expressive Uses of the Styles of Address of Korean. In Chin-W. Kim (ed.), *Papers of Korean Linguistics*, 269-296. Columbia, S.C.: Hornbeam Press.

Lukoff, F. (1979). The Styles of Address of Korean from the Viewpoint of Translation. In *Papers of the 1st international Conference of Korean Studies*, 797-820. Seoul: the Academy of Korea Studies.

Martin, S. E. (1964). Speech Levels in Japan and Korea. In D. Hymes (ed.), Language in *Culture and Society*, 407-412. New York: Harper & Row.

Park, Youngsoon (1990). A Sociolinguistic Approach to Consonant Rules in Korea Phonology. International Journal of the Sociology of Language 82, 57-69.

Pike, K. L. (1967). *Language in Relation to a United Theory of the Structure of Human Behavior*, 2nd edition. The Hague: Mouton.

Shim, Rosa Jinyoung (1994). Englishized Korean: Structure, Status, and Attitudes. World *Englishes* 13(2), 225-244.

Shinn, Hae Kyong (1990). A Survey of Sociolinguistic Studies in Korea. *International Journal of the Sociology of Language* 82, 7-23.

Sohn, Ho-Min (1999). *The Korean Language*. Cambridge: Cambridge University Press.

Sohn, Ho-min (ed.) (2006). *Korean Language in Culture and Society*. KLEAR Textbooks in Korean Language, Honolulu: University of Hawai'i Press.

Song, Jae Jung (1998). English in South Korea Revisited via Martin Jonghak Baik(1992, 1994), and Rosa Jinyoung Shim(1994). *World Englishes* 17(2), 263-271.

Song-Bradford, Linda Mari (1979). Reflections of Status and Intimacy in Korean Speech Levels, English Code, and Their Use in Dyadic Conversations Between Bilingual Koreans. Ph.D. Dissertation. The American University.

Strauss, S. (1998). Language and Culture of the Television Ad: A Look at TV Commercials from Japan, Korea, and the United States. Ph.D. Dissertation. University of California, Los Angeles.

Strauss, S. (2006). The Television Ad as a Reflection of Culture: The Case of Korea, Japan, and the United States. In Ho-min Sohn (ed.), *Korean Language in Culture and Society*, 221-233. Honolulu: University of Hawai'i Press.

Suh, Kyung-hee (2001). Language Socialization through Sentence-ending Modal Particles, *-ci* and *-cianha* in Korean Caregiver-child Interaction. 사회언어학 9(1), 237-258.

Suh, Kyung-hee (2002). The Korean Sentence-Final Marker *cianha* in Conversational Discourse. 사회언어학 10(2), 283-309.

Suh, Kyung-hee (2003). From Unknown to Unspeakable: '*Mwe*' as a Stance Marker in Korean Conversation. 사회언어학 11(2), 137-160.

Suh, Kyung-hee (2004). Interactional Functions of *Way* in Korean Conversation. 사회언어학 12(2), 181-204.

Suh, Kyung-hee (2007). Discourse Markers *Mwe* and *Way* in Korea Conversation. 사회언어학 15(1), 77-105.

Suh, Kyung-hee and Kyu-hyun Kim (2006). An Analysis of TV Homeshopping Commercial: A Case of Multi-Party Talk. 사회언어학 14(2), 197-232.

Wang, Hahn-Sok (1979). Sociolinguistic Rules of Korean Honorifics. 인류학논집 5, 91-118.

Wang, Hahn-Sok (1984). Honorific Speech Behavior in a Rural Korean Village: Structure and Use. Ph.D. Dissertation. University of California, Los Angeles.

Wang, Hahn-Sok (1990). Toward a Description of the Organization of Korean Speech Levels. *International Journal of the Sociology of Language* 82, 25-39.

Webster, G. (1960). Korean Bamboo English Once More. *American Speech* 60(4), 261-265.

제 I 부

변화 속의 **언어 사용**

1

2인칭 여성 대명사 *자기*의 발달과 사용

박정운(한국외국어대학교) · 채서영(서강대학교)

1. 들어가기

1) 연구의 목적

"폐쇄적 체계"에 속한 대명사는 "개방적 범주"에 속한 일반 명사나 동사 등과는 달리 생산성이 거의 없는 것이 특성이다. 그러나 우리말 대명사는 어느 정도의 생산성을 가지고 있다. 특히 2인칭 대명사는 국어사에서는 기존의 형태가 사라지기도 하고 새로운 형태가 생겨나기도 했다(김미형 1995). 현대 국어에서도 2인칭 대명사 *당신*의 사용이 점점 줄어들고 있는 반면, (1)의 예에서와 같이 본래 3인칭 대명사로 사용되던 *자기*가 (2)의 예에서 볼 수 있듯이 2인칭 대명사로 사용되어 그 기능이 확장되고 있다.

(1) a. 인호는 미나가 *자기*를 미워한다고 생각하고 있다.
    b. 그 사람은 *자기*가 *자기* 분야에서 최고라고 믿고 있다.

(2) a. *자기* 옷 정말 멋있다.
    b. 이거 *자기* 줄려고 산 거야.

본 연구는 이러한 *자기*의 2인칭 대명사로의 발달과 특성을 탐구하고자 한다. 대명사 *자기*에 대한 기존의 연구들은 *자기*의 3인칭 재귀대명사적 기능에 초점을 두었고, 일부 연구에서 연인들 사이에 *자기*가 2인칭 대명사로 사용되기도 한다는 사실을 간단히 언급하는 정도에 그쳤다(김정아 1984, 장석진 1984, 양동휘 1986 등). *자기*의 2인칭 대명사적 기능에 대한 본격적인 연구인 Park(1992)에서는 *자기*가 연인들 사이에서 사용되고 있음을 언급하면서도 *자기*를 여성들 사이에서 더 널리 사용되는 "여성 대명사"라고 규정했다.

본 연구에서는 국어 2인칭 대명사에 대한 기존의 연구들이 연구자의 직관에 의존해서 특성과 사용상의 제약을 기술한 것과 달리, 다양한 사회언어학적 조사방법을 사용하여 2인칭 대명사 *자기*의 특성과 사용상의 제약을 실증적으로 규명하고자 한다. 특히 Park(1992)에서 *자기*가 연인들 사이나 여성들 사이에서만 사용된다고 규정했지만, 그러한 사용이 *자기*의 전형적인 사용상의 특성임을 인정하더라도 "연인이 아닌 남녀 간"이나 "남성들 사이"에서도 *자기*가 사용되고 있는지 조사해 보고자 한다. 결과적으로 본 연구를 통해 *자기* 사용에 대한 전반적인 제약과 특성이 규명될 수 있을 것이다.

2) 우리말 2인칭 단수 대명사의 특성과 체계

국어 2인칭 대명사의 특성을 한마디로 요약하면, 수적으로는 "풍부"하나 사용은 "미약"하다는 것이다. 국어 2인칭 단수 대명사가 몇 개인가에 대해서는 학자에 따라 의견이 다르다. 적게는 Hwang(1975)에서처럼 *너, 자네, 당신*의 3개만을 인정하는 경우에서부터 많게는 Pae(1974)나 Cho(1982)에서처럼 *너, 자네, 당신, 그대, 자기, 임자, 댁, 어른, 어르신*의 9개를 인정하는 경우까지 있다. 국어 2인칭 대명사는 과연 몇 개인가 하는 것은 그 자체로 흥미로운 문제라고 할 수 있지만, 본 논문에서는 박정운(1997)의 주장에 따라 일상의 언어생활에서 사용되는 것들 중 독립적으로 의미를 갖는 *임자*나 *어른*과 같은 형태들을 제외한 *너, 자네, 자기, 당신*의 네 가지 형태만을 2인칭 단수 대명사로 인정하기로 하겠다.

국어 2인칭 대명사의 사용상의 가장 두드러진 특성은 Hwang(1975)나 Lukoff(1982) 등의 많은 연구들에서 언급되었듯이 윗사람 청자에게 쓸 수 없다는 점이다. 예를 들어, 대학생이 교수에게 말할 때 영어에서는 (3a)에서처럼 2인칭 대명사 *you*가 쓰일 수 있으나 국어에서는 (3b)에서처럼 2인칭 대명사가 쓰이지 못한다. 윗사람 청자에게는 (3c)에서와 같이 2인칭 대명사 자리에 호칭어가 쓰이는 것이 일반적이다.

(3) a. Professor, do *you* also like apples?
b. *교수님, 너/자네/자기/당신도 사과를 좋아하세요?
c. 교수님, 교수님께서도 사과를 좋아하세요?

국어 2인칭 대명사는 상하관계뿐만 아니라 친밀도에 따라서도 제약을 받는다 (박정운 1997). 즉, 친한 경우가 아니면 동급 혹은 아랫사람 청자라 하더라도 2인칭 대명사 대신 호칭어를 사용하는 것이 일반적이다. 예를 들어, 고등학교 교사가 자기 반 학생에게는 "너 어디 가니?"라고 할 수 있지만 같은 또래의 모르는 학생에게는 "학생 어디 가나?"라고 한다. 이는 *너*에만 국한되는 것이 아니고 *자네*도 똑같은 제약을 받는다. 예를 들어, 대학교수가 동료가 된 친한 제자에게는 "자네 어디 가나?"라고 할 수 있지만, 그 제자와 비슷한 연배라도 잘 모르는 교수에게는 *자네*라는 대명사를 쓰지 않는다.[1)]

이러한 상하관계와 친소관계에 따른 일반적인 제약 외에도 국어 2인칭 대명사들은 그 각각이 서로 다른 사용상의 제약을 많이 받는다. 본 논문의 연구 대상인 *자기*를 제외한 2인칭 대명사들의 사용상의 제약은 다음과 같이 요약할 수 있다.[2)]

2인칭 대명사 *너*는 주로 아주 친한 동급 혹은 아랫사람 청자에게 사용된다. 그런데 *너*의 사용에 대해서는 청자의 연령적 특성이 개입된다. 초등학생까지는 친

---

1) 그러한 상하관계나 친소관계에 따른 2인칭 대명사 사용의 제약은 언어생활에서의 규범이고 말다툼 같은 특수 상황에서는 지켜지지 않을 수도 있다. 때로는 적절하지 못한 2인칭 대명사의 사용이 말다툼의 화근이 되기도 한다.

2) 각 2인칭 대명사에 대한 사용상의 제약을 엄밀하게 기술하는 것은 본 연구의 범위를 넘어서므로, 여기서는 2인칭 대명사의 체계를 보여줄 수 있는 정도만 대략적으로 기술했다.

밀도에 구애받지 않고 일반적으로 사용할 수 있지만, 중학생만 되어도 잘 아는 사이가 아니라면 *너*를 사용하지 못한다. 청자의 나이가 많아지면 많아질수록 *너*의 사용은 점점 더 친밀한 관계로 제한되고, 청자의 나이가 중년에 이르면 동창이나 아주 친한 친구가 아니라면 사용하기 어려워진다.

*자네*는 *너*를 사용할 수 있을 만큼 친하지는 않아도 상당히 친분이 있는 성년 이상의 동급 혹은 아랫사람 남성 청자에게 주로 사용된다. 그리고 *자네*는 주로 남성 화자가 사용한다. *자네*를 여성 화자가 사용하거나 여성 청자에게 사용하는 경우가 없지는 않다. *자네*를 사용하는 여성 화자의 경우는 주로 남성처럼 행동하는 여성이거나 회사 사장과 같은 전형적으로 남성의 역할로 인식되어 온 직업에 종사하는 여성들이다. 같은 맥락에서 남성을 중심으로 한 동서지간과 같은 인척관계에서 *자네*가 쓰인다. 이렇게 특정한 경우만이 *자네*를 사용하는 여성들일 것이다. 또한 대학에서 남자교수가 여학생들을 *자네*라고 부르는 경우가 있는데, 이런 경우에 여대생들은 *자네*의 여성 청자가 된다. 따라서 *자네*의 중심적 기능은 성년 남성들 사이에서 쓰이는 것이고, 여성이 혹은 여성에게 사용하는 *자네*는 그러한 중심적 사용이 조금 확장된 것으로 보는 것이 타당하다.

당신은 주로 부부의 상호간 2인칭 대명사로 사용된다. 그 외에는 남성 화자가 대략 30대 중반 이후에 동급 혹은 아랫사람 남성 청자에게 사용하기도 하는데 이러한 사용 양상은 점점 줄어들고 있다. 더구나 *당신*을 2인칭으로 자칫 잘못 사용하면, "누구더러 당신이라는 거야"하는 식으로 반감을 사기도 한다.

따라서 *자기*를 제외한 국어 2인칭 대명사들의 체계에서는 여성들은 *너*를 제외하고는 사용할 수 있는 2인칭 대명사가 없는 형편이다. 특히, *당신*이 "일반적인" 2인칭 대명사로서의 기능을 상실해 가고 있다는 점을 고려하면, 성인 남성들 사이에서 쓰이는 *자네*에 해당하는 2인칭 대명사가 여성들 사이에서는 존재하지 않는 것이다. 우리는 최근에 발달한 *자기*가 이와 같은 2인칭 대명사 체계의 빈자리를 메우고 있음을 발견할 수 있었다. 그러면 *자기*의 사용 양상을 실증적으로 조사해 보자.

2. *자기* 사용의 사회언어학적 조사

1) 사회언어학적 조사방법

사회언어학적인 변이의 연구는 언어의 실제 사용 양상에 대한 과학적인 조사를 기초로 한다. 언어 변이에 대한 현대 사회언어학적인 연구 방법론에 따르면 *자기*의 대명사적인 용법을 조사한다는 것은 2인칭 대명사가 나타날 수 있는 모든 환경을 명시한 후 그 환경에서 *자기*가 실제로 사용되는 비율을 살펴보는 방식이 되어야 한다. 이 때 실제로 사용되는 언어란 Labov(1986)가 주장한대로 화자가 관찰되지 않고 자신의 언어 사용을 의식하지 않은 자연스러운 구어로서, 이는 변이성이 가장 체계적으로 드러나는 언어 형태로 간주된다. 그런데 구어체 언어를 관찰하고 녹음하는 것은 사회언어학적 인터뷰를 통해서만 가능하기 때문에 Labov는 이러한 상황을 관찰자의 모순(observer's paradox)이라고 했다. 즉, 관찰되지 않은 상태의 자연스러운 언어 자료를 얻을 수 있는 방법이 관찰 상황밖에 없다는 점에서 모순된다는 것이다. 그는 이러한 모순을 극복하기 위해 화자를 가장 자연스럽게 이야기하도록 유도하는 여러 가지 방법을 개발해야 한다고 역설했다. 그런데 한국어의 새로운 2인칭 대명사로서 *자기*의 쓰임을 연구함에 있어서 Labov가 말한 '자연스러운 발화' 상황에서 조사하기 어려운 문제점이 세 가지 존재한다.

첫째, 한국어에서는 대명사가 흔히 영형(zero form)으로 나타나기 때문에 구어에서 *자기*뿐 아니라 대명사 자체의 사용 빈도가 매우 낮다. 둘째, 2인칭 *자기*는 특정한 관계가 성립되었을 때에만 사용이 가능한 것으로 예측되기 때문에 개별 인터뷰에서나 그룹 인터뷰에서도 자연스러운 발화를 유도해 내기 어렵다. 셋째, *자기*의 발화를 유도할 실험적인 상황을 연출하기 어렵고, 그런 상황을 만든다 해도 *자기*가 사용될 수 있는 여러 가지 상황을 망라하여 *자기* 사용을 유발하기가 어렵다.

이와 같은 문제점을 극복하기 위해 일단 실제로 *자기*가 사용된 사례를 관찰하고 수집한 후 어떤 조사방법을 택할 것인지 결정하기로 했다. 실제로 *자기*가 사용

된 사례 29가지를 관찰했는데 이들은 다음과 같이 일곱 가지로 분류할 수 있다:[3)]

(4) 실제로 *자기*가 사용된 사례 분류 (총 29건)

a. 친구나 학교 선후배 사이(여자 선배가 남녀 후배에게, 동성 친구 사이에): 4건

b. 직장에서(남자 상사가 남자 부하에게, 남자 동료들 사이에, 여자 선배가 후배 에게, 여자 동료들 사이에): 6건

c. 대학이나 대학원에서 (여자 교수가 남녀 학생에게): 3건

d. 이웃, 같은 종교 단체 구성원, 동호회 회원, 학부모(아주 친밀하지 않더라도 서로 자주 만나 친분을 쌓은 사람들 사이에): 5건

e. 여자 친척들 사이에(윗사람이 아랫사람에게): 5건

f. 상점에서(나이 든 여자 가게주인과 점원이 젊은 여자 손님에게): 2건

g. 미장원에서(나이 든 여자 미용사와 여성스런 남자 미용사가 나이 어린 여자 손님에게): 4건

위와 같은 실례를 보면 화자와 청자의 관계는 성별로 볼 때 여성과 여성의 관계에서 가장 쉽게 관찰되고 다양한 형태로 나타나는 반면, 나머지 관계에서는 사용 빈도도 낮고 형태도 다양하지 못하다는 점이 발견된다. 또한 이들의 상하관계를 살펴보면, *자기*를 사용하는 사람은 윗사람 화자인 경우가 압도적으로 많다. 이와 더불어 상하관계가 비교적 동등한 친구나 직장동료 관계에서도 쓰이는데, 나이 든 남자 미용사와 어린 여자 손님과 같이 상하관계로만 파악하기 어려운 경우도 있다. 이렇게 *자기*를 사용하는 화자와 청자 간의 남녀관계, 상하관계에 대한 일반화를 통해 다음과 같은 *자기* 사용에 대한 예상 조건을 가정해 볼 수 있다:

(5) *자기* 사용의 예상 조건

a. 화자와 청자의 연령과 이들 간의 연령 차이: 화자들은 사회생활을 하는 연령대, 즉 20대 후반에서 55세 정도일 것이다. 연령의 차이는 없거나 크지 않을 것이다; 혹은 화자가 청자보다 나이가 조금 많을 것이다.

b. 화자와 청자의 성별: 여성이 남성보다 많이 쓸 것이다.

c. 친소관계: 어느 정도 가까워야 쓸 것이다. 그러나 아주 가깝지도 않을 것

---

3) 이 밖에도 TV 토크쇼, 드라마, 외국만화의 번역서 등에서 2인칭 *자기*가 빈번하게 사용되고 있음이 관찰되었다.

이다(아주 가까우면 *너*를 쓸 것이므로).

d. 상하관계: 동등하거나 조금이라도 윗사람이 쓸 것이다.

e. 화자와 청자의 교육정도: 적어도 노동계층 이상일 것이다. 높은 학력의 화자라면 거부할 수 있을 것이다.

f. 직장생활 여부: 다양한 인간관계를 맺는 직장인들이 더 많이 쓸 것이다. 여성들 사이에 많이 사용되는 점을 고려하면 주부들도 많이 쓸 것이다.

2) 분석방법: 통계적인 분석방법

본 연구에서는 양적인 방법과 질적인 방법을 모두 사용하기로 했는데, 일단 전화를 사용해 기초 조사를 한 후 적절한 대상 집단에 대해 설문과 면접을 통한 심층 조사를 실시하기로 했다. 이 조사에는 다음과 같은 분석 방법을 적용했다. 첫째는 빈도 조사(frequency test)와 상호작용 비교 연구(cross-tabulation)이다. 설문 조사의 요점은 조사 대상자들이 *자기*가 2인칭 대명사로 쓰이는 것을 들어본 적이 있는지, *자기*로 불린 적이 있는지, 그리고 실제로 *자기*를 사용하는지에 대한 답변이 될 것이다. 답변 결과를 각 개인별로 빈도수를 재고 응답자들의 사회적 배경, 즉 연령, 성별, 교육정도, 직장생활 여부, 개방성 등 언어외적 혹은 사회적인 조건들에 대해 결과를 대비시켜 봄으로써 *자기*의 사용에 대한 제약조건을 알아볼 것이다.

둘째는 통계적인 분석 방법으로 카이 제곱 검증(Chi-square Test: x^2)을 적용할 것이다. 카이 제곱 분포가 알려주는 것은 우리가 어떤 집단을 분류해 *자기*의 사용 유무를 살펴보았을 때, 그 분류가 전혀 *자기*의 사용에 영향을 미치지 않는다는 귀무가설(null-hypothesis)을 부정할 수 있는지 여부이다. *자기*의 사용에 대한 조사에서 귀무가설은 우리가 상정한 조건이 전혀 *자기*의 사용과 관계가 없다는 것이 될 것이고, 반면 우리의 연구가설은 언어외적인 어떤 조건과 *자기*의 사용은 유의미한 관계가 있다는 것이 될 것이므로 이것은 간단하면서도 유용한 지표가 될 것이다(Kachigan 1991).[4)]

---

4) 다음과 같은 가상의 표 (A)와 (B)에서 귀무가설은 행과 열에 나타난 네 가지의 가능성 사이에 상호 관련성이 없다는 것이다. 예를 들면 불어의 대명사 *tu*와 *vous*의 선택이 성

3) 전화조사

기초 조사로 서울에 거주하는 성인 남녀 40명에 대한 전화 조사를 실시했다. 전화 조사에서는 화자의 여러 가지 사회적인 조건들 중에서 가장 알아내기 쉬운 항목 네 가지(성별, 나이, 교육수준, 직업)만을 알아보기로 했다. 서울시 강남구 생활권의 전화번호부를 입수해 인명부의 매 세 번째 페이지의 마지막 사람에게 전화를 걸었는데 그 번호에서 통화가 불가능한 경우(부재중이거나 어린아이만 있을 경우, 답변을 거부한 경우 등)에는 명부의 바로 다음 사람에게 전화를 거는 방식을 취했다.[5)]

전화 조사한 40명 중에서 39명이 *자기*가 연인 사이가 아닐 때에도 2인칭 대명사로 사용되는 것을 들어본 적이 있다고 응답하여 2인칭 대명사로서의 *자기*는 99%의 높은 인지도를 보였다. 그리고 이들 중 24명이 *자기*를 사용한다고 응답해

별과 무관하다고 주장하려면 (B)에서와 같이 각각의 가능성(cell)에 치우침 없이 25%씩에 해당하는 분포가 나타나야 한다.

(A)	대명사 *vous* 사용	대명사 *tu* 사용
Group A: 여자	10	2
Group B: 남자	3	14

(B)	대명사 *vous* 사용	대명사 *tu* 사용
Group A: 여자	5	5
Group B: 남자	5	5

만일 그렇지 않고 대명사의 사용이 성별에 따라 영향을 받는다면 이는 25%씩에 해당하는 수치와 동떨어지는, (A)와 같이 어느 한 쪽에 치우친 결과가 나타난다. 이렇게 귀무가설과 실제 데이터 간의 연관성 혹은 차이를 재는 것이 바로 카이 제곱 분포다. 카이 제곱(x^2) 수치는 성별이라는 조건이 결과의 차이를 가져왔음을 알려준다. 이 테스트의 결과는 확률(p-value)로 표시될 수 있는데 예를 들어 p가 0.05보다 작다면 100번을 같은 조사를 했을 때, 이와 같은 결과가 우연히 나오는 경우는 5번 미만이라는 의미이다. 즉, 성별의 차이에 의해 불어 대명사의 사용을 분류한 것은 통계적으로 유의하다는 의미로 해석할 수 있다. 이 방법은 각각의 경우에 조사된 절대 숫자의 편차가 클 경우에도 사용할 수 있으므로 퍼센트로 조사결과를 나타낼 때 생기는 문제점을 극복할 수 있다.

5) 그러므로 진정한 의미의 임의적 표집(true random sampling)은 아니다.

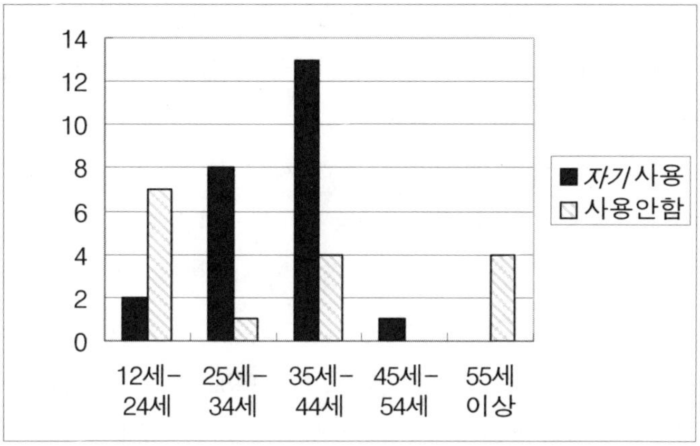

〈그림 1〉 전화조사의 결과 1: *자기* 사용의 연령대별 분포 (단위: 명)

전체 응답자의 60%가 사용하는 것으로 밝혀졌다. 그런데 〈그림 1〉에 나타내었듯이 *자기*를 사용하는 사람들 대부분이 여자이며(21명; 3명만 남자), 사용하지 않는 여자 8명은 연령이 아주 높은 한 경우(66세)와 낮은 경우(12세, 17세, 20세 3명, 21세, 22세)였다. 특히, 가정주부들의 경우 응답자 10명이 모두 *자기*를 사용한다고 말했다. 연령층을 12~24세, 25~34세, 45~54세, 55세 이상으로 나누어 보면, 중간 연령층(25~54세)에서 *자기*를 가장 많이 쓰는 것으로 나타났다.

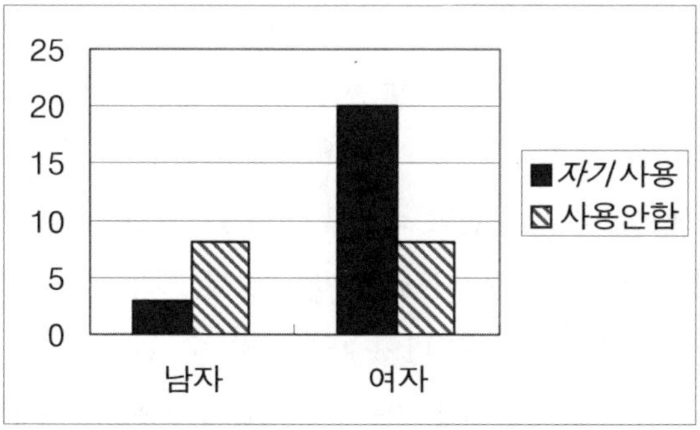

〈그림 2〉 전화조사의 결과 2: *자기* 사용의 남녀차이 (단위: 명)

성별을 기준으로 한 *자기* 사용 여부에 관한 카이 제곱 수치 6.771은 성별에 따른 *자기* 사용의 차이는 통계적으로 유의미한 관련성이 있다. 즉 여성이 *자기*를 더 많이 사용하고 있음을 알 수 있다.

결론적으로 *자기*가 2인칭의 의미로 흔히 사용된다는 것을 화자들이 성별이나 연령에 관계없이 인식하고 있으나 그것을 실제로 사용하는 것은 연령과 성별에 의해 강력한 제약을 받고 있다는 사실을 쉽게 알 수 있다. 특히 연령이 20세 이하이거나 55세 이상인 경우에도 사용하는 사람이 있을 가능성은 매우 낮다. 그러나 40명 중 3명의 남성이 *자기*를 사용한다고 했으므로 *자기*에 대한 조사를 여성에 국한하지 않고 남녀 모두에게서 조사하기로 하고 다만 20세 이하와 60세 이상의 연령층에 대해서는 많은 화자를 대상으로 삼기 위해 별다른 노력을 기울이지 않기로 했다. 그런데 20대의 *자기* 사용은 매우 변이적인 것으로 생각되어 이 연령층을 무엇을 기준으로 어떻게 분류하는 것이 *자기*의 사용에 대한 효과적인 분석의 틀을 제공해 줄 것인지를 알아보기 위해 20대 집단에 대해 간단한 조사를 부가적으로 실시했다.

4) 20대의 *자기* 사용 양상

전화조사에서는 20대의 *자기* 사용여부가 23~25세를 전후해 양분되는 현상이 관찰되었다. 즉, 20세 이하와 초반의 연령층에서는 *자기*를 전혀 사용하지 않지만(12세, 17세, 20세, 21세, 22세), 23세, 29세, 30세의 화자들은 사용했다. 그러나 전화조사에서는 20대의 화자, 특히 25~30세 화자들의 숫자가 너무 적었기 때문에(4명) 20대가 *자기*를 사용하는 데 어떤 요소가 작용하는 것인지 알아보기 위해 따로 이들의 *자기* 사용에 관한 간단한 조사를 실시했다. 서울 종로구의 S대학 3, 4학년과 이 대학을 졸업하고 직장에 다니는 20대 남녀 35명을 조사했는데, 그 결과를 보면 20대의 *자기* 사용이 매우 변이적임을 알 수 있다.

흥미롭게도 20대 집단에서 성별을 기준으로 한 *자기* 사용여부는 전혀 유의미한 관계를 보여주지 않는다(x^2=2.159). 연령과 사용여부의 연관성도 이 자료에서는 아예 성립되지 않는다. 즉, *자기*를 사용하지 않는 사람이 20명, 사용한다는 사람이 15명(42.8%)인데, 그 기준이 전화조사에서와 같이 23세 전후로 나타나지 않는 것이다. 이 분포를 그래프로 나타내면 다음과 같다.

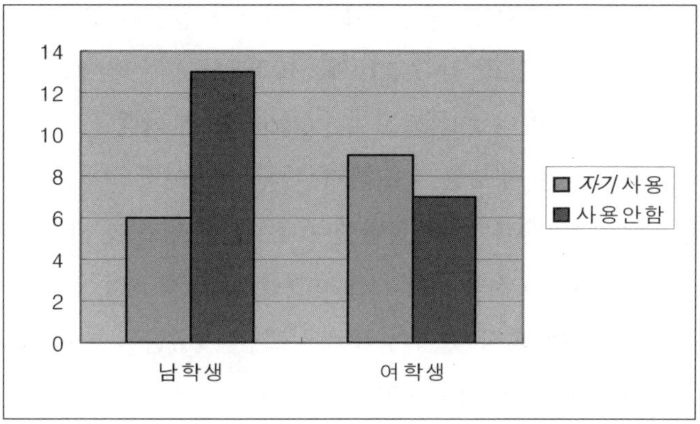

〈그림 3〉 20대의 *자기* 사용에 대한 조사결과: 남녀별 구분

우리는 대학을 졸업하고 취업에 이르는 25세를 기준으로 20대 집단을 분류하고 이러한 연령의 구분이 *자기*의 사용여부에 영향을 미치는지 분석해 보았다. 그러나 25세 미만 21명 중 10명(47%), 26세 이상 14명 중 6명(43%)이 *자기*를 사용한다고 응답해 연령 구분이 무의미했다. 조사한 35명 중 직장인은 5명이었는데, 이들 중 2인칭으로 사용되는 *자기*를 들어본 사람은 4명(80%)으로 30명 중 17명만이 그렇다고 응답한(57%) 재학생들에 비해 높은 확률을 보였으나 실제로 *자기*를 사용한다는 사람은 오직 한 명뿐이었다. 그런데 주목해야할 점은 직장인들 중 *자기*를 사용한 사람은 한 명은 여자이고, 나머지 네 명은 남자였다. 따라서 "취업" 여부가 성별과 아울러 *자기* 사용에 지대한 영향을 미치는 것으로 추측할 수 있었다. 그래서 직장인들이야말로 *자기*의 주요 사용자 집단이라고 보고 이들에 대한 설문조사를 실시하기로 했다.

5) 설문조사: 20~54세 직장인들의 *자기* 사용에 관한 설문조사

우선 직장인 집단에 대한 *자기* 사용 설문 조사는 교사와 회사원 두 종류의 집단을 대상으로 이루어졌다. 한국외국어대학 교육대학원을 매개로 한 교사집단과 서울 시내의 S은행과 ㈜SKC를 중심으로 한 회사원 집단이 그들이다. 150매씩 총 300매의 설문지를 배포했고 각각 115매, 102매를 회수하여(회수율 각각 77%, 68%) 이들 중 오류가 있는 1매를 제외한 216매를 분석했다.

설문지는 될수록 많은 정보를 수집하기 위해 만들어졌으며 이들 중 분석에 사용한 문항은 15개로 다음과 같이 국한했다: (a) 화자의 성별, (b) 화자의 나이, (c) 화자의 교육정도, (d) *자기* 사용 여부, (e) *자기*를 들어본 적이 있는지 여부, (f) *자기*로 불려지는지 여부, (g) 화자가 *자기*라고 부르는 사람들의 숫자, (h) 화자가 *자기*라고 부르는 사람들의 성별, (i) 화자와 *자기*라고 부르는 사람들 간의 상하관계, (j) 화자와 *자기*라고 부르는 사람들 간의 연령 차이, (k) 화자와 *자기*라고 부르는 사람들 간의 친밀도, (l) 화자가 *자기*라고 부르는 사람들의 이름을 부를 수 있는지 여부, (m) 화자와 *자기*라고 부르는 사람들과의 관계형성 시기, (n) 화자가 *자기*라고 부르는 사람이 직업상 여성을 많이 대하는지 여부, (o) 화자의 보수성 항목이다. 교사들과 회사원들의 집단 간에는 연령상의 제약조건만 빼고는 분명한 차이가 나타나지 않았기 때문에 함께 분석했다.

6) 분석

(1) 2인칭 *자기*는 익숙한 용법: 88%가 들어본 적 있다

216명의 직장인들 중에 *자기*가 2인칭의 의미로 사용되는 것을 들어본 적이 있다고 대답한 사람들은 190명으로 87.9%의 높은 빈도를 보인다. 물론 이 수치는 전화조사에서 나타난 99%에는 못 미치지만 실제로 *자기*를 2인칭으로 사용하는 비율(44.4%)에 비하면 두 배에 가까운 높은 수치이다.

흥미로운 점은 *자기*를 들어본 적이 있다는 답변을 하는 데는 남녀 구분이 없다

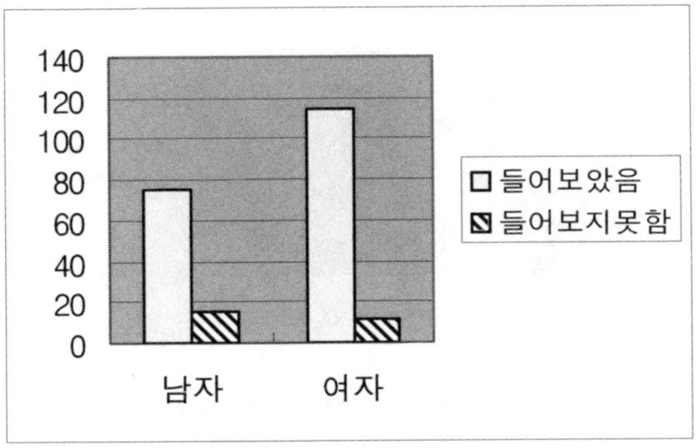

〈그림 4〉 남녀 직장인들은 *자기*의 2인칭 용법을 들어본 적이 있는가? (단위: 명)

는 점이다. 위의 그림도 이 점으로 보여주지만, 남녀를 구별하여 산출한 카이 제곱 테스트의 결과(x^2=3.123)에서도 남녀 구별이 전혀 의미가 없다는 결과가 나왔다. 그만큼 *자기*의 2인칭 대명사적 용법은 사람들에게 성별 구분 없이 자연스럽게 인지되고 있음을 알 수 있다.

(2) *자기* 사용의 여성성

직장인 응답자 216명의 44.4%인 96명이 *자기*를 사용한다고 답변했다. 이 수치는 직장인들의 *자기*의 사용 비율이 대학생들(42.8%)보다는 조금 높지만, 주부를 포함한 일반인 집단(60%)보다는 오히려 낮다는 사실을 보여준다.

그렇다면 *자기*는 직장인들 사이에서도 여성적인 것으로 인식되고 있는지 알아보자. 다음의 그래프는 216명의 *자기* 사용 여부를 성별로 나타낸 것이다.

카이 제곱의 수치는 7.743(p=0.0054)로서 남녀의 구분이 우연일 확률은 0.0054%이다. 즉 성별 구분과 *자기*의 사용의 차이는 통계적으로 보아도 직장에서 더욱 여성적으로 인식된다는 것을 알 수 있다. 이로서 일반인 집단과 직장인 집단 모두에서 *자기* 사용의 여성성이 명백하게 증명되었으며 이 논문이 가설을 세운대로 *자기*를 여성대명사로 규정할 수 있는 확고한 근거가 된다.[6)]

6) 2인칭 *자기* 사용여부의 남녀 차이 (단위: 명)

성별	*자기* 사용함	*자기* 사용안함

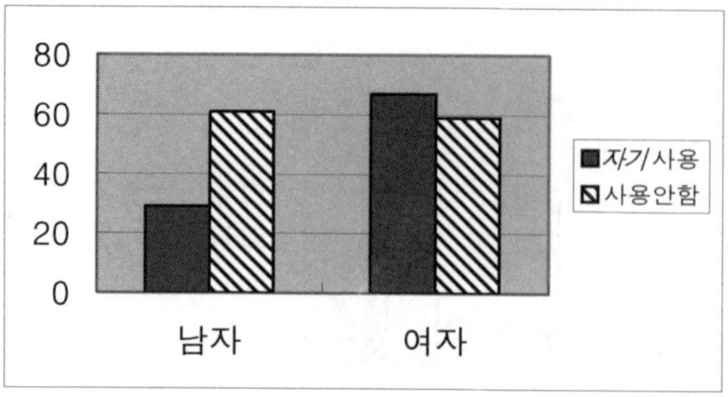

〈그림 5〉 직장인 216명의 성별에 의한 *자기* 사용 여부 (단위: 명)

조사한 216명 중 115명이 *자기*로 불린다고 대답했는데, 이들 중 여자가 75명으로 비율로 나타내면 여자 65%(남자 35%)가 *자기*로 불린다는 것이다. 이 수치를 가지고 남녀를 구분한 카이 제곱 테스트의 결과는 17.598로서(p=0.0001), 99.99%의 확률로 여자 쪽이 *자기*로 불릴 가능성이 높다는 뜻으로 해석할 수 있다. 흥미로운 점은 35%의 남자가 *자기*로 불린다는 점이다.[7] 그러나 앞서 나온 결과에서 보듯이 남성 스스로 *자기*를 사용하는 경우는 아주 적기 때문에 이 결과로 미루어 보아 남자들이 여자들에게 *자기*로 불리는 경우가 많다는 뜻으로 해석된다.[8]

내가 *자기*라고 부르는 사람은 주로 여자인 경우가 많지만(44명), 남녀 모두를 *자기*로 칭한다고 답한 경우도 40명이나 되어 이에 못지않다. 남자나 여자를 *자기*로 부르는 비율을 남자 혹은 여자만 *자기*로 부르는 경우와 남녀 모두를 *자기*로 부른다는 답변과 각각을 합한 후 대조해 보면 남자만, 혹은 여자만 *자기*로 칭하

남자	30	61
여자	65	60

7) 2인칭 *자기*로 불리는지 여부의 남녀 차이 (단위: 명)

성별	*자기*라고 불림	*자기*라고 불리지 않음
남자	40	64
여자	75	37

8) 이 항목에서 응답자들이 "연인 사이가 아님에도 쓸 수 있는" *자기*의 2인칭 대명사 용법에 대해 분명하게 이해한 것인지 의구심이 든다.

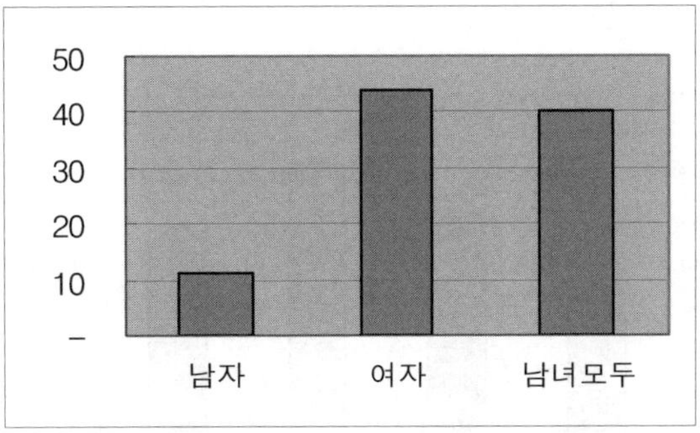

〈그림 6〉 *자기*로 불리는 사람들의 성별분포

는 경우의 비율을 낼 수 있다.

남자를 *자기*로 부르는 모든 경우 대 여자만 *자기*로 부르는 모든 경우는 51:44, 그 역의 경우는 84:11로 이는 *자기*를 사용하는 사람이 남자를 *자기*로 칭하는 경우는 53.7%, 여자를 *자기*로 칭하는 경우는 88.4%라는 의미로 해석할 수 있다. 이 세 가지 경우가 우연일 확률은 카이 제곱 수치를 계산하면 20.482(df=2, p=0.0003)로서 이 구분 역시 통계적으로 유의하다. 또한, 평균값 31.7에서 남자가 *자기*로 불릴 경우의 잉여 값이 −20.7이나 되므로 남자가 *자기*로 불릴 확률이 매우 낮은 것으로 판단되며, 여자에게만 *자기*를 사용할 확률이 훨씬 높다.

(3) 연령층

전화조사에서 이미 20세 이하와 55세 이상을 *자기* 사용 연령층에서 제외할 수 있음을 알 수 있었다. 마찬가지로 직장인들의 조사에서도 25세 미만인 경우와 54세 이상인 경우에는 *자기*의 사용비율이 현저히 낮았다. 그런데 25~54세의 연령층에서 *자기*를 2인칭 대명사로 사용한다는 사람들과 사용하지 않는다는 사람들의 비율이 비슷하기 때문에, 일단 *자기*를 사용하는 연령대에서는 연령 외의 성별과 같은 다른 요소들이 더 영향을 준다는 사실을 알 수 있다.

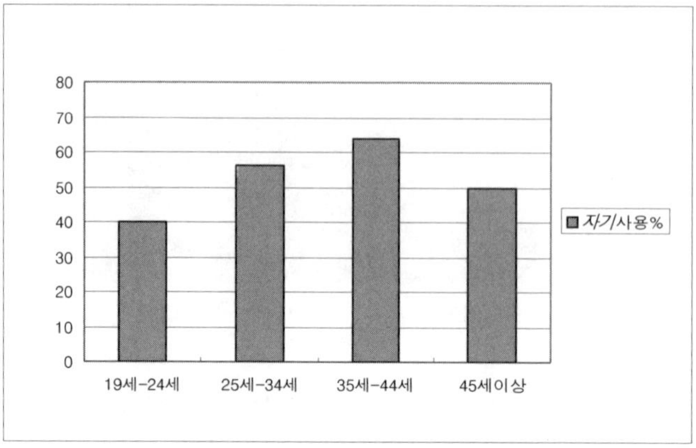

〈그림 7〉 남녀 직장인들의 연령대별 *자기* 사용 양상

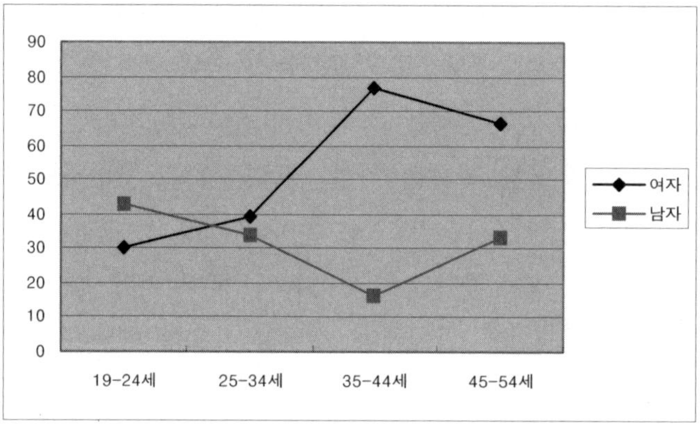

〈그림 8〉 연령대와 성별로 본 *자기*의 사용 양상

위의 그래프는 연령별로 보았을 때의 *자기* 사용 비율을 성별이 대조되도록 그래프로 나타낸 것이다. 남녀별 차이가 가장 큰 연령층은 *자기*를 가장 많이 사용하는 35~44세 집단이다. 흥미로운 점은 통계적으로 유의한 수치는 아니지만 가장 어린 연령층인 25세 미만의 집단에서 남자가 여자보다 *자기*를 사용하는 비율이 약간 더 높다는 사실이다.[9]

9) 이 같은 결과와 *자기* 사용이 변화 과정에 있다는 잠정적인 결론을 토대로 *자기*의 다음 발전단계는 남성 화자에게로의 확장이라고 예상할 수 있다. 이 결과는 *자기*가 특

(4) 화자와 *자기*라고 부르는 사람들 간의 상하관계

직장인들은 주로 동급이거나(55%), 아랫사람(20%)을 *자기*라고 부른다. 윗사람을 *자기*라고 부른 경우는 6명(5%)에 불과하다. 이와 같은 상하관계는 *자기* 사용의 중요한 제약조건인 것으로 보인다. 그러나 우리말이 본래 윗사람을 대명사로 부르는 것 자체가 금기시 된다는 점을 감안하면 당연한 결과라고 할 수 있다.

*자기*를 사용하는 화자와 사용 대상 간의 연령차는 거의 없는 것으로 밝혀졌다. 그러나 사용하는 대상의 연령층은 확실히 개인차가 있으며, 두 직장인들 집단 간의 차이도 나타난다. 교사집단은 사용범위가 넓어, 위로는 6년, 아래로는 7년까지 *자기*를 사용할 수 있다고 답한 반면, 회사원집단은 위로 4년, 아래로 15년까지 *자기*를 사용한다고 답했다. 이 조건을 요약하면 다음과 같다:

(6) *자기* 사용에 대한 연령 제약: 화자와 청자 간의 연령차이
교사 집단: 분포: +6～−7, 중간값: −1, 평균: +0.46
회사원 집단: 분포: +4～−15, 중간값: −5.5, 평균: −0.58

즉, *자기*를 사용하는 연령은 아래보다는 위로 제한을 많이 받는 것으로 드러났다.

(5) 화자와 *자기*라고 부르는 사람들 간의 친밀도

화자와 *자기*라고 부르는 사람과의 관계는 아주 친하거나(51%) 친한 편(43%)이라고 나타났다. 따라서 *자기*의 사용은 사용자들 간의 친밀성을 전제로 한다고 보아도 무방할 것 같다. 단지 실제로 *자기*가 사용된 사례를 분류한 (4)의 f, g번 유형, 즉 친해지려는 의도에서 판매사원이나 서비스 제공자가 손님을 *자기*로 부르는 경우가 직장인들에 대한 설문 조사에는 나타나지 않았음을 간과하지 말아야 한다. f, g번의 유형은 우리의 조사에서 밝혀진 "여성성"과 "친밀한 사이에서 사용된다"는 2인칭 대명사 *자기*의 성격에 기초하여 여성을 상대하는 상인, 미용사들이 의도적으로 *자기*를 사용한 결과라고 분석할 수 있다.

정한 사회적 관계에서만 쓰이는 대명사에서 일반적인 대명사로 발전하는 단계에 있다는 증거가 될 수 있다.

화자와 청자가 어느 시기에 서로 알게 되었느냐는 것은 대명사의 선택뿐만 아니라 존대법의 사용에도 지대한 영향을 끼친다. 이를테면, 아무리 상대의 나이가 나보다 적다고 하더라도 어린아이가 아닌 이상 처음 만난 경우에 존댓말을 쓴다. *자기*의 사용에서도 관계 형성 시기는 중요한 조건임이 밝혀졌다. 대부분의 응답자(58%)가 대학 졸업 이후에 만난 사람들을 *자기*라고 부른다고 답했다. 회사원들 중에는 고졸자가 많았는데, 이들을 감안하면, 관계 형성 시기는 더 정확하게는 성인이 된 후, 혹은 직장에 들어와서가 전체의 72%가 된다. 나머지 28%는 고교재학 이전부터 알고 있는 친구, 후배 등을 여러 가지 이유에서 '너'라고 부르기는 어려워서 *자기*로 칭하는 경우라고 해석할 수 있다.

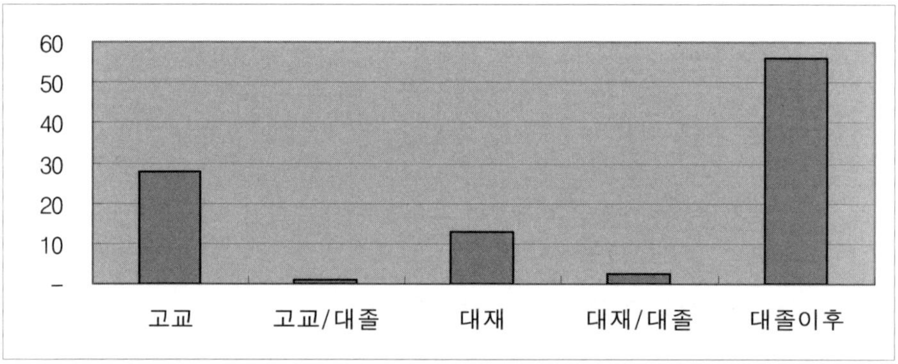

〈그림 9〉 나와 내가 *자기*라고 부르는 사람과의 관계 형성 시기 (%)

① *자기* 라고 부르는 사람들을 이름으로 부를 수 있는가

이 문항에 대해서 우리는 함부로 "누구야"라고 이름을 부를 수 없는 상대를 *자기*로 칭한다고 예측했다. 그러나 결과는 이름을 부를 수 있는 경우가 더 많다고 나왔다(69%). 그런데 이 항목은 질문의 오류 가능성을 생각해 보아야 한다. 즉, "누구야"라고 이름을 부를 수 있는 상대라고 해도 여러 가지 이유에서, 예를 들면 학교 후배나 직장 동료인 경우, 이름을 함부로 부르기 어려운 경우에 *자기*를 쓰는 경우가 많다고 말하는 사람들이 많았기 때문이다. 우리가 이 점을 미리 예측하고

좀 더 세밀하게 "이름을 부를 수는 있으나 함부로 부르기는 조금 껄끄럽다"라는 항목을 넣었다면, 결과가 달랐을 것이라고 여겨진다.

② 그 밖의 요인들

*자기*라고 불리는 사람이 특별히 여성을 대상으로 하는 직업을 가졌다고 응답한 경우는 전체의 24%인 14명에 불과했다. 이는 여성을 꼭 상대하는 직업을 가졌다고 해서 무조건 *자기*를 쓰는 것은 아니라고 해석된다.

*자기*를 사용하는 화자들의 스스로에 대한 평가는 매우 보수적 5%, 약간 보수적 40%, 약간 개방적 46%, 매우 개방적 8%로 나타나, *자기*의 사용은 매우 보수적인 성향과는 거리가 있다고 밝혀졌다. 그렇다고 해서 각별히 개방적인 성향과 연관되어 있다고 말할 수도 없다.

두 부류의 직장인들은 *자기*의 사용에서 큰 차이를 보이지 않는다. 그러나 전화조사에서 10명 중 10명 모두가 *자기*를 사용한다고 답변한 25~44세의 가정주부들의 경우를 심층 조사할 필요가 있다. 다음 장에서 주부들의 *자기* 사용에 관해 심층적으로 알아보자.

7) 가정주부들: 전형적인 *자기* 사용자

(1) 조사방법

주부들을 조사하는 방법으로는 수량적인 조사와 더불어 좀 더 질적인 조사가 가능한 인터뷰 방식을 택했다. 주부들을 자연스럽게 만나 이야기를 꺼낼 수 있는 장소로 서울 용산구의 아파트 밀집지역을 선택하고 이 동네의 소아과, 이비인후과, 수지침 시술원 등 세 곳을 인터뷰 장소로 정했다. 이곳에서 만난 주부들을 대상으로 대명사 *자기* 사용에 관해 간단하게 질문함으로써 서면조사의 딱딱함을 피하고 조사방법의 다양성을 추구했다.

총 51명의 가정주부들을 인터뷰 했는데, 이들에게 공통적으로 질문한 내용은 (a) 나이, (b) 직장생활 여부, (c) 자녀 유무, (d) 대명사 *자기*를 들어보았나, (e) *자기*

를 대화에 사용하는가?, (f) 누구에게 사용하는가? 등이다. 이 항목들을 자연스러운 상태에서 여러 차례의 질문과 대화를 통해 조사했다. 예를 들어 나이는 적절한 때에 직접적으로 질문했는데, 대부분의 화자들이 "몇(살)이예요" 혹은 "몇 학년 몇 반이네요"(사교적인 연세든 화자의 경우), "무슨 띠예요", "몇 년 생인데요." 하는 식으로 정확하게 답해 주었다. 또한 대답을 피한 사람들에게 "30대세요?", "굉장히 젊어 보이시는데, 몇이세요?", "환갑을 지내셨어요?", "50대라고요? 그럼, 초반이신가요?" 등의 여러 차례에 걸친 추가 질문을 통해 나이를 알아냈다. 물론 결국 정확한 연령은 알아내지 못하고 근접하는데 그친 경우도 두 명이 있었다. 면접 조사 결과는 다음과 같다.

(2) 조사결과

총 51명의 주부들 중에서 *자기*가 연인 사이가 아닌 경우에도 2인칭으로 사용되는 경우를 들어본 적이 있는 사람은 51명 모두이고(100%), 자신이 *자기*라고 불려 본 사람은 47명(92.2%), 스스로가 *자기*를 사용한다는 사람은 38명(74.5%)이었다. 이 수치는 앞서 조사된 일반인 집단, 20대 집단, 직장인 집단에 비해 압도적으로 높은 것이다.

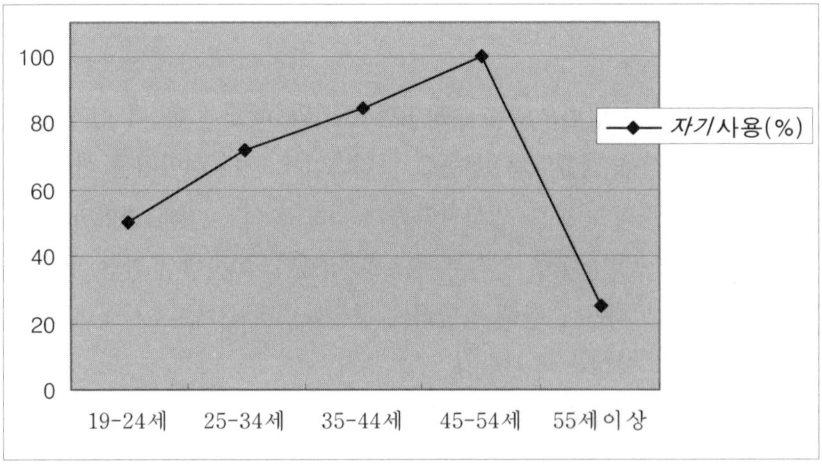

〈그림 10〉 *자기* 사용의 연령별 분포도

(3) 결과 분석

주부들은 직장인들보다 더 나이 든 경우에도 *자기*를 사용하는 것으로 밝혀졌다. *자기*로 불린 적이 전혀 없다는 네 명의 특징은 연령인 것으로 명확하게 드러난다. 이들 네 명은 각기 21세, 29세, 63세, 67세이다. 앞서 실시한 조사에서 밝혀진 바와 같이 60대와 20대 초반의 화자가 *자기*라고 불려본 적이 없다는 사실은 *자기* 사용의 연령제약조건에 의해 매우 자연스럽게 설명이 된다. 이들 중 *자기*를 사용할만한 연령인 29세 화자는 미혼이고 직장에 다니지도 않기 때문에 사회적으로 매우 제한된 인간관계를 갖고 있는 예외적인 경우로 나타났다.

그런데 *자기*를 대명사로 사용하지 않는다는 13명은 다음과 같이 비교적 고른 연령의 분포를 보인다: 21세, 24세, 29세, 29세, 31세, 34세, 34세, 36세, 38세, 43세, 58세, 63세, 67세. 이들의 특징은 (1) 58세 이상이거나(3명), (2) 20대와 30대 초반으로 미혼이며 직업이 없는 화자, 43세로 미혼인 화자(29세 한 명만이 파트타임 학습지 교사), (3) 34세로 기혼이지만 아이가 없으며 외국 회사의 지사에 오래 다니다가 최근에 직장을 그만 둔 경우, (4) 고학력자(38세인 남녀 공학 대학의 경영학 교수, 34세로 박사학위를 소지한 대학 강사, 36세의 한 화자는 대졸 학력이지만 다시 전문대의 문예창작과에 입학한 경우)로 전형적인 주부들과는 조금 배경이 달랐다.

주부들에 대한 조사와 앞서 일반인들 집단에서 실시한 전화 조사를 기초로 이끌어 낼 수 있는 결론은 20대 후반에서 50대 중반이 *자기* 사용의 연령층에 해당하며, 자녀를 둔 전업주부들인 경우 *자기*를 사용하는 비율이 100%에 이를 정도로 매우 높다는 점이다. 그렇다면 이들이 *자기*를 사용하는 대상은 누구이며, 어떤 제약조건이 있는지 알아보는 것이 중요하다. 제약조건에 대한 조사를 좀 더 세밀하게 하기 위해서 전형적인 *자기* 화자로 분류될 수 있는 40세 주부 최애경씨(가명)를 인터뷰했다.

(4) 전형적인 *자기* 화자의 경우

심층 면접을 한 최애경씨는 중학교 1학년, 초등학교 2학년인 두 아들을 둔 전업주부다. 그는 명랑한 성격의 소유자로 그가 중심이 되어 아들 친구들의 어머니들과 모임을 만들었으며 그들과 한 달에 한 번 이상 만나 교류하며 친분을 쌓고 있다. 즉, 최씨는 Milory(1992)의 사회적 교류망(social network)의 개념에서 보면 지역적 교류망(local network)의 중심이 되는 인물이다. 그는 특유의 사교성을 발휘해 연구자에게 그가 속한 두 그룹 구성원들의 전화번호 명부를 보여 주면서 하나하나 그가 *자기*라고 칭하는 사람들과 그렇지 않은 사람들에 대한 이야기를 들려주었다.

큰 아들의 유치원 동기생 모임(A그룹)은 아이들이 웅변, 운동모임을 함께 하면서 무려 십년이나 지속되고 있었다. 최씨는 자신을 뺀 열두 명의 어머니들 중 다섯 명을 제외한 일곱 명을 *자기*라고 부르며(58.3%), 최씨를 *자기*라고 부르는 사람들은 여럿으로, 정확히 셀 수는 없지만 (a) 나이가 최씨보다 많은 두 명과, (b) 나이가 어린데도 불구하고 가끔 최씨를 *자기*라고 부르는 "생각이 짧은" 엄마들, 그리고 (c) 동갑내기이거나 조금 나이가 적은 "친한" 사람들 세 부류라고 말했다. 그는 자신이 *자기*라고 부르지 않는 예외적인 경우에 대해서는 다음과 같이 이유를 설명했다.

(7) 주부 최씨가 *자기*라고 부르지 않는 A그룹 멤버 다섯 명에 대한 설명
a. 김SW엄마: 동갑내기지만 사람이 차갑고 조용해서 친하게 다가갈 수 없다.
b. 최JW엄마: 고교 2년 후배이지만 성격이 완벽주의자라서 내가 친하게 구는 것이 어색하다.
c. 장WS엄마: 세 살이 어리지만 별로 성격상 공통점도 없고 거리감이 느껴지는 상대다.
d. 박CY엄마: 세 살이나 위라서 *자기*라는 말은 못쓴다.
e. 조JK엄마: 두 살 위인데다 종교를 강요해서 평소에도 말붙이기가 껄끄럽다.

작은아들의 초등학교 입학동기생들 모임(B그룹)은 1년 반 정도 지속되고 있는데, 최씨는 자신을 뺀 15명의 어머니들 중 3명을 제외한 11명을 *자기*라고 부르고 있었다(78.5%). 그러나 이 모임에서 최씨를 *자기*라고 부르는 사람은 아무도 없었다. 그 이유는 최씨가 처음부터 자신이 이 모임에서 제일 나이가 많다는 사실을

밝혔고 누구나 다 그것을 알고 있기 때문이라고 설명했다. 그럼에도 불구하고 자신은 세 명을 *자기*라고 부르지 않는데 이에 대한 최씨의 설명은 다음과 같다.

(8) 최씨가 *자기*라고 부르지 않은 B그룹 멤버 세 명에 대한 설명

a. 이JH엄마: 정확한 나이를 모르는데다가 별로 이야기 할 기회가 없었기 때문에 친밀한 감정이 안 생겨서 *자기*라는 말을 못 쓰는 것 같다.

b. 김JY엄마: 나이는 나보다 한 살 어리지만 시댁 쪽으로 건너서 아는 사람들이 있다. 그래서인지 거리감이 느껴져서 *자기*라고 차마 못 부르겠다.

c. 양HS엄마: 나보다 나이가 적은 것은 사실이지만 정확한 나이를 모르겠고, 워낙 얌전하고 말수가 적은 사람이라 *자기* 어쩌고 하며 친근하게 접근하기가 어려워서 만나면 말이 안 나오는 상대다.

즉 최씨의 설명에 따르면 주부들 사이에 *자기* 호칭을 쓰는 데는 직장인들에 대한 조사에서도 밝혀진 바와 마찬가지로 (a) 성인이 되어 만난 인간관계라는 조건과, (b) 화자보다 청자의 나이가 같거나 적어야 한다는 조건이 있다.[10] 그런데 특별히 가정주부들의 경우에는 (c) 실제로 아주 친하지는 않다 하더라도 화자와 청자의 성격상 남과 친근하게 사귀는 소탈한 사람이어야 한다는 조건이 있다는 점이 밝혀졌다. 최씨에게 *자기*를 사용하지 않는 대상은 어떻게 부르느냐고 질문했더니 "누구 엄마"라고 칭하거나 "아예 부르지 않는다"고 답했다. 또한 흥미롭게도 최씨가 *자기*로 칭하는 이들 중에는 고교 후배들도 있었다. 보통의 경우라면 너라고 불러도 되겠지만, 이들을 전에는 가깝게 알았던 적이 없기 때문에 그들도 자신을 "언니"라고 부르지 않고, 이들 중 한 명이 몇 년간 친분이 쌓이면서 자신을 "언니"라고 부르게 되었지만, 자신은 그를 "너"라고는 차마 부를 수 없어서 *자기*라고 부른다고 했고 앞으로도 그렇게 부를 것이라고 말했다. 최씨에 대한 심층 면접은 주부들의 *자기* 사용에서 매우 섬세한 사회적 조건이 적용되고 있음을 보여

---

10) 최씨를 이 조건에 위배되는 경우, 즉 나이가 어린 주부들이 분명히 나이가 많은 자신을 *자기*라고 부르는 것에 대해 "생각이 짧다"고 평하며 불쾌해하고 있다. 가장 흥미로운 점은 나이가 적은 사람이 더 많은 사람에게 *자기*를 사용하는 것이 가능하기도 하고 용납되기도 하지만, 결코 상대에게서 환영받지 못한다는 사실이다. 흥미롭게도 최씨는 이들을 모두 "누구엄마"로만 기억하고 기록하고 있다.

준다. 그러나 최씨의 경우에서도 *자기* 사용의 조건이 우리가 조사하기 전에 예측한 친밀도와 상하관계의 제약을 결코 벗어나지는 않았다.

8) 화자들의 자기평가

우리는 전화 조사와 주부들에 대한 인터뷰 조사를 마친 다음에 화자들에게 *자기*의 2인칭 대명사로의 사용에 대한 그들의 개인적인 의견을 물었다. 이렇게 조사된 화자들의 *자기* 사용에 대한 평가(self-evaluation)를 요약하면 다음과 같다.

(9) *자기* 사용에 대한 화자들의 자기평가 다섯 가지
a. 옳지 않고, 천박하다.
b. 남들이 쓰니까 나도 부화뇌동으로 쓰게 된다.
c. *자기*는 친밀도와 관계형성 시기 때문에 쓰게 된다.
d. 후배나 하급자를 높여주는 의미에서 사용한다.
e. 상인과 서비스업 종사자들이 손님에게 친밀감을 주기 위해 사용한다.

첫째, *자기*의 사용을 좋지 않게 생각한다고 말한 사람이 세 명 있었다. 36세의 한 주부는 "남들은 쓰지만 나는 결코 안 쓴다."며, "자칫 천박하게 들리고 옳지 않은 용법인 것 같아 일부러 쓰지 않는다."고 말했다. 그런데 이 화자는 대학을 졸업했으나 최근에 문예창작을 공부하기 위해 다시 전문대학에서 공부를 시작한 특이한 이력의 소유자이다. *자기*를 사용하지 않는 다른 두 명의 화자들은 그저 "나는 쓰지 않는다."며 그 이유는 "잘 모르겠다. 그냥 어색하다."고 말해 *자기* 사용에 관해 막연하게 부정적인 이미지를 갖고 있었다.

두 번째의 견해는 부화뇌동으로 *자기*를 쓰게 된다는 것이다. 본인의 의지로 2인칭 *자기*를 사용한다기보다, 아이 친구들의 학부모들이 만난 자리 등 서먹서먹한 사이에서 상대가 먼저 쓰면 자신도 덩달아 쓰게 된다고 한다. 이때 특이한 점은 내가 한두 살, 많게는 서너 살 나이가 어리다는 사실을 알더라도 화자와 청자 간에 서열상 분명한 상하관계가 성립하지 않는 한 *자기*를 사용해도 무방하다는 암묵적인 규칙이 존재한다는 점이다. 그래서 주부들 사이에 연령에 크게 구애받지

않고 자신보다 나이가 많은 사람에게 *자기*라고 부르는 사람들이 많았다. 하지만, 최씨의 심층면접 결과를 통해 살펴보면 주부들 간에는 대명사 사용의 화자－청자 간의 연령제약(즉 화자가 청자와 나이가 같거나 더 많을 것)이 비교적 잘 지켜지고 있었고 이 제약을 어기는 경우 허용은 되지만 환영받고 있지 못함을 알 수 있었다. 가장 흥미로운 경우는 관찰된 용례 중 손아래 시누이가 두 살 나이가 많은 경우의 *자기* 사용이다. 시누이는 어린 올케에게 일단 언니라고 부른 후 곧 다시 *자기*로 칭했다. 이런 경우에 *자기*를 사용하는 것은 둘 사이의 관계설정에서 친족관계를 우선하지만, 시누이가 연령 조건에 근거해 볼 때 올케보다 사회적 서열이 늘 아래인 것은 아님을 밝히는 것이다. 즉, 시누이의 *자기* 사용은 자신의 불편한 위치를 표출할 수 있게 하는 하나의 전략적인 역할을 수행하고 있다고 말할 수 있다.

세 번째는 매우 분석적인 의견이다. 어떤 화자들은 자신이 *자기*라고 부르는 사람들과는 "나이 들어 만났기 때문에 *너*라고 하지 못해서 *자기*를 쓰는 것"이라고 설명했다. 이런 의견을 낸 화자들은 자신들이 *자기*라고 부르는 사람들에게는 결코 너라고 칭할 수 없고, *자기*는 충분한 친밀감을 담은 호칭이기 때문에 더 친해지더라도 계속 *자기*라고 부를 것이라고 말했다.

네 번째는 후배나 하급자를 높여주는 의미에서 *자기*를 사용한다는 의견이다. 이런 관계는 조금만 더 친해지면 쉽사리 너로 바꾸어 부를 수 있는 사이인데, 단지 아직은 서먹해서 혹은 남들 앞에서 조금 높여주는 의미로 *자기*를 사용하는 경우라는 뜻이다. 이런 경우에서 "내가 *자기*라고 부르는 사람을 영희야, 철수야 같이 이름으로 부를 수 있느냐?"는 직장인들에 대한 설문조사에 그렇다는 답변이 나왔으리라고 여겨진다.

다섯 번째는 사례조사의 여섯 번째와 일곱 번째에서 관찰된 적이 있는 경우로, 상인들과 서비스업 종사자들이 손님에게 친밀감을 주기 위해 그러한 느낌을 주는 *자기*를 사용한다는 견해다. 미용실, 여성 의류상 등 특별히 여성을 대상으로 하는 상업과 서비스업에 종사하는 사람들이 주로 연령이 비슷하거나 어려 보이는 여자 손님에게 사용하는 경우가 많은 것으로 나타났다. 여자 미용사가 젊은 남자에게

(2건), 남자 미용사가 젊은 여자에게(4건) 쓰는 경우도 관찰된 바 있다. 이 경우는 실제로는 존재하지 않는 친밀감을 표현하는 수단으로 친밀하다는 의미를 담고 있는 *자기*를 이용하는 것이라고 해석할 수 있다. 이는 미국인들이 젊은 여자에게 초면일지라도 "dear, sweet heart, sweetie, honey"등의 애칭을 사용하는 것과 일맥상통한다고 볼 수 있으며, 따라서 *자기*의 친밀성은 여성성과 무관하지 않다고 여겨진다.

3. 맺음말

본 연구에서는 총 342명에 대해서 2인칭 대명사로 *자기*를 사용하는지에 관해 수량적으로 조사하고 51명에 대한 질적인 조사를 실시해 *자기* 사용에 관해 심층적으로 분석했다. 즉, 일반인 집단에 대해서는 전화 조사(40명), 20대 집단(35명)과 교사와 회사원으로 구성된 직장인 집단(216명)에 대해서는 설문지를 통한 조사를 했으며, 전업주부를 중심으로 한 서울 용산구의 여성들(51명)은 면접조사를 했다. 이렇게 다양한 사회언어학적 조사를 통해 여성성은 *자기*의 사용에서 매우 중요한 결정 요소인 것으로 나타났다. 즉, *자기*가 꼭 여성들에게 국한되어 사용되는 것은 아니지만, 현재 여성들이 *자기*를 더 많이 사용하고 있으며, 대부분의 경우 *자기*는 여성을 지칭한다는 점에서 2인칭 대명사 *자기*를 사용하는데 있어서 여성성은 가장 강한 결정요소임이 밝혀졌다.

연령도 *자기* 사용의 중요한 조건으로 밝혀졌다. 20대 후반에서 50대 중반에 이르는 중장년의 화자들이 2인칭 대명사 *자기*를 가장 많이 사용한다. 결론적으로 25~55세의 여성이 성인이 되어서 알게 된, 연령이 화자와 같거나 적고, 친근하게 느껴지는 여성에게 사용하는 것이 가장 전형적인 경우라고 말할 수 있다. 즉, *자기*는 이러한 성별, 연령, 친밀도 등의 비언어적인 제약조건을 갖는 대명사라는 본 연구의 가설이 다양한 조사를 통해 증명된 것이다.

*자기*의 2인칭 대명사로서의 기능은 새로운 것임이 확실한데, 2인칭 대명사로

서의 발달은 세 단계로 나누어 볼 수 있을 것 같다. 첫 번째 단계에서 *자기*는 젊은 연인들 사이에만 사용되었었고 그러한 사람들 중 일부는 결혼을 한 후에도 계속해서 *자기*를 2인칭 대명사로 사용함으로써, 젊은 부부들 사이에서는 *자기*가 이전에 사용되던 당신을 대신하게 되었다고 생각된다. 이러한 2인칭 대명사로서의 *자기*의 사용에 대해서 정확한 자료는 없지만 1970년대부터 시작되었다고 여겨진다. 연인들이나 부부간에 사용되는 2인칭 대명사로서의 *자기*의 기능은 서론에서 소개했듯이 일부 연구에서 보고된 바 있다.

두 번째 단계는 여성 대화자들 사이에 *자기*가 2인칭 대명사로 사용되는 것이다.[11] 마지막 세 번째 단계로 비록 그 사용이 아직 미미하기는 하지만 남녀 혹은 남성 대화자들 사이에서 *자기*가 사용됨으로써 보다 일반적인 2인칭 대명사로 발달하고 있다. 즉, *자기*는 우리말 2인칭 대명사가 갖는 제약 조건들을 지키면서 일반적인 2인칭 대명사로 발달하는 과정에 있다고 결론지을 수 있다.

그러나 본 연구에서 나타난 *자기* 사용의 연령분포는 *자기*의 2인칭 대명사적인 사용이 곧 일반화하거나 대폭 증가하리라고 예측하는 지표로 사용될 수는 없다. 현대 사회언어학에서는 연령을 언어 사용에 대한 사회적 결정요인의 하나로 간주하고 있는데, 본 조사에서 사용한 것과 같은 공시적인 사회언어학적 조사(apparent time study)에서 연령대별로 다른 분포를 보이는 결과를 얻었을 경우에 이를 해석하는 일은 그리 단순하지 않다. 공시적인 조사에서 연령별로 다른 언어 사용 양상을 보이는 것은 언어가 변화하는 과정이라는 것과 조사된 언어의 사용이 연령대별로 규정되어 있다는 두 가지의 가능성을 모두 내포하기 때문이다.

언어 변화의 과정에서 나타나는 변이 현상은 일정한 시간이 지난 후에 다시 조사를 한다면(real time study) 확실한 결론을 이끌어 낼 수 있지만 시간이 오래 걸리기 때문에 당장에 사용할 수 없다(Eckert 1997). 현재의 변이를 변화의 과정으로 해석하기 위해서는 과거의 방언조사결과 등 이미 이루어진 연구를 토대로 삼아야 한다. 그러나 2인칭 대명사로 쓰이는 *자기*의 구체적인 사용에 대한 경우에

11) Park(1992)에서는 *자기*의 2인칭 대명사로의 발달의 원인을 우리말 대명사 체계의 특성과 우리 사회의 구조적 변화를 연계시켜 설명하고 있다.

는 선행연구가 없다. 선행연구가 없었다는 사실 자체를 근거로 *자기*의 2인칭 대명사 용법이 새로운 것이라고 추론할 수는 있다. 그러나 *자기*를 사용하는 연령대가 따로 구분되어 나타난다는 조사 결과는 *자기*의 사용이 어린 화자들에게 널리 퍼져서 곧장 언어변화로 이어지는 경우가 아니라는 점을 알려 준다.

후자의 경우는 현재의 변이 형태는 연령대별로 규정되어 있어서 어린 화자들이 나이가 들어 일정한 연령이 되면 지금 나이 든 화자가 하는 대로 변이형을 사용하게 될 것이라는 예측이다. 즉 *자기*의 경우는 자네와 같이 어린 화자들이 특정한 연령에 이르면 비로소 그 용법을 배워 사용하게 된다는 가설이다. 이를 연령별로 차이 나는 분포(age grading)라고 하고 전자의 경우와 마찬가지로 실제로 조사해 어린 화자들이 20대 후반에 이르면 *자기*를 사용하게 된다는 사실을 증명해 보여야 한다.

*자기*의 경우에는 위의 두 가지 중 어느 쪽으로도 섣불리 결론을 내릴 수 없다. *자기*가 2인칭 대명사로 처음 사용될 무렵에는 연인 사이로 그 사용이 국한되어 있었으나 현재에는 여성성이 강하지만 꼭 연인 사이에만 쓰이는 것이 아닌 일반적인 2인칭 의미의 대명사로 그 의미가 확장되고 있다. 이 점에서 *자기* 사용은 언어 사용상의 변화임이 분명하다. 그러나 *자기*가 사용되는 연령층이 상당히 제한적이라는 사실로 미루어 볼 때, *자기*를 어린 화자들이 배워서 전 연령층서 고르게 대명사로 쓰이게 될 가능성은 높지 않다고 말할 수 있다.

본 연구는 2인칭 대명사 *자기*의 사용상의 특성과 제약을 규명하는 데 있어서 연구자의 직관에만 의존하지 않고 다양한 사회언어학적 연구 방법을 적용해 조사함으로써 *자기* 사용의 실제 모습을 좀 더 가깝게 밝혀냈다. 한국어의 2인칭 대명사들은 상하관계나 친소관계에 따른 일반적인 제약과 더불어 그 하나하나가 특별한 사용상의 제약들을 가지고 있다.[12] *자기* 사용은 현재 여성들 사이에 가장 많이 쓰이고 있으나 간혹 남성들 간에도 사용되는 점으로 미루어 보아 점차 일반화되어가는 과정에 있다고 판단된다. 일정 기간이 지난 후 이 논문의 연구 결과를 토

12) 본 연구에서 사용한 연구 방법론은 그러한 제약들의 실체와 특성을 좀 더 정확하게 규명하려고 하는 연구들에서 응용될 수 있으리라고 생각된다.

대로 2인칭 대명사로서의 *자기*에 대한 연구가 수행된다면 그러한 *자기*의 사용상의 특성과 제약뿐만 아니라 변화의 특성도 함께 파악될 수 있을 것이다.

√ 참고문헌

김미형 (1995). 한국어 대명사. 서울: 한국문화사.

김정아 (1984). "15세기 국어의 대명사에 관한 연구." 서울대학교 석사학위 논문.

박정운 (1997). "한국어 호칭어 체계." 사회언어학 5, 507-527.

양동휘 (1986). "한국어의 대용사론." 언어 15, 41-162.

장석진 (1984). "지시와 조응." 한글 186, 115-146.

Cho, J.-H. (1982). A Study of Korean Pragmatics: Deixis and Politeness. Doctoral Dissertation. University of Hawaii.

Eckert, P. (1997). Age as a Sociolinguistic Variable. In Culmas (ed.), *The Handbook of Sociolinguistics*, 151-167. Oxford: Basil Blackwell.

Hwang, J.-R. (1975). Role of Sociolinguistics in Foreign Language Education with Reference to Korean and English Terms of Address and Levels of Deference. Doctoral Dissertation. University of Texas at Austin.

Kachigan S. K. (1991). *Multivariate Statistical Analysis: A Conceptual Introduction*, New York: Radius Press.

Labov, W. (1986). Field Methods of the Projects on Linguistic Change and Variation. In J. Baugh (et al). *Language in Use*, 28-53. Englewood Cliffs: Prenctice-Hall.

Lukoff, F.(1982). *An Introduction Course in Korean*. Seoul: Yonsei University Press.

Milory, J (1992). *Linguistic Variation and Change*. Oxford: Blackwell.

Pae, Y. S. (1974). Semantics of 'You' in Korean. *The English Language and Literature* 51-52, 558-566.

Park, J.-W. (1992). A Recent Development of Caki, a Second-Person Pronoun in Korean. *Locating Power: Proceedings of the Second Berkeley Women and Language Conference* 2, 489-500.

Woods, A., Fletcher, P. and A. Hughes (1986). *Statistics in Language Studies*. London: Cambridge Textbook Series.

2

현대사회에서의 호칭어의 변이와 변화: 서비스업을 중심으로

강희숙(조선대학교)

1. 연구 목적

본 연구는 한국어 문법의 각 층위에서 공시적으로 존재할 수 있는 언어 변이(linguistic variation) 현상들 가운데 어휘론의 층위, 그 가운데 서비스업을 중심으로 사용되는 호칭어에 대한 사회언어학적 분석을 목적으로 한다.

주지하는 바와 같이, 언어 변이 또는 변이 현상이란 일정한 언어 사회에서나 사회 계층 혹은 같은 화자의 말에서 동일한 개념이나 사물을 가리키는 대안적 표현 방식이 공시적으로 둘 이상 공존하여 쓰이고 있는 상태를 말한다. 이른바 빠롤(parole) 혹은 언어 수행(linguistic performance)의 차원에서 흔히 발견되는 언어 변이는 화자들이 실제로 어떻게 언어를 사용하는가에 대한 풍부한 정보를 제공해 줌은 물론, 진행 중에 있는 언어 변화의 방향과 그 원칙을 파악할 수 있도록 해 준다는 점에서 매우 중요한 언어학적 의미를 지닌다.

본 연구는 광주광역시라는 대도시의 화자들이 서비스업, 특히 '손님'과 '종업원'이라는 사회적 관계에서 서로 간의 의사 전달을 위하여 사용하는 호칭어에서 나타나는 언어 변이 현상을 분석하는 목적이 있다. 또한, 언어 변이에 관여하는 언어 변이형(linguistic variants)들은 각기 다른 사회적 의미를 보유하게 되므로, 그 사회적 의미가 무엇인가를 파악함과 동시에 호칭어 사용에서 발견되는 언어 개신(linguistic innovation) 혹은 언어 변화(linguistic change)의 방향을 예측하기 위한 방법의 일환으로, 화자들이 호칭어의 변이형들에 대해 어떠한 태도를 지니고 있는가를 분석하고자 한다.

2. 호칭어의 개념과 표준 화법

호칭어(terms of address)란 화자가 청자와의 의사소통 과정에서 상대를 부르기 위해 사용되는 부름말을 말한다.[1)]

사회생활을 영위하는 동안 사람들은 어떠한 방식으로든 다른 사람들과 일정한 사회적 관계를 형성하게 되는 바, 그러한 관계를 유지하기 위한 목적으로, 또는 일정한 의사소통의 목적을 달성하기 위하여 상황에 알맞은 호칭을 사용해야 할 필요가 있다. 타인에 대한 적절한 호칭어는 상대방에 대한 예우와 친밀감을 함축하고 있음은 물론, 인간관계의 윤활유가 되기도 한다는 점에서 일상적인 언어생활 가운데 결코 소홀히 할 수 없는 요소라고 할 것이다. 그러나 오늘날 누구나 다 인정하는 바이지만, 우리 사회의 많은 층위에서 전통적인 호칭어들이 사라져 가고 있음은 물론, 그 사용에 있어서도 걷잡을 수 없을 정도로 혼란과 무질서를 겪고 있음을 쉽게 발견하게 된다. 이러한 현상은 언어 역시 다른 현상들과 마찬가지로 끊임없는 변화의 수레바퀴 아래 놓여 있기 때문에 나타나는 현상이라고 보면 당연한 것이라고 할 수도 있다. 그러나 그것이 무질서와 혼돈의 극한 양상을 보이는 것이라고 할 때에는 국가적 차원의 언어 정책의 개입이 요구된다는 점에서 한 번쯤 점검해 볼 필요가 있는 문제라고 할 것이다.

호칭어를 포함한 국어 생활의 규범을 규정하기 위해 1990년대 초 조선일보사

1) 호칭어의 정의에 대해서는 Braun(1988: 7), Fasold(1990: 1-2) 등을 참조.

와 국립국어연구원이 공동으로 화법 표준화 사업을 벌인 바 있다. 주지하는 대로, 이 사업은 이어령 당시 문화부 장관이 일상 언어생활에서 국민들이 겪는 어려움과 혼란을 덜어주기 위하여 민 · 관 공동으로 화법 표준화 사업을 벌일 것을 제안한 데 따른 것이다. 그리하여 민으로서는 조선일보사가, 관으로서는 국어연구원이 참여하여 공동으로 사업을 추진하여, 그 성과물 가운데 하나로 『우리말의 예절 상 · 하』 두 권의 초판이 1991년에, 증보판이 1996년에 간행되기에 이르렀다. 이와 같은 연구 성과는 어문 정책의 입안은 민간의 주도하에, 정책의 시행은 정부의 주도하에 이루어졌다는 점에서 새로운 어문 정책의 효시라고 할 수 있다.

『우리말의 예절』에서 다루고 있는 화법의 범주는 일상생활 혹은 특정한 시기나 경우에 따라 다양하게 사용되는 인사말과 함께, 가정과 직장 및 사회에서 사용되는 호칭 · 지칭어, 경어법 등 크게 세 가지 범주로 구분된다.[2] 본 연구에서 다루고자 하는 호칭어의 사용 규범에 대해서는 상권의 첫 부분에서 다루고 있는데, 식당 등의 판매 서비스업계에서 사용할 수 있는 호칭으로 다음과 같은 어휘가 표준 화법으로 제시되었다.

(1) 종업원에 대한 호칭
① 남자 종업원: 아저씨, 젊은이, 총각
② 여자 종업원: 아주머니, 아가씨
③ 일반적인 경우: 여보세요

(2) 손님에 대한 호칭
① 일반적으로: 손님
② 직함을 아는 경우: 'O 과장님'처럼 직함으로 부르고 가리킬 수 있음

이와 같은 호칭어의 표준 화법의 제정과 관련하여 파악된 사실 가운데 하나는 최근 일반적으로 사용되는 타인에 대한 호칭어 또는 지칭어의 주목할 만한 특징으로 전통적인 호 · 지칭이 급격히 퇴조하고 있다는 점이다. 시대의 추세를 반영하

2) 초판과는 달리 증보판에는 부록으로서 북한의 친족 호칭·지칭어에 대한 내용이 포함되어 있다.

여 '형씨, 노형, 어르신네, 노인장, 부인'처럼 과거에 통용되던 말들이 진부한 것으로 여겨져 빠른 속도로 사라져 가고 있는 것이다.

또 친척 간에 사용되던 호칭이 사회 호칭을 대신하게 된 것도 두드러진 점이다. '할아버지', '할머니'가 모르는 노인에 대한 호칭이 되었고, '아저씨', '아주머니'가, 청 · 장년 구분 없이 성인에 대해 쓰이는 사회 호칭이 되었다. 심지어는 남에게 '어머니', '아버지' 하는 풍조까지 발견된다(『우리말의 예절』, 189-190).

따라서 일종의 사회적 현상으로서 국어 호칭어 사용 양상은 문자 그대로 가변적인, 그러면서도 역동적인 다양성과 이질성을 드러낼 것으로 기대되므로, 사회언어학적인 관점과 연구 방법론에 의한 분석이 요청된다고 할 것이다.

3. 호칭어 사용의 사회언어학적 양상

1) 자료 조사

어느 일정한 시기에 타당성과 합리성을 갖춘 언어 규범이 입안되었다고 하더라도 실제 언어 사용 상황에서 그러한 언어 규범이 그대로 통일성 있게 적용되고 실천되기란 쉽지 않은 일이다. 대부분의 화자들이 자신들의 판단에 따라 자연스러운, 혹은 개성적인 언어 사용이라고 믿는 화법을 쉽게 바꾸려 하지 않기 때문이기도 하고, 위에서 언급한 것처럼 언어 현실 자체가 다양성과 이질성을 그 본질적 특성으로 하고 있기 때문이다.

언어 현실의 다양성과 이질성은 일정한 시간과 지리적 공간, 또는 사회계층이나 연령, 성별, 담화가 이루어지는 상황, 말의 스타일상의 변이 등 다양한 사회적 요인들에서 비롯된다. 따라서 국어 호칭어의 실제적 사용 양상에 대한 기술도 당연히 그와 같은 요인들을 모두 고려했을 때에야 그야말로 역동적인 언어 현실을 있는 그대로 포착할 수 있다.

본 연구의 수행을 위해 이루어진 현장 조사는 2002년 2월 20일부터 3월 31일까지 약 40일 동안, 광주광역시에 거주하는 성인 화자(20세 이상 부터 70세까지) 200명의 발화 사례(speech events)에 대한 연구자의 직접적인 관찰과 면담 및 설문 조사 방법을 통하여 이루어졌다.

서비스업에 근무하는 종업원들이 손님을 어떠한 방식으로 호칭하는가에 대해서는 조사자가 가능한 한 직접 현장에 나가 발화 사례를 관찰하거나 종업원들과의 면담을 실시하는 한편, 미리 개발된 설문지를 제시하여 언어 사용 실태를 파악하였다. 그리고 조사대상자가 손님의 신분으로 일정한 장소를 방문했을 때, 종업원을 어떻게 호칭하는가에 대해서도 언어가 사용되는 현장에서의 발화 사례의 검토와 함께 보조적으로 설문 조사를 실시하는 방법을 통하여 자료를 수집하였다.

본 연구에서 선정한 서비스 업종은 백화점, 일반 쇼핑센터(쇼핑몰), 레스토랑(커피숍 포함), 미용실(이발관 포함), 주점(소주 집, 맥주 집 등) 등이다. 이러한 업종들 외에도 의미 있는 사회언어학적 정보를 제공해 줄 수 있는 장소는 많이 있을 수 있다. 그럼에도 불구하고, 이러한 곳으로만 현장조사를 제한한 것은 그와 같은 업종들이 손님과 종업원들 간에 직접적인 의사소통이 없이는 판매라는 서비스가 이루어질 수 없는 곳이어서 호칭어의 사용을 비교적 쉽게 관찰할 수 있을 것으로 판단하였기 때문이다.

2) 호칭어 사용의 사회언어학적 양상

다음 〈표 1〉, 〈표 2〉는 서비스 업종에서 손님과 종업원이라는 사회적 관계에서 사용하는 호칭어의 유형이다.

〈표 1〉 손님에 대한 종업원들의 호칭 유형

업종 \ 성별 \ 세대		청소년층 (20세 이하)		장년층 (21~40세)		중년층 (41~60세)		노년층 (61세 이상)	
		남	여	남	여	남	여	남	여
백화점	남	학생 손님 고객님	학생 손님 고객님	손님 고객님	손님 고객님	손님 고객님 사장님 선생님	손님 고객님 사모님 어머님	손님 고객님 사장님 아버님 선생님	손님 고객님 사모님 어머님
	여	학생 손님 고객님	학생 손님 고객님	손님 고객님	손님 고객님	손님 고객님	손님 고객님 어머님	손님 고객님 아버님	손님 고객님 어머님
쇼핑몰	남	학생 손님	학생 손님	손님	손님	손님 사장님 선생님	손님 사모님 어머님	손님 사장님 아버님 선생님	손님 어머님
	여	학생 손님	학생 손님 언니	손님	손님 언니	손님	손님 사모님 어머님	손님 아버님	손님 어머님 할머님
레스토랑	남	손님 학생	손님 학생	손님	손님 사모님	손님 사장님 선생님	손님 사모님 어머님	손님 선생님 어르신 할아버님	손님 사모님 어머님 할머님
	여	손님 학생	손님 학생	손님	손님 사모님	손님 사장님 선생님	손님 사모님 어머님	손님 선생님 할아버님	손님 사모님 어머님 할머님
미장원	남	학생 손님	학생 손님	손님 아저씨	손님 언니 아가씨	손님 선생님 사장님	손님 사모님 엄마 언니	손님 사장님 아버님	손님 사모님 어머니 어머님
	여	학생 손님	학생 언니 자기(야)	손님 아저씨 삼촌	언니 자기 아가씨 아줌마	손님 사장님 삼촌	손님 사모님 엄마 언니 이모	손님 사장님 아버님	손님 사모님 할머님 어머니 어머님
주점	남	·	·	손님 사장님 선생님	손님 아가씨 사모님	손님 사장님 선생님	손님 사모님	손님 사장님 아버님	손님 사모님 어머님
	여	·	·	손님 오빠 아저씨 사장님	손님 이모 언니	손님 오빠 아저씨 사장님 선생님	손님 이모 언니	손님 아저씨 사장님 선생님	손님 사모님 어머님

〈표 2〉 종업원에 대한 손님의 호칭 유형

장소 \ 연령		20대		30대		40대		50대		60대	
		남	여	남	여	남	여	남	여	남	여
백화점	남	아저씨 여기요 저… 저기요	아저씨 여기요 저… 저기요	아저씨 여기요 저기요	아저씨 저기요 여기요	아저씨 여보세요 선생님 어이 총각	아저씨 여기요	아저씨 잠깐만요 여보세요 어이, 총각 O군	아저씨 삼촌 총각 저기요	어이 총각 젊은이 아저씨 여보세요	총각 아저씨
	여	아가씨 아줌마 언니 저기요	언니 여기요 저기요 저…	아가씨 여기요 저기요	아가씨 여기요 저기요	아가씨	아가씨 여기요	아가씨 잠깐만요 여보세요	아가씨	아가씨	아가씨 아줌마
쇼핑몰	남	아저씨 형 여기요 저기요	아저씨 여기요 저기요	여기요 아저씨 저기요	아저씨 여기요 저기요	총각 아저씨	아저씨 여기요	어이 총각 아저씨 여보세요	아저씨 총각 저기요	여보세요	총각 아저씨
	여	누나 아가씨 여기요 저기요	언니 아가씨 여기요 저기요	아가씨 여기요	아가씨 여기요 저기요	아가씨 여기요	아가씨 여기요	아가씨 여보세요	아가씨 아줌마	아가씨	아가씨 아줌마
커피숍	남	여기요 저기요 웨이터 아저씨	여기요 저기요 웨이터 아저씨	웨이터 이봐요 여기요 저기요	아저씨 여기요 웨이터 오빠	여기 보세요 총각 웨이터	여기요 이봐요 아저씨	어이 총각 웨이터 O군	아저씨 총각 종업원	이봐요 총각 여보세요	총각 아저씨 웨이터
	여	여기요 저기요 언니 아가씨	여기요 저기요 언니 아가씨	아가씨 이봐요	아가씨 여기요 언니	아가씨 ㅇ양 학생	아가씨 여기요	아가씨 잠깐만	아가씨	아가씨 사장님	아가씨 아줌마
미장원(이발관)	남	아저씨 형 저기요	아저씨 오빠 저기요	사장님 선생님 여기요 형	아저씨 저기요 오빠	사장님 아저씨	아저씨 여기요	아저씨 사장님 여보세요	아저씨 원장님	아저씨 사장님	아저씨 원장님
	여	누나 언니 아줌마 저기요	언니 아줌마 저기요	언니 사장님 아가씨	언니 아가씨 저기요	사장님 아가씨	아가씨 언니 사장님 여기요	아가씨 여보세요	아가씨	아주머니 아가씨	O양 동생
주점	남	아저씨 저기요	아저씨 저기요	아저씨 사장님 지배인님	아저씨 저기요 여기요 사장님	사장님 아저씨 웨이터 총각	아저씨 여기요	사장님 아저씨 총각	아저씨 총각 저기요	사장님	총각 아저씨 사장님
	여	아줌마 아가씨 언니 저기요	아줌마 아가씨 언니 저기요	아가씨 아줌씨 마담 아짐 언니 사장님	아가씨 여기요 아주머니 아줌마	사장님 아가씨 마담 아짐 언니 ㅇㅇ양	아가씨 아줌마 여기요	아줌마 아가씨 언니	아가씨 아줌마	아주머니 사장님 여보세요	아주머니 아줌마 아가씨 언니

위의 〈표 1, 2〉를 통하여 확인할 수 있는 바와 같이, 광주광역시에 거주하고 있는 국어 사용자들이 손님과 종업원이라는 관계에서 실제로 사용하는 호칭어는 매우 다양한 언어 변이의 모습을 보이고 있다. 장소에 따라, 또는 손님과 종업원의 연령과 성별에 따라 선택적으로 사용하는 대안적 변이형들이 공존하는 가운데, 그러한 변이형들이 여러 가지 사회적 의미를 지닌 채 발달하고 있는 것이다. 이와 같은 호칭어의 변이형들을 분석한 결과 드러난 몇 가지 중요한 사회언어학적 사실들을 차례로 제시해 보면 다음과 같다.

(1) '고객님'의 확산

〈표 1〉을 통하여 알 수 있는 사실 가운데 하나는 다른 서비스 업종들과 구별되게 백화점 업계에 '고객님'이라는 호칭이 새롭게 등장하여 확산되고 있다는 사실이다. 이와 같은 사실은 백화점 업종에 관한 한, 일종의 언어 개신(linguistic innovation)으로서 '고객'이라는 새로운 호칭이 유입되고 있음을 보여주는 것이다.

광주광역시에는 H, L, S라는 세 개의 대형 백화점이 있는데, S 백화점은 지난해 4월부터, L 백화점은 올 3월부터 오전 집합교육 또는 방송 멘트를 이용한 사원교육을 통하여 '손님'에 대한 호칭을 '고객님'으로 바꾸어 부르도록 권장하고 있다.

흥미있는 것은 L 백화점의 경우, 올 3월 이전에는 '고객님'도 잘못된 호칭으로 보고 다음과 같이 모든 고객을 '손님'으로 통일하는 것이 바람직하다는 입장을 가지고 있었다는 사실이다.

그러나 올 3월부터 이 백화점은 백화점의 이미지를 보다 고급화하려는 의도를 가지고 시행한 여러 가지 정책 가운데 하나로 손님에 대한 호칭 역시 '고객님'으

〈표 3〉 고객에 대한 올바른 호칭(L 백화점의 경우, 2002년 3월 이전)

잘못된 호칭	올바른 호칭
여사님, 선생님, 사장님, 고객님, 사모님, 언니, 아줌마, 오빠 등.	모든 고객은 '손님'으로 통일.

로 바꾸기로 결정하고 이를 사용하도록 적극 권장하고 있다. 이와 같은 정책을 결정한 데에는 고유어인 '손님'보다 한자어인 '고객'(顧客)을 보다 품위 있는 언어형으로 보는 언어 태도가 잠재해 있는 것으로 볼 수 있을 것이다.

시행 시기에 있어서는 어느 정도 차이가 있긴 하지만, L 백화점과 S 백화점이 공식적으로 '손님'이라는 호칭 대신 '고객님'을 사용하기로 한 것과는 달리, H 백화점은 아직 그러한 정책을 도입하고 있지 않다. 현재 이 백화점의 본사에서 지정해 놓고 있는 서비스 표준화 매뉴얼에 의하면 '손님'이 표준 호칭으로 지정되어 있는 것이다. 그러나 이 백화점의 경우도 각 지점들이 필요에 따라 '손님' 또는 '고객님'을 호칭으로 사용하도록 권장하고 있는 상황이어서 점차로 '손님' 대신 '고객님'이 확산되고 있는 것으로 보인다.

다음 〈표 4〉는 세 백화점의 종업원들이 사용하는 호칭어 변이형의 실현 양상을 백분율로 제시한 것이고, 〈그림 1〉은 '고객'이라는 호칭이 세 백화점에서 어떠한 비율로 실현되고 있는가를 알기 쉽게 그림으로 제시한 것이다.

〈표 4〉 광주 지역 세 백화점에서의 호칭어 변이형의 실현율(%)

백화점 / 호칭	S 백화점	L 백화점	H 백화점
고객님	73.6	47.5	26.6
손님	8.3	32.5	64.1
기타	18.1	20.0	9.3

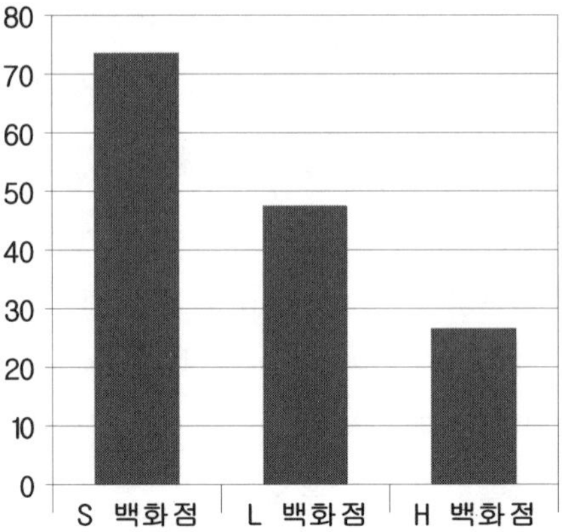

〈그림 1〉 세 백화점에서의 '고객님'의 실현율

위의 〈표 4〉와 〈그림 1〉을 통하여 알 수 있는 바와 같이, 가장 먼저 '고객님'이라는 호칭을 도입한 S 백화점의 경우, 73.6%라는 높은 비율로 '고객님'이 사용되고 있으며, 그 다음으로는 L 백화점이 47.5%, H 백화점이 26.6%의 실현율을 나타내고 있어, 세 백화점에서 사용되는 '고객님'이 상당한 차이를 보이고 있음을 알 수 있다.

S 백화점의 경우, "어서 오십시오, 고객님."으로부터 시작하여, "네, 고객님", "여기 있습니다, 고객님.", "안녕히 가십시오, 고객님." 등 그야말로 어디서든 '고객님'이라는 호칭이 자연스럽게 따라다닌다. 그러나 경우에 따라서는 '고객님'이라는 호칭이 매우 정중한 표현이긴 하지만, 예전부터 사용해 오던 '손님'이 보다 자연스럽고 친밀감이 있어 여전히 '손님'을 고수하는 종업원들도 없지 않아서, '손님'이라는 호칭을 종종 들을 수 있는 경우도 있어서, 8.3%의 실현율을 보이고 있다.

그런데 '고객님'이라는 호칭을 아직 공식화하지 않은 H 백화점의 사원들의 경우, '고객님'을 주로 중년층, 또는 노년층에 해당하는 손님들에게만 적용하는 경향을 보인다. 따라서 애초에 '고객님'은 중년층 이상의 나이 많은 어른들을 정중하게 대우하려는 의식에서 사용되었던 것으로 보인다.

이와 같이, 백화점의 손님들을 보다 정중하게 대우함과 동시에, 보다 품격이 높은 이미지를 심어주려는 의도에서 도입하기 시작한 '고객님'을 S 백화점의 경우, 1년 정도의 기간을 통해 성공적으로 정착시켰다는 점은 일정한 언어 정책의 시행과 보급 및 정착 문제를 결정하고 예측하는데 시사하는 바가 크다고 할 것이다.

(2) '언니'의 개신과 확산

앞에서 지적한 대로, 오늘날 우리 국어에서 사용되는 호칭어 유형 가운데는 친족어가 일반인에 대한 호칭으로 사용되는 경향이 높다고 할 수 있는데, 그러한 유형의 호칭어 가운데 가장 특징적인 것으로 손꼽을 수 있는 것이 바로 '언니'이다.

앞에서 제시한 〈표 1〉의 언어 자료를 면밀히 검토하여 보면, 서비스 업종에서 사용하는 호칭어에서 발견되는 특징적인 사실 가운데 하나로, '언니'가 매우 흥미로운 모습을 보이며 전파 또는 확산되고 있음을 알 수 있다. 즉, '백화점'과 '레스토랑'의 종업원들이 사용하는 호칭어로는 '언니'가 전혀 발견되지 않는다는 사실과는 대조적으로, 대형 백화점이 아닌 일반 상가의 '쇼핑몰'과 '미장원', '주점' 등에서는 '언니'라는 호칭이 장년층이나 중년층의 여자 손님들에 대한 호칭어로 사용되고 있는 것이다.

이와 같은 사실이 의미하는 것이 무엇인가를 이해하기 위해서는 '언니'라는 호칭이 사용되는 상황적 맥락을 보다 분명히 파악할 필요가 있다. 다음 〈표 5〉를 보기로 하자.

여기에서 알 수 있는 대로, '언니'라는 호칭은 주로 쇼핑몰과 미장원, 주점 등지에서 사용되고 있다. 특히 다른 업종들에서보다 미용실에서 '언니'를 사용하는 빈도가 가장 높게 나타나고 있는데, 이는 일종의 진행 중인 언어 변화를 반영한다는 점에서 사회언어학적으로 중요한 의미가 있다고 할 것이다. 또한 우리가 여기에서 간과해서는 안 되는 사실은 미용실의 경우, 남자 종업원들 또한 여자 손님을 '언니'로 호칭하고 있다는 점이다.

국립국어연구원에서 최근 간행한 『표준국어대사전』에 따르면, '언니'라는 호칭은 다음 세 가지 경우에 사용되는 것으로 제시되어 있다.

〈표 5〉 호칭어 '언니'의 사용 맥락과 실현율

세대 / 성별 / 업종		청소년층 (20세 이하)		장년층 (21~40세)		중년층 (41~60세)		노년층 (61세 이상)	
		남	여	남	여	남	여	남	여
백화점	남	·	·	·	·	·	·	·	·
	여	·	·	·	·	·	·	·	·
쇼핑몰	남	·	·	·	·	·	·	·	·
	여	·	5%	·	23%	·	5%	·	·
레스토랑	남	·	·	·	·	·	·	·	·
	여	·	·	·	·	·	·	·	·
미장원	남	·	·	·	33%	·	27%	·	·
	여	·	33%	·	84%	·	17%	·	·
주점	남	·	·	·	·	·	·	·	·
	여	·	·	·	45%	·	27%	·	·

(3) a. 동성(同性)의 손위 형제를 이르는 말.[3] 주로 여자 형제 사이에 많이 쓴다.
b. 남남끼리의 여자들 사이에서 자기보다 나이가 위인 여자를 높여 정답게 부르는 말.
c. 오빠의 아내를 이르는 말.

그런데 위에서 지적한 것처럼, 오늘날 서비스 업종에서 사용되는 '언니'는 이러한 일반적인 의미 범주를 벗어난 것이라는 점에서 중요한 의미를 지닌다. 즉, 서비스 업종에서 사용되는 '언니'는 (3b)의 의미와 관련되어 있기는 하지만, '언니'의 지시 의미가 이러한 의미 영역에서 벗어나 여자 종업원들이 자신보다 나이가 어린 손님들에게나 동년배인 여자 손님들에게까지 확대하여 사용하는 것은 물론, 심지어는 남자 종업원들이 여자 손님들에게 '언니'를 사용하고 있다는 것이다.

3) 이러한 해석에 따르면 '언니'라는 호칭은 원래 남녀 공히 사용하던 말이었음을 알 수 있다(이에 대해서는 유창돈 1954 참조). 그러나 이는 어디까지나 동성에 대해서만 사용되었을 뿐 오늘날처럼 이성에 대해서 사용된 것은 아니라는 점에서 전통적인 어법과 차이를 보여준다.

그렇다면, 이와 같은 사실은 어떠한 사회언어학적 의미를 지니는 것일까? 이에 대해서는 앞에서 지적한 바와 같이, 오늘날 우리 국어의 호칭어가 보여주는 특징 가운데 친족어가 일반적인 호칭어로 사용되고 있다는 사실과 관련시켜 이해할 필요가 있다.

박갑수(1989: 17)에 따르면, 친족어가 일반적인 호칭어로 대용되는 경우[4]는 크게 두 가지로 구분된다. 첫 번째는 화자가 자신의 연령을 기준으로 상대방을 직접 호칭하는 것으로, '할아버지, 할머니, 아저씨, 아주머니, 형, 언니, 오빠' 등이 여기에 해당한다. 두 번째는 청자를 기준으로 그 신분에 어울리게 간접 호칭하는 것으로, '할아버지, 할머니, 아버지, 어머니, 언니, 오빠, 형'과 같이 부르는 것이다.[5]

이와 같은 유형 가운데 손님과 종업원 사이에서 사용되는 '언니'는 두 번째 경우에 해당한다고 볼 수 있다. 즉, 화자는 청자가 자신에게 언니나 언니뻘이 되기 때문이 아니라, 청자가 전형적으로 누군가의 언니가 될 수 있는 나이의 여성이기 때문에 언니라는 호칭을 사용하게 되는 것이다.

한편, '언니'라는 호칭은 손님에 대한 종업원의 호칭으로 한정되지 않고, 종업원에 대한 손님의 호칭으로서도 급격한 확산을 보이고 있음으로써 '언니'의 의미 확대가 이루어지고 있음을 보여준다. 즉, 〈표 2〉를 통하여 알 수 있는 것처럼, '손님'들 역시 일정한 장소를 방문했을 때, 자신들보다 나이 어린 종업원들을 '언니'

---

4) 친척관계에 사용되던 호칭을 일반인에 대한 호칭으로 사용하는 국어의 호칭 방식에 대해서는 박갑수(1989) 외에도 일찍이 Park-Kim(1976)을 비롯하여, 박정운(1997), 왕한석(2000), 박영순(2001) 등에서 분석이 이루어진 바 있다. 주목할 만한 사실은 이들 연구들에서 일반인에 대한 호칭어로 친족어가 사용되는 것을 각기 다른 용어를 사용해서 개념화하고 있다는 것이다. Park-Kim(1976), 왕한석(2000: 72)에서는 의사친족호칭(pseudo or fictive kinship terms)으로, 박정운(1997: 513)에서는 '매개 친족 호칭어'라고 보고 있고, 박영순(2001: 272)에서는 MKT(Metaphorical Use of Kinship Term, 즉 친족어의 은유적 용법이라고 보고 있다.

5) 박정운(1997:513)에서는 이와 같은 경우를 일컬어, 매개 친족 호칭어라고 하고 있다. 이러한 용어를 사용한 것은 화자와 청자 사이에 제삼자(매개체)가 있어 그러한 매개체와 청자와의 친족관계를 나타낸다고 할 수 있기 때문으로 보았다.
이와 같은 상황에서의 호칭어를 어느 것으로 불러도 상관은 없겠지만, 박갑수(1989)에서 언급하고 있는 대로, 직접적인 친족 호칭어에 상대되는 개념으로 간접 친족 호칭어라고 부르는 것이 더 타당하다고 보아 본고에서는 이를 따르기로 하겠다.

로 호칭하고 있음은 물론, 특히 미용실이나 주점의 경우 남자 손님들이 여자 종업원들에게 '언니'라는 호칭을 상당히 높은 빈도로 사용하고 있다.

이와 같은 언어 개신을 맨 처음으로 촉발시킨 언어 개신자(linguistic innovator)가 손님인지, 서비스업 종사자들인지는 보다 면밀한 고찰을 필요로 하는 것으로 보인다. 그러나 표준 화법이 제정될 당시, 남자 손님들이 여자 종업원을 가리켜 '언니'라고 한다는 사실이 지적되고 있는 것으로 보면(『언어 예절』, 202), 손님들이 개신자의 역할을 담당하고, 다음으로는 종업원들이 그러한 언어 개신에 대한 초기 채택자(early adopter)의 역할을 수행함으로써 일종의 진행 중인 언어 변화를 야기한 것이 아닐까 한다.[6)]

손님과 종업원의 관계에서 나타나는 '언니'의 개신과 확산과 관련하여 또 한 가지 중요한 사실은 이 지역의 많은 화자들이 이러한 언어 개신의 진원지, 곧 방사의 중심지(centre de rayonnment)를 '서울 지역'으로 보고 있다는 사실이다. 따라서 이 지역에서 진행 중인 언어 변화로서의 '언니'의 개신과 확산은 일종의 건너뛰기 확산(jumping diffusion) 방식에 의한 언어 전파의 결과라고 보는 것이 좋을 것이다.

그러나 '언니'라는 호칭과 관련한 이러한 언어 개신이 이 지역에서 언어 규범(linguistic norm)의 변화로까지 이어져 언어 변화를 완성시킬 수 있을 것인가에 대해서는 아직 분명하지 않다. 후술하겠지만, 전통적인 의미 범주에서 벗어나 손님과 종업원 사이에서 사용되는 호칭으로서의 '언니'에 대한 사회적 평가가 적어도 이 지역에서는 그다지 긍정적인 편이 아니기 때문이다.

(3) '이모', '삼촌'의 개신과 확산

〈표 1〉을 보면, '언니' 외에도 '이모' 혹은 '삼촌'과 같은 친족어가 손님에 대한 종업원의 호칭으로 사용되고 있음을 알 수 있다. 이러한 호칭어 역시 화자가 청자를 기준으로 그 신분에 어울리게 간접 호칭하는 것이다. 즉, 앞에서 지적한 대로,

---

6) 언어 개신과 초기 채택 등의 과정을 거쳐 언어 변화가 이루어지는 과정에 대해서는 강희숙 외(1998)을 참조.

청자가 전형적으로 누군가의 '언니'가 될 수 있는 나이의 여성이기 때문에 '언니'라고 부르는 것과 마찬가지로, 누군가의 '이모' 혹은 '삼촌'이 될 수 있는 나이의 청자들에게는 그와 같은 유형의 친족어를 사용하여 간접적으로 상대를 호칭하게 되는 것이다. 특히 '언니'나 '삼촌'이 청소년층 혹은 장년층에서부터 중년층 여성에 이르기까지 노년층을 제외한 연령층에 고루 분포되어 있다고 한다면, '이모'는 중년층 여성에게만 한정적으로 사용된다는 점에서도 그러한 연령을 누군가의 '이모'가 될 수 있는 전형적인 연령층으로 파악하고 있는 것으로 보인다.

그런데 앞에서 다룬 '언니'는 물론이거니와, '이모'와 '삼촌' 등의 어휘가 대형 백화점이나 레스토랑에서는 거의 사용되지 않는 반면, 미장원과 주점을 중심으로 사용되고 있음은 매우 특징적이라고 할 수 있다. 이와 같이, 서비스업 가운데 '미장원'과 '주점'에서 친족어가 호칭어로 사용되는 경향이 높은 것은 다른 서비스 업종보다 이러한 업종에서 종업원과 손님 사이의 관계가 친밀한 경우가 많기 때문인 것으로 생각된다. 즉, 여타 업종들에서의 손님과 종업원의 관계는 대부분 일회적인 경우가 많음에 비하여, '미장원'과 '주점'의 경우에는 이른바 '단골손님'이 많아서 서로 정서적 유대가 형성되어 있는 경우가 많다고 볼 수 있는 것이다.

다음 글은 이러한 유형의 호칭을 사용하게 되는 정서적 유대의 정체가 무엇인가를 짐작하는 데 도움이 될 수 있는 글이다.

(4) 잠시 후에 이 목욕탕에서 5년째 함께 일을 해온 은숙 이모와 초롱이 이모가 때미는 일을 마치고 탕에서 나온다. 광장목욕탕에서는 모든 사람을 나이와 관계없이 '이모'라고 부른다. '언니'도 아니고 '아줌마'도 아니고 '누구엄마'도 아니고 '이모'라니! 누구도 옷을 걸치지 않는 이곳에서는 모두가 똑같이 몸뚱이 하나씩 지닌 존재가 되어 삼촌간이나 사촌간처럼 가까워지기 때문이리라.

이는 나희덕(1999: 130)에서 광주의 한 목욕탕에서 사용되고 있는 호칭에 대한 필자의 느낌을 피력하고 있는 부분이다. 이 경우에 사용되는 '이모'라는 호칭은 상대에 대한 친밀감을 나타내기 위한 하나의 장치로서 사용되고 있는 것으로 볼 수 있을 것이다.

(4) 직함 호칭어의 일반화

서비스 업종에서 '언니'나 '이모', 혹은 '삼촌'과 같은 친족어를 일반적인 호칭으로 사용하는 것과 함께, 또 한 가지 흥미있는 현상으로 발견되는 것은 직함 호칭어, 곧 '선생님, 사모님, 사장님, 학생'과 같은 어휘들이 손님에 대한 일반적인 호칭으로 널리 사용되고 있다는 사실이다.

주지하는 바와 같이, '선생님'이란 교직에 있는 사람들의 직함이며, '사모님'은 '선생님'의 부인을 높여서 부르는 말이다. 또한 '사장님'은 회사 책임자의 직함이고 '학생'은 정규 교육기관에서 교육을 받고 있는 사람들을 가리키는 말이다. 그러나 오늘날 이러한 직함어들은 가령, 청자가 교직에 근무하는가의 여부와는 상관이 없이 화이트컬러 계층의 사람으로 보이면 누구나 다 선생님으로 부르는 등의 방식으로 일반화되고 있다고 할 수 있는 것이다.[7] 관점에 따라서는 이와 같은 방식의 직함 호칭어의 일반화에 대해서는 부정적인 평가를 보여주는 경우도 없지 않다. 즉, 이를 경칭의 인플레 현상이라고 보는 관점이 그것이다.[8] 그러나 후술하겠지만, 나이가 어느 정도 들어 보이는 남성에 대한 일반적인 호칭으로 '아저씨'보다는 '선생님'이나 '사장님'이, 결혼한 여성에 대한 호칭으로 '아줌마'나 '아주머니'보다는 '사모님'이 더 선호되고 있다는 사실에 비추어 본다면, 반드시 부정적인 관점으로만 볼 필요는 없을 것으로 보인다. 이른바 경칭의 인플레 현상은 우리 사회가 산업화 과정을 겪으면서 전통적인 신분 혹은 상하 관계가 허물어지고 되도록 상대방을 존중해 주고, 또 기분 좋게 해 주자는 의식이 싹트면서 비롯된 것이라고 할 수 있기 때문이다.

(5) 기타

지금까지 언급한 사실들 외에도 서비스업에서 '손님'과 '종업원'이 사용하고 있

7) 이러한 통칭적 호칭어의 유형에 대한 보다 상세한 논의는 박정운(1997: 517-519) 참조.

8) 가령, 우리말의 언어 예절에서도 이와 같은 관점을 가지고 있다.

는 호칭어에서 발견되는 언어적 사실들 가운데 사회언어학적으로 유의미하다고 판단되는 사실을 몇 가지 더 지적해 보면 다음과 같다.

첫째, 2인칭 대명사 '자기'의 사용. 일반적으로 '자기'는 젊은 남녀가 서로 간의 친밀감을 나타내기 위한 방식으로 사용하기 시작한 것인데, 본 조사에서 밝혀진 사실에 의하면 '미용실'을 중심으로 비교적 나이가 젊은 여성 미용사가 자신과 동년배이거나 연하의 여성 또는 남성에게 친밀감을 나타내기 위한 표시로 이와 같은 호칭을 사용하고 있음이 확인되었다.

박정운 · 채서영(1999: 175)에 따르면, 국어 화자들이 2인칭 대명사로 '자기'를 사용하는데 있어서 중요한 결정 요소는 '여성성'인 것으로 확인된 바 있다.[9] 본 연구의 결과도 이와 거의 일치하고 있는바, '자기'는 남자 종업원보다는 주로 젊은 여자 종업원이 '손님'에 대한 친밀감을 나타내기 위한 장치로 사용하고 있다.

둘째, 적절한 호칭어의 부재. 〈표 2〉를 보면 손님들이 종업원을 대상으로 하는 호칭어에서 발견되는 현상으로 상대를 특정한 호칭을 사용하기보다는 '여보세요'를 비롯, '여기요', '저기요', '잠깐만(요)' 하는 식의 호출어(summons)를 주로 사용하거나 '저…' 하는 식으로 호칭을 얼버무리고 있음을 알 수 있다.

이러한 호출어의 사용도 여러 가지 사회적 요인들과 밀접한 상관관계를 보여주고 있는데, 나이가 젊은 층의 화자들이 주로, '여기요', '저기요' 식의 호출어를 사용하고 있는 데 반하여, 나이가 많을수록 '여보세요', 혹은 '잠깐만(요)'와 같은 호

9) 박정운·채서영(1999: 157)에서는 '자기' 사용의 조건을 다음과 같이 예상하고 있다. 이러한 조건은 '자기' 사용의 사회언어학적 맥락을 이해하는데 보탬이 된다고 할 수 있는바, 여기에 제시해 보기로 한다.

a. 화자와 청자의 연령과 연령의 차이: 크지 않을 것이다. 화자와 청자의 나이가 같거나 화자가 청자보다 나이가 조금이라도 많을 것이다.
b. 화자, 청자의 성별, 혹은 여성성: 여성이 남성보다 많이 쓸 것이다.
c. 친소관계: 어느 정도 가까워야 쓸 것이다. 그러나 아주 가깝지도 않을 것이다.
d. 상하관계: 동등하거나 조금이라도 윗사람이 쓸 것이다.
e. 화자와 청자의 교육정도: 적어도 노동계층 이상일 것이다. 높은 학력의 화자라면 거부할 수도 있을 것이다.
f. 직장생활 여부: 다양한 인간관계를 맺는 직장인들이 더 많이 쓸 것이다. 여성들 간에 많이 사용되는 점을 고려하면 주부들도 많이 쓸 것이다.

출어를 사용하고 있음이 특징적이다. 이와 같은 호출어들은 주로 대화 상대자의 주의를 화자 쪽으로 환기시키는 기능을 담당하는 것들인데, 세대에 따라 차이를 보여준다는 점이 흥미롭다고 하겠다.

한편, '저…' 하는 식으로 호칭을 얼버무리는 화자들은 주로 20대의 화자들에게서 발견되고 있음을 알 수 있는데, 이들이 호칭을 얼버무리게 된 것은 종업원들과 자신들이 거의 동년배이거나 나이 차이가 거의 없는 경우가 대부분이어서 함부로 호칭을 하기가 어렵기 때문인 것으로 보인다.

4. 호칭어에 대한 언어 사용자들의 태도

서비스 업종을 중심으로 화자와 청자가 사용하는 호칭어의 사회언어학적 양상과 함께 본 연구의 관심의 대상이 된 것은 그와 같은 호칭어에 대한 언어 사용자들의 의식과 태도였다. 주지하는 바와 같이, 일정한 언어 현상에 대하여 그 언어를 사용하는 화자들이 어떻게 받아들이고 평가하는가는 해당 언어 현상이 수행하게 될 변화의 방향을 결정짓는 데 중요한 기능을 담당하게 된다고 할 수 있으므로, 이에 대한 관찰과 분석이 이루어져야 할 필요가 있는 것이다.

호칭어에 대한 언어 사용자들의 의식과 태도를 알아보기 위하여 본 연구에서는 종업원과 손님이라는 사회적 관계에서 사용할 수 있는 호칭으로 가장 적절하다고 생각하는 호칭어와 적절치 못하다고 보는 호칭어의 유형을 조사 · 분석하였다. 우선, 그 결과를 제시하기로 한다.[10]

1) 종업원의 경우

종업원에 대한 손님의 호칭어 유형에 대한 태도를 제시하면 다음과 같다.

---

10) 여기에서의 백분율은 적절한 호칭과 부적절한 호칭 모두 그 비율이 가장 높은 것과 두 번째로 높은 것만을 제시한 것이다.

〈표 6〉 호칭어에 대한 종업원의 평가

업종	성별	적절함 호칭	적절함 백분율	부적절함 호칭	부적절함 백분율
백화점	남	아저씨	40%	이봐	60%
		직원	40%	어이	20%
백화점	여	언니	50%	아줌마	22%
		아가씨	33%	아가씨	17%
쇼핑몰	남	아저씨	40%	이봐	60%
		총각	40%	어이	40%
	여	언니	49%	아줌마	63%
		아가씨	35%	아가씨	28%
레스토랑	남	웨이터	60%	아저씨	60%
		아저씨	30%	야	30%
	여	아가씨	33%	어이	33%
		언니	17%	야	17%
주점	남	총각	50%	아저씨	50%
		아저씨	40%	어이	40%
	여	아가씨	60%	아줌마	70%
		언니	30%	어이	30%
미장원	남	선생님	66%	아저씨	50%
		아저씨	22%	어이	40%
	여	언니	56%	아가씨	43%
		선생님	44%	어이	14%

〈표 6〉을 통하여 보면, 종업원들이 자신들에 대한 호칭으로 적절하다고 보는 유형도 업종에 따라 어느 정도 차이가 있음을 알 수 있다. 즉, 일반적으로 남자 종업원들의 경우에는 '아저씨'를, 여성들의 경우에는 '언니'나 '아가씨'를 적절한 호칭이라고 보고 있긴 하지만, 업종에 따라, '직원', '웨이터', '선생님' 등을 적절한 호칭이라고 보는 경향을 보이고 있는 것이다.

그런데 미장원의 경우, 남자 종업원은 '선생님'이라는 호칭을 가장 선호하고 있으며, 여자 종업원의 경우에도 '언니' 다음으로 '선생님'을 선호하고 있음이 특징적이다. 이는 아마도 미장원의 경우는 전문적인 기술을 보유하고 있다는 점에서 다른 서비스 업종의 종업원들과 구별된다고 할 수 있는데, 이에 대한 자부심이 호칭의 사용에도 영향을 미치고 있는 것으로 보인다.

한편, 종업원들이 자신들에 대한 호칭으로 적절치 못하다고 판단하는 호칭은 어떤 유형을 보이는가를 살펴보면, 자신들의 나이에 걸맞지 않게 '아저씨', 또는 '아줌마', '아가씨'[11]라고 불리는 경우이거나, '이봐', '어이', '야' 등의 반말투 호칭을 사용하는 경우이다. 특히 반말투의 호칭은 주로 중년층 이상의 남자 손님들에 의해 사용되는 경향을 보이는데, 이에 대한 종업원들의 평가가 매우 부정적이라는 사실을 감안해 볼 때, 이를 지양하려는 태도가 필요하다고 본다.

2) 손님의 경우

손님에 대한 종업원들의 호칭어 유형에 대한 언어 태도는 어떠할까? 이를 적절하다고 보는 호칭과 부적절하다고 보는 호칭으로 나누어 제시하면 다음과 같다.

〈표 7〉 적절한 호칭

성별 \ 연령	20대		30대		40대		50대		60대 이상	
	호칭	백분율	호칭	백분율	호칭	백분율	호칭	백분율	호칭	백분율
남	손님	44%	손님	53%	손님	35%	선생님	50%	어르신	40%
	고객님	22%	고객님	24%	선생님	29%	사장님	30%	선생님	30%
여	손님	48%	손님	55%	손님	40%	사모님	45%	어머님	45%
	고객님	38%	사모님	15%	고객님	40%	아주머니	33%	할머님	25%

11) 결혼한 여성들의 경우, 손님들이 짐작해 볼 수 있는 자신들의 나이로 보아 '아가씨'가 아닐 것이라는 사실이 충분히 드러난 경우임에도 불구하고 손님들이 함부로 '아가씨'라고 부르는 것에 대해 거부감을 나타낸 경우가 많았다.

〈표 8〉 부적절한 호칭

성별 \ 연령	20대		30대		40대		50대		60대 이상	
	호칭	백분율	호칭	백분율	호칭	백분율	호칭	백분율	호칭	백분율
남	아저씨	28%	아저씨	65%	아저씨	32%	아저씨	40%	아저씨	40%
	학생	11%	사장님	24%	사장님	32%	사장님	30%	사장님	20%
여	언니	47%	아줌마	50%	언니	20%	아줌마	67%	할머니	67%
	아가씨	7%	언니	30%	아줌마	20%	할머니	17%	어머니	33%

위의 자료는 종업원들이 손님들을 호칭할 때에 어떠한 방식으로 부르는 것이 좋을 것인가에 대한 정보를 제공해 줄 수도 있다는 점에서 매우 흥미있는 언어자료라고 할 수 있다. 첫 번째로 발견되는 사실은 40대 이하의 손님들은 주로 '손님'이라는 호칭을 선호하는 것에 반하여, 50대 이상의 손님들은 '선생님'이나 '어르신', 혹은 '사모님'과 '어머님' 등과 같은 호칭을 적절한 호칭으로 보고 있다는 것이다.

특히 흥미있는 것은 손님들이 '고객님'이라는 호칭보다는 '손님'이라는 호칭을 더 선호한다는 사실이다. 이는 백화점들이 시도하고 있는 '고객님'의 사용에 대한 평가가 반드시 긍정적인 것만은 아니라는 사실을 반영하는 것이다. 그렇다면, '손님'들의 이러한 선택이 의미하는 것은 무엇일까? 이는 손님들이 아마도 지나치게 격식을 차린 정중한 대우보다는 '친근감'을 더 중요한 요소로 보고 있기 때문은 아닐까 하는 추측이 가능하리라고 본다.

한편, 여자 종업원들이 자신들에 대한 호칭으로 '언니'를 선호하는 비율이 높았던 것과는 달리, 손님들은 이를 부적절한 호칭이라고 보는 비율이 높다는 사실은 앞에서 지적하였던 '언니'의 개신과 확산의 방향을 결정짓는 데 중요한 역할을 할 것으로 보인다. 특히, 20대 여성들의 경우 자신들과 동년배이거나 연상인 종업원들에 의해 '언니'로 불리는 것에 대해서는 노골적인 불쾌감마저 가지고 있음은 인상적인 부분이라고 할 수 있다.

또한, 남성들의 경우, '아저씨'나 '사장님'을 적절하지 못한 호칭으로 보는 비율이 높은 반면, '선생님'이라는 호칭에 대해서는 긍정적으로 보는 비율이 높다는 것 또한 흥미로운 사실이다. 이 표에는 명시적으로 나타나 있지 않지만, 특히 대학교수 집단과 같은 인텔리 계층의 경우, '사장님'이라는 호칭이 우리 사회의 황금만능주의 혹은 배금주의(拜金主義) 사상을 반영하는 것으로 보인다는 사실 때문에, 그다지 바람직하지 않은 호칭으로 평가하고 있다. 이와 같이 '선생님'에 대한 사회적 평가가 '사장님'보다는 긍정적이라는 사실은 앞으로 국어의 호칭 문제를 선택하고 결정하는데 시사하는 바가 크다고 할 것이다.

5. 맺음말

본 연구는 광주광역시에 거주하고 있는 국어 화자들이 서비스 업종에서 손님과 종업원이라는 사회적 신분 하에서 사용하는 호칭어 문제를 분석한 것이다. 이러한 분석은 크게 두 가지 차원, 곧 호칭어의 사용에서 발견되는 변이의 양상과 변이형에 대한 화자들의 언어 태도로 나누어서 이루어졌다. 그 결과, 사회언어학적으로 의미 있는 사실을 몇 가지 확인하게 되었는바, 이를 정리해 보면 다음과 같다.

첫째, 호칭어의 사용에서 발견되는 변이의 양상과 관련해서는 일종의 의도적인 언어 정책의 도입으로 인한 백화점 업계에서의 '고객님'의 확산과 함께, 손님 또는 종업원에 대한 친밀감을 표시하기 위한 장치로 사용되는 '언니', '이모', '삼촌' 등의 친족어의 일반화, 직함 호칭어의 일반화, 2인칭 대명사 '자기'의 사용과 함께 발견되는 적절한 호칭어의 부재 양상 등이 확인되었다.

둘째, 호칭어의 사용에서 나타나는 언어 변이형들에 대한 화자들의 언어 태도와 관련해서는 종업원들의 경우 일반적으로 '아저씨'나 '아가씨', '언니' 등을 선호하는 한편으로, 업종에 따라 '직원', '웨이터', '선생님' 등을 적절한 호칭이라고 보는 경향을 보이고 있음이 확인되었다. 이와는 달리, 손님들의 경우는 40대 이하가 '고객님'보다는 '손님'을 선호하는 것과는 달리, 그 이상의 연령층에서는 '선생님'이나 '어르신', '사모님'과 '어머님' 등과 같은 호칭을 선호하고 있음이 확인되었다. 또한, 여자 손님에 대한 호칭으로 사용되는 '언니'는 적절한 호칭으로 평가

받지 못하고 있으며, 남자 손님에 대한 호칭으로는 '아저씨'나 '사장님'보다 '선생님'이 더 적절한 호칭으로 여겨지고 있음은 특기할 만한 사실이라고 할 것이다.

이와 같이, 국어 사용자들이 구체적인 사회적 상황 속에서 어떻게 국어를 사용하는가에 대한 관심은 국어를 어떻게 사용해야 하는가에 대한 정보를 제공해 준다는 점에서 매우 중요한 언어학적 가치를 지닌다고 할 것이다. 이러한 연구의 성과는 국어의 정책, 그 가운데에서도 올바른 호칭어의 정착 방향을 제시해 줄 수 있을 것으로 기대된다. 앞으로 좀 더 체계적이고 지속적인 관찰과 분석이 요구된다고 할 것이다.

√참고문헌

강희숙·김규남·문지연·박미엽·이길재·이정애·정영인 공역 (1998). 언어 변이와 변화. 서울: 태학사.

김성헌(1997). "언어 변이의 사회언어학적 요인에 관한 고찰." 사회언어학 5(2), 689-704.

김혜숙 (2000). 현대국어의 사회적 모습과 쓰임. 서울: 月印.

나희덕 (1999). 반통의 물. 서울: 창작과 비평사.

남광우(1957). "고대 국어 造語法의 한 고찰: 수개 어휘의 파생어를 중심으로." 한글 121, 7-33. 한글학회.

박갑수 (1989). 국어 호칭의 실상과 대책. 국어생활 19, 10-32. 국립국어연구원.

박영순 (2001). 한국어의 사회언어학. 서울: 한국문화사.

박정운 (1997). "한국어 호칭 체계." 사회언어학 5(2), 507-528.

박정운·채서영 (1999). "2인칭 대명사 자기의 발달과 사용." 사회언어학 7(1), 151-178.

왕한석(2000). "언어생활의 특성과 변화: 신분지위 호칭과 의사 친척 호칭의 사용을 중심으로." 사회언어학 8(1), 59-86.

조선일보사·국립국어연구원 편 (1996). 우리말의 예절(증보판). 서울: 조선일보사.

조숙정 (1997). "비친척 관계에서의 호칭어의 구조와 사용 방식: 전남 나주 한 반촌의 사례를 중심으로." 서울대학교 석사학위 논문.

최전승 (간행예정). 한국어 방언의 공시적 구조와 통시적 변화. 미간행본.

한진건 (1990). 조선말의 어원을 찾아서(朝鮮語詞源探考), 연변: 연변인민출판사.

Braun, Friederike (1988). *Terms of Address: Problems of Patterns and Usage in*

Various Language and Cultures, Berlin: Mouton de Gruyter.
Fasold, Ralph (1990). *The Sociolinguistics of Language*, Cambridge, Mass: Basil Blackwell.
Park-Kim, S.H. (1976). Language in Relation: Some Typical Sociolinguistic Aspects in Korean, *Theses Collection* 9, 109-150. Hankuk University of Foreign Studies.

3

약자, 약어 및 통신어에 대한 고찰: 신세대 언어를 중심으로

이진성(인천시립대학)

1. 머리말

언어가 변한다함은 주지의 사실이다. 언어가 인간의 문화와 사고를 그대로 반영하는 매개체임을 생각할 때 인간의 끊임없이 변화하는 사회상으로 인해 언어 또한 이와 함께 동반 변화한다는 사실은 새삼 부언이 필요 없는 것 같다. 언어는 또한 그것을 사용하는 사람의 사고와 감정에 영향을 주기도 한다. 이러한 관점에서 언어는 시대와 사회의 거울이라고 할 수 있을 것이다. 언어의 사회성이 가장 잘 반영되는 곳은 특정 사회 집단이 은밀과 비밀을 목적으로 관습화하며 사용하는 은어라고 볼 수 있다.

이병혁(1993: 119)에 따르면 은어는 보통 지역적 특수어와 사회적 특수어로 구분되고, 이 두 가지 특수어들은 구어체의 과정을 거쳐 공통어화에 이른 후 표준어화에 다다른다고 한다. 본 논문에서는 사회적 특수어라 볼 수 있는 신세대들의 은어를 중심으로 그 중에서도 약어와 약자의 행동 양상을 살펴보고자 한다. 또한 컴퓨터의 대중화로 대두된 젊은 세대들의 통신어(chatting language)의 특징과 성격을 살펴보겠다.

본론에 들어가기에 앞서 본 논문에서 의미하는 약자와 약어의 정의를 간단히 짚어볼 필요가 있다고 본다. 우선 약자란 (1a)와 같이 주로 머리글자를 따서 단어로 쓰는 경우를 말하고, 약어란 (1b)와 같이 기존 단어를 약자로 활용하여 단어에 이중적 의미를 부여하는 경우이다.

(1) a. [약자] 노찾사 : 노래를 찾는 사람들
b. [약어] 귀빈 : 귀찮은 빈대

이러한 약자와 약어에 대해 통사적, 음운적, 의미적 접근을 시도해 봄으로써 이러한 현상의 실체를 밝혀보도록 하겠다.

또한 의사소통의 새로운 방식으로 대두된 통신 대화(chatting)에 쓰이는 통신어(chatting language)의 특징과 문제점 등을 짚어 봄으로써 통신어에 대한 왜곡된 시각을 재조명하고 바람직한 방향을 제시하고자 한다.

본 논문에 사용된 자료는 만 19세에서 29세에 달하는 남녀 대학생 약 250명을 대상으로 수집한 어휘를 중심으로 다루었으며, 서정범(1985, 1987, 1988, 1989, 1990, 1991, 1992, 1994)의 별곡 시리즈 및 딴지 일보, 신문, 방송, PC 통신 등에 쓰인 어휘도 참고하였음을 밝혀둔다. 이러한 의미에서 본 논문의 자료가 대학생들 집단에만 국한된 언어라고 보기에는 무리가 따른다. 본 논문을 위해 수집된 자료 중에는 실로 1985~1994년 사이에 출판된 서정범의 별곡 시리즈에 이미 기록된 어휘도 일부 발견되었는데 '학생층의 은어가 다른 사회집단들의 은어에 비해 은어의 변화 속도가 빠른 경향이 있다'(이병혁 1993: 123)고는 하지만 십수 년의 생명력으로 대학가의 어휘로 자리 잡고 있다는 점, 또 1980년대 중 · 후반 시기의 학생 세대는 현재 사회의 장년층을 이루고 있다는 점 등을 감안할 때 이러한 어휘들은 이미 앞서 언급한 구어체과정을 거치고 있다고 볼 수도 있을 것 같다.

대학생들을 통해 수집한 본 논문의 약어와 약자의 사례들이 구체적으로 어느 시기부터 쓰이기 시작했는지에 대해 일일이 언급이 불가능함이 유감스러우나 앞선 출판물에 이미 수록된 어휘이면서 이번 자료 수집에서도 나타난 어휘에 대해서는 이를 명시하도록 하겠다. 한편, 같은 어휘라 해도 그 의미가 달라진 것이 종종 관찰되었는데 이는 약어와 같은 은어의 사회성을 그대로 반증하는 것이라 보여 진다.

본 논문의 자료가 신세대 언어를 중심으로 한다함은 그러므로 자못 막연한 표현이라 할 수 있다. 신세대란 말은 참으로 흔히 쓰이지만 정확히 그 세대의 경계선이 그어져 있는 것은 아니다. 그 사전적 정의는 '새로운 세대'라 하겠는데 이 말은 '신세대 문화', '신세대 음식', '신세대 부부', '신세대 버전(version)' 등 각종 단어에 수식어로 사용되어 '젊은 층'을 막연히 지칭하고 있는 듯하다. 쌍둥이도 세대 차가 있다는 말이 반영하듯이 신세대가 상대적인 의미로 사용될 때는 특히 그 한계가 광범위해진다. 이러한 의미에서 본 논문의 자료는 대학생들을 중심으로 쓰이는 어휘이되 그 범위가 조금 더 확대 될 수 있는 젊은 층이라고 봄이 타당할 것 같다.

2. 언어 변화의 주변 환경

신세대의 약어 및 약자의 활용, 특히 무차별적인 준말의 사용에 대해 일부에서는 '언어 파괴'라는 극단적인 표현도 쓰고 있는 듯하다. 이것이 '언어 파괴' 현상인지 또는 우리 언어에 또 다른 변화를 알리는 신호탄인지 여기서 한 마디로 단정 지을 수는 없다. 프랑스의 Academie Francaise가 담당하는 불어 순화 기능을 굳이 언급하지 않더라도, 그 언어를 말하는 이들이 자국어의 순화 및 보존에 애착을 갖고 그 언어를 사용해야 함은 새삼 강조가 필요 없는 말이다. 그러나 새로운 변화에 대한 수용의 한 일환으로 언어를 그 변화에 적응시킨다는 관점에서 볼 때 이 변화가 단순히 일시적인 현상이라거나 신세대가 주도하는 '막말 확산'이라는 부정적 시각으로 치부할 수만은 없는 듯하다.

이러한 언어 변화를 야기 시킨 원인으로 대략 세 가지 정도를 들 수 있다고 본다. 우선 신세대의 의식 변화이다. 옷에 흙을 묻히면서 친구들과 해가 저물도록 놀고, 많은 형제자매 틈에서 자연스럽게 인간관계를 배우며 성장했던 구세대와는 달리, 대부분의 신세대들은 세련된 장난감이나 컴퓨터를 벗 삼으며, 많아야 하나 둘 정도인 형제 또는 자매들과 더불어 부모님의 관심을 집중적으로 받으며 자란 세대들이다. 끈끈한 인간관계에 익숙한 구세대가 '말보다 행동'이라면 신세대는 보다 즉각적이고 말초적인 말에 그 비중을 더 두는 듯하다. 한 여론조사가 알려준 바에 의하면 신세대의 이상적인 남성상으로 유머 감각이 그 첫 번째로 꼽힌다고 한다. 이들에게 있어서 말의 유희가 주는 즐거움이 얼마나 큰지 짐작하게 하는 대목이다. 이러한 관점에서 볼 때 지금까지의 언어가 신세대의 언어 감각을 충분히 수용하기에는 너무 단백한 면모를 갖고 있다는 점을 지적하고 싶다.

두 번째로 영어의 영향을 들 수 있다. 영어 교육이 초등학교까지 확산되고 있는 요즈음, 영어를 단순히 외국어로 치부하기에는 영어가 우리 언어에 주는 영향력이 가히 위력적이라고 보아진다. 우리의 고유한 어휘가 엄연히 존재하는데도 불구하고 경쟁하듯 영어 어휘로 대치해 가며 말하는 이들을 우리는 심심치 않게 주위에서 본다. 보다 세련(?)되고 지적(?)으로 보이고자 하는 개인의 욕심이 우리 한국어를 다치게 하는 경우라 실로 한 사람 한 사람의 우리 국어에 대한 자각이 요구되는 대목이다. 영어의 영향은 이러한 부정적인 현상 외에 한국어 어휘 형성에 새로운 생산성을 부여한 것 같다. 이는 약어 및 약자에 관한 것인데 물론 종전의 우리말에 '문체부(문화체육부)' 등 약자가 없었던 것은 아니나 이는 주로 한자어에 국한된 것이다. 그러나 최근에는 '세닦(세균을 닦는) 치약' 등 순 우리말에도 약자가 지극히 생산적으로 쓰이고 있음을 볼 수 있다. 이는 IMF(International Monetary Fund) 등에서와 같이 영어의 약자(abbreviation)를 흔히 접하면서 받은 영향이 무척 큰 것으로 보인다. 이러한 약자 현상의 생산성은 종래에는 제한적으로 쓰였던 두자 약어(頭字 略語), 즉 '천재(천하에 재수 없는 사람)'와 같이 기존 단어에 또 다른 의미를 부여함으로써 영어의 pun(同音異意語)과 같은 효과를 주는 현상을 지극히 생산적으로 활용하여, 많은 단어에 이중적 의미를 부여하기에 이르고 있다.

세 번째로는 컴퓨터의 영향을 들 수 있다. 컴퓨터 중독증이라는 새로운 증후군이 생길 정도로 요즈음 신세대에게 컴퓨터는 생활의 중요한 일부분을 차지하고 있다. 컴퓨터를 통해 자신들의 신조어를 빠르게 확산시키는 것은 물론이고, 컴퓨터를 통한 채팅(chatting)은 대화에 새로운 장을 열어 놓았다.

종래의 대화라 함은 청자(listener)와 화자(speaker)가 꼭 물리적으로 마주해야 하지는 않는다 하더라도, 적어도 말언어(spoken language)를 통해서만 가능한 것이 사실이었다. 문자어(written language)를 통한 의사소통을 대화라고 할 수 없었던 것은 청자와 화자의 상호반응이 즉각적일 수 없는 문자어의 한계 때문이었던 것으로 생각된다. 그러나 컴퓨터의 대중화와 인터넷의 활용은 소위 '문자어를 통한 대화'가 가능한 시대를 만들었다. 단지 이 경우 청자와 화자가 아닌 '화면을 읽는 이(screen reader)'와 '자판을 치는 이(keyboard hitter)'가 존재하는 것이 다를 뿐이다. 이러한 '화면을 읽는 이'와 '자판을 치는 이' 간의 대화는 상대방의 표정을 보거나 목소리를 들을 수 없다는 한계에도 불구하고 컴퓨터라는 동일 공간 속에서 즉각적인 반응을 주고받을 수 있다. 비록 문자어가 대화의 매개체로 쓰이긴 하지만 채팅에서의 문자어는 종래의 그것과는 그 과정과 목적이 사뭇 다르다. 우선은 사고하는 즉시 긴 여과의 과정 없이 말을 대신하여 바로 글자로 전달되며, 필요 이상 컴퓨터의 자판을 두드림으로 해서 사고의 흐름을 지연시키거나 상대방을 지루하게 해서는 안 된다는 제약을 받는다. 의사 전달이 가능한 한도 내에서 맞춤법의 무시와 생략법을 최대한 쓸 수밖에 없는 상황이다. 또한 상대방에게 표정을 보여주거나 목소리를 들려줄 수 없다는 한계 속에서 자신의 개성과 감정을 글자로 최대한 전달하기 위해서는 발음 나는 그대로 옮기게 되며, 말언어에 주로 쓰이는 저속한 표현도 마다 않게 되고, 나아가서 문자어로 전달되는 상대적인 무개성(無個性)을 극복하기 위해 점점 더 독특하고 비트는 어투로 자신과 자신의 생각을 표현하게 되는 것이다.

컴퓨터라는 공간 속에서 만연되고 있는 소리 표기와 무차별적 말줄임은 위에서 언급했듯이 문자어의 용도가 이전과는 다른 것으로부터 출발했기 때문에 이를 종래의 잣대에 맞추어, 맞춤법의 원칙을 따르지 않아 국어를 오염시키고 있다는 시각으로 보아서는 안 될 것 같다. 오히려 '글자말(chatting language)'[1]이라는 새로운 유형의 문자어로서 그 존재와 필요성을 인식하고 이를 별도의 시각으로 봄이 바람직할 것이다. 그리하여 글자말은 그 목적과 용도에 맞게 보다 더 말언어에 가까우며 감정 전달이 한층 강화된다는 기능을 인정하고, 문자어는 종전대로의 목적과 기능을 유지하도록 각각의 영역을 인정함으로써 소모적 갑론을박에 종지부를 찍을 수 있을 것일 것이다. 물론 두 가지가 모두 글자를 매개로 하기 때문에 문자어와 글자말이 서로 영향을 주고받는 것을 인위적으로 완전히 차단할 수는 없다고 본다. 그러나 문자언어의 두 가지 기능에 대한 차별화를 시작으로 글자말로 인한 문자어에의 부정적인 영향이 오히려 어느 정도는 감소될 수 있지 않을까 기대해 본다.

3. 약자(略字) 및 두자 약어(頭字 略語)

서론에서 잠시 언급했듯이 약자 현상은 우리말에 그리 새로운 것은 아니다. 그러나 일상적인 말이나 순우리말 약자의 경우 주로 명사에 한정되어있고, 약자를 보다 흔히 볼 수 있는 경우는 주로 문어체나 한자어에 해당되는 말이다. 이들은 의미에 혼돈을 주지 않는 한도 내에서 주로 명사의 첫 음절을 취하여 줄여서 말함으로써 시간 및 발화 에너지의 경제성을 기하려하는 정도였다고 볼 수 있다. 다음은 그러한 예들을 보여주고 있다.

(2) a. 구어체 약자
불백(불고기 백반)
빨주노초파남보(빨강, 주황, 노랑, 초록, 파랑, 남색, 보라)[2]

---

1) '글자말'은 이 논문에서 새로 소개되는 용어이다. Chatting language란 새로운 분야에 대한 용어의 필요에 의해 만든 말이며 그 자세한 의미는 4절에서 다루겠다.

2) 명사가 아닌 구어체 약자로 구세대에게 익숙한 표현으로는 우심뽀까(우리 심심한데 뽀뽀나 할까)와 아더메치(아니꼽고, 더럽고, 메스껍고, 치사하고) 정도를 들 수 있을 것 같다.

b. 한자어 약자
헌재(헌법 재판소)
경실련(경제 실천 시민 연합)

그러나 최근에는 순우리말 또는 순우리말과 영어 차용어의 혼합 형태를 막론하고 약자의 대상이 되며, 다음절 단어에서뿐만 아니라 문장에서도 무차별적으로 약자가 만들어진다는 면에서 종래와 그 양상을 달리한다. 또한 한자어 약자의 경우 종래에는 주로 관습적인 표현에 한해 문어체적인 용도로 쓰였으나 요즈음에는 (3)에서 보듯이 일상적인 표현에도 종종 쓰임을 볼 수 있다.

(3) 대매 : 대학 매점
도지 : 도서관 지하
매현사 : 매스컴과 현대 사회

이러한 약자의 생산성은 이미 신세대만의 전유물이 아니라 우리말 곳곳에 확산되고 있으며[3] 나아가서는 파생단어를 만들어내는 생산적인 면모를 보이고 있다(3절의 4) 참조). 약자 활용의 확산은 신세대를 중심으로 시작된 듯 하나 그 시기에 대한 정확한 언급은 어렵다. 그러나 1985년부터 1994년 사이에 발간된 서정범의 별곡 시리즈에 수록된 어휘는 주로 두자 약어로서 약자는 아주 드물게 발견되었다. 이는 두자 약어의 활용이 약자의 활용보다 시기적으로 앞서 있음을 말해 주는 것이라 보이는데, 흥미로운 것은 뒤 늦은 약자의 생산적 활용이 두자 약어의 보다 더 활발한 확산으로 다시 영향을 준 것이 아닌가 하는 점이다.[4] 두자 약어의 활용

---

3) 약자의 일반화는 이미 많은 상표에 약자가 쓰이고 있음을 통해서도 엿볼 수 있다.
[예] 제크 : 이 세상에서 제일 맛있는 크렉카
오키 : 오 마이 쿠키
쎄느 : 쎄련된 느낌 (케이크)
세닦 : 세균을 닦는 (치약)
맵깔 : 맵고 깔끔함 (고추장)

4) 약어에 관련되는 현상을 거슬러 올라가 보면 우리 선조들이 즐겼던 3행시를 떠올릴 수 있겠으나 시대에 따른 변화에 대한 것은 본 논문에서 다루지 않겠다.

은 종전의 우스갯소리가 주류를 이루던 범위를 넘어서 최근에는 다양하고도 자의적으로 광범위하게 만들어지고 있음이 이를 뒷받침한다고 보여 진다. 이 두 가지 현상은 긴 구(句)나 문장을 몇 개의 제한된 음절로 줄여서 말한다는 공통점을 갖고 있으나, 생성과정 및 그 쓰임새 등에서 양상을 달리하고 있다. 이제 각각의 경우를 보다 자세히 살펴보도록 하겠다.

1) 약자

한국어의 약자는 영어의 생략어(abbreviation)와 혼성어(blending)의 혼합 형태인 것으로 보인다. 영어의 생략어는 WTO(World Trade Organization)와 같이 단어의 첫 철자를 취하여 만들어지며 강세를 받아 단어로 읽히는 두문자어(acronym, 예: radar 'radio detecting and ranging')와는 달리 각각의 철자로 읽혀지는 특징이 있다. 혼성어의 경우 첫 번째 단어의 처음 일부와 두 번째 단어의 마지막 일부를 취해 흔히 단음절어를 만들지만(예: smog 'smoke+fog', brunch 'breakfast+lunch'), 다음절어가 만들어지는 경우도 종종 관찰된다(예: Oxbridge 'Oxford+Cambridge', fantabulous 'fantastic+fabulous').

한국어의 약자는 음절 단위로 만들어진다는 점에서 첫 번째 철자를 취하는 영어의 생략어와는 다르며, 또한 채택된 음절이 (4)에서와 같이 반드시 단어의 첫 음절일 필요는 없다는 점에서 혼성어와 일맥상통하기도 한다.

(4) 얼큰이 : 얼굴이 큰 아이
　　쪽팅 : 쪽지로 하는 미팅

이제 약자의 음운적, 통사적 측면을 차례로 살펴보도록 하겠다.

(1) 음운적 고찰

한국어 약자는 그 음절수에 있어서 제약을 받고 있는 듯하다. 2음절 약자와

3음절 약자가 거의 대부분을 차지하고 4음절 약자는 매우 드물게 나타난다. 다음은 각각의 예이다.

(5) [2음절] 은따 : 은근히 따돌림
두타 : 두산 타워

[3음절] 옥떨메 : 옥상에서 떨어진 메주
건성위 : 건전한 성생활을 위하여

[4음절] 아나바다 : 아껴 쓰고 나눠 쓰고 바꿔 쓰고 다시 쓰고
조통세평 : 조국의 통일과 세계의 평화를 위하여

실제로 본 논문을 위해 수집된 자료 중 관용적 한자어 약자를 제외한 약 200여 개의 약자 중에서 4음절 약자는 십여 개 정도 밖에 되지 않았으며 다섯 음절 약자와 여섯 음절 약자가 다음과 같이 각각 하나씩 발견되었을 뿐이다.

(6) [5음절] 아더메유치 : 아니꼽고 더럽고 메스껍고 치사하고 유치하다.
[6음절] 우사우보우행 : 우주만큼 사랑하고 우주만큼 보고 싶고 우주만큼 행복하다.

이진성(1992: 170)에 의하면 우리말의 의성어 의태어 중에서 2음절어가 약 88%를 차지하고 있다고 한다. 김영석(1984: 195) 또한 우리말 의성어 의태어의 중첩 현상에서 2음절어가 중첩되는 비율이 60.7%, 단음절어가 중첩되는 비율이 27.3%, 3음절어가 중첩되는 비율이 12%라고 보고하고 있으며 4음절어가 중첩되는 경우는 보고 된 바가 없다. 이러한 숫자가 현재 우리의 관심사인 약자 형성의 음절수와 직접적인 관련이 있다고는 볼 수 없지만 음절의 수가 단어 형성과 무관하지 않음을 엿볼 수 있는 자료라 보아진다.

종성의 성분 또한 뚜렷한 제약이 있음이 관찰되었다. 우선 복자음은 종성 자리에 오지 않는다. 우리말 14개의 단자음 중 6개의 자음인 [ㄱ, ㄴ, ㄹ, ㅁ, ㅂ, ㅇ]만이 종성에 주로 위치했으며 [ㄷ, ㅅ, ㅈ, ㅊ, ㅋ, ㅌ, ㅍ, ㅎ]의 경우 거의 종성에 나타나지 않았다. 소수 발견된 [ㄷ], [ㅅ], [ㅈ], [ㅊ]의 예는 다음과 같다.

(7) [ㄷ] 언아그듣 : 언제나 아침이면 그대 목소리 듣고 싶어.
[ㅅ] 넷맹 : 넷트워크 맹인
[ㅈ] 노찾사 : 노래를 찾는 사람들
[ㅊ] 빛찾사 : 빛을 찾는 사람들 (종교 동아리)

이와 같이 종성에 잘 나타나지 않는 자음들은 모두 종성 위치에서 중화작용(neutralization)을 일으키는 자음들이다. 다시 말해서 종성에 나타날 경우 중화작용이라는 과정을 거쳐야 표면 구조에 나타나는 음가를 지니게 되므로 약자 형성의 경우 이러한 복잡한 음운 과정을 가능한 한 기피하는 것을 볼 수 있다. 중화작용을 거쳐야 표면 구조에 나타나는 자음이나 복자음을 포함한 음절이 약자로 채택되는 상황일 경우, 이러한 자음을 생략하거나 단자음화 하는 것을 볼 수 있다. (8)은 그러한 예를 보여주고 있다.

(8) [ㅎ] 생략 : '노털카' 놓지도 말고 털지도 말고 카하지도 말고 (마시자)
[ㄴㅈ]의 단자음화 : '언사모' 얹혀사는 사람들의 모임
[ㄹㅂ]의 단자음화 : '하짤이' 하체가 짧은 아이

이러한 음절수와 종성의 제약은 (9)에서 보는 바와 같이 약자를 형성하는 범위 내에 있는 모든 단어의 첫음절을 택하지 않고 필요에 따라 중간에 있는 단어들을 건너뛰기도 하는 현상을 종종 초래하게 되어 결과적으로 보다 자유분방한 약자 형성 과정을 허용하고 있다.

(9) 별밤 : 별이 빛나는 밤에
죽팅 : 죽치고 앉아 때가 오길 기다리는 미팅

그러나 이 두 가지 제약, 즉 음절수의 제약과 종성의 제약 때문에 약자 형성 시 각 단어의 첫음절이 모두 채택되는 것이 아니라고 설명하기에는 무리가 따른다. 다음 (10)에 쓰인 자료는 라디오나 TV의 인기 있는 프로그램을 줄여서 말하는 경우이다.

(10) 별밤 : 별이 빛나는 밤에 (MBC 라디오 프로그램)
밤디 : 밤의 디스크 쇼 (MBC 라디오 프로그램)
두데 : 두시의 데이트 (MBC 라디오 프로그램)
일밤 : 일요일 밤에 대행진 (MBC TV 프로그램)
기토 : 기쁜 우리 토요일 (SBS TV 프로그램)
토토즐 : 토요일 토요일은 즐거워 (MBC TV 프로그램)
화만나 : 화요일에 만나요 (90년대 중반 SBS TV 프로그램)

위에서 보면 '밤의 디스크 쇼'가 '밤디쇼'나 '밤쇼'로 쓰이지 않는다든지, '일요일 밤의 대행진'이 '일밤대'로 쓰이지 않는 것, '기쁜 우리 토요일'이 '기우토'로 쓰이지 않는 이유를 음절수라든가 종성의 제약으로 설명하기는 어렵다. 특히, '밤디'나 '일밤'의 경우, 약자 형성에서 보는 가장 흔한 통사구조인 명사구인데, 이 경우 수식되는 명사, 즉 핵심 명사(head noun)의 첫 음절이 약자 형성에 채택되지 않는 경우는 오히려 드물다고 보아진다. 왜 '디스크 쇼'의 '쇼'나 '대행진'의 '대'가 채택되지 않았는지에 대해서는 일관성 있는 설명이 어려워 보인다. 약자가 형성되었을 때의 어감, 각 단어의 구(句)내에서 의미의 비중(즉, 핵심 명사라는 통사적 비중이 아니라), 다른 프로그램 제목과의 비교 등 막연하게나마 여러 가지 사항을 고려해 봄직할 뿐이다.

다음 항목으로 넘어가기 전에 약자 형성에서 어감이나 소리자체가 주는 재미가 극대화되면서 형성된 경우를 소개한다.

(11) 사사사사 : 사랑하면 사랑할수록 사랑하고픈 사람
걸걸걸 : 걸면 걸리는 걸리버

이제 약자의 통사적 측면을 고려해 보겠다.

(2) 통사적 고찰

약자를 형성할 때 통사적 제약은 거의 발견되지 않는다. 위에서도 잠시 언급했듯이 약자 형성에 참여하는 단어의 선택에 있어서 꼭 선택되어야 한다든가 선택

되어서는 안 된다든가 하는 제약이 통사적인 관점에서 주어지지는 않는다. 그러나 명사구의 경우 (10)에서 본 바와 같은 약간의 예외가 발견되기는 하나, 핵심 명사는 대부분 채택되는 것으로 관찰되었다. 이때 (9)의 '죽팅'에서 본 바와 같이 핵심 명사의 첫 음절이 아닌 마지막 음절이 채택되는 경우도 종종 볼 수 있다.

약자가 형성되는 범위(scope)를 살펴보면 하나의 구(句)와 절(節)은 물론 문장도 그 범위에 해당된다.

(12) {명사구} 즐통 : 즐거운 통신
{부사구} 조나발 : 조국과 나라의 발전을 위하여
{문장} 미오지 : 미래는 오래 지속된다. (동아리 이름)

두 개의 문장이 약자를 형성하는 경우도 있으며, 호격을 동반한 문장 또한 약자의 범위이다.

(13) {두 개의 문장} 미나공 : 미안해, 나 공주야.
{호격을 동반한 문장} 미지왕 : 미친놈, 지가 왕 인줄 알아.

병렬 구조를 약자로 취하는 경우 명사의 병렬, 형용사의 병렬, 동사의 병렬 및 문장의 병렬 등 모든 형태가 관찰된다.

(14) {명사의 병렬} 이지함 피부과 : 이유득, 지혜구, 함익병 피부과
{형용사의 병렬} 아더메치유 : 아니꼽고 더럽고 메스껍고 치사하고 유치하다.
{동사의 병렬} 아나바다 : 아껴 쓰고 나눠 쓰고 바꿔 쓰고 다시 쓰자.
{문장의 병렬} 찡떼우 : 술을 마시며 찡그리거나 입술을 떼거나 술잔을 위아래로 들고 있지 말아라.

병렬 구조의 특징은 병렬에 참가하는 각 단어의 첫 음절이 필히 약자 형성에 채택된다는 사실이다. (14)의 '찡떼우'의 경우를 봐도 중간의 어구를 무시한 채 동사만을 규칙적으로 약자로 취하고 있다. 비중이 똑같은 단어의 나열이라는 점에서

어느 한 단어도 뺄 수 없음이 당연하다고 보겠다. 드물게 관찰되는 4~5음절의 다음절 약어가 대부분 병렬 구조를 갖고 있다는 점 또한 흥미로운 현상이다. 이는 의미적 제약이 음절수의 제약에 우선한다는 사실을 보여주는 것이라고 보겠다.

2) 약어

본 논문에서는 앞서 언급했듯이 약어의 정의를 기존 단어가 갖는 의미에 또 하나의 의미를 부여함으로써 의미의 이중구조를 갖는 단어로 보겠다. 다시 말해서 약어는 그 자체로 이미 사용되고 있는 기존 단어와 짝을 이루고 있기 때문에 신조어로 보기보다는 기존 단어에 또 하나의 의미를 부여한다는 시각으로 보아야 한다는 것이다. 이는 하나의 단어, 구, 절 등의 첫 번째 철자를 취한 후 만들어진 약자에 단어의 자격이 주어져 강세를 받아 읽혀지는 영어의 두문자어(예: 'news' north, east, west, south)와 비교할 때 약자로 된 하나의 단어라는 관점에서 일맥상통한다고도 볼 수 있겠다.

흥미로운 사실은 본 논문을 위해 수집한 자료 중 약어는 약자의 약 3배(600여 개)에 달했다는 점이다. 기존 표현의 음절을 취해서 만드는 약자보다 기존 단어에 의미의 이중성을 부가하는 약어에 더욱 적극적인 언어 행위를 보여주고 있는 것이다.

약어는 기존 단어를 통해 형성된다는 점으로 인해 통사적 측면으로는 약자보다 더 큰 자유 분방성, 음운적 측면으로는 더 강력한 제약을 받고 있는 것으로 나타났다. 다시 말해서 보다 쉬운 음운구조로 보다 자유로운 표현을 하고 있다는 것이다. 또한 약어 특유의 의미적 특징을 보여주고 있음도 관찰되었다. 이제 음운구조, 통사구조, 의미구조의 특징을 차례로 살펴보겠다.

(1) 음운적 고찰

약자의 음운적 구조에서 우리는 음절의 수와 종성에 위치하는 자음의 종류에서 제약을 받고 있음을 보았다. 약어의 경우 2음절 단어와 3음절 단어에서 가장 빈번하게 약어가 생성되는 것이 사실이지만 4음절 단어의 경우도 종종 약어가 형성됨을 볼 수 있다. 다음은 음절수에 따른 약어의 예이다.

(15) [2음절어] 천재 : 천하에 재수 없는 놈 / 천원 갖고 재는 놈
비호 : 비행기에서 떨어진 호박
[3음절어] 귀공자 : 귀신같이 공부 못하는 자식
만두집 : 만나서 두드리는 집(오락실)
[4음절어] 돈키호테 : 돈 많고 키 크고 호탕하고 테크닉 좋은 남자[5)]
백설공주 : 백방에서 설치는 공포의 주둥아리

그러나 5음절 이상의 단어가 약어로 활용되는 경우는 발견되지 않았다. 이는 5음절이 약자 형성의 경우에서 보듯이 길다는 이유도 있겠지만 5음절 이상의 친숙한 단어가 처음부터 흔하지 않았다는 데서 그 이유를 찾을 수 있을 것 같다.

종성에 오는 자음제약은 약어의 경우 약자보다 더 강하게 나타난다. 다시 말해서 복자음이 포함된 단어가 절대로 쓰이지 않음은 물론, 약자의 경우 드물게 나타나던 8개의 단자음 [ㄷ, ㅅ, ㅈ, ㅊ, ㅋ, ㅌ, ㅍ, ㅎ]은 (16)에서 보는 한 가지 경우를 제외하고 종성에 전혀 나타나지 않았다.

(16) 이웃 : 이유 없이 웃는 여자[6)]

이렇게 중화 작용을 일으키는 종성 자음을 포함한 단어들이 약어 형성에 채택되지 않은 이유는 쉽고 친근한 단어 우선으로 약어를 형성한다는 자연스러운 현상으로 보여 진다. 약어가 약자와 다른 또 한 가지 측면은 약어의 경우 단어의 첫 음절이 아닌 음절이 약어 형성에 참여하는 비율이 약자보다 훨씬 높다는 사실이다. 다음 (17)은 그러한 예들을 보여주고 있다.

(17) 여치 : 여행 스케치

5) 서정범(1987: 74)에도 수록됨.

6) 서정범(1987: 33, 1989: 154)에도 수록됨.

대통령 : 대책 없이 통밥(머리) 굴려서 명령하는 사람[7]
우등생 : 우겨서 등수를 올린 학생[8]
군축회담 : 군것질을 하느냐 저축을 하느냐에 대한 회담
오리지날 : 오리도 지랄하면 날 수 있다.

기존 단어를 통해 약어를 형성하는 만큼 음절 채택에 있어서 보다 많은 자유가 허용되고 있음을 볼 수 있다. 또한 음가가 비슷할 경우 (18)과 같이 철자법의 변경도 허용된다.

(18) 제물포 : 재(물리선생님) 때문에 물리 포기했어.
제과빵점 : 재(과학 선생님) 때문에 과학 점수 빵점이야.
평강공주 : 평소 깡다구니 하나 믿고 사는 공주
기형아 : 기특하고 영리한 아이

위에서 본 사례들은 약어의 경우 약자 보다 음절 채택과 철자법에 있어서 보다 폭 넓은 자유를 누리고 있음을 말해주고 있다.

(2) 통사적 구조

약어는 거의 대부분이 '천재', '바보', '공부' 등 명사를 이용하여 만들어진다 ((21) 참고). 그러나 (19)에서 보는 바와 같이 잘 알려진 고유명사도 그 대상에서 제외되지는 않는다.[9]

(19) 정몽주 : 정신이 몽롱한 주정뱅이[10]

---

7) 서정범(1987: 40)에도 수록되었으나 그 의미는 '대강 통밥 굴려서 배운 영어'로 되어 있음.

8) 서정범(1987: 41)에도 수록됨.

9) 고유명사가 잘 알려지지 않은 일반 이름인 경우 약어보다는 약자 형성에 참여하여 자유분방하게 활용됨이 관찰되었다.
[예] 허전기최 : 허무러진 천연 기념물 최○○
잘조 : 잘 생긴 조○○

10) 서정범(1987: 31)에도 수록됨.

안기부 : 안주 기습 부대
하나회 : 애인 하나 없는 이들의 회합
라보때 : 라면 보통으로 때우기

이 밖에 '동방불패', '천재지변'((22) 참고) 등 한자의 사자성어를 이용하여 약어를 만드는 경우도 종종 관찰되었다. 문장으로부터 약어가 만들어진 경우는 '사랑한다고요'((20) 참고)가 한 번 관찰되었을 뿐이다.

약어가 만들어지는 어구의 통사적 구조는 약자의 그것과 매우 흡사하지만 더 많은 자유 분방성을 허용하고 있다는 점이 특징이다. 약어를 형성하는 단어들의 첫 음절은 종종 무시되어 이들이 약어 형성 요소로 참여하는 확률이 약자의 경우와 비교하여 훨씬 저조하다. 다시 말해서 중간의 단어들을 건너뛰는 경우를 빈번히 볼 수 있었다. (20)은 그러한 예들을 보여준다. (20)의 예 중에서도 '사랑한다고요'는 건너뛰기는 물론 단어의 첫 음절은 거의 무시한 채 약어를 만들었음을 극단적으로 보여주고 있다.

(20) 선발대 : 선천적으로 발 안 닦고 다니는 대학생
공산당 : 공부 못해도 산다는 당돌한 애
도서관 : 도리도리 춤추며(테크노 댄스) 서로를 관찰해 부킹하는 곳[11]
사랑한다고요 : 사슴 한 마리가 도랑에 빠져서 하늘만 바라보다가 지쳐 운다고 말하고 싶어요(초등학생들 사이에 쓰인다고 함.)

약어의 자유 분방성은 핵심 명사가 약어 형성에 참여하는지 여부의 관점에서 볼 때 역시, (21)에서 보듯이 약자의 경우보다 훨씬 더 파격적으로 이를 제외시키고 있다. (21)의 진한 글씨는 약어 형성에서 도외시된 핵심 명사를 가리킨다.

(21) 바보 : 바라볼수록 보고 싶은 **그대**[12]

---

11) 서정범(1987: 40)에도 수록됨. 그 의미는 '도덕적으로 타락한 사람들이 서러워서 가는 관서'

12) 서정범(1987: 74)에도 '바다의 보배'로 수록됨.

미모 : 미리 모아둔 **돈**[13)]
공부 : 공연히 부질없는 **짓**
담배 : 담이 크고 배짱이 있는 **사람**
건달 : 건빵에 달관한 **군인**
군발이 : 군대의 발전에 이바지하는 **사람**

약어가 만들어지는 대상의 통사적 구조를 볼 때 가장 흔한 구조는 명사구이며 (22)와 같이 문장도 종종 발견되었다.

(22) 미인 : 미모를 인정할 수 없다.
나이키 : 나 이쁘면 키스해 줘.
천재지변 : 천 번 봐도 재수 없고 지금 봐도 변함없다.
동방불패 : 동네 방위는 불쌍해서 패지도 않는다.
미내뽀게 : 미쳤냐, 내가 너랑 뽀뽀하게.

이 밖에 부사구와 병렬구문도 관찰되었다.

(23) [부사구] 개나발 : 개인과 나라의 발전을 위하여[14)]
[병렬] 단무지 : 단순 무식 지저분한
맥가이버 : 맥 빠지고 가망 없고 이상하고 버르장머리 없는 (사람)

지금까지 살펴보았듯이 약어의 경우는 핵심 명사가 종종 제외 된다는 점에서, 또 중간에 많은 단어들이 자유분방하게 위치하고 생략된다는 점에서 약자의 경우보다 더 많은 통사적 유연성을 보여주고 있다. 그러나 약어로 표현된 어구 자체의 통사구조는 약자의 그것보다 제한적인 범위에서 만들어지고 있음을 볼 수 있다. 즉, 형용사구나 명사구가 거의 대부분을 차지한다는 사실이다. 부사구, 또는 문장으로 형성된 약어가 드물게 보이기는 하나 그 외의 다양한 통사구조는 별로 발견되지 않는다는 사실이다. 이는 약어의 대상이 주로 명사에서 출발해 의미의 이중

13) 서정범(1987: 154)에도 수록됨.

14) 서정범(1987: 32)에도 수록됨.

구조를 갖게 되므로 약어의 통사 구조 또한 명사구가 흔하다는 것을 말해 주는 것이라 하겠다.

(3) 의미적 고찰

앞서 언급했듯이 약어가 형성되는 대상의 통사구조는 거의 대부분이 명사구이다. 약어를 형성하는 기존단어가 주로 명사라는 사실을 감안할 때, 기존 명사와 의미적 이중 구조를 갖는 약어 또한 명사구가 흔하다는 사실은 비교적 자연스러운 현상으로 보아진다. 이 명사구가 약어로 만들어지면 기존 단어와 결과적으로 동음이의어(同音異意語)가 되는데 이 경우 약어와 기존 단어의 의미의 상관관계는 매우 흥미로운 양상을 띠고 있는 것 같다. 예를 들어 기존 단어의 의미가 부정적이라면 약어의 의미는 긍정적이라든가, 기존 단어의 의미가 긍정적일 때 약어의 의미는 부정적으로 나타난다는 식이다. (24)는 이러한 예를 보여주고 있다.

(24) a. 부정적 → 긍정적 바보 : 바다의 보배[15)]
병신 : 병을 고치는 신[16)]
우거지 : 우아하고 거룩하고 지성적
지랄 : 지적이고 발랄하다.
b. 긍정적 → 부정적 비너스 : 비교적 너무한 스타일
장학생 : 장래에 대한 생각이 없는 학생
무아지경 : 무지무지 아무 것도 아닌 경치
교수 : 교만한 수위[17)]

종종 긍정적 의미와 부정적 의미를 극단적으로 대비시켜 약어와 기존단어의 이중성을 최대한 살리기도 한다.

(25) 미녀 : 미안하게 생긴 여자

15) 서정범(1987: 155)에도 수록됨.

16) 서정범(1987: 39)에도 수록됨.

17) 서정범(1987: 40)에도 '교과서에 매어 수업하는 사람'으로 수록됨.

절교: 절대로 끊어질 수 없는 열렬한 교제
걸작 : 걸레 같은 작품[18)]
저능아 : 저력 있고 능력 있는 아이
불임녀 : 불쌍하게도 임신된 여자[19)]
전염병 : 전혀 염려 안 되는 병
무인도 : 무지무지 인간이 많은 도시
조강지처: 조그만 일에도 강짜를 부리고 지랄하는 처
무능력자 : 무진장 능력이 많은 자식
·

물론 약어와 기존단어의 의미가 항상 대비를 이룬다고는 볼 수 없다. (26)에서와 같이 기존단어를 희화화한 경우도 볼 수 있다.

(26) 복부인 : 복어처럼 간이 부은 인간
멸망 : 멸치가 뛰면 망둥이도 뛴다.
외도 : 외로운 도둑질
고인돌시대 : 고릴라가 인간을 돌멩이 취급하던 시대
화풀이 : 화학 시험의 뒤풀이(무척 어려운 시험을 치른 후)
죽마고우 : 죽치고 마주앉아 고스톱 치는 친구
스타 : 스스로 타락한 사람
남존여비 : 남자가 존재하는 한 여자는 비참하다
고참사원 : 고상하지도 않으면서 참견만 하는 사원[20)]

또한 기존 단어에 대한 사회상의 일면 및 신세대들의 시각을 엿보게 하여 실소를 자아내게 하는 경우도 볼 수 있다.

(27) 데이트 : 데리고 이리저리 다니다가 트집 잡아 보내는 것[21)]

18) '졸업작품'의 경우, '졸업 작품 → 졸작'과 같이 약자로 형성되었는지, 또는 '졸작 → 졸업 작품'과 같이 약어로 보아야 할지 그 구분이 항상 명확하지만은 않은 것으로 보인다.

19) 서정범(1989: 145)에 '불쌍하게 남편도 없이 임신한 여자'로 수록됨.

20) 서정범(1987: 31)에도 수록됨.

21) 서정범(1994: 294)에도 수록됨.

결혼 : 결국 혼이 나는 것
사표 : 사람답게 살고 싶다는 표시
여보 : 여자 람보
노약석 : 노련하고 약삭빠른 자가 앉는 자리
망아지 : 망한 강의실 아지(agitator)(강의실에서 학생운동을 선동하는 데 실패한 선동가)
서당 : 서울 당구장
열등생 : 열심히 등교하는 학생

이 외에 약어가 주는 재미 자체를 즐기는 듯 특별한 의미보다는 약어 만들기만을 목적으로 삼은 듯한 (28)과 같은 예도 종종 관찰되었다.

(28) 실업자 : 실버스타 스텔론이 업어서 키운 자식
불치병 : 불란서 치과 의사들이 앓는 병
오리무중 : 오리가 무 밭에 들어가면 중심을 잃는다.
외계인 : 외국인이랑 곗돈놀이 하는 인간

이러한 약어의 생산성은 (29)과 같이 많은 단어에 재미있는 재해석을 붙이기도 한다.

(29) 마포동 : 마돈나도 포기한 동네[22)]
보문동 : 보기에도 문제가 많은 동네
개성 : 개도 버린 성질
하마 : 하늘같은 마누라
우등생 : 우주에서 떨어진 등신 같은 생물체
자포자기 : 자신 없는 일은 일치감치 포기하고 자신 있는 일을 기분 좋게 하라.

(29)에서 보듯이 재해석이 약어로 만들어질 경우 주로 부정적인 의미가 부여되는 것으로 보인다. 본 논문을 위해 수집된 약어 자료를 모두 의미별로 구분하는 것은 거의 불가능하게 보인다. (28)과 같이 약어를 만드는 것 자체를 목적으로 생

22) 서정범(1994: 195)에도 수록됨.

성된 몇 가지를 제외하면 기존 단어에 붙여진 약어의 의미가 신세대의 다양한 생각과 발상, 그리고 생활상을 그대로 담고 있는 것으로 보여 단순한 말장난이라고 폄하시키기보다는 보다 체계적인 연구가 요구되는 것 같다. 마지막으로 약자나 약어의 활용이 마냥 부정적인 것으로만 나타나는 것은 아님을 보여주는, 우리말의 아름다움이 잘 표현된 [가, 나, 다, 라 …]를 이용한 시 한편을 (30)에 소개한다.

(30) 가슴이 따뜻한 너였기에 / 나는 너를 사랑했다. / 다른 사람에게선 느끼지 못한 / 라일락 향기에 취해 / 마치 / 바보 같은 얼굴로 너를 보았다. / 사랑한다는 말 한마디가 / 아주 감미롭게 들리고 / 자장가 같은 네 목소리에 / 차츰 눈이 감기고 / 카셋트에 사랑을 전하는 / 타인들의 목소리도 아름답게 들리고 / 파릇파릇 돋는 새싹처럼 / 하늘처럼 넓은 마음으로

3) 약자, 약어의 또 다른 유형

본 절에서는 3절의 1)과 2)에서 다룬 약자와 약어 외에 조금 색다른 형식으로 만들어지는 경우를 여러 가지 실례를 통해 간단히 살펴보도록 하겠다.

우선 숫자와 혼합되어 만들어지는 경우이다.

(31) 복사꽃(복4꽃) : 복학한 4학년
이사도라(24도라) : 24시간 돌아다니는 사람
주사파(주4파) : 일주일에 4번씩 술 마시는 사람

영어나 한자어를 혼합하여 만드는 경우도 있다.

(32) 칼타임(칼time) : 칼같이 정확히 시간 지키기
절큐하다(絶cue) : 당구를 끊다
술퍼맨(술퍼man) : 술만 퍼마시는 사람
빙신(氷신) : 펭귄이 신는 신발
송방(song방) : 노래방

이 밖에 많이 쓰이는 약자로 우리말을 소리 나는 그대로의 두음을 취해 영어 철자로 표기하여 만드는 우리말식 영어 생략어가 있다.

(33) ABC :아(A)이 보(B)기 싫(C)어
EFG : 이(E)쁘(F)지(G)
AIDS : 아(A)이고 이(I)제 다(D) 살(S)았다.
ET : 이(E)쁘지도 않은게 튕(T)긴다. / 이(E)번 학기 탈(T)락
IBM : 이(I)미 버(B)린 몸(M)
AP 통신 : 아(A)주 피(P)곤한 통신
PS : 피(P)곤한 소(S)식

(33)에서 보여주는 예는 모두 우리에게 익숙한 영어 약자들이다. 영어의 약자가 주는 의미와는 별도로 우리 식의 의미를 부여했다는 점이 매우 흥미롭게 보인다.

4) 약자 및 약어의 생산성

지금까지 우리는 약자나 약어들이 피상적으로 보이듯 무질서하게 만들어지고 쓰이며 자의대로 변화하는 것이 아니라는 점을 살펴보았다. 이는 새로 형성된 약자 또는 약어의 어휘가 일련의 규칙을 통해 관련 파생 단어를 생산적으로 형성하고 있음을 통해서도 엿 볼 수 있다. (34)는 약자의 파생 단어 현상이 이미 시작된 듯한 여러 가지 예를 열거하고 있다.

(34) a. 은따 : 은근히 따돌림
지완따 : 지구에서 완전히 따돌림
영따 : 영원히 따돌림
따따 : 따돌림 당하는 애들 중에서도 따돌림
강따 : 강하게 따돌림
전따 : 전교에서 따돌림
b. 얼큰이 : 얼굴이 큰 아이
엉뚱이 : 엉덩이가 뚱뚱한 아이
엉큼이 : 엉덩이가 큼직한 아이

하짧이 : 하체가 짧은 아이
요롱이(腰 long이) : 허리가 긴 아이
기숙이 : 기숙사에 사는 아이
c. 영사모 : 영화를 사랑하는 사람들의 모임
여사모 : 여자를 사랑하는 사람들의 모임
올사모 : 올드팝을 사랑하는 사람들의 모임
엄사모 : '엄정화'를 사랑하는 사람들의 모임
d. 기사모 : 기막힌 사내들의 모임
특이모 : 특이한 이름을 가진 사람들의 모임
노사모 : 노트북을 쓰는 사람들의 모임
언사모 : 얹혀사는 사람들의 모임
자귀모 : 자살한 귀신들의 모임
별사모 : 별난 사람들의 모임
e. 노찾사 : 노래를 찾는 사람들
빛찾사 : 빛을 찾는 사람들
통찾사 : 통일을 찾는 사람들
여찾사 : 여자를 찾는 사람들
f. 정팅 : 정기 채팅
즐팅 : 즐거운 채팅
취팅 : 취해서 하는 채팅
눈팅 : 눈으로만 보는 채팅(다른 사람이 하는 것을 구경만 하는 채팅)
g. 몰팅 : 몰래하는 미팅
야팅 : 야외에서 하는 미팅
졸팅 : 졸지에 하는 미팅
죽팅 : 죽치고 기다리는 미팅
h. 즐바 : 즐거운 바둑
즐당 : 즐거운 당구
즐등 : 즐거운 등산
즐겜 : 즐거운 게임
i. 미지왕 : 미친 ㄴ, 지가 왕이라고.
미지공 : 미친 ㄴ, 지가 공주라고.
미지대 : 미친 ㄴ, 지가 대장이라고.
j. 미나공 : 미안해, 나 공주야.
미나왕 : 미안해, 나 왕이야.

앞에서 열거한 예들은 일부에서만 제한적으로 쓰이는 약자와는 달리 이미 구어체 표현으로 널리 받아들여져서 앞으로도 의미와 단어의 생산성에 일조하는 파생 표현으로 더욱 보태질 것으로 생각된다. 형태의 파생이 아닌 '의미의 파생'이라는 형식이 가능해진 것이다. 위의 (34e) '노찾사'나 '빛찾사' 등에 나타난 예들은 중화작용을 일으키는 종성 자음 ((7) 참조)이 약자에 나타나는 경우로, 이는 주로 파생 단어 현상이 일어난 약자에서 관찰됨을 보여준다. 종성의 음운적 제약보다 의미의 파생 단어 형성의 힘이 보다 강력함을 반증하는 것으로 볼 수 있겠다. 신세대의 은어에서 이미 파생 단어를 생산한 중딩(중학생), 고딩(고등학생), 대딩(대학생), 직딩(직장인)과 같이 약자도 널리 익숙하게 쓰일 경우 의미적 파생어를 만들어 어휘 목록의 확장을 가져오는 것으로 보아야 할 것이다.

4. 글자말(chatting language)

이제 컴퓨터는 TV가 그러하듯 우리 생활의 일부가 되었다. 이 새로운 문명의 이기는 이전에는 상상할 수도 없었던 많은 일들을 가능하게 만들었는데 글자를 통한 대화인 글 대화(chatting)야말로 그 중의 하나라고 볼 수 있겠다. 본 논문에서는 서론에서 글자를 통한 대화를 할 때 쓰이는 문자어를 '글자말(chatting language)'이라고 일컬을 것을 제안하였다. 요즈음 대다수 신세대들에게[23] network를 통한 글 대화는 이미 생활의 일부가 되었다. 이들이 쏟아내는 무수한 우리말의 새로운 형태가 '막말 현상'이라는 우려의 시각을 불러일으키는 것도 사실이다. 그러나 글자말은 글 대화에 쓰인다는 점을 감안할 때 이를 종래의 문자어의 잣대에 놓고 옳고 그름을 따질 수는 없다고 본다. 왜냐하면 글자어의 경우, 본질이 말언어(spoken language)에 오히려 가까우며 의사전달의 방법에 있어서만 음성을 대신하여 글자를 매개체로 쓴다는 차이점을 갖고 있기 때문이다. 글자말은 글자로 하는 대화의 매개체로 쓰임으로 인해 문자어와 말언어의 특징을 동시에

23) 글 대화(chatting)를 신세대만의 것으로 규정지어서는 안 되겠지만 주된 이용객이 이들인 것만은 부정할 수 없다.

갖고 있다. 보다 자세한 설명은 다음 항목에 주어지겠으나 글자말의 특징으로 나타난 말 줄임, 소리표기, 콧소리 첨가, 늘려 쓰기 등은 모두 말 언어를 최대한 글자 표기에 반영한 결과라고 볼 수 있다.

이렇게 종래의 문자어와는 다른 기능에서 비롯된 글자어의 여러 가지 양상을 단순히 언어 오염으로 격하한다면 오히려 문자어에 심각한 부정적 영향을 초래할 것이다. 글자를 통한 대화라는 현대 문명이 우리에게 열어준 또 하나의 새로운 장을 보다 활짝 열 수 있도록 글자어의 특성을 살펴보고 이의 장점과 특성을 최대한 살려 글자어는 글 대화에서만 쓰도록 각각의 영역을 인정하는 것이 우리말의 기능을 한층 높이고 보존할 수 있는 방법일 것이다. 이제 글자말의 특징을 차례로 살펴보도록 하겠다.

1) 말 줄임 현상

글자말의 두드러진 특징은 말 줄임이라고 볼 수 있다. 이는 맞춤법을 일일이 따르며 글자판을 두드리는 수고와 시간을 최대한 절약하여 글자를 통한 대화라는 시간적 한계를 극복하고자하는 것이 가장 큰 목적이라 보겠다. 그러나 한편으로는 말 줄임을 통해 말언어(spoken language)와 같은 맛을 살려 친근감과 현장감을 주고자 하는 의도로도 보인다. 말 줄임은 두 가지 현상으로 분류할 수 있다. 하나는 '음절수를 줄이는' 방법을 통한 줄임이고, 다른 하나는 두 개의 모음을 하나의 모음으로 표기하여 컴퓨터 자판을 두드리는 '수고를 줄이는' 것이다. 이 두 가지 현상의 목적은 모두 의사소통을 보다 빨리 효율적으로 한다는데 있다.

우선 음절수를 줄이는 방법에는 두 가지 유형이 관찰되었다. 첫째는 음절수를 일종의 융합(coalescence)을 통해 줄이는 방법이고, 둘째로는 자르기(clipping)를 통해 줄이는 방법이다.

표준어에서 음절수를 줄이는 준말은 우리말의 자연스러운 음운 현상이다. 그러나 이때에는 주로 (35)와 같이 동사의 어미변화나 일부 명사에 나타난다.

(35) a. 동사
바치어 → 바쳐
보아 → 봐
하여 → 해

b. 명사
마음 → 맘
사이 → 새
아이 → 애

준말은 어두가 아닌 위치에 초성이 없는 음절이 왔을 때, 이를 앞 음절에 귀속시키는 것이 대부분이며 준말에 참여하는 모음에도 제한이 있다.[24)]

글자말에서 음절수 줄이기는 표준어와 매우 다른 양상을 띤다. 첫째, 어두가 아닌 위치에서 초성이 없는 음절은 물론 준말의 대상이고, 초성이 있는 CV음절도 줄이기의 대상이다. (36)은 각각의 예를 보여주고 있다.

(36) a. 어두가 아닌 위치의 V(C)음절의 생략
메일 → 멜
서울 → 설
귀여운 → 귀연
조용히 해 → 죻 해
천리안 → 천랸
일요일 → 일욜

b. 어두가 아닌 위치의 CV(C)음절의 생략
너무너무 → 넘넘
시험 → 셤
지하철 → 쟈철
그냥 → 걍
선생님 → 샘
우리 → 울
짜증 → 짱
무슨 → 먼

(36)의 경우를 일종의 융합으로 볼 수 있는 이유는 줄어든 음절이 줄어들기 이전의 두 음절이 갖고 있던 성질을 반씩 반영하고 있기 때문이다. 위의 (36a)의 예들은 V(C)음절인 경우 모음의 성질에 특별한 제약이 없이 항상 생략될 수 있음을 보여 주고 있다. 이러한 사실은 글자말의 경우 실제로 어두가 아닐 때 V(C)음절이 나타나는 경우는 없다는 결과로 나타난다. 말 줄임 현상이 일어나지 않는 '머거써요(먹었어요)'와 같은 경우가 있으나, 이는 V(C)음절이 앞의 자음을 초성으로 받아들여 연음 현상을 일으키므로 V(C)음절이 표면화되지 못한다. 여기에 대해서는

24) 준말의 자세한 형성과정은 본 논문의 주제에서 벗어나므로 자세히 다루지 않겠다.

4절의 2)에서 보다 자세한 다루겠다. (36a)의 '귀연'과 '일욜'은 어두가 아닌 음절이 V(C)이므로 표면적으로 이러한 현상의 예외로 보이지만 이 경우는 예외라 취급하기보다 본딧말에 V로 시작하는 음절이 연속적으로 나타나므로 그 중 하나는 살아남은 것이라고 보아야 할 것이다.

부연한다면 글자말에서 V(C)음절은 어두에만 나타나며 어두가 아닌 위치에서 V(C)음절이 나타나는 경우는 본딧말에 V(C)음절이 두 번 이상 연속해서 나타날 때뿐이다. 이때 조사나 종결어미는 위의 경우와 무관함을 지적해 둔다(예: 다음에 → 담에(CVC.V); 안녕하세요 → 안냐세요(VC.CV.CV.V)). 어두에 위치하지 않은 V(C)음절이 별다른 제약 없이 줄어드는 사실과 같은 맥락으로 흥미로운 사실은 [ㅎ]으로 시작하는 음절 또한 어두가 아닌 위치에 있을 때 생략의 대상이 된다는 점이다. (35b)의 예에 보이는 '셤(시험)'과 '쟈철(지하철)'이 그 좋은 예인데 [ㅎ]의 약한 음가를 고려하면 오히려 당연한 현상으로 보인다.

자르기(clipping)를 통해 음절수를 줄이는 방법도 흔히 보이는 현상이나 이는 융합을 통한 음절수 줄이기만큼 일반적인 것은 아닌 것으로 나타났다.

(37)		
	아니꼽다 → 꼽다	컴퓨터 → 컴
	스타크래프트 → 스타크	방가 → 반가워요
	부끄러워 → 부끄	훨씬 → 훨
	아르바이트 → 알바	섹스 → 쎅

지금까지 융합과 자르기로 음절수를 줄이는 현상을 살펴보았다. 이제 이중모음을 단모음화한 예를 살펴보도록 하겠다.

(38) 뭐해요 → 모해요
바요 → 바요
안돼 → 안대
뭔지 → 몬지

위의 예에서 단모음화한 이중모음들은 모두 글자판을 두 번 사용해야 하는 후설 이중모음 {wa}, {wə}, {we}, {wi}에 해당된다. 이들은 다음 항목에서 다룰 소리 표기의 경우로 볼 수도 있겠으나, 자판의 글씨 한 타로 표기 할 수 있는 전설모음은 제외되고 후설 이중모음만이 모두 단모음화 한 일관성으로 보아, 자판을 두드리는 수고를 줄인다는 측면에서, 일종의 '줄임'으로 보는 것이 타당할 것으로 보인다. 줄여 쓰기에 대한 고찰을 마치기 전에 글자말에서 빼 놓을 수 없는 줄여 쓰기 현상을 한 가지 더 언급할 필요가 있다. 이는 영어의 직접적인 영향으로 일반화된 영어 표현의 약자화와 숫자를 이용한 약자이다.

(39) 영어 약자

a. 단어의 약자

a : answer
q : question
m : male

b. 구나 절의 약자

ftf : face to face
bbl : be back later
imo : in my opinion

c. 영어의 소리 표기식 약자

u : you
oic : oh, I see
ssup : what's up

d. 한국식 영어

re-hi : 다시 안녕
lol : laugh out loud(너무 웃기군)
rukr? (Are you Korean?)

(40) 숫자 약자

1200 : 일일이 빵빵(오늘 바빠요)
100 : 돌아와 (back)
10288 : 열이 펄펄
20000 : 이만
045 : 빵사와
11 : 나란히 있고 싶어요.

위의 두 가지 유형은 그 목록이 점점 더 늘어나는 추세로 보이나 본 논문에서는 예를 간단히 열거하는 것으로 그치고 보다 자세한 언급은 다음으로 미룬다.

2) 소리 표기

소리 표기는 글자말이 말언어와의 거리를 좁히고자 보다 생생하게 현장감을 곁들여 의사를 전달하기 위한 방법이다. 소리표기의 가장 두드러진 특징은 연음 표기와 연음을 곁들인 음절수 줄이기이다.

(41) a. 연음

일상적인 → 일상저긴	축하 → 추카
편이지 → 펴니지	없어요 → 업서요
먹었어요 → 머거써요	알겠어 → 알게써

b. 연음 +음절 줄이기

어떻게 → 어케	재수없어 → 재섭서
그렇게 → 글케	바뀌었다 → 바껴따
그렇군요 → 글쿤요	그렇죠 → 글쵸

두 번째로 지적될 수 있는 소리 표기는 종성의 단순화로 볼 수 있다. 이는 자음 접변, 종성 생략, 복자음의 단자음화로 나타난다.

(42) a. 자음 접변 : 했니 → 핸니
이랍니다 → 이람니다
한번 → 함
감사합니다 → 감사함다
b. 종성 생략 : 뭣해요 → 모해요
바뀌었다 → 바껴따
c. 단자음화 +연음 : 싫어 → 시러
많이 → 마니

소리표기가 말언어에 보다 가깝고자 하는 시도라면, 여러 가지 양상으로 나타난 비트는 말투는 말 언어에서나 가능한 감정표현, 즉 어투를 글자말에 반영시키기 위한 것으로 보인다. 아래에서는 감정 표현이 글자말에서 어떻게 나타나는지 살펴보겠다.

3) 감정 표기

여러 가지 형태로 나타나는 감정 표기는 장난기를 곁들인 친근감의 표시로 보인다. 이러한 표현으로는 첫 번째로 유아적으로 들리기도 하는 [ㅇ]받침을 첨가한 콧소리 내기와 된소리 내기를 들 수 있다.

(43) a. [ㅇ]첨가 : 하셔 → 하셩
싶은데 → 싶은뎅
그러니까 → 긍까
b. 된소리화 : 몇 살 → 며짤
알았어 → 알써
바이바이 → 빠빠

두 번째로 모음 놀이(vowel play)를 들 수 있다. 이때 주로 양성 모음은 음성 모음으로, 음성 모음은 양성모음으로 바꾸어 쓰는 것으로 나타났다.

(44) a. 양성모음 → 음성모음 : 통신 → 텅신
이고요 → 이구요
몰라 → 멀라
b. 음성모음 → 양성모음 : 슬퍼 → 슬포
안녕 → 안뇽
싫어 → 시로
다이어트 → 다요트
c. 모음 바꾸기 : 그럼 → 구럼
키스 → 키쑤
그래 → 구래

(44c)의 예에서 모음 [으]는 어두가 아닌 위치에서는 중성 모음이지만 어두의 위치에서는 음성 모음이다([이]도 마찬가지임). 모음 [으]가 위치에 상관없이 다른 음성모음으로 바뀐 사실은 일견 흥미롭다고 하겠다. 모음이 바뀜으로 해서 생기는 효과는 보다 더 사적인 감정의 표출로 보인다.

세 번째 감정 표기는 어말을 비트는 방식으로 나타났다. 어말 비틀기는 단모음 [이]를 이중모음 [위]로 바꾸거나 어말 [-요]를 [-여]로 바꾸기, [ㅂ] 불규칙동사의 변이형 쓰기 등으로 이러한 표기는 모두 재미를 겸한 친근감의 표현으로 보인다.

(45) a. 단모음 → 이중모음 : (사과)라니? → (사과)라눠?
그러지 → 그러줘
입니다 → 임돠
b. [ㅂ]불규칙 동사 변이형 : 고마워 → 고마비
아쉬워 → 아쉬비
그리워 → 그리비
c. [- 요] → [- 여] : 어서오세요 → 어소세여
안녕하세요 → 안냐세요
담에 봐요 → 담에 바여

(45a)의 어말 이중 모음화는 간혹 명사에도 영향을 미쳐 '아이디(ID) → 아뒤'와 같은 말도 생성시킨 것 같다. (45)에서 보는 어말 비틀기는 글 대화에서 격식을 한층 무시할 때나, 친근감을 보다 더 나타내고자 할 때 쓰이는 것으로 보인다.

네 번째로는 강조법이 있다. 강조법은 늘려 쓰기와 글자 보태기로 나타났다.

(46) 좋아서 → 조아서리
잠시 → 자무시
진짜로 → 진짤루[25)]

위의 예는 지금까지 보아온 글자말의 가장 큰 특징인 말 줄이기와 상반되는 현상이다. 빠른 표기를 위해 가능한 한 음절을 줄이고 소리표기를 하지만 말 줄이기가 모든 원칙에 우선하는 것은 아님을 (46)의 예들은 보여준다. (45a)의 예들 또한 표기가 오히려 복잡해지는 경우이다. 이때에도 재미와 친근감 등 감정 표현이 표기의 편이보다 우선함을 보여준다.

다섯 번째 감정 표현은 의성어 의태어 등으로 나타난다. '엉엉', '징징', '방긋', '방실' 등이 글자로 쓰여 생생한 감정을 표출하는 방법으로 쓰이는데, 최근에는 이러한 감정을 글자로 나타내기보다는 그 모습을 기호로 사용하여 보다 간략하게 표시하는 경향이다. 감정 표시에 이용되는 기호는 다음의 (47)에서 보여주고 있다.

---

25) '감사합니다'가 '캄사' 또는 '감샤'로 쓰이는 것도 일종의 강조로 보인다.

(47) :-) = happy
:-(= sad
:-‖ = angry
:-& = tongue tied
:-< = really upset

위의 기호들은 적절히 조합되어 얼굴 표정을 매우 흡사하게 그리고 있다. 이외에도 (48)과 같이 글자로 의성어, 의태어를 그대로 표현하는 경우도 보인다.

(48) 끄덕 → 꾸우덕
꾸벅 → 꾸우벅
엉엉 → T.T

의성어, 의태어를 글자 및 기호로 나타내어 생생한 감정 표현의 한 방법으로 삼는 것은 비록 글자말과 문자어가 모두 글자를 의사 전달의 매개체로 쓰고 있으나 그 차이가 얼마나 극명한지를 보여주는 예라고 볼 수 있다. 얼굴 표정이나 몸짓, 목소리를 들려줄 수 없는 글자말의 한계를 최대한 극복하여 말언어가 전달할 수 있는 현장감 있는 감정 표현도 어느 정도 가능하도록 한 것이다.

지금까지 보았듯이 글자말에서의 감정 표기는 매우 다양하게 나타난다. 모두가 같은 자판을 이용하여 의사를 표시하지만 '나만의 개성', 현장감, 생동감을 최대한 살리며 심지어는 표정, 몸짓까지를 묘사하여 말언어에 한 발 더 다가가는 이러한 시도야말로 글자말이 그것만의 영역을 갖고 있음을 말해 주는 것이라 하겠다.

5. 맺음말

언어의 변화는 사회의 변화와 더불어 불가피하며 자연스럽게 일어나는 현상이다. 우리의 주변이 조석으로 급변하는 요즈음 이러한 변화는 우리 언어에 즉각적으로 수용될 것이다. 3절에서는 이 중에서도 신세대를 중심으로 확산되는 약자와 약어의 양상에 대해 살펴보았는데, 아쉬운 점으로 남는 것은 본 논문에서 다루어진 자료가 주로 대학생들로부터 수집되었다는 것이다. 중학생과 고등학생을 대상으로도 자료를 수집했을 경우 어떠한 다른 점이 발견될지 자못 궁금하다.

앞서 살펴보았듯이 약어와 약자는 그 내용이 신세대 자신들과 그들의 친구, 학교 등 주변 환경, 사회에 대한 시각 등 그들의 생활의 다양한 면모를 그대로 반영하고 있다. 또한 이들의 '말놀이'는 이들의 사회에 대한 시각 및 불만과 비판이 담긴 반항적인 요소가 강해 그 속내를 시원하게 표출할 수 있는 탈출구와도 같은 역할을 하고 있는 것 같다. 그러나 이러한 약자, 약어의 활용이 생활에서의 윤활유 역할을 벗어나 타집단과의 공존적 균형을 깸으로써 보편문화를 저속하고 거친 말초 신경적 감각문화로 격하시키지 않도록 해당 언어 집단은 물론 일반 사회 구성원들의 각별한 경계가 요구됨을 우리 모두가 자각하여야 됨은 물론이다.

4절에서는 말 줄임, 소리표기, 감정표기 등을 중심으로 글자말 특유의 표기 방식을 살펴보았다. 우리말 맞춤법에 따르지 않는 이러한 표기 방식은 글자말의 대다수 이용 층이 앞으로 우리말을 이끌어 갈 차세대라는 점 때문에 더욱 많은 우려를 불러일으키는 것 같다. '언어 파괴 현상', '마구잡이식 언어', '막말 확산', '언어 상실' 등 글자어에 대한 많은 부정적인 시각은 정말 우리말이 커다란 위기상황에 놓여 있는 것이 아닌가 하는 의문을 들게 한다. 그러나 글자말이 왜 그 특유의 표기방식을 갖고 있는가에 생각이 미치면 글자말을 쓰는 이들에게 무조건적으로 우리말 표기 원칙에 따르라고 강요할 수는 없다는 것 또한 깨닫게 된다. 물론 강요한다고 될 일도 아니며 또 강요해서도 안 된다. 이는 요즈음 유행하는 말을 빌리자면 글자말은 소위 '무늬만 문자어'이며 본질은 말언어이기 때문이다. 글자말이 갖고 있는 4절에서 본 특징들은 모두 일관성 있게 문자어와 말언어와의 격차를 최대한 줄이려는 시도로 볼 수 있다.

말언어에도 일상적 표현(casual expression)과 형식적 표현(formal expression)이 구별된다. 가까운 친구와 대화할 때 형식적 표현을 쓰지 않는다고 말의 오염을 우려하지는 않는 것과 마찬가지로, 글자를 통한 표현(written expression)도 '문자어(written language)'와 '글자말(chatting language)' 각각의 고유 영역을 확실하게 인정할 때 이의 혼동에서 야기되는 여러 가지 부정적인 현상을 막을 수 있을 것이다.

겉으로 보기에 마구잡이로 우리말을 왜곡시키는 것 같아 보이는 글자말은 4절에서 보았듯이 실제로는 나름대로의 규칙을 따르고 있는 것으로 나타났으며, 이 규칙은 말언어의 장점과 특징을 제한된 수단(글자)으로 최대한 수용하려는 목적을 향해 일관성 있게 가고 있는 것으로 드러났다. 또한 신세대 당사자들도 "막말을 아무 거리낌 없이 만들어 낸다"는 일부의 우려와는 달리, 지켜야 할 '넷티켓(network 에티켓)'이 있어서 얼굴을 볼 수 없다고 마냥 함부로 막말을 쏟아내지는 않는 것으로 보인다. 수집된 자료 중에 간혹 욕의 변형 형태가 발견되었는데, 이러한 욕은 간접적인 표현이나마 요즈음은 없어지는 추세라고 하며 '넷티켓'이 없는 '통친(통신 친구)'의 경우 '강퇴(강제 퇴장)'시켜서 자체 내 정화를 하고 있는 것으로 보인다. 우리말에 대한 아무런 자각 없이 글자말을 하나의 유희로 즐기기만 하는 것을 지양하고 글자를 통한 대화라는 현대 문명의 새로운 영역에 적응한다는 시각으로 글자말을 조명할 때, 정작 그 좋은 점과 또 수반되는 문제점도 분명히 드러날 것이다. 마지막으로 글자말과 문자어의 영역을 독립적으로 인정한다고 하더라도 그 둘의 상호 영향을 완전히 차단하는 것은 불가능할 것으로 기대됨으로, 이 둘의 상호 영향이 어떠한 방식으로 나타나는지에 대해서는 차후의 연구 과제로 남겨둔다.

√ 참고문헌

김광해 (1993). 국어 어휘론 개설. 서울: 집문당.

김석득 (1989). 우리말 형태론: 말본론. 서울: 탑출판사.

김영석 (1984). Aspects of Korean Morphology. Ph.D. Dissertation. University of Texas at Austin.

서정범 (1985). 학원 별곡. 서울: 범조사.

서정범 (1987). 수수께끼 별곡. 서울: 범조사.

서정범 (1988). 이바구 별곡. 서울: 범조사.

서정범 (1989). 가라사대 별곡. 서울: 범조사.

서정범 (1990). 허허 별곡. 서울: 범조사.

서정범 (1991). 너스레 별곡. 서울: 범조사.

서정범 (1992). 우스개 별곡. 서울: 범조사.

서정범 (1994). 너덜 별곡. 서울: 범조사.

이병혁 (1993). "은어의 사회학." 한국 사회와 사회언어학, 119-126. 서울: 나남.

이진성 (1992). Phonology and Sound Symbolism of Korean Ideophones. Ph. D. Dissertation. Indiana University.

국립국어연구원 (1994). 현대 국어의 약어 목록.

국립국어연구원 (1995). 국어 순화 자료집.

문화체육부 (1996). 국어 순화 용어 자료집.

4

통신 언어 호칭어 '님'의 쓰임과 특성

이정복(대구대학교)

1. 머리말

1) 연구 목적 및 필요성

높임의 호칭 형식인 '님'은 일상어에서 '사장님', '교수님', '소장님'과 같이 주로 직위를 나타내는 명사에 덧붙어 접미사로 사용된다. 그러나 컴퓨터 통신이나 인터넷 통신 언어(이하 통신 언어 또는 통신어)에서는 접미사뿐만 아니라 의존명사나 대명사로까지 사용되면서 확고한 호칭어로 자리 잡고 있다. 예를 들면, '홍길동 님', '안개꽃 님', 'wjjbok 님'과 같이 이름이나 대화명, 통신 이름(ID)에 붙어 의존명사로 쓰이거나, "그렇게 생각하는 님께서…"에서는 대명사로 사용된다. 이러한 용법들은 일상어에서는 흔하지 않거나 전혀 나타나지 않는 것이며, 통신 언어의 전반적인 특성과 연결되는 것으로 보인다.

이 연구에서는 통신 공간에서 나타나는 호칭어 '님'의 쓰임을 구체적으로 분석하고, 사용 동기와 맥락을 통신 언어의 성격과 관련지어 해석하고자 한다. 지금까지의 국어 경어법 연구에서 '님'에 대한 집중적인 분석은 이루어지지 못했는데,

이 자리를 통하여 '님'의 쓰임을 상세히 분석함으로써 국어 경어법에 대한 이해를 심화시킬 수 있을 것이다. 또 2,000만 명에 가까운 국민들이 일상적으로 접하고 있는 컴퓨터 통신 및 인터넷에서 새롭게 부각되는 통신 언어의 한 면을 정확히 파악해 봄으로써 우리말의 다양한 쓰임을 밝히는 데 도움이 될 수 있다고 하겠다.[1]

통신 언어를 본격적으로 분석한 선행 연구로는 인하대 국문과(1997) <컴퓨터 통신어 연구>, 이정복(1997나) <컴퓨터 통신 분야의 외래어 및 약어 사용 실태와 순화 방안>, 이정복(1998가) <컴퓨터 통신 분야의 외래어 사용>, 이정복 외(2000) ≪바람직한 통신언어 확립을 위한 기초연구≫, 노형남(2000) <한국어 채팅표현에 관한 연구>, 권순희(2000) <구어와 문어의 혼합 표현 양상 고찰－컴퓨터통신언어를 중심으로> 등이 있다.[2] 신문이나 방송 등에서도 통신 언어의 문제점을 중심으로 꾸준히 기사가 작성 · 보도되었으며, 이 밖에도 통신 언어에 관심을 나타낸 작업들로 문학 또는 문화 연구자들에 의해서 진행된 것이 있다. 그러나 이러한 선행 연구나 통신 언어에 대한 관심은 주로 언어 규범적인 면에서 접근한 것이거나 개괄적 수준의 논의가 많고, 또 이정복 외(2000)을 제외하고는 주로 어휘 차원에 분석이 집중된 점에서 아쉬움이 있다.[3]

이런 점에서 호칭어 '님'의 쓰임을 분석하는 일은 통신 언어의 문법적 특성을 살피는 작업인 점에서 무엇보다 그 의의가 크다. 통신 언어는 여러 가지 면에서 사회 방언의 하나로 볼 수 있는데, 세부적인 용법을 세밀히 분석하는 일련의 연구

---

1) 한국인터넷진흥원이 출간한 ≪2007년 상반기 정보화실태조사≫에 따르면 2007년 초반 인터넷 이용자는 만 6세 이상 인구 중 75.5%인 3,443만 명으로 나타났다. <가구당 한 달 통신비 평균 12만6100원, 한국일보, 2007-10-05>

2) 이 가운데서 이정복 외(2000)은 컴퓨터 통신, 인터넷, 휴대전화에서 쓰이고 있는 문자로 표현되는 언어를 포괄하여 실태 자료를 수집·분석한 종합적 연구로서, 바람직한 통신 언어 정착을 위한 방안을 제시하고 있는 점이 특징이다. 2000년 이후 여러 학문 분야에서 인터넷 통신 언어에 대한 연구가 활발히 진행되고 있는데, 연구의 현황과 과제에 대해서는 이정복(2003가)의 5장과 이정복(2005)를 참조하면 된다.

3) 이정복(1999)는 통신 공간에서 지역 방언이 어느 정도로 사용되고 있으며, 또 지역 방언이 많이 쓰이는 맥락은 무엇인지를 분석한 것으로, 규범적 접근과는 다른 시각에서 이루어진 필자의 첫 번째 작업이다.

를 통하여 일상어와의 차이를 드러낼 수 있고 그 독자적 언어 체계를 널리 알릴 수 있을 것이다. 호칭어 '님'의 통신 언어로서의 특성을 밝혀냄으로써 국어 경어법 연구의 확대 · 심화는 물론이고 언어생활에서 날로 비중이 높아지고 있는 통신 언어에 대한 이해와 관심도를 높이는 일 또한 가능하리라 믿는다.

2) 연구 내용 및 방법

이 연구를 구성하는 주요 내용은 아래와 같이 네 부분으로 요약된다. 먼저 다음 2절에서 '님'의 기능과 일상어에서의 쓰임을 분석한다. 3절에서는 통신 게시판과 대화방에서의 용법을 분석하고, 4절에서 통신 언어로서 '님'의 특성을 보다 세밀히 살펴보기로 하겠다.

가. 호칭어 '님'의 기능과 일상어에서의 쓰임
나. 호칭어 '님'의 쓰임: 통신 게시판
다. 호칭어 '님'의 쓰임: 통신 대화방
라. 호칭어 '님'의 통신 언어로서의 특성

이 연구는 실제 국어 화자들이 통신 공간에서 사용하고 있는 언어 자료를 체계적으로 수집하여 분석하는 방법으로 진행된다. 호칭 형식 '님'의 쓰임을 제대로 분석하기 위해서는 충분한 분량의 언어 자료를 수집하는 것이 무엇보다 중요한데, 이 연구에 필요한 자료의 수집은 2000년 6월 1일부터 7월 30일까지 2개월에 걸쳐 이루어졌다. 컴퓨터 통신에서는 <천리안>과 <하이텔>, <유니텔> 등의 대표적인 컴퓨터 통신망에서 자료를 수집하였고, 인터넷의 경우 '정치, 경제, 사회, 문화, 교육, 오락'의 범주에 해당하는 다수의 대표적인 국내 사이트와 '세이클럽' 등의 전문 대화방에서 자료를 모았다.[4]

---

4) 2000년 당시에는 천리안 등의 컴퓨터 통신망 이용이 활발했지만 초고속 인터넷이 널리 보급됨으로써 다음, 네이버 등의 대규모 인터넷 사이트로 이용자들이 대부분 옮겨가고 2007년 현재는 컴퓨터 통신망이라는 존재와 개념 자체가 거의 사라진 상태이다.

자료 조사 방법은, '게시판 언어'는 이미 고정되어 있는 자료이기 때문에 정해진 시간과 범위에서 '님'의 사용을 보여 주는 자료를 관찰하여 수집하였다. 이와 달리 '대화방 언어'는 고정된 것이 아니라 실시간으로 생산되고 사라지는 것이기 때문에 연구자나 자료 조사원이 인터넷이나 컴퓨터 통신망에 직접 접속하여 자료를 수집하였다. 즉 미리 선정한 대화방에 접속하여 대화에 직접 참여함으로써 호칭어 '님'의 쓰임을 조사하거나 관련 자료를 수집할 수 있었다.

한편, 언어 자료의 종합적이고 완벽한 분석을 위해서는 통계적 분석과 사례 분석 방법이 병행될 필요가 있다. 이 연구에서도 수집된 자료의 분석은 두 가지 방법을 함께 적용하여 진행하기로 한다. '님'의 용법을 제시하는 데에서는 사례 분석 방법을 이용하고, 통신 언어로서의 특성을 살피는 데에서는 주로 통계 분석 방법으로 '님'의 사회언어학적 분포 등을 검토하겠다.

2. '님' 의 기능과 일상어에서의 쓰임

1) '님'의 기능

현대 국어에서 '님'은 주로 접미사로 사용되고 있다. 예를 들면, 직위 또는 직책을 나타내는 말에 붙어 그 사람을 높이는 기능을 가지며, 또 친족 관계를 나타내는 말에 붙어 같은 기능으로 쓰인다. '이사님', '국장님', '과장님', '주사님'의 예는 전자에 해당하며, '아버님', '숙부님', '이모님'은 후자에 해당한다. 이러한 접사로서 '님'의 기능에 대해 1990년대에 간행된 국어사전에서는 다음과 같이 기술하였다.

(1) 국어사전 속의 접미사 '님'에 대한 기술

가. ((사람의 직책이나 직위, 또는 친족 관계를 나타내는 말 뒤에 붙여)) 그를 직접 부르거나 문장 속에서 언급할 때 높이는 뜻을 나타내는 말. 순 우리말 친족어와 결합할 때에는 어말의 음절이 축약되는 경우도 있음.

예) 임금－/사장－/부모－/선생－/빙부－/아버－/어머－/할아버－/누－. <금성판 국어대사전>

나. (남의 이름, 호칭, 또는 호칭으로 쓰인 다른 명사 뒤에 붙어) 높임의 뜻을 나타냄. 예) 사장님/해님/별님/과장님/교수님. <연세 한국어 사전>

다. ① ((직위나 신분을 나타내는 일부 명사 뒤에 붙어)) '높임'의 뜻을 더하는 접미사. 예) 사장님/총장님.

② ((사람이 아닌 일부 명사 뒤에 붙어)) '그 대상을 인격화하여 높임'의 뜻을 더하는 접미사. 예) 달님/별님/토끼님/해님. <표준국어대사전>

위 세 사전의 기술을 보면, (1가)와 달리 (1나)에서는 '해님', '별님'의 사물 명사와의 결합형이 용례로 제시되었고, (1다)에서는 사람에 대한 용법과 사물에 대한 용법이 분리되어 기술된 차이가 보인다. (1)을 종합하면, 접미사로서의 '님'은 사람을 나타내는 명사에 붙어 그 인물을 높이거나 사물 명사를 인격화하여 높이는 기능을 가지고 있음을 알 수 있다.

그런데 위의 (1나)에서 주목되는 부분은 '님'이 직위를 나타내는 명사나 호칭에만 결합되는 것이 아니라 '남의 이름'에도 쓰인다고 한 점이다. 그러나 용례에서는 관련 항목이 제시되지 않았는데, 나머지 두 사전에서는 이 부분에 대한 기술이 따로 나와 있다.

(2) 국어사전 속의 접미사 또는 의존명사 '님'에 대한 기술

가. ((사람의 성명 다음에 붙여)) 그 사람을 높이는 뜻을 나타내는 말. 비교적 최근에 생긴 용법으로 '씨(氏)'와 비슷한 뜻을 가지나 아직 그 쓰임이 매우 제약되어 있음. 예) 주시경－/최현배－. <금성판 국어대사전>

나. ((사람의 성이나 이름 다음에 쓰여)) 그 사람을 높여 이르는 말. '씨'보다 높임의 뜻을 나타낸다. 예) 홍길동 님/길동 님/홍 님. <표준국어대사전>

(2가)에서는 접미사의 한 용법으로서 '님'이 사람의 이름에 결합되어 쓰인다고 하였다. 이와 달리 (2나)에서는 '님'을 높임의 의존명사로 파악하였으며, 온이름 뒤에 쓰인 용법과 함께 이름, 성 뒤에 쓰인 '길동 님'과 '홍 님'을 보기로 들었다.[5] 한 형태소에 대한 서로 다른 기술은 사전 편찬 시기 차이의 결과일 가능성이 높

은데, '홍 님'의 경우는 현재에도 그 쓰임이 극히 제약된 특수한 상황적 용법이다.

위의 인용문을 볼 때 '님'의 문법적 지위를 두 사전이 다르게 파악하였는데, 성이나 이름 뒤에 나타나는 '님'은 의존명사로 보는 것이 옳다. '홍길동'에 '님'이 결합되어 새로운 명사가 파생되는 것이 아니기 때문이다. 또 '님'은 호칭어 '씨'나 '선생님' 등과 같은 자리에 교체되어 쓰이는 점에서 접미사라 보기 어렵다. (2)의 기술에서 하나 더 지적할 문제는 '님'과 '씨'의 관계에 대한 것이다. (2가)에서는 이와 관련하여 '님'이 '씨'와 비슷한 뜻을 가진다고 하였다. 반면 (2나)에서는 의존명사로서의 '님'이 '씨'보다 높임의 뜻을 나타낸다고 기술하였다.[6] 이와 관련하여 잠정적으로 '님'은 '씨'와 기능적인 차이가 있는 것으로 본다. 두 형식이 비슷한 기능을 가졌다면 오래 전부터 쓰이던 '씨'가 있음에도 '님'이 "비교적 최근에" 새롭게 활발히 쓰이는 것을 설명하기 어렵다. '님'과 '씨'의 기능 차이는 통신 공간에서의 구체적인 쓰임 분석을 통하여 밝히기로 하겠다.

한편, 접미사 '님'의 쓰임을 자세히 다룬 임홍빈(1990: 727)에서는 '-님'의 '본래적인 기능'을 "어떤 대상을 높여 부르는 호칭어적인 용법"이라 추측하였다. 그리고 "요즘 일부에서 쓰는 경향이 많아지고 있는" 사실을 밝히면서도 '김님', '최현배님'의 결합형을 그 성립이 의심스럽다고 하였는데, 그것은 '-님'의 '본래적인 용법'의 관점에서 설명될 수 있는 것으로 보았다. 사람의 이름을 부르는 것은 이미 그 대상에 대한 대우의 의미를 가지며, 그것은 존대가 될 수 없는 성질의 것이기 때문에 이름 뒤에 '-님'을 쓰는 것은 어렵다는 주장이다. 그러나 띄어쓰기

5) 사전의 용례에서 구체적 예문이 제시되어 있지 않기 때문에 어떤 맥락에서 '길동 님'이나 '홍 님'이 사용되는지를 알 수 없다. 또 그러한 구성 방식이 실제 쓰임을 바탕으로 한 것인지 아니면 만들어 낸 구성인지를 파악하기도 어렵다.

6) 정희창(2000)은 국립국어원에서 편찬한 ≪표준국어대사전≫의 '님' 관련 항목들에 대한 해설에서 '님'은 '홍길동 씨'라고 부르기 어려운 경우에 쓰인다고 하였다. '홍길동 씨'라고 하면 상대방이 기분 나빠할 경우에 '님'을 쓴다고 하면서, "병원이나 은행, 백화점, 컴퓨터 통신 등과 같이 상대를 함부로 낮출 수 없고 두루 높여야 하는 상황에서 '님'을 즐겨 쓰기 시작"하였음을 적었다. 우리가 경험하듯이 일상어에서 '님'이 호칭어로 많이 쓰이는 곳이 병원, 은행, 백화점 등 주로 손님을 상대로 상업적인 행위가 이루어지는 공간임을 알 수 있으며, '님'이 일상어에서 확산되는 데 상업적 동기 또는 '전략적 동기'가 중요하게 작용한 것으로 판단된다.

에서의 문제가 있겠지만 '김님'이나 '최현배님'의 용법은 '교수님'이나 '사장님'의 쓰임과는 구별하여 기술할 필요가 있다. 임홍빈(1990)에서 '-님'의 본래적인 용법을 내세우며, '님'의 새로운 용법을 인정하지 않은 것은 안병희(1963)에서 사람의 이름이나 성 뒤에 '-님'을 쓰는 것이 전통적인 방식이 아니라고 한 것을 그대로 수용한 탓도 크지만 무엇보다 접미사로서의 용법과 의존명사로서의 용법을 구분하지 않은 데서 나온 것이라 하겠다. 두 연구에서의 '님'에 대한 기술이 접미사 '님'의 의존명사 용법으로의 확대 초기에 나온 것이기 때문에 나름대로 타당성이 있다고 하겠지만, 호칭어 '씨', '군', '양', '선생님' 등과 교체되어 쓰이는 '님'의 용법을 간과한 것은 사실이다.

지금까지 검토한 국어사전에서의 '님'에 대한 기술은 기능적 관점에서 크게 의존명사와 접미사로 나뉘고 있음을 알 수 있다. 접미사로서의 용법은 다시 직위나 직책 등의 사람을 나타내는 명사에 결합되는 경우와 사물 명사에 결합되어 그것을 의인화하여 높이는 경우가 있었다. 의존명사로서의 용법은 사람의 성이나 이름 뒤에 쓰여 대상 인물을 높이는 것이었다. 이러한 '님'의 사전적 기술이 실제 언어 속에서 어떻게 나타나는지를 다음 2. 2)에서 살펴본다.

2) 일상어에서의 '님'의 쓰임

먼저 접미사로서의 '님'의 쓰임을 제시하면 다음과 같은 보기가 있다.[7)]

(3) 일상어 속의 접미사 '님'의 쓰임

가. 끝으로 이 책의 출판을 허락하신 탑출판사의 김병희 사장님께 감사드리며 박태준 주간님을 비롯한 편집부의 모든 분들께 고마움을 표한다. <김진수 1987, 국어 접속조사와 어미 연구, "머리말">

나. 도법스님은 올해 '부처님 오신 날' 열흘 전부터 야생화 전시회를 열고 지역주민들과 시 낭송회도 가졌다. <주간동아 235호, 2000-05-25, "실상사 도법 스님">

---

7) 신문 기사는 모두 인터넷에서 검색한 것이기 때문에 표기된 날짜는 기사 입력일로서 실제 발행일과 다를 수 있음을 밝힌다.

다. 교사와 학생들이 교사의 부름말을 '선생님' 대신 '스승님'으로 바꾸기로 결정했으니 학부모들도 적극 협조해 달라는 내용이었다. <동아일보, 2000-05-15>
라. 교수님께서 필요한 도서가 계시면 도서가 있으시면 언제라도 오시면 더욱 좋고… <대구대 신임교수 연수회 중 도서관 소개 발화>
마. 북측도 '대통령님'이나 '대통령 각하'보다는 '대통령께서는…' 정도로 부를 것이라는 게 정부 관계자의 설명이다. <한겨레, 2000-06-12>
마'. 대통령님께서는 이제 며칠 후면 어깨에 무거운 짐을 지고 휴전선을 넘으시겠지요. <한겨레, 2000-06-07, 가수 안치환 씨의 기고문>
마". 이 문은 대통령님 혼자는 못 엽니다. 제가 같이 협력해야 열립니다. <한겨레, 2000-06-19, 김정일 국방위원장이 김대중 대통령에게 한 말>

(3가)는 책의 머리말에서 '님'이 접미사로 사용된 것이다. 출판사 안의 직위를 나타내는 '사장' 및 '부장'에 '님'이 결합되어 쓰였다. (3나)에서는 잡지 기사에서 인용한 것으로 '스님'과 '부처님'의 쓰임이 관찰된다. (3다)는 신문 기사에서 가져온 것인데 '선생님'과 '스승님'의 용례가 보인다. (3라)는 입말에서 나타난 '님' 결합형으로 글말에서와 같이 자연스럽게 사용되고 있다.

(3마)는 비교적 최근, 정확히는 김대중 정부가 들어선 이후에 나타난 용법이다. '대통령님'이 세 예문에서 사용되고 있는데, (3마)는 기자가 작성한 신문 기사에 나타난 것으로 '대통령'의 직위명에 '님'을 결합하였다. (3마')는 신문의 기고문에 나타난 것으로 한 편의 글에서 '대통령님' 형식이 반복적으로 사용되었다. (3마")은 구어 사례로 남북정상회담에서 김정일 국방위원장이 김대중 대통령에게 사용한 말을 수행원이 기자에게 전한 것이다. 의전상의 표현이기는 하지만 '대통령님'이 글에서는 물론 입말에서 사용됨을 말해 준다. '대통령님'의 구성은 이윤하(1999)에서는 불가능한 용법으로 설명되었지만 새 정부에서 대통령에 대한 호칭을 '대통령 각하' 대신 '대통령님'으로 한다고 정한 이후 글말이나 입말에서 비교적 자연스럽게 쓰이고 있다.

이러한 분석을 통해 알 수 있는 점은 접미사로서의 '님'이 입말이나 글말 모두에서 자연스럽게, 또 활발히 사용되는 사실이다. 직위나 직급, 또는 직업 이름 등 사람과 관련된 거의 모든 말에 '님'이 결합될 수 있을 정도이며, 상대방을 높이기 위해서는 일단 '님'부터 붙여야 한다는 일종의 과잉 높임 현상이 사회 전반에 펴져 있는 것으로 생각된다. 또한 불가능한 용법이라 분석되었던 '대통령님'이 현재 자연스럽게 쓰이는 사실을 생각할 때 '님' 결합형은 갈수록 그 영역을 넓혀갈 것으로 보인다. 이런 점은 모두 국어 경어법에서 '님'의 역할이 조금 지나치다 할 정도로 커지고 있음을 말해 준다.

다음은 의존명사로서의 '님'이 사용된 보기들이다.

(4) 일상어 속의 의존명사 '님'의 쓰임

가. 참고 또 참으며 기다려 준 열화당의 일꾼 <u>김 금희 님</u>과 <u>김 수옥 님</u>에게 미안했음과 고마움을 밝힌다. <김정수 1990, 한글의 역사와 미래, "머리말">

가'. 끝으로 개정판의 출판을 기꺼이 맡아 주신 집문당 사장 <u>임경환님</u>의 후의에 고마움을 표한다. <고영근 1987/1996, 표준 중세국어문법론, "개정판을 내면서">

나. <u>이정복 님</u> <예금자 표시; 1997년 발행의 우체국 예금통장>

나'. <u>이정복 귀하</u> <예금자 표시; 1994년 발행의 우체국 예금통장>

나". <u>이정복 님</u> <예금자 표시; 1992년 발행의 외환은행 예금통장>

다. <u>이정복 님</u>께, ○○○ 드림. <책이나 논문을 줄 때 적는 글>

다'. <u>이정복 선생님</u>께, ○○○ 드림. <책이나 논문을 줄 때 적는 글>

먼저 (4가)는 학술저서의 머리말에서 사용된 것으로 온이름 다음에 '님'이 높임의 가리킴말 형식으로 쓰였다. 대상 인물은 출판사의 직원인데 출판사 사장이나 부장인 경우에는 '사장님'이나 '부장님'이라 하면 되지만 이 경우는 특정한 직위가 없기 때문에 이름 다음에 '님'을 붙였다. 다른 저자들은 이런 상황에서 '김금희 씨' 또는 '김금희 양'의 표현을 많이 쓰는데, 이 화자의 경우 '씨'나 '양'이 적절한 대우 수단이 아니라고 생각한 듯하다. (4가')는 대상 인물이 사장인 경우에도 단지 '님'만 사용한 사례이다. 붙여 쓴 것을 볼 때 '님'을 접미사로 사용한 것으로 볼 수 있겠지만 실제 용법은 (4가)와 차이가 없다. 흥미로운 사실은 (4가')의 저자인 고영근 선생께서 필자에게 위의 책을 주시면서 "이정복 님에게"로 적은 점이다.

이런 예를 종합할 때 저자는 '님'을 지위나 직위에 관련 없이 두루 쓸 수 있는 호칭 형식으로 사용한 것이라 해석된다.[8)]

(4나)의 용법은 은행의 예금통장 표지에 계좌 주인의 이름을 적는 데서 나타난 것이다. 1997년에 "이정복 님"이라 되어 있음에 비해 같은 기관의 1994년 통장에는 "이정복 귀하"라 되어 있다. '씨'보다 높임의 정도가 강하게 느껴지는 '귀하'가 쓰였던 자리에 '님'이 대신 사용된 것이다. 이 점에서 '님'은 '씨'보다 상대적으로 높임의 정도가 강한 형식으로 사용되며, 적어도 '귀하'와 대치 관계에 있음을 알 수 있다. (4나")의 예는 1990년대 초반에 이미 예금통장에서 '님'이 쓰이기 시작하였음을 알려 준다. 그리하여 현재 대부분의 은행에서 발행하는 통장은 모두 (4나)와 같이 온이름 뒤에 '님'을 붙이는 것이 관례화되었다.

(4다)는 필자가 받은 책이나 논문에서 가져온 것이다. 필자보다 후배인 경우는 보통 (4다')와 같이 이름 다음에 '선생님'을 사용함에 비해 '님'을 사용한 (4다)의 예는 10년 이상의 선배 학자가 사용한 것이다. 고등학교 동문이면서 나이 차가 많이 나는 후배에게 '선생님'을 사용하기가 어려워 '님' 형식만 사용한 것이라 해석된다. 물론 이런 상황에서 다수의 학자들은 오히려 '님'을 뺀 '선생'을 붙이는 경우가 보통인데, 아무튼 두 경우 모두 '선생님'이 지닌 높임의 강도를 약화시키려 한 표현인 점에서 공통적이다.[9)]

---

8) 사람의 이름 다음에 의존명사 '님'을 호칭 형식으로 사용하는 일은 일상어에서 흔하게 쓰이지는 않는다. 필자가 국어학 분야 학술저서의 머리말을 분석한 결과 전체 170인의 저자 가운데서 이러한 용법을 채용한 사람은 6인에 지나지 않았다. 또 그 모두는 1990년대에 간행된 저서에서 의존명사 '님'을 사용하였다. 한편, 최근 한 대기업에서 경영혁신의 목적에서 '호칭 파괴'를 도입하여 '홍길동 과장님', '홍길동 부장님'과 같은 방식을 버리고 모든 구성원이 '홍길동 님'의 방식으로 부르기로 했다고 한다(한겨레21, 303호, 2000-04-13). 우리나라의 기업에서도 입사 서열이나 위계질서가 약화되고 개인의 능력 및 업무 성과가 중요시되는 현실을 반영한 것으로 보이는데, 그것의 정착과 파급 정도를 지켜볼 필요가 있겠다.

9) 하위자에게 '님'이나 '선생' 형식을 사용했을 때에도 그것은 상대방에 대한 '절대 높임'으로 해석해야 할 것이다. 화자와 높임 대상과의 지위 관계를 고려한 것이 아니라 대상 인물의 절대적인 지위 정도를 고려하여 경어법 형식을 사용하였다는 말이다. '님'이나 '선생'의 본래 의미를 고려할 때 일상어에서 하위자에 대한 '상대 높임'으로서의 용법은 실현되기에 어려움이 있다.

이상에서 '님'의 일상어에서의 용법을 분석해 보았다. 접미사로서의 용법은 다양한 용례가 발견되고, 갈수록 그 적용 영역이 넓어져 감에 비해 의존명사로서의 용법은 아직 활발히 쓰이지는 않고 있으며, 특히 본래 '님'이 가진 부름말적인 특성과는 달리 일부 글말에서 가리킴말로 제한적인 쓰임을 보였다. 이러한 '님'이 통신 언어에서는 어떻게 사용되고 있는지를 3절에서 분석해 보기로 한다.

3. 통신 언어에서의 '님'의 쓰임

통신 언어에서 이루어진 '님'의 쓰임을 사용 공간을 기준으로 게시판과 대화방으로 구분하여 분석한다. 통신 공간에서 화자들이 글을 작성할 수 있는 공간이 게시판과 대화방인데, 두 곳에서의 글쓰기는 세부적인 차이가 있다. 게시판 언어가 글말에 가깝다면 대화방 언어는 입말에 가깝다. '님'의 용법이 얼마나 큰 차이를 보일지는 속단하기 어렵지만 일단 둘을 구분하여 자료를 분석하는 것이 좋겠다. 이 절에서는 통신 화자들의 나이, 세대, 성 등의 변수는 고려하지 않고 '님'의 기능을 중심으로 전형적인 쓰임을 제시하기로 한다.

1) 게시판

통신 게시판 속에서 '님'은 '접미사', '의존명사', '대명사'의 세 가지 기능을 갖고 사용되는 것으로 관찰된다. 먼저, 다음 사례는 접미사로서의 용법을 보여준다.[10)]

(5) 게시판 속의 접미사 '님'의 쓰임

가. 우리 과장님은 여기 있는게 더 잘한 일이라고 우긴다.

10) 띄어쓰기나 맞춤법 등은 교정하지 않고 통신 화자들이 쓴 그대로 제시하기로 하겠다. 예문의 밑줄은 필자가 친 것이며, / 표시는 본래의 게시글에서 행이 바뀐 부분을 나타낸다.

나. 홈지기님의 지극정성이 한눈에 보이는 코너,,,전문상식코너
나'. 고수님, 관리자님, 동호회원님, 방장님, 시샵님, 식구님, 운영자님, 운영진님, 원로 위원님, 지역장님, 초보님, 필자님
다. 어른님을 부산에서 뵙고 싶어 두서없이 인사 드렸읍니다...
다'. 고학번님, 마누라님, 샘님, 아빠님, 엄마님, 오빠님, 언니님
다". 으미... 엄마가..../자꾸 지랄님 하시다가../탈색약 가꾸 왔나구 하니깐./무책임하게../안가꾸 와따구 한다.../아 짜증.. -.-a

(5가)의 '과장님'은 일상어에서도 그대로 나타나는 구성이다. (5나)의 '홈지기님'은 '홈지기'라는 통신 공간 안의 직위 또는 역할을 나타내는 말에 접미사 '님'이 결합된 것이다. 이와 함께 (5나')에서 제시한 바와 같이 '방장님', '운영진님', '지역장님' 등은 통신 언어에서 일상적으로 쓰이는 새로운 결합형이다. (5다)의 '어른님'은 '어른'에 '님'이 결합된 것으로 일상어에서는 찾아보기 어려운 독특한 구성이다. 일상어의 '어르신'과 대응될 수 있을 것이다. (5다')의 '마누라님', '아빠님', '엄마님', '언니님'도 일상어와 차이를 보이는 통신어이다. 이러한 예들은 통신 언어에서 '님'의 형식이 호칭 형식으로 확실하게 자리 잡고 있는 현실을 반영하는 것으로 생각된다. 대상 인물을 높이려는 의도만 있으면 사람을 가리키는 말 어느 것에나 '님'을 붙이는 용법이 일반화된 결과이다. 특히 (5다")의 예는 이 점을 더 분명하게 보여 준다. "지랄님 하시다가"라는 동사구에서 행동성 명사 '지랄'에 '님'을 붙인 것이다. 이때의 '님'은 행동주 '엄마'와 관련된 것으로서 '님' 용법 확산의 한 방향을 보여 주는 점에서 주목된다.

다음 (6)은 '님'의 어기가 '아래'인데, 역시 통신 언어에서만 관찰되는 용법이다.

(6) 접미사 '님'의 특수한 쓰임
가. 아랫님의 글을 보기만 해도 화가 나네요
가'. 아래님...저두..남친이 모교사랑....
나. 밑에 님 그것이 정말 사랑인지 아닌지 냉정히 생각해 보셔야 할 것 같군요.
다. 아랫분님 동감합니다.

위의 보기에 나오는 '아랫님', '아랫분님' 등은 모두 통신 화자의 이름이 드러나지 않는 익명(匿名) 게시판에서 자신보다 먼저 글을 쓴 다른 사람들을 지시하는 말이다. 게시판에서 먼저 올린 순서대로 아래쪽부터 글을 배열하기 때문에 이 말을 사용하게 되는데, 다른 방법으로는 다음 (7마)에서와 같이 해당 글의 번호를 이용하여 '455님'으로 지시하는 것이 가능하다. (6가)의 '아랫님'은 '아래'에 '님'이 결합된 형식으로 사이시옷까지 사용되었다. 전반적으로 '아래님'보다는 '아랫님'의 사용이 더 많이 관찰되었다. (6나)에서는 '아래님', '아랫님'의 혼란을 피하고자 '밑에 님'으로 적은 것으로 보이나 문법적으로 불완전한 구성이 되어 버렸다. (6다)의 '아랫분님'도 비슷한 동기에서 형성된 것이다. 이 경우 '아래에 글 쓰신 분'의 의미에서 '아랫분'을 먼저 만들고 거기에 높임의 호칭 형식 '님'을 접미사로 덧붙였다.

(7) 게시판 속의 의존명사 '님'의 쓰임 ①

가. 가끔은 정화님이 동생같단 생각을 하곤하져...^^

나. 배정준 님의 글과 함께 참고가 되었으면 합니다.

다. yeomi93 님 이게 답 아닐까요?

라. 이 사건으로 난 아리랑, 탱키 님을 비판했고, 투명 햇살 님이 나의 의견을 비판했다.

라'. [백운산]님,[빙고]님,[비야]님,[금산]님, 그리고[은구슬]님 환영해 주셔서 고맙습니다.

마. 그리고 455님에 대한 너무 지나친 발언은 하지 않는 것이 좋을 듯 합니다.

위의 보기들은 통신 언어에서 '님'이 의존명사로 쓰이고 있는 것으로서, 그 용법이 일반화되었다고 할 만큼 흔하게 관찰된다. 먼저 (7가, 나)는 이름이나 온이름에 '님'을 결합한 것인데, 일상어에서도 종종 나타나는 용법이다. 분석 자료에서는 성에 '님'을 붙인 '이 님', '박 님' 식의 쓰임은 발견되지 않았다. (7다)의 'yeomi93 님'은 통신어적 용법으로 통신 이름에 '님'을 호칭 형식으로 사용하였다.[11] (7라)의 '아리랑', '탱키', '투명 햇살'도 통신 이름이거나 통신에서만 사용하는 별칭이다. (7라')에서는 '백운산님', '빙고님'이라 표기했을 때의 형태 분석 상의 혼동을 막고자 대화명에 괄호를 붙임으로써 의존명사 '님'을 분명히 드러내었다. (7마)의 예는 글을 쓴 사람이 누구인지 모를 때 게시글 번호에 '님'을 붙여 해당 인물을 지시하는 것으로서 역시 흔한 용법이다.

현재 통신 언어에서 호칭어 '씨'는 거의 사용되지 않고 있다. 대신 그 자리에 '님'이 쓰이고 있는 것이다. 아래의 예는 이 점을 잘 보여 준다.

(8) 의존명사 '씨'와 '님'의 관계
가. 정현희씨님이 말씀하신 대로 지성용화장품으로 골라서 쓰고 있는 상태지만..
나. 정현희씨과 허공주님의 답변 잘 보았어요..

위의 두 보기는 여성 전용 게시판에서 가져온 것으로 호칭어 '씨'와 '님'이 동시에 사용되었다. (8가)에서는 '정현희씨님'이라 하여 '씨'와 '님'이 겹쳐 있다. 또 아래 보기에서는 '정현희씨'와 '허공주님'이 함께 나타났는데, 이 세 예를 통해 '씨'와 '님'이 비슷한 기능을 가짐을 알 수 있다. 그럼 이 통신 화자는 왜 두 형식을 함께 쓰거나 구별하여 사용하였는가. 그것은 실명(實名)일 때 호칭어로 '씨'를 사용하고 통신 이름이나 대화명으로 생각되는 '허공주'에는 '님'을 쓴 것으로 보인다. 따라서 "정현희씨님"은 바로 '정현희씨'에 통신 언어로서의 호칭 형식 '님'을 덧붙인 것이 된다. 참고로 한 가지 밝힐 사실은, 위 보기가 포함된 게시판에서 무작위로 수집한 118개의 글 가운데 '씨'는 이 화자의 글에서만 2회 사용된 점이다. 이와 달리 '님'은 모두 16회 사용되었다. 통신 언어에서 호칭어 '님'이 확고한 위치를 차지하고 있음을 보여 주는 수치라고 판단된다.

한편, 다음 보기는 의존명사로 쓰인 '님'의 또 다른 용법을 보여 준다.

---

11) '통신 이름', '대화명' 그리고 '통신 별명'의 개념과 차이에 대해서는 이정복(2003나)를 참조할 수 있다.

(9) 게시판 속의 의존명사 '님'의 쓰임 ②
가. 어느님이시든 아이스크림이 필요 하시다면 실컨 드실만큼 내놓을수는 있지만요…
나. 성님 이 못난 아우 너그럽게 봐주시고 여러 님들에게 죄송 하오나 널리 용서 하시라고 하더란 말 꼭 전해주세요
다. 이.님도…이름끝자가.'희'자로.끝나신다…
라. 군데 더 충격은 그님이 여자라눈것~!!!/그님 디게 잘함…ㅠㅠ/쏘는것 다 맞음…

(9)는 모두 '님'이 '어느', '여러', '이' 등 다른 관형어로부터 수식을 받는 예들이다. 이때 '님'은 의존명사 '분'과 대치될 수 있다. 앞의 용법과 다른 점은 이 경우 대상 인물들을 두루 가리키거나 이름이나 통신 이름 등을 밝히지 않고 지시할 때 사용되는 사실이다.

다음 보기에서와 같이 '님'이 대명사로 사용되는 것은 일상어에서는 찾아보기 어렵다. 그러나 통신 언어에서는 이 형식이 대명사의 기능으로 자연스럽게 쓰이고 있다. '님'의 다음과 같은 쓰임은 통신 언어로서의 특성을 분명히 보여 준다.[12)]

(10) 게시판 속의 대명사 '님'의 쓰임
가. 마지막으로 이 지석 님께서 제게 여러 좋은 말씀들을 해 주신 점 고맙게 생각합니다. 님의 말씀대로 우리말 우리글 공부 열심히 하도록 하겠습니다.
나. 관찰자 님께서는 저보고 왜 한겨레 비판 안하느냐와 지적 허영 애기하시는데 님이 비판하시는 자유만큼이나 저의 침묵의 자유와 재비판의 자유도 존중 되어야겠죠.
다. 님……사랑의 상처를 이미 알아버린 당신/전 항상 님의 곁에서 님을 위로해 주고 또 다른 사랑을 안내해주고

12) 통신 언어 호칭어 '님'을 자립명사가 아니라 의존명사나 대명사로 처리하는 것을 비판적으로 보는 견해도 있다. 그러나 '님'이 상대방을 부르거나 지시하기 위한 기능에서 호칭어로 사용되고 있으며, 그 앞쪽에 이름이나 통신 이름 등의 성분을 필수적으로 가지거나(의존명사 용법) 선행하는 명사를 대신하여 쓰이는 경우(대명사 용법)가 대부분이고, 의미도 기존의 자립명사 '님'과 구별되는 점에서 우리의 해석이 옳아 보인다.

(10가)에서 '님'은 앞 문장의 '이지석'이란 사람을 지시하는 대명사로 쓰였다. (10나)의 '님'은 관형절의 주어로 나타나고 있는데, 역시 인용문의 앞부분에서 이름으로 언급된 다른 통신 화자를 가리키고 있다.[13] (10다)에서는 '님'이 '당신'과 바뀌어 쓰이고 있다. 호칭어 '님'이 문법적으로 2인칭 대명사로도 사용됨을 지적한다.

이상에서 분석한 통신 게시판에서의 '님'의 쓰임은 일상어와 공통점도 있었지만 차이점이 뚜렷하게 나타났다. 접미사로서의 '님'은 통신어에서만 관찰되는 '엄마님', '아빠님' 등의 특수한 결합형이 있었고, 또 '지랄님'이나 '아랫님'도 통신어에서 '님'의 광범위한 사용 결과로 나타난 새로운 용법임이 드러났다. 의존명사로서의 '님'은 이름이나 온이름에 결합되는 방식은 물론이고 통신 이름이나 대화명, 게시글 번호 등에 '님'이 결합되어 호칭의 의존명사로 사용되는 특징을 보였으며, 관형어의 수식을 받는 용법도 있었다. 특히 대명사로 '님'이 사용되는 것은 일상어에서는 찾아보기 어려운 것으로서 통신 언어로서의 '님'의 쓰임을 분명히 보여주는 것으로 평가되었다.

2) 대화방

대화방에서의 '님'의 쓰임도 같은 방식으로 접미사, 의존명사, 대명사로 나누어 분석하기로 한다. 먼저 접미사로서의 용법을 보이면 다음 (11)과 같다.[14]

(11) 대화방 속의 접미사 '님'의 쓰임

가. 브리즈님아 ‖ 헉시,,,<u>선배님</u>이신가하구~ ‖ <u>스님</u>이시군요 .... ‖ 띠옹...<u>수녀님</u>이라고예?

나. 경민님 언고? ‖ 네말 잘들어줘서 고마워여 나의멋님! ‖ 드물게 친절한 <u>방장님</u>을 만난것 같군여^^ ‖ 애교란님 나가지마세요

13) 예문 (10가, 나)의 두 문장에서 '님'은 선행하는 '이 지석 님'이나 '관찰자 님' 전체를 받는다거나 각 구성에서 '님' 앞부분을 생략하였다고 해석할 가능성도 있다. 다만 어떤 과정을 거친 것이든 대명사적 지시 기능이 뚜렷하게 나타난다.

14) 대화 사례에서 ‖표시는 화자가 바뀌었음을 나타낸다.

나'. 중딩님

(11가)의 '선배님', '스님', '수녀님'은 일상어에서도 관찰되는 사례이며, (11나)의 '방장님'은 통신 언어에서 생겨난 것으로 게시판에서도 나타났었다. (11나')의 '중딩님'은 '중학생'의 의미로 쓰이는 '중딩'에 '님'을 결합한 것으로 통신 언어에서 만들어진 재미있는 형식이다. 전체적으로 대화방에서 보이는 접미사 '님'의 쓰임은 게시판과 비교할 때 차이점이 없었다.

'님'이 대화방에서 의존명사로 사용된 것은 다음과 같이 다양한 보기들이 발견되었다.

(12) 대화방 속의 의존명사 '님'의 쓰임
가. 님은 24살? ‖ 남은 님들은 왜이리 조용한가요? ‖ 그냥 아까 세정님이 강촌 얘기 하시길래
나. 초강력 님께서는 어디갔어요? ‖ 김정아님은 나이가 27살?
다. 스피오님아 방가워용 ‖ 홍님대학생아닌가요? ‖ 맞아요
다'. 짱님..... 날아봐라님.... 반가웠어요.
라. 푸르매님은 뭐하시는분? ‖ 꼭 왕자님으로 변신하고 ‖ 푸르매님 노래 감사
라'. okok11 님이요 ‖ 빠이 !!! 즐거웠어여 나의 벗님
라". vitaminteen(기억해줘) 님께서 나가셨습니다
마. 글레디 에이터님은 ‖ 님이 먼저 착해지는게.../그님들은 내가 온 이후로 한마디도 않했어여
마'. 딴님들아 말점하세영~

(12가)에서는 이름 뒤에, (12나)는 온이름 뒤에 '님'이 호칭어로 사용되었다. 이 두 쓰임은 앞의 게시판에서도 나타난 바 있다. 그런데 (12다)의 '홍님'은 성에 '님'이 이어진 것으로서, 대화방에서 성 다음에 '님'을 결합하는 것은 흔한 용법이 아니다. 이 경우 대상 인물의 통신 이름 또는 대화명이 'Hong123'으로 되어 있는데 화자가 'Hong'만 가져다가 '님'을 붙였다. (12다')도 'fishzzang'에서 'zzang'을 한글로 적고 '님'을 이어서 쓴 것이다. 정리하면, 대화방 이용자들도 '김정아'처럼 상대방의 성과 이름이 알려진 경우 '김 님'이라 하지는 않고 복잡한 대화명을 사용

하는 사람을 간단히 지시하려는 목적에서 '김 님'과 같은 형식을 사용하는 일이 있다고 하겠다.

(12라)의 '푸르매님'은 통신 이름에 '님'을 붙인 전형적인 경우이다. 통신 이름이 영문자와 숫자의 조합인 경우에도 '님'을 이어 사용하는 것은 같다. (12라")의 예는 컴퓨터 통신망에서 올리는 대화 진행 관련 안내글인데, 역시 '님'을 사용하고 있다.[15] (12마)의 '그님'은 지시어에 의해서 '님'이 수식을 받았다. '딴님'에서는 관형어 '딴'(다른)에 의해 '님'이 수식을 받았다. 대화방에서도 게시판과 마찬가지로 '님'이 의존명사로서의 다양한 용법을 나타내었다고 정리된다.

(13) 대화방 속의 대명사 '님'의 쓰임
가. 그럼 방장님 부터 소개하면 어때요 여러분 ‖ 에구 미안해요 제가 님이 올린줄 모르고... ‖ 그러십쇼 헹님 ‖ 행님아니고오빠라해죠요행님싫어요
가'. 당신들은요? ‖ 주로이름은,앏발켜요/호호/근대,,당신들보단,,님들이,,,좋을것 같아요
나. 안녕하세여 님덜아..~ 후훗~/님들아 왜 이런지 전 잘 모르겠지만~ 분위기가 왜 이렇져 --? ‖ 토미님은 몇살?

위의 보기는 '님'이 대명사로 사용된 경우인데, (13가)에서 주어 '님'은 2인칭 대명사로 쓰였다. (13가')에서는 '님'이 2인칭 대명사 '당신'과 대치 관계에 있음을 보여 준다. 그러나 어감 또는 높임의 정도에서 차이가 느껴진 탓에 '당신' 대신 '님'을 사용하도록 대화 상대방에게 권하고 있다. (13나)의 사례에서는 대명사 '님(들/덜)' 다음에 호격 조사 '아'가 결합되었다. 청자 경어법에서는 해요체를 사용하면서도 안높임의 '아'를 덧붙인 것이 인상적이다.[16]

---

15) 천리안, 하이텔 등의 통신망에서는 이용자들에게 보내는 공지 사항 등에서 '홍길동 님' 등으로 표기하였고, 대화방의 각종 안내글에서도 '님'을 지속적으로 붙였다. 지금도 다음이나 네이버 등의 주요 대문형 인터넷 사이트에서 "이정복 님 아이디 안전점검 하셨어요?"와 같이 적고 있다. 이러한 용법은 통신 화자들이 '님'을 거부감 없이 호칭 형식으로 쓰는 데에 상당한 힘이 되는 것으로 본다.

16) 이런 점 때문에 통신 화자들 사이에서 '님아' 또는 '님들아'는 예의를 갖추지 못한 아주 잘못된 표현인 것으로 인식되었고, 더 이상 자연스럽게 쓰기 어려울 정도로 강한 비판을 받았다. 그 결과 지금은 인터넷에서 찾아보기 어렵게 되었다.

이상에서 분석한 대화방에서의 '님'의 쓰임은 게시판에서의 그것과 대체로 일치하는 것으로 나타났다. 통신 공간 전반에서 '님'이 '접미사', '의존명사', '대명사'의 세 가지 기능으로 두루 쓰이고 있음이 확인되었다.

4. 통신 언어로서의 '님'의 특성

일상어와 달리 통신 언어에서 '님'은 의존명사로서의 용법이 활발하게 나타나고 대명사로서의 용법까지도 보였는데, 이는 일상어와는 구별되는 특성이다. 이러한 호칭어 '님'이 통신 언어에서 어떤 화자 계층 및 환경과 관련되어 많이 사용되는지, 그것에 의해 표현되는 높임의 수준은 어느 정도인지 분석해 보기로 하겠다. 여기서는 주로 게시판 자료를 분석 대상으로 삼는다.

1) 사용 계층

'님'은 기본적으로 모든 통신 화자들이 사용하거나 사용할 준비가 되어 있는 형식이다. 처음 통신에 접하게 되었을 때에는 '님'을 사용하는데 어색함을 느끼거나 주저할 수 있지만 통신 언어에 익숙해지면서부터는 대부분의 화자들이 자연스럽게 이 형식을 호칭어로 쓰고 있는 것으로 관찰된다. 다만, 대다수 통신 화자들이 '님'을 새로운 호칭 형식으로 채용하더라도 세부적인 차이를 보이는 것 또한 사실이다. 나이가 어린 초등학생이나 중학생 정도의 화자들은 이 형식을 잘 사용하지 않는데, 그것은 이들이 일상어에서 경어법을 제대로 학습하지 못했고 높임 형식을 잘 쓰지 않는 경향과 일치한다.

몇 가지 변수별로 '님'의 쓰임을 통계적으로 분석할 수 있겠는데, 여기서는 나이별 분석을 시도해 보겠다. 통신 언어의 특성을 부각시키기 위해 '선생님', '부처님' 등에서처럼 접미사로 사용된 것은 제외하고 의존명사나 대명사로 쓰인 것만 수치화하였다. 어절을 기준으로 할 경우 띄어쓰기가 전혀 통일되어 있지 않기 때문에 오차가 크게 날 수 있어서 글자 수를 기준으로 15,000±500자의 범위에서 분석 대상 표본 말뭉치를 구성하였다. 무작위로 선택하되, 하나의 게시글 크기가 1,500자를 넘지 않도록 조정하였다. 또 한 사람에 의한 집중적인 쓰임이 전체의 비율에 영향을 주지 않도록 하기 위하여 동일인의 글 수가 전체의 10% 이내가 되도록 제한하였다.

통신 화자들의 나이별 '님' 사용 정도를 〈표 1〉을 통하여 살펴본다.[17]

〈표 1〉 나이별 '님' 사용의 차이

동호회 구분	게시자 공개 여부	'님'이 쓰인 횟수	게시글 수	게시글당 '님' 비율	글자 수
10대	공개	10/12	61	0.16/0.19	15,363
20대	공개	8/9	41	0.20/0.21	15,144
30대	공개	19/33	41	0.46/0.80	15,318
40대 이상	공개	31/49	24	1.29/2.04	14,887

위 표의 내용은 <천리안>의 세대별 동호회에서 통신 화자가 누구인지를 시스템에서 자동으로 밝히는 '공개 게시판'의 자료를 대상으로 '님'이 쓰인 정도와 비율을 분석한 것이다. 게시글당 '님'의 쓰임 비율을 보면 세대별로 차이가 크다. 10대와 20대의 경우 별 차이가 없지만 30대에서는 '님' 사용률이 0.46으로 20대의 0.20보다 2배 이상 많이 사용하였다. 40대 이상 통신 화자들은 사용률이 1.29이며, 이는 20대보다 6배나 높은 수치이다. 나이가 많을수록 '님'을 더 활발히 쓰는 점을 분명히 알 수 있다.[18]

한편, 남성보다는 여성들이 '님'을 많이 쓰는 경향을 나타내었다. 이것은 특히

17) '님'의 횟수 및 비율에서 / 다음의 수치는 접미사, 의존명사, 대명사로서의 모든 용법으로 쓰인 것을 묶은 것이다. 이 표에서만 두 가지 수치를 함께 제시한다.

18) 위 표의 결과를 통하여 통신 게시판의 글이 화자의 세대에 따라 평균적인 길이에서 차이가 있음을 알 수 있다. 화자의 나이가 많을수록 게시글이 전반적으로 길어짐으로써 비슷한 분량의 말뭉치에 포함된 글 수는 크게 줄어들고 있는 것이다. 이와 함께 글의 주제나 기술 태도에서도 세대별 차이를 보이는데, 앞으로 통신 언어의 텍스트 특성을 자세히 분석해 볼 가치가 있을 것으로 생각한다.

젊은 층의 남성들이 통신 이용에서 비속어나 반말을 더 많이 쓰는 것과 관련된다. 즉 '님'은 상당한 정도의 높임을 표현하는 호칭 형식으로, 반말이나 비속어를 많이 쓰는 화자가 호칭에서만 높임 형식을 쓰는 일은 흔하지 않기 때문이다. 그런데, 컴퓨터 통신이나 인터넷 게시판에서 여성 전용방은 수없이 많은 편이지만 남성 전용방은 거의 찾아볼 수 없으며, '좋은 아버지가 되기 위한 사람들' 동호회와 같이 일부 남성 전용방이 있어도 실제 이용자들이 적어서 남성들만의 언어 자료를 모으는 데 어려움이 있다. 이 때문에 통신 공간에서 나타나는 남성과 여성의 언어 차이를 조사하는 일은 쉽지 않음을 지적하고자 한다. 성차에 따른 통신 언어의 차이에 대해서는 경향에 대한 지적에 그치고 다른 기회에 좀 더 자세히 다루어 보기로 하겠다.

이상에서 살펴본 바와 같이 통신 화자들의 범주에 따른 '님' 사용의 차이가 뚜렷한 한편 10대에서부터 40대 이상에 이르기까지 모든 세대에서 이 형식을 사용하고 있음도 분명하다. 나이가 많을수록 '님'을 높은 빈도로 사용하면서도 전체 통신 화자들이 사용하고 있거나 사용할 준비가 되어 있는, '통신 언어'로서의 자격을 충분히 갖추고 있는 것이 또한 '님'이라 하겠다.

2) 사용 환경

'님'은 통신을 이용하는 사람들이 공통적으로 선호하는 호칭 형식임이 분명하지만 언어 환경에 따라서 사용 빈도의 차이가 있는 것으로 관찰된다. 여러 가지 관점에서 분석할 수 있겠지만 우선 그 용법의 차이가 보다 분명한 몇 가지를 중심으로 살펴보기로 한다.

'님'은 주로 '비친밀성'과 '익명성'의 환경에서 잘 사용되는 것으로 나타났다. 동호회 구성원들과 같이 서로에 대한 정보가 잘 알려진 경우, 대상 인물과의 실제적인 만남이 있거나 서로에 대해 지위 및 거리 관계가 분명한 상황에서는 '님'보다는 '오빠', '누나', '형' 등의 구체적 가리킴말 형식이 사용된다. '님'은 그와 달리 상대의 나이가 어느 정도인지, 어떤 직업에서 어느 정도의 지위를 가진 인물인지를 모르는 경우, 다시 말해 서로 잘 알지 못하고 친밀하지 않은 관계에서 편하게 두루 쓸 수 있는 형식인 것으로 파악된다.

〈표 2〉 친밀성에 따른 '님' 사용의 차이

동호회 구분	친밀성	'님'이 쓰인 횟수	게시글 수	게시글당 '님' 비율	글자 수
분당고	+	1	42	0.02	14,977
10대	-	10	61	0.16	15,363

위 표는 같은 10대들의 언어라 하더라도 서로 잘 알고 학교생활 등을 통하여 비교적 친밀한 관계를 유지하고 있는 특정 학교 동호회 구성원인지, 서로 잘 모르거나 친밀감이 약한 전국 단위의 동호회 구성원인지에 따라 '님' 사용 비율이 큰 차이가 있음을 보여 준다. 분당고 동호회에 비해 전국 10대 동호회에서 '님'이 8배나 많이 사용된 것이다. 실제 게시글을 간단히 보이면, 10대 동호회에서는 "아.. 고고님 남자셨군여. ^^;;", "흑곰님의 생일을 추카 합니다~~~~~~"와 같이 대화명에 '님'을 사용하여 대상 인물을 가리켰으나 분당고 동호회에서는 "재균아... 그게 머냐??", "제가,왼쪽에안꾸,,무경군이,오른쪽에,안잣는데,,", "근태오빠는..맨날.노는거만보고.--+"와 같이 실제 이름을 그대로 가리킴말로 쓰거나 이름 뒤에 '군', '오빠' 등의 구체적 가리킴말을 사용하였다.

다음은 컴퓨터 통신망 <유니텔>의 여성 전용방 가운데서 통신 화자가 공개되는 실명 공간과 그렇지 않은 익명 공간에서 자료를 모아 비교한 결과이다. 게시글을 올린 사람의 신원에 대한 익명성 여부가 '님' 사용에 상당한 영향을 끼친 것을

〈표 3〉 익명성에 따른 '님' 사용의 차이

동호회 구분	익명성	'님'이 쓰인 횟수	게시글 수	게시글당 '님' 비율	글자 수
사이버낙서장	+	62	26	2.38	15,280
다이어트	-	6	33	0.18	14,769

알 수 있다.

〈표 3〉을 보면, 같은 여성이라 하더라도 익명성이 보장되는 게시판에서 '님'을 더 많이 사용하였다. 그 비율은 무려 13배에 이르고 있다. 통신 화자가 공개되지 않는 경우 상대방에 대한 정보가 없어 구체적 가리킴말을 사용하기 어렵기 때문에 통신 공간에서 누구에게나 쓸 수 있는 호칭 형식인 '님'을 많이 쓰는 것으로 보인다.[19]

'님'은 우호적 분위기의 게시판이나 대화방에서 잘 쓰인다. 욕설과 비방이 난무하는 자리에서는 높임의 청자 경어법 형식 사용도 적거니와 '님' 사용률도 크게 떨어진다. 인터넷 대화방 <세이클럽>에서 수집한 10대 화자들의 대화 자료를 분석한 결과는 〈표 4〉와 같다.

〈표 4〉 우호성에 따른 '님' 사용의 차이

대화방 정보	우호성	'님'이 쓰인 횟수	300자당 '님' 비율	글자 수
세이클럽, 10대방	+	39	0.78	15,096
	-	14	0.28	15,209

대화 참여자들이 서로 해요체 등의 형식을 사용하여 높여 대우하고, 협조적인 태도로 대화를 나누는 경우를 [+우호성]으로 표시하고, 대체로 반말을 사용하며 욕설이나 비방 내용을 많이 표출한 경우를 [−우호성]으로 표시하였다. 두 표본 말뭉치는 '님' 사용률에서 큰 차이가 있음을 알 수 있다. 우호적인 대화방에서는

---

19) 여기서 말하는 익명성이란 통신 언어의 전반적인 특성으로서의 그것과 성격이 다르다. 통신 언어의 전반적인 특성으로서의 익명성이란 통신 화자들의 이름이나 대화명을 알아도 그 사람이 구체적으로 어디에 살고, 무엇을 하며, 진짜 이름이 무엇인지를 파악하기 어려운 점에서 파생되는 것이다. 그러나 여기서 말하는 익명성은 '익명 게시판'에서 글을 올린 사람의 통신 이름은 말할 것도 없고 대화명조차도 알 수 없는 상황을 의미한다. 이 경우가 100% 익명성이라 한다면 앞의 경우는 통신망의 운영 방식이나 이용자의 자기 정보 공개 여부에 따라 익명성 지수는 달라질 수 있다. 인터넷 통신의 환경 특성으로서의 '익명성'에 대한 자세한 기술은 이정복(2003가)의 3장을 참조하면 된다.

동일한 크기의 표본에서 '님'이 모두 39회 사용되어 300자당 0.78회의 비율을 보였다.[20] 그러나 비우호적 대화방에서는 14회 사용되어 0.28의 비율을 보였다. 우호성에 따른 '님' 사용률 차이가 2~3배에 이르고 있는 것이다. 실제 대화 사례를 제시하면, 우호적 대화방에서는 "애교란님은 김원준좋아하세요? ‖ 네 네! ‖ 그노래 너무 좋았어여 ‖ 그래요 ‖ 10년째 팬이에여 ‖ 넹 ‖ 앨범나왔어여 ‖ 와~!"처럼 대화가 진행되었지만 비우호적 대화방에서는 "니 내보고 이놈아 그랬냐? ‖ 피곤한데.. ‖ 구래 이놈아 ‖ 까부냐? ‖ 죽을래? 댐벼 ‖ 씨발아~미쳤냐?"와 같이 거칠게 대화가 진행되었다.

이상에서 분석한 바와 같이 통신 언어 호칭어 '님'은 화자들 사이의 친밀성, 우호성 및 게시판의 익명성, 게시글의 내용에 따라서 상당한 정도의 사용률 차이가 있음을 확인하였다.

3) 높임의 정도

통신 언어에서 '님'이 일상적으로 사용되는 호칭 형식이라 할 때 그것은 대상 인물을 어느 정도로 대우하기 위한 수단인가? 또 그것은 현실적으로 어느 정도의 높임 기능을 가지고 통신 언어에서 쓰이고 있는 것인가? 이 문제에 대한 우리의 생각을 제시하면, '님'은 통신 언어에서 상대방과의 지위나 나이 차이와 관계없이 사용되는 '두루 높임' 형식이라는 것이다. 따라서 일상어의 호칭 형식과 비교하는 것은 무리가 있지만 '씨'나 '군', '양' 등의 형식은 물론이고 '선생님', '교수님', '사장님' 등 높임의 정도가 강한 형식까지도 통신 언어에서는 '님'에 의해 대치된다고 하겠다. 먼저, '님'이 통신 언어에서 청자 경어법의 각 말 단계와 함께 어울려 쓰인 사례를 들어보기로 한다.

---

20) 게시판 자료에서 게시글당 '님' 사용 비율을 제시한 것과 비슷한 방식으로 대화방 자료의 '님' 쓰임 비율을 제시함으로써 상호 비교가 가능하도록 하였다. 10대 게시판 자료를 분석한 〈표 2〉를 참조하여 15,000자에 포함된 평균 게시글 수를 약 50개로 보았으며, 한 글당 300자로 간주하여 '님'의 비율을 계산하였다.

(14) 청자 경어법의 말 단계별 '님'의 쓰임
가. 님의 말씀대로 우리말 우리글 공부 열심히 하도록 하겠습니다.
나. 햇살님도 전혀 예외라고 하기 힘들더군요.
다. 한여울님 근거를 대시오..
라. 투명한 햇살님 안녕~~ 나는 불투명한 달빛이야~~~~
마. 명카수 연두님, 말좀 해봐라..

위의 보기에서 알 수 있듯이 '님'은 청자 경어법의 어떤 형식과도 자유롭게 어울려 쓰이고 있다. 높임의 정도가 가장 강한 하십시오체에서는 물론이고 해요체와 하오체와도 함께 쓰이고, 나아가 해체와 해라체에서도 자연스럽게 사용되었다. 통신 공간에서 하게체를 쓰는 일이 거의 없기 때문에 하게체와 함께 '님'이 쓰인 사례를 분석 자료에서는 찾지를 못하였다. (14)의 예들을 볼 때 호칭 형식 '님'은 통신 언어에서 누구에게나 두루 쓸 수 있는 높임 형식임을 알 수 있다.[21)]

통신 공간은 기본적으로 상대방에 대한 구체적 정보가 노출되지 않는 '익명성'과 실제 사회에서의 지위와는 관계없이 누구나 대등한 자격으로 참여할 수 있는 '평등성'을 바탕으로 관계가 형성 · 유지된다. 이 때문에 통신 화자 서로 간의 관계를 명확히 규정하기 어려울 뿐더러 그렇게 할 필요도 없는 점에서 새로운 두루 높임의 호칭 형식이 생겨난 것이라 하겠다. 여기서 의문을 가질 수 있는 것은, 통신 언어에서 두루 높임의 호칭 형식으로 '씨'나 '선생님'이 선택되지 않고 '님'이 사용되고 있는 이유가 무엇인가 하는 점이다.

먼저 '씨'가 '님'의 자리를 차지하지 못한 것은 이 형식이 일상어에서 높임 기능을 크게 잃은 사실과 관련된다. 본래 '씨'는 다른 사람을 높여 대우하기 위한 대표적이고 일반적인 호칭 형식이었지만 사회 전반적인 호칭의 과잉 상승 현상으로 상대적인 기능 부담량이 떨어졌다. 그리하여 남을 높이는 호칭어로 '사장님',

21) 호칭어 '님'이 청자 경어법의 다양한 말 단계 형식과 어울려 쓰이는 현상에 대해서 보다 많은 자료를 바탕으로 통계적 분석을 시도할 수 있을 것이다. 그러한 분석으로, '님'이 말 단계의 면에서 얼마나 균형적인 분포를 보이는지, 달리 말하면 어떤 말 단계와 가장 빈번하게 연결되고 어떤 말 단계와는 덜 연결되는지를 밝혀 낼 수 있다. 그것은 두루 높임의 형식인 '님'의 용법을 구체적으로 한정해 보는 의미가 있는데, 이 연구의 후속 과제로 넘기고자 한다.

'선생님', '기사님'과 같이 직위와 관련된 말에 '님'을 결합한 형식이 주로 사용되고 있으며, '씨'는 그러한 높임의 호칭어를 쓰기가 어렵거나 꺼려지는 일부 사람에게나 사용하는 보충 형식 정도로 밀려났다.[22] 일상어에서 차지하는 '씨'의 이러한 낮은 지위 때문에 통신 언어에서도 제대로 사용되지 않는 것이다.

한편, '사장님'이나 '회장님', '선생님' 등의 호칭이 통신 언어에서 제대로 자리잡지 못한 것은 무엇보다 '님'에 앞서 나타나는 어기의 뚜렷한 의미 때문으로 보인다. '사장'이나 '선생' 등의 어기가 갖는 강한 어휘적 의미가 그와 직접 관련이 없는 대다수의 통신 화자들에게 거부감을 불러일으키는 것으로 보인다. 또 통신 화자들이 전반적으로 나이가 젊은 층이기 때문에 지위 차이를 강조하고 권위를 중시하는 '선생님'류의 호칭 방식을 좋아하지 않은 결과라 할 수도 있다. 이들 형식이 젊은 사람들이 서로 부담 없이 편하게 쓰기에는 너무 딱딱하고 격식적이며, 높임 기능이 강하다.

이러한 상황적 배경에서 '님'이 통신 언어의 두루 높임 호칭 형식으로 쓰이게 되었다고 정리할 수 있겠다. 물론 '님'은 그 자체적으로 1음절로 된 간결함을 갖추고 있기 때문에 경제성을 최고로 강조하는 통신 언어로서의 자격이 충분하다. 통신 화자들은 화자 자신보다 나이가 많든 적든, 실제 세계에서의 지위가 높든 낮든 상대방을 인격적으로 혹은 높여 대우하고자 하는 의지만 있다면 '님' 형식을 호칭으로 사용하고 있다. 결과적으로 통신 언어에서 '님'은 명시적 하위자에 대한 인격적 대우에서부터 연장자에 대한 최고 수준의 높임에 이르기까지 폭넓은 용도의 두루 높임 호칭어로 잘 쓰이고 있는 것이다.

---

22) 보도방송에서도 고위 관료나 정치인, 기업인 등은 '이름+직위'의 방식으로 지시되고 있으며, '이름+씨'의 방식으로 지시되는 경우는 '특별한 직위가 없는 일반인'에 대한 용법이거나 고위직의 인물이 범죄인이 되었을 때 사용되는 용법인 것으로 밝혀졌다(이정복 1997가). 이런 사실은 우리말 사용에서 '직위'가 권위 있는 추가적 가리킴말로 선호되고 있음을 말해 주며, 한편으로는 '씨'의 상대적인 값어치 하락이 일어났음을 동시에 보여 준다.

5. 맺음말

1) 요약

국어사전 및 일상어에서의 '님'에 대한 기술과 그 쓰임을 검토한 결과 기능적 관점에서 크게 접미사와 의존명사의 두 가지로 나뉘고 있음을 알 수 있었다. 접미사로서의 용법은 다시 직위나 직책 등 사람을 나타내는 명사에 결합되는 경우와 사물 명사에 결합되어 그것을 의인화하여 높이는 경우가 있었다. 의존명사로서의 용법은 사람의 성이나 이름 뒤에서 대상 인물을 높이는 것이었다. '님'은 일상어에서, 접미사로서의 용법은 다양한 용례가 발견되고 갈수록 그 적용 영역이 넓어져 감에 비해 의존명사로서의 용법은 아직도 제약이 심함이 드러났다. 특히 의존명사로서의 용법은 본래 '님'이 가진 부름말적 특성과는 달리 일부 글말에서 제한적으로 사용되고 있었다.

통신 언어에서의 '님'의 쓰임 가운데서 통신 게시판에서는 일상어와 공통점도 있었지만 차이점이 뚜렷하게 나타났다. 접미사로서의 '님'은 통신 언어에서만 관찰되는 '엄마님', '아빠님' 등의 특수한 결합형이 있었고, 또 '지랄님'이나 '아랫님'도 통신 공간에서 '님'의 활발한 사용 결과 나타난 새로운 용법임이 드러났다. 의존명사로서의 '님'은 이름이나 온이름에 결합되는 방식은 물론이고 통신 이름이나 대화명, 게시글 번호에 '님'이 결합되어 호칭의 의존명사로 사용되는 특징을 보였으며, 관형어의 수식을 받는 용법도 있었다. 특히 대명사로서의 쓰임은 일상어에서는 찾아보기 어려운 것으로 통신 언어로서 '님'의 특성을 분명히 보여주는 것으로 평가되었다. 대화방에서의 '님'의 쓰임은 게시판의 그것과 대체로 일치하였다.

이러한 분석을 통하여 통신 언어 호칭어 '님'의 특성을 보다 자세히 살펴보았다. 먼저 '님'은 모든 통신 화자들이 선호하는 호칭형식이지만 사용 계층에서 상당한 차이를 보였다. 특히 세대별로 '님'의 사용 비율 차이가 크게 나타났다. 10대와 20대의 경우 별 차이가 없지만 30대에서는 20대보다 약 2배 이상 많이 쓰였고, 40대 이상 화자들은 20대보다 약 6배 많이 사용하였다. 나이가 많을수록 '님'을 활발히 쓰는 사실이 분명하게 밝혀진 셈이다.

한편, '님'은 사용 환경에 따라서도 빈도 차이를 보였다. 그것은 주로 '비친밀성'과 '익명성'의 환경에서 잘 사용되었다. 상대의 나이가 어느 정도인지, 어떤 직업에서 어느 정도의 지위를 가진 인물인지를 모르는 경우, 다시 말해 서로 잘 알지 못하고 친밀하지 않은 관계에서 편하게 사용할 수 있는 형식으로 해석되었다. 또 '님'은 우호적인 게시판이나 대화방에서 잘 쓰인다. 욕설과 비방이 난무하는 경우에는 높임말 사용도 적거니와 '님' 사용률도 크게 떨어졌다.

통신 언어로서의 '님'은 높임 기능에서 일상어와 다르게 나타났다. 일상어에서 '님'이 '씨'보다는 높고 '선생님'보다는 낮은 정도의 수준에서 사용됨에 비해 통신 언어에서는 상대방의 지위나 나이 등의 요인을 고려하지 않은 채 상대방을 높여 대우하는 형식인 것으로 분석되었다. 즉 상대방을 높이되, 그 수준을 고려하지 않아도 되는 '두루 높임' 형식으로 간편하게 쓰이는 것이다.

2) 연구 의의와 전망

이 연구는 다음과 같은 점에서 의의를 찾을 수 있다. 첫째, 호칭어 '님'의 일상어적 용법과 차이를 보이는 통신 언어로서의 특성을 밝힘으로써 국어 호칭어에 대한 화자들의 이해를 심화시킬 수 있었다. 둘째, 통신 언어의 문법적 특성을 조사 · 분석함으로써 이러한 방면에 접근하려는 연구자들에게 새로운 분석틀을 제공할 수 있었다. 셋째, 우리의 생활에서 나날이 비중이 높아져 가고 있는 통신 언어에 대한 화자들의 이해와 관심을 높일 수 있고, 또 사회 방언으로서의 통신 언어의 존재를 관련 학자들에게 알림으로써 새로운 연구 분야를 제시하는 효과가 있는 것으로 생각된다.

통신 언어에서 '님'은 아주 큰 성공을 거둔 새말이다. '님'은 통신 공간의 익명성과 경제성, 평등성과 개방성에 부합하는 두루 높임의 호칭어 형식으로서 활발히 사용되고 있는 것이다. 그것은 형태적인 면에서 '선생님'류와 달리 간결함을 보이며, 의미적인 면에서도 '사장님', '회장님'과 달리 거부감이 없는 형식인 점에서 가능하였다고 하겠다. 이와 함께 '님'은 통신 공간에서 높임의 청자 경어법이 대칭적으로 사용되고 우호적인 분위기가 유지될 때 높은 빈도로 쓰이고 있었다. 이런 점에서 '님'은 통신 공간의 익명성에 편승하여 욕설과 비방을 일삼는 누리꾼(통신 화자)들을 줄일 수 있게 하는 순화제로서의 부가 기능을 지닌 것으로 보인다. 모든 누리꾼들이 '님'을 다른 사람에 대한 호칭어로 적극적으로 채용한다면 인터넷 통신 공간의 분위기를 보다 우호적으로 유지할 수 있고, 통신 언어의 건전성을 확보할 수도 있을 것이다. 이런 점들은 앞으로 국어 정책적인 면에서 깊이 있게 분석할 필요가 있다고 본다. 아울러 통신 언어에 대한 다양한 사회언어학적 분석을 시도함으로써 21세기 인터넷 통신 시대에 펼쳐지고 있는 한국어의 새로운 언어 사용 문화에 대한 이해를 넓힐 수 있기를 기대한다.

√ 참고문헌

국립국어원 (2000). 어문 규범 준수 실태 조사: 인터넷 홈페이지를 대상으로. 국립국어원.

국립국어원 (엮음) (1999). 표준국어대사전. 서울: 두산동아.

권순희 (2000). "구어와 문어의 혼합 표현 양상 고찰: 컴퓨터통신언어를 중심으로." 국어교육연구회 학술대회 논문집.

노형남 (2000). "한국어 채팅표현에 관한 연구." 사회언어학 8(2), 107-137.

리의도 외 9인 (2000). 우리 말글과 문학의 새로운 지평. 서울: 역락.

박동근 (2003). "통신언어의 생성 방식에 따른 생산성 연구." 한말연구 12, 41-59. 한말연구학회.

서정수 (1979). "존대말은 어떻게 달라지고 있는가 (1): 부름말과 가리킴말." 한글 165, 33-69. 한글학회.

송민규 (2003). "사이버언어 연구의 몇 문제." 우리어문연구 21, 56-83, 우리어문학회.

안병희 (1963). "15C 국어의 경어법: 접미사 '님'에 대하여." 문리대학보 1. 건국대 문리대.

연세대학교 언어정보개발연구원 (엮음) (1998). 연세 한국어 사전. 서울: 두산동아.
운평어문연구소 (엮음) (1991). 금성판 국어대사전. 서울: 금성출판사.
이윤하 (1999). "현대 국어의 대우법 연구." 서울대학교 박사학위논문.
이익섭·이상억·채완 (1997). 한국의 언어. 서울: 신구문화사.
이정복 (1993). "경어법 요소의 기능 부담량과 쓰임에 대하여." 해양문학과 국어국문학: 양전 이용욱 교수 환력기념 논총, 507-543. 서울: 형설출판사.
이정복 (1996). "대학생들의 제3자 경어법 사용에 나타난 참여자 효과." 한국문화 18, 33-71. 서울대 한국문화연구소.
이정복 (1997가). "방송언어의 가리킴말에 나타난 '힘'과 '거리'." 사회언어학 5(2), 87-124.
이정복 (1997나). "컴퓨터 통신 분야의 외래어 및 약어 사용 실태와 순화 방안." 외래어 사용 실태와 국민 언어 순화 방안, 121-154. 국어학회.
이정복 (1998가). "컴퓨터 통신 분야의 외래어 사용." 새국어생활 8(2), 61-79. 국립국어원.
이정복 (1998나). "국어 경어법 사용의 전략적 특성." 서울대학교 박사학위논문.
이정복 (1999). "컴퓨터 통신 속의 지역 방언." 새로운 세기의 언어와 문학. 국제어문학회 학술대회 논문집. 리의도 외(2000)에 실림.
이정복 (2001). 국어 경어법 사용의 전략적 특성. 서울: 태학사.
이정복 (2002가). 국어 경어법과 사회언어학. 서울: 월인.
이정복 (2002나). "통신 언어 문장종결법의 사회언어학." 사회언어학 10(2), 105-135.
이정복 (2003가). 인터넷 통신 언어의 이해. 서울: 월인.
이정복 (2003나). "인터넷 게시판의 특성과 이용자 별명의 관련성." 텍스트언어학 14, 139-165. 한국텍스트언어학회.
이정복 (2003다). "대통령 연설문의 경어법 분석." 배달말 33, 213-237. 배달말학회.
이정복 (2004). "인터넷 통신 언어 경어법의 특성과 사용 전략." 언어과학연구 30, 221-254. 언어과학회.
이정복 (2005). "사회언어학으로 인터넷 통신 언어 분석하기: 최근의 연구 현황과 과제." 한국어학 27, 37-79. 한국어학회.
이정복 (2006). "인터넷 통신 언어 자료에 나타난 대구 지역 고등학생들의 방언 사용 실태." 우리말글 38, 135-168. 우리말글학회.
이정복 (2007). "인터넷 통신 언어에서 보이는 방언 사용의 성별 차이." 어문학 97, 63-96. 한국어문학회.
이정복·김봉국·이은경·하귀녀 (2000). 바람직한 통신언어 확립을 위한 기초연구. 문화관광부.
이정복·양명희·박호관 (2006). 인터넷 통신 언어와 청소년 언어문화. 서울: 한국문화사.
이진성 (1999). "약자, 약어 및 통신어(chatting language)에 대한 고찰: 신세대 언어를 중심으로." 사회언어학 7(2), 189-223.
이희두 (2000). 국어존칭형태의 변화과정 연구. 서울: 보고사.
인하대학교 국어국문학과 (1997). "컴퓨터 통신어 연구: 통신 대화실 Chatting어를 중심으로.” 컴퓨터 통신 게시본.
임홍빈 (1990). “어휘적 대우와 대우법 체계의 문제.” 강신항 교수 회갑기념 국어학 논문집, 705-741. 서울: 태학사.
정보사회학회 (엮음) (1998). 정보사회의 이해. 나남출판.
정희창 (2000). “호칭어 ‘님’에 대하여.” 새국어소식 2000년 5월호. 한국어문진흥회.
조선일보사·국립국어원 (엮음) (1991). 우리 말의 예절. 서울: 조선일보사 출판국.
한국언론학회·한국사회학회 (엮음) (1998). 정보화시대의 미디어와 문화. 서울: 세계사.

5

한국어 유음의 변이와 변화

채서영(서강대학교)

1. 서론

오늘날 한국어의 유음은 다양한 변이와 변화 양상을 보인다. 주요 원인은 영어를 중심으로 한 서구 언어의 영향이라고 생각된다. 특히 어두 위치에서 사용될 때 본래 한국어의 유음은 단어의 첫머리에서 다른 음소로 바뀌게 되는 소위 "두음법칙"의 적용을 받는데, 현재는 어두 위치에 나타나도 이 법칙의 적용을 받지 않는 등 독특한 사용 양상이 전개되고 있다.

가장 주목할 만한 경우는 새로운 단어를 만들거나 이름을 지을 때 한자어의 유음을 어두에 사용하면 이전처럼 두음법칙을 적용하지 않은 채 유음으로 적고 발음하게 된다는 사실이다. 유음에 대한 공시적인 음운론적 분석은 많이 찾아볼 수 있지만(Han 1993, Chae 1995 등) 외국어에서 유입된 단어에 쓰인 어두 유음이나 신조어에서 사용되는 유음의 사용 양상에 대한 분석은 아직 없었다.

본 연구는 우리말 어두 유음의 변이적인 사용에 관한 자료를 수집해 분석하고, 유음을 두음으로 사용한 인명에 대해서 화자들이 갖고 있는 언어태도를 조사하여, 유음의 사용에 관해서는 적어도 서울에 거주하는 한국어 화자들 사이에 연령과 성별에 상관없이 공통적인 언어태도가 나타난다는 가설을 증명해 보고자 한다.

이 연구를 위해서 우선 우리말 유음에 관한 음운적 역사적 배경을 알아보고 영어와 일본어에서 나타난 외래 음운의 도입 사례를 비교해 본 후, 다양한 연구방법을 적용하여 자료를 수집하고 분석했다. 이러한 과정을 통해 과연 언어접촉의 결과로 얻어진 새로운 음운인 유음에 대해 사회적으로 공유되는 언어 태도가 존재하는 것인지, 그리고 이러한 유음의 특색 있는 사용 방식이 우리말의 음운구조와 어휘부의 구조에 시사하는 바는 무엇인지 알아보겠다.

2. 연구의 배경

1) 우리말 유음의 특성

유음은 자음이지만 폐에서 나온 공기가 막힘이나 마찰이 없이 구강을 부드럽게 빠져 나오는 "흐르는 소리"이다. 조음음성학적으로 보면, 유음은 언어마다 다양한 형태로 존재하는데, 크게 다섯 가지로 나누어 볼 수 있다. 첫째는 혀끝으로 입천장을 막아 공기가 혀의 양옆을 빠져 나오는 설측음 /l/ 인데 가장 흔히 발견되는 유음의 형태다. 영어의 *light, pallet, all* 의 /l/ 과 우리말의 발에서 /l/ 이 이에 해당된다. 둘째는 공기가 구강 가운데로 빠져 나오며 혀를 굴려서 내는 소리인 전동음(trill) /r/ 로서 스페인어의 'r'이 이에 해당한다. 셋째는 입천장을 가볍게 치는 설탄음(tap 혹은 flap) /ɾ/인데, 우리말 가라의 리을이 이에 해당하고, 넷째는 혀를 뒤로 말며 입천장으로 혀를 근접시키는 발음으로 설전음(retroflex) 혹은 접근음(approximant) /ɹ/ 이라고 한다. 영어의 'r'소리가 여기 해당된다. 다섯째는 목젖을 떠는 소리인 구개수전동음(uvular trill) /ʀ/ 로서, 불어의 'r'이 이에 해당된다.

우리말의 유음은 음절의 어느 위치에서 나타나느냐에 따라 다양한 모습을 보인다. 음절말에서는 영어의 /l/ 과 같이 분명한 설측음으로 발음되지만, 모음 사이에서는 설탄음에 가까운 소리이다. 우리말 유음의 가장 큰 특징은 단어의 첫머리에서 유음이 제 빛깔을 잃고 유음의 음운 범주를 벗어나 비음 /n/ 으로 바뀐다는 점이다. 이러한 음운현상은 이른바 "두음법칙"이라고 알려져 있다. 또한 어두의 비음 /n/은 전설고모음 (/i/)이나 반자음 (/j/) 앞에서 탈락되는데 이러한 일련의 음운현상에 의해서 유음은 /o/ ([ŋ])와 함께 분포상의 제약을 보인다. 우리말 유음의 음성적 표면형은 다음과 같다:

(1) 우리말 유음의 4가지 음성적 표면형
[l]: 자음 뒤에서와 어말에서 (coda): /mal/ [mal] 말
[ɾ]: 모음사이에서 (ambisyllabic): /p^hilo/ [p^hiɾo] 피로
0: 어두 위치이며 전설고모음 (/i/ or /j/) 앞에서: /lica/ [ica] 이자
[n]: 그 밖의 모든 경우 (elsewhere): /loin/ [noin] 노인

이러한 유음 표면형의 분포는 다음과 같이 비음 /n/의 분포와 겹친다:

(2) 비자음 /n/의 두 가지 음성적 표면형
0: 어두 위치이며 전설고모음 (/i/ or /j/) 앞에서: nyeca [yeca] 여자
[n]: 그 밖의 모든 경우: namnye [namnye] 남녀

(3) 음소 /l/과 /n/의 음성적 분포

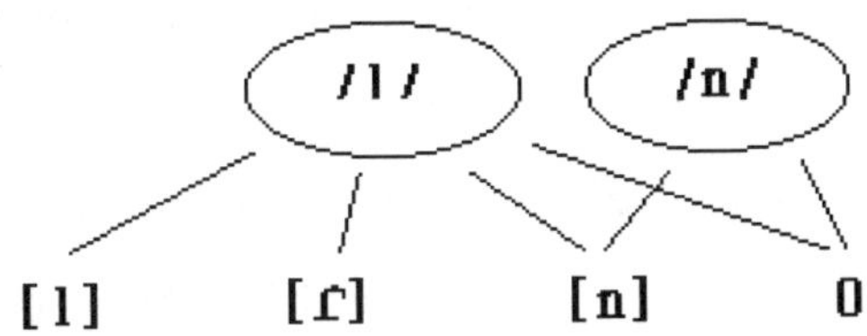

그런데 최근 외래어를 사용할 때 단어 첫머리에 유음을 자유롭게 사용하는 것은 물론이고 신조어에서도 유음의 사용이 전반적으로 증가하고 있다. 특히 "홍리나", "렉스턴", "래미안"과 같이 인명, 상품명, 상호 등에서 그 사용이 급격히 늘어나고 있으며, 이는 외래어, 특히 영어의 'r'과 'l'을 포함하는 다수의 단어가 유입되며 초래된 것으로 추정된다. 즉, 우리말에는 유음을 어두음에 표기할 수 있고,

어두에 유음을 사용하는 단어가 증가하면서 이를 발음을 하는 것이 두음법칙을 적용해 삭제하는 것보다 더 자연스럽고 현실적인 것이 되었다고 여겨진다. 이러한 현상은 언어의 형태는 원형(base form)－즉, 본래 언어에서의 형태－에 충실하려는 방향으로 변화한다는 언어적 원칙(Kenstowicz 1995 등)과도 일맥상통한다.

1900년대 초기에 도입된 서구의 외래어는 두음법칙을 따랐다. 예를 들면, 남포(<*lamp*), 나지오(<*radio*), 노서아(<*Russia*), 나마교(<*lama 敎*), 나왕(<*lawang* '목재') 등의 단어는 모두 두음법칙에 따른 단어들이다. 그러나 언제부터인가 이 법칙이 외래어에 거의 적용되지 않고 있다. 예를 들어, 초기에 유입되어 한국어 두음법칙을 따랐던 단어들도 *나지오/라디오, 남포/램프, 노서아/러시아; 라왕/나왕; 라마/나마* 등의 예에서와 같이 유음을 쓴 변이형이 함께 쓰이다가 지금은 아예 다른 의미를 갖게 되어 둘 다 쓰이는 *남포*와 *램프*를 제외하면 모두 유음 형태가 사용되고 있다.

실제 발화에서는 외국어 교육을 받은 사람과 충분히 받지 않은 사람들 간에 차이가 있을 수도 있다. 예를 들어, 어떤 화자들은 링거를 "닝겔", "롤러 스케이트"를 "놀러 스케이트"로 발음하기도 한다.[1] 그러나 대다수의 화자들은 "발음"과 "문자" 모두 단어 첫머리에 오는 유음을 변화시키지 않고 그대로 사용하고 있다. 단어 첫머리에서의 발음은 약간의 변이가 관찰되기도 하지만 완전한 비음 [n]으로 바뀌기보다는 설탄음 [ɾ]에 가까운 발음이다. 유음 두음이 일상적인 대화에서 흔히 사용되는 예는 수 없이 많다.[2] 이를테면 *램프, 라디오, 라이트, 러시아, 라면, 레저, 레이저, 리본, 라이타, 리어카, 로봇, 레이스, 레임덕* 등의 단어는 자주 사용되는 것들이다. 이러한 어두 유음 사용의 증가 추세는 사전을 출판 연대별로 살펴보기만 해도 쉽게 관찰할 수 있다. 한국어 사전에 나타난 단어들 중 유음을

---

1) 본 논문에서는 자연스러운 발화를 통해 이를 관찰하고 미세한 차이를 분석하는데 따르는 어려움 때문에 이 점에 대해 깊이 있게 조사하지 못했다.

2) 어두 유음의 발음이 /l/ 혹은 /r/ 중에 하나를 선택하는 변이를 이룬다는 견해는 홍연숙(1990)의 연구에서 전제되었다. 김진우(1985)는 모음 앞의 ㄹ이 혀침소리(tap) 혹은 날름소리(flap)의 변이음이라고 설명했다. 그러나 저자의 견해로는 어두 유음의 발음이 그렇게 확연히 음소적으로 구별 가능한 변이형태로 나타나는 것 같지 않다.

어두음으로 하는 단어의 증가 추이를 살펴보면 다음과 같다:

(4) 우리말 사전에 나타나는 유음의 증가추이

연도	유음단어수	전체어휘수(대비%)	사전명
1953	166	164,125 (0.11%)	우리말큰사전
1959	334	100,000 (0.34%)	새사전
1975	1785	310,000 (0.58%)	새우리말큰사전
1981	2080	230,000 (0.9%)	국어대사전
1998	4500개+	500,000 (0.9%)	표준국어대사전

사전에 기록된 단어를 살펴보면 단순한 수적인 증가 이상의 흥미로운 점도 발견된다. 즉, *라면*이 처음 등장한 것은 1959년의 "새사전"인데, *라면*이 아닌 *라멘*으로 표기되어 있다. 또한 *라멘*에는 노면(老麪)이라는 한자가 병기되어 있으며, "중국 음식의 한 가지. 밀가루에 계란 · 소금을 넣고 반죽하여 국수 가락처럼 만들어, 이것을 삶아 간장과 수우프를 부어서 먹음"이라고 풀이 되어있으므로, 지금의 *라면*과 같은 의미였음을 알 수 있다. 즉, *라면*은 *라멘*이라는 중국어 차용어였지만 이것이 점차 고유어화 하면서 변화된 형태라고 생각된다.[3)] 그러나 *나면*이라는 예는 어느 사전에서도 찾아볼 수 없다. 1959년도 "새사전"에 수록된 다른 어두유음을 가진 단어들 중 *라무네*와 같은 형태는 원형인 *레모네이드*가 사용되면서 사라졌다. 그밖에도 *나사점*(<羅紗店)이 일본식이라는 느낌을 주면서 양복점을 대신해 *라사*(예: 유창라사)로 널리 쓰였다는 점도 주목해야 한다. 또한 영어에 기초했지만 일본에서 만들어진 단어 *레미콘*(ready mixed concrete (truck): 영어에서는 cement truck)과 *리야카*(rear car(t))도 두음법칙의 적용을 받지 않고 지금까지 쓰이고 있다.

혹자는 차용어라는 것은 고유어화 될 수 없는 별개의 존재이므로 고유어의 음운규칙이 적용되지 않는 것은 당연하다고 지적할 수 있다. 그러나 차용어는 음운

---

3) 물론 *라면*이 널리 알려지는 데는 중국으로부터 이 음식을 도입하고 인스턴트식품으로 개발한 일본의 영향이 컸다.

변화를 겪으면 차용어로서의 특색을 잃고 고유어라는 착각을 불러일으킬 정도로 형태가 변화하는 법이다. 이를테면, "자두"는 본래 붉은 복숭아라는 의미의 한자어 "자도"였지만, 고유어에 일어난 음운변화가 적용됨으로써 고유어인 "오얏"을 사어로 만들면서 널리 쓰이게 되었다. 이 과정에서 자두는 한자어라는 정체성이 모호해졌으므로 "자두"는 이와 같은 음운변화가 적용되지 않은 "황도"나 "백도", "수밀도" 등에 비해 상당히 고유어화 했다고 말할 수 있다.

최근 우리말 유음의 변화과정에서 두 가지 형태, 즉 두음법칙이 적용된 경우와 적용되지 않은 경우가 모두 사용되면서 혼란이 일어나고 있다. 가장 중요한 예는 인명 사용의 혼란이다. "국민연금에 기재된 이름이 주민등록과 일치하는지를 반드시 확인하세요"라는 제목의 신문 기사(조선일보 1999.03.07)에 따르면 동일인의 이름이 두음법칙을 적용한 형태와 적용하지 않은 형태 두 가지로 서류마다 다르게 기재되어 자신도 모르게 이중으로 연금에 가입된 사람들이 생겼다.[4] 연금공단은 "많은 가입자를 관리하는 관계로 연금 가입자의 동일인여부는 성명과 주민등록번호가 모두 일치하는지를 기준으로 삼고 있다"며 "일치하지 않을 경우 장차 연금을 받을 때에도 불편을 겪을 수 있다"고 지적했다. 이것은 언어적인 변화에 의해 발생한 사회적 문제다.[5]

---

4) 기사의 전문은 다음과 같다: 국민연금관리공단 정위택 홍보실장은 "최근 연금공단이 이 같은 내용의 안내문을 일부 가입자에게 발송했다"고 7일 밝혔다. 정 실장은 "국민연금의 도시주민(자영자 등) 확대 과정에서 연금서류와 주민등록상 이름이 일치하지 않아 기존 직장 가입자 2만여 명에게 이번 도시지역연금에 가입하라"는 통지서가 발부됐다고 말했다. 이중가입 권유를 받은 사람들은 *류, 라, 락* 등 두음법칙이 적용되는 글자를 성명에 사용하는 경우. 주민등록상 *류민찬*으로 적혀있는 직장가입자가 국민연금 서류상 *유민찬*으로 신고된 경우 서로 다른 사람으로 오인돼 도시지역 연금에 가입하라는 통지서가 나갔다는 것이다. 주민등록상 *라일홍, 최락선*씨가 연금서류상 *나일홍, 최낙선*으로 기재된 경우도 마찬가지. 현재 이중가입 권유는 연금공단 지사의 자체확인이나 당사자의 신고로 바로잡아 가고 있다. 하지만 이 같은 일은 이번 도시지역 연금 가입자에게도 일어날 수 있다.

5) 이 문제는 사람들이 국어 어문 규정을 지키지 않았기 때문이지 유음의 특성과는 별 상관이 없다고 치부해버릴 수도 있겠지만, 저자의 생각으로는 이와 같은 문제야말로 현재 변화를 겪고 있는 우리말 유음으로 인한 것이라고 여겨진다.

2) 유음 사용 유형 변화의 원인: 언어 접촉에 의한 것인가?

(1) 우리말과 외국어 접촉의 역사

어두에서 자유롭게 사용되는 유음은 최근의 서구 언어와의 언어 접촉에 의한 산물로 짐작된다. 최근 100년 동안 유입된 서구 외래어에는 유음을 두음으로 사용하는 단어가 매우 많기 때문이다. 이 장에서는 우리말에 대한 외국어의 영향에 대해 간단히 살펴보고, 외국어의 영향에 의한 음운 사용과 그 인식에 대해 알아보겠다.

우리말은 역사적으로 중국어, 일본어, 영어 등 여러 언어의 영향을 받았다. 근대 이전에는 사회 계층에 따라 다양한 표현과 언어 형태가 사용되었음은 물론이고, 한자라는 문자의 사용 유무를 기준으로 하는 사회적 방언 혹은 언어 문화적 차이가 화자들 사이에 존재했을 것이라고 생각된다. Grant는 과거 우리말에 대한 한자어의 강력한 영향을 다음과 같이 지적했다: "문자를 사용할 줄 알았던 한국인들은 고대 한자로 글을 썼고 한국어로 말했다(Literate Koreans wrote one language, classical Chinese, and spoke another, Korean)" (Grant 1982: 11). 한자의 영향은 매우 커서, 현재 한국어에서 사전에 수록된 단어의 60% 이상이 한자어로 추산된다.

일본어도 36년 간의 식민 지배를 통해 우리말에 큰 영향을 끼쳤다. 그러나 오랜 시일에 걸쳐 영향을 준 중국어에 비하자면 그 영향이 크지 않다. 그 이유로는 첫째, 일본의 식민 지배에 대한 반발로 일본어의 영향을 근절하려는 의식적인 노력이 컸고, 둘째, 일본어도 우리말과 흡사한 방식으로 한자어의 영향권에 있었기 때문에 언어적인 차이가 두드러지게 크지 않았으며, 셋째, 일본어의 영향을 받았던 역사가 비교적 짧았기 때문이다.

현재 가장 영향력 있는 외국어는 서구의 언어들이며, 그 중에서도 영어다. 영어는 1850년대 처음으로 교육기관에서 가르치게 된 이후로, 아시안게임, 올림픽, 월드컵 등의 국제적인 행사를 거치며 세계화라는 기치 하에 그 중요성이 점점 더 강조되어왔다. 더구나 1995년부터 초등 영어 교육이 이루어지고, 1999년에 소위

"영어공용화" 논쟁이 벌어지는 등 영어는 한국인에게 지대한 영향을 주고 있다. 영어가 우리의 언어생활에 알게 모르게 영향을 주고 있다는 예를 들자면, 우리의 정치지도자들의 애칭 혹은 별칭은 영어 두 문자로 되어 있고(DJ, YS, JP, TJ 등) 메디컬 클리닉, 컴퓨터 업그레이드, 파브 텔레비전, 메디팜 약국 등 영어 단어나 영어를 기본으로 한 신조어가 거리낌 없이 사용된다는 것을 생각할 수 있다. 더구나 영어는 최근 영어를 사용하는 사람들의 사회적 지위가 높다는 사실 때문에, 고유어나 한자어보다 한층 더 고급스러운 이미지와 관련지어 사용되는 것 같다. 본 논문에서는 이러한 사실에 기초해 우리말 유음 사용에는 유음을 많이 사용하는 불어, 이태리어, 스페인어 등 다양한 서구의 언어들도 영향을 주었지만, 한국어에 가장 큰 영향을 준 것은 영어라고 본다.

(2) 다른 언어의 외래어 음운 도입: 영어의 /v/와 일본어의 /l/

언어접촉으로 말미암아 토착 언어의 음운 체계가 변화하는 일은 역사적으로 얼마든지 있었다. 따라서 한국어의 유음이 외국어의 영향에 의해 음소로서 온전한 분포를 갖게 되는 것은 새삼스러운 것이 아니다. 이 절에서는 역사적으로 유사한 사례인 영어의 /v/와 일어의 /l/의 경우에 관해 알아보고 이를 한국어 유음의 경우와 비교해 보고자 한다.

영어의 음소 /v/는 고대 노르웨이어(Old Norse)에 의해 처음 소개되었으나, 초기에는 모음사이에서 /f/의 변이형으로 사용되는 정도에 그쳤다. 그러나 1066년의 노르만 침략(The Norman Conquest) 이후 /v/를 어두음으로 사용하는 불어가 다량 수입되면서 완전한 음소로 자리 잡게 되었다. 예를 들면, vacation, vase, vagabond, vague, vegetable, value, vocabulary, volume 등 /v/로 시작되는 대다수의 영어 단어가 불어 차용어이다. 고대 노르웨이어 차용어는 거의 남아있지 않고 대표적인 것으로 노르웨이인들을 뜻하는 단어 viking을 들 수 있을 정도다. 이와 같은 역사적 사실 때문에 영어에서도 한국어 유음의 경우와 마찬가지로 기존에 어두음으로 /f/를 사용하던 단어를 굳이 /v/로 바꾸어 사용하게 된 예는 매우 드물다. 거의 유일한 예로 vixen을 생각해 볼 수 있다. vixen은 고대영어의 fyxen이 1700년대 초반

vixen과 fixen이라는 변이형 두 가지로 사용되다가 1700년대 중반 이후에 vixen으로 굳어졌다.[6] 옥스퍼드 영어사전은 이 단어가 /f/ 음가에 대해서 "남쪽의 /v/"가 자체적으로 변화하여 확립된 소수의 단어들 중 하나라고 밝히고 있다. 물론 1800년대 이후에 들여온 Spanish, Latin, Italian 등 다른 외국어의 어두음 /v/나 새로 만들어진 영어의 신조어 (예를 들면 video)는 얼마든지 어두음 /v/를 사용한다.

일본어에도 대량 차용에 의해 음소가 도입된 경우가 있었다. 즉, 일본어의 유음 /r/은 접근음에 해당하는 음가를 가졌는데, 이것은 9~10세기 헤이안 시대에 대량으로 유입된 중국어의 유음 /l/의 영향에 의해 생겨난 것이다.

시기적으로 차이가 있기는 하지만 우리말에도 중국어가 꾸준히 다량 유입되었으나 일본어와는 달리 이를 계기로 유음이 어두에서 사용되지는 않았다. 이기문은 "'ㆁ'과 'ㄹ'이 어두에 올 수 없었음은 아마도 고대로부터 현대에 이르기까지 변함이 없는 듯하다"며 15세기 문헌의 'ᄂᆡ실, ᄂᆞ실'(來日, 남명집, 두시언해)이 보이며 16세기 문헌에 '니쇼ᅀᆞ'(李小兒, 번역박통사), '노모'(老母, 변역소학), '녜절'(禮節 번영소학)을 예시하고 있다(이기문 1978: 131).

그러나 고전 자료를 손쉽게 볼 수 있는 이조어사전(유창돈 1964)을 살펴보면, 우리말에서도 한자어 유음의 영향인 듯이 보이는 어두 유음이 사용된 경우 198개가 발견된다. 이들의 대부분은 거의 동일한 시대에 변이형을 보인다. 예를 들어, *노새*는 16세기 초의 훈몽자회 등의 문헌에서 *로새*와 *노새*로 모두 사용되었다고 한다. 즉 이러한 자료들은 한자의 영향에 의해서 우리말에서도 어두 유음이 한때나마 변이적으로 사용되었음을 말해 준다. 그러나 곧 두음법칙이라는 우리말 특유의 제약에 의해 변이형들이 점차 사라졌고, 결국은 모든 한자어가 예외 없이 두음법칙의 적용을 받게 되었던 것으로 짐작된다.[7]

---

6) OE fyxen, 1605년 fixen, 1706년 vixen or fixen, 1716년 vixen, 1796년 vixen, 1828년 vixen, 1867년 vixen.

7) 흥미로운 예로는 유음을 어두음으로 하는 단어 *류부로*이다. '얼룩말'이라는 뜻을 지닌 이 단어는 오늘날에는 두음법칙의 적용을 받은 *유뷰루말*이라는 형태로 발견된다. 이를 표준국어사전은 '얼룩말의 잘못'이라고 풀이하고 있다. 이 단어는 얼룩말이 우리나라에 없었기 때문에 차용어일 것으로 짐작되지만 특이하게도 한자어로 적은 기록이 없다.

이렇게 같은 중국어의 영향이 우리말과 일본어에 서로 다른 결과를 가져온 것은 매우 흥미로운 사실이다. 이러한 사실을 통해 현재 우리말에서 일어나고 있는 어두 유음 사용은 역사를 반복하지 않고 새로운 방향으로 전개되고 있다는 점을 알 수 있다. 비록 많은 수효는 아니지만, 각별히 두음법칙을 통해 고유화된 것으로 여겨지던 한자어의 유음이 어두에서 유음으로 읽고 발음되도록 "부활"했다는 점은 주목할 만하다. 다음 절에서는 이렇게 부활된 한자어 어두 유음의 사용 양상에 대해 알아보겠다.

3. 유음 두음을 사용한 신조어의 수집과 그 결과

1) 조사의 배경

우선 저자의 주변에서 한자임을 명시하든 하지 않든, 어두 유음이 사용된 신조어를 수집했다. 가장 눈에 띄는 자료는 인명인데, 상호와 상품의 이름에서도 어두 유음이 비교적 자주 사용되고 있음을 알 수 있었다.

인명은 유음 두음의 사용이 가장 잘 드러나는 자료이다. 성명의 어두 위치에서뿐 아니라 모든 음절에서 유음이 증가하고 있다고 여겨진다. 순우리말 식의 이름도 있지만, 아직까지 전형적인 우리말 이름의 구조는 다음과 같이 나타낼 수 있다:

(5) 전형적인 한국인 이름의 구조:
[성]σ ## [명: 첫 자σ + 두 번째 자σ]

두음법칙을 위배하고 유음이 나타날 수 있는 "어두 위치"는 성과 이름의 첫 자에 쓰이는 경우 두 가지이다. 특히 이름 첫 자에 쓰는 것이 어두 유음을 자유롭게 사용하는 경우라고 생각된다.

(6) 李利羅라는 이름의 경우에 가능한 표면형 (8개 (2*2*2))
이이라 (두음법칙이 온전히 적용된 예), *이리라*, *이리나*,
이이나, *리이라*, *리리라*, *리리나*, *리이나* 등

이름의 두 번째 자에서는 유음이 변이적으로 나타난다는 사실도 흥미롭다. 본래 이 음절은 어두 위치가 아니므로 유음이 아무런 제약 없이 나타날 수 있지만, 이 위치에도 두음법칙을 확장하여 적용하게 되어(over-application) 전반적인 유음의 사용 양상을 더욱 복잡하게 하고 있다. 이러한 사실은 두 번째 음절 역시 독립적인 한자어 의미소이기 때문에 생겨난 것이라고 여겨진다. 예를 들어, 야구감독인 *김응용*씨는 조선일보 1993년 9월부터 2002년 5월까지 *김응용*으로는 635회, *김응룡*으로는 49회 사용되었다.[8)]

성씨의 변이형으로는 *이/리*, *유/류*, *나/라*, *임/림*, *노/로*의 변이형의 쌍이 나타난다. 성씨에 따라 유음을 사용한 변이형이 사용되는 정도가 다르고, 가족이나 소규모 친족 집단 별로 사용 양상이 다르다고 주장하는 화자들도 있지만, 부자지간에도 서로 다르게 사용하므로 대개의 경우 개인적으로 변이형 사용을 결정하는 것 같다. 그런데, 평상시에 유음 변이형을 거의 사용하지 않는 이씨, 노씨 등의 경우에도 성씨를 알파벳으로 표기할 때는 영어 유음('l' 혹은 'r')을 사용한다는 점은 주목할 만하다.[9)] 외무부 여권과 자료 분석에 따르면 이 점을 쉽게 알 수 있다.

---

8) 혹은 김응용의 표기가 두음법칙을 모르고 표기한 단순한 오류일 뿐이며, 실제 발음은 "응룡"일 것이라고 생각할 수 있다. 그러나 회사명 "쌍룡"을 "쌍용"으로 바꾸어 적고 발음하게 된 예처럼 유음에 관한 한 표기가 달라지면 발음도 바뀌는 것이 상례이다. 또한 두음법칙을 모르고 적는다는 바로 그 사실이 유음에 대한 화자들의 인식의 변화를 보여주는 것이라고 생각된다.

9) 기사 세부 내용은 다음과 같다: "골프선수 박세리의 성은 PAK, 박지은과 야구선수 박찬호의 성은 PARK: 한국인은 씨성을 무엇보다 중시하는 문화임에도 불구하고 막상 성을 로마자로 표기할 때는 무원칙하다. 이 같은 실태는 국립국어연구원(원장 심재기)이 최근 외교통상부로부터 넘겨받은 여권에 표기된 우리나라 사람의 성의 로마자 표기법 자료에서 드러났다. 이번 조사는 표본추출이 아니라 여권신청자만을 대상으로 했다. 국립국어연구원 측은 "정보화 세계화 시대에 대비하는 차원에서도 성의 로마자 표기법 표준화 작업은 시급하다"며 "여권발급 등 국가차원에서는 일정한 원칙을 정하는 것도 한 방법이 될 것"이라고 밝혔다. 이 자료는 1999년 한 해 동안 여권을 신청한 사람들을 대상으로 하고 있다." (조선일보 2000년 5월 22일).

"노씨가 NOH(40.3%) NO(22%) ROH(16.2%), 유씨가 YOO(50.1%) YU(18.5%) YOU (16.1%) RYU(9.5%), … 이씨는 LEE 98.4% YI 0.9%, … " (조선일보 2000년 5월 22일). 이러한 사실은 우리말 이름에서는 표면형에 유음을 전혀 사용하지 않더라도 그 한자어가 기저 유음을 가지는 경우라면 화자들이 이 점을 어느 정도 인식하고 있다는 증거가 된다.[10)]

2) 자료조사

우선 기초적인 현상을 파악하기 위해 저자의 주변에서 실명에 유음을 사용하는 경우를 수집했고, 이어 유치원, 초등학교, 중학교, 고등학교, 대학교, 교회의 인명부를 입수해 총 4,000명에 대해 체계적으로 조사해 보았다. 또한 연예인명부를 조사해 이를 일반인들의 경우와 비교함으로써 유음사용이 "유행에 민감하다, 새롭다"라는 의미적 관련성을 지니는지 조사해 보았다.

유음두음의 사용 양상에 대한 조사는 우선 저자의 주변에서 이름 첫 자에 두음법칙을 적용하지 않고 유음을 사용하는 실존인물의 예 95명을 수집하는 기초적인 조사에서 출발했다. 이들 중 30~40대 이상의 연령층은 거의 발견되지 않은 반면 10대, 20대가 대부분이다. 성별로는 여성이 78명으로 남성보다 월등히 많았다. 예를 들면 다음과 같다: 신리나, 표린지, 정리태, 윤라경, 김라희, 송란희, 김려준, 이란아, 정라연, 이리라, 김래경, 박란영, 정라미, 최리사, 권록현, 추령임, 성락용 등. 대부분의 경우에 한자어를 사용한 전형적인 한국인의 이름이었고, "젊은"층과 "여성"에게서 더 많이 발견된다는 인상을 받았다.

그런데 과연 "젊고 여성스럽다"는 점이 언어공동체가 공유하는 유음에 대한 사

10) 이것은 표기의 문제이지 발음의 문제가 아니라고 말할 수도 있으나, 저자는 로마자로 유음을 적게 되면 그에 걸맞게 발음을 하게 되므로 발음과 전혀 무관한 문제는 아니라고 생각한다. 한편, 우리말 유음과는 대조적인 경우로 외래어의 음운에 비추어서 모국어의 음운을 새롭게 인식하는 경우를 생각할 수도 있다. 예를 들면, 일본어의 /Φ/ 순찰음 (bilabial fricative)은 영어 /f/의 영향 때문인지, 이름 등을 알파벳으로 적을 때 과거에는 /h/로 적었지만, 최근에는 /f/로 적고 있다.

회적 인식으로서 입증될 수 있을 것인지에 대해 좀 더 체계적으로 조사해보기로 했다. 본격적인 조사는 서울시내의 각급 학교의 학생들과 교회 신도들의 명단을 확보해 4,000명의 인명을 분석함으로써 이루어졌다. 또한 유음 두음의 사용이 "유행"과 관련되었다는 가설을 세우고, 이를 증명하기 위해 연예인들의 명단을 확보해 일반인들의 명단에서 나온 결과와 비교해 보았다. 그 결과는 다음과 같이 요약된다: (1) 이름 첫 자가 유음인 경우: 일반인 4,000명 중 48명, 연예인 2,000명 중 31명; (2) 성씨를 유음으로 쓰는 경우: 일반인 1,289명 중 33명, 연예인 692명 중 10명; (3) 이름의 마지막 음절에 유음을 쓰는 경우: 일반인 4,000명 중 64명, 연예인 2,000명 중 102명이 나타났다. 예상대로 유음 두음의 이름을 가진 사람들로는 젊은 층과 여성이 많았으며, 연예인들이 이름에 유음을 더 많이 사용한다는 사실을 알 수 있었다. 이 두 가지 조사의 결과를 자세히 살펴보자.

일반인들의 인명조사 결과, 유음을 두음으로 사용하는 이름은 소수였다. 그러나 유음을 사용한 이름은 연령이 낮을수록 꾸준한 증가세를 보였고, 특히 여성들의 경우 20대부터 증가세를 보여 10대부터 증가하기 시작한 남성들보다 여성이 조금 앞서 있음을 알 수 있었다. 〈그림 1a, 1b〉를 살펴보면 이 같은 사실을 한 눈에 알 수 있다.

연예인과의 비교조사에서 유음이 나오는 위치에 따라서 조사결과를 나누어 살펴보면, 이름 첫 자에서 유음을 쓰는 것은 일반인과 연예인의 차이가 크지 않지만, 성씨에 유음을 쓰는 경우와 마지막 음절에서 유음을 쓰는 경우에는 통계적으로 유의한 차이가 나올 정도로 연예인이 월등히 유음을 선호하는 것으로 나타났다. 우선 이름 첫 자가 유음인 경우를 보면, 일반인 4,000명 중 48명(1.2%), 연예인 2,000명 중 31명(1.55%)으로 연예인의 경우가 약간 높았다. 이 분포에 대한 Chi-square 값은 1.257로 유의도 .20에 약간 못미쳐 통계적으로 유의적이지 않다고 판명되었다. 둘째로, 성씨를 유음으로 쓰는 경우에 대해서는 해당되는 성을 가진 일반인 1,289명 중 33명, 연예인 692명 중 10명으로 연예인이 높았다. 그리고 이 분포에 대한 카이 제곱(Chi-square) 분포 값도 통계적으로 유의적이지 않은 것으로 판명되었다. 셋째로 이름의 마지막 음절에 유음을 쓰는 경우에 대해 알아보았더니, 일반인 4,000명 중 64명(1.6%), 연예인 2,000명 중 102명(5.1%)으로 연예인이 월등히 높았다. 특히, 이 분포에 대한 카이 제곱 값은 60.715로 유의도 .001의 매우 유의한 수준이다. 결론적으로, 연예인은 일반인보다 인명에 유음을 훨씬 더 많이 사용하는 경향이 있다고 말할 수 있다. 특히 이름의 마지막 음절에 유음을 사용하는 빈도는 일반인과 비교해 볼 때 그 차이가 뚜렷하다.[11)]

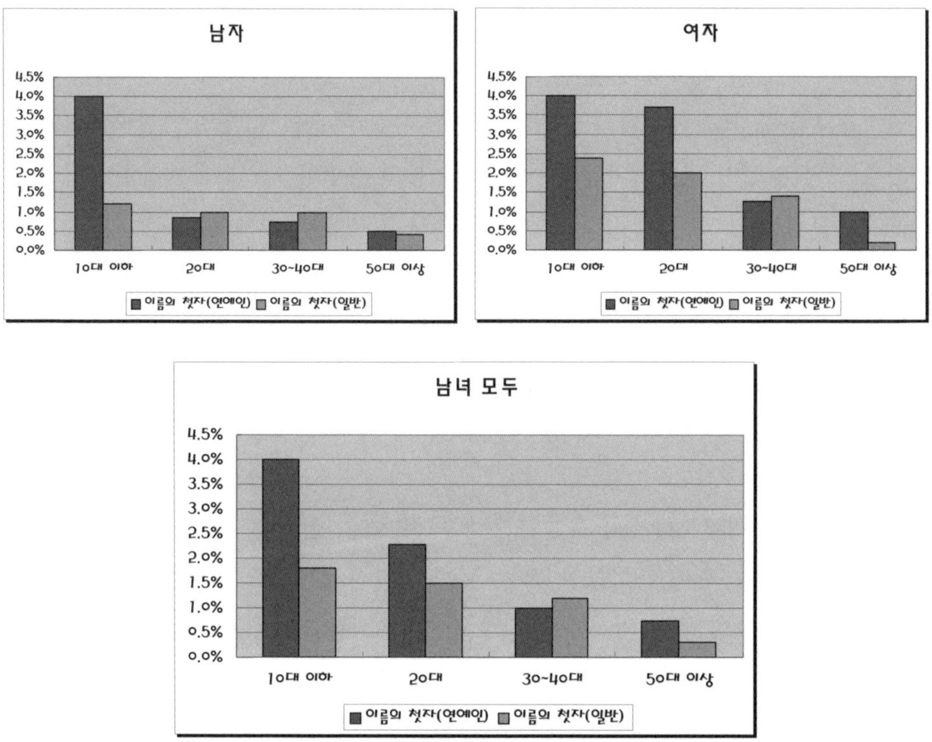

〈그림 1 a, b, c〉 남녀별, 연령별, 연예인과 일반인으로 나누어 본 이름 첫 자에 사용된 유음의 분포

11) 더욱 흥미로운 사실은 유음으로 시작하는 이름을 가진 연예인들 중 29%(31명 중 9명)가 소위 "에로배우"들이라는 조사결과이다. 예를 들면, 강리리, 권리미, 김리아, 박리나, 소리나, 유리아, 주리혜, 소리준(남), 정래협(남) 등이 있다. 이러한 결과는 에로배우들의 경우 거의 100%가 실명을 사용하지 않는 것이 기정사실화 되어 있고, 따라서 일부러 눈에 띄게 서구적이고 유행에 앞서가는 가명을 사용하려는 의도에서 유음을 적극 사용한다고 해석할 수 있다.

상호를 살펴보면, 식당의 경우, 유음 두음을 사용한 경우는 14,920개 중 992개로 6.2%에 이른다. 특이한 것은 이들 중 명백한 외국어 차용어가 아닌 것으로 짐작되는 예들이 관찰된다는 점이다. 예를 들어, *라르코, 라망, 라모프, 래미안, 라미, 라지코, 라브오노, 라빌레라, 라뽈라르, 라삐, 라자, 라파로마, 라팻트, 레스빌, 라셀바, 라스벨, 라올리바이오, 래미안, 레즐대즐, 레반트, 락시, 락씨* 등은 언뜻 보아 외국어라는 인상을 주지만, 실재하는 외국어 단어에 기초한 것인지 신조어인지는 알 수 없는 경우들이다.[12] 더구나 순우리말 *나빌레라*를 *라빌레라*라고 적은 것은 주목할 만한 변형이다. 식당 외에도 미용실의 상호를 조사해 보았는데, 이발소의 상호에 비해 월등히 유음의 사용이 두드러져서 유음사용의 "여성성"을 확인할 수 있었다: 미용실 4,250개 중 96개가, 이발소 657개 중 8개가 유음 두음을 상호로 사용한다. 이들 중에서도 *류미르 미용실, 라벨비이우화 헤어, 리자 헤어 클럽* 등은 *럭키, 로얄, 로타리 롯데, 리버사이드 이발소*와 대조를 이룬다.

상품명 중에 각별히 유음이 많이 사용되는 것은 자동차이다. 자동차는 전 세계에 수출할 것을 염두에 두어야 한다는 점에서 이름을 짓기가 매우 어려울 것이다. 그런데 2000년 이후 생산되고 있는 우리의 자동차 이름에는 눈에 띄게 유음이 두음에 많이 사용되었다: *리베로, 라비타* (:현대자동차); *레조, 라노스*(라틴어 *latus* '*즐겁다*' 와 *Nos* '*우리*' 의 합성어라고 설명함), *르망, 렉스턴, 레간자, 리갈, 라보* (:대우자동차); *리오, 라이노, 레토나 크루저* (:기아자동차) 등이 있다.

그밖에도 명백한 외국어 차용어가 아니거나 한자어를 사용한 유음 두음이 사용된 브랜드 이름으로는 공동주택 *래미안*(來美安, 삼성아파트 : 안전하고 아름다운 주거문화가 실현되는 집이라는 뜻); 관광여행사 *라니*; 침구브랜드 *라라아비스*; 커피숍 체인점인 *라리*와 *리안*; 화장품 *라미*(羅美), *라피네*, *리리코스*; 속옷 *라보라*; 남아프리카채널 *라우월드*; 폐수설비회사 *라진산업*; 삼천리 자전거의 새 이름 *레스포*(레저+스포츠); 시계이름 *로가디스*; 제약회사 *록산*; 의류 *리, 롤롤, 루*

---

12) 반면, *라성*(<*나성, LA*)과 *락희* (*lucky*)는 초기에 도입한 방식에다 유음만 부활시킨 것으로 불란서, 이태리, 노서아 등 초기 우리나라에서 외국명처럼 한자어로 적으려는 노력이 배어있어서 고풍스러운 느낌마저 준다.

비나; 스포츠용품 *르까프*; 과자이름 *리죠* 등이 있으며 지금도 꾸준히 늘어나고 있는 추세이다.

4. 유음 사용에 대한 언어태도 조사

상호와 상품명의 조사를 통해 유음이 의미적 영역이 대체로 "여성적"이거나 "유행에 민감한" 경우로 제한된다는 사실이 관찰되었다. 이는 현재의 유음 사용이 북한 말이 아닌 서구의 외국어, 그 중에서도 영어의 영향임을 시사한다고 해석할 수 있다. 예외적인 경우로 랭면이 간혹 식당의 상호에 사용되지만, 이는 그 식당의 음식 맛이 "이북식"임을 표현하려는 의도에서 나왔고 이를 화자들도 인식하고 있다고 생각된다.[13]

과연 어두 유음의 사용에 대해서 사회적으로 일치된 언어 태도가 존재하는지를 조사해 보았다. 상품명은 특정한 물건을 상기시켜 판단에 영향을 줄 수 있으므로, 유음 두음을 사용한 실제 이름 4개(김라희, 신리나, 정리태, 윤려준)를 제시하고 이에 대한 화자들의 주관적인 느낌을 물었다. 설문조사는 두 곳, 서울 잠실의 아파트 단지와 서울 종로구의 주택가에서 성별과 연령을 고르게 하도록 표해 가면서 진행되었다. 설문지를 준비하기는 했지만, 이를 가지고 조사자가 직접 물어보는 형식을 취했기 때문에 화자들의 긴장을 풀고, 설문조사의 정밀도를 높이려고 노력했다. 애초에 300명을 목표로 했으며, 조사지 상에 표기가 분명하지 않은 2부를 제외한 298명에 대해 최종 분석을 했다.

첫 번째 질문은, "위의 이름이나 그 사용자는 세련되었다고 생각하십니까?"이었는데, 비교적 긍정적인 반응이 나왔다. 즉, 세련된 느낌을 준다고 답변한 사람(57.5%)이 별로 그렇지 않다(27.5%)와 그렇지 않다(15%)는 사람보다 월등히 많았다.[14]

---

13) 북한에서는 한자어에 대해 두음법칙을 적용하지 않는다.

14) 사실 "리나"와 같은 이름이 어른이 되어서도 세련된 느낌을 주는 것인지는 의문의 여지가 있다.

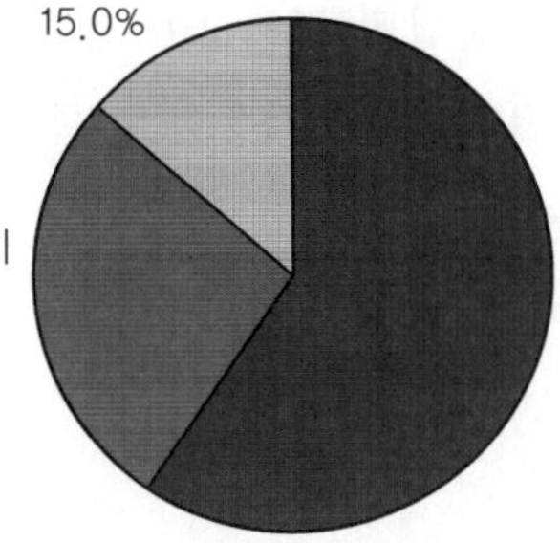

〈그림 2〉 어두유음을 사용한 인명에 대한 언어태도

둘째로, 사용자의 연령을 짐작하는 문제에 대해서는 화자들은 이러한 이름을 가진 사람은 비교적 어릴 것으로 짐작했다. 즉, 20대(65%)가 가장 많았고, 20세 이하(7.5%)나 3,40대(27.5%)도 가능하다고 나왔지만, 결코 50대 이상이라고는 아무도 짐작하지 않았다. 세 번째로, 이 이름이 영어의 영향을 받았다고 생각하느냐는 질문에 대해, 피조사자들은 대부분이 그렇다고 답변(분명히 그렇다 12.5%, 그렇다 62.5%)했고, 별로 그렇지 않다(25%)는 견해도 있었지만, 단호히 영어의 영향을 배제한 사람은 한 명도 없었다(0%).[15] 그렇다면 이러한 이름은 북한의 발음에 영향을 받았다고 생각하느냐고 물었더니, 대부분이 그렇지 않다고 생각(분명히 그렇다 7.5%, 그렇다 12.5%, 잘 모르겠다 22.5%, 별로 그렇지 않다 35%, 절대 아니다 22.5%)했다. 또한, 화자들은 이러한 이름을 가진 사람들이 꼭 유행에 민감한 직업(예: 영화배우, 가수, 미용사, 디자이너)을 가지지는 않은 것으로 짐작했다(분명히 그렇다 12.5%, 그렇다 22.5%, 잘 모르겠다 65%, 별로 그렇지 않다/절대 아니다 모두 0%). 화자들은 이 이름은 결코 흔한 이름이 아니라고(분명히 그렇다 0%, 그렇다 22.5%, 잘 모르겠다 0%, 별로 그렇지 않다 55%, 절대 아니다 22.5%) 생각하며, 그 이유로는 역시 발음하기 어렵기 때문(57.5%)이라고 해, 고풍스럽다(0%)거나, 연예인들의 가명이라는 느낌을 준다(32.5%), 왜 그런지 모르겠다

15) 이 질문은 유도된 경향이 있다. 사실, 이 질문은 "어느 나라 말의 영향을 받았다고 생각하느냐"로 했어야 옳다.

(0%)보다는 그 원인을 비교적 분명히 음성적인 것으로 인식하고 있었다.

흥미롭게도, 이 조사에서는 응답비율로 보아 남녀 차이가 드러났다. 즉, 여성들이 남성들보다 월등히 유음을 두음에 사용한 이름이 "세련되었고" 그 주인공은 "유행에 민감한 직업을 가졌을 것"이라고 생각했다. 이러한 남녀 간의 차이를 다음에 나오는 두 개의 그림에 나타내 보았다:

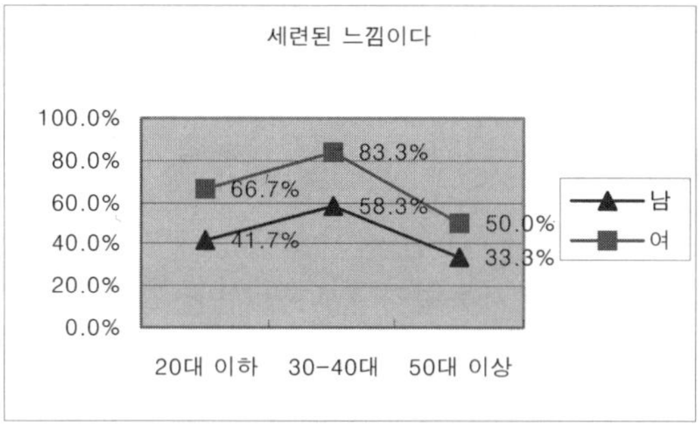

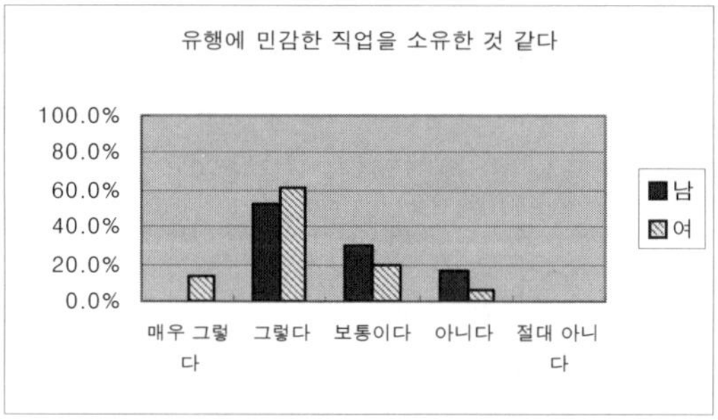

〈그림 3 a, b〉 두 가지 질문에 대한 응답비율의 남녀 차이

지금까지 유음 사용에 대한 화자들의 언어태도를 조사하여 분석해 보았다. 화자들은 공통적으로 유음을 두음으로 하는 이름을 가진 사람들이 "세련되었고", 연령은 비교적 "어리며", 특히 여성들은 이들이 "유행에 민감한 직업을 가졌을 것"이라고 짐작했다. 또한 유음 두음은 "발음하기가 어렵고", "영어의 영향을 받았을 것"으로 짐작되고 있었다. 이 조사를 통해 어두의 유음은 사용이 가능하다고 해서

완전히 자유롭게 사용되는 것은 아니며 특히 남녀 간에는 인식의 차이가 있음을 알 수 있었다.[16] 이와 같은 유음에 대한 인식을 지금 다수의 서울 사람들이 공유하지만, 그러한 인식은 언제든지 변화될 수 있는 것이라고 추측할 수 있다.

5. 결론

현재 우리말에서 관찰되고 있는 유음의 사용 양상의 변화는 최근 접촉이 빈번해진 서구 외국어, 특히 영어의 영향이라고 생각되지만, 이를 그저 "외래어의 음운구조(loan phonology)는 예외적"이라고 단순화하기에는 보다 복잡한 양상이 개입되어 있다. 즉, 두음법칙을 통해 고유어화된 것으로 믿어지던 한자어의 유음이 이름과 상품명, 상호 등의 신조어에 사용되면서 부활해서 어두 유음으로 사용되기 때문이다.[17] 이 현상은 유음이 가지고 있는 공명성이라는 특징과 더불어 유음이 어두에 사용되었을 때 영어처럼 들린다는 효과를 이용하려는 의도에서 비롯했으리라고 짐작된다.[18]

우리말 유음의 변화는 외국어와의 접촉이 초래한 언어의 구조적인 변화를 잘 보여주고 있다. 우리말 유음은 아마도 영어의 영향으로 인해 앞으로도 계속해서 어두 위치에서 자유롭게 사용될 것이라고 예측된다.

우리말 유음의 변화에서 발견된 사실 세 가지는 다음과 같다. 첫째, 영어에서 라틴어나 불어가 상위언어의 지위를 가졌음을 알 수 있듯이 현재 우리말에서는

16) 한자어의 기저유음도 어두에 사용한다면, 그것은 "영어"의 느낌을 준다고 인식되는 것 같다.

17) 최근에 한자어 교육에 관한 논쟁이 되풀이되면서 한자교육이 제대로 이루어지지 않아서 우리말 화자들은 한자에 대한 지식이 없어졌다는 견해도 있지만, 적어도 유음이 사용되는 한자어에 대해서 화자들이 그 이음을 인식하고 있는 정도의 언어적 지식이 있음은 분명한 것 같다.

18) 유음은 노래나 시의 후렴구 등에 범언어적으로 많이 사용된다. 한국의 문학에서도 "얄리 얄리 얄라셩", "나빌레라", "랄랄라" 등 그 예를 찾아볼 수 있다. 그러나 순전히 유음의 음성적 요인만으로 이 경향을 설명할 수는 없을 것이다. 최근에는 유음 외에도 영어의 [f]를 발음하는 한국어 화자들이 늘어났다. 이 점은 급격히 많은 어두 유음이 사용되는 데 외국어의 영향을 간과할 수 없다는 증거로 사용할 수 있다.

고유어, 한자어, 영어의 순서로 어휘의 계층화가 이루어진 듯하다.[19] 이러한 맥락에서 어두 유음의 사용은 영어식 언어 사용 양상으로 인식되어 적극적으로 수용된다고 생각된다.

(7) 영어와 우리말에 나타난 고유어와 외래어 어휘 간의 층위적 구조
영어>불어: room>chamber, clothes>attire, apparel, die>perish, holidays>vacation, flower pot>vase
고유어>한자어>영어: 하얀색>백색>화이트, 가게>식품점>슈퍼, 달걀>계란>에그

둘째, 어두 유음을 포함하는 이름의 소지자는 물론 이에 대한 언어태도를 조사한 결과를 볼 때, 여성들은 "상층언어"의 양상, 즉 언어 사용에서 겉으로 드러나는 위세(overt prestige)에 민감하다는 사실이 드러났다. 즉, 여성은 언어의 변이형이 명백히 드러나는 위세를 지니는 경우, 이에 대해 민감하다고 여겨진다. 이 점은 영미 여러 지역에서 조사된 변이형 (ing) [in] or [iŋ], 다중부정의 사용(multiple negation), 영국영어의 (h) deletion, Quebec French (l) deletion, 호주영어 (th) ([θ] or [f]) 등에서 여성들이 비표준적인 변이형보다는 표준형을 월등하게 선호한다는 데서 거듭 밝혀진 바 있다.[20]

셋째, 유음이 신조어에 사용되면서 기존의 한자어를 어두에서 두음법칙을 적용하지 않고 유음으로 되살려 쓰는 사용방식의 변화를 통해 우리는 우리말 어휘부

19) 물론 이러한 계층화가 일반화된 것은 아니다. 주어진 예에 대해서도 상황에 따라 그 순위가 달라질 수도 있을 것이다.

20) 여성의 언어적 위세형, 특히 표준어에 대한 민감성은 지금까지의 사회언어학적 조사의 결과에서 예외가 없었다. 그 원인에 대해서는 여성의 상대적으로 열등한 사회적 지위는 물론이고 자신의 사회적 지위를 직접적으로 드러내기 어렵기 때문에 언어를 매개로 드러내게 된다는 점이 원인으로 지목되었으며, 또한 여성은 양육자로서 사회의 규범적인 가치를 가르치는 입장이기 때문에 표준어를 선호한다는 설명, 혹은 성적으로 차별화된 언어사회화의 결과라는 가설 등의 견해가 있다. 이와는 다른 각도에서 여성이 각별히 표준어를 선호한다기보다는 남성이 "은밀한" 위세를 지니는 비표준형을 선호하기 때문에 나온 결과라는 견해도 있다. 즉, 여성의 표준어 선호에 대해서는 문화에 따라서 여러 가지 해석이 가능하다.

에 재구성이 일어났다는 사실을 알 수 있다. 특히 유음이 어두음으로 사용된 자료는 기존에 일방적인 것이라고 믿어지던 "외국어의 모국어화"에 역행하여 이미 어느 정도 토착화했던 "한자어"가 다시 "외국어화"하는 것이 가능하다는 사실을 보여주는 흥미로운 결과라고 할 수 있다.

√참고문헌

김진우 (1985). 언어. 서울: 탑출판사.

김형규 (1975). 국어사개요. 서울: 일조각.

국립국어연구원 (1999). 국어연구원에 물어보세요. 서울: 국어연구원.

유창돈 (1964). 이조어사전. 서울: 연세대학교 출판부.

이기문 (1978). 국어사개설. 서울: 탑출판사.

Chae, S-Y (1995). Exceptional Liquid Avoidance and Representation of Words in Korean. *Harvard Studies in Korean Linguistics VI*, 65-79.

Grant, Bruce K. (1982). *A Guide to Korean Character*. Hollym Corporation Publishers, Seoul.

Han, Enjoo (1993). Resolving an ordering paradox: lateralization and Delateralization in Korean. *Harvard Studies in Korean Linguistics V*, 159-169.

Hong, Yunsook (1990). *A Sociolinguistic Study of Seoul Korean*. Seoul: Research Center for Peace and Unification of Korea.

Ito, J. and A. Mester (1995a). The Core-periphery Structure of the Lexicon and Constraints on Reranking. *University of Massachusetts-Amherst Occasional Papers* 18, 181-210.

Kenstowicz, Michael (1995). Base-Identity and Uniform Exponence: Alternatives to Cyclicity. In *Current Trends in Phonology: Models and Methods*. Jacques Durand et al. Paris and Stanford: Paris-X and University of Stanford Publications.

Miller, R. A. 1967. *The Japanese Language*. University of Chicago Press: Chicago.

Pyles, T & J. Algeo. 1993. *The Origins and Development of the English Language*. International Edition, Harcourt Brace.

6

천안·아산 지역어와 대구 지역어에 나타나는 *w* 탈락 현상의 비교연구: 대학생 언어를 중심으로

강현석(단국대학교) · 이장희(경북대학교)

1. 서언

본 연구는 Labov의 계량사회언어학적 방법론을 사용하여 천안 · 아산 지역어와 대구 지역어에 나타나는 사회언어학적 변이 현상인 활음 *w*의 탈락을 점검한다. 본 연구는 두 지역어간의 *w* 탈락 현상에 대한 언어내적 · 언어외적 제약의 공유 여부에 초점을 두고 두 방언의 음운적 · 사회언어학적 구조를 비교 · 대조 연구하는 것을 목적으로 한다.

Silva(1991)은 /사과/→[사가], /뵙다/→[벱다]의 예에서 나타나는 *w* 탈락 현상이 범주적(categorical)으로 나타나는 일반 음운 현상이 아니라 가변적(variable)으로 언어 내적(internal) 또 외적(external) 제약에 의해 규제되는 사회언어학적 음운과정임을 보이는 선도적인 계량사회언어학적 연구였다. 그는 한국인 화자 17명의 자료를 점검하여 선행자음, 후행모음의 유형과 같은 언어내적 제약과 발화스타일(문장읽기, 단어읽기, 최소쌍(minimal pair)읽기), 남녀 성별과 같은 언어외적 제약이 이 변이 현상에 의미 있는 영향을 미침을 보였다. 또한 그의 언어내적 제약의 발견을 음운론의 자질이론(feature theory)과 연계시켜 성공적으로 설명하였다.

하지만 Silva(1991)의 연구는 특정 방언의 화자만을 대상으로 한 것이 아니라 *w* 탈락에 있어서 다소간의 다른 양태를 보인다고 생각되는 여러 방언(즉 서울 · 경기, 충청, 경상, 전라)의 화자로부터 얻은 자료를 분석한 것이었다. 또한 그의 연구는 일상 언어를 대상으로 한 것이 아니라 읽기발화(read speech)만을 바탕으로 한 것이었다. 또한 Martin(1992)이 지적하듯이 *w* 탈락은 자음과 모음 사이에서만 일어나는 것이 아니라 /수완/ → [수안], /구원/ → [구언]에서 나타나듯이 모음(특히 원순모음) 뒤에서도 나타날 수 있음을 간과하였다.

Kang(1998)은 위 문제점을 보완하여 서울방언 화자만을 대상으로 이 방언에 나타나는 *w* 탈락 현상을 점검하였고 자연발화(spontaneous speech)와 읽기발화를 모두 연구 대상으로 삼았으며 선행자음이 없을 때의 *w* 탈락도 점검하였다. 그의 연구에 나타난 중요 제약 중 하나는 선행자음의 조음점이었는데 특히 양순음(m, p) 뒤의 *w*는 거의 범주적(categorical)으로 탈락하는 것으로 보고하였다. Kang(1998)이 밝힌 또 다른 중요한 언어적 제약은 *w*가 단어의 어두음절에 나타나는가 그렇지 않은가의 여부였는데, *w*는 어두음절보다 비어두음절에서 훨씬 높은 빈도로 탈락 현상이 일어남을 보고하였다. 또한 그의 연구는 비언어적 제약인 발화스타일(자연발화 · 문장읽기 · 단어읽기)과 화자의 사회계층(social class)도 *w* 탈락에 의미 있는 영향을 미침을 보였다.

본 연구는 위의 두 연구를 바탕으로 충남방언과 경북방언에서의 *w* 탈락 현상을 두 지역 대학생의 언어 자료를 바탕으로 점검한다. 이 두 방언에서 *w* 탈락이 어떤 언어적 · 비언어적 제약 하에 나타나는지, 서로 다른 제약에 영향을 받는지, 같은 제약에 영향을 받는다면 제약의 강도는 유사한지에 특히 중점을 둘 것이다. 이 질문에 대한 해답은 이 두 방언이 특히 음운적인 면에서 어느 정도 다른 언어변종(linguistic variety)인지 천안 · 아산과 대구라는 언어사회가 어느 정도 유사한 사회적 평가규준(evaluation norms)을 공유하는지에 대해서도 답변의 단초를 제공할 것으로 생각된다.

이 논문의 구성은 다음과 같다. 2절에서는 본 연구가 점검하고자 하는 주요 논점과 논제를 소개한다. 3절은 이 연구의 방법론을 소개하는 절로 연구 자료와 통계 기법을 포함한 자료 분석 방법을 기술한다. 4절에서는 본 연구의 통계 분석 결과와 두 지역어 제보자들의 자기평가 테스트의 결과를 소개하고 이들의 의미를 논의한다. 5절에서는 본 연구의 연구 결과가 앞서 설정했던 연구 논제에 대해 어떠한 함축적 의미를 갖는지를 논의한다. 마지막으로 6절에서는 본 연구의 결과 요약과 이 논문의 의의와 제한점을 기술한다.

2. 연구 논점과 논제

충남방언과 경북방언의 활음 *w* 탈락에 대한 본격적, 포괄적 연구는 존재하지 않는다. 충남방언에 대한 연구에서는 그저 관찰되는 음운 현상의 하나로 기술되어 있을 뿐이고, 경북방언에서는 *w* 탈락이 두드러지게 나타나는 음운 현상 중의 하나여서 많은 주의를 받고 있지만 직접 녹음자료를 수집하여 통계적으로 분석한 선행연구는 존재하지 않는다.

충남방언에서는 한영목(1992: 115; 1998: 37; 2000: 53)이 /돼지/→[대지], /꿰다/→[께다], /과자/→[가자] 등의 예를 들며 충남방언에서 *w* 탈락 현상이 일어남을 관찰하고 있다. 대체로 남한의 방언은 서울 · 경기 방언권에서 멀어질수록 화자들의 비표준적 발음이 증가하는 경향이 있다. (예를 들어 최태영(2002: 566)은 전북방언의 *w* 탈락이 서울 · 경기 방언보다 빈도가 상당히 더 높음을 암시하고 있다.) 이 관점에서 보면 충남방언의 *w* 탈락률이 Kang(1998)에서 보고된 서울방언의 그것보다 다소 더 높을 것으로 예상된다.

앞서 언급한 대로 경상방언의 *w* 탈락 현상은 이 방언의 특징적 현상으로 여러 연구에서 관찰, 언급되어 왔다. 경상방언을 연구하는 학자들은(예: 주상대 1985: 158 참조) CGV-(자음+활음+모음)라는 음절구조를 금지하는 표면음성제약(phonetic surface constraint)이 이 방언에 존재한다고 제안한다. 이 제약에 따라 순

수 국어 단어의 일부는 경상방언에서 *w*를 상실한 형태로 변화하였다고 생각된다. 하지만 경상방언을 연구하는 학자들은 국어 어휘의 60~70%를 차지하는 한자어와 많은 고유어 단어에서 여전히 기저에 *w*가 존재하는 것으로 상정한다. 예를 들어 이근열(1997: 84)은 고유어 어휘인 /돼지/, /꿩/을 [데지], [껑]으로 발음하는 것을 '기저' *w*의 탈락으로 분석하고 있으며 주상대(1985: 164)도 /쥐다/를 경상방언 화자의 흔한 발음인 [지다]의 기저형으로 분석하고 있다.

앞서 언급했던 대로 Kang(1998)이 제시한 중요한 발견의 하나는 서울방언의 *w*탈락이 어두음절이냐 비어두음절이냐에 따라 발생 빈도에 있어 상당한 차이가 있다는 것이다. 즉 /사과/→[사가]는 잘 나타나지만 /과장/→[가장]은 아주 드물다는 것이다. 그런데 만약 경상방언에 앞서 언급했던 음절구조에 대한 표면음성제약이 있다면 *w* 탈락의 빈도에 있어서 어두음절과 비어두음절의 차이가 상당히 줄어들 것으로 생각된다. 왜냐하면 이 음절구조제약은 어두음절에도 비어두음절에도 공히 적용되는 제약이기 때문이다.

서울방언과 충남방언에는 존재하지 않고 경상방언에만 나타나는 *w* 탈락의 잠재적 제약은 성조이다. 경북방언 그 중에서도 대구방언에서는 각 음절에 높은 성조(H tone)와 낮은 성조(학자에 따라 L 혹은 M tone으로 표기)가 표면형으로 나타난다. 높은 성조는 액센트(pitch accent)의 일종으로 생각할 수 있어서 *w* 탈락을 제어하는 영향을 줄 수도 있을 것이라고 사료된다.

학자들은 또한 경상방언에서 자음이 선행하지 않을 때도 *w*가 상당한 빈도로(다른 방언보다 월등히 높은 수치로) 탈락됨을 관찰하고 있다. Kang(1998)은 서울방언에서 자음이 선행하지 않을 때는 비어두음절에서만 또 대개 원순모음 뒤에서만 *w*가 탈락한다고 제시하는데 반해 이병건(1993: 47)은 경상방언에서는 어두음절에서도 (/왜국/→[애국], /왜놈/→[애놈]) 또 비원순 모음 뒤에서도 (/미완/→[미안]) *w* 탈락 현상이 적지 않은 빈도로 일어날 수 있다고 관찰한다.

위에 언급한 논점을 바탕으로 본 연구는 다음과 같은 논제를 가지고 이 연구를 진행한다.

1. 충남방언과 경북방언의 *w* 탈락의 빈도 차이는 어느 정도인가?

2. 충남방언과 경북방언의 w 탈락은 어느 정도 다른 언어적 제약이 적용되는가?
   (1) 어두 · 비어두 음절의 차이는 두 방언에서 어느 정도 다르게 나타나는가?
   (2) 선행자음이 없을 때의 w 탈락은 충남방언과 경북방언에서 어떤 빈도로 또 어떤 언어적 제약 하에서 나타나는가?
   (3) 경북방언에서 성조는 w 탈락 현상의 제약이 될 수 있는가?
3. 충남방언과 경북방언의 w 탈락은 동일한 언어외적 제약(즉 성별, 발화스타일 등)에 영향을 받는가? 양 언어사회에서 w 탈락은 유사한 사회적 평가를 받는가?

3. 연구 방법

1) 연구 자료

본 연구는 두 공동연구자가 12명의 충남방언 화자와 12명의 경북방언 화자와 각각 행한 사회언어학적 면담(sociolinguistic interview)에서 얻어진 자료를 바탕으로 수행된다. 충남방언에서도 특히 천안 · 아산 방언의 화자와 대구방언 화자를 연구 대상으로 한다. 이렇게 충남방언과 경북방언 중에서도 특정 하위방언을 대상으로 하는 것은 주지하다시피 충남방언과 경북방언에는 여러 하위 방언권이 있어 변이적 요인을 내포하고 있기 때문이다. 천안 · 아산방언은 도수희(1987)와 한영목(1998)에 의해 충남 동북부 방언권으로 분류된다. 경북방언에서의 대구방언의 분류는 학자에 따라 다소 가변적인데 최명옥(1998)은 경북방언의 하위 구획을 셋으로 나누면서 대구 지역어를 칠곡, 성주, 고령, 달성 지역어와 함께 경북 중동서부 방언으로 분류하고 있으며, 김덕호(2001)는 대구 지역어를 경북방언의 네 하위 분류 중 하나인 경북 동남방언으로 경산, 청도, 영천, 경주 등의 지역어와 함께 분류하고 있다.

본 연구의 제보자로는 두 공동 연구자가 각각 재직하고 있는 두 학교에 재학중인 천안 · 아산방언 화자 12명과 대구방언 화자 12명이 참여한다. 천안 · 아산방언 화자는 부모가 충남 출신이고 천안 · 아산 지역에서 태어나고 성장한 화자라고 정의되며, 마찬가지로 대구방언 화자도 부모가 대구 · 경북 출신이고 대구 지역에서 출생하고 성장한 사람이라고 규정된다. 각 지역어의 12명의 화자는 잠재적 성차(gender difference)를 점검하기 위해 남 · 녀 6명씩으로 구성되었다.

두 공동 연구자는 각각 맡은 지역의 12명의 화자와 사회언어학적 면담(Labov 1972; 1981)을 행하였다. 사회언어학적 면담은 면담 자료(interview schedule)를 바탕으로 이루어졌다. 이 면담 자료는 총 4부로 나누어져 있는데 1부는 연구에 필요한 제보자의 신상에 대한 정보를 얻고 또 이를 바탕으로 연구자가 제보자와의 대화를 부드럽게 이끌 수 있도록 기획된 것으로 제보자가 기입 · 완성해야 할 부분이다. 2부는 제보자의 자연스런 발화를 이끌어 내기 위해서 마련된 질문들로 간단한 가족소개, 천안(혹은) 대구에 대한 의견, 다닌 학교, 중 · 고등학교 때 좋아했던 과목들, 가장 기억나는 선생님, 취미, 여자(남자) 친구를 만난 사연, 지금까지 겪은 가장 큰 사고 등에 대한 질문이 포함되어 있다. 되도록 제보자가 부담 없이 평소의 말씨에 가까운 언어로 답할 수 있도록 비교적 가벼운 내용의 질문들로 구성하였다. 각 제보자의 답변 내용 및 성향에 따라 2부에 포함된 질문 외의 물음도 필요하다고 생각될 때 사용되었다.

3부는 제보자의 읽기발화를 수집하기 위한 자료이다. 여기에는 문장읽기, 단어읽기, 최소쌍읽기 자료가 포함되어 있다. 문장 · 단어 · 최소쌍 읽기 자료에는 활음 *w*를 기저에 갖고 있는 여러 단어들이 포함되어 있으며, 이들 단어는 본 연구가 점검하는 다양한 *w* 탈락의 언어적 제약의 영향을 밝히는 데 도움을 줄 수 있는 어휘들이 선택되어 있다(<부록> 참조). 또한 자료에 포함된 문장과 단어에는 제보자가 연구의 목적을 알지 못하도록 직접 연구 대상과는 관계없는 여러 문장, 단어들이 다수 포함되어 있다. 4부는 제보자가 자신의 발화를 얼마나 객관적으로 평가하고 있는지, 또 *w* 변이형들(variants), 즉 *w* 존재형과 *w* 탈락형 중 어떤 것을 더 바람직한 것으로 생각하는지에 대한 질문으로 구성되었다. 이 자료는 두 변이형에 대한 두 언어사회의 사회적 평가를 간접적으로 판단할 수 있도록 작성되었다.

연구자와 제보자와의 대화와 제보자의 모든 읽기발화는 Sony ECM 135 마이크를 현지조사(fieldwork)용 소형 Sony WM-D6C 녹음기에 부착하여 녹음하였다. 녹음기와 마이크는 중형 크기의 봉투로 덮어서 제보자의 의식을 피하였다. 제보자와의 면담은 약 1시간 정도가 걸리게 고안되었는데, 1부 자료 작성에 5분, 2부의 면접자와의 대화에 35분, 3부의 읽기자료에 15분, 마지막으로 4부 자료 작성에 5분이 배정되었다. 연구자는 면접 도중 제보자가 되도록 편안한 상태에서 말을 자유롭고 원활하게 이어나갈 수 있도록 도와주고 긴장을 풀어 주는 역할에 치중하였다. 소액의 제보비가 면접 후 제보자에게 제공되었다.

2) 자료 분석 방법

녹음된 연구 자료는 테이프를 반복해 들으면서 전사(transcribe)되었다. 음성학적으로 훈련된 천안방언 화자 1인과 대구방언 화자 1인이 연구 보조원으로 참여하여 전사 작업을 하였다. 본 연구의 연구 대상은 사회언어학적 변수(sociolinguistic variable)인 (*w*)이고 이 변수는 {*w*}와 {ø}(즉 *w* 탈락)라는 두 변이형(variants)을 갖는다. 따라서 전사된 자료 중 기저에 활음 *w*를 갖는 단어만을 골라 {*w*}와 {ø}의 변이형을 판별하고 이들을 각 변이형의 사례(tokens)로 추출하였다. 전사자의 *w* 탈락 여부에 대한 판단은 책임 연구자인 제1저자가 다시 점검하였다. 불분명한 사례 또는 전사자와 책임 연구자 간의 판단이 일치하지 않는 예는 모호한(ambiguous) 사례로 분리 처리되어 통계 처리 대상에서 제외되었다. 총 3,965개의 사례가 최종 통계처리 대상에 포함되었다. 이들은 천안 · 아산 지역어의 자료가 1,927개, 대구 지역어의 자료가 2,038개였다.

자연발화(spontaneous speech)와 읽기발화(read speech)에서 추출된 변수 (*w*)의 변이형 사례는 계량사회언어학의 대표적 통계분석 기법인 가변규칙 분석(variable rule analysis: Guy 1996 참조)을 사용하여 통계처리되었다. 가변규칙 분석이 사용하는 Varbrul 프로그램은 일반적 통계 분석이 전제하는 사례의 정상 분포(normal distribution)와 균일 분산(homogeneous variance)을 충족시키지 못하는 경우가 많은 사회언어학 자료를 대상으로도 여러 잠재적 제약의 영향을 성공적으로 고립(isolate)시켜서 산정할 수 있고, 또 각 제약의 영향이 연구 대상인 변이에 통계적으로 중요한 영향을 미치는지 아닌지를 자동적으로 분석해 주는 다중회귀분석(multiple regression analysis) 장치를 포함하고 있다.

본 연구는 Sankoff, Tagliamonte & Smith(2005)가 개발한 Varbrul 프로그램의 최신판인 윈도우즈 용 Goldvarb X를 분석 도구로 사용하였다. 본 연구는 총 3회에 걸쳐 Varbrul 분석을 행하였다. 먼저 전체 자료를 대상으로 분석하였고, 이어 천안 · 아산 지역어 자료와 대구 지역어 자료를 대상으로 각각 개별 분석을 하였다. 아래 표는 전체 자료의 통계 분석에서 점검한 *w* 탈락의 잠재적 제약군과 개별 제약들을 보여준다.

〈표 1〉 *w* 탈락에 대한 가변규칙 분석의 잠재적 제약군과 개별 제약들

잠재적 제약군(factor groups)	개별 제약(factors)
1. 선행자음의 존재	유, 무
2. 선행자음의 조음점	양순, 치경, 경구개, 연구개, 성문
3. 선행모음의 원순성	원순, 비원순
4. (단어 내에서의) 음절위치	어두, 비어두
5. 성조 유형	고, 저
6. 발화 스타일	자연발화, 문장읽기, 단어읽기, 최소쌍읽기
7. 성별	남, 녀
8. 지역어	천안·아산 지역어, 대구 지역어

우선 선행자음의 유무가 잠재적 제약군으로 점검되었다. Martin(1992)이 제시하듯이 *w* 탈락은 선행자음이 있는 경우에도 가능하고 또 그 빈도수는 감소하지만 선행자음이 없는 경우에도 가능하기 때문이다.

둘째 선행자음의 조음점이 잠재적 제약군으로 점검된다. Silva(1991)는 한국어에서 후설(dorsal)자음이 선행할 경우 *w* 탈락이 훨씬 덜 일어난다고 제안하였고, Karns(1998)는 서울방언에서 선행 양순 자음이 *w* 탈락을 거의 범주적(categorical)

으로 초래한다고 보고하였는데, 본 연구는 충남과 경북 지역어에서 선행자음의 조음점이 어떠한 역할을 하는가를 다시 점검한다.

세 번째로 점검한 잠재적 제약군은 *w*를 바로 선행하는 자음이 없을 경우에 *w*를 선행하는 모음의 원순성이다. Martin(1992)과 Karns(1998)는 선행모음이 원순음일 때(예: 구원)가 비원순음일 때(예: 자원)보다 *w* 탈락의 빈도가 훨씬 높은 것으로 관찰하고 있다. 그 이유는 아마도 원순자질이 연이어 나오는 것, 즉 입술을 연이어 둥글게 오므리는 것을 조음적 이유로 언어들이 선호하지 않기 때문이라고 생각되는데 본 연구는 이 제약을 다시 점검한다.

네 번째로 점검되는 언어내적 제약군은 *w*를 기저에 포함한 음절이 단어의 어두음절(예: 과자)인가 비어두음절(예: 사과)인가의 여부에 대한 것이다. 국어의 어두음절과 비어두음절은 상당히 다른 음운적 변이와 변화를 보이는데, 예를 들면 아래 아(ㆍ)는 어두음절에서는 '아'로(예: ᄑᆞ리 > 파리) 비어두음절에서는 '으'로(예: 나ᄆᆞ라다 > 나므라다 > 나무라다[두 번째 변화는 자음 'ㅁ'의 영향으로 인한 모음의 원순모음화임]) 변화하였고(최학근 1991), 서울 방언의 이중모음 '의'는 어두음절에서는 '으'로 비어두음절에서는 '이'로 각기 변화하고 있다(정연찬 1991). 또한 서울방언을 점검한 Kang(1998)도 *w* 탈락이 어두음절과 비어두음절에서 다르게 나타난다고 보고하고 있다. 본 연구는 충남방언과 상대적으로 *w* 탈락률이 높을 것으로 생각되는 경북방언에서도 이 현상이 나타나는가를 점검한다.

다섯 번째 잠재적 제약군은 대구 지역어의 자료만을 점검 대상으로 하는데 기저에 *w*가 나타나는 음절의 성조가 고(H)조냐 저(L)조냐에 관한 것이다. 경상방언의 고(H)성조는 일종의 강세(pitch accent)와 유사한 성격을 지니는데 이것이 *w* 탈락 현상을 억제할 가능성이 있다고 생각된다. 그 이유는 강세를 받는 음절은 길이가 더 길어지고 더 분명히 발음되는 경향이 있기 때문이다. 일부 연구자들(예: 김차균 1999, 최한조 1997)은 경남방언의 일반적 성조 분류법인 고(H), 중(M), 저(L)의 성조 체계를 경북방언에 대해서도 설정하는데 본 연구에서는 경북방언 성조 분석의 좀 더 일반적 성조 분류법(이동화 1990; 김성환 1988; 이병건 1993 참조)을 따라 두 개의 성조, 즉 고(H)와 저(L)를 분석 단위로 채택한다. 성조는 단어가 모여 구나 문장이 되면 원래 단어와는 다른 성조의 변이, 변화가 나타날 수 있으므로 대구 지역어 자료 중에서도 단어읽기 자료만을 분석 대상으로 한다. 성조 분석을 위해 대구방언의 성조를 연구하는 세 명의 연구자에게 면담 자료 3부의 III과 IV 부분에 포함된 단어의 대구방언에서의 성조에 대하여 자문하였다. 대체로 세 연구자의 판단은 일치하였으나 몇몇 경우에는 다르게 나타났다. 판단이 다른 경우는 다수의 의견을 따라서 분석하였다.

다음으로 점검하는 세 잠재적 제약군은 언어외적(external)인 것이다. 먼저 본 연구는 제보자로부터 수집한 자료를 자연발화, 문장읽기, 단어읽기, 최소쌍읽기로 분류하는데 이 순서는 화자가 자신의 발화에 쏟는 주의가(즉 자신의 발화를 스스로 감시하는 정도가) 가장 적은 발화부터 가장 많은 발화의 순이다. 만약 *w* 탈락이 자연발화에서 가장 빈번히 일어나고 문장 · 단어읽기에서 중간 빈도를 보이고 최소쌍읽기 발화에서 가장 적게 일어나면 제보자들은 *w* 탈락을 언어사회 내에서의 평가나 인식이 바람직하지 않은 것으로 생각함을 암시하는 것이 된다.

일곱 번째로 점검한 잠재적 제약군은 성별이다. 기존의 서구 언어사회를 대상으로 한 계량사회언어학의 선행 연구 중 많은 연구들(예: Labov 1966, Trudgill 1974, Nordberg & Sundgren 1998) 같이 여성이 표준적 변이형을 남성보다 더 높은 비율로 발화하는 행태를 보이는지, 즉 남녀간에 *w* 탈락 빈도에 차이가 있는지를 점검한다.

마지막으로 두 방언을 개별 제약으로 해서 두 방언에서 *w* 탈락 빈도가 어느 정도의 차이를 보이는지를 점검한다. 대구 지역어가 천안 · 아산 지역어보다 더 높은 탈락 비율을 나타낼 것으로 예상된다. 천안 · 아산 지역어 자료의 개별 분석에서는 성조 유형과 지역어 제약군이 포함되지 않았고, 대구 지역어 자료를 대상으로 한 개별 분석에서는 지역어 제약군이 포함되지 않았다.

4. 연구결과와 논의

1) Varbrul 분석 결과

천안 · 아산 지역어와 대구 지역어 자료에서 추출된 (*w*)의 사례를 통합하여 Goldvarb X 프로그램으로 통계분석한 결과가 〈표 2〉에 주어진다. 전체 (*w*)의 사례 수는 3965개였다.

〈표 2〉 전체 자료의 *w* 탈락에 대한 가변규칙분석 결과

잠재적 제약군	개별 제약	확률	탈락률	사례 수
*선행자음(유무)	유	.651	35%	2795
	무	.185	15%	1170
*선행자음(조음점)	양순	.909	79%	330
	치경음	.637	49%	819
	경구개	.324	12%	393
	연구개	.315	21%	932
	성문	.347	25%	321
*선행모음(원순성)	원순	.579	33%	155
	비원순	.460	27%	304
*음절위치	어두	.399	25%	2258
	비어두	.633	34%	1707
*성조유형	고	.491	18%	198
	저	.514	17%	125
*발화스타일	자연발화	.639	39%	2184
	문장읽기	.357	20%	896
	단어읽기	.455	19%	645
	최소쌍읽기	.074	2%	240
성별	남	.518	28%	1717
	녀	.486	30%	2248
*지역어	천안/아산	.418	26%	1927
	대구	.583	33%	2038

(*앞에 별표가 표시된 제약군이 다중회귀분석에서 *w* 탈락이라는 변이 현상에 통계적으로 유의미한 영향을 미치는 제약군으로 선택된 것임[선택순: 선행자음(조음점) → 발화스타일 → 음절위치 → 지역어 → 선행모음(원순성) → 선행자음(유무) → 성조유형])

전체 자료를 대상으로 행한 통계 분석 결과를 보면 발화자의 성별을 제외한 모든 제약군이 본 연구가 점검하는 변이 현상에 통계적으로 유의미한(statistically significant) 영향을 미치는 것으로 분석되었다. 유의미한 영향을 미치는 제약군의 하나로 '지역어' 유형이 다중회귀분석에서 선택되었는데 이 결과는 두 지역어가 *w* 탈락이라는 변이적 음운 과정에서 동일하지 않은 양태를 보인다는 사실을 함축한다. 천안 · 아산 지역어와 대구 지역어는 자연발화와 읽기발화를 합한 전체 자료에서 각각 26%와 33%의 *w* 탈락 비율을 보였다(〈표 2〉 하단 부분 참조: 이는 본 연구의 공동연구자들이 예상했던 두 지역어간의 차이보다는 적은 것이다). 평균 *w* 탈락 비율은 다중회귀분석에서 *w* 탈락에 유의미한 영향을 미치는 것으로 분석된 선행자음의 조음점, 발화스타일, 음절위치, 선행모음의 원순성, 선행자음의 유무 등 여러 요인에 의해서 영향을 받고, 이러한 여러 환경에 두 변이형(즉 {*w*}와 {ø})의 사례가 균일한 비율로 나타나는 것이 아니므로, 여러 제약군의 영향을 고립화시켜서 자료에서 발견되는 사례의 분포를 바탕으로 산출되는 Varbrul 확률(probability)이 각 제약의 변이 현상에 대한 영향도를 단순 백분율보다 훨씬 정확하게 반영한다고 할 수 있다. 〈표 2〉가 보여주는 것과 같이 천안 · 아산 지역어와 대구 지역어는 Varbrul 확률에서 백분율에서보다 더 분명한 차이를 보인다(Varbrul 확률은 .5 이상이면 분석 중인 변이 과정[본 연구에서는 *w* 탈락]을 촉진하는 영향을 보이는 것이고 .5 이하이면 분석 대상 변이 과정을 억제하는 역할을 한다고 분석된다. 이 관점에서 보면 대구 지역어라는 제약은 *w* 탈락을 촉진하는 영향을 보이는 것이 되며, 천안 · 아산 지역어라는 제약은 억제하는 영향을 보이는 것이 된다. 물론 이 영향은 상대적인 관점에서 이해되어야 한다.)

〈표 3〉 천안·아산 지역어 자료에서의 *w* 탈락에 대한 가변규칙분석 결과

잠재적 제약군	개별 제약	확률	탈락률	사례 수
*선행자음(유무)	유	.654	31%	1451
	무	.187	14%	587
*선행자음(조음점)	양순	.907	76%	171
	치경음	.603	41%	421
	경구개	.284	9%	194
	연구개	.315	17%	416
	성문	.389	23%	142
*선행모음(원순성)	원순	.601	37%	82
	비원순	.446	25%	154
*음절위치	어두	.386	21%	1076
	비어두	.643	33%	851
*발화스타일	자연발화	.642	34%	1046
	문장읽기	.396	18%	439
	단어읽기	.452	20%	322
	최소쌍읽기#	.046	1%	120
성별	남	.525	27%	946
	녀	.476	25%	981

[#천안 · 아산 지역어 자료에서는 최소쌍읽기에서 *w*가 탈락된 사례가 하나도 발견되지 않았음. Varbrul 분석에서는 어떤 환경에서 한 변이형이 100% 범주적(categorical)으로 나타나면 분석이 불가능하므로 일반적 분석 관례대로 탈락의 사례 하나를 삽입하여 분석을 가능하게 하였음.

*앞에 별표가 표시된 제약군이 다중회귀분석에서 *w* 탈락이라는 변이 현상에 통계적으로 유의미한 영향을 미치는 제약군으로 선택된 것임 (선택순: 선행자음(조음점) → 음절위치 → 발화스타일 → 선행모음(원순성) → 선행자음(유무))]

〈표 3, 4〉는 *w* 탈락 현상의 빈도와 Varbrul 확률에서 다소의 차이를 보이는 두 지역어의 자료를 개별분석한 결과를 보여준다. 두 지역어는 통계 분석 결과가 보

여주듯이 점검된 언어내적, 언어외적 제약에 아주 유사한 양태를 보인다. 다중회귀분석에서 *w* 탈락에 통계적으로 유의미한 영향을 미치는 것으로 분석된 제약군을 중심으로 그 결과를 논의해 본다.

〈표 4〉 대구 지역어 자료에서의 *w* 탈락에 대한 가변규칙분석의 결과

잠재적 제약군	개별 제약	확률	탈락률	사례 수
*선행자음(유무)	유	.649	39%	1344
	무	.180	16%	583
*선행자음(조음점)	양순	.910	82%	159
	치경음	.673	59%	398
	경구개	.348	16%	199
	연구개	.317	24%	516
	성문	.321	26%	179
*선행모음(원순성)	원순	.545	29%	73
	비원순	.478	29%	150
*음절위치	어두	.407	29%	1182
	비어두	.627	36%	856
성조유형	고	.497	17%	198
	저	.505	18%	125
*발화스타일	자연발화	.635	44%	1138
	문장읽기	.329	21%	457
	단어읽기	.464	17%	323
	최소쌍읽기#	.105	4%	120
성별	남	.518	30%	771
	녀	.489	33%	1267

[*앞에 별표가 표시된 제약군이 다중회귀분석에서 *w* 탈락이라는 변이 현상에 통계적으로 유의미한 영향을 미치는 제약군으로 선택된 것임 (선택순: 선행자음(조음점) → 발화스타일 → 음절위치 → 선행모음(원순성) → 선행자음(유무))]

<u>선행자음의 유무.</u> *w*를 선행하는 자음이 있는 경우와 없는 경우는 예상했던 대로 *w* 탈락의 빈도에 있어서 뚜렷한 차이를 보였다. 선행자음이 있는 경우는 양 지역어에서 모두 *w* 탈락의 확률이 현격히 증가하였다(천안 · 아산 지역어: .187

→.654; 대구 지역어: .180→.649). Goldvarb X 프로그램의 교차비교(cross tab) 기법을 활용하여 자연발화 자료에서만의 *w* 탈락 비율을 점검한 결과 선행자음이 있는 경우는 천안 · 아산 지역어가 42%, 대구 지역어가 52%로 나타났고 선행자음이 없는 경우는 각각 18%와 22%로 나타났다.

<u>선행자음의 조음점.</u> 두 지역어 공히 양순음(/m, p/)이 선행할 때 가장 높은 *w* 탈락의 확률을 보였고, 치경음(/t, th, t', s, s', n, l/)이 선행할 때 두 번째로 높은 탈락 확률을 보였으며 경구개음, 연구개음, 성문음의 경우는 비교적 낮은 탈락 확률을 나타냈다. 이 결과는 연구개음이 *w*를 선행할 때 두드러지게 *w* 탈락률이 낮게 나온 Silva(1991)의 연구 결과보다는 서울방언을 연구한 Kang(1998)의 자료 분석 결과와 유사하며 원순 자질이 같은 음절 내의 연이은 자음에 나타나는 것을 피하기 위해, 즉 OCP 제약 때문에, 양순음 뒤의 *w*가 높은 비율로 탈락한다는 Kang(1998)의 제안에 의해 설명될 수 있다.

Kang(1998)에서와 마찬가지로 본 연구에서도 치경음 후의 *w* 탈락률이 양순음 뒤의 탈락률 다음으로 높게 나타났다. 자료를 재점검해 본 결과 치경 자음 후 *w* 탈락 확률이 높게 나타난 이유는 '되게'라는 단어(예: '되게 피곤했습니다', '되게 예뻤어요')가 어휘적으로 특이하게 높은 *w*의 탈락률을 보인 것이 주 원인으로 나타났다. 이 단어는 구어에서 흔히 쓰이는 어휘로 본 연구의 자연발화 자료에서 발견되는 '치경음을 후행하는 (*w*)'의 전체 사례 중 두 지역어 자료에서 각각 36%의 비율을(천안 · 아산: 122/338, 대구: 105/291) 보였다. '되게'는 전술한 대로 다른 단어와 비교하여 *w* 탈락 비율이 상당히 높은 어휘적 특성을 보였는데 천안 · 아산 지역어에서는 52%(63/122), 대구 지역어에서는 90%(95/105)의 탈락률을 나타냈다. 특히 대구방언에서는 이 어휘가 '데게'라는 형태로 변화한 단계에 돌입한 것이 아닌가하는 추론이 가능할 것 같다.

<u>선행모음의 원순성.</u> 두 지역어 자료에서 공히 선행모음의 원순성이 통계적으로 유의미한 영향을 *w* 탈락에 준다고 분석이 되었지만, 이 제약군은 상대적으로 천안 · 아산방언의 자료(.601 vs. .446)에서 대구방언(.545 vs. .478)에서보다 더 뚜렷한 영향을 보였다. 천안 · 아산 지역어에서의 이 제약군의 영향도 Kang(1998)이 보

고한 서울 방언에서의 영향(.738 vs. .389)에 비하면 다소 약한 결과를 보였다.

음절위치. 대구 지역어(.407 vs. 627)도 천안 · 아산 지역어(.386 vs. .643)와 마찬가지로 *w*가 어두 음절에 출현하느냐 비어두 음절에 출현하느냐에 의해 뚜렷한 영향을 받는다는 것을 통계 분석 결과는 보여준다. 음절 위치의 영향은 미세하나마 대구 지역어에서 다소 약하게 나타났다. 하지만 2절에서 언급했던 경상방언에서의 음절구조 제약에 의한 영향이 뚜렷이 드러나지는 않았다.

발화스타일. 발화스타일 제약군 역시 천안 · 아산 방언과 대구 방언에 거의 유사한 영향을 미침을 자료 분석 결과는 보인다. 자연발화에서 가장 높은 *w* 탈락의 확률이 나타나고 최소쌍읽기에서 가장 낮은 확률을 보이며, 문장읽기와 단어읽기에서 중간 정도의 확률을 나타낸다. 양 지역어에서 모두 단어읽기 자료가 문장읽기 자료보다 더 높은 *w* 탈락 확률을 보이는 것은 예상 밖의 결과이다. 두 공동 연구자가 제보자에게 단어를 읽을 때 명시적으로 각 단어 사이에 휴지를 두어 끊어 읽으라고 하지 않고, 자유롭게 읽으라고 지시한 것이 부분적 이유일 것이라고 사료된다.

두 지역어 간의 주목할 만한 차이 하나는 화자가 자기 자신의 발화에 가장 많은 주의를 기울이는 최소쌍읽기에서 천안 · 아산 방언 자료에서는 앞서 언급했던 대로 한 번도 *w*를 탈락시키는 사례가 발견되지 않은데 반해 대구 지역어 자료에서는 네 화자가 총 다섯 번의 *w*를 탈락시켜 최소쌍을 구별하지 못하는 예가 발견되었다는 것이다(이들 예는 모두 *w* 앞에 선행자음이 있는 경우였다.). 이는 양 지역어의 젊은 화자 중에서도 적어도 일부에 있어서는 토착 방언의 음운/음절 구조에 양 방언 간에 차이가 존재함을 함축한다.

제보자의 성별은 비록 세 번의 Varbrul 분석에서 모두 남성 제보자가 여성 제보자보다 다소 높은 *w* 탈락 확률을 보이기는 했으나 한 번도 *w* 탈락 현상에 통계적으로 유의미한 영향을 끼치는 제약군으로 분석되지 않았다. 이 결과는 언어의 변이와 변화에 대한 선행연구들(Coates 1990, Cameron 1995 참조)이 언어 변화를 동반하지 않는 안정적 변이(stable variation) 상황에서는 여성의 언어가 좀 더 보수적이고 표준적이라는 결과를 보인 것과는 거리가 있다. Kang(1998)의 서울방언에서의 *w* 탈락에 대한 연구에서도 같은 결과를 보인 바 있다. 이러한 한국어의 연구 결과는 여성어가 남성어에 비해 위세적 방언에 더 가까운 행태를 항상 보이지는 않는다는 것을 함축한다고 하겠다.

성조라는 제약군은 전체 자료 통계분석과 대구 자료 개별 분석에서 다른 결과를 보였다. 즉 전체 자료를 대상으로 한 Varbrul 분석에서는 변이에 유의미한 영향을 주는 제약군으로 분석된 반면, 개별 분석에서는 반대의 결과를 나타냈다. 전체 자료 분석에서도 *w*가 고(H)조를 갖는 음절에 나타날 때가 저(L)조를 가진 음절에 출현할 때보다 Varbrul 탈락 확률이 다소 낮게 나타나기는 했으나 그 차이는 미세한 것이어서 *w* 탈락의 뚜렷한 제약으로 보기에는 어려움이 있다.

2) 자기평가 테스트 자료의 분석 결과

앞서 소개했던 대로 제보자가 *w* 탈락 과정과 이 과정에 관계된 두 변이형에 대해서 어떠한 평가를 하고 있는지를 시험하기 위해서 면담 자료의 4부에 자기평가 테스트(self-evaluation test)를 포함시켰다. 총 11개의 테스트 항목이 포함되었고 각 항목 별로 두 가지 질문이 포함되었다. 첫 질문은 각 단어 별로 두 변이형을 제시한 후 (친구나 가족과의 대화에서) 평소 사용하는 변이형을 선택하라고 지시하였

〈표 5〉 자기평가 테스트에 포함된 단어와 두 답과 *w*의 음운 환경

번호	단어	답(a)	답(b)	음운환경
1	광장	광장	강장	#C____
2	쉬다	쉬다	시다	#C____
3	석좌	석좌	석자	#σ.C____
4	좌석	좌석	자석	#C____
5	청와대	청와대	청아대	#σ.____
6	최면	최면	체면	#C____
7	월장	월장	얼장	#____
8	기와	기와	기아	#σ.____
9	원주	원주	언주	#____
10	수원	수원	수언	#σ.____
11	주최	주최	주체	#σ.C____

고, 두 번째 질문에서는 두 변이형 중 (예를 들어 취업 면접이나 윗사람과의 대화에서) 어떤 형태를 사용하는 것이 옳다고 생각하는지를 질의하였다.

자기평가 테스트에 포함된 11개의 단어와 제시된 두 답과 그 단어 안에 포함된 *w*의 음운 환경은 〈표 5〉와 같다. 열한 개 단어 중 여섯 개가 기저 *w* 앞에 선행자음이 있는 단어이고 나머지 다섯 개는 선행자음이 없는 경우이다. 여섯 개의 선행자음이 있는 단어 중 네 개는 기저 *w*가 어두 음절에 나타나는 것이고 나머지 두 개는 비어두 음절에 나오는 것이다. 다섯 개의 선행자음이 없는 단어 중 두 개는 어두 음절에 기저 *w*가 나타나는 것이고 나머지 세 개는 비어두 음절에 *w*가 출현하는 경우이다. 열한 개의 단어 모두 *w* 존재형과 탈락형이 최소쌍 대립을 보이는 것을 선정하려고 했으나 국어 어휘에 *w*를 기저에 가지면서 *w* 존재형과 탈락형이 최소쌍을 이루는 단어가 제한적으로 존재하여 그러한 선정이 불가능했다. 이러한 점에서 자기평가 테스트의 결과에 대한 해석은 조심스럽게 행해져야 한다.

각 단어별 자기평가 테스트의 분석 결과가 〈표 6〉(천안 · 아산 자료)과 〈표 7〉(대구 자료)에 주어진다. 전체 단어 11개를 합산해 볼 때 천안 · 아산 지역어 화자들은 평균 27%(35/132)의 비율로 *w* 탈락형을 평소에 사용한다고 답변하였다. 대

〈표 6〉 천안·아산 지역어 제보자의 자기 평가 테스트의 결과

번호	단어	답(a)	답(b)	답(b)비율
1	광장	11	1	8%
2	쉬다	8	4	33%
3	석좌	8	4	33%
4	좌석	10	2	17%
5	청와대	5	7	58%
6	최면	10	2	17%
7	월장	12	0	0%
8	기와	11	1	8%
9	원주	10	2	17%
10	수원	6	6	50%
11	주최	6	6	50%
	합계	97(73%)	35(27%)	

구 지역어 화자 12명 중 7명은 다른 화자들과는 다르게 단어 몇몇에서는 *w* 존재형과 탈락형의 중간 발음으로 발음한다고 중간형을 설정하여 답변하였다. 이 중간형을 *w* 존재형으로 분류하면 31%(41/132)의 비율로 *w* 탈락형을 사용한다고 답변한 것이 되며, *w* 탈락형으로 간주하면 44%(58/132)의 비율로 *w* 탈락형을 평소에 사용한다고 응답한 것이 된다. 두 경우 다 대구 지역어 화자가 천안 · 아산 지역어 화자보다 더 높은 비율로 자신의 평소 발음이 *w* 탈락형이라고 답변하였다.

〈표 7〉 대구 지역어 제보자의 자기 평가 테스트의 결과

번호	단어	답(a)	(중간형)	답(b)	답(b)비율
1	광장	4	(4)	4	33%(67%)#
2	쉬다	7	(1)	4	33%(42%)
3	석좌	5	(1)	6	50%(58%)
4	좌석	5	(3)	4	33%(58%)
5	청와대	5	(1)	6	50%(58%)
6	최면	8	(1)	3	25%(33%)
7	월장	12		0	0%
8	기와	9	(1)	2	17%(25%)
9	원주	10		2	17%
10	수원	7	(1)	4	33%(42%)
11	주최	2	(4)	6	50%(83%)
	합계	74(56%)	17(13%))	41(31%)	

[#괄호 밖과 안의 백분율 수치는 각각 중간형을 탈락형에 포함하지 않은 비율과 포함한 비율을 의미함]

〈표 6〉과 〈표 7〉의 자기평가 테스트의 결과를 음운환경별로 분석한 결과가 〈표 8〉에 주어진다. 결과가 보여주는 것과 같이 제보자들은 비어두 음절의 자음 후에 나타나는 *w*를 가장 많이 탈락시킨다고 보고하였으며, 다음으로는 비어두 음절의 음절초에 나타나는 *w*를 많이 탈락시킨다고 평가하였고, 이어서 어두 음절의 자음 뒤에 나타나는 *w*를 높은 비율로 탈락시킨다고 답변하였다. 제보자들은 어두

음절초에 나타나는 *w*는 거의(8%(4/48)) 탈락시키지 않는다고 자신의 발화를 평가하였다. 이 결과는 화자들의 *w* 탈락에 대한 실제 발화 행태를 대체로 반영하고 있다고 하겠다. 전체 자료에 나타난 실제 탈락 비율은 어두 *w*가 2%, 어두 음절 자음 뒤 *w*가 32%, 비어두 음절초 *w*가 25%, 비어두 음절 자음 뒤 *w*가 40%의 탈락률을 보였으므로 자기평가 테스트의 결과는 어두 음절 자음 뒤 *w*와 비어두 음절초 *w*의 탈락률 순위만 바뀐 것이다. 이 자기평가 테스트의 결과는 또한 대체로 두 지역어 화자들이 *w* 탈락의 두 주요 제약, 즉 음절 위치와 선행자음의 유무에 대한 무의식적 지식을 가지고 있음을 함축한다.

〈표 8〉 음운환경별 자기평가 테스트 결과 분석

음운환경	답(a)	답(b)	탈락답변 순위
#C____	72(75%)	24(25%)	3
#σ.C____	26(54%)	22(46%)	1
#____	44(92%)	4(8%)	4
#σ.____	46(64%)	26(36%)	2

자기평가 테스트의 흥미로운 결과 하나는 남성과 여성 제보자들이 다소 상이한 답변 패턴을 보였다는 것이다. 천안 · 아산 지역어 화자들의 경우 남성 제보자는 32%(21/66)의 비율로 평소 자신의 발음이 탈락형이라고 응답하였으나, 여성의 경우는 그 비율이 20%(13/66)로 감소하였다. 대구 지역어 자료에서도 유사하게 남성 화자의 경우는 33%(22/66)의 비율로 자신의 평소 발음이 *w* 탈락형이라고 답변하였으나, 여성 화자의 경우는 이보다 낮은 26%(17/66)의 비율을 보였다. 이는 기존의 성별어 연구(예: Trudgill 1974; Eisikovits 1988)에 나타난 여러 언어사회에서의 성차, 즉 여성화자들이 남성화자들보다 표준형 발음에 더 민감하여 자기평가 테스트에서 자신의 비표준형 발음을 과소보고(underreporting)하는 것이라고 해석할 수 있다. 실제 발화에서는 여성화자들이 남성화자들과 별 차이 없는 *w* 탈락 확률을 보였으므로(〈표 2〉 참조) 이 자기평가 테스트의 결과는 더욱 흥미롭다 하겠다.

마지막으로 자기평가 테스트의 두 번째 질문(*w* 존재 발음과 *w* 탈락 발음 중 어느 발음이 옳다고 생각하는지에 대한 질문)에 대해 모든 천안 · 아산 지역어 화자들과 단 한 명을 제외한 모든 대구 지역어 제보자가 *w* 존재형 발음이 옳다고 답변하였다. (한 명의 대구 지역어 화자는 '석좌', '좌석', '주최'의 세 단어에서 *w* 존재형이 옳은 발음 형태가 아니라는 예외적 답변을 하였다.) 이는 양 언어사회의 구성원 모두 *w* 존재형을 더 위세있고 표준적인 변이형으로 인지하고 있음을 함축하며, 이 점에서 양 언어사회는 어떤 차이점도 보이지 않았다.

5. 연구 논점에 대한 함축

이 절에서는 본 연구의 Varbrul 분석 결과와 자기평가 테스트의 결과를 2절에서 제기했던 연구 논점에 관련하여 논의하고 함축적 의미를 점검해 본다.

천안 · 아산 지역어와 대구 지역어에 나타난 자연발화에서의 *w* 탈락률은 각각 34%와 44%(〈표 3〉과 〈표 4〉 참조)이다. 이는 천안 · 아산 지역어에서는 전체 사례 중 대략 1/3의 경우에 탈락이 일어난 것이고 대구 지역어에서는 절반에 다소 못 미치는 비율로 *w* 탈락이 일어난 셈이다. 자연발화 자료에서 선행자음이 있는 경우만 대상으로 *w* 탈락 비율을 점검한 결과 천안 · 아산 지역어가 42%, 대구 지역어가 52%로 나타났다. 본 연구가 자연발화라고 지칭한 것은 공동 연구자 중 한 사람과의 인터뷰 상황에서 녹음된 것임을 감안하면 대구 지역어의 경우는 선행자음이 있는 경우 친구나 가족과의 대화의 경우는 *w* 탈락률이 60%에 근접할 것으로 생각된다. Kang(1998)이 연구한 서울 지역어의 경우 대학생 화자들은 인터뷰 발화에서 29%의 *w* 탈락률을 보인 것을 감안하면 두 지역어 모두 서울 방언에서보다 높은 탈락률을 보인 것이 된다. 하지만 앞서 기술했듯이 본 연구의 대상인 두 지역의 젊은 세대 화자간의 *w* 탈락률 차이는 예상보다는 작은 것이고 학자들이 제안해 왔던 *CGV- 음절 제약은 젊은 대구 지역어 화자의 음운 체계에는 상당히 약화된 형태로 존재하는 듯하다.

천안 · 아산 지역어와 대구 지역어는 비록 w 탈락률에서는 차이를 보이지만 w 탈락이라는 변이적 음운 과정에 있어서 거의 같은 언어적 · 비언어적 제약군에 의해 영향을 받는다는 것을 본 연구의 결과는 보여준다. 두 지역어 자료를 개별적으로 Varbrul 프로그램으로 분석한 결과는 거의 유사한 통계적 결과를 보인다. 두 지역어 모두 선행자음의 조음점, 발화스타일, 음절위치, 선행모음의 원순성과 선행자음의 유무가 w 탈락이라는 변이 과정에 통계적으로 유의미한 영향을 끼치는 것으로 분석되었다. 두 지역어가 다소간의 차이를 보이는 것은 위 다섯 개의 제약군 중 '선행자음의 유무'를 제외하면 나머지 네 제약군 모두 대구 지역어에 있어서 개별 제약 중 가장 높은 확률과 가장 낮은 확률의 차이가, 다시 말해 개별제약 간의 편차가, 더 작게 나타났다는 사실이다. 즉 선행자음의 유무는 천안 · 아산 지역어에서는 .467, 대구 지역어에서는 .469 〈표 3, 4〉 참조)[1]의 차이를 보여 거의 같은 Varbrul 확률을 보이는 반면, 선행자음의 조음점의 경우는 천안 · 아산 지역어와 대구 지역어의 순서로 .623 vs. 593, 선행모음의 원순성의 경우는 .155 vs. .067, 음절위치의 경우 .257 vs. 220, 발화스타일의 경우는 .596 vs. .530의 차이를 보였다. 이 결과는 (본 연구의 자료인 청년 계층 화자의 언어에는 표준어 교육의 영향으로 비록 약화된 상태이지만) 대구 지역어의 음절 제약의 영향이 다른 제약들의 강도를 다소 약화시킨 결과로 생각된다. 따라서 두 지역어는 w 탈락에 있어서 거의 동일한 제약군의 영향을 받지만 제약군의 영향은 대구 지역어에서는 다소 약화되는 경향을 보인다고 말할 수 있다. 이는 2절에서 언급했던 어두 · 비어두 음절의 차이도 마찬가지이고 선행 모음의 원순성 여부에 있어서도 동일한 결과를 보인다.

성조는 전체 자료를 통계분석한 결과에서는 w 탈락이라는 변이 현상에 유의미한 영향을 주는 제약군으로 분석되었으나(〈표 2〉 참조), 대구 지역어 자료를 개별 통계분석한 결과에서는 w 변이에 유의미한 영향을 갖지 않는 것으로 분석되었다. 고조를 가진 음절이 저조를 가진 음절에서보다 w 탈락이 조금 적게 일어나고,

1) 이 수치들은 .654(유)－.187(무)= .467(천안·아산), .649(유)－.180(무)= .469(대구)의 두 수식에서 산출된다.

Varbrul 확률로도 다소 낮은 수치를 보였으나 그 차이가 너무 적어서 대구자료의 개별 분석에서는 통계적으로 유의미한 것으로 분석되지 않았다(〈표 4〉 참조). 이 결과는 물론 성조가 *w* 탈락에 영향을 주지 않는다는 것을 보여주는 최종적인 결과는 아니다. 본 연구의 분석은 단어읽기 자료만을 대상으로 하여 행해졌으므로 자료가 제한적이기 때문이다. 여러 발화 스타일의 좀 더 많은 자료를 바탕으로 분석을 한다면 본 연구의 결과와는 다른 결과가 나올 가능성도 있다고 생각된다.

천안 · 아산 지역어와 대구 지역어의 *w* 탈락은 또한 동일한 언어외적 제약에 의해 영향을 받고 있음을 본 연구의 결과는 보여준다. 화자의 성별 관점에서 보면 양 지역어 자료(천안 · 아산: .525 vs. .476, 대구: .518 vs. .489)에서 모두 남성 화자가 여성 화자보다 다소 높은 확률로 *w* 탈락을 일으킬 가능성이 있는 것으로 나타났지만 그 차이가 통계적으로 유의미한 것으로 분석되지는 않았다. 발화스타일에서도 양 지역어는 자연발화 – 단어 · 문장읽기 – 최소쌍읽기 순으로 *w* 탈락 확률이 점차 하락함을 보였다. 이 결과는 화자의 자기 발화에 대한 주의와 감시가 많아질수록 *w* 탈락을 억제함을 보여주는 것이고 양 지역어 화자들이 동일하게 *w* 존재형을 탈락형보다 더 위세가 있고 표준적인 것으로 인식하고 있음을 보여주는 것이다. 이는 자기평가 테스트의 두 번째 문제에 대한 양 지역어 제보자들의 답변에서도 그대로 나타나 있다. 따라서 두 지역어 사회는 음운, 음절 구조에 있어서는 다소 다른 면을 가지고 있으나 *w* 탈락에 있어서 거의 동일한 사회언어학적 평가 규준을 갖는 언어사회라고 간주할 수 있다.

6. 결언

본 연구의 결과를 요약하면 다음과 같다. 첫째 천안 · 아산방언과 대구방언의 *w* 탈락의 빈도는 예상만큼 크게 나타나지 않았다. 대구 지역어의 자연발화에 있어 선행자음이 있는 경우의 *w* 탈락은 52%에 지나지 않았다. 이 결과는 특히 젊은 세대 화자에게는 방언 접촉과 표준어 교육의 영향으로 *w* 탈락이 장년/노인 세대

보다 덜 나타난다는 것을 시사하는 것이며 동시에 대구 지역어에 그동안 유효하다고 가정해 온 *CGV-(자음+활음+모음)라는 음절구조를 금지하는 표면음성제약(phonetic surface constraint)이 젊은 세대의 언어에서는 상당히 약화되어 있음을 암시한다고 하겠다.

둘째 천안 · 아산 지역어와 대구 지역어는 *w* 탈락에 있어 동일한 제약군에 의해 아주 유사한 영향을 받음을 본 연구의 통계분석 결과는 보였다. 어두 · 비어두 음절에서의 *w* 탈락 패턴은 두 지역어 모두 유사한 경향을 보였고, 또 선행자음의 유무와 조음점에 따른 *w* 탈락도 유사한 행태를 보였다. 다소 다른 점은 대구 지역어에서는 선행자음의 조음점, 선행모음의 원순성, 음절위치, 발화스타일의 영향이 천안 · 아산 지역어에서보다 약하게 나타났다는 것이다. 특히 비원순모음이 *w*를 선행할 때도 29%(〈표 4〉 참조)라는 높은 탈락률을 보여, 원순모음이 선행할 때와 같은 탈락 비율을 나타냈다. 자음이 선행하지 않는 *w*와 후행모음의 연쇄에서의 *w* 탈락을 음운론에서는 이중모음의 단모음화로 설명할 수밖에 없으므로 이는 대구 지역어 화자를 포함한 경상방언 화자가 전반적으로 음을 단순화시키는 경향이 있다는 기존 제안(예: 이병건 1993)을 지지해 준다고 하겠다.

마지막으로 본 연구의 결과는 천안 · 아산 언어사회와 대구 지역 언어사회가 적어도 *w* 탈락이라는 사회언어학적 변수에 있어서는 유사한 평가 기준을 공유하는 언어사회임을 밝혀준다. 화자의 자신의 발화에 대한 의식이 증대할수록, 즉 자연발화에서 문장읽기/단어읽기를 거쳐 최소쌍읽기 발화로 이행할수록 *w* 탈락의 빈도가 감소하는 현상이 양 지역어 자료에서 공히 발견되고 또 자기평가 테스트의 결과에서 보았듯이 양 지역어의 거의 모든 제보자가 *w* 존재형을 올바른 발음으로 인식한다는 사실은 두 언어 사회가 적어도 *w* 탈락에 있어서는 같은 평가규준을 공유하는 언어사회임을 함축한다.

국어의 방언 연구는 대부분 한 방언(예: 충남방언) 혹은 그보다 작은 범위의 지역어(예: 서산 지역어)의 전반적(음운, 어휘, 문법 등) 특징 혹은 부분적(성조, 모음, 자음, 음운변화, 경음화, 어미변화, 경어법 등을 포함한) 특징을 연구해 왔다고 볼 수 있다. 본 연구는 국어 방언 연구에서는 흔하지 않은 두 지역 방언을 비교하는 연구라는 점에서 의미를 지닌다고 하겠다. *w* 탈락이라는 기본적으로 동일한 변이적 음운 현상이 두 다른 방언에서 어떠한 양태로 나타나는가를 비교 · 점검함으로써 두 방언 체계가 어떠한 유사성과 차별성을 지니는지를 점검하였다는 데 그 의미가 있다고 하겠다.

본 연구의 제한점은 두 지역어의 자료로 상대적으로 교육을 많이 받은 젊은 세대의 자료만을 토대로 한다는 점이다. 따라서 본 연구의 결과를 이 두 지역어 화자 전반에 유효한 것으로 일반화시킬 수는 없다는 점이다. 덧붙여 본 연구에서 논의하지 못한 문제는 두 지역의 젊은 세대 화자의 언어가 어떠한 성격의 언어인가 하는 논제이다. 이들의 언어는 표준어(서울방언)와의 방언 접촉과 국어 교육에 의해서 표준어와의 수렴 현상이 나타나고 대구 지역 젊은 세대의 언어의 경우는 음운, 음절 구조도 변화하고 있는 듯하다. 이 현상은 천안 · 아산 지역어에서도 마찬가지인데 이 지역의 젊은 화자들은 이들의 윗 세대와는 다르게 충청도 억양이나 어휘를 사용하는 빈도가 아주 제한되어 있는 것이 관찰된다. 방언의 수렴 현상, 방언의 평준화(leveling) 현상은 국어에서만 일어나는 것이 아니라 세계 언어 곳곳(Auer, Hinskens & Kerswill 2006; Kerswill 2003; Trudgill 1986)에서 발견된다. 이 문제는 후행 연구의 좋은 논제가 되리라 생각한다.

√참고문헌

김덕호 (2001). 경북 방언의 지리언어학. 서울: 월인출판사.

김성환 (1988). 경북 방언의 성조에 관한 연구. 계명대 박사학위 논문. 대구.

김차균 (1999). "대구방언 성조 체계의 변천." 우리말 방언 성조의 비교, 807-1007. 서울: 역락 출판사.

도수희 (1987). "충청도 방언의 특징과 그 연구." 국어생활 9, 88-99. 국어 연구소.

이근열 (1997). 경남 방언의 음운론. 부산: 세종 출판사.

이동화 (1990). 경북방언성조의 자립분절 음운론적 연구. 영남대학교 박사학위 논문.

이병건 (1993). 확실히와 학실이. 서울: 한줄기.

정연찬 (1991). "현대 한국어의 이중모음 체계를 다시 생각하여 본다." 석정 이승욱 선생 회갑기념논총 I, 379-403.

주상대 (1985). "활음삭제 현상에 대하여: 경북지역어를 중심으로." 소당 천시권 박사 화갑기념 국어학논총, 157-174. 대구: 형설출판사.

최명옥 (1998). "동남방언의 성조형과 그 분포." 청암 김영태 박사 화갑기념논문집, 127-154. 서울: 태학사.

최태영 (2002). 전주방언의 이중모음. 서울: 도서출판 월인.

최학근 (1991). 국어방언 연구. 서울: 명문당.

최한조 (1997). 대구말의 음운현상과 성조연구. 대구: 홍익출판사.

한영목 (1992). "충남방언의 고찰." 김영배 (편). 남북한의 방언연구. 서울: 경운출판사.

한영목 (1998). 충남방언의 연구와 자료. 서울: 이회문화사.

한영목 (2000). 충남 금산 지역어 연구. 서울: 한국문화사.

Auer, P., Hinskens, F., and Kerswill, P. (2006). *Dialect Change: Convergence and Divergence in European Languages*. Cambridge: Cambridge University Press.

Cameron, E. (1995). Rethinking language and gender studies: Some issues for the 1990s. In S. Mills (ed.), *Language and Gender*, 63-73. New York: Longman.

Coates, J. (1990). Introduction to part two: Language and sex in connected speech. In J. Coates and D. Cameron (eds.), *Women in Their Speech Communities:New Perspectives on Language and Sex*, 63-73. New York: Longman.

Eisikovits, E. (1988). Girl-talk/boy-talk: Sex differences in adolescent speech. In P. Collins and D. Blair (eds.), Australian English, 35-54. St. Lucia: University of Queensland Press.

Guy, G. (1996). The quantitative analysis of linguistic variation. In D. Preston (ed.), *American Dialect Research*. 75-94. Amsterdam: John Benjamins.

Kang, H. (1998). The deletion of w in Seoul Korean and its implications. *Korean Journal of Linguistics*, 367-397.

Kerswill, P. (2003). Dialect leveling in Norway and in England. Paper presented in NWAV 32. University of Pennsylvania. Philadelphia, PA.

Labov, W. (1966). *The Social Stratification of English in New York City*. Washington, D.C.: Center for Applied Linguistics.

Labov, W. (1972). The isolation of contextual styles. *Sociolinguistic Patterns*, 160-182. Philadelphia: University of Pennsylvania Press.

Labov, W. (1981). Field methods used by the project on linguistic change on variation. *Sociolinguistic Working Paper* 1981. Austin, Texas: South Western Educational Development Laboratory.

Martin, S. (1992). *A Reference Grammar of Korean: A Complete Guide to the Grammar and History of the Korean Language*. Rutland, Vermont: Charles E. Tuttle

Company.
Nordberg, B., and Sundgren, E. (1998). *On Observing Language Change: A Swedish Case Study*. FUMS Rapport nr. 190. Uppsala University.
Silva, D. J. (1991). Phonological variation in Korean: The case of the "disappearing w." *Language Variation and Change* 3, 153–170.
Trudgill, P. (1974). *The Social Differentiation of English in Norwich*. Cambridge: Cambridge University Press.
Trudgill, P. (1986). *Dialects in Contact*. Oxford: Oxford University Press.

√부록: 면담 자료의 3부에 포함된 기저에 *w*가 포함된 단어들

문장읽기 부분

I. 회사는, 여봐라, 삼월, 뭔가, 회사야, 정확, 참외, 뵙다가, 관둬라, 둬, 의예과, 됐어, 쏴라, 뛰는, 쏴, 된, 뒷산, 귀신, 튀는, 족쇄, 죄인, 쉬어도, 쉰, 쐐기, 관심, 유권자, 열쇠, 철폐되었니, 시행되고, 홰화문, 취객, 훤하게, 경찰관의, 권고, 과거, 관례가, 관심을, 위해서, 꽈리를

II. 석좌교수는, 좌석에서, 죄인의, 추월하려, 기와집을, 촬영해, 간통죄는, 위기에, 꽝꽝하고, 자위대, 줘, 왕을, 왕십리의, 십원은, 안돼, 청와대, 호위를, 성취감을, 봐, 봐라, 뭐랬어, 괜찮다고, 조화를, 웬일이야, 위문을, 유쾌한, 꿰매, 줘, 월요일에, 연좌제, 원시, 사회는, 사회였어, 최형우는, 존귀함을, 유인원과, 왜

단어읽기 부분

III. 생쥐, 위장, 왜적, 귀신, 존귀, 권유, 뵙다, 참외, 화폐, 유권자, 족쇄, 괜찮다, 십원, 환각, 관심, 호위, 웬일이야, 궤도, 원흉, 퀴퀴하다, 홰화문, 유쾌하다, 삼월, 꿰다, 휘젓다, 꾀돌이, 뒷산

IV. 기왕, 돼지, 의예과, 좌석, 여봐라, 연좌제, 추월, 훼손, 뛰다, 멧돼지, 꽈리, 석좌교수, 튀다, 쥐구멍, 취객, 촬영, 열쇠, 쉬다, 발휘하다, 쐐기, 유화, 훤하

다, 횃불, 위신, 뭔가, 유인원, 왕십리, 위문, 쾌감, 자위대, 월요일, 뭐를, 왕진, 기와, 봐라

최소쌍 부분

V. 광장, 좌석, 월장, 이관, 쉬다, 석좌, 주최, 청와, 최면, 기와

제 II 부

제도 상황과 **담화**

7

광고 언어 표현의 특성과 전략

김혜숙(동국대학교)

1. 연구 목적 및 방법

본 연구는, 사회적 의사소통 현상으로서의 광고 텍스트가 송신자와 수용자 간의 완전한 의미 공유(shared meaning)를 위해 어떤 언어적 표현들을 활용하고 있는가를 밝혀내는 작업이다.

광고란, 인간이 사회적인 필요성에 의해 만들어낸 소통 행위이므로, 그 광고에 사용되는 언어 표현 행위 또한 인간이 사회 속에서 필요에 의해 만들어낸 중요한 사회 활동이 된다. 광고의 목적은 송신자의 의도를 기호를 통해 생산하여 수용자에게 전달하고, 그 전달 의도가 수용자의 마음을 움직이도록 하여, 의사소통의 효과를 최대한 높이는 것이다. 이때 사용되는 광고 텍스트는 실질적으로 언중이 사회적·문화적 표현의 한 형태로 사용하고 있는 언어 현실이므로, 송신자가 표현한 의사를 정확히 알아내는 것은 명시적으로 드러난 광고 텍스트로부터 수용자가 그 의미를 추론함으로써 달성되는 것이다.[1]) 이렇게 광고는 언어를 사용하는 의사소

1) 광고에 나타난 언어 현상들은 오늘날 언어 사용의 실제 모습을 반영하며, 또한 일상 언어 생활에 큰 변화와 영향을 끼친다. 따라서 광고 텍스트의 언어 현상을 연구하는 것은

통 과정임에도 불구하고 실제로 광고에 나타난 언어적 속성에 대한 연구는 깊이 있게 이루어지지 않는 실정이다.

광고 텍스트는 의도적 행위 지향의 언어 형태 내지는 언어 사용의 총괄적 개념이므로, 일종의 추상물로서가 아니라 실제로 사용될 때의 모습으로 관찰하면서 사회적 상황이라는 배경을 중시해야만 사용된 언어의 적절성이나 관련성을 평가할 수 있다. 곧 광고 텍스트의 의사소통의 효과는 수용자가 송신자의 텍스트로부터 그 의미하는 바를 추론하게 될 때 달성하게 되는 것이다. 이는 광고 텍스트란 분명 광고하는 사람이 특정한 언어적 의사소통 양식의 실행을 통해서 목표를 달성해 내고 있음을 알려준다.

그렇다면 과연 광고 언어는 소비자를 설득하기 위하여 어떠한 언어적 표현 수단을 주로 사용하고 있으며, 그러한 언어 표현을 통한 광고 전략은 사회 · 문화적으로 인간에게 어떤 영향을 주고 있을까?

우리가 언어 표현을 통해 상대방에게 자신이 의도하는 의미를 표시하고자 한다면, 표현된 의미의 최대한의 이해 효과를 위해 인간의 사회적 · 문화적 상황을 전제하게 된다. 특히 광고 텍스트에 나타난 언어 표현이 의미를 구성해 가는 과정은 사회적 · 문화적 상황과 송신자 · 수용자 사이에 이루어지는 협동적 언어 표현 형태라 할 수 있다.

따라서 광고 텍스트는 사회 행위로서의 언어 현상을 체계적으로 연구하는 사회언어학의 바탕 위에서 그 언어적 현상 및 효과를 찾아낼 수 있다. 광고 언어의 사회언어학적 연구는, 송신자와 수용자가 연결되고 의사소통이 이루어지는 사회적 상호 관계에 대한 연구로서, 이는 실제 상황에서 국어의 표현을 더욱 심도 있게 확인하고 발전시키는 방법이기도 하다.[2)] 왜냐하면 광고에 나타난 언어적 표현은,

---

현재 사용되는 언어 상황을 이해하는데 큰 도움을 주리라 여겨진다. 특히, 언어와 사회의 밀접한 영향 관계를 감안한다면 사회적 흐름을 긍정화하는 데에도 일익을 담당할 밑거름이 될 것이다.

2) 물론 광고 텍스트를 사회적 의사소통의 일환으로 보기 위해서는 광고를 만드는 송신자와 그것을 받아들이는 수용자 모두가 합리적인 사람들로서 협동적으로 의사소통이 만들어진다는 조건이 있어야 한다. 왜냐하면 광고에는 책임질 수 있는 화자가 존재하지 않을 수 있고, 또한 받아들일 의도가 없는 청자도 있을 수 있어, 자칫 광고 텍스트는

상용되는 다른 모든 언어 표현보다 더 시대의 변화에 민감하기 때문이다. 이는, 광고 언어 표현 속에는 그 시대의 유행어나 은어 및 속어(심지어는 비어까지도!)가 빈번하게 등장하며, 또한 이미 광고에 사용된 언어 표현은 쉽게 유행어가 되어 방송어나 일상 언어 표현에 사용되는 것을 보아서도 잘 알 수 있다.

따라서 본 연구는 광고 텍스트를 하나의 사회언어학적 현상으로 보고 주어진 사회 속에서 이루어지는 의사소통 행위로서의 텍스트를 분석하여 그 언어 표현에 나타난 송신자의 전략을 파악하고, 동시에 광고 텍스트의 언어 표현이 갖는 사회적 효과 및 현상을 살피려 한다.

이에, 본 연구는 다음과 같은 방법을 취한다.

첫째, 본 연구의 광고 자료는 1998년 3월부터 1999년 8월까지의 주요 일간신문과 여러 대학신문에 게재된 인쇄 광고만을 대상으로 한다.[3)]

둘째, 채록 방법은 가급적 다양한 업종의 광고를 균형 있게 임의로 채택하되, 광고 양식으로는 상업성 광고인 화문(畵文) 광고만을 대상으로 한다.[4)]

거짓된 것으로 간주되어 합당한 의사소통 관계로 용인될 수 없기도 하기 때문이다. 본고는 주어진 광고 텍스트의 송신자와 수용자가 협동적 의사소통이 이루어지고 있다는 전제 아래 연구를 전개하고자 한다.

3) 인쇄 광고에만 국한시킨 이유는, 전파 광고에 비해 텍스트의 비중이 높고 정확하기 때문이다. 구체적인 이유는 김혜숙(1997a, b)를 참조할 것.

4) 광고 양식에 대해서는, 정한기(1991: 105)에서 자세히 도식화하고 있다. '화문 광고'도 여기에서 용어를 따 온 것이며, 이는 소위 유료(有料) 상업용의 영상과 이미지(image)와 표제(headline), 부표제(sub-headline), 본말(body), 종결부(close)를 갖춘 광고 형태를 일컫는다. 정한기(1991: 105)에서 도식화한 것을 보이면 다음과 같다.

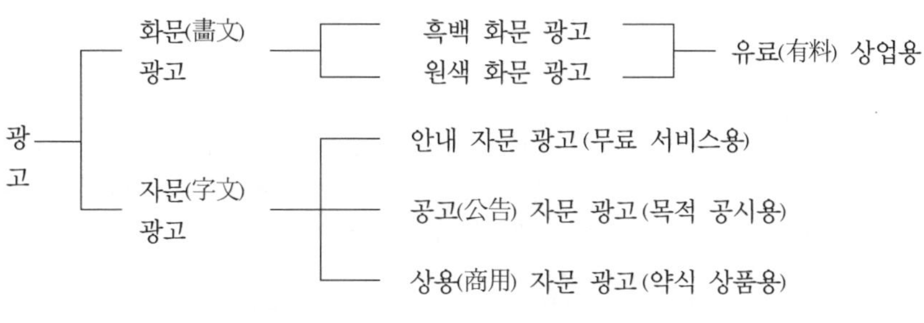

셋째, 광고 텍스트가 구체적인 사회적 상황에서 의도적이고 전략적으로 만들어진 언어 행위임을 감안하여, 수용자의 이해와 수행의 효과적 의사소통으로서의 광고 언어 표현이 현대 사회에서 어떤 언어적 영향을 담당하고 있는가를 살핀다.

넷째, 본고는 가능한 한 언어 기호인 문안(copy)을 중심으로 하여 언어적 분석을 꾀할 것이며, 도상 기호인 비주얼 코드는 꼭 필요한 경우에만 밝혀 확인하려 한다.[5]

2. 사회적 의사소통 체계로서의 광고 언어 표현

의사소통은 그 자체로서는 움직일 수 없는 전언(message)을 움직일 수 있는 신호로 기호화하고, 수용하는 쪽에서 그 기호를 해독함으로써 달성되는 의도적인 행위이다. 그러나 의사소통은 수용자가 그 기호화된 언어적 의미를 해독하는 것으로만 달성되는 것이 아니라, 오히려 그 언어적 의미로부터 증거를 생산하고 해석(반응 행동)함으로써 성공적으로 달성되는 것이다. 특히 광고 텍스트를 통한 의사소통은 그 의도성이 비교적 명백하게 인식된다.[6] 곧 광고는 설득을 목적으로 하는 의사소통의 한 영역으로서, 수용자의 태도나 행동의 형성, 강화, 그리고 변화라는 명확한 목표를 갖고 있는 의도적 과정으로 인식되고 있다. 따라서 의사소통 과정이 잘못된 광고는 수용자의 주의를 집중시킬 수 없고, 그 결과는 판매를 촉진시킬 수 없는 무용지물이 되고 만다. 결국 광고를 우선 의사소통의 관점에서 살피는 것은 사회적으로 언어의 의사소통 과정을 정확하고 원활하게 확인하고 발전시키는 기본이 된다.

---

5) 언어 기호와 도상 기호는 서로 상호 보완의 특성을 지니고 있으며, 때로는 언어 기호만으로는 전체 의미를 파악할 수 없는 경우도 많다. 따라서 광고 텍스트는 언어 기호와 도상 기호를 아울러 다루어야만 완전하고 정확한 분석을 할 수 있다. 왜냐하면 도상 기호는 일반적으로 언어 기호를 보완하고 강조하는 기능을 지니고 있기 때문이다. 언어 기호와 비언어 기호인 도상 기호와의 의미 연계 분석은 김혜숙(1997a) 참조.

6) 이현우(1998: 17)에서는 광고 의사소통에 대해 "의도적으로 상징을 사용하여 상호간에 영향을 주면서 의미를 나누는 과정"으로 정의한 바 있다.

광고 텍스트란 광고를 수신하는 소비자의 효과적 수용을 위해 의도적으로 조작 지시된 언어 형태의 총괄적 개념이다. 광고에 나타난 언어 표현은 순수한 언어 자체만의 독립적 의미만으로 규정되는 것이 아니고 의사소통의 여러 구성 요소와의 관련 하에서 상대적인 변수로 보아야 한다. 일반적으로 직접적인 의사소통에서는 말하는 이가 듣는 이의 반응을 곧바로 감지할 수 있으나, 광고에서는 의사소통의 효과를 위해 시간적인 거리가 필요하다. 결국 광고 텍스트는 일반 의사소통보다 더욱 의도되고 정확한 의사소통을 통해서만 목표가 조정되는 효과를 가질 수 있으며, 이와 같은 목표를 얼마나 명료하고 일관되고 결속력 있게 표현했느냐에 따라 그 광고의 효과가 올라가며 구매력을 높일 수 있는 것이다. 따라서 일반 의사소통에 비해 광고 언어 표현은 특히 설득적 성격을 내포하고 있게 마련이다.[7] 광고 텍스트 안에는, 수용자의 구매 행동을 부추길 수 있는 전략이 들어 있어야 하며, 그 외에도 제품이나 서비스에 대한 필요한 정보가 들어 있어야 한다. 또한 그러한 전략과 정보에 관한 전달 요소들은 수용자의 관심을 집중시킬 수 있도록 효과적으로 짜여야 한다. 곧 의사소통 현상으로서의 광고를 살피고자 할 때는 특히 광고의 언어적 속성에 주목하게 되는데, 이 광고 문안에 사용되는 언어적 표현 행위는 여러 가지 사회적 여건에 의해 규제되며, 또한 사회적 여건을 규제하기도 한다.

이러한 광고 텍스트의 의사소통 효과를 정리하면 다음 〈그림 1〉과 같다.

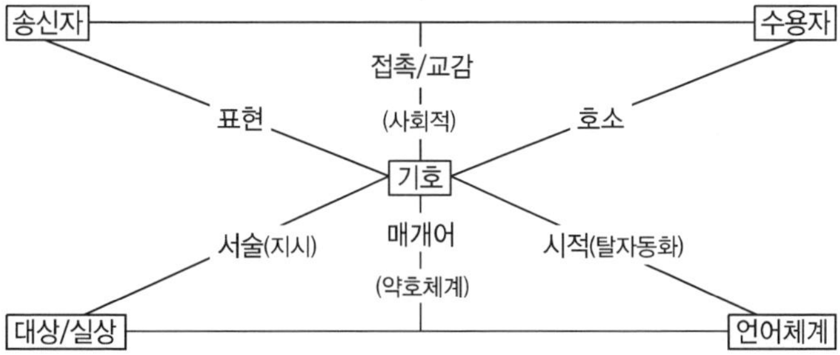

〈그림 1〉 광고 텍스트의 의사전달 효과[8]

7) 오두범(1995: 40)에서 밝히듯이, "광고 커뮤니케이션이란 일정한 목적을 가진 광고주가 일정한 효과를 야기하고자 관념과 상품과 서비스에 관한 메시지를 매체를 통하여 전달하는 유상의 설득커뮤니케이션 형태다."

의사소통의 기본 모형은 언어 지식은 물론이고, 언어 밖의 지식과 믿음, 그리고 추론 규칙이라는 세 가지 요소를 모두 포함하고 있어야 한다. 따라서 광고 텍스트는 문장보다는 발화의 측면에서 분석될 때 그 유용성이 높아진다. 왜냐하면 실제적 의사소통의 과정에서는 문장의 의미가 곧 송신자의 의미로 동일시될 수 없는 경우가 많기 때문이다. 이때, 의사소통의 과정에서 발화의 역할은 듣는 이로부터 구체적인 행위를 도출하는데 있다고 말할 수 있다.

광고 송신자가 사회적 접촉 하에서 지정 대상이나 사물을 송신자의 의도에 맞도록 전략적으로 의사소통 참여자들의 약호 체계로 기호화하면 수용자는 그 언어적 · 비언어적 신호를 기호 해득한 후 송신자의 의도를 추론하여 그 사고 내용을 수용하게 되는 것이다. 이렇게 수용자에 의해 송신자의 표현 의미와 의도가 수용된 후, 지정 대상이나 사물에 대한 관심 및 구매 행위가 직접 일으켜져야만 광고 텍스트는 그 효과를 달성했다고 할 수 있다. 따라서 의사소통 과정에서 광고 텍스트의 역할은 수용자로부터 구체적인 행위를 도출하는데 있다고 할 수 있다. 곧 송신자는 광고 메시지를 만들 때 수용자가 해당 광고 표현에 주의(attention)를 기울이고 이해(comprehension)하여 수용(yielding)할 수 있게 하기 위하여 다양한 언어 표현들을 사용하게 된다. 이렇게 광고 텍스트는 그 제공된 증거로부터 기호를 해득하여 송신자가 수용자의 바른 의도를 추론하도록 만들어져야 할 것이다.

물론 구매 행위라는 것이 반드시 광고의 자극에 의해서만 이루어지는 것은 아니다.[9] 오두범(1995: 43)에서 밝히듯이, "소비자의 욕구, 동기, 필요성 등 내적 요인과 성격, 경제 상태, 연령 등 인구학적 요인과, 사회적 모방, 지위 본능, 관습 등

---

8) 광고에 나타난 표현 수단으로는, 비언어코드인 도상 기호와 언어 코드인 문안이 모두 포함된다.(구체적 범위 및 효과 등은 김혜숙(1997a)을 참조) 본 연구는 그 중 언어적 표현인 문안(copy)에만 한정하였다. 〈그림 1〉은 이성만(1992: 27)에 나타난 그림을 인용한 것이다. 단, '발신자'만을 본고에서 선택한 용어인 '송신자'로 바꾸었다.

9) 1998년도에 '한국방송광고공사'에서 전국의 2,400여 소비자를 대상으로 한 의식 조사 자료에 의하면, 소비자들이 광고를 보는 목적은 '상품을 사지 않더라도 정보를 얻기 위해서' (전체의 57.6%)가 대부분이었다. 그러나 광고를 보고 난 후 그 상품을 사고 싶다고 생각한 경우가 전체의 80%이며, 또한 실제 구매 경험자도 60.4%에 달하므로, 분명 광고 텍스트는 인간의 구매 욕구를 불러일으키게 하는 가장 큰 수단이 되는 것만은 분명하다(자료 내용 인용 – 중앙일보 1999년 4월 14일자 신문에서).

사회문화적 요인이 복합되는 것으로 이들 제 변수가 기존요인이 된다." 따라서 광고 송신자는 수용자의 이런 모든 변수를 가능한 한 충족시킬 수 있는 의사소통 체계를 만드는 것이 최고의 목표가 될 것이다.

성공적인 의사소통을 위하여 우선 염두에 두어야 할 것은 송신자인 행위자의 의도성(intention)에 대한 해석이다. 그러나 송신자의 의도대로 움직여 줄 수용자를 얻기란 오늘날과 같은 복잡하고 경쟁적인 사회 현상 속에서 쉽게 이루어지는 일은 아니다. 결국 광고 텍스트는 송신자의 의도를 수용자가 정확히 추론할 수 있도록 언어적 표현이 짜여야 할 것이다.[10] 따라서 이러한 경쟁 속에서 설득적 의사소통 행위를 성공적으로 이끌기 위해, 송신자는 기존의 모든 언어 표현 중 좀 더 다양한 언어 형태를 구사하기 위한 새로운 언어 전략을 세워야 할 필요성을 느낀다.

광고 텍스트에 주로 나타나는 언어적 표현으로는, 가치를 인상시키는 어휘의 사용을 통해 설득적 효과를 얻는 방법, 표현의 초점화와 강조를 위해 반복이나 생략의 기법을 사용하는 등, 다양한 표현 형태를 보인다. 이들을 실제 광고 텍스트를 통해 확인해 보고, 그들이 사회언어학적으로 미치는 영향은 무엇인지 살펴보자.

3. 가치 인상 효과의 표현과 사회적 영향

광고 텍스트에 있는 언어적 표현 수단의 선택과 사용은 광고 지시물에 대한 정보를 알리는 것뿐만 아니라 더 나아가 그 지시물의 실제 사용 가치를 능가할 수 있도록 표현해야 한다. 이러한 목표가 가장 잘 나타나는 것이 바로 광고 텍스트에 나타난 가치 인상의 의미적 표현들이다.

송신자가 의도한 정보를 수용자에게 전달하고자 할 때, 그 정보는 사실성의 유

---

10) 광고 송신자에게는, 광고 수용자에게 해당 지시물의 존재를 알리고 기억하게 하고 좋은 태도와 이미지를 갖게 하여 그 지시물을 구매하게 한다는 목표가 있는데, 이 목표가 효과적으로 달성되어 애초에 기대한 바의 반응이 나타나는 것이 광고의 효과가 된다.

무와 상관없이 언어 사용자 상호간의 사고 내에 독립적으로 존재한다. 따라서 정보란 인위적으로 만들어진 것이며, 본질적으로는 주어진 사실에 대한 대리자로서의 중요성을 지닌다. 곧, 어떤 대상물을 보다 설득적 효과를 통해 수용자에게 욕구를 불러일으키게 하기 위하여 송신자는 여러 언어 표현 행위를 하게 되는데[11], 그 중 대상물의 가치를 인상시켜 구매욕을 갖게 하는 기법이 광고에 많이 사용된다. 즉 언어 내에 포함되어 있는 가치의 계급을 한 단계 또는 여러 단계 격상(upgraded)해 가는 표현 행위이다.

1) 이러한 가치 인상의 효과는 언어의 내용적 · 형식적 변형을 통해 이루어지는데, 그 실례를 살펴보자.

첫째, 추상적인 개념어의 표현을 통한 가치 인상의 효과를 들 수 있다.

(1) 침대는 가구가 아닙니다. 과학입니다. - 에이스 침대
(2) 아기는 과학으로 키워야 합니다. - 해피랜드
(3) 남편을 바꿨어요! 탈모, 과학으로 해결하십시오. - 에드 · 아트
(4) 아기중심사상으로 만듭니다. - 베이비 헌트

위의 예문 (1)~(4)는, 광고의 지시물이 단순한 실용품((1)은 침대, (2)는 의류, (3)은 발모제, (4)는 의류)임에도 불구하고, 이를 특성화하고 묘사하는 방법으로 추상적인 개념어를 이용하는 경우들이다. 이렇게 보다 더 동적인 전략을 적용시킨 의사소통 행위는 새로운 언어 형태의 탈바꿈을 보여주어 혁신적인 표현의 신선함을 주기도 하지만, 때로는 논리적으로 수단과 목적의 혼동이 발생할 수도 있다.[12] 예컨대 위의 예문 (1)~(4)는, '침대'나 '의류' 또는 '발모제' 등에 대해 수용자 자신

---

11) '행위'란 정시호(1994 : 337)에서 밝혔듯이 "의식적으로 목표 달성을 위해 상황을 변화시킨다."는 개념을 지닌다. 따라서 광고 텍스트에 나타난 언어 표현들을 언어 행위라고 표현하는 것은, 광고의 특성을 감안할 때 합당한 용어로 보인다.

12) 예문 (1)의 광고 텍스트가 사회적으로 널리 알려진 후, 어느 어린이가 학교에서 치루는 시험 문제 중 "다음 중 가구가 아닌 것은?"이라는 문항에 대해 '침대'를 답안으로 표시했다는 웃지 못할 실화를 우리는 언론을 통해 접한 바 있다. 이렇게 광고 텍스트에 나타난 가치 인상 표현은 사회적 · 교육적으로 큰 영향을 줄 수 있다.

이 예측 가능한 보편성의 기존 상식이나 사전적 의미에서 벗어나 "과학, 사상" 등의 추상적 개념어로 규정을 내리고 있는 것이다.

광고는 수용하는 대상이 언제나 개방되어 있기 때문에, 수용자에 따라서는 이러한 가치 인상의 언어 표현이 송신자의 긍정적이고 격상된 비유 의도를 나타내려는 기대와는 달리 오히려 그 광고를 거부하는 부정적 역반응을 일으킬 수도 있다.

따라서 광고를 만드는 송신자는, 언어 표현이란 사회적 · 인지심리적 상호작용 속에서 언중이 수행하는 행위임을 이해하여 사용 언어에 더 큰 주의를 기울여야 할 것이다.

둘째, 과장된 개념의 사용으로 가치 인상의 효과를 가질 수 있다.

(5) 시베리아도 녹이는 한국의 情 - 오리온 초코파이
(6) 수출 1위, 국내악기 판매 1위, 일류화 상품 - 삼익 피아노
(7) 하루가 힘들어도 LG 수맥매트에 누우면 '신선'이 된다. - LG화학
(8) 아픈 PC, 다친 PC들은 다 모여라! - 현주컴퓨터
(9) 그래서 몸이 마신다, 포카리스웨트 - 포카리스웨트

과장법은 광고 텍스트에 빈번히 등장하는 전형적인 비유 표현 형태이다.[13] 과장법을 광고 텍스트에 사용함으로써, 소위 미화된 의도의 효과를 볼 수 있으며, 이는 광고된 제품의 가치를 인상시키는 데 기여하게 된다. 이러한 미화된 표현법으로는 무정물의 제품을 의인화하여 송신자의 감정을 이입시키는 방법이 많이 사용되는데, 이 또한 대상물을 격상시키는 과장된 표현에 속한다.

셋째, 고상화와 최상급화한 언어 사용으로 가치 인상의 효과를 갖는다.

광고 문구 안에서나 제품명 자체에, 사치스러운 귀족 칭호를 사용하거나 향상된 사회 지위를 묘사하는 언어를 사용하거나, 또는 학문적인 전문어나 외국어의

---

13) 정한기(1991: 114)에서는, 광고의 본문에 대해 "40%의 객관적 사실을 근거로 해서 60%의 자기주장을 강조하는 해설"이라고 하면서, 그로 인해 "상당히 과장이 있게 마련이고 자칫 흑백 논리식 설명이 되기 쉽다. 즉 논리적인 허구성에 빠질 염려가 있다"라고 그 특성을 설명하고 있다.

사용을 통해 그 상품의 가치를 인상시키는 효과를 일으키는 예는 아주 많이 나타난다. 따라서 광고 언어는 주로 관념적인 영역으로 분류될 수 있는 어휘 집단들이 자주 사용되고 있음을 볼 수 있다.

경우에 따라서는 묘사 대상인 제품과 연관성이 부족하거나 어법상 까다로운 어휘나 개념들을 의도적으로 사용하거나, 또는 외국어를 과도하게 사용하는 사례도 많이 나타나고 있다. 이는 광고라는 것이 일반적으로는 모든 언중을 대상으로 하지만 때로는 해당 제품의 특성상 또는 송신자가 그 제품의 가치를 인상시키려는 의도적 목적으로, 한정된 수용자들의 주의를 끌고 이해 · 수용하게 하는 언어 영역만을 다루고 있음을 보이는 예가 된다.

(10) MADE IN 自然 - 그린소주
(11) 600dpi, 고성능 레이저프린터, LG 레이저스타 660J
(12) 디자인으로 완성된 걸작 - 100cc 스쿠터 대림 델피노 - 대림자동차
(13) 21세기 영어시험!
COM TEPS로 무장한다. - 디 아이 텔레콤

예문 (10)~(13)의 문안 속에는 외국어를 이용하여 외형적으로는 국제적인 이미지를 전달하면서 한정 계층의 수용자에게 선택된 대상으로서의 가치를 상승시켜 더욱 주의와 관심을 끌게 하고 있다. 외국어를 사용하여 고급화한 광고임을 보이고, 또한 새롭고 세계적인 제품임을 암시하여 부가가치를 높이기 위한 목적을 달성하려 한다.

이러한 표현들은 언어 자체에 사실과 부합되는 진실한 내용은 없이 형식적 가속화만을 야기했는데, 그러한 결과를 일으키는 것에는 최상급의 표현 형태도 한몫을 한다.

(14) 이 행사는 국내 최대 규모의 TOTAL 의류 행사입니다. - LG패션
(15) 세계에서 하나뿐인 100% 디지털 이동전화 써비스 - 신세계 통신
(16) 품격과 성능의 최고가 만났다. - 싼타모
(17) 아버지는 세상에서 가장 멋진 남자입니다. - Braun면도기

(18) 보이지 않는 곳에도 월드베스트 기술이 숨어 있다. - 삼성전자

신문 광고에 나타난 최상급의 언어 표현은, 대부분 그 진술이 배타성을 요구하는 절대최상급의 성격을 지닌다. 이는 분명 광고의 부당한 경쟁이 원인이 되는 것으로서, 이때에는 물론 최상급의 언어 표현뿐만 아니라 비교급을 이용한 의미적 가치 인상도 눈에 많이 뜨인다. 이 경우에는, 경쟁자를 넌지시 빗대어 자신을 드러내는 표현이 암시되기도 한다.

(19) 이보다 더 편안할 수는 없다. - 대우자동차
(20) 새로 나온 7인승 무쏘는 경차보다도 유지비가 저렴합니다. - MUSSO
(21) 어떤 PCS폰도 光PCS LG019와 만나면- 12배나 넓어진다. - LG텔레콤
(22) 1등과 2등의 차이를 확인하십시오. - 대한항공
(23) 자동카메라에는 고감도 필름이 더 좋습니다. - 코닥 수퍼클리어 400

위에 인용된 예에서와 같이 비교급의 표현은 대조와 개념의 교차적 배어(倍語)에 의해 가치를 인상시키는 효과를 이루고 있다.

2) 그러면 이렇게 사회적 의사소통 행위인 광고 텍스트 안에 해당 지시물 자체의 실제 가치보다 인상시킨 표현의 언어 행위를 많이 사용하는 이유는 무엇일까?

사회의 복잡하고 경쟁적인 각박함 때문에 광고는 부당한 경쟁을 치르게 되고, 이 부당한 경쟁에서 살아남기 위해 해당 대상물을 부각시키게 된다. 이렇게 대상물을 부각시키는 방법으로 가치 인상의 표현을 이용하는 것이다. 이와 같이, 광고 언어의 표현은 주로 상대적인 사회적 한계와 더불어 자기 평가의 우수성을 드러내어 지시물의 가치를 인상시켜 줌으로써 상승효과를 꾀하려는 암시적 기법을 사용한다. 그러나 광고 언어에 나타난 가치 인상의 표현이 과도해지면 이러한 표현을 접한 언중들에게 사회적 불신과 경쟁 및 교육적 역효과 등의 나쁜 영향을 끼칠 수 있음을 깨달아야 한다. 곧 광고 언어의 가치 인상 표현은 처음에는 시선 집중이 가능하지만 시간이 지나면서 그러한 표현에 무관심한 마비 증세를 대중들은

겪게 된다. 이러한 역효과를 막기 위하여 광고 언어의 표현은 더욱 인상된 가치를 나타내는 표현으로 바뀌게 되고, 이런 표현은 웬만한 상승 표현에도 전혀 감동이나 구매 의욕을 불러일으키지 못하는 무관심을 낳게 된다. 그러면 그 광고는 더 가속화한 상승적 표현을 반복하여 더욱 자극적이고 과장된 표현 행위를 하게 되고, 결국은 실제 지시물의 객관적인 정보성과는 전혀 상관이 없는 동떨어진 거짓의 내용을 전달하게 될 수도 있다. 이렇게 광고를 통한 언어 행위는 수용자를 대상으로 하기 때문에, 광고 언어의 유형 및 행위는 사회적 흐름과 대중의 언어 흐름을 그대로 반영하고 서로 영향을 주고받는 평행 구조를 갖는다. 이렇게 사회적 의사소통으로서의 광고 텍스트는 의도한 효과 외에 의도하지 않았던 부정적 역효과나 거부 반응도 나타낼 수 있음을 간과해서는 안 될 것이다.

결국 기존 상식을 뒤엎고 광고 언어에 나타난 잘못된 새로운 상식이 수용자들을 혼란시키고 사회를 오도할 수 있음을 송신자는 분명히 인식해야 한다. 수용자인 사회 언중이 광고에 나타난 언어의 가치 인상 표현을 반복하여 접하게 되면, 이러한 표현은 언어적 영향뿐만 아니라 사회적 · 교육적으로도 악영향을 끼칠 수 있는 것이다. 이로 인해 현실에 만족하지 못하고 보이는 대로 믿지 않는 현상이 생기며, 서로 믿음이 흐려지는 불신의 사회 속에서 자신에게 시선을 집중시키고 믿게 하려 애쓰게 된다. 그에 따라 현재 자신의 실체보다 과장되게 올려 표현하는 허장성세의 방법을 일상 언어 생활에서도 취하게 되고, 이러한 표현은, 사회 속에서 허언(bomphilogia)만을 일삼는 목소리 큰 사람이나, 수단과 방법을 가리지 않고 자기 자신에 대한 과대포장을 하는 사람만 드러나는 사회가 되어 악순환이 계속될 수 있다.

Pollay(1989)는 광고를 포함한 모든 설득 메시지는 무엇을 설득할 것인가(what of the communication), 어떻게 설득할 것인가(how of the communication), 그리고 그 결과는 어떠할 것인가(with-what-effects of the communication)에 대한 윤리적 고려를 해야 한다고 주장한다. 그의 주장을 광고에 적용시켜 보면 광고 언어는 제품(product), 과정(process), 그리고 부산물(by-products)에 대한 책임과 윤리를 고려하여 사용해야 한다고 말할 수 있다.[14)]

지금 우리 사회에서 쓰이는 말은 국어교육에 힘입어 형식적으로 상당히 정제되어 가고 있고, 그 위에 특히 매체 언어는 전문가들의 두뇌가 동원되어 형식의 원숙미를 과시할 정도에 이르고 있다. 그러나 이런 언어 표현들이 그 내용과는 부합하지 않는 경우가 허다하고, 심한 경우는 내용과 무관하거나 상반된 경우도 적지 않음을 우리는 매일 같이 경험한다.

언어 표현은 형식미를 갖출수록 전달력이 풍부하고 호소력이 강하게 마련이다. 이런 표현이 내면의 진실성을 상실한 채 난무한다면 이는 유용한 도구가 아니라 무거운 흉기로 작용할 수도 있음에 대해 주의를 해야 할 것이다.

광고를 만드는 송신자들은, 광고가 일반 대중에게 미치는 이런 막대한 영향이 바로 광고에 나타난 언어 표현임을 자각하여 더욱 세심한 주의를 기울여 표현 행위를 해야 할 것이다.

4. 강조 효과의 표현과 사회적 영향

1) 광고 텍스트에서 초점화 및 강조의 효과를 유도하기 위해서는, 텍스트 내에 반복이나 생략, 신조어 및 관용어구의 표현 행위가 나타난다.

첫째, 반복(reiteration)을 통한 강조의 효과를 살펴보자.

의사소통의 효율성에서 보면 반복 표현은 원활한 의사소통의 효율성을 위배하는 잉여적 형태로 보인다. 그러나 광고 텍스트에서의 반복의 형태는 주로 제품명과 중심 의미에 수용자의 주의와 관심을 집중시키고 주어진 광고 텍스트의 인상을 강조하여 수용자의 머리에 각인시키기 위해 사용된다. 즉 지시물에 대한 중요한 전달 의미가 반복을 통해 강조됨으로써 서로서로 긴밀한 운율적, 음성적 또는 통사적 관계가 형성되는 것이다. 아울러 일반적인 언어 사용과의 차이를 통해 반복은 인상을 강하게 심으며, 원활한 의사소통의 형성에 기여하게 되는 것이다.

---

14) 이현우(1998:143)에서 재인용함

(1) 가장 잘 익은 맥주가 가장 맛있는 맥주 - 숙성이 다른 맥주 OB라거
(2) 걸렸다, 또 걸렸다! 휴대폰도 PCS폰도 걸면 걸리는 걸리버입니다. - 현대전자
(3) 혼자 타는 첫차가 있고 함께 타는 첫차가 있습니다. - 현대자동차
(4) 올리고! 내리고! 넓히고! - LG IBM

광고의 사고 영역이나 언어 영역에서 단서 역할을 하는 어휘나 구절은 계속 반복해서 나타나게 된다. 곧, 동일 음운이나 동일 어휘 및 구절의 반복은 수용자에게 그 광고에서 의도하는 표현의 의미를 강조하여 중심 의미 자질이 형성되는데, 이들은 그 반복된 어휘를 강조하고 초점화시키는 역할을 담당한다.[15)]

예문 (1)은 '가장'과 '맥주'라는 중심 어휘의 반복 형태를 통해 반복 대상 '맥주'에 최상급의 한정어 '가장'을 결합하여 친밀도를 향상시키며, 수용자의 머리에 반복된 대상에 대한 호감을 주입시킨다. 예문 (2)는 두운을 통한 강력한 기억 효과를 노리고 있다. 제품명 '걸리버'를 알리기 위해 '걸 - '이라는 두운을 이용하여, "걸리버는 걸기만 하면 늘 잘 걸린다"는 의미를 수용자가 자연스럽게 연상하고 인지하도록 초점 강조의 효과를 의도하고 있다. 예문 (3)에 나타난 반복법은 동일 어구를 반복함으로써, 반복에 의한 강조 효과보다는, 텍스트 내의 반복되지 않은 부분인 '혼자'와 '함께'를 더 강조하는 기법이 보인다. 곧, 반복되어진 부분인 " -타는 첫차가 있다"에 의해, 자동적으로 단일하게 나타난 '혼자'와 '함께'를 대조시켜 시선을 집중시킴으로써 '혼자'에 대조된 '함께'의 부각된 의미를 수용자의 마음에 호소하여 구매 행위를 촉발시켜 준다. 예문 (4)는 각운의 음운론적 반복 기법을 세 번이나 사용하여 수용자의 기억을 향상시키고 호감도에도 긍정적인 영향을 주면서 강한 이미지 전달하고 있다. 이 광고 문안은 세 개의 문장으로 되어 있으나, " - ㅣ고"의 반복을 통해 운율적 연속성을 유지하면서 의미적으로도 점층적 효과를 갖는 하나의 텍스트로서의 안정성에 크게 작용하고 있다.

신문 광고 상에서 이런 강조를 위한 반복 형태는 종종 큰 활자나 짙은 글씨체

15) 광고 텍스트 내에서의 구성 요소의 반복만이 아니라, 텍스트 자체를 여러 번 반복하여 보여주는 것도 이에 해당될 수 있다. 다만, 이러한 반복이 상품의 초점화나 강조를 통한 판매 촉진에 중요한 기법임을 알고 있으면서도 적절한 반복 횟수 및 방법의 다양성 등에 대한 것은 아직 확인이 안 되고 있다.

를 통해 다른 텍스트와 대조를 이루기도 한다.[16]

둘째, 문장 내의 한 성분을 생략시켜 문법적 불완전성을 가져옴으로써, 그것을 대하는 수용자가 생략 부분을 적극적으로 복원해 내는 연상력을 기울이게 하여 강조의 효과를 갖는 경우가 있다.

생략(ellipsis)은 언어절약성에 근거를 두는 수법으로서 반드시 그 이전의 완전한 형식을 대전제로 갖는다. 특히 광고 텍스트에 나타나는 생략 부분은 대부분 그 생략 표현의 앞이나 뒤의 텍스트에 나타나는 다양한 바꾸어 말하기의 틀로 이해가 가능하다. 물론, 의도적으로 광고 문안인 언어 표현에서는 일정 부분을 생략시키고 도상 기호의 내면 의미를 통해 함축적으로 나타내는 경우도 있다.

(5) 똑똑하게 키우는 엄마는 씨밀락을 먹여요. - Similac

광고문 (5)의 경우, '똑똑하게 키우는' 의 대상인 '아기'는 언어적 표현인 광고 문안에는 나타나지 않고, 도상에 '아기를 안고 있는 엄마'의 모습이 그려져 있다. 이런 기법은 수용자의 상상력에 의해 충분하고 완전한 이해를 가질 수만 있다면 오히려 더 큰 효과를 볼 수도 있다. 그러나 광고 텍스트의 의미를 언어 표현만으로 전혀 연상할 수 없는 경우는 거의 없다. 예를 들어 "서울과 딱 붙었다"라는 표제어(head copy)와 도상 기호만으로 된 광고가 있다. 이는 언어 표현만으로는 도저히 '무엇이'에 해당하는 주어를 상상해 낼 수가 없다. 그러나 그 광고 내의 도상 기호로 하남과 서울이 경계 없이 붙어 있는 그림이 보인다. 하지만 도상 기호 내에 이미 '하남'이라는 어휘가 언어로 표현되어 있음으로 해서 그 완전한 의미를 추론할 수가 있다. 이는 본고가 언어 표현만으로 광고 텍스트의 특성을 확인하는 이유가 된다.

일반적으로 광고에 쓰인 문장은 약 2~8개의 어휘나 어절들로 구성된, 비교적 단순하고 짧은 형태를 선호한다. 주로 생략 부분은 서술어이나, 전후 문맥에 따라

16) 특히 어린이나 가축용품의 광고에서 감정적으로 호소하는 내용에는 이런 반복의 표현 형태가 자주 드러난다. 그러나 너무 많은 반복은 부정적 결과를 초래할 우려가 있다.

주어나 목적어 없이 만들어진 미완성형의 문장 구조를 사용하게 되는데, 이때 수용자는 생략된 부분을 채워 넣어 문장을 완성해 가면서 송신자의 의도를 복원해 내는 데 직접 참여하게 되는 것이다.[17] 따라서 이러한 기법은 수용자에게 광고 문안을 직접 작성한 송신자의 숨겨진 의도를 찾게 하여 거의 동일한 책임 하에 묶어두게 되고, 그로 인하여 해당 제품을 신뢰하고 구매하도록 유도하는 동기를 부여한다.

(6) 세탁 후에도 가우디 무스탕은 변화가 없던데, 어떻게 …?
(7) 찬물에 바로바로! (이제, 여름에는 녹차를 찬물에 마시자.) - 설록차
(8) 이동전화를 싸게 살 수 있는 기회가 끝났다고 생각하는 당신에게. - SK Telecom
(9) 또 한번 세계로부터 인정받았습니다. - 동원증권
(10) 소리 없이 단단하게 누비고 달렸다. - 대우자동차
(11) 강하고 아름답다. 강한 유혹-비스토 - 기아자동차
(12) 안심하고 쓰십시오. - 한국통신프리텔
(13) 손발톱 무좀엔 청하세요!
(14) 로푸록스는 먹는 약이 아닙니다. - 한독약품

위에 나타난 생략문들은 주어진 광고 텍스트 내에서 또는 상황과 맥락 속에서 생략된 표현 형식을 모두 복원하는 것이 가능하다. 예문 (6), (7), (8)은 서술어의 생략, (9), (10), (11)은 주어의 생략, 그리고 (12), (13), (14)는 목적어의 생략을 보이는 광고 문안이다. 예컨대 예문 (6)은 생략된 부분의 앞 구절을 통해 '어떻게'에 이어 "가우디 무스탕은 세탁 후에도 변화가 없을 수 있을까?"라는 문장으로 완성시키면서, "역시 가우디 무스탕이 최고"라는 것을 수용자 스스로 인식하고 확인하게

---

17) 광고 텍스트가 이런 짧은 문장 형태를 유지하기 위해 생략의 기법을 쓰는 것은 의미 상승 효과를 주지만, 간혹 단순 형태적 특성을 유지하기 위해 종종 현행 맞춤법의 규정에 어긋나는 표현 행위를 일삼는 안타까운 경우가 많이 나타난다.

(맞춤법이 잘못 된 예문) · 그 놈, 장군감일세 그려! - 삼양
(종결 보조사 'ㅡ 그려'를 앞말과 띄어 쓰고 있음)

광고는 사회적 의사소통의 유형이므로, 반드시 국어를 대표하고 규범이 되는 표준 형태를 구사해야만 한다.

만든다. 때로는 이미 선행 문장에서 생략될 요소가 무엇인지 알려주고 후행 문장에서 그 구성요소를 생략하는 순서를 취하는 경우도 많이 보인다.

(15) '컴맹'
걱정하지 마십시오! - 삼보컴퓨터

(16) 젊음과 지성의 전당 화랑대!
여러분의 도전을 기다립니다. - 육군사관학교

위의 예문 (15)와 (16)에서처럼 광고 텍스트 안에서 동일 어휘의 반복을 피하여 되풀이되는 성분을 생략시키는 경우도 흔하게 나타난다. 이러한 인접쌍의 생략 기법은, 생략 없이 나타나는 새로운 정보인 레마(rhema)를 초점화하되, 이미 주어진 또는 주어질 정보인 테마(thema)를 제 위치에서 빼 버림으로써 수용자가 다시 한 번 인식하고 확인하게 만드는 강조 효과를 지니게 된다. 광고 지시물에 대한 정보가 미리 주어지지 않는다 하더라도, 인쇄 광고의 경우는 시각적으로 먼저 보이도록 하여 이미 주어진 정보의 역할을 하게 한다. 곧, 글씨를 크게 쓰거나, 다른 언어 표현과는 다른 색상을 이용하거나 글씨체를 변용하는 등이 그것이다. 결국 생략은 단지 표현 측면에서만 존재하는 것으로, 완전한 문장의 결여 부분은 전체 텍스트의 서로 긴밀한 유기적 관련성을 통해 함축된 내용을 보충할 수 있다. 따라서 위와 같이 해당 정보가 뒤에 나타나지 않는 경우라 해도 그 광고를 접하는 수용자는 누구나 그 텍스트 전체를 통해 부족한 부분들이 보충되면서 완전한 의미를 파악하는 것이 가능하다. 서술어 중 종결어미를 생략하고 명사형으로 맺는 경우(예문 (17))[18], 주격이나 목적격 조사를 생략하는 경우(예문 (18), (19), (20)) 등도 나타난다.

(17) 이것은 실제상황! - ㈜소미인터네셔날
<서술격 조사 '이다' 생략>

(18) 움직이지 않아도 몸 스스로 다이어트한다! - 종근당 건강

---

18) 이렇게 서술어를 명사형으로 맺는 경우는, 주어진 광고 텍스트를 명료하게 객관화하고 추상화하면서 동시에 박진감을 주는 문체적 효과를 지니고 있다.

<주격 조사 '－이'(몸이) 생략>

(19) 하마로이드 써야 할 이유, 더욱 분명해졌습니다. - 청결세대-옥시

<주격 조사 '－가'(이유가) 생략, 목적격 조사 '－를'(하마로이드를) 생략>

(20) 꿈, 희망, 미래 계몽사가 드립니다. - 계몽사

<목적격 조사 ' － 를'(꿈, 희망, 미래를) 생략>

이렇게 광고 텍스트는 정보를 효과적으로 전달하려는 의도에서 의사소통에 지장을 주지 않는 한 많은 요소들이 생략된다. 이런 경우에는, 생략된 요소를 상황이나 맥락 또는 의사소통 참여자의 사전지식 등으로부터 추론이 가능하다.

셋째, 신조어를 통한 시선 집중의 효과를 들 수 있다.

광고 텍스트 안에서 새로이 형성되는 조어들은 주로 기존 대상의 새로운 측면을 강조하려는 의도에서 만들어지는데, 본문 내용에 나타나는 신조어보다는 광고 상품명이나 표제어에 주로 많이 사용된다. 이들은 기존의 어휘가 있든 없든 해당 광고 대상을 새로이 명명하기 위하여 이미 사용하고 있는 일상 표준 어휘를 사용하거나, 또는 새로운 어휘를 만들어 사용하기도 한다. 그리고 참신한 문체를 만들기 위하여, 또는 다른 대상과의 대조를 통해 해당 대상을 부각시키거나 내용의 명료성을 나타내기 위하여 신조어를 사용하기도 한다.

(21) 놀이처럼 즐거운 쓰기교육 - 몬테소리 '쓰기만세' - 몬테소리 홈스쿨

(22) 손빨래 세탁기의 비밀은 빨래손. - 삼성전자

(23) 컴마을이 1998년을 웃기겠습니다. - 컴마을

(24) 탱크주의가 바로 핵심기술입니다. - 대우전자

모든 낱말의 의미는 근본적으로 언어의 쓰임에서, 즉 텍스트 안에서 결정된다. 즉 텍스트의 의미 연속성과 개별 어휘의 의미는 변증법적 상호관계에 있는 것이다. 특히 새로이 만들어진 신조어들의 합성된 구성 요소들 간의 의미 관계는 텍스트 전체의 의미 관계틀에서 결정적인 단서를 얻게 한다. 예문 (21)은 '쓰기'를 '교육'하는 최고의 대상임을 알리기 위한 명명법으로 '쓰기만세'라는 합성어를 만들어 내는데, 이 '쓰기만세'의 경우는 '놀이처럼 즐거운'에서 '만세'의 단서를 얻게

된다. 예문 (22)에서, "손빨래 세탁기의 비밀은 빨래손"이라는 상품명은, 세탁기이지만 마치 손으로 빨래를 한 것처럼 깨끗이 빨린다는 것을 설명하는 '손빨래 세탁기'라는 어구에 이미 그 단서가 나타나, 수용자에게 숨겨진 의미를 스스로 찾게 한다. 예문 (23)의 '컴마을'은 컴퓨터를 이웃처럼 친근하게 가까이하라는 명명 의도를, '웃기겠습니다'라는 서술어에서 암시하면서, 수용자를 긍정적으로 자극시켜 우호적 태도와 행동 반응을 일으키게 한다. 예문 (24)의 '탱크주의'는 그 어떤 타 제품에도 이길 만큼의 견고성을 지닌, 곧 강하고 튼튼함을 알리려는 의도가 나타난다.

이 밖에 강조 및 초점화의 효과를 위한 방법으로는 관용어구를 인용하는 표현 형태를 들 수 있다.

광고에 나타난 언어 표현이 최대한의 의사소통 효과를 올리려면 수용자가 광고를 대하면서 제일 먼저 주의(attention)를 집중시키고 흥미(interest)를 갖도록 광고 텍스트가 이루어져야 한다. 곧 송신자는 수용자의 반응과 변화를 유도하기 위해 자극을 지닌 광고 텍스트를 제시해야 한다. 그래야만 수용자는 그 광고 텍스트를 통해 사고자 하는 욕구(desire)를 일으키고 앞으로의 구매를 위해 기억(memory)하는 인지 반응을 일으킨다. 아마도 수용자의 인지 반응은 자신의 구매 행위뿐 아니라 다른 수용자에게 구전(word-of-mouth) 경로를 통해 다시 그 내용을 전파 · 확산시키기도 할 것이다. 이것이 바로 광고의 의사소통 효과이며, 이런 효과를 위해 사용되는 언어 표현이 바로 관용어구의 인용이다.

(25) '되'로 드리고 '말'로 받아온 부모님 큰 사랑-
(26) 하나를 보면 열을 안다. - 이수화학
(27) 될성부른 놈은 떡잎부터 알아본다는데. - 삼양
(28) 부모님 살아실 제 자식의 정성을 드리세요. - 삼성생명
(29) 깊은 물이라야 고기가 큰다. - MBC 프로덕션 사원공채

위의 예문들은 우리나라 사람들의 입과 귀에 익숙한 관용어구를 그대로 옮겨 인용하거나 상황에 맞게 조금씩 변형시켜 활용한 광고 텍스트들이다. 관용구는 비

유 표현이어서 통시적 관점에서는 문장 해석 이외에 다른 의미를 함축으로 지닐 수 있다. 위의 예문들은 "부모님의 사랑에 보답해야겠다. 부모님께 사랑에 대한 감사의 선물로 이 상품을 선택하라."(예문 (25))라든가, "삼양은 처음부터 단단한 성장의 기반을 지니고 시작되었다. 그러니 삼양을 선택하라"(예문 (27)) 등의 함축 의미를 수용자가 직접 풀어내어 송신자의 의도를 완성하게 한다.

예문 (28)은 "부모님 살아실 제 섬기기를 다하여라."라고 하는 효(孝)를 강조하기 위하여 자주 이용되는 시구(詩句) 한 부분을 변용하였다. 여기서 "부모님 살아실 제"만을 가지고도 이미 수용자는 "부모님이 살아계실 때 섬기기를 잘 해야 한다."는 것을 스키마를 통해 인지하며, 이러한 과정에서 사용되고 있는 수용자들의 증가된 인지적 노력은 결과적으로 광고에 대한 기억을 촉진시킬 수 있다. 이렇게 어떤 관용구를 선택하여 얼마나 논리적으로 변형시키는가 하는 것은 우선, 해당 관용구의 진술력을 확인하여야 하고 그 관용구의 교훈적 암시 기능과 각 광고 텍스트에서 의미하고자 하는 내용면이 일치하여야만 그 효력을 발휘할 수 있는 것이다.

이는, 관용어구가 지니는 사회적 보편성 덕분에 광고 텍스트에 관용어구가 사용되면, 언중은 그 표현에 익숙함을 느끼고 광고 내용에 가까이 접근하게 되며, 동시에 그 함축 의미를 빨리 연상케 되기 때문이다.

결국 의사소통 현상으로서의 광고란 이러한 상징체계가 소비자와의 의미 공유를 위하여 어떻게 활용되고 있는가를 밝혀내는 작업이라고 말할 수 있다.

광고 텍스트에서는 위와 같이 속담이나 관용구를 인용하되, 그 광고 내용에 맞게 음성적으로 변형시킴으로써 새롭고 특별한 인상을 심어 강조의 효과를 갖게 한다. 일반적으로 속담이나 관용구를 광고 텍스트에 인용하는 이유는 대중적 관심을 끌어들이기 위해서이지만, 때로는 그것의 변형을 통한 특수성을 초점화하기 위함이기도 하다.

2) 그러면 이러한 강조의 효과를 위한 언어적 표현 방법들은 사회적으로 어떠한 영향을 끼칠까?

일반적으로 이해의 기능은 박수자(1994: 190)에서 밝힌 바 있듯이, "듣는 이가 말하는 이의 의도를 짐작하고 듣는 이 자신의 어떤 상정 내용을 확인하는 것이라고 할 때 듣는 이는 말하는 이가 사용한 발화를 통해 연역적 추론 과정을 하"게 된다. 요컨대, 의미적으로 밀접한 관련을 지닌 기호들의 반복은 문장들 사이의 관계와 텍스트의 합리적 연결을 보장해 주며, 이러한 반복을 통해 송신자는 자신의 의도를 드러내고 그에 따라 수용자는 이 반복된 부분을 통해 송신자의 의도를 추론함으로써, 해당 광고에서 알리고자 하는 메시지를 심리적 · 감정적 영역으로 끌어올려 욕구를 일으키게 되는 것이다.

의사소통에 나타나는 생략 현상은, 노은희(1994: 109)에서 밝히듯이 "표현의 측면에서는 화자가 자신의 판단으로 청자가 이미 머릿속에 이해했으리라고 믿는 정보를 '비현실' 또는 '비선택'하는 문제이며, 이해의 측면에서는 청자가 지금까지의 머릿속의 정보를 바탕으로 화자의 발화를 이전의 발화와 연결지으며 '추론'하는 문제"이다. 따라서 언어 표현 중에서 생략 현상은 언어경제성에 기여하기도 하지만, 때로는 오히려 의미론적으로는 다의성과 불명료성을 주기도 한다. 따라서 만일 생략 표현이 수용자의 동기를 자극하지 못하거나, 생략 부분 때문에 의미상의 애매성(ambiguity)이 있거나 또는 수용자가 생략 내용을 잘못 해석하게 된다면 본래 의도한 초점 강조 효과는 오히려 반감될 수 있다.

광고 텍스트에 필요에 의해 만들어지는 신조어는 우리 고유의 토박이말일 경우엔 특히 사회적으로 큰 영향을 끼칠 수 있다. 인간의 필요에 의해 한 어휘가 만들어지고 널리 사용되면, 그 언어는 모든 현상을 주어진 방식으로 이해하게끔 하고 사회화의 주요한 도구가 되며 인간의 의식에 스며들어 마침내는 어떤 세계관을 제공하게 된다. 만일 광고 텍스트에 나타나는 새말이 우리말의 조합 방식에 어긋나거나 외래어를 남용하거나 정확하지 못한 어휘를 신기(新奇)의 추구나 장난삼아 무분별하게 사용한다면 그것은 문화적 · 교육적으로 악영향을 끼치게 될 것이다. 그 사회나 그 민족의 언어 본능에 의해서 받아들여져 곧 새로운 말을 만들어 내거나 사용할 경우, 새로운 문화를 얻었다고 말할 수 있다. 이는 언어와 문화가 근본적으로 이질적이면서도 밀접한 관계가 있음을 알려 주는 증거가 된다.

따라서 새말을 만들어 낼 때는, 그 말이 주어진 사회나 민족의 언어 본능에 의해서 받아들여져서, 사회적으로 용인가능한(acceptability) 것들이어야 한다. 곧 사회적인 수용성(acceptability)과 적격성(appropriateness)을 고려하되, 한국어의 구조적 특질에 동화되어 쓸 수 있도록 해야 할 것이다.

속담이나 관용구들은 한국 사회와 한국 언중의 입에 익어 있는 독특한 표현이어서 암묵적으로 언중들에게 그 관용구에 맞는 운율이나 억양 등을 제공하게 되므로, 비록 각 광고에 따라 언어적 변형을 취한 다해도 동일 형태를 유지하면 동일한 감동과 의미를 갖게 된다. 이러한 표현들은 일상적 발화에서 아주 흔하게 나타남에도 불구하고, 정상적인 통사 의미적 특성으로는 설명되지 않는 관습적 표현이라는 데에 문제가 있다. 관용 표현들은 우리가 늘 사용하는 익숙한 표현이므로 특별히 의식하지 않고 흘려 왔지만, 이러한 관습적인 표현이야말로 각 개별 언어의 역사적, 사회적, 문화적 고유 특성을 잘 반영하고 있으며 동시에 한 나라 언어의 의미 생산에 중심 역할을 담당하고 있기 때문이다.

따라서 긍정적이고 교훈적이며 널리 통용되는 관용어구들을 광고 텍스트에 사용하는 일은 교육적으로도 바람직한 일이 될 것이다. 다만, 해당 상품이나 제품의 실제 효과를 과장하여 설득시키는 작용을 하는 경우는 그 광고에 사용된 관용어구의 본래의 가치를 오히려 저하시키는 경우를 초래할 수도 있을 것이다.

광고 텍스트 안에서 새로이 형성되는 조어들은 주로 기존 대상의 새로운 측면을 강조하려는 의도에서 만들어지며, 관용어구의 인용은 관용어구가 지니는 사회적 보편성 덕분에 언중은 그 표현에 익숙함을 느끼고 광고 내용에 가까이 접근하게 되며, 동시에 그 함축 의미를 빨리 연상케 된다. 그러나 언중이 사용하는 일반언어의 형식화(patterning)나 구조 의존(structure dependence)에서 일탈한 신조어를 사용하거나, 또는 언중의 연상이 용이하지 않은 복잡하고 어려운 의미를 내포한 관용 어구를 이용한 광고 텍스트는 오히려 역반응을 일으킬 수도 있다.

5. 결론

광고 텍스트를 만드는 데 있어서 가장 중요한 것은 수용자의 관심을 유도하고 행동하게 하는 효과적 내용을 창안하는 일일 것이다. 따라서 같은 제품이라도 자신만의 독특한 특성을 보이는 표현 기법이 필요하다.

본 연구는, 구체적인 사회적 상황에서 의도적이고 전략적으로 만들어진 광고 텍스트가 송신자와 수용자의 효과적 의사소통을 위해서 어떤 언어적 표현 행위를 하고 있는가를 밝히는 작업이었다.

모든 광고는 송신자가 어떤 목적과 기대를 갖든지 수용자와의 완전한 의미 공유(shared meaning)를 최상의 목표로 삼게 된다. 따라서 광고 텍스트는 수용자에게 나타날 반응의 복잡성과 예측 불가능성까지도 모두 포용하여야 하며 반드시 사회의 신념 체계로 작용할 수 있도록 하는 데에 그 의미 생성의 주안점을 두어야 할 것이다.

지금까지 논의한 바를 통해, 표현과 이해의 원활한 의사소통으로서의 광고 언어 표현이 현대 사회에서 어떤 언어적 영향을 담당하고 있는가를 정리해 보자.

첫째, 광고 텍스트는 일반 의사소통보다 더욱 의도되고 정확한 의사소통을 통해서만 목표가 조정되는 효과를 가질 수 있으며, 이와 같은 목표를 얼마나 명료하고 일관되고 결속력 있게 표현했느냐에 따라 그 광고의 효과가 올라가며 구매력을 높일 수 있다.

둘째, 광고 텍스트는 가치 인상의 의미적 표현들을 선택하고 사용하여 설득적 효과를 얻어 낸다. 이 표현법은 광고 지시물에 대한 정보를 알리는 것뿐만 아니라 더 나아가 그 지시물의 실제 사용 가치를 능가할 수 있도록 하는 효과를 지닌다. 이러한 가치 인상의 효과는 언어의 내용적 · 형식적 변형을 통해 이루어지는데, 주로 추상적인 개념어의 표현, 고상 화와 최상급화한 언어 표현 등이 대표적이다. 또한 과장된 개념어의 사용이나 비교급을 이용한 의미적 가치 인상도 나타난다. 그러나 격상된 언어 표현의 과도한 사용은 객관적 정보성을 잃게 되며, 이러한 표현 기법은 보편적인 일상 언어생활 및 사회적 · 교육적으로도 무관심과 이기심을 조장할 수 있음에 유의해야 할 것이다. 언어 표현은 형식미를 갖출수록 전달력이 풍부하고 호소력이 강하게 마련이다. 그러나 이런 표현이 내면의 진실성을 상실한 채 난무한다면 이는 유용한 도구가 아니라 무거운 흉기로 작용할 수도 있음에 대해 주의를 해야 할 것이다.

셋째, 반복이나 생략의 기법을 통해 표현을 초점화하고 강조하는 방법으로 수용자를 설득하는 효과를 갖는다.

광고 텍스트에서의 반복의 형태는 주어진 광고 텍스트의 지시물에 대한 중요한 전달 의미를 수용자의 머리에 각인시키기 위해, 서로서로 긴밀한 운율적, 음성적 또는 통사적 관계를 형성한다. 반복을 통해 송신자는 자신의 의도를 드러내고 그에 따라 수용자는 이 반복된 부분을 통해 송신자의 의도를 추론함으로써, 해당 광고에서 알리고자 하는 메시지를 심리적 · 감정적 영역으로 끌어올려 욕구를 일으키게 되는 것이다. 반복법의 적절한 사용은 안정감 있고 의미적 연속성을 보여주지만, 과도한 사용은 흥미를 잃게 하고 단조로운 운율 구조로 지루하게 하여 동적(dynamic) 효과를 잃을 수 있다.

생략(ellipsis)은 언어절약성에 근거를 두는 수법으로서, 광고 텍스트는 정보를 효과적으로 전달하려는 의도에서 의사소통에 지장을 주지 않는 한 많은 요소들이 생략된다. 이런 경우에는, 그 생략된 요소를 상황이나 맥락 또는 의사소통 참여자의 사전지식 등으로부터 추론이 가능하다. 만일 생략 표현이 수용자의 동기를 자극하지 못하거나, 생략 부분 때문에 의미상의 애매성(ambiguity)이 있거나 또는 수용자가 생략 내용을 잘못 해석하게 된다면 본래 의도한 초점 강조 효과는 오히려 반감될 수 있다.

인간의 언어 행위는 협의의 문법 규칙에 의해서만 규제되는 것이 아니라 발화 행위가 일어날 때의 여러 가지 사회적 여건에 의해 규제되며 언어 표현의 사회적 적격성은 문법성 못지않게 중요하다. 더구나 언어는 말하는 이의 사회적인 특징에 의해서뿐만 아니라 그가 처해 있는 사회적 맥락에 의해서도 변화한다. 곧 사회가 언어 속에 반영되듯이 사회적인 변화는 그에 상응하는 언어적인 변화를 일으킬 수 있다. 이는 상황(situation) 없이는 언어 자체가 무의미할 뿐만 아니라, 오히려 상황이 실재하는 사실인 언어를 규정해 주기 때문이기도 하다. 결국 언어 표현은 환경적 변화에 따른 사회적 의미를 지니게 되므로, 순수 언어적인 문맥의 한계를 넘어 언어 외적인 제반 상황을 미루어 해석해야만 말하는 이의 참뜻을 이해하게 되는 것이다.

사회를 올바르게 깨치고 이를 위한 앎의 실천이 더불어 할 수 있으려면 먼저 그 사회에 맞는 언어 표현 행위를 통해서만이 이룩될 수 있다. 왜냐하면 언어란 것은 상호 간의 이해를 위한 단순한 교환 수단이 아니라 인간 정신의 내적인 활동에 의한 시현이기 때문이다. 따라서 광고 수신자는 작은 표현 하나에도 사회적 책임이 깃들여 있음을 인식하는 것이 우선되어야 할 것이다.

광고 텍스트는 사용된 언어와 사회적 힘과의 관계를 드러내 보이기에 가장 좋은 연구 대상이 된다. 곧, 현실과 이데올로기가 광고 언어에 의해 형성되는 여러 가지 방법을 분석하고 기술할 수 있음을 의미한다. 이러한 연구 범주에 대해서는 후고로 미룬다.

√ 참고문헌

강길호·김현주 (1995). 커뮤니케이션과 인간. 서울: 한나래.

김성훈 (1994). "텍스트에서의 생략현상에 대한 연구." 텍스트언어학 1, 383-416. 서광학술자료사.

김태옥·이현호 공역 (1991). 담화 텍스트 언어학 입문. 서울: 양영각.

김태호·이형호 역 (1993). 인지적 화용론. 경기: 한신문화사.

김혜숙 (1997a). "광고텍스트의 기호학적 특성과 의사전달의 효과." 어문학논총-진태하 교수 송수 기념논문집, 431-458. 태학사.

김혜숙 (1997b). "신문 광고 문안의 결속구조 고찰." 동국어문학 제9집, 45-68. 동국대학교 국어교육과.

노석기 (1990). "우리말 담화의 결속 관계 연구." 한글 208, 91-130. 한글학회.

노은희 (1994). "담화에서의 생략에 대한 비판적 고찰." 선청어문 제22집, 97-110. 서울대학교 사범대학 국어교육과.

박수자 (1994). "어휘의 기능과 텍스트문법적 접근의 관계." 선청어문 제22집, 197-197. 서울대학교 사범대학 국어교육과.

박여성 (1994). "화행론적 텍스트유형학을 위하여." 텍스트언어학 2, 7-60. 서광학술자료사.

박영순 (1992). "국어 요청문의 의미에 대하여." 주시경학보 제9집, 34-49. 탑출판사.

오두범 (1995). 廣告 커뮤니케이션 新論. 경기: 전예원.

이기숙 (1993). "언어 변화와 인간 행위." 사회언어학 1, 156-172.

이성만 (1994). "텍스트구조의 이해." 텍스트언어학 1, 7-36. 서광학술자료사.

이성만 (1992). "통합적 텍스트언어학을 위한 테제." 주시경학보 제9집, 3-33. 탑출판사.

이현우 (1998). 광고와 언어. 서울: 커뮤니케이션북스.

장석진 (1981). "국어의 반복표현." 말 6집, 89-112. 연세대학교 한국어학당.

최현배 (1959). 우리말본. 서울: 정음사.

한상필·김대선 옮김 (1994), 킴 라츨 외 지음. 현대사회와 광고, 서울: 한나래.

Halliday & Hassan (1989). *Language, context, and text: aspects of language in a social-semiotic perspective.* Oxford Univ. Press.

8

한국과 미국의 신문 사설 텍스트 비교: '근거성' 표현을 중심으로

김용진(숭실대학교)

1. 뉴스 보도의 담화 분석

신문과 방송에서 사용되는 언어에 대한 관심과 연구는 1970년대부터 꾸준히 있어 왔으나(Bell 1991: 5-12), Van Dijk(1988a; 1988b) 이후 본격적으로 담화분석의 연구 분야가 되었다. 신문 텍스트는 뉴스기사(straight news), 해설기사(background features), 논평기사(editorials)가 중심을 이루고 있으며(최진우 1983: 54), 최근에는 연예, 오락, 여행 등등의 기사가 점점 많은 지면을 차지하고 있다. 이 가운데서 가장 많은 연구의 대상이 된 것은 뉴스기사 부분이다. 언론에 종사하는 대부분의 사람들이, 자신들이 보도하는 뉴스는 '진실하고 객관적이고 공정한' 것이 되어야 한다고 생각하고 있고, 실제로도 그렇다고 믿고 있지만(Day 1997) 실제로 이루어진 많은 연구는 그 뉴스들이 특정한 가치나 이념의 영향을 받은 것이라는 점을 명확히 보여주고 있다(Fowler 1991).

실패로 끝난 1991년 소련의 쿠데타를 다룬 New York Times(미국) 신문과 인민일보(중국)의 뉴스를 분석한 Wang(1993)은, 두 신문의 보도 내용이 이념적, 정치적, 문화적으로 확연한 차이가 있다는 것을 보여주고 있다. 또한 Liebes(1992)는 팔레스타인 지역에서 일어났던 민중항쟁(intifadeh)에 대해서, 이스라엘 언론은 '우리의 전쟁'(our war)으로, 미국 언론은 '그들의 전쟁'(their war)으로 보도하고 있음을 보여준 다음, 미군이 참전한 걸프 전쟁을 보도하는 미국 언론이 이번에는 '우리의 전쟁'으로 뉴스를 다루는 것을 실증적으로 보여주고 있다. 저널리즘의 귀감으로 자주 언급되고 있는, 영국과 아르헨티나의 포클랜드 전쟁을 보도했던 영국 BBC 방송의 공정한 태도는 결국 세계적으로 예외에 속한다고 볼 수 있다.

일반적으로 말해서, 신문(사)의 주관과 입장은 선택(selection)과 표현(representation)이라는 두 과정을 통해서 표명되게 된다(Fowler 1991: 11). 뉴스를 기사화 하는 과정에서 신문사의 입장에서 가장 중요한 결정은 우선 어떤 사건을 기사화 할 것이냐의 여부를 결정짓는 것이고, 그 다음에 그것을 어느 정도의 중요성을 가진 기사로 만들 것인가 하는 것이다. 이런 것들이 결정되고 나면 마지막으로 그것을 어떤 언어적 표현을 사용하여 기사화 하느냐 하는 것이 문제가 된다. 비평적 담화분석(Critical Discourse Analysis: CDA)에서는 위와 같은 선택과정도 연구 대상이 되지만, 텍스트를 기반으로 하는 좁은 의미의 담화분석에서는 신문의 태도와 입장이 어떻게 언어적으로 신문 텍스트에 구현되는가 하는 것이 관심의 대상이다.

뉴스기사조차 필연적으로 객관성과 공정성을 유지할 수 없다는 강한 주장을 펴는 Fowler(1991: 제5장)는 그 근거로 다음과 같은 언어적 장치들이 서로 다른 신문에서 각기 다르게 사용되고 있다는 점을 지적하고 있다:

(1) ㄱ. 타동성(transitivity): 능동태와 수동태의 선택에 따라서 같은 개념을 다르게 표현할 수 있다.
(예: Police shot boy dead / Boy (was) shot dead (by police))

ㄴ. 어휘구조(lexical structure): 동일한 지시(reference)가 상이한 의미(sense)를 가질 수 있다.
(예: freedom fighter / guerrilla / terrorist)

ㄷ. 양태(modality): 문장의 내용에 대해 화자의 태도가 다를 수 있다.
(예: He will *probably* come / He will *definitely* come)

ㄹ. 화행(speech acts): 화자는 문장을 발화하는(saying) 동시에 그것을 행하게

(acting) 된다.
(예: 우리는 정부의 결단을 촉구한다)

즉, 이와 같은 언어적 장치들을 활용하는 방식에 의해서 같은 사실(facts)을 보도하는 신문사들이 서로 다른 진실(truth)을 전달할 수 있다는 것이다.

Locher & Wortham(1994)은 뉴스보도는 필연적으로 관점(perspective)을 수반할 수밖에 없지만 다양한 목소리(voice)를 보도함으로써 공정성을 확보할 수 있고, 또 뉴스보도가 특정 관점에 의존하면서도 객관적으로 보이게 되는 주요한 이유로 문장의 겹침(embedding)이 많이 사용되고 있는 점을 지적하고 있다.[1)]

2. 신문 사설의 담화 분석

1) 기존의 연구와 문제점

신문과 방송 매체에 대한 지금까지의 연구는 뉴스보도에 대한 것이 대부분이었고 논평과 사설을 다룬 것은 거의 없었다. 뉴스의 구조가 일반적으로 이야기체(narrative)이기 때문에 이야기 분석의 분야에 자연스럽게 연결된 반면 신문 사설에 대한 연구가 빈곤한 것은 사설과 같은 논증문(argumentation)에 대한 연구의 부족과 관계가 있는 듯하다.

그런 가운데에서 Bolivar(1994)는 신문 사설의 구조를 분석하고 있는데 대화의 기본단위를 시작(initiation) – 반응(response) –추가반응(follow-up)의 3단계(lead-follow-valuate)로 구성되어 있다는 주장을 펴고 있다. 비평적 담화분석(CDA)방법론을 주도하고 있는 Van Dijk(1998)은 신문의 사설과 의견란(Op-ed)에서 의견(opinion)과 이념(ideology)이 어떤 과정을 통해서 전달되는지를 사회심리학적 관점에서 보여

1) 뉴스매체에 대한 다양한 접근법의 담화분석 연구는 이외에도 Graddol & Boyd-Barrett (1994), Triandafyllidou(1995), Fairclough(1995), Bell & Garrett(1998), MacMillan & Edwards(1999) 등에서 찾아볼 수 있다.

주고 있다.

신문 사설에 대한 이상의 연구들에서도 볼 수 있듯이, 사설의 텍스트 자체에 대한 미시적인 언어학적 분석은 아직 거의 없다. 본 논문에서는 한국과 미국에서 발행되고 있는 여러 종류의 신문 사설 텍스트를 구체적인 언어자질의 분포에 대한 분석을 통해서 비교 분석하려고 한다. 좀 더 구체적으로 말해서, 이러한 신문 사설 텍스트에 필자나 신문(사)의 태도를 나타내는 표현이 어떤 양상으로 분포되어 있는가를 찾아내어 그 분포에 대한 사회언어학적인 설명을 시도하려는 것이다.

우리가 글을 쓰거나 말을 할 때 우리의 입장을 나타내는 것은 위에서 지적한 대로 선택(selection)과 표현(representation)을 통해서이다. 즉, 말하는 내용과 말하는 방식이 종합적으로 화자의 입장을 나타내는 것이다. 다음에 나오는 실제 신문 사설을 보자.

(2) '고영복 간첩사건'은 나라의 안보차원에서 심대한 충격을 주었다. 그러나 우리에게 또 다른 차원에서 충격을 준 것은 지식인 고영복의 설명하기 어려운 삶의 방식이다. 도대체 지식인 고영복의 파산을 무어라고 정의해야 하는가?
(조선일보 1997년 11월 27일자 사설)

이 신문은 우선 '고영복 간첩사건'이 국가적으로 매우 중요한 사건이라는 '입장'에서 이것을 사설의 주제로 '선택'했다. 그리고 그것을 '표현'하는 과정에서 몇 가지의 단어들('안보차원', '지식인', '파산')을 의도적으로 사용함으로써 이 사건의 성격을 규정짓고 있다. 그에 덧붙여서, 명사 '충격', 부사 '도대체'와 의문문 형식을 사용함으로써 이 사건은 격분의 대상이고 또 어처구니없는 사건임을 표현하고 있다. 이처럼 말하는 사람의 입장을 표출하는 방법은 여러 수준(선택의 수준, 표현의 수준)에서 여러 가지가 있을 수 있다.

본 연구는 선택의 수준에서 개입되는 신문의 입장 표명보다는 표현의 수준에서 개입되는 입장의 표명에 관심을 갖는다. 그 주된 이유는, 선택의 과정이 중요하지 않아서가 아니라, 선택된 사설의 주제가 어떤 후보 주제들 중에서 선택되었는지 신문사 밖에 있는 연구자가 알 수 없기 때문이다. 그리고 대규모의 자료(한국 신문 사설 150개, 미국 신문 사설 140개)를 바탕으로 컴퓨터 프로그램을 이용하여 언어자질들을 자동적으로 식별해야 하기 때문에, 표현의 과정에 개입되는 모든 언어 장치들(어휘적, 통사적, 화용적)을 다 분석할 수 없어서, 분석 대상이 되는 언어자질들을 다음과 같은 범주로 한정시켰다. 언어자질 유형의(type) 선정에는 Chafe(1986)와 Biber & Finegan(1989)을 참조하였고, 실제 언어표현(token)의 선정에는 주로 Quirk 등(1985)과 서정수(1996)를 참조하였다. 분석에 실제 사용된 모든 언어 자질의 유형과 토큰은 부록에 자세히 수록되어 있다.

(3) ㄱ. 화자의 주장이 명시적으로 표현된 것
화행동사 (speech act verb)
ㄴ. 화자의 적극적인 '근거성'(evidentiality)이 표현된 것
must류의 서법조동사, 강조된 부정표현, 강조된 순접 표현, 대조/대립/양보의 접속 표현, 확신/강조의 부사적 표현
ㄷ. 화자의 소극적인 '근거성'이 표현된 것
may류의 서법조동사, 명제 내용을 축소/약화하는 부사적 표현, 의심/가능성을 나타내는 부사적 표현
ㄹ. 화자의 '판단'이 표현된 것
명제에 대한 '스타일' 표현 (style disjunct), 명제 내용에 대한 가치판단 표현

2) 근거성, 정서성, 입장(evidentiality, affect, stance)

화자의 태도가 언어에 명시적으로 반영되는 현상을 다루는 연구는 근거성(evidentiality, Chafe 1986)과 정서성(affect, Ochs & Schieffelin 1989)이라는 두 가지 개념을 중심으로 이루어지고 있으며 Biber & Finegan(1989)은 이 두 개념을 통합하여 입장(stance)이라는 개념을 도입하고 있다.

Chafe는 근거성을, 화자가 자신의 말에 대해 가지고 있는 증거(evidence)라는 개념보다는 더 포괄적인 개념으로 사용하고 있으며 그가 의미하는 근거성에는 다음과 같은 세 가지 요소가 포함된다.

(4) ㄱ. 지식에 대한 신뢰성 (reliability of knowledge)
(예: But I'm *probably* not going to do it any more /
He's quiet nice, and *certainly* very cheery)
ㄴ. 지식을 얻는 방식 (mode of knowing)
(예: I *think* that a lot of the time I've been misjudging her /
I *see* her coming down the hall)
ㄷ. 지식을 표현하는 언어의 적절성 (adequacy of linguistic expression)
(예: And they tend to be *sort of* farmer kinds of people /
I have a friend who's *about* six foot and blond)

즉, 우리가 어떤 지식을 언어적으로 표현할 때에는, 자기가 말하는 그 지식이 얼마나 믿을 만한가 ('아마도'/'확실히'), 그 지식을 어떻게 얻었는가('내가 생각하기에는'/'내가 보니까'), 그리고 그것을 표현하는 자신의 언어가 사실에 얼마나 근접해 있는가('꼭 그렇지는 않지만 말하자면'/'정확하지는 않지만 대략 말하자면') 하는 것을 함께 말한다는 것이다.

한편, 정서성(affect)이라는 것은 감정, 기분, 분위기나 일반적인 기호를 포함하는 포괄적인 개념이다. 다음의 보기가 이에 해당하는 태도 표현들이다.

(5) 국민들은 요즘 심사가 잔뜩 뒤틀려 있다. 허리띠를 졸라매며 참으려 해도 가슴밑바닥에서 울컥울컥 부아가 치민다. 국민의 피땀으로 일군 나라를 이 지경으로망쳐놓은 위정자와 관리들이 괘씸한데다, 일이 터졌는데도 속수무책인 정부가 한심하고 짜증스럽다. 한마디로 국민들의 심정은 황량하다. (조선일보 1997년 12월 8일자 사설)

정서성에는 일반적으로 긍정적 정서성과 부정적 정서성이 있지만(Biber & Finegan 1989: 120-121) 원래 신문 사설이란 것이 해결해야 할 '문제'에 대한 글이기 때문에 위에서 보는 것처럼 부정적인 태도를 나타내는 표현들이 많이 나오게 된다. 정서성의 표현은 주로 명사, 동사, 형용사, 부사의 개방범주(open class)에 의해서 구현되기 때문에 그 목록을 작성하는 일이 어렵고, 또한 실제 그것들이 사용되는 것을 통사적으로 살펴보면 유형이 복잡해서 컴퓨터 프로그램에 의한 자동

분석이 매우 어렵다. 따라서 본 연구에서는 근거성에 의한 신문 사설의 태도 표현만을 분석의 대상으로 삼고 근거성의 표현도 위의 (3)에서 보는 것처럼 부사적 표현을 위주로 할 것이다.[2)]

분석 자료는 크게 한국 신문의 사설과 미국 신문의 사설로 나뉜다. 가능한 한 한국에서 발행되는 모든 성격의 신문을 포함시키기 위해서, 한국 신문의 보수적인 전통을 대표한다고 생각되는 조선일보와 동아일보, 진보적인 성향으로 평가받는 한겨레신문, 정부의 입장에 제일 가까운 서울신문, 그리고 재벌의 이익을 대표한다고 생각되는 중앙일보를 선정하였다. 시기로는 신문사가 어떤 식으로든 자신의 입장을 표명하게 되었던 외환위기와 대통령선거를 전후한 1997년 11월과 12월을 선정했다. 한 신문 당 30개씩 모두 150개의 사설을 한국 신문 사설의 데이터로 선정했다.

미국 신문의 사설은 중앙지와 지방지에서 약 반반씩 뽑았다. 인구 5만 명의 중소도시에서 발행되고 있는 신문에서 80개의 사설을, 그리고 국제신문(international newspaper)과 전국신문(national newspaper)의 성격을 동시에 가지고 있는 New York Times, Los Angeles Times, Washington Post에서 20개씩 60개의 사설, 도합 140개의 사설을 선정하였다. 시기로는 1997년과 1998년에 걸쳐서 무작위로 날짜를 선정하였다.

이렇게 선정한 한국과 미국의 신문 사설들은 그 주제와 내용이 완전히 다른 것이지만 본 논문의 관심이 신문 사설의 내용 분석에 있지 않고 그 내용을 포장하는 방법, 즉 어떤 주장을 전개하는 데에 있어서 그 근거성을 어떻게 제시하느냐 하는 데에 있기 때문에 그 자체가 큰 장애가 되지는 않는다. 물론, 주제가 유사한 사설을 일정 분량 이상 수집할 수 있다면 이러한 문제에 대한 의구심이 전혀 없겠지만, 그것은 현실적으로 존재하지 않는 상황이다. 본 논문은 따라서 한미 간 신문 사설의 주제나 내용이 근거성이라는 '포장' 방법에 유의한 영향을 끼치지 못한다는 것을 주요한 가정으로 삼는다.

다음 표는 이 연구에 사용된 신문의 목록이다.

---

2) 정서성(affect)에 대한 분석은 별도의 연구에서 다루어 질 것이다.

〈표 1〉 자료로 사용된 한국과 미국의 신문

한국 신문	텍스트 수	미국 신문	텍스트 수
조선일보	30	Arizona Daily Sun	80
동아일보	30	Los Angeles Times	20
한겨레신문	30	New York Times	20
중앙일보	30	Washington Post	20
서울신문	30	소계	140
소계	150		
		종합	290

한국 사설의 길이: 평균 271어절; 미국 사설의 길이: 평균 406단어

3) 연구 방법

신문 사설에 나타난 근거성을 나타내는 언어 표현의 분포와 그 사회언어학적 의미를 알아보기 위하여 본 연구는 다음과 같은 순서로 진행되었다.

(6) 연구 진행 순서

ㄱ. 태도와 입장 표현에 대한 기존 연구의 개관 및 한국과 미국 사설 텍스트에 대한 예비적 탐색

ㄴ. 한국 신문 사설 텍스트의 로마자화 입력 및 미국 신문 사설 텍스트의 입력[3]

ㄷ. '근거성'을 포착할 수 있는 언어자질의 목록화

ㄹ. 터보 파스칼(Turbo Pascal) 프로그래밍 언어를 이용한 각 텍스트에 대한 언어자질의 빈도수 조사[4]

ㅁ. 정보통계 프로그램(ISP)을 이용한 기술 통계 작업 및 여러 가지 범주에 대한 두 모평균에 대한 t-검증 작업[5]

ㅂ. 통계 결과에 대한 사회언어학적 해석

---

3) 한국 신문 사설의 텍스트는 한국언론연구원의 인터넷 사이트에서 구했으며 이것을 텍스트 모드로 변환한 다음 강범모 교수의 로마자화 프로그램을 이용하였다.

4) 프로그램을 만드는 데에 Biber 교수의 도움이 있었다.

5) 통계분석에 숭실대학교 통계학과 이정진, 강근석 교수의 도움이 있었다.

본 논문에서 탐구하고자 하는 연구 과제는 다음과 같은 것이다.

(7) ㄱ. 한국과 미국의 신문 사설에서 근거성을 나타내는 표현이 어떤 양상으로 나타나는가?
ㄴ. 한국의 신문들은 근거성의 표현상 서로 차이가 있는가?
ㄷ. 미국의 신문들은 근거성의 표현상 국제지(전국지)와 지방지 사이에 차이가 있는가?
ㄹ. 이상에서 근거성의 표현에 차이가 있다면/없다면 그것은 사회언어학적으로 무슨 의미를 가질 수 있는가?

3. 한국 신문 사설 텍스트의 '근거성' 표현

1절에서 우리는 신문의 뉴스보도 기사마저 기사 작성자의 주관과 태도로부터 자유롭지 못하다는 몇 가지 실증적인 연구들을 살펴보았다. 이러한 주관성의 개입은 해설기사(background features)와 평론기사에서는 점점 더 두드러진다. 그러나 넓은 의미의 화자의 태도라는 것은 선택이라는 비언어적 수준과 표현이라는 언어적 수준에서 결정될 뿐만 아니라, 표현의 단계에서도 근거성, 정서성이라는 서로 다른 장치에 의해서 구현되며, 이 논문에서 언급되지 않은 다른 수사학적 장치에 의해서도 표현될 수 있는 것이다.

이 근거성의 표현은 2절에서 설명한 것처럼, '화자의 주장이 명시적으로 표현된 것'(화행동사), '화자의 적극적인 근거성이 표현된 것'(확신표현 등), '화자의 소극적인 근거성이 표현된 것'(축소표현 등), '화자의 태도가 표현된 것'(style disjunct 등)으로 구성되어 있다. 그러므로 이러한 표현들이 얼마만큼 사용되었는가 하는 것은 화자가 얼마나 자기주장을 적극적으로 또는 소극적으로, 그리고 자신의 태도를 적시해 가면서 표현했는가를 의미한다.

1) 근거성 언어자질의 일반적 분포

아래에 나오는 〈표 2〉는 우리나라 신문 사설에 나타난 근거성 표현의 빈도 분포를 보여주고 있다. 상단의 숫자는 하나의 텍스트를 1,000어절로 환산(normalization)했을 때의 평균값이고 하단의 숫자는 표준편차이다.

〈표 2〉에서 화행동사는 1,000어절 당 평균 1회 밖에 나오지 않아서 실제 텍스트의 평균 길이가 270여 어절인 것을 감안하면 네 개의 텍스트에 한 번 정도 나오는 셈이다. 이것은 화행이론(speech act theory)의 일반적인 주장처럼, 인간의 많은 화행 가운데에서 명시적인 수행동사(explicit performative verb)에 의해서 이루어지는 화행은 간접화행(indirect speech act)보다 그 수가 현저히 적다는 것을 실증적으로 보여준다.

서법조동사류의 분포에서, must류('-해야 한다')의 빈도가 may류('-할지 모른다')의 두 배가 되는 것을 볼 수 있다. 그리고 이것은 화행동사의 빈도와 비교하면 10배에 해당하는 것이다. 대립-대조-양보의 표현을 제외하면 근거성을 나타내는 표현 중에서 가장 많은 빈도를 보이고 있어서 한국 신문 사설 텍스트의 주된 표현 장치라고 할 수 있다. 제15대 대통령 선거를 앞둔 시점의 다음과 같은 사설 텍스트를 보자.

(8) … 이런 마당에 후회없는 선택을 하려면 유권자가 <u>깨어 있어야 한다.</u> … 새 대통령은 국난극복을 위해 피와 땀과 눈물의 동참을 <u>호소해야 한다.</u> … 정치권이 비방과 폭로를 계속해도 유권자는 무엇이 사실이고 무엇이 거짓인지를 냉철한 눈으로 <u>가려야 한다.</u> 더 비열한 선거운동을 했다고 판단되는 후보를 거부해 매운 맛을 <u>보여줘야 한다.</u> (동아일보 1997년 12월 15일자 사설)

선거를 앞둔 시점이기 때문에 이 언어자질이 특별히 많이 사용되었다고 생각하기 쉽지만 이 정도의 빈도는 거의 평균값에 가까운 것이다. 그리고 필연-의무를 나타내는 must류의 표현에는 미치지 못하지만 may류('-할지 모른다' 등)의 표현도 신문 사설에서 중요하게 나타나는 근거성 표현 중의 하나라는 것을 〈표 2〉에서 알 수 있다.

신문(사)의 입장과 주장을 나타내기 위한 must류의 표현보다 더 빈도가 높은 언어자질은 다음 (9)에서 볼 수 있는 것처럼 대립－대조－양보의 표현이다.

〈표 2〉 한국 신문 사설에 나타난 근거성 언어자질의 빈도표

	조 선	동 아	한겨레	중 앙	서 울	평균
1. 화 행	0.9 1.7	0.4 1.4	1.4 2.1	0.7 1.5	1.8 3.3	1.0 2.2
2. must	10.6 8.6	15.4 8.8	6.5 5.4	9.6 8.2	8.3 6.0	10.1 8.0
3. may	6.0 4.8	2.2 3.4	4.6 3.9	4.8 4.1	5.6 5.6	4.6 4.6
4. 부 정	0.9 1.8	0.3 1.0	0.7 1.7	1.1 2.4	1.0 2.2	0.8 1.9
5. 순 접	4.2 4.0	4.4 3.4	5.3 4.9	2.2 2.8	5.0 4.9	4.2 4.2
6. 대 립	15.6 6.7	13.8 6.8	11.9 6.9	15.9 8.5	13.9 5.7	14.2 7.0
7. 확 신	9.8 7.8	5.3 4.8	9.5 5.5	8.3 8.4	7.8 6.9	8.1 6.9
8. 근 접	2.6 3.2	0.4 1.1	2.1 2.7	1.7 2.8	2.0 2.7	1.8 2.7
9. 축 소	1.1 2.1	0.3 1.1	1.3 2.3	1.0 1.8	0.9 2.2	0.9 1.9
10. 의 심	0.1 0.6	0.1 0.6	0.4 1.1	0.4 1.2	0.0 0.0	0.2 0.9
11. style	0.8 1.7	0.3 1.3	0.7 1.7	0.1 0.7	0.4 1.3	0.5 1.4
12. 판 단	0.8 1.8	0.6 2.0	2.6 3.4	1.3 2.3	1.1 2.3	1.3 2.5

각 칸의 위에 있는 숫자는 평균값을, 아래에 있는 숫자는 표준편차를 나타냄.
사설 1편의 길이는 평균 271 어절이며 위의 숫자는 1,000어절 당 숫자로 환산한 것임.

(9) 김대중 대통령 당선자가 기자회견을 통해 밝힌 정책구상은 다급한 경제문제들이 중심이었지만 그에 못지않게 남북한 관계개선에 관한 견해 역시 우리의 미래를 좌우하는 중요한 문제다. … 하지만 이러한 구성이 새 정부의 정책으로 추진될 것이기 때문에 주목받지 않을 수 없다. … 그러나 이

문제에 관한 한 지금까지의 정상회담을 위한 노력이 소모적이기만 했다는 점에 유의할 필요가 있다. 지난 정권들에서 몇 차례 정상회담을 추진했지만 헛수고에 그치고 오히려 남북관계에 나쁜 영향을 미쳤다. … 남북정상회담은 굳이 피할 이유도 없지만 현 단계에서 서두를 일도 아니다. (중앙일보 1997년 12월 21일자 사설)

위의 사설 텍스트에서 알 수 있듯이 이 대립－대조－양보의 표현은 신문의 입장을 나타내는 매우 강력한 장치이다. 몇 차례의 반복적인 사용을 통해서 결국 남북정상회담에 대한 부정적인 입장을 '주장'하고 있는 것이다. 신문 사설에서 이와 같은 표현이 많이 쓰이는 것은 기본적으로 이런 텍스트가 논증적(argumentative) 성격을 갖고 있기 때문이다. 그리고 논증문은 일방적으로 필자의 주장을 나열하지 않고 정(thesis) － 반(antithesis) － 합(synthesis)의 논리전개 구조를 갖기 때문에 이 반－합의 과정에서 대립－대조－양보의 표현이 개입되게 되는 것이다. 〈표 2〉와 이상의 예문에서 볼 수 있듯이 한국 신문의 사설 텍스트에서 필자의 주장을 나타내는 주요 장치는 이 대립－대조－양보의 표현과 must류의 서법조동사형 표현이다.

확신과 강조를 나타내는 표현은 그 자체로 어떤 주장을 하는 것은 아니지만 어떤 주장에 대해 무게와 강도를 덧붙여 준다. 본 연구에서 분석한 언어자질 중에서 위의 두 가지 언어자질을 제외하고는 이 확신의 표현이 가장 높은 빈도를 보이고 있다. 다음의 텍스트를 보자.

(10) 지구온난화 방지를 위한 기후변화협약 총회는 … 교토의정서를 마침내 채택했다. … 개도국 반발이 매우 거셌던 연유로 일단 개도국 감축 참여 조항이 삭제됐기 때문이다. … 이 점에서 15년은 매우 짧고 부족한 기간이다. … 기후협약 대비책이 매우 긴박하다는 것을 깨닫는 일이 중요하다. (서울신문 1997년 12월 12일자 사설)

이 사설의 필자는 '매우'라는 강조를 반복 사용함으로써 자신의 언어 사용 활동이 적극적인 근거성을 가지고 이루어지고 있다는 것을 표현하고 있다.

그 밖의 언어자질들 중, 적극적인 근거성이 표현된 부정의 강조(0.8회/1,000어절), 순접의 강조(4.2회), 근접 표현(1.8회)들과 소극적인 근거성이 표현된 축소 표현(0.9), 의심 표현(0.2회)과 화자의 판단이 명시적으로 드러난 style 표현(0.5회), 가치판단 표현(1.3회) 등은 평균 길이가 271어절인 한국 신문 사설 텍스트에서 모두 평균 1회 또는 그 미만의 빈도를 보이고 있다. 이것은 기본적으로, 한국 신문의 사설이 필자의 목소리를 소극적 또는 방어적으로 나타내는 것이 아니고 적극적, 공격적으로 나타내는 경향을 보여주는 것이다. 적극적 근거성의 표현 가운데에서도, 한국 신문에서 주로 사용하는 표현은 must류의 서법조동사, 대립 －대조 －양보, 그리고 강조 －확신의 부사 표현으로 나타났다.

2) 근거성 언어자질의 한국 신문사간 분포의 차이

신문 사설이라는 장르는 오랜 기간에 걸쳐서 확립된 것으로서(최진우 1983: 333) 그 텍스트적 성격이 일반적으로 한 국가 내의 신문사간에 크게 다르지 않은 것처럼 보인다. 그러나 독자로서 우리들은 신문사간에 논평기사에서 어딘지 모르게 문체나 태도의 차이가 있다는 느낌을 가지기도 한다. 물론 위에서 언급한 대로 이 느낌의 형성에는 근거성 언어자질 외에 정서성 언어자질의 영향도 개입될 것이다. 몇 가지 언어자질에 대해서 t-검증을 통하여 신문사간의 차이를 살펴볼 수 있다.

먼저, 화행동사는 〈표 2〉에서 볼 수 있듯이 평균 빈도에서 신문사간 차이가 있는 것처럼 보였으나 t-검증 결과 유의미한 차이는 나타나지 않았다. 이것은 절대 빈도가 낮고 표준편차가 높은 것과 깊은 관계가 있다. 결국 화행동사의 사용에는 분석 대상 5개 신문사간에 유의미한 차이가 없는 것으로 나타났다. 이 외에도 7번 '확신'과 12번 '판단'의 경우를 제외한 다른 언어자질들은 신문사간에 통계적으로 유의미한 차이가 없는 것으로 나타났다.

확신과 강조의 근거성 표현의 경우, 동아일보(5.3회/1,000어절)가 조선일보(9.8회)와 한겨레신문(9.5회)에 비해 각각 5%와 1%의 유의도 수준에서 의미 있는 정도로 낮은 빈도수를 보였다. 이것만을 가지고 사태를 단순화해서 해석한다면, 동아일보가 이 두 신문에 비해 '밋밋한'(colorless) 논조를 유지한다고 해석할 수 있겠다.

사설의 필자가 자신의 가치 판단을 명시적으로 나타내는 '판단'의 경우는, 한겨레신문(2.6회)이 조선일보(0.8회)나 동아일보(0.6회)에 비해 모두 5%의 유의도 수준에서 더 높은 빈도를 보였다. 절대 빈도가 높지 않아 조심스럽기는 하지만 이 언어자질에 한정해서 해석한다면, 이와 같은 차이는 한겨레신문이 위의 두 신문에 비해 뚜렷한 입장을 표명하는 것으로 볼 수 있다.

한편, 개별 언어자질들을 부록과 같이 네 개의 중간 그룹으로 묶어서 통계적 유의도를 분석한 결과, 세 번째의 '소극적인 근거성'과 네 번째의 '화자의 판단 표현'에서 신문사간 의미 있는 차이점을 발견하였다. 먼저, 3번, 9번, 10번의 자질을 종합한 소극적 근거성의 경우, 다음과 같은 분포를 보였다.

〈표 3〉 소극적인 근거성의 빈도표

조선일보	동아일보	한겨레신문	중앙일보	서울신문	평 균
7.2 5.5	2.6 3.8	6.4 4.2	6.3 5.5	6.5 6.2	5.8 5.3

위의 숫자는 평균, 아래의 숫자는 표준편차를 나타냄.

동아일보는 1,000어절 당 평균 2.6회의 소극적 근거성 자질 빈도를 보임으로써 다른 네 신문사와 유의도 수준 1%에서 의미 있는 차이를 나타냈다. 즉, 동아일보에서만 눈에 띄게 이 그룹의 자질들이 낮게 나타났는데 이 현상은 개별 언어자질 '확신'에서의 낮은 빈도와 연관지어서 고려할 때, 동아일보는 특별히 확신 – 강조하거나 축소하는 표현을 둘 다 배제하는 비교적 단조롭고 밋밋한 논조의 사설을 유지한다는 해석을 내릴 수 있겠다. 이 문제는 추후 독자들의 인상 반응실험을 통해서 다시 검증해 보면 흥미로운 결과를 도출해낼 수 있을 것으로 보인다.

네 번째의 중간 그룹인 '화자의 판단 표현'에서는, 위의 '판단' 자질의 설명에서 본 것처럼 한겨레신문이 동아일보나 중앙일보에 비해 통계적으로 의미 있는 정도로 높은 빈도를 보였다.

신문사간 사설 텍스트의 차이를 종합적으로 살펴보면, 12개의 단독 언어자질 중에서는 단 두 개의 자질에서만 유의미한 차이가 발견되었고, 중간 그룹의 통합 자질의 경우는, 여섯 개의 자질로 구성된 '적극적 근거성 표현'에서는 아무런 차이가 입증되지 않음으로써 전체적으로 보아서 신문사간에 근거성의 표현에서 커다란 차이가 존재하지 않음과, 신문 사설의 텍스트가 담화 유형으로서 상당히 안정성을 가지고 있음을 보여주고 있다. 같은 맥락에서, 본 연구에 사용된 모든 언어자질들을 한 묶음으로 만든, 종합적인 근거성 표현의 분포는 신문사간에 어떤 의미 있는 차이도 보여주지 않았다.

4. 미국 신문 사설 텍스트의 '근거성' 표현

1) 근거성 언어 자질의 일반적 분포

다음에 나오는 〈표 4〉는 미국의 신문 사설에 나타난 근거성 표현의 빈도표이다. 각 칸 상단의 숫자는 1,000단어 당으로 환산한 평균 빈도를 나타낸다.

〈표 4〉를 보면, 첫째, 명시적인 화행동사(explicit speech act verb)는 미국의 사설에서는 거의 쓰이지 않는다는 것을 알 수 있다. 중소도시의 커뮤니티 신문(Arizona Daily Sun)에서는 가끔 사용되기도 하지만 국제적인 지명도가 있는 신문에서는 60개의 텍스트 중 한 번도 사용되지 않았음을 알 수 있다. 명시적 화행동사는 "첫째, 주어가 1인칭이며 … 셋째, 2인칭 대명사가 전치사 뒤에 나올 수 있으며… "(황적륜 외(역): 211)의 조건에서 사용된다. 커뮤니티 상황에서는 2인칭이라는 다소 인간적인 상호작용 요인이 신문 사설 텍스트에 개입될 수 있지만 일반 신문에서는 탈문맥화(decontextualization)의 텍스트를 지향하므로 2인칭적인 요소를 텍스트에 사용할 수 없게 되어 이런 차이를 가져온다고 볼 수 있다.

〈표 4〉 미국 신문 사설에 나타난 근거성 언어자질의 빈도표

	Arizona Daily Sun	LA Times	NY Times	Washington Post	평 균
1. 화행	0.7 1.3	0.0 0.0	0.0 0.0	0.0 0.0	0.4 1.0
2. must	3.1 4.1	5.5 3.3	3.9 3.5	3.9 3.5	3.6 4.2
3. may	14.6 7.3	13.5 6.7	13.5 9.2	12.1 7.6	13.9 7.5
4. 부정	2.8 2.8	4.1 4.1	1.6 1.4	2.9 2.9	2.8 2.9
5. 순접	1.7 2.2	2.6 2.8	3.2 3.2	1.6 2.0	2.0 2.4
6. 대립	8.5 4.3	6.7 3.8	7.6 3.9	7.6 4.2	8.0 4.2
7. 확신	3.5 3.0	3.9 3.1	3.9 2.7	3.0 3.9	3.5 3.1
8. 근접	1.0 1.7	0.9 1.8	1.0 1.7	1.0 1.5	1.0 1.7
9. 축소	3.8 3.3	2.5 2.7	2.5 2.9	2.0 2.7	3.2 3.1
10. 의심	1.2 1.7	0.4 1.0	0.8 1.7	1.1 1.9	1.0 1.6
11. style	0.5 1.1	0.1 0.5	0.6 1.1	0.3 1.0	0.5 1.0
12. 판단	1.5 1.9	2.1 2.8	1.6 1.9	2.7 3.4	1.8 2.3

각 칸의 위에 있는 숫자는 평균값을, 아래에 있는 숫자는 표준편차를 나타냄.
사설 1편의 길이는 평균 406 단어이며 위의 숫자는 1,000 단어 당 숫자로 환산한 것임.

다음으로, 서법조동사류의 분포에서 may류의 빈도가 must류의 세 배가 넘는 것을 볼 수 있는데 이것은 미국의 신문 사설이 기본적으로 직접적, 적극적인 표현(must)보다는 간접적, 소극적인 표현(may)에 의해서 논증이 진행된다는 점을 시사한다고 볼 수 있고, 앞에서 언급한 화행동사가 사용되지 않는 점과도 연관성이 있어 보인다. 또한 may류의 언어자질은 조사된 단독 자질 중에서는 가장 높은 빈도를 보이고 있어서 미국의 신문 사설에서 근거성의 표현 중 가장 중요한 장치라는 것을 알 수 있다. 다음은 재판 전 중재제도에 대한 커뮤니티 신문의 사설 텍스트이다.

(11) It seems like an idea that deserves wider application. The idea is mediating legal disputes before they get into court, and in the case of the bus crash that opened a floodgate of damage claims against the Flagstaff Unified School District, the stakes are high. … [It's] anyone's guess how much would be eaten up in legal fees, … and we can only hope that … It might involve more start-up funds in the short run, but we can't help but think the long-term costs would be less under an aggressive mediation program. … Mediation seems not only cost-effective … (Arizona Daily Sun 1997년 9월 19일자 사설)

위의 발췌 텍스트에서 볼 수 있듯이 전체를 통틀어 must나 should, ought to, have to의 필연성 표현은 한 번도 나오지 않은 반면에 개연성이나 가능성을 나타내는 서법조동사류는 한 개의 사설 텍스트에 일곱 번이나 등장한다. 이것은 한국어의 경우와 정반대의 현상이다.

그 다음으로 높은 빈도(평균 8.0회/1,000단어)를 보이고 있는 언어자질은 한국어에서 단독으로는 가장 높은 빈도를 보였던 대립 – 대조 – 양보의 표현이다. 한국 신문에서만큼 많이 사용되지는 않았지만 역시 논증 텍스트에서 정 – 반 – 합적인 논리 전개에 반드시 필요한 장치로 쓰인 것을 알 수 있다. 다음은 미국 특별검사에 대한 New York Times의 사설이다.

(12) As Kenneth Starr surely knows, the office of the independent counsel was created to remove real or perceived conflicts of interest in the pursuit of high-level criminal investigations. … The evidence is scant, though Mr. Starr appears to be taking it seriously. We have no doubt that Mr. Shaheen would energetically look into the latest charges and reach an independent conclusion. But because Mr. Starr has unwisely made little effort to distance himself from Mr. Scaife, he should be willing to cede responsibility for the probe. … But the public's confidence would be served if … (New York Times 1998년 4월 15일자 사설)

확신과 강조를 나타내는 표현은 한국 신문에서는 평균 8.1회의 빈도를 보였으나 미국 신문에서는 평균 3.5회에 그쳤다. 이것은 must류보다는 may류를 선호하는 사실과 함께 미국의 신문 사설이 절제된 문체를 보여준다고 할 수 있겠다.

절대 빈도에서는 그다지 눈에 띄지 않지만 한국 신문과 비교했을 때 두드러진 자질로는 축소표현을 들 수 있다. 축소표현에는 소위 머뭇거림(hedge)을 포함한 축소, 약화 기능의 표현이 있는데 미국 신문의 사설은 한국 신문보다 세 배 이상의 빈도를 보여주었다.

그 밖의 언어자질들 중, 순접의 강조, 근접 표현, 의심 표현, style 표현, 판단 표현 등은 한 개의 사설 텍스트에서 모두 평균 1회 미만의 빈도를 보이고 있다.

2) 미국 중앙지와 지방지에 나타난 근거성 언어자질의 분포의 차이

위의 2절의 2)에서 밝힌 것처럼 미국 신문 데이터는 80개의 텍스트로 이루어진 커뮤니티 신문, 즉 지방지와, 60개로 이루어진 국제지, 즉 중앙지이다. 미국 신문의 중앙지와 지방지를 비교하는 까닭은, 본 논문의 주된 관심은 한국과 미국 신문 사설의 텍스트에 나타나는 근거성 표현을 비교하는 것이지만, 그 전 단계로서 한국과 미국의 신문 사설들이 자기들끼리 일정한 동질성을 유지하고 있는가 하는 것을 밝히는 것이 필요하기 때문이다. 앞의 3절의 2)에서 본 것처럼, 한국의 신문들은 근거성 표현의 분포에 있어서 대체로 동질성이 있는 것으로 나타났었다. 이제 미국 신문들의 근거성 표현 분포의 동질성을 확인하기 위해 몇 가지 언어자질에 대해서 t-검증을 통하여 이 두 종류 신문간의 차이를 살펴본다.

먼저, 화행동사는 앞에서도 지적했듯이 지방지에서는 평균 0.7회/1,000단어의 빈도를 보였으나 중앙지에는 전혀 나타나지 않았다. 두 모평균에 대한 유의도 검증(t-test) 역시 유의도 수준 1%에서 의미 있는 차이가 있는 것으로 나타났다. 즉, 명시적인 화행동사에 관한 한 미국 신문 중 지방지와 중앙지 사이에서는 뚜렷한 용법상의 차이가 있는 것으로 해석된다. 그 사회언어학적 해석은 지방지가 중앙지보다 화맥(context)에 대한 의존도, 즉 독자라는 2인칭의 존재에 대한 고려도가 높다는 것이다.

화행동사 외에 단독 자질로서 중앙지와 지방지 사이에 통계적으로 의미 있는 분포의 차이를 보인 것은 축소표현 하나밖에 없었다. 이 축소표현은 전체적으로는 한국의 신문 사설보다 더 많이 사용되었는데(3.2회 대 0.9회), 지방지(3.8회)가 중앙지(2.4회)보다 더 많은 사용을 보였다.

개별 언어자질들을 중간 그룹으로 묶어서 통계적 유의도를 분석한 결과, 세 번째의 '소극적인 근거성'에서만 중앙지(16.2회)와 지방지(19.6회)의 차이점을 발견하였다. 이러한 현상은, 비록 통계적인 유의성은 없지만 지방지가 중앙지보다 must류의 표현이 더 적고 may류의 표현이 더 많고, 확신의 표현이 더 적은 점을 고려한다면, 독자들에 대한 조심스러운 문체라는 것으로 설명이 가능하다고 하겠다. 즉, 인구 5만 가량의 작은 규모의 커뮤니티에서 유일하게 발행되는 신문의 경우, 사설 집필자가 그 지역의 모든 사람들에게 최대한의 공통된 입장을 보일 필요가 있다는 것이다. 그것이 이렇게 소극적인 근거성 표현을 중앙지보다 많이 사용하게 한 원인인 것으로 보인다.

그 밖에, 지방지의 사설(428단어)이 중앙지(375단어)보다 유의미하게 길었으며, 근거성 언어자질을 모두 망라했을 때는 중앙지(40회/1,000단어)와 지방지(42회/1,000단어) 사이에 유의미한 차이가 없었다.

미국 신문의 중앙지와 지방지 간 사설 텍스트의 차이를 종합적으로 살펴보면, 12개의 단독 언어자질 중에서는 단 두 개의 자질(화행동사, 축소표현)에서만 유의미한 차이가 발견되었고, 중간 그룹의 통합 자질의 경우는, 세 개의 자질로 구성된 '소극적 근거성 표현'에서만 유의미한 차이가 입증됨으로써 전체적으로 보아서 중앙지와 지방지 간에 근거성의 표현에서 커다란 차이가 존재하지 않음과, 한국 신문의 경우와 마찬가지로 미국의 신문 사설의 텍스트가 그 해당 사회에서 안정되게 정착된 담화 유형임을 보여주고 있다.

5. '근거성' 표현의 한미 대조 분석

1) 두 언어 사이의 대조 분석

Robert Lado(1957) 이후 언어 간의 대조 분석에 대한 관심은 계속 커지고 있다. Lado 자신의 지적처럼 고전적인 의미의 대조 분석이 가장 효과적으로 진행되려면 분석 대상 언어들의 문법 구조가 비슷해야 한다. 그러면 한국어와 영어같이 그 문법 구조가 판이하게 다른 언어 사이에서의 비교는 어떻게 가능할 것인가?

서로 다른 문법 구조를 가진 언어 사이의 비교가 내포하는 문제점에 관해서는 Biber(1995: 65)가 잘 설명하고 있다.

> 언어마다 문법적인 특징이 다르기 때문에 [특정 언어 자질에 대한] 빈도수가 다르게 나타날 수 있다. 소말리아어를 영어로 번역하여 비교해 보면, 언어 간의 빈도수 비율은 3:4 정도 되는 것 같다. 즉, 평균적으로, 75개의 단어로 구성된 소말리아어 텍스트를 영어로 번역하면 약 100단어짜리 텍스트가 되는 것이다. 이러한 차이를 고려하면, 단순히 1,000단어를 기준으로 해서 두 언어 사이의 언어 자질 빈도수를 비교해 보면 영어보다는 소말리아어에서 언어 자질이 나타날 확률이 높은 것이다. 이러한 차이를 상쇄하기 위해서 본 장에서는 소말리아어의 언어 자질에 0.75를 곱하여 그 수를 하향 조정하였다. (… Frequency counts can differ cross-linguistically simply because they have been normed to a different grammatical basis. From a survey of Somali sentences and English translations, this factor seems to be about 3:4 between languages; that is, on average it takes around 100 words in English to express a Somali sentences of seventy-five words. Given this difference, a straight comparison of frequencies normed per 1,000 words would provide considerably more opportunities for constructions to occur in Somali than in English. To account for this difference, Somali frequency counts are reduced by a factor of 0.75 in the present chapter.)

즉, 아프리카의 Somali 언어는 한국어와 같은 교착어이기 때문에 한 단어 안에 여러 가지 문법 요소가 포함되어 같은 내용을 표현하는 데에 영어의 75%에 해당하는 단어가 필요하다는 것이다. 몇 가지 관찰에 의하면 한국어도 Somali어와 거의 같은 비율인데 본 연구에서는 영어에는 단어 개념을, 한국어에는 띄어쓰기 개념인 어절을 사용했다.

한국어와 영어를 비교할 때 텍스트의 길이 외에 또 하나 문제가 되는 것은 비교되는 언어자질 간의 문법적 동일성이다. 화행동사의 경우는 영어와 한국어 사이에 별다른 문법적 불일치가 없지만, 서법조동사의 경우는 영어와 한국어에 많은 차이가 있다. 다음 보기를 보자.

(13) ㄱ. He may be late.
ㄴ. He seems to be late.
ㄷ. 그는 늦을지 모른다.
ㄹ. 그는 늦을 것 같다.

서법조동사 may의 의미는 일반동사 seem과 거의 같고 그에 해당하는 한국어는 복문 구조를 지닌 풀어쓰기(paraphrase)처럼 보인다. 본 논문에서는 문법적인 분류에 구애받지 않고 담화의 기능을 우선적으로 고려하였으나 동사와 부사의 차이는 인정하여 seem은 may와 같은 서법동사 자질로, seemingly는 개연성의 부사로 분류하였다. 이러한 분류상의 문제점은 품사의 분류가 문제되지 않고 오직 담화 기능만이 고려된 중간 단계의 그룹에 대한 설명을 통하여 대부분 해소되도록 하였다.

2) 한국 신문과 미국 신문의 사설

우리는 위의 한국 신문끼리의 비교와 미국 신문끼리의 비교에서 신문 사설 텍스트가 근거성의 표현에 있어서 서로 매우 비슷하다는 것을 알아냈다. 이제 마지막으로 한국 신문 전체와 미국 신문 전체를 단위로 하여 근거성의 표현에서 서로 다른 점이 있는지를 알아보았다. 위에서 설명한 대로 한국어와 영어를 직접 비교하는 경우는 한국어 언어자질은 750어절 당, 영어는 1,000단어 당 빈도에서 비교한다.

먼저 두 국가의 사설 텍스트에서 가장 높은 빈도를 보인 근거성 언어자질은 한국 신문에서는 대립－양보(10.7회/750어절), must(7.6회), 강조－확신(6.1회), may(3.5회)의 순서였고 미국 신문에서는 may(13.9회/1,000단어), 대립－양보(8.0회), must(3.6회), 강조－확신(3.5회)의 순서였다. 이 분포에서 가장 특이한 점은 한국 신문과 미국 신문 사이에서 must와 may류의 서법조동사 분포가 완전히 뒤바뀌었다는 것이다. 이것은 신문 사설 글쓰기의 규범이 한국과 미국에서 서로 다르다는 것을 시사하는 매우 의미 있는 발견이다. 이와 같은 한미 간의 사설 글쓰기의 차이는 〈표 5〉의 중간 단계 언어자질의 빈도표에서도 부분적으로 발견할 수 있다.

〈표 5〉 국가별 중간 단계 언어자질의 빈도표

	한국 신문	미국 신문	유의도
화행동사	0.8 1.6	0.4 1.0	〈 0.55
적극적 근거성	29.4 10.2	21.0 8.5	〈 0.01
소극적 근거성	4.3 4.0	18.1 8.6	없음
판단의 근거성	1.3 2.1	2.2 2.5	〈 0.01

한국 신문은 750 어절 당, 미국 신문은 1000단어 당 빈도수임.
상단은 평균값, 하단은 표준편차.

즉, 소극적인 근거성의 표현에서는 의미 있는 빈도상의 차이가 없다고 하더라도 적극적인 근거성에서는 한미 간에 뚜렷한 차이($p<0.01$)를 보임으로써 미국 신문의 사설이 한국 신문의 사설에 비해서 직접적인 주장이나 강한 주장을 억제하는 글쓰기의 규범을 가지고 있음을 보여준다. 적어도 근거성의 표현을 기준으로 하였을 때, 한국 신문과 미국 신문이 각기 언어내적(=사회내적)으로는 거의 동일한 글쓰기의 규범을 보이는 것에 반하여 서로 간에는 의미 있는 차이를 보인다는 것은 (미국) 영어를 배우는 한국인의 입장에서, 그리고 한국어를 배우는 미국인의

입장에서는 중요한 고려사항이 아닐 수 없다. 이러한 차이는 〈표 5〉의 네 가지 중간 단계 언어자질을 모두 종합하여 비교할 경우에도 1%의 유의도 수준에서 유의미하게 나타난다(한국 35.8회, 미국 41.7회).

6. 맺는 말

1) 연구의 요약

본 연구에서는 한국의 신문 사설 150개와 미국의 신문 사설 140개를 자료로 하여 이 텍스트들에 나타나는 12개의 근거성을 표현하는 언어자질이 어떤 분포를 보이는지 살펴보았다. 언어자질은 파스칼 프로그램을 이용하여 검색했고, 언어자질에 대한 분포는 통계패키지 ISP를 사용하여 평균값과 표준편차를 계산하고, t-검증을 실시하였다.

한국의 신문 사설에 가장 많이 쓰인 근거성 표현들에는 대립－양보의 표현, 필연의 서법조동사류, 강조－확신의 부사류가 있었고 미국의 신문 사설에 많이 쓰인 것으로는 개연의 서법조동사류와 대립－양보의 표현이 있었다. 정－반－합의 논리 전개상 대립－양보의 표현이 많이 사용되는 것은 한국과 미국의 사설에서 공통적으로 발견된 사항이었지만, 한국의 사설은 적극적 근거성 표현을 더 많이 사용하는 데 비해 미국의 사설은 소극적 근거성 표현을 더 많이 사용하는 것으로 드러났다.

한국과 미국의 신문은 언어내적으로는 서로 아주 비슷한 텍스트성을 보여 줌으로써 신문 사설이 그 사회에서 잘 발달된, 안정성이 있는 텍스트 유형임을 알 수 있다. 한국의 신문 사설 중에는 동아일보가 다소 절제된 (또는, 밋밋한) 문체를 사용하고 있는 점에서 다른 신문들과 차이를 보여 주었다. 미국의 신문 중에는 지방지와 중앙지 사이에 커다란 차이점은 보이지 않았지만, 중소도시에서 발행되는 지방지가 2인칭 독자를 상정하는 문체를 사용하고 있음을 알 수 있었다.

2) 연구의 의의와 제한점

본 연구의 특징은 컴퓨터를 이용해서 대규모의 데이터로부터 언어자질을 찾아내고 통계적인 검증을 실시하는 거시적인 방법론이다. 이러한 연구방법을 채택함으로써, 소규모의 자료만을 가지고 연구자의 손으로 일일이 분석하는 미시적인 방법론이 가지는 단점을 보완할 수 있다. 즉, 소수의 텍스트를 분석해서 얻은 결과가 그 텍스트가 가지는 특이성 때문이었다면 그 분석 결과는 믿을 수 없는 것이지만, 다량의 텍스트를 분석해서 얻은 결과의 경우에는 몇 개의 예외적인 텍스트가 가지는 영향력은 최소한도에 머무르게 된다.

이 연구는 Chafe(1986)와 Biber & Finegan(1989)이 제시한 근거성(evidentiality)을 나타내는 언어자질들이 실제 텍스트에서 어떻게 나타나는지를 밝혀 주고 있다. 우리는 이 연구결과를 통해서 한국과 미국의 신문 사설에서는 어떠한 수사학적 장치가 가장 활발하게 이용되고 있는가 하는 것을 알게 되었다. 그리고 동아일보가 조선일보나 한겨레신문과는 달리 사설에서 적극적인 근거성의 표현을 사용하지 않고 있다는 것을 구체적인 증거를 통해서 밝히고 있다. 이러한 분석결과는 인상주의적인 텍스트 연구를 본격적인 텍스트 언어학의 수준으로 끌어올리는 데에 도움을 준다.

이 연구를 위해 수집한 자료들은 컴퓨터가 그대로 활용할 수 있는 상태로 저장되어 있기 때문에 코퍼스언어학(corpus linguistics)적인 측면에서도 의의가 있다고 할 것이다. 코퍼스 언어학은 아직 한국에서는 생소한 분야이지만 이러한 실증적인 연구를 축적해 나감으로써 궁극적으로는 여러 사람이 공유할 수 있는 대용량의 코퍼스도 구축할 수 있고 더 큰 연구성과도 기대할 수 있을 것이다.

우리는 이 연구에서 한국의 사설 텍스트와 미국의 사설 텍스트가 근거성의 표현이라는 측면에서 상당히 차이가 있음을 알았고 그 차이에 대한 사회언어학적인 이유에 대해서도 생각해 보았다. 이와 같은 작업은 비교문화적인 관점에서 매우 중요하다. 겉으로 보기에 비슷해 보이는 두 현상(한국의 사설과 미국의 사설)이, 중요한 점에서 서로 다르다는 것을 실증적으로 보여주는 것은 중요한 발견이라고 할 수 있는 것이다.

끝으로 영어교육의 입장에서도 이 연구의 결과는 많은 시사점을 던져 준다. 한국의 사설 구조에 익숙한 사람이 미국 신문에 사설을 쓴다면, 예를 들어서, must, should, have to, ought to 같은 서법조동사를 지나치게 많이 쓴다면, 그 글은 사회언어학적으로 부적절한 글이 될 것이다. 이 문제는 고급 영작문의 단계에서 새롭게 고려해야 할 사항이라고 생각된다.

한편, 본 논문은 다음과 같은 점에서 일정한 한계를 지니고 있다.

첫째, 신문(사)의 주관적인 입장과 태도에 대한 표현을 분석하려면 근거성 표현만으로는 한계가 있기 때문에 궁극적으로는 정서성(affect)의 표현도 포함시켜야 한다.

둘째, 근거성의 언어자질을 주로 어휘 수준에서만 분석하였는데 프로그램 수준을 향상시켜서 통사적, 화용론적인 수준까지 확대하여야 한다.

셋째, 현재와 같은 어휘 수준의 분석에서도 해당 언어자질 목록을 더 보완해야 할 것이다.

마지막으로, 통계처리방법도 평균값, 표준편차, t-검증 이외에도 요인분석(factor analysis) 등을 이용한 텍스트 유형의 발견 등 더 다양한 방법론을 도입할 필요가 있을 것이다.

√ 참고문헌

서정수 (1996). 국어문법. 서울: 한양대학교 출판원.

최진우 (1983). 신문보도기사론. 서울: 과학정보사.

황적륜, 김용진, 김재원, 김혜숙, 이원표, 조주연, 황선혜 (공역) (1994). 사회언어학. 서울: 한신문화사. (Fasold, R. 1990. Sociolingustics of Language. Cambridge, MA: Basil Blackwell)

Bell, A (1991). *The Language of News Media.* Oxford: Blackwell.

Bell, A and P. Garrett (1998). *Approaches to Media Discourse.* Oxford: Blackwell.

Biber, D. (1995). *Dimensions of Register Variation: A cross-linguistic comparison.* Cambridge: Cambridge University Press.

Biber, D and E. Finegan. (1989). Styles of stance in English: Lexical and grammatical marking of evidentiality and affect. *Text* 9(1), 93-124.

Bolivar, A. (1994). The structure of newspaper editorials. In Coulthard (ed.), *Advances in Written Text Analysis.* London: Routledge. 276-294.

Chafe, W. (1986). Evidentiality in English conversation and academic writing. In W. Chafe and J. Nichols (eds.), *Evidentiality: The linguistic coding of epistemology. Vol. XX Advances in Discourse Processes*, 261-272.. Stamford, CT: Ablex Publishing.

Day, L. A. (1997). *Ethics in Media Communications: Cases and controversies.* 2nd ed. Belmont, CA: Wadsworth Publishing.

Fowler, R. (1991). *Language in the News: Discourse and ideology in the press.* London: Routledge.

Lado, R. (1957). *Linguistics across Cultures.* Ann Arbor, MI: University of Michigan Press.

Liebes, T. (1992). Our war/Their war: Comparing the Intifadeh and the Gulf War on U.S. and Israeli Television. *Critical Studies in Mass Communication.* 9, 44-55.

MacMillan, K. and D. Edwards. (1999). Who killed the Princess? Description and blame in the British press. *Discourse Studies* 1(2), 151-174.

Quirk, R., S. Greenbaum, G. Leech, and J. Svartvik. (1985). *A Comprehensive Grammar of the English Language.* London: Longman.

Sinclair, J. McH. and R. M. Coulthard. (1975). *Towards an Analysis of Discourse: The English used by teachers and pupils.* Oxford: Oxford University Press.

Triandafyllidou, A. (1995). *The Chernobyl accident in the Italian press: a 'media story-line'. Discourse & Society.* 6(4), 517-536.

Van Dijk, T. (1988a). *News as Discourse.* Hillsdale, NJ: Lawrence Erlbaum Associates.

Van Dijk, T. (1988b). *News Analysis.* Hillsdale, NJ: Lawrence Erlbaum Associates.

Van Dijk, T. (1998). Opinions and ideologies in the press. In Bell and Garrett (1998). 21-63.

Wang, S. (1993). The New York Times' and Renmin Ribao's news coverage of the 1991 Soviet coup: A case study of international news discourse. *Text.* 13(4), 559-598.

√부록: '근거성' 언어자질 목록

본 연구에서 사용된 '근거성'을 표현하는 영/한 언어자질(한국어와 영어의 품사가 1대1로 대응하지 않기 때문에 영어를 기준으로 하여 그 화용적/기능적 대응 표현으로 짝을 이루었음)

1. **화자의 주장이 명시적으로 표현된 것**

1) 화행동사

I/We (Adv)_______: emphasize, claim, recommend, promise, advise, ask, hope, oppose, agree, appreciate, regret, suggest, apologize, deplore, congratulate, admire, want, demand, argue, insist, urge pledge, invite, announce, request, warn, pronounce, caution, expect

강조한다, 주장한다, 촉구한다, 평가한다, 권고한다, 당부한다, 충고한다, 축하한다, 추측한다, 묻는다, 요구한다, 바란다, 반대한다, 찬성한다, 다짐한다, 감사한다, 예측한다, 후회한다, 명령한다, 제안한다, 요청한다, 부탁한다, 경고한다, 약속한다, 기대한다.

2. **화자의 적극적인 근거성이 표현된 것**

2) 필연/의무 서법조동사

must, ought to, should, have to, has to, be supposed to, need to

－해야 한다, －해야 하겠다, －해야 옳다, －해야 마땅하다, －해야 할 것이다, －해야 하는 것이다. 필요가 있다, －가 필요하다

3) 강조 부정

never, nobody, nothing, no, none, neither, nowhere

결코, 결단코, 추호도, 누구도, 아무 것도, 전혀, 아무도, 조금도, 털끝만큼도, 어디에도

4) 강조 순접 연결사

Again(문장 시작), also, further, furthermore, moreover, in particular, what is more, in addition, above all, on top of it

또, 또한, 그밖에, 그런데다, 그 외에, 더욱(이), 게다가, 그러고, 더구나, 더군다나

5) 대립, 대조, 양보 연결사

but, on the contrary, in contrast, by contrast, on the other hand, however, anyhow, nevertheless, nonetheless, notwithstanding, in any case, at any rate, all the same, That said, though, although, in spite of, despite, rather, conversely, even

그러나 그렇지만, 하지만, 그러한데도, 그래도, 그럴지언정, 그럴망정, 그러한데도, 그럼에도, 그렇잖아도, -이지만, -했지만, -했으나, -건만, -할망정, -할지언정, -할지라도, 반면, 어쨌든, 어떻든, 여하간, 하여튼, 좌우간, 오히려, 도리어, 반대로, 거꾸로, 의외로, 뜻밖에, 차라리, 비록, 설령, 아무리, 설사, 은/는 커녕, 물론, 하기야, 천상

6) 확신/강조 부사

absolutely, completely, entirely, extremely, fully, perfectly, quite, thoroughly, totally, utterly, badly, bitterly, deeply, enormously, greatly, heartily, highly, intensely, much, severely, strongly, terribly, indeed, really, simply, obviously, certainly, clearly, undoubtedly, definitely, sure(ly), unarguably, undeniably, unquestionably, plainly, doubtlessly, manifestly, a lot, a great deal, by far

바로, 그야말로, 역시, 실로, 하물며, 참으로, 정말(로), 특히, 뚜렷이, 마땅히, 가장, (지)극히, 최고로, 최대로, 아주, 심히, 매우, 대단히, 굉장히, 참, 몹시, 사뭇, 무척, 퍽, 유난히, 유달리, 워낙, 훨씬, 한층, 한결, 상당히, 하도, 완전히, 심지어, -조차, -마저, 절대로, 굳이, 특별히, 확실히, 틀림없이, 분명히, 명백히, 반드시, 꼭, 기어이, 기필코

7) 근접 표현(Quirk 등(1985: 597)의 downtoner 중 approximator와 minimizer는 강조의 기능이 더 강하므로 3의 소극적 근거성이 아니라 2의 적극적 근거성으

로 분류하였음)

pretty, almost, practically, nearly, all but, virtually, rarely, scarcely, hardly, barely, as good as, in the least, in the slightest, not at all, not a bit

거의, 겨우, 자못, 그리, 뿐, -나마, 제법, 꽤, 구태여, 모름지기

3. **화자의 소극적인 근거성이 표현된 것**

8) 개연/추측 서법조동사

may, might, can, could, will, would, seem, look like

-할 것이다, -이리라, -일거다, -하겠다, 듯하다, 듯싶다, -할 모양이다, 것 같다, -할지 모른다 (이상의 표현은 '해야'가 앞에 나오지 않는 경우만 해당된다)

9) 축소 표현 (downtoner)

only, just, merely, relatively, sort of, kind of, as if, so to speak, as it were, somewhat, to some extent, not particularly, slightly, partly, partially, in part, in some respects

다만, 단, 단지, 오직, 오로지, 좀, 다소, 이를테면, 말하자면, 마치, 별로, 별반, 조금만

10) 의심/개연 부사

probably, likely, maybe, perhaps, possibly, presumably, seemingly, supposedly

대체로, 흔히, 대강, 대략, 대저, 개략적으로, 아마, 혹시, 일반적으로, 보편적으로, 보통, 대개, 무릇, 어쩌면

4. **화자의 판단이 표현된 것**

11) 'style disjunct' 부사 (Quirk 등(1985: 615) 참조)

frankly, candidly, honestly, seriously, strictly, truly, truthfully, confidentially, approximately, briefly, broadly, generally, roughly, literally, basically, mainly, in short, personally

정말이지, 솔직히, 진실로, 엄격히, 진정으로, 개인적으로, 단도직입적으로, 문자 그대로, 도대체, 제발, 부디, 바라건대

12) 가치판단 부사

allegedly, admittedly, apparently, conceivably, arguably, reportedly, reputedly, evidently, actually, ideally, officially, ostensibly, superficially, technically, theoretically, essentially, fundamentally, justly, correctly, rightly, wrongly, artfully, cleverly, cunningly, foolishly, reasonably, sensibly, wisely, amazingly, astonishingly, curiously, incredibly, ironically, oddly, remarkably, strangely, suspiciously, unexpectedly, appropriately, inevitably, naturally, predictably, understandably, annoyingly, delightfully, regrettably, fortunately, luckily, tragically, conveniently, hopefully, preferably, surprisingly, significantly, thankfully, in fact

-에 의하면, 따르면, 실제로, 실은, 사실(은), 어이없게, 실망스럽게, 어리석게, 놀랍게, 이상하게, 예상외로, 현명하게, 멋지게, 다행히, 불행히, 운 좋게, 유감스럽게, 당연히, 불가피하게, 합리적으로, 불합리하게, 교활하게, 정의롭게, 정직하게, 부정직하게, 기본적으로, 피상적으로, -으로 보기에, 공식적으로, 이론상, 이상적으로, 결정적으로

9

대통령 취임사: 수사구조와 담화의 민주화

이원표(연세대학교)

1. 서론: 정치담화로서의 취임사

대통령 취임식은 모든 국가에서 중요한 정치적 행사 중의 하나이다. 이것은 대통령 당선자가 자신의 미래 국정 방향을 제시하는 첫 번째 공식 행사로서, 국민들은 이를 통해서 새 대통령이 국가를 어떻게 통치할 것인가를 예측할 수 있는 기회를 갖게 된다. 이런 의사소통 과정은 새로운 형태의 사회, 문화, 그리고 정치적 맥락을 생성할 뿐만 아니라, 취임식이 열리고 있는 국가의 현(current) 정치적 상황을 직접적으로 반영하기도 한다. 이런 모습은 국소적(local) 차원의 행위와 거시적 차원의 사회, 경제적 구조 사이의 변증법적 관계를 의미하는 Giddens(1984)의 "구조의 이원성(duality of structure)"이란 개념을 예시하고 있다(Duranti 1990). 이런 맥락에서, 대통령 취임식의 핵이라 할 수 있는 취임사는 이 특정한 장르의 담화가 "정치적 성격을 띤 화자가 정치적인 목적을 위해 정치적인 일에 대해 의사소통을 할 때" 발견된다는 점에서 정치적인 성격을 피할 수 없다(Gastil 1992).

더구나, 만약 어떤 사회가 정치적 소용돌이에 휩싸여 있거나 사회, 정치적 체제에서 급격한 변화를 겪고 있다면 취임사는 이런 사회 · 문화적 변화, 또는 이 격변기가 지향하는 정치적 이념을 반영하는 거울이 될 수 있을 것이다.

따라서, 이런 정치담화는 담화분석적인 측면에서 두 가지 흥미로운 문제를 제기한다. 첫째는 취임사가, 비록 구체적인 모습은 해당 국가의 역사적, 문화적 배경에 따라 다를 수 있겠지만, 나름대로의 수사구조를 가질 것으로 기대될 수 있다는 것이다. 이는 모든 종류의 담화가 고유의 담화구조와 제약을 가지는 것으로 제안되고 있고, 특히 정치담화는 대부분의 경우 다른 사람들을 설득한다는 목적을 갖고 있기 때문이다. 다시 말해서, 대통령 취임식은 선거나 쿠데타 또는 다른 정치적 과정에 의한 정부 체제에서의 변화를 전제하기 때문에, 대통령 취임사의 목적 중 한 가지는 대통령 당선자와 그의 새 정부에 찬성하거나 반대함으로써 분열되었을 수도 있는 다양한 성격의 청자들에게 대통령 당선자 및 새 정부의 적법성이나 정통성 등을 설득하는 데 있기 때문이다. 둘째는, 앞에서 언급한 구조의 이원성과 사회 변화라는 개념과 관련해서, 어느 특정한 언어공동체에서 발생하는 사회, 정치적 변화는 담화 관행(discourse practices) 및 담화 자체의 구조와 기능에서의 변화에 반영될 것으로 기대된다는 것이다. 이런 가능성은 Fairclough(1992)를 중심으로 담화와 사회 구조 및 변화 사이의 관계를 다루고 있는, 다음 절에서 소개할, “비평적 담화분석(Critical Discourse Analysis)”에서 제시되고 있으며, 실제로 최근 일련의 연구에서 이런 가능성의 검증이 시도된 바 있다(Flowerdew 1996, 1997; Bhatia 1997; Ciliberti 1997).

한국은 현재의 정치적 성숙을 이루어내기 위해 지난 반세기 동안 일련의 사회, 정치적 소용돌이를 경험해왔다. 이 과정에서 국민들은 여덟 명의 대통령이 최고 권좌에 오르는 것을 목격했고, 십여 개의 취임사를 들어야 했는데, 이런 다수의 취임사는 하나의 새로운 장르를 형성하기에 충분한 것으로 볼 수 있다. 그러나 그동안 우리 언어학계에서는 이런 사실에 주목하지 못했고, 따라서 이와 관련된 어떤 종류의 분석도 시도된 적이 없었다. 따라서 본 논문에서는 화용 및 사회언어학적 측면에서, 정치담화로서의 취임사를 분석하고자 한다. 구체적으로, 앞에서 언급된 두 가지 문제들과 관련해서, 첫째, 의도된 발화수반력(Austin 1962; Searle 1969)과 정치담화로서의 목적을 성취하기 위해 네 명의 대통령들이 이용하는 수사구조에 초점을 맞추게 될 것이다. 둘째, 담화와 사회 변화와의 관계라는 측면에서, 네 명의 대통령 중 권력을 획득한 과정과 민주국가를 실현한다는 정치적 이상의 측면에서 아주 다른 평가를 받고 있는 두 대통령의 취임사를 비교함으로써 소위 "담화의 민주화"(Fairclough 1992)를 분석하게 될 것이다.

이런 목적을 위해서, 우선 제 2절에서는 몇 가지 이론적 배경과 이전의 연구를, 제 3절에서는 자료의 성격을 소개하기로 한다. 제 4절에서는 네 명의 대통령에 의해 공통적으로 사용되는 수사구조를 조사하고, 제 5절에서는 담화의 민주화에 대한 상세한 분석이 이어질 것이다. 마지막 절은 결론으로서, 요약과 이 분석이 보여주는 몇 가지 함축을 제시하게 될 것이다.

2. 이론적 바탕: 장르분석과 비평적 담화분석

본 논문은, 언급한대로, 앞에서 제시된 목적을 추구하기 위해, 화용 및 사회언어학적인 접근법(Brown & Levinson 1987; Schiffrin 1987; Tannen 1989)을 동시에 취할 것이다. 우리에게 익숙한 이 두 가지 접근법은 모두 사회 및 문화적 맥락에서의 언어 사용을 조사하는 데 관심이 있고, 특히 발화문들이 다른 상호작용 과정에서 수행하는 다양한 기능을 예시하는데 초점을 맞추고 있기 때문이다. 이 과정에서 이런 접근법들은 대화참여자들과, 상호작용에서의 그들 사이의 관계, 그들이 공유한 지식, 명백하게 표현되지 않았지만 함축되고 있는 것 등에 특별한 주의를 기울이고 있다(Adegbija 1995).

그러나 앞에서 제기된 두 가지 문제와 관련해서, 본 논문은 두 가지 좀 더 구체적인 접근법을 이용하고자 한다. 첫째는 장르분석이다. Bhatia(1993: 13)에 따르면 장르를 정의하는 데는 다음과 같은 네 가지 조건이 필요하다. 첫째, "장르는 관련된 전문적, 학술적 공동체의 구성원들에 의해 식별되고 상호 이해되는 의사소통적 목적에 의해 특성 지워지는, 인식 가능한 의사소통적 사례"라는 것이다.[1] 이 정의에서 가장 중요한 것은 "의사소통적 목적"이며, 따라서, 이런 목적에서의 변화는 장르의 변화로 이어진다. 이런 의미에서 취임사는 사람들에 의해 분명하게 대통령 당선자가 최초로 자신의 미래 국정 방향에 대해 공식적으로 발표하기 위한 것으로 인식되고 있다는 점에서, 기본적으로, 나름대로 하나의 장르가 되기 위한 조건을 만족시킨다고 볼 수 있다. 이렇게 첫째 조건을 만족시키는 것은 대통령 취임사라는 새로운 장르에서는, 나머지 다른 세 가지 측면이나 조건, 즉 "장르는 고도로 구조화되고 인습화된 의사소통적 사례이다", "장르는 발화문들의 의도와 위치 설정, 형태, 기능가(functional value)의 측면에서 제약이 있다", "그러나 이런 제약은 사회적으로 인식된 목적 안에서 사적인 목적을 성취하기 위해 노련한 담화 공동체 구성원들에 의해 이용될 수 있다"는 측면이나 조건들도 만족시키고 있는지, 만약 그렇다면 구체적으로 어떻게 실현되고 있는지를 조사하게 하는 바탕을 제공하게 된다. 이 가정 상의 새로운 장르에서 이런 세 가지 측면들을 분석함으로써, 본 논문의 자료가 되고 있는 취임사가 실제로 하나의 장르로서 자격이 있는지를 좀 더 확실하게 검증하는 동시에, 이 논문의 첫 번째 목적, 즉 화자들이 자신의 정치적 연설을 좀 더 효율적이며 설득적인 것으로 만들기 위해 사용하는 수사구조를 상술하는 것도 가능하게 될 것이다.

둘째, 대통령 취임사가 하나의 정치담화가 될 수 있다는 가설과 관련해서, 본 논문은 "비평적 담화분석(Critical Discourse Analysis) (Fairclough 1989, 1992, 1995; van Dijk 1993)"이라는 또 다른 좀 더 구체적인 접근법에 의존할 것이다. 일반적으로 말해서 비평적 담화분석은 "텍스트 분석, 텍스트의 생산, 소비, 분배 과정의 분석, 담화사례의 사회, 문화적 분석을 통합하는 것"으로 정의된다(Fairclough 1995: 23). 이 접근법은, 또한, "사회 정치적 담화분석"이라 불리기도 하며, "지배 관계의 생성과 도전에서 담화가 수행하는 역할에 관심이 있다"(van

1) 그러나 이런 정의는, 장르를 인식하는 주체를 전문적, 학술적 공동체의 구성원으로 규정하고 있다는 점에서 다소 지나치게 제한적인 것으로 볼 수 있다. 본 논문은 이 부분을 "관련된 사회의 구성원"으로 대체함으로써 이 정의를 다소 느슨하게 할 수 있을 것으로 생각한다.

Dijk 1993: 249). 가령, 이 접근법에서는 명령문과 같은 지시적(directive) 화행을 힘을 행사하고 만들어내기 위한 유용한 언어적 장치로 보고 있으며, "텍스트에 표현된 사건에서, 가령 한 강력한 사회구성원이 행한 행위성(agency)을 축소시키거나, 암시적인 것으로 만들거나, 은밀하게 표현함으로써 사회적 역학 관계를 숨기기 위한 전략들을 추구하는 수사(rhetoric) 및 스타일"을 찾기도 한다(van Dijk 1993: 250). 담화와 힘의 관계에 대한 관심과 함께, 이 접근법이 갖는 또 하나의 관심사는 사회 변화와, 담화관행 및 그 구조가 어떻게 상호 재귀적으로 반영하거나 반영되고 있는가이다. 가령, 비평적 담화분석은 "담화가 사회 변화의 시작과 전개, 그리고 공고화되는 과정에서 어떤 부분을 차지하는지를 판단하기 위해 중요한 사회적 경향에서의 담화적 측면에 주의를 기울이기도 한다"(Fairclough 1989: 197). 가령, Flowerdew(1997)는 이 접근법에 근거해서 "질문 시간(Question Time)"이라는 홍콩 총독과 시민들과의 대화를 분석하여, 이곳에서 일어나고 있는 사회 변화와 담화 사이의 관계 및 그 조작적인 측면을 분석하였다.

이런 두 가지 접근법을 동시에 사용함으로써 본 논문은, 한편으로는, 의사소통 목적과 관련된 수사구조의 측면에서 취임사의 일반적 패턴이나, 네 개의 취임사에서 발견되는 유사점들을 발견할 수 있을 것이며, 다른 한편으로는, 각각의 취임사를 낳게 한 사회, 정치적 변화와 관련되었을 수도 있는 각 취임사의 개별적 특성이나 차이점도 발견할 수 있을 것이다. 이런 본 논문의 목적을 성취하기 위해, 우선 다음 절에서 본 논문에서 분석될 자료의 성격을 간략하게 소개할 필요가 있는 것 같다.

3. 자료: 네 개의 한국 대통령 취임사

본 연구에서는 세 명의 전직 대통령, 전두환(이후 "전 대통령"이라 칭함), 노태우(이후 "노 대통령"이라 칭함), 김영삼(이후 YS라 칭함)과 현직 대통령 김대중(이후 DJ라 칭함)의 취임사를 분석할 것이다. 이 네 대통령은 한국의 사회 및 정치제도에서의 격랑과 변화를 대변하고 있다. 이들은 최고 권좌에 오른 과정과, 한국에서의 정치적 성숙과 민주주의를 성취하는 데 행한 역할에서 다른 모습들을 보인다. 따라서, 본 논문의 두 번째 목적, 즉 담화의 민주화를 조사하는 것과 관련해서, 최근 한국 정치사의 주역이었던 이 네 사람의 정치적 역정과 그들 사이의 주요 차이점을 간략하게 소개하는 것이 필요한 것 같다.

박정희 대통령에 의한 18년 간의 독재정치가 1979년 그의 죽음으로 끝나자, 전직 4성 장군이었던 전 대통령과 노 대통령은 쿠데타와 지방 도시, 광주에서의 학살을 통해, 그 당시 새로 출범하여 민주주의 개혁을 시행할 것으로 기대되던 최규하 정권을 전복시켰다. 그 후 전 대통령은 거리에서의 격렬한 시위를 무력으로 진압하면서 체육관에서의 간접선거를 통해 대통령이 되는데, 이런 권력 취득 과정의 불법성 때문에, 당연히 전 대통령에 의한 통치기간은 반정부 시위와 대통령 직선제 개헌을 요구하는 목소리로 가득 차게 되었다. 7년 간의 전 대통령에 의한 철권통치 후에, 노 대통령은 대통령을 직선제로 선출하고 대통령의 임기를 5년으로 단축하라는 국민들의 요구를 수용하면서 쿠데타 동지였던 전임 대통령으로부터 사실상 대통령직을 물려받게 된다. 그는 쿠데타의 핵심 주역 중 하나였다는 치욕스러운 전력에도 불구하고, 어쨌든 국민들의 투표에 의해 대통령으로 선출되었다는 사실 덕분에 국민들로부터 커다란 저항 없이 통치할 수 있었다. 민주주의에 대한 국민들의 요구에 부응하려는 그의 태도는 자신의 친구이자 전임자였던 전 대통령의 극적인 구속 수감에 의해 상징되고 있다.

한편, YS와 DJ는 비록 서로 정치적 경쟁자 관계에 있었지만 "민주투사"로서의 정치적 경력을 공유하고 있다. YS는 노 대통령과의 정치적 연합을 통해서 차기 대통령 자리를 선점하는 기회를 잡는데, 그러나 YS는 그 후 자신의 정부는 전임자의 "군사정부"와는 달리 "문민정부"임을 부각시키면서 노 대통령으로부터 자신을 구별시키게 된다. YS의 통치기간 중 사회의 민주화라는 측면에서 많은 발전이 있게 되는데, 이는 그 동안 대중들이 접근할 수 없었던 대통령 관저 앞 도로를 대중들에게 개방했던 상징적 조치에 의해 대변될 수 있다. 그러나 그의 정부는 측근들에 의한 부정부패와, 특히 그의 임기가 끝날 무렵에는 결국 국가를 부도 위기에 처하게 했던 경제 정책에서의 총체적인 실정에 의해 실패작으로 막을 내리게 된다. 전임 정부로부터 국가 부도 위기라는 달갑지 않은 유산을 물려받은 DJ는, 국가를 경제위기로부터 기적적으로 벗어나게 했다는 치적을 자랑하면서 2년 남짓 대통령직을 수행하고 있다. DJ는, YS로부터 자신을 차별화하면서, 자신의 정부를 "국민의 정부"라 성격 지운 후 사회의 많은 영역에서 민주개혁을 시행하였다. 가령, 그는 두 차례 TV에 출연하여 "국민과의 대화"를 가졌으며, 노동조합의 정치참여를 허용하였고, 국민연금 제도를 실시하였으며, 심지어 공산주의로부터의 전향을 거부했던 장기복역수들을 석방함으로써 좀 더 개방된 정부와 민주주의 사회를 추구하였다.

4. 대통령 취임사의 수사구조와 기저 이념

1) 수사구조[2)]

(1) 친화관계(rapport) 정립

전형적으로, 취임사는 청자 부르기(addressing)나 이들에게 감사하기(thanking)로 시작된다. 청자 부르기는 담화를 시작하기 위한 장치로 볼 수도 있다. 그러나 실제 메시지를 전달하기 전에 청자와 일정 형태의 사전 상호작용을 하는 것은 대부분의 언어사례에서 중요할 수 있는데, 이런 의미에서 청자 부르기와 감사하기는 소위 "교감적 언어 사용(phatic communion)"(Malinowski 1972)의 한 예와, 대화참여자들 사이의 친화관계를 정립하기 위한 중요한 전략으로 볼 수 있다. 가령, (1)에서와 같은 청자 부르기를 통해서 화자들은 사회적 관계로의 초대와, 기존에 정립된 관계의 확인 및 적극적 공손법의 표현을 분명히 하고 있다(Brown &

2) 여기서 "수사구조"라는 용어와, 각 전략이 제시되는 순서가 이런 전략들이 항상 이 특정한 순서대로 사용되고 있음을 의미하는 것은 아니다. 여기서 제시되는 순서가 네 취임사에서 대체로 지켜지고 있는 것은 사실인 것 같다. 그러나 논의 과정에서 보이고 있듯이 각 취임사마다 다소의 차이는 있다.

Levinson 1987).

(1) 친애하는 6천만 국내외 동포여러분 (노)
친애하는 7천만 국내외 동포여러분 (YS)
존경하고 사랑하는 국민 여러분 (DJ)

국민에 대한 호칭의 사용에 이어, 네 명의 대통령들은 모두 전직 대통령이나 취임식에 초대된 다른 귀빈들의 업적을 인정하는 말과, 국민들에게 자신들이 대통령이 되는 데 도움을 준 것에 대한 감사의 말을 하고 있다.

(2) 획기적인 전환의 시기에 본인에게 대통령이라는 막중한 소임을 맡겨준 국민 여러분에게 깊은 감사와 경의를 드리는 바입니다. (전)

우리 헌정발전을 뒷받침해주신 윤보선, 최규하 대통령과 평화적 정부이양의 역사적 선례를 세우신 전두환 전임대통령, 그리고 이 자리를 빛내주신 세계 각국의 경축사절과 내외귀빈 여러분 (노)

노태우 대통령을 비롯한 전직대통령, 그리고 이 자리에 참석하신 내외 귀빈 여러분 … 저는 국민 여러분께 뜨거운 감사를 드립니다. (YS)

"국민의 정부"를 탄생시킨 국민 여러분들께 찬양과 감사의 말씀을 드립니다. … 그리고 저의 취임을 축하해주기 위해 이 자리에 함께 해주신 김영삼 전임대통령, 폰 바이체커 독일 전 대통령, … 참석자 여러분들께도 깊이 감사드립니다. (DJ)

취임사의 본론 부분을 시작하기에 앞서 친화관계 정립을 위한 이런 언어적 장치들을 사용함으로써 대통령 당선자들은 자신과 여러 가지 다른 종류의 청자들 사이에 존재할 수도 있는 심리적 거리감을 메우고 조화로운 관계를 증진시키고자 하는 것으로 볼 수 있다.

(2) 취임식의 성격 규정

이어지는 취임사의 수사 전략은 본 논문이 다루고 있는 언어사례, 즉 취임식의 성격을 규정하는 것이다. 이런 성격 규정의 한 가지 가능한 목적은 정치적 축제로서의 분위기를 고취시키기 위한 것일 수도 있다. 일반적으로 새 대통령의 취임은 경축의 대상이나 축제로 여겨질 수 있기 때문이다. 그러나 좀 더 중요한 것은 이런 전략들을 사용함으로써 각 대통령들은 국민들에게 이 의식의 상징적 성격, 즉 다음 (3)과 같이, 새 정부의 출범이 갖는 역사적, 정치적 의의를 말하려 하고 있다는 것이다.

(3) 우리는 오늘 시련으로 얼룩졌던 구시대를 청산하고 창조와 개혁과 발전의 기치아래 새 시대를 꽃피우는 제5공화국의 영광스러운 관문 앞에 모였습니다. (전)

오늘 우리는 새로운 시대의 개막을 선언하기 위해 성스러운 이 민의의 전당 앞에 모였습니다. (노)

오늘 우리는 그렇게도 애타게 바라던 문민 민주주의의 시대를 열기 위하여 이 자리에 모였습니다. 오늘을 맞이하기 위해 30년의 세월을 기다려야 했습니다. (YS)

오늘 저는 대한민국 제 15대 대통령에 취임하게 되었습니다. 정부수립 50년 만에 처음 이루어진 여야간 정권교체를 여러분과 함께 기뻐하면서… (DJ)

구체적으로, 전 대통령과 노 대통령은 “새 시대”의 시작을 강조하고 있고, 특히 전 대통령은 이 “새 시대”를 온갖 종류의 시련에 의해 얼룩진 “구 시대”와 대조시키고 있다. 이 두 대통령은 이 부분에서 이 “새 시대”가 무엇을 의미하는지 명시하고 있지 않지만, 취임사의 뒷부분에서, 전 대통령은 국민들이 역사를 통해서 소중히 간직해온 강하고 축복 받은 국가에 대한 꿈을 함께 실현, 건설하는 “창조의 시대”로, 그리고 노 대통령은 변화하고 발전하며 도약하고 활기로 가득한 “진보의 시대"로 정의하고 있다. 더불어, 전 대통령은 민주주의의 토착화를 그의 4대 국정 목표에 포함시키고 있고, 노 대통령은 "민주주의"를 취임사 중에 자주 언급하면서, 이를 인간의 삶을 인간답게 만드는 건전한 가치라 일컫고 있다. 한편, YS와 DJ는 이 취임식이 각각, 문민 민주주의 개막을 위한 것과, 여당과 야당 사이의 정권 이양을 위한 것으로 선언하고 있다. 따라서, 이 네 취임사에서의 구체적 표현들은 그 명시성에서 차이가 있지만, 이 정치적 행사의 성격을 규정하기 위한 이 부분은 모두 청자들에게 이 의식이 새롭거나 좀 더 나은 민주주의의 시작을 알리는 상징임을 추론하게 하기 위해 고안된 것으로 볼 수 있다.

(3) 대통령으로서의 정체성 구축과 정권의 합리화하기

네 취임사에서 일관되게 발견되는 세 번째 전략은 대통령으로서의 정체성과 정권의 정통성을 구축하고 합리화시키는 것이다.

(4) 본인은 민족의 역사에서 참으로 중대하고 획기적인 이 전환의 시기에 본인에게 대통령이라는 막중한 소임을 맡겨준 국민 여러분에게 깊은 감사와 경의를 드리는 바입니다. 이번 제12대 대통령 선거를 통하여 국민 여러분이 본인에게 압도적인 성원을 보내주신 것은 본인에게 있어 무한한 영광일 뿐 아니라 …제 5공화국 헌법에 의해 선출된 대통령이 오늘 취임식을 가짐으로써 새 공화국이 명실상부하게 출범하였습니다… 본인은 나에게 절대적인 지지를 보내준 국민 여러분의 명령에 충실할 것이며… (전)

이 나라에 민주정부를 세운 지 40년, 새로운 나라와 새로운 시대를 요청하는 역사의 조류 속에서 제13대 대통령으로 취임하면서, 아득한 옛날 이 땅에 민족의 터전을 일구어 오신 모든 선조들에게 깊이 머리 숙입니다. (노)

오늘을 맞이하기 위해 30년을 기다려야 했습니다. 마침내 국민에 의한 국민의 정부를 이 땅에 세웠습니다. 오늘 탄생되는 이 정부는 민주주의에 대한 국민의 불타는 열망과 거룩한 희생으로 이루어졌습니다. … 우리 국민은 참으로 위대합니다. (YS)

온갖 시련과 장벽을 넘어 진정한 국민의 정부를 탄생시킨 국민 여러분께

> 찬양과 감사의 말씀을 드리는 바입니다. … 오늘 이 취임식의 역사적 의미는 참으로 크다고 할 것입니다. 오늘은 이 땅에서 처음으로 민주적 정권교체가 실현되는 자랑스러운 날입니다. 또한 민주주의와 경제를 동시에 발전시키려는 정부가 마침내 탄생하는 역사적인 날이기도 합니다. (DJ)

기본적으로 모든 대통령들은 그들의 대통령직 취임과 새 정부의 출범을 국민의 도움과 열망 그리고 희생의 덕분으로 돌리고 있다. 이런 전략을 통해서 그들은 자신들의 최고 권력이 무력이나 불법적인 절차에 의해서 얻어진 것이 아니라 국민적인 합의와 국민들의 위임에 의한 것임을 보여주려 하고 있다.

그러나 이 전략은 구체적인 전술이나 그 강도에서 네 취임사 사이에 흥미로운 차이점도 보여주고 있다. 가령, 전 대통령은 국민들이 자신에게 아주 막중한 책임을 부여했으며 역사의 전환점에서 행해진 대통령 선거에서 압도적인 지지를 보냈다고 주장하고 있다.[3] 노 대통령도 심지어 이 민족의 조상들에게까지 감사를 표하면서 자신의 대통령직 취임이 새로운 시대와 새로운 국가를 요구하는 역사적 조류의 한 결과임을 암시하고 있다. 다시 말해서, 이 두 대통령, 특히 노 대통령은 역사와 국민 및 심지어 조상의 지지, 더 중요한 것은 변화에의 요구를 부각시킴으로써 자신이 최고 권력의 자리에 올라선 것의 필연성을 암시하고 있는 것 같다. 반면에, 나머지 다른 두 대통령, YS와 DJ는 민주화를 향한 과정에서의 국민들의 노력과 역할을 인정하면서, "최초의 국민에 의한 정부"로서의 진정성(authenticity)을 위해 경쟁하고 있다. 구체적으로, YS는 30년의 기다림 끝에 "마침내" 국민에 의한 정부가 수립되었음을 선언한 데 반해서, DJ는 자신의 정부가 "진정한" 국민의 정부임을 주장하고 있다. 이런 두 그룹 대통령들 사이의 전술적 차이는 이들이 대통령이 되기까지 거쳐 온 서로 다른 정치적 과정과 관련된 것으로 볼 수 있다.

이 두 그룹 대통령들 사이의 또 다른 차이는, YS와 DJ와는 달리, 전 대통령과

---

3) 언급했듯이 전 대통령은 체육관에서 간접선거에 의해 대통령으로 선출되었다. 그는 단독 출마했으며, 소위 말하는 "대의원"들에 의해서, 민주국가에서는 불가능한 것으로 생각되는 99%의 지지를 받았다. 예문에서 그가 말하는 "압도적"이라는 표현은 이런 지지율을 가리킨다. 그러나 바로 이런 독특한 사실 때문에 그는 "체육관 대통령"이라는 별명을 떨쳐버릴 수 없었다.

노 대통령의 경우 자신들이 세운 정부의 정통성을 뒷받침하기 위한 간접적인 방법으로서 과거의 정권 및 정치적 절차와, 심지어 헌법까지도 아주 구체적으로 비판하거나 깎아내리고 있다는 것이다. 이는, 과거를 고난으로 얼룩진 구 시대로 규정하고 있는, 앞의 예문 (3)에서도 이미 논의된 바 있는데, 아래에서 또 다른 예들을 볼 수 있다.

(5) 일본통치하의 고난과 역경이 36년 만에 종지부가 찍혔듯이 광복이후 독립국가를 유지하기위해서 스스로 겪었던 방황과 혼돈, 그리고 시행착오도 36년만인 이 시점에서 종지부를 찍어야 하겠다는 것입니다. … 우리가 펼쳐야 할 새로운 상황은 구 헌법 구 정부 등의 구 시대적인 논리, 그리고 그와 관련된 일체의 진통과 애증으로부터 결별할 것을 우리들에게 엄숙히 요구하고 있습니다. (전)

우리 역시 무에서 유를 만들어낸 개척자의 창조적 정열로 낡은 틀을 깨뜨리고 … 40년 헌정를 통해 쌓여온 갈등의 찌꺼기… 이제는 지역감정, 당파적 이기심, 개인적 섭섭함을 이 새로운 출발의 광장에 모두 묻읍시다. (노)

한 마디로 말해서, 이 두 대통령은 자신의 대통령으로서의 정체성과 그들이 세운 정권의 근거를 주로 외적(external)이고 상황적인 요인에서, 그리고 소위 "부정적 캠페인(negative campaign)"에 의해 찾으려 하는데 반해서, YS와 DJ는 동일한 것을 주로 민주주의라는 개념에 내적인(internal) 것, 다시 말해서 국민들의 지지와 대표성이라는 요인에서 찾으려하고 있다.

(4) "신화(Myths)" 말하기

네 개의 취임사에서 예외 없이 사용된, 네 번째 전략은 "신화" 말하기이다. "신화"란 사전적 정의에 의하면 조작된 관념, 또는 어떤 사회 제도를 정당화하기 위한 사회, 정치적 통념으로서, Geis(1987)는 이를 "담화 공동체에 의해 다소 폭넓게 유지되고 있는 행위나 주장을 정당화하기 위한 단순하고도, 반증할 수 없는 인과관계 이론(causal theory)"이라 정의하고 있다. 가령, 미국인들은 "우리 함께 뭉

쳤다(United We Stand)"라 불리는 "신화"를 되새기게 하면서, 이 때문에 미국이 대공황을 극복했고, 두 차례의 세계대전에서 승리했으며, 공산주의를 잠재울 수 있었던 것으로 주장한다는 것이다(Gastil 1992). 비슷한 성격의 "신화", 즉 본 논문에서 "우리 민족은 위대하다"라고 부르고자 하는 신화가, 비록 이를 뒷받침하고 예시하는 정도는 상당히 차이가 있지만, 네 개의 취임사에서 모두 발견되고 있었다.

(6) 역사를 돌이켜볼 때 우리 민족은 이 땅위에 반만년 면면히 역사를 영위하면서 외침 등 숱한 도전과 시련을 극복하고 독창적 문화를 꽃피워왔습니다. … 우리 민족은 빛나는 문화전통과 동질성을 지키고 발전시켜 찬란한 동아시아 문화의 창조에 크게 기여하였습니다. (전)

저는 먼저 반만년동안 숱한 외세의 침략과 시련을 이겨내며 빛나는 문화전통을 창조하여 민족자존을 면면히 이어온 그 불굴의 자주독립 정신을 가슴에 새깁니다. (노)

우리는 일찍이 식민지와 전쟁의 폐허에서 기적을 이루어낸 민족입니다. (YS)

민족수난의 굽이마다 불굴의 의지로 나라를 구한 자랑스러운 선조들처럼 … 6·25의 폐허에서 일어선 역사가 그것을 증명합니다. (DJ)

다시 말해서, 위 예들에서, 네 대통령들은 오랜 역사에서 우리 민족이 직면했던 다양한 어려움과 도전을 이겨낸 것과, 찬란한 문화와 전통을 창조해낸 데에서 보여 주었던 능력과 위대함을 환기시키고 있다. 이런 "신화"의 유용성은 여러 가지 측면에서 제시되었는데 가령 Edelman(1977, Gastil 1992에서 재인용)은 이에 대해 다음과 같이 구체적으로 주장하고 있다.

유사 이래 지금까지 정부는 현혹적인 것들, 가령, 마녀에 대한 믿음, 존재하지 않는 내적 외적 적들에 대한 믿음, 사적인 힘을 규제하고 빈곤에 대처하며 민권을 보장하고 범죄인들을 갱생시킨다는, 그러나 사실은 의도한 것과는 반대 효과를 내기만 하는, 법들의 효율성에 대한 믿음 등에 근거한 정책들에 의해서 많은 시민들의 지지를 얻어왔다. 많은 수의 사람들은 오랫동안 계속해서 "신화"에 집착하고, 그들의 문화 속에서 반복되는 상투적인 말로서 그것을 정당화시키며, 그 지배적인 "신화"가 자신들의 이익과 역할과 과거의 행위를 정당화하거나 그들의 두려움을 완화시킬 때는, 그 "신화"의 허구성을 증명해주는 정보를 거부하게 된다.

"신화"는 이런 기능들 이외에도, "언어공동체의 구성원들에게 공통의 경험을 제공하거나", "충성심과 집단에서의 응집력을 향상시키고", "위안 및 안심과 같은 많은 종류의 정서적 반응을 불러일으키는" 기능을 수행한다(Gastil 1992). 본 논문의 자료에서도 이런 "신화"의 기능들이 추구되고 있다는 것은, 나중에 예시되듯이, "우리 민족은 위대하다"라는 "신화" 뒤에 국민들이 대처해야 하는 새로운 과제나 도전을 지적하는 부분이 이어지거나, 이런 "신화"가 대통령들이 국민들에게 협력과 참여를 요청할 때 사용된다는 사실에 의해 뒷받침될 수 있다.

여기서 한 가지 지적할 것은, 네 개의 취임사가 이 "신화"에 부여하는 상대적 중요성에 주목할 만한 차이가 있다는 것이다. 즉, 전 대통령과 노 대통령은 YS와 DJ에 비해 이 "신화"를 강조하는 데 더 많은 시간을 쏟고 있다. 이와 더불어, 전 대통령과 노 대통령, 그리고 YS가 "새로운 과제와 도전"을 지적하기 앞서서 이 "신화"를 언급한 데 반해서, DJ는 취임사의 마지막 부분에서 언급하고 있다. 이런 차이는 담화의 민주화와 관련해서 나중에 다시 논의될 것이다.

(5) 새로운 과제 및 도전 지적하기/슬로건

언급했듯이, "우리 민족은 위대하다"라는 "신화"를 환기시킨 후에, 전형적으로 대통령들은 국가의 생존과 좀 더 나은 사회를 향한 발전에 또 다른 장애물이 있음을 지적하고 있는데, 이것이 본 논문에서 제안하는, 대통령 취임사에서 일관성 있게 발견되는 다섯 번째 전략으로 볼 수 있다.

(7) 특히 한반도를 둘러싼 오늘의 주변정세와 80년대의 예측하기 어려운 국제기류, 그리고 지정학적인 여건을 고려할 때 우리는 정신을 똑바로 차리고

있지 않으면 안 되겠습니다. 국가안보는 다른 무엇과도 대체할 수 없는 생존의 필수조건이며, 따라서 우리는 국가 안보 최우선의 태세를 우리의 체질로 삼아야 할 것입니다. (전)

인내와 슬기, 국민의 뭉친 힘으로 모든 시험을 이겨낸 우리에게 새로운 과제가 부과되고 있습니다. 민족전체가 한 차원 높게 뛰어오르라는 명령이 그것입니다. 그것은 민족자존의 새 시대를 꽃 피우라는 것입니다. (노)

그러나 우리를 둘러싸고 있는 여건은 우리에게 결코 유리하지만은 않습니다. 냉전시대의 종식과 함께 세계는 실리에 따라 적과 동지가 뒤바뀌고 있습니다. … 그것은 엄숙한 민족 생존의 문제입니다. (YS)

우리는 3년 후면 새로운 세기를 맞게 됩니다. 21세기의 개막은 단순히 한 세기가 바뀌는 것만이 아니라, 새로운 혁명의 시작을 말합니다. … 우리는 이와 같은 문명사적 대전환기를 맞아 새로운 도전에 전력을 다하여 능동적으로 대응해야 합니다. … 지금 이 나라는 정치, 경제, 사회, 안보 그리고 남북문제 등 모든 분야에서 좌절과 위기에 처해 있습니다. (DJ)

즉, 전 대통령은 예측할 수 없는 국제간의 지정학적 상황에서 국가안보의 최우선적인 중요성을 강조하고 있고, 노 대통령은 국민에게 부과된 새로운 과제는 한 단계 더 도약하는 것, 새로운 국가적 자존의 시대를 만드는 것임을 명시하고 있다. YS는 "신한국"의 창조를 자신의 희망으로 제시하고 있고, DJ는 문명사의 전환기에서 (정보혁명 같은) 새로운 도전에 능동적으로 대처할 필요성을 분명히 하고 있다. 앞에서 논의된 "신화"와 관련해서, 이런 담화구조, 즉 이런 도전들이 일반적으로 "신화" 다음에 언급되는 것에 의해 암시되는 것은, 우리는 위대하고 능력이 있기 때문에, 우리가 열심히 일하고 최선을 다하며 (또 다른 가능한 해석으로서는) 여러분의 지도자를 잘 따른다면 이런 어려움과의 싸움에서 승리할 수 있다는 것으로 볼 수 있다.[4)]

한 가지 흥미로운 것은, 이런 새로운 과제들과 관련해서, 각 대통령이 이런 도

4) 실제로, 나중에 예시되듯이, 대통령들은 그들 취임사의 뒷부분에서 국민들의 협력을 명백하게 요청하고 있다.

전에 대처하는 행위가 지향하는 최종적 목표의 상징으로서 나름대로의 슬로건을 제시하고 있다는 것이다. 이런 슬로건은 마치 전쟁에서 병사들이 진격할 것을 요구 당하는 고지의 정상에 꽂힌 승리의 깃발과 같은 역할을 하고 있는데, 대통령들이 제시한 슬로건에는 다음과 같은 것들이 있다.

(8) 본인은 지난번 국정지표로 "민주주의의 토착화, 복지사회의 건설, 정의사회의 구현, 교육혁신과 문화창달"을 제시하였습니다. (전)

민주개혁과 국민화합으로 이제 우리는 위대한 "보통사람들의 시대"를 열어야 하는 것입니다. (노)

저는 "신한국 창조"의 꿈을 가슴 깊이 품고 있습니다. 신한국은 보다 자유롭고 성숙한 민주 사회입니다. (YS)

저는 "국민에 의한 정치," "국민이 주인이 되는 정치"를 국민과 함께 반드시 이루어 내겠습니다. (DJ)

여기서 강조할 것은 이런 슬로건들이, 비록 그 세부 내용과 구체적인 표현에서는 다소 다른 모습을 보이고 있지만, 모두 좀 더 높은 궁극적 목표, 즉 민주적이고 자유로운 사회를 실현시키기 위한 방법들로서 의도되었다는 것이다. 새로운 과제와 도전, 그리고 최종 목표를 성취하기 위한 슬로건을 구체화시킴으로써 각 대통령 당선자는 국민들로 하여금 자신이 좀 더 민주적이고 바람직한 사회를 향한 "진격"에서 지도자가 되어야 함을 추론케 하려는 것으로 볼 수 있다.

(6) 정책 제시하기

일반적으로 "새로운 과제와 도전"의 지적 뒤에는, 우리가 취임사라는 특정한 장르를 생각할 때 가장 쉽게 마음에 떠올리는, 새 정부의 구체적인 계획과 정책을 소개하는 부분이 이어지게 된다. 국민들에 의해 한 국가의 지도자로서 받아들여지기 위해서, 대통령 당선자는 단순히 문제를 지적하는 것에 그치지 않고, 그 문제들을 해결할 수 있는 아이디어와 능력이 있음을 보여줘야 하는데, 따라서 이런 정책들은 앞에서 지적된 새로운 과제와 도전과 연결되어, 기본적으로, 민주적이고 좀 더 나은 사회의 건설이라는 공통의 목표를 실현시키기 위한 것이다. 그 결과, 구체적인 정책들은 일반적인 패턴에서 네 사람 사이에 큰 차이를 보이지 않아, 정치, 사회, 경제, 외교정책, 통일 문제 등 통일 문제를 제외하고는 여타 다른 국가의 취임사에서도 발견될 것으로 생각되는 인간 생활의 주요 영역들을 망라하고 있다. 취임사의 이 부분은 다음과 같이 시작되고 있다.

(9) 본인은 주어진 임기동안에 국민 모두가 오랫동안 같이 추구하고 희망하고 요청해온 이 세 가지의 해방을 쟁취하기 위하여 본인이 가지고 있는 모든 능력과 충정을 다 바쳐 일할 것을 이 자리에서 분명히 밝혀두는 바 입니다. 첫째, 전쟁으로 터의 해방은 … 둘째, 빈곤으로부터의 해방은 … 셋째, 정치적 탄압과 권력 남용이 … (전)

저는 이 자리에서 바로 그 민족자존의 새 시대가 열렸음을 국민 여러분 앞에 엄숙히 선언합니다. 국민 여러분, 우리는 할 수 있습니다. 우리는 해야 합니다. (노)

친애하는 국민 여러분, 개혁이 먼저 세 가지 당면과제의 실천으로부터 시작해야 합니다. 첫 째는 부정부패의 척결입니다. 둘째는 경제를 살리는 일입니다. 셋째는 국가 기강을 바로 잡는 일입니다. (YS)

지금 이 나라는 정치, 경제, 사회, 안보 그리고 남북문제 등 모든 분야에서 좌절과 위기에 처해 있습니다. 이를 극복하기 위해서는 총체적인 개혁이 이뤄져야 합니다. 무엇보다도 정치개혁이 선행돼야 합니다. (DJ)

그러나 이들이 각각의 구체적인 방안에 대해 얼마나 많이 강조하고 있는가, 즉 그들이 (각) 정책의 제시에 사용한 시간의 양에서는 상당한 차이를 보이고 있다. 전 대통령은 전쟁의 위협과, 가난, 정치적 압제와 권력의 남용 같은 세 가지 고통으로부터의 해방을 통치의 요체로 제안하면서 자신의 구체적인 미래 정책을 상술하는 데는 상대적으로 짧은 시간을 할애하고 있다. 노 대통령은 인권의 신장, 정직하고 깨끗한 정부의 실현, 출생지나 성(sex)과 관련된 차별이 없는 국가적 조화

같은 문제들을 포함하여, 민주국가와 "보통사람들의 시대"를 실현시키기 위한 거의 모든 종류의 방안들을 매우 구체적으로 상술하고 있다. YS는 위의 예 (9)에서와 같이 세 가지 주요 방안을 상술한 것 이외에도, 정치를 위한 정치가 아니라 국민들에게 희망과 행복을 주는 "일상생활을 위한 정치"의 중요성을 강조하고 있다. 그는 또한 대통령 관저인 "청와대"가 국민들의 친근한 이웃이 될 것을 발표하는데, 이는 이후, 앞에서 언급했듯이, 청와대 앞 도로의 개방으로 이어지게 된다. 마지막으로, DJ는 경제위기로부터의 조속한 회복으로부터, 중소기업의 지원, 중산층, 농민, 노인, 장애인, 여성과 청소년들의 권리 보장에 이르기까지 "국민에 의한 정부"를 실현시키기 위한 자신의 광범위한 계획들을 소개하고 그 필요성을 정당화하는데 대부분의 시간을 보내고 있다.

(7) 협력 구하기

취임사의 목적을 성취하기 위한 일곱 번째 전략으로서, 대통령 당선자들은 국민들로부터의 지지와 협력을 요청하고 있다. 기본적으로 그들은 모두 자신들이 제시한 정책들이 대통령 개인의 의지 만으로서는 실현될 수 없으며, 따라서, 국민들의 협력적인 참여가 매우 필수적임을 강조하고 있다.

(10) 한 사람의 특정인이나 소수의 지도층만으로 역사를 창조하는 시대는 지났습니다. 위대한 역사는 위대한 국민들이 참여하는 속에서만 올바로 창조될 수 있습니다. (전)

이 나라에 보탬이 되는 일이라면 어느 한 사람만이 할 수 있는 시대가 아니라, 어느 누구라도 할 수 있는 '보통사람들의 시대'가 왔습니다. 한 사람의 뛰어난 재주보다 평범한 상식을 지닌 여러 사람들의 협력을 필요로 하는 "상식의 시대"입니다. (노)

신한국의 창조는 누가 해주는 것이 아닙니다. 우리 모두가 하는 것입니다. … 신한국의 창조는 대통령 한 사람이나 정부의 힘만으로 이룩될 수 없습니다. 신한국으로 가는 길에는 너와 내가 없습니다. 오직 우리만이 있습니다. 모두 함께해야 합니다. (YS)

저를 믿고 적극 도와주십시오. 국민 여러분들의 기대에 반드시 부응하겠습니다. (DJ)

이런 글귀를 통해서, 대통령 당선자들은 청자로 하여금 자신들이 스스로를 전지전능한 사람으로 여기지 않고 있으며, 따라서, 그들이 제안하고 있는 정책들을 실행에 옮기기 위해서 국민들의 집단적인 선의와 능력에 의존하기를 원한다는 것을 추론케 하고 있다. 이런 측면에서, 취임사의 이 부분은, 좀 더 호감이 가고 능력 있는 것처럼 보이고 싶은 대화참여자의 욕구와 관련된, 적극적 공손 책략(Brown & Levinson 1987)의 한 예로서 볼 수도 있다. 그러나 맥락에 따라서는, 이 동일한 부분이 국민들에게 협력할 것을 요구하거나 과제 실현의 책임을 국민들에게 떠넘기는 것으로 해석될 가능성도 있다. 이런 가능성은, 국민의 협력과 지지의 필요성을 표현하는 방식에 약간의 구체적인 차이가 있다는 사실과 관련해서 나중에 다시 논의될 것이다.

(8) 격려하기

취임사에 있어서의 또 다른 전략은 격려하기이다. 이 전략은 국민들의 노력과 참여를 요구 내지 요청하는 자신들의 화행이 갖추어야 할 예비적 조건(Searle 1969)이 충족되어 있음을 말하기 위한 수단이나,[5] 또는 그런 화행을 하기 위한 근거를 마련하기 위한 수단으로 사용되고 있다. 이런 측면에서 격려하기는 앞에서 논의한 "신화"와 비슷한 면이 있다. 그러나 이 둘 사이의 차이는, 담화구조면에서 "신화"가 주로 취임사의 앞부분에 나와서 이어지는 모든 부분에 영향을 끼치는 데 반해서, 격려하기는 노 대통령과 YS의 취임사에서처럼 "협력 구하기" 앞에서 사용되거나, DJ의 취임사에서처럼 산발적으로 자주 사용된다는 것이다. 이것은 "신화"가 정치적인 화자들에 의해 담화 전체를 뒷받침하기 위해 사용되는 데 (McGuire 1977) 반해, 격려하기는 국소적인 차원에서 이어지는 요청 화행을 위한

5) 요청을 위한 예비조건 중의 하나는 "화자(S)는 청자(H)가 미래의 행위(A)를 할 수 있다고 믿는다"이다(Levinson 1983: 240).

예비 화행(pre-sequence)으로(Levinson 1983) 역할을 하거나, 선행하는 요청 화행을 정당화하기 위한, 본 논문에서 말하는, 후속 화행(post-sequence)으로 역할을 하고 있음을 의미하는 것이다.

(11) 이미 치솟고 있는 우리 국민의 저력과 민족적 자존을 국가적 도약이라는 큰 목표를 향해 활활 태울 때 우리 조국은 분명히 아시아태평양시대를 이끄는 세계 젊은 거인으로 뛰어오를 것입니다. (노)

자기 분야에서 최선을 다 하는 이들이야말로 신한국 창조의 주역이요 주인입니다. 특히 이 땅의 젊은이 여러분, 세계를, 그리고 미래를 바라봅시다. … 미래는 여러분의 것이요, 신한국은 바로 여러분의 세상입니다. (YS)

우리 민족은 높은 교육 수준과 찬란한 문화적 전통을 가진 민족입니다. 우리 민족은 21세기의 정보화 시대에 큰 저력을 발휘할 수 있는 우수한 민족입니다. (DJ)

여기서 한 가지 지적할 것은, 다른 세 대통령 당선자와는 달리, 전 대통령의 취임사에서는 이 전략에 속하는 것으로 볼 수 있는 발화문이 하나도 발견되지 않았다는 것이다. 전 대통령의 이런 독특성은 나중에 담화의 민주화와 관련해서 다시 논의될 것이다.

(9) 마무리하기: 요약 및 상호조율(mutual aligning) 하기

취임사에서의 마지막 단계인 마무리하기는 기본적으로 대통령이 그때까지 한 말을 요약하는 것으로 그 성격을 규정할 수 있다. 이를 위해, 일반적으로 "(친애하는) 국민 여러분"이나 "사랑하는 국민 여러분"과 같은 호칭 후에, 비록 그 종류에서는 대통령 당선자에 따라 차이가 있고 그 구체성도 상대적으로 낮을 수밖에 없지만, 앞에서 논의된 전략들의 일부가 반복되고 있다. 가령, 전 대통령은 그 당시 한국이 처한 시기의 중요성을 반복하고 있고, 노 대통령은 그를 대통령으로 선출해준 국민들에게 감사를 표시하고 있으며, YS는 다시 국민들을 격려하고 있다. 그러나 DJ는, 앞에서 언급했듯이, 특이하게도 " '신화' 말하기" 전략을 이 지점에서

사용하면서 격려하기도 하고 있다. 그러나 이 부분에서 가장 명백하게, 그리고 네 개의 취임사 모두에서 반복되고 있는 전략은 "협력 구하기"이다.

이 "협력 구하기"와 관련해서 또 다른 전략, 즉 "상호조율 하기"가 발견되는데, 이것은 대화참여자들을 서로 협력하거나 동의하는 상태, 더 나아가 동일시하는 상태에 이르게 하는 것을 의미한다. Adegbija(1995: 268)가 지적하고 있듯이, "상호작용적 만남을 마무리하는 것은, 부주의한 마무리가 그때까지 이루어진 모든 상호작용을 위험에 처하게 할 수 있기 때문에, 재치와 신중함을 요구하는 미묘한 것으로 볼 수 있다." 이런 이유 때문에 "요약하기"라는 전략에 의해 취임사의 마지막 부분에서 청자의 마음 속에 그 취임사의 요점을 각인시키려는 시도를 하게 되는 것이다. 그러나 취임사의 요지 못지않게 중요한 것은 대통령 자신과 그들의 취임사가 각각 "좋은 사람"과 "복음"으로서 기억돼야 한다는 것이다. 다시 말해서, 그들은 "인상 관리(impression management)"(Goffman 1981)에 신경을 써야하는데, 상호조율하기는 이런 각도에서 이해될 수 있다. 이런 이유 때문에 이 부분에서의 대통령 당선자들의 화행은, 구체적인 통사 형태는 다를 수 있으나, 아래에서와 같이 선언하기(declaring)와 진술하기(stating)로부터 제안하기(suggesting)나 약속하기(promising)로 바뀌는 경향을 보이고 있다. 이런 제안하기와 약속하기를 통해서, 각 화자는 청자로 하여금 자신들이 국민들과 "함께" 목표를 성취하기 위해 노력하고 있다고 추론케 하려 한다.

(12) 그러한 각오와 결의로 새 시대의 초석을 확실하게 다지는 데 나의 온 힘을 다 기울이고자 합니다. (전)

모두가 오늘 영광스러운 이 단상의 주인으로서 미래에 대한 자신감과 용기를 가지고 씩씩하게 그리고 단란하게 힘찬 발걸음을 내디딥시다. 이러한 점을 가슴에 깊이 새기면서 저는 오로지 국민과 함께 호흡하고 국민과 함께 생각하는 대통령이 되기를 다짐합니다. (노)

우리 모두 미래에 대한 꿈과 희망을 가집시다. 신한국을 창조합시다. (YS)

국난을 극복합시다. 재도약을 이룩합시다. 그리하여 대한민국의 영광을 다시 한 번 드높입시다. (DJ)

상호조율 하기를 위한 또 다른 전술에는 그들과 국민과의 유대감을 부각시키는 것이다. 방금 언급한 첫 번째 전술도 유대감을 표현하기 위한 장치로 해석될 수 있다. 그러나 대부분의 당선자들은, 다음과 같이, 이런 담화적, 상호작용적 효과를 추구하기 위한 의도를 좀 더 명백하게 보여주고 있다.

(13) 그러므로 이 자리와 이 자리에 서있는 저는 국민 여러분들로부터 별개일 수가 없습니다. … 국민과 어깨를 나란히 하고 꿈과 아픔을 같이 하는 국민의 동행자, 이것이 제가 진실로 추구하는 대통령의 모습입니다. (노)

신한국으로 가는 길에는 너와 내가 없습니다. … 우리 다함께 고통을 분담합시다. … 우리 모두 희망과 꿈을 안고 새롭게 출발합시다. (YS)

제가 여러분의 선두에 서겠습니다. 우리 다 같이 손잡고 힘차게 나갑시다. (DJ)

즉, 노 대통령은 그와 국민이 별개의 존재일 수 없음을, YS는 신한국으로 가는 길에 "너"와 "내"가 없음을 주장하고 있고, DJ는 국민에게 자신과 함께 "손잡고 나가자"고 제안하고 있다. 그러나 이 전략도 전 대통령의 취임사에서는 발견되지 않고 있다.

2) 기저 이념: 민주주의

지금까지 본 논문에서는 취임사라 불리는 장르의 담화에서 발견되는 전략들의 일반적 패턴을 논의하면서, 적어도 "친화관계 정립하기", "취임식의 성격 규정하기", "대통령으로서의 정체성 구축과 정권의 합리화하기", "'신화' 말하기", "새로운 과제와 도전 지적하기", "정책 제시하기", "협력 구하기", "격려하기", "마무리: 요약하기와 상호조율하기" 등 아홉 가지의 수사적 전략이 사용되고 있음을 제안하였다. 여기서 한 가지 중요한 것은, 앞에서 보았듯이 대통령 당선자들 스스로가 민주주의의 실현을 위해 노력하겠다고 분명하게 언명을 하는 것 이외에도, 이런 전략들 중 거의 대부분이 궁극적으로, 몇 가지 다른 성격의 차원에서, 민주주의라는 이념을 지향하고 있는 것으로 볼 수 있다는 것이다. 가령, "친화관계 정립하기"와 "신화 말하기", "협력 구하기", "격려하기" 등은 민주적 담화의 관계적인(relational) 측면과 다시 연결되는 "체면 유지시키기(face-saving)"(Goffman 1967)와 관련되어 있다. 구체적으로, "친화관계 정립하기"가 "동료의식, 즉 어디엔가 속하고 싶은 욕구"(Gastil 1992)를 만족시키기 위한 장치로 볼 수 있다면, "신화 말하기"와 "협력 구하기", "격려하기"는 "능력 체면(competence face), 즉 자신의 능력을 존중받고 싶어 하는 욕구"(Gastil 1992)를 만족시키기 위한 장치로 볼 수 있다. 간단히 말해서, 이런 전략들은 화자들에 의해서, 자신들이 국민들의 이런 욕구를 만족시키는 데 주의를 기울임으로써, 결과적으로 이들에게 민주적이거나, 민주적이기를 원한다는 것을 보여주기 위한 수단으로 의도되었다고 볼 수 있다. 비슷하게, "새로운 과제와 도전 지적하기"와 "정책 제시하기"도, 민주국가에서 지도자들이 해야 할 임무의 하나로서, 화자들이 국민들의 좀 더 행복한 생활에 대해 염려하고 있음을 나타내고자 하는 것으로 볼 수 있다. 마지막으로, "취임식의 성격 규정하기"와 "상호조율 하기"도 그들 또는 그들의 정권이 권력의 획득 과정이나 정책의 집행 과정에서 민주적인 성격의 것(이 될 것)임을 설득하기 위한 것으로 말할 수 있다. 따라서, 이 네 취임사의 밑바탕에 깔려 있는 공통적인 기저 이념을 민주주의로 규정하는 것이 가능하다고 생각된다.

5. 취임사에서의 민주화

앞 절에서 본 논문은 취임사의 일반적 패턴을 제시하면서, 이 네 취임사의 기저 이념이 기본적으로 '민주주의'임을 제안하였다. 그러나 이런 공통분모에도 불구하고, 논의 과정에서 언급했듯이, 대통령 당선자들이 각 전략에 보낸 시간의 양과,

이런 전략들을 위해서 사용한 구체적인 언어적, 담화적 자질의 측면에서 이 네 취임사에는 주목할 만한 차이가 존재하고 있었다. 이 5절에서는 이런 사실과 관련하여, 그리고 앞에서 소개된 두 번째 이론 틀 안에서 민주주의라는 기저 이념과, 특정한 전략이나 전술의 유무, 담화의 내적/순서적 구조, 또는 이런 전략들의 언어적 실현 등을 관련시킴으로써, "담화의 민주화"라는 측면에서 전 대통령과 DJ의 취임사를 비교하고자 한다.

네 명의 대통령 당선자 가운데 이 두 당선자를 선택한 이유는 사회, 정치적 변화와 관련하여 이 두 사람이 각각 서로 다른 양극단의 정치적 체제, 즉 독재와 민주주의를 대변하고 있기 때문이다. 즉 언급했듯이, 전 대통령은 한국에서의 약 30년에 걸친 정치적 암흑기를 상징하는 마지막 대통령인데 반해, DJ는 그 이후의 정치적 과정에서 점진적으로, 그러나 지속적으로 이루어지고 있는 사회 및 정치에서의 민주화라는 최종 목표를 향해 뛰고 있는 현 주자인 것이다. 따라서, 본 논문이 가정했듯이, 만약 취임식 당시의 사회 · 정치적 분위기나 상황이 취임사에 반영될 가능성이 있다면, 이 두 대통령의 취임사가 그 가능성을 시험할 수 있는 가장 적절한 것이 될 수 있을 것이다. 즉, 독재라는 정치적 체제는 전 대통령의 취임사에 가장 명백하게 반영될 것이며, 민주주의라는 정치적 체제는 DJ의 취임사에 가장 명백하게 반영될 것이다.[6]

---

6) 혹자는 이런 차이가, 만약 있다면, 두 특정한 대통령 또는 그들을 위해 원고를 써주는 대필가(ghostwriter)의 개인적인 스타일에서의 차이를 보여주는 것에 불과하다고 말할지도 모른다. 이런 가능성을 완전히 배제할 수는 없다. 그러나 WAUDAG(1990: 190)에서는, 이와 비슷한 문제를 제기하면서, '누가 말하고 있는가'라는 질문에 대한 대답은 개인도, 상황도 아니라 제도라고 결론짓고 있다. 여기서 제도란 본 논문에서의 "대통령직"에 해당되는데, 대통령직이란 다시 정치적인 체제를 전제로 한다. 따라서, WAUDAG에 따르면, 본 논문에서 제시할 이런 차이들은 어떤 특정한 개인의 스타일에서 나오는 것이라기보다는 다른 사회·정치적 체제에서 나오는 것이라고 추론을 할 수 있을 것 같다.

1) "민주적 담화"의 정의

불행하게도 "민주주의"의 보편적인 정의가 없기 때문에/없듯이 "민주적인 담화"의 보편적인 정의를 발견할 수 없다. 그 동안 민주적인 담화는 이성적인 의사결정 과정 그 자체나 이런 과정에서의 동등한 참여, 공동의 선과 건전한 논증, Grice의 대화격률 준수, 공손법의 실현 등 여러 가지 개념과 관련되어 그 정의가 시도되어 왔다(Gastil 1992 참조). 그러나 그 중 가장 명료한 정의로는 이를 "힘의 관계가 불평등한 여러 가지 유형의 제도적 담화에서 계층관계(hierarchy)나 힘의 불균형을 보여주는 명백한 표시들을 제거하는 것"으로 본 Fairclough(1992)의 정의를 들 수 있다. 그리고 이런 정의와 관련해서 그 동안 비평적 담화분석에서는 이상적인 민주적 담화의 형성에 기여하는 언어적 특성들을 정리하기 위한 시도들도 있어 왔다. 가령, Fairclough(1989)는, 비록 "민주적인 담화"라는 용어는 명백하게 사용하지 않았지만, "담화와 힘"에 관한 논의에서 궁극적으로 민주적인 담화와 관련될 수 있는 형태적인 자질들을 제시하고 있다. 가령, 어휘의 경험적, 관계적, 표현적 가치 측면에서의 텍스트 분석(분류체계, 의미관계, 완곡어법), 문법 분석(행위성, 명사화, 문장의 서법, 양상), 텍스트의 구조 분석(상호작용 관습, 거시구조) 등이 담화에서 힘의 관계와 이념적 과정을 이해하는 데 기여할 수 있는 것으로 주장하고 있다. 비슷하게, Gastil(1992: 473)도, (1) 전문적 표현, 불명확한 표현, 완곡어법, 감정적 연상을 수반하는 표현 등을 포함하는 어휘, (2) 화행, 함축, 통사, 대명사와 명칭 부여 관습을 포함하는 문법, (3) 통합적인 복잡성, 의례적 표현/의식적 방식(ritual), 은유, "신화 (myths)"의 사용을 포함하는 수사적 전략, (4) 말순서 취하기(turn-taking)와 화제 결정(agenda setting) 등을 포함하는 대화 전략과 같이, 본 논문의 목적에 도움이 될 수 있는 네 가지 범주의 언어적 자질들을 제안하였다.

2) 전두환 대통령과 김대중 대통령의 취임사 비교

이 절에서는 앞에서 언급된 민주적 담화의 몇 가지 개념이나 정의에 근거하여 이전의 연구에서 사용한 언어적 자질을 이용하면서 이 두 대통령 당선자의 취임사를 분석하고자 한다. 그러나 취임사는 기본적으로 독백(monologue)의 형태를 취하기 때문에, 앞에서 소개한 여러 가지 언어적 자질 가운데 대화참여자들 사이의 힘 관계를 가장 명백하게 보여줄 수 있는 말순서 취하기와 화제의 결정 등을 포함하는 대화 전략을 고려하는 데는 내재적인 한계가 있다. 이 절에서는 이 두 사람의 취임사 가운데 누구의 취임사가 더 민주적인가에 대해 명백하게 결론을 내리기보다는, 각 취임사의 민주적 성격에 대해 논평 및 암시를 하면서 미시적 분석 자체에 초점을 맞출 것이다. 최종적이고도 명시적인 평가는 마지막, 요약 및 함축에 관한 절에서 시도될 것이다.

(1) 호칭과 자기 지칭

논의했듯이, 대화참여자간의 친화관계 정립은 대부분의 취임사에서 발견되는 수사전략 중 하나였다. 여기서 이런 목적을 성취하기 위한 한 가지 중요한 언어적 수단이 청자 부르기(addressing)와 감사하기(thanking)였었는데,[7] 여기서는 이 중 첫 번째 것과, 그것의 상대 화행이라 할 수 있는 자기 지칭(self-referring)을 민주적 담화와 관련해서 논의해본다.

우선, 호칭의 측면에서, 전 대통령의 취임사에서 주목할 것은 그 사용 빈도가 극히 적다는 것이다.[8] 즉, 전 대통령은 국민들에게 호칭을 사용하는 데 아주 인색

---

7) 감사하기와 관련해서 한 가지 흥미로운 것은 전 대통령이 DJ보다 자신의 감사함을 더 강력하게 표현하고 있다는 것이다. 그러나 중요한 것은 이런 감사하기가 사실이 아닌 것, 즉 그가 말하는 "압도적"인 지지에 대한 것이라는 것이다. 따라서, 전 대통령의 감사하기는 좀 더 민주적으로 보이거나 들리게 하려는, 이런 정치담화에서의 조작적인(manipulative) 측면을 보여주는 한 예로 볼 수 있다. 전 대통령의 이런 조작적인 측면은 본 논문의 논의 중에 다시 언급될 것이다.

8) 물론, 전 대통령은 취임사에서 "국민"을 많이 언급하고 있다. 여기서 호칭이란 특정한 형태나 타이틀 등을 이용해서 청자를 부르는 행위를 의미한다.

한 모습을 보여주어서, 놀랍게도 취임사의 첫 부분에서조차 호칭을 생략하면서 단 한 번의 호칭만을 사용하였는데, 그것도 상당히 격식적이고도 무미건조하게 들리는 "국민 여러분"이었다. 반면에, DJ는 일곱 차례에 걸쳐 호칭을 사용하였는데, 사용된 호칭은 전 대통령이 사용한 호칭보다 훨씬 더 친밀하고 유대감을 느끼게 하는 "친애하는 국민 여러분", "존경하는 국민 여러분", "사랑하는 국민 여러분" 같은 것들이었다.

(14) 친애하는 국민 여러분 … 존경하고 사랑하는 국민 여러분 (DJ)

한편, 자기 지칭의 측면에서, 전 대통령의 취임사에서 발견되는 한 가지 특징은 다음과 같이 "본인"이나 "나"와 같은 대명사의 사용이다. 그는 일관성 있게 이런 표현들을 사용했는데, 공손형(polite form) 대명사인 "저"는 단 한 차례도 발견되지 않았다.

(15) 그러나 본인은 우리 민족의 역사가 얼마나 약소의 비애와 망국의 한을 간직하고 있는지 또한 잘 알고 있습니다. … 본인은 나에게 절대적인 지지를 보내준 국민 여러분의 명령에 충실할 것이며 … (전)

대명사가 대화참여자 간의 공손 관계(politeness)를 표시하는 가장 명백한 언어적 장치라는 것은 잘 알려진 사실이다(Brown & Gilman 1960; Brown & Levinson 1987). 이와 관련해서, "본인"이란 표현은 전형적으로 높은 지위에 있는 사람에 의해 사용되며, 따라서, 권위적인 태도를 전달하고 있다. 한편, "나"는 일인칭 대명사의 기본 형태로서 청자를 향한 존경심이나 유대감의 표현이 결핍되어 있다. 따라서, 이 두 표현은 공손함의 표현과는 거리가 있으며, 결과적으로, 앞에서 말한 의미에서의 민주적 담화와도 거리가 있다. 아주 대조적으로, DJ는 자기 지시표현으로서 필요할 때마다 예외 없이 "저"를 사용하고 있다.[9)]

---

9) 자기 지칭을 위한 다른 가능한 표현에는, 모든 취임사에서 발견되면서 정확한 형태에서는 다소의 차이를 보여주고 있는 "정부"가 있다. 가령, DJ의 취임사에서 대통령 자신을

(16) 저는 우리가 겪고 있는 오늘의 위기는 민주주의와 시장경제를 병행해서 … (DJ)

즉 DJ의 취임사는, 한편으로는, 좀 더 친근한 호칭의 사용을 통해 국민들에게 가까이 감으로써 적극적 공손법(Brown & Levinson 1987)을 표현하고 있고, 다른 한편으로는, 공손한 대명사의 사용을 통해 자기 자신을 낮춤으로써 소극적 공손법(Brown & Levinson 1987)도 표현하려 한다는 점에서 전 대통령의 취임사보다 민주적인 것으로 볼 수 있다.

(2) 행위성(agency): "네가 해라" 대(vs.) "내가 하겠다"

민주적 담화의 측면에서 두 취임사에서 발견되는 두 번째 차이점은, 특히 "정책 제시하기"와 관련해서, 행위성의 표현에서 발견된다. Duranti(1990)는 행위성을 "참여자들의 행위와, 어떤 일의 상태나 과정 사이의 인과적 관계"라고 정의하면서, "사모아(Samoa)의 정치담화에서 행위성이 문법적으로 표현되는 방법은 여러 가지 다른 관점이나 틀뿐만 아니라, 좀 더 근본적으로는, 그 지역의 정치적 관습(praxis)과 연결된다"는 것을 보여주었다. 구체적으로, 이 언어에서의 격 표시, 어휘 선택, 인용문과 같은 문법적 전략을 분석하면서, 그는 이런 전략들이 "어떤 공동체의 정치적 삶을 형성하는 데, 그리고 진행되고 있는 정치적, 법적 과정에 대한 행위자들의 태도와 책임을 협상하는 데" 역할을 하는 것으로 제안하였다. 이런 문법적 전략 이외에도, Fowler(1985)는 순서배열(sequencing), 태(특히 수동태), 주어의 생략, 명사화와 같이, 청자의 주의와 책임의 귀속을 지시하기 위해 통사 형태를 사용할 수 있는 여러 가지 다른 방법을 제안하기도 했다.

여러 가지 전략들이 주로 문법적 차원에서 논의되고 있는 사모아의 담화와는 달리, 전 대통령과 DJ의 취임사에서의 행위성, 태도, 책임의 표현은 화행 및 담화

지칭하기 위한 또 다른 표현으로는 "(새) 정부"와 정치적 슬로건으로도 볼 수 있는 "국민의 정부" 등이 있다. 일인칭 대명사와 "(새)/(국민의) 정부" 사이의 교체 사용에는 흥미로운 패턴과 그에 해당하는 화용적 기능이 있을 것으로 생각된다. 이런 가능성을 검증하기 위한 연구도 필요한 것 같다.

차원에서도 예시될 수 있다. 우선, 전 대통령의 취임사는 그와 그의 정부가 국가를 고통으로부터 해방시키기 위해 최선을 다하겠다고 분명히 다짐을 하면서도, 아래 (17)에서 보이고 있듯이, 곧바로 그리고 분명하게, 국민들에게 그들의 의무와 책임을 다해달라고 요구를 하고 있다는 점에서 독특함을 보이고 있다. 물론, 다른 대통령 당선자들도 국민들의 협조가 필요하다는 것을 지적하고 있다. 그러나 이런 필요성을 표현하기 위한 담화 지점과, 이런 화행의 발화수반력에서는 분명한 차이가 있다.

(17) 정부는 이 사회의 그늘에 드리워져 있는 절대 빈곤을 퇴치하고 국민 전체의 기본 수요를 충족시키는 데 정책의 우선순위를 둘 것입니다. 그러나 국민의 이해와 호응이 없는 정책은 공론에 불과하기 때문에 여러분의 적극적인 협조가 있기를 기대하는 바입니다. (전)

특히, 위 예에서 언급할 가치가 있는 것은, DJ와는 달리 전 대통령의 취임사에서 자주 반복되고 있는 "… 그러나" 구문의 사용이다. Schiffrin(1987)에 따르면, 영어의 대조 접속사 but의 반복적인 사용은 "요점 만들기 장치(point-making device)"로 기능을 할 수 있어서, 대조 접속사에 의해 결합되는 문장들에서는 강조나 초점이 그 접속사의 앞에 있는 절보다는 뒤에 있는 절들에 주어지게 된다는 것이다. 이런 점에서, 그가 국가를 위해 봉사하겠다는 강한 의지를 표현하고는 있지만, 국민의 협조가 정책 실행에 필수 불가결하다는 것을 성급하고도 명백하게 강조하는 것은 그 정책들을 실천하기 위해 실제 일을 해야 할 행위자는 자신이 아니라 국민들일 수 있음을 함축하는 것으로 해석할 수 있다. 다시 말해서, 전 대통령 자신은 상황을 초연하게 바라보는 관찰자, 문제점들을 지적하되 그 해결에는 책임이 없는 사람으로 남아있을 수 있음을 말하는 것일 수도 있다. 이런 해석은 곧 논의될, 전 대통령의 취임사에서 발견되는 다른 언어 및 담화 자질에 의해 뒷받침된다.

한편, DJ의 취임사의 특징 중 한 가지는, 앞에서 언급했듯이, 자신의 구체적인 정책을 제시하고 그 필요성을 정당화하는 데 대부분의 시간을 보냈다는 것이다.

이와 관련해서, 가장 주목할 만한 사실은 대부분의 경우 이런 정책들을 실행하기 위한 행위자가 대통령 자신이나 자신의 정부임을 명백히 밝히고 있다는 것이다. 그래서 자연스럽게, 화행의 측면에서, 문체적으로 다소 단조롭게 들릴 정도로, "저는/정부는 … 할 것입니다", "저는 … 다짐합니다", "저는 … 약속하는 바입니다"와 같은 발화문을 통해서 약속을 하고 있다. 더 중요한 것은, 전 대통령의 취임사와는 달리, 국민들의 협력을 촉구하는 내용이 곧바로 이어지지 않는다는 것이다.

(18) 이것은 반드시 관철해 우리 경제를 개혁하겠다는 것을 약속하는 바입니다. … 이러 한 교육개혁은 만난을 무릅쓰고라도 반드시 성취하겠다는 것을 저는 이 자리를 빌려 굳게 다짐합니다. (DJ)

(3) "신화": 숨겨진 동기

언급했듯이 "신화"는 담화를 뒷받침하고 청자로 하여금 그 담화 안에 담겨진 가정이나 가치를 수용하게 만들기 위한 유용한 수사적 전략이었다. 여기서 주목할 것은 이런 신화들이 민주적인 담화의 측면에서 해롭게 악용될 수 있다는 것이다. 다시 말해서, Gastil(1992)에 의하면, "이 전략은 민중들을 도취시키거나 현혹시킬 수가 있으며, 구체적으로, 이런 전략들은 정치적 상황의 단순성을 과장하고 시민들의 관점과 관심에서의 진정하고도 중요한 차이점들을 감출 수 있다"는 것이다. 그러나 이런 수사적 전략이 다른 방식으로 정치적 목적을 위해 이용될 수도 있다. 즉, "신화"는 화자가 진정으로 말하고 싶은 것을 위한 예비 화행(pre-sequence) (Levinson 1983) 또는 본 논문에서 "예비-예비 화행(pre-pre-sequence)"이라 부르는 것으로서 기능을 할 수 있다(아래 참조).

이런 측면에서 두 취임사의 차이를 볼 수 있다. 우선, 양적인 측면에서, 전 대통령은 DJ를 포함하는 다른 대통령들과 비교해서 "신화"에 좀 더 많은 시간을 보내고 있다. 둘째, 질적인 측면에서, 전 대통령은 아래의 예에서 볼 수 있듯이 자신의 마음속에 있는 것을 드러내기 위한 예비-예비 단계로 "신화"를 이용하고 있다. 즉 앞에서 언급했듯이, 전 대통령은 취임사의 앞부분에서 국가와 민족의 위대함을 강조하였는데, 이런 "신화"를 이야기하는 부분 바로 다음에 전 대통령의 취임사는 다음과 같이 계속된다.

(19) 그러나 본인은 우리의 역사가 얼마나 약소의 비애와 망국의 한을 간직하고 있는가를 또한 잘 알고 있습니다. 본인은 나라를 잃은 시대에 이 땅에 태어났습니다. 본인은 나와 같은 세대의 우리 국민들이 겪었던 것처럼 혹독한 식민통치의 경험 속에 성장하였습니다. … 그것을 순전히 우리의 숙명으로만 돌려야 하겠습니까? 우리는 지난날의 치욕을 잊어서는 안됩니다. … 그러므로 우리는 일체의 방심과 안일에서 깨어나야 합니다. (전)

다시 말해서, 전 대통령은 바로 앞에 있는 "신화"의 도움을 받아서 우리는 위대한 민족이지만 또 다른 어려움도 있으므로 우리는 방심하거나 안일해서는 안 된다는 것을 말하고 있다. 이 부분은 곧 바로 이어지고 있는, 자신이 제시한 국정방향과 정책들을, 그리고 취임사의 나중 부분에서는 자신의 치욕스러운 정권 찬탈을 합리화하기 위한 수단으로 이용되고 있다. 이런 의미에서 "신화"는 자신의 합리화를 위한 예비화행, 또는 예비－예비 화행으로 불릴 수 있을 것 같다.

반면에, DJ의 취임사에서의 "신화"는 전 대통령 취임사에서의 그것과는 다른 모습을 보이고 있다. DJ의 "신화"는 양적인 측면에서 적고 단편적이며, 질적인 측면에서도, 아래의 (20)에서와 같이, 취임사의 마지막 부분에서 국민들을 격려하기 위한 것으로 의도되고 있다.

(20) 민족수난의 굽이마다 불굴의 의지로 나라를 구한 자랑스러운 선조들처럼, 우리 또한 오늘의 고난을 극복하고 내일에의 도약을 실천하는 위대한 역사의 창조자가 됩시다. 오늘의 위기를 전화위복의 계기로 삼읍시다. (DJ)

이런 차이점들은 전 대통령의 취임사가, 적어도 DJ의 그것과 비교해서는, 나쁜 목적을 위해 조작적일 수 있는 가능성이 더 큰 것으로 해석될 수 있는 여지를 남기고 있다.

(4) 깎아내리기

앞에서 논의된, 대통령으로서의 정체성 구축과 정권의 합리화와 관련해서 무엇인가 깎아내리기의 대상이 있을 수 있다. 정치가들은 정적(political enemy)이나 그 정적들이 제시한 정책의 가치에 손상을 가함으로써 자신이나 자신의 정책을 정당화시키는 경향이 있기 때문이다. 다시 말해서, 그들은 자신들을 부각시키기 위해 누군가 희생양을 필요로 하는데, 전 대통령은 이렇게 필요한 희생양으로 이전의 정권들을 선택하고 있다. 이런 목적을 위해 전 대통령은 한국에서의 일제에 의한 지배를 하나의 기준점으로 사용하고 있다. 앞의 예문 (19) 이외에도, 예문 (5)의 일부분인 아래의 (21)에서도 전 대통령은 일제에 의한 지배를 언급하고 있다.

> (21) 일본 통치하의 고난과 역경이 36년만에 종지부가 찍혔듯이 광복이후 독립국가를 유지하기 위해서 스스로 겪었던 방황과 혼돈, 그리고 시행착오도 36년만인 이 시점에서 종지부를 찍어야 하겠다는 것입니다. (전)

즉, 여기서 전 대통령은 일제의 통치로부터 해방된 이후의 과거 정권들을 고난과 역경, 방황과 혼돈, 그리고 시행착오의 상징으로 성격지우면서, 그가 "36년"이라는 동일한 기간을 강조하고 있는 것에 의해 보이고 있듯이, 이전의 정부들에 의한 통치가 사실상 일제에 의한 통치와 유사하다는 것을 암시하고 있다. 비슷하게, 전 대통령은 아래 (22)의 "구 헌법, 구 정부 등의 구시대적 논리"에서와 같이 "구(old)"라는 표현의 반복을 통해, 자신이 출범시키는 정권의 "새로움"을 부각시키기 위해 과거의 모든 정부와 헌법을 격하시키고 있다.

> (22) 우리가 펼쳐야 할 새로운 상황은 구 헌법, 구 정부 등의 구시대적 논리, 그리고 그와 관련된 일체의 진통과 애증으로부터 결별할 것을 우리들에게 엄숙히 요구하고 있습니다. (전)

한편, DJ의 취임사는 이런 깎아내리기 전략을 거의 사용하지 않는다. DJ가 자신의 정부를 국민들의 힘에 의해 세워진 최초의 진정한 국민의 정부라고 말한 것을 과거의 정부를 깎아내린 것으로 말할 수 있을지 모르지만, 그러나 그것이 사실이라 하더라도, 암시된 것에 불과하다는 점에서, 그 명시성이나 강도라는 측면에서 전 대통령의 그것과는 전혀 다르다. DJ의 취임사에서 깎아내리기에 가장 근접한 경우는 DJ가, 국민들이 경제 위기로부터 고통을 당하고 있는 것의 부당성을 강조하는 과정에서, 금융위기의 책임을, 아래의 (23)에서와 같이, 일부 대기업과 정치 및 경제계의 일부 부패한 지도자의 탓으로 돌리는 부분이다. 따라서 이것도 자신의 수치스러운 정치적 경력이나 정권을 정당화하기 위해 이전의 정권들을 공격하기 위한 것이 아니라는 점에서 전 대통령의 그것과는 구분이 된다.

(23) 정치, 경제, 사회, 금융을 이끌어온 지도자들이 정경유착과 관치금융에 물들지 않았던들, 그리고 대기업들이 경쟁력 없는 기업들을 문어발처럼 거느리지 않았던들, 이러한 불행은 일어나지 않았을 것입니다. (DJ)

(5) 권위 취하기와 힘의 행사

민주적 담화와 직결되는 전 대통령 취임사의 다음 특징은, 국가에 대한 봉사와 충성을 반복적으로 약속하고 있음에도 불구하고, 권위 취하기와 힘의 행사를 예시해주는 부분이 많이 발견된다는 것이다.

(24) 국법을 엄격하게 준수하는 정부의 모범과 더불어 또 한편으로 국민 모두가 법을 지키는 일이 매우 중요하다는 것을 강조해두고자 합니다. … 정치적 탄압과 권력 남용이 이 땅에 다시는 반복되지 않도록 본인은 법으로 국정을 집행하고 법으로 정부를 이끌어갈 것을 분명하게 밝혀두는 바입니다. (전)

즉 전 대통령은, 위의 예에서뿐만 아니라, 위에 인용되지 않은 부분에서도 각 개인들의 주관적인 견해에서의 차이가 법을 어기게 하는 정당한 이유가 될 수는 없음을 말하면서, 모든 사람들이 법을 지켜야 할 것을 분명히 하고 있다. 그의 반복되는 법에 대한 언급은 법치가 민주사회의 근본 중 하나라는 점에서 나쁜 의미로서 해석되어야 할 필연적인 이유는 없다. 그러나 문제는, 그 법들이 어떤 성격의 것이냐와, 그 법을 준수하는 것의 진정한 효용성이 무엇인가이다. 흥미로운 것은 위 (24)에서 정치적 탄압과 권력의 남용을 없애는 것이 자신이 법에 근거하여 국가를 통치하는 목적으로 제시되고 있다는 것이다. 그러나 당시의 정치적 현실이 증언하듯이 이것은 사실이 아니었다. 더구나, van Dijk(1988)가 말하고 있듯이, “행위에 대한 직접적인 통제는 명령이나 협박, 법, 규제, 지시, 그리고 좀 더 간접적인 방식으로는 추천과 조언에 의해서도 이루어질 수 있다.” 여기서 중요한 것은 이런 화행의 발화수반력이, 지금 논의되고 있는 경우와 같이, 화자가 어떤 제도적 역할(institutional role)을 취할 경우 제도적 힘에 의해 뒷받침/강화될 수 있다는 것이다. 이런 점에서, “강조해두고자 합니다”, “분명하게 밝혀두는 바입니다”와 같은 수행동사를 포함하고 있는 위 예들은 전 대통령이 그 당시의 정치적 상황을 완전하고도 명백하게 통제하고 있다는 인상을 주기에 충분하다. 간단히 말해서, 전 대통령은 대통령 취임식을 자신의 공식적인 목소리를 낼 수 있는 최초의 기회로 이용하면서, 한 국가의 최고 권력자로서 힘을 행사하고 있는 것으로 해석할 수 있다.

한편, DJ의 취임사에서는 놀랄 정도로 이런 권위 취하기와 힘의 행사를 보여주는 예를 발견하기 힘들다. 이런 전략의 예가 될 수 있는 유일한 경우는 다음과 같다.

(25) 정부는 기업의 자율성을 철저히 보장하겠습니다. 그러나 기업의 자기 개혁 노력도 엄격히 요구할 것입니다. (DJ)

그러나 이것도 힘의 행사를 위한 대상이 국민이 아니라 사회의 한 집단이고, 요구라는 것도 전 대통령의 취임사에서와 같이 대부분의 국민들에게 정당화될 수 없거나 동의할 수 없는 성격의 법을 지키라는 것이 아니라, 스스로를 위해 기업을 개혁하라는 것이라는 점에서 전 대통령의 그것과는 아주 다르다. 오히려, DJ는 아래 (26)에서와 같이 권한과 기능의 일부를 민간과 지방자치단체에 이양함으로써 중앙정부의 권한을 축소하겠다는 의사를 밝히고 있다.

(26) 중앙정부에 집중된 권한과 기능을 민간과 지방자치단체에 대폭 이양하겠습니다. (DJ)

(6) 격식성/비격식성

단도직입적으로 말해서, 전 대통령의 취임사에서는 비격식성의 흔적을 찾기 힘들다. 격식성/비격식성도 여러 가지로 정의될 수 있겠지만, 격식성을 예시하는 가장 명백한 예는 어휘이다. 이 점에서, 전 대통령의 취임사는, 적어도 DJ의 그것과 비교해서, 사용 빈도가 낮은 한자어를 많이 쓰고 있다는 점에서 격식적인 것으로 볼 수 있다. 가령, 그는 자신을 대통령으로 선택해준 데 대해 감사하면서 "영광스러운", "역사적 대임", "엄숙하게 서약하는 바입니다"와 같은 표현을 사용하고 있다. 이는 DJ의 취임사에서 "기쁘다", "약속합니다"와 같은 일상적 표현들이 사용되는 것과 대조를 이룬다.

둘째, 그들이 사용하는 문장의 형태에서도 차이가 있다. 가령, 자신의 임무를 잘 수행하겠다는 의지를 표명하면서, 전 대통령은 거의 항상, " －바입니다", "－것입니다", "－고자 합니다"와 같이 대체로 문어체 글에서 발견되는 명사적 서술어 형태의 단언문을 사용하고 있다.

(27) 오천만 동포에서 엄숙하게 서약하는 바입니다. … 본인은 온 힘을 다할 것입니다 … 나의 온 힘을 다 기울이고자 합니다. (전)

그러나 DJ는 약속의 화행을 위해 " －겠습니다"와 같이, 자신의 발화수반력을 좀 더 명확하게 전달할 뿐만 아니라 비격식적이고도 대화체로 들리는 평범한 문장 형태를 사용하고 있다. 앞의 예문 (9)와 (10)도 이 점을 예시하고 있는데, 아래에 또 다른 예가 있다.

(28) 새 정부는 우리의 자라나는 세대가 정보사회의 주역이 되도록 힘쓰겠습니다. (DJ)

셋째, 전 대통령 취임사의 어조나 분위기는 무겁고 초연해서 화자의 감정을 드러내 보여주는 표현을 찾을 수 없다. 취임사의 모든 부분은, 완전히 정보 지향적인 성격을 보임으로써, 전형적인 취임사의 관습적인 요건들을 만족시키기 위한 것이다. 대조적으로, DJ는 일상적인 대화에서나 좀 더 자연스럽게 들릴 수 있는 표현들을 사용하고 있다.

(29) 참으로 어이없는 일이 아닐 수 없습니다. … 도대체 우리가 어찌하여 이렇게 되었는지 … 이 얼마나 자랑스러운 일입니까? (DJ)

전 대통령의 취임사가 격식적일 수밖에 없음을 보여주는 마지막 특징은 전 대통령 자신과 국민의 관계를 계층적인 것으로 규정하는 정치적 "제스처(gesture)"에서 볼 수 있다. 가령, 역설적이게도, 그는 자신의 대통령직을 국민으로부터의 "명령"으로 표현하면서 그 명령에 "충실할 것"이라고 말하고 있다. 이런 표현들은 자신이 좋은 대통령이 되기 위해 노력할 것이라는 태도 표명 내지, 국민에 대한 자신의 사랑과 충성심을 가장하기 위한 술수일지도 모른다. 그러나 이런 표현의 사용을 나쁜 의도로 해석하지 않는다 하더라도, 이것은 그가 격식성의 상징인 군대의 장군 출신이라는 사실을 대변해주는 '흔적'으로 볼 수 있을 것이다. DJ의 취임사에서는 이런 표현이 발견되지 않았다.

(7) 합의 도출

담화 민주화의 한 분명한 징표인 합의 도출이라는 측면에서도 두 대통령의 취임사에는 차이가 있다. 전 대통령은, 언급했듯이, 국민으로부터의 협력과, 대화를 통해서 다양한 의견을 조정하고 통합시키는 것의 중요성을 강조하면서 그것을 국민들로부터 아주 명백하게 요구하고 있다. 그럼에도 불구하고, 그는 국가적으로 영향을 미칠 수 있는 결정을 하는데 있어서 민주적이고 합리적인 절차를 존중하기 위해 노력하겠다는 어떤 의지 표명도 하지 않고 있다. 오히려, 다음과 같이 국민들에게 자신의 명령을 따를 것을 협박하고 있다는 느낌까지 주고 있다.

(30) 총의의 형성이 아니라 그것을 방해하려거나 그 외곽에서 방관하려는 자세는 족사의 전진을 위해서 아무런 보탬이 되지 못할 것입니다. (전)

DJ의 취임사는 이 점에서 아주 다르다. 국가 위기를 극복하는 과정에서의 국민들의 협력에 감사한 후, 다수당인 야당에게 새 정부에 협력해 줄 것을 간곡하게 요청하면서, 자신과 자신의 정부는 모든 것을 그들과 함께 논의할 것임을 분명히 하고 있다.

(31) 국회의 다수당인 야당 여러분에게 간절히 부탁드립니다. 오늘의 난국은 여러분의 협력 없이는 결코 극복할 수 없습니다. 저도 모든 것을 여러분들과 함께 상의하겠습니다. (DJ)

(8) 관여 전략

두 대통령은, Flowerdew(1996)에 의해 담화의 민주화와 관련된 것으로 제시되고 있는 관여(involvement) 전략을 사용하는데 있어서도 유사점과 차이점을 보여주고 있다. 우선, 유사점으로, 그들은 가령, 앞에서도 보여졌듯이, 국가를 위해 최선을 다하겠다는 의향과 결심을 약속함으로써 국민들에게 자신들의 태도를 분명히 하고 있다. 이런 의미에서, 관여를 "개개인들이 자신들을 다른 사람과 장소, 사물, 활동, 개념, 기억, 그리고 표현들과 결합시켜준다고 느끼는 내적, 또는 감정적 연결의 생성"으로 정의한 Tannen(1989: 12)에 따르면, 이들 대통령들은 국민들에게 관여하려고 시도하고 있는 것으로 해석될 수 있다.

한편, 차이점의 측면에서, 우선, 앞에서 논의했듯이, DJ와는 달리 전 대통령의 취임사에는 호칭의 사용에서 그 빈도가 극히 낮았고, 그나마 친근감을 보여주는 것이 아니었으며 "격려하기"는 아예 없었는데 이런 것들도 관여에서의 차이로 재분석할 수 있다. 그리고 "신화"를 말하는 과정에서 전 대통령은 과거와 현재에 관계없이 한 민족의 우수성을 찬양하고 있으나, DJ는 "신화"를 말하는 과정에서뿐만 아니라 대통령으로서의 정체성 구축과 정권의 정통성을 정당화하는 과정 등에서 취임사를 듣고 있는 현재 국민들의 우수성을 지적하고 있다. 즉, 관여 전략의 직접성(immediacy)에서 차이가 있는 것이다.

DJ의 취임사가 전 대통령의 그것보다 더 관여적이라는 것을 보여주는 가장 명백한 예는 정책 제시와 관련된다. 두 취임사 사이의 가장 명백한 차이는 DJ가 제시한 정책의 경우 다양하고 구체적인 계층의 국민들과 직접적으로 관련되거나 그들을 위한 것이라는 것이다. 다시 말해서, 그는 중산층, 농민, 중소기업, 여성, 청소년 등 사회의 많은 계층이나 집단을 일일이 언급하면서, 이런 모든 사람들의 안정되고 행복한 생활의 중요성을 강조하는데, 이것은 그가 민주사회의 모든 구성원을 향한 자신의 좀 더 관심 있는 태도를 보여주기 위한 것으로 해석될 수 있다.

6. 결론: 요약 및 함축

본 연구에서는 두 가지 목적, 즉 취임사의 일반적 수사구조를 찾아내고, "담화의 민주화" 측면에서 전 대통령과 DJ 중 누구의 취임사가 더 민주적인가를 평가하기 위해 네 명의 전 · 현직 한국 대통령 취임사를 분석하였다.

첫 번째 목적과 관련해서, 본 연구는 "친화관계 정립", "취임식의 성격 규정하기", "대통령의 정체성 구축하기/정권의 정당화하기", "'신화' 말하기", "새로운 과제 및 도전 지적하기", "정책 제시하기", "협력 구하기", "격려하기", "마무리: 요약하기와 상호조율하기" 등 적어도 아홉 가지의 전략이 사용되고 있는 것으로 제안하였다. 그리고 이런 거의 모든 전략들이 대통령 당선자 자신과 그들의 정부 또는 그들의 취임사를 좀 더 민주적인 것으로 들리거나 보이게 하기 위해, 민주주의라는 기저 이념을 지향하고 있음도 제안하였다.

한편, 두 번째 목적을 위해서, 본 논문은 앞의 아홉 가지 전략과 직접적으로 관련되는 "호칭과 자기 지칭", "행위성", "신화", "깎아내리기", "권위 취하기와 힘의 행사", "격식성/비격식성", "합의 도출", "관여하기" 등과 같은 언어적, 담화적 자질들을 상세하게 분석하였다. 그 결과, 논의 중에 함축되거나 언급을 하였지만, DJ의 취임사가 전 대통령의 취임사보다 더 민주적인 것으로 판단될 수 있었다.

즉 그는 (호칭과, 자기 지칭, 깎아내리기 측면에서) 청자와 이전의 정권에 대해서 더 공손하거나 예의를 지키며, (행위성과 관련해서) 정책을 실현시키는 데 있어서 선도적인 역할을 할 준비가 되어 있으며, ("신화"와 관련해서) 숨겨진 의도가 없으며, (권위 취하기와 힘의 행사 측면에서) 강요적이지 않으며, (격식성/비격식성과 관련해서) 비격식적이며, (합의 도출과 관련해서) 합리적인 절차를 존중하며, (관여 전략과 관련해서) 모든 계층의 국민들에게 관심과 개방적인 자세를 보이고 있다. 여기서, 이런 것들의 거의 대부분은 앞에서 소개한, 민주주의와 관련된 몇 가지 개념 및 Fairclough(1992)의 정의와 분명히 관련되고 있다.

본 논문의 이런 분석은 다음과 같은 몇 가지 함축을 갖는 것으로 볼 수 있다. 우선, 이제는 본 논문이 앞에서 가정했던 것처럼 확실히 취임사를 그 나름대로 하나의 장르를 형성하는 것으로 말할 수 있다는 것이다. 즉, 관련 언어공동체의 구성원들에 의해 식별되고 상호 이해되는 의사소통적 목적을 갖는 것 이외에도, Bhatia(1993: 14)에 의해 제안된, 장르가 되기 위한 다른 요건들도 만족시키고 있는 것으로 드러났기 때문이다(2절 참조). 구체적으로, 본 논문이 제안한 일반적인 패턴은 "장르는 고도로 구조화되고 인습적인 의사소통적 사례"라는 것과, "다양한 장르는 발화문들의 의도와 위치 설정, 형태, 기능가 등에서 제약을 가한다"는 것을 뒷받침하고 있다. 더구나, 전 대통령과 DJ의 취임사 비교는 "노련한 담화공동체 구성원들은 특별한 효과와 개인적인 의도를 위해서 장르의 규칙과 인습적인 것들을 이용할 수 있다"는 것도 보여주고 있다. 둘째 함축은 DJ의 취임사가 언어와 사회 변화 사이의 재귀적인 관계를 뒷받침하면서 한국 담화에서의 민주화를 예시하는 것으로 볼 수 있다는 것이다. 이런 주장은 그가 취임한 후 구체화하기 시작한, 담화 관행에서의 민주화의 한 상징으로 볼 수 있는 "국민과의 대화" 같은 프로그램에 의해서도 뒷받침된다.

셋째, 함축은 정치담화에서의 조작(manipulation)에 관한 것이다. 기본적으로 조작의 문제는 화자가 사실을 말했는가, 또는, 진정으로 무엇인가를 하겠다는 의도와 의향을 갖고 있는가라는 측면에서 다루어져야 할 것이다. 이런 의미에서, 조작의 문제는 화자의 진실성 문제로 이어지는데, 이런 진실성의 판단은 대부분 언어학적인 분석에서 불가능한 것으로 말해지고 있다. 그러나 DJ를 포함하여 네 대통령의 취임 후 많은 시간이 지났다는 것을 고려할 때 취임사의 민주적인 성격과, 각 대통령들에 의한 통치하에서의 사회 및 정치적인 현실들을 비교할 수는 있을 것이다. 이런 측면에서 전 대통령과 DJ의 취임사는, 논의된 것처럼, 민주적인 성격에서 차이가 있었다는 것을 고려할 때, 그렇게 조작적인 것은 아니었던 것으로 생각된다. 다시 말해서, 전 대통령의 비교적 덜 민주적인 성격의 취임사는 실제로 그의 재임 기간 덜 민주주의적인 통치로 이어졌으며, 좀 더 민주주의적인 DJ의 취임사는 사회의 대부분 영역에서 현실화되고 있다는 것이다. 이 문제와 관련해서 한 가지 주목할 사실은, 비록 본 논문에서 실제 비교 분석을 통해서 보여주지는 않았지만, 가장 조작적인 취임사로 볼 수 있는 것은 민주주의를 향한 국민들의 요구에 "항복"함으로써 전 대통령의 뒤를 이은 노 대통령의 취임사라는 것이다. 즉, 노 대통령의 취임사는 언어적/대화적 자질 측면에서 전 대통령의 취임사보다 더 민주적인 것으로 들리는데, 그러나 그의 정권이 전 대통령의 정권보다는 민주적이었던 것은 사실이지만 많은 부정부패와 권력 남용의 사례에 의해서 웅변되듯이 그의 취임사나 정부가 약속한 것만큼 민주적인 것은 아니었다. 이런 사실들은 본 논문으로 하여금 한국에서 담화 또는 적어도 취임사의 민주화가 이루어진 전환점은 노 대통령의 재임 기간이었을 것으로 추론하게 할 뿐 아니라, 궁극적으로, 정치담화로서의 대통령 취임사는 Bitzer(1981)가 제안한 정치적 수사의 두 가지 다른 이미지, 즉 한편으로는 동기, 원칙, 사색, 논쟁, 그리고 정서가 개입된다는 긍정적 이미지와, 다른 한편으로는, 과장된 언어와 현학적이고도 현혹적인 말장난이라는 부정적 이미지를 피할 수는 없다는 사실을 분명하게 되새겨주고 있다.

√참고문헌

Adegbija, E. (1995). I, Major-General X: Discourse tacts in military *coup speeches.* Text 15, 253-270.

Austin, J. L. (1962). *How to do things with words.* Oxford: Claredon Press.

Bhatia, V. K. (1993). *Analyzing genre: Language use in professional setting.* London: Longman.

Bitzer, L. F. (1981). Political rhetoric. In D. D. Nimmo and Keith R. Sanders (eds.), *Handbook of political communication,* 299-328. London: Sage.

Brown, R. and Gilman, A. (1960). The pronouns of power and solidarity. *American Anthropologist* 4, 24-29.

Brown, P. and Levinson, S. (1987). *Politeness: Some universals in language usage.* Cambridge: Cambridge University Press.

Ciliberti, A. (1997). Changes in discursive practices in Italian public administration. *Journal of Pragmatics* 27, 127-144.

Duranti, A. (1990). Politics and grammar: Agency in Samoan political discourse. *American Ethnologist* 17, 646-666.

Gastil, J. (1992). Undemocratic discourse: a review of theory and research on political discourse. *Discourse and Society* 3, 469-500.

Giddens, A. (1984). *The constitution of society.* Berkeley: University of California Press.

Fairclough, N. (1989). *Language and Power.* London: Longman.

Fairclough, N. (1995). *Critical discourse analysis: the critical study of language.* London: Longman.

Flowerdew, J. (1996). Discourse and social change in contemporary Hong Kong. *Language in Society* 25, 557-586.

Flowerdew, J. (1997). Competing public discourse in transitional Hong Kong. *Journal of Pragmatics* 28, 533-553.

Flower, R. (1985). Power. In T. A. van Dijk (ed.), *Handbook of discourse analysis,* Vol. 4, 61-83. London: Academic Press.

Goffman, E. (1967). *Interactional ritual.* New York: Free Press.

Goffman, E. (1981). *Forms of talk.* Philadelphia: University of Pennsylvania Press.

Hymes, D. (1972). Toward ethnographies of communication: The analysis of communicative events. In Pier Paulo Giglioi (ed.), *Language and social context.* Harmondsworth: Penguin.

Levinson, S. (1983). *Pragmatics.* Cambridge: Cambridge University Press.

Malinowski, B. (1972). Phatic communion. In J. Laver and S. Hutcheson (eds.), *Communication in face to face interaction,* 146–152. Harmondsworth: Penguin.

Schiffrin, D. (1987). *Discourse markers.* Cambridge: Cambridge University Press.

Searle, J. R. (1969). *Speech act.* Cambridge: Cambridge University Press.

Tannen, D. (1989). *Talking voices: Repetition, dialogue, and imagery in conversational discourse.* Cambridge: Cambridge University Press.

Van Dijk, T. A. (1993). Principles of critical discourse analysis. *Discourse and Society* 4, 249–283.

WAUDAG. (1990). The rhetorical construction of a President. *Discourse and Society* 1, 189–200.

Yahya–Othman, S. (1995). Aren't you going to greet me? Impoliteness in Swahili greetings. *Text* 15, 209–228.

10

교사-아동학습자 간의 교실담화의 대화분석

김규현(경희대학교)

1. 들어가는 말

교실담화는 상호작용적 말사용(talk-in-interaction)의 한 유형으로서, 다른 담화와는 구별되는 상호작용적 패턴과 구조를 갖는다(Atkinson 1982). 교실담화의 구조는 교사와 학습자의 상호작용 과정을 통해 형성되는데, 학습자는 교실담화의 토대가 되는 학습활동에 참여함으로써 학교 사회화 과정을 거치게 된다. 이 과정에서 학습자가 얻게 되는 지식과 기능(skills) 중의 많은 부분은 교사가 주도하는 교실 활동에 학습자가 어떻게 사회적으로 기대되는 방식에 따라 적절하게 참여하는가 하는 것과 관련이 있다(Coulthard 1977, Mehan 1979b).

이러한 시각에서 볼 때, 학습자가 '학생'으로 사회화 된다는 것은 교사가 학습자에게 요구하는 시각을 적절히 취하는 것을 의미한다. 즉 학습자는 교사가 제시하는 학습 과제를 다룰 때 교사가 정향하는(orient to) 학습목표가 무엇인지 이해하고, 교실담화를 상호작용적으로 구성해 나가는 과정에서 교사의 관점에 자신의 관점을 조율해 나갈 수 있어야 한다. 이러한 교섭과정을 통해 학습자는 자신의 상식적 지식(commonsensical knowledge)을 해당 교과관련 지식(subject-related knowledge)

으로 변환해 나가게 되는데, 이러한 변환 과정이 곧 학교 사회화 과정의 중요한 부분이라고 할 수 있다(Garfinkel & Sacks 1970).

본 논문에서는 한국 초등학교 교실담화를 대상으로, 어린 학습자가 주어진 학습 과제를 대하는 관점이 교사의 관점과 상이함을 보이고, 이 차이가 수용되고 교섭되는 과정의 절차적 특성을 살펴봄으로써, 아동 학습자가 '학생'으로서 겪게 되는 학교 사회화 과정의 한 측면을 조명하고자 한다. 따라서 교사와 아동 학습자가 함께 교실 활동에 참여하여 구성하는 교실담화의 순차적 구조와 내용을 통해 드러나는 학습 사회화 과정의 제 측면을 미시적으로 조명하는데 있어서 다음과 같은 문제에 유념하여 분석을 수행하고자 한다.

(i) 교사와 학습자가 주어진 학습 과제에 대하여 어떻게 서로 다르게 정향(orienting to)하며, 이러한 정향성(orientation)의 차이를 어떻게 설명할 수 있는가?

(ii) 학습 과제가 수행되는 과정에서 교사와 학습자가 보이는 정향성의 차이가 어떻게 조율되는지를 상호작용적 시각에서 어떻게 설명할 수 있는가?

(iii) 이러한 교섭과정이 학습 및 사회화의 성취과정에 대하여 시사해 주는 점은 무엇인가?

이와 같은 연구 과제를 다루는 데 있어서 본 연구에서는 대화분석(conversation analysis)과 민족방법론(ethnomethodology)의 시각에서, 교사와 아동학습자가 상호작용적으로 학습활동에 참여하는 과정에서 관찰되는 행위구성 방식(method)의 특성들을 분석하고자 한다(Sacks, Schegloff & Jefferson 1974, Garfinkel & Sacks 1970, Heritage 1984). 특히 교실활동에 참여하는 교사와 학습자가 정향하는 방향이 상호 일치하는 부분과 어긋나는 부분을 범주화 관행(practice of doing categorization)의 측면에서 파악함으로써, 교사–아동학습자의 상호작용을 통해 구성되는 비대칭적 행위구조의 한 측면을 살펴보고자 한다. 이러한 미시적 분석을 토대로 아동 학습자의 상식적 지식과 경험이 교사가 주도하는 교실담화 맥락에서 어떻게 교과관련 지식으로 변형되는지를 이해해 나갈 수 있을 것이다(Mehan 1979a, 1979b, McHoul & Watson 1984).

본 연구에서 분석한 자료는 서울의 한 사립초등학교(Y초등학교)의 한국어-영어 부분몰입학습(Korean-English partial immersion) 프로그램에 참여하는 2학년 학급(2-4반 및 2-5반)에서 녹취한 비디오 자료이다. 학생 수는 반당 15명이고, 두 반 모두 여교사가 담당하였고 수업은 한국어로 진행되었다.

2. 학습과제에 대한 정향성의 차이

Y초등학교 2학년의 두 반(2-4반과 2-5반)에서 관찰된 학습 활동 단계의 구성은 다음과 같다.

<u>학습 단계의 구성</u>
1 단계: 오리엔테이션(숙제 확인, 학습 주제 및 목표 소개 등)
2 단계: 주 학습활동(대체 연습(substitution drills), 과제분류 등)
3 단계: 소집단 및 개별 학습 활동
4 단계: 개별 학습 활동 평가

본 연구에서 중점적으로 살펴 볼 부분은 2단계로서 교사와 학습자 간의 상호작용이 가장 활발히 일어나는 단계이다. 주로 교사가 질문을 하고 학습자의 답을 평가하는 방식으로 담화가 구성되는데, 이 과정에서 교사와 학습자는 주어진 과제를 다루는 데 있어서 서로 상이한 정향성을 보인다. 즉 학생들은 대체로 주어진 질문이나 과제의 내용 그 자체에만 '국지적으로(locally)' 관심을 두고 활동에 참여하지만, 교사는 보다 '거시적'인 관점에서 전반적인 교안의 내용과 학습 목표에 따라 계획된 활동을 창출하고 유지해 나간다. 예를 들면 학습자는 교사의 질문에 대하여 자신의 일상경험에 근거한(vernacular) 정보 및 대화 스타일을 사용하여 상식적 지식(commonsensical knowledge)과 개인적 경험에 토대를 두는 내용으로 답한다. 그러나 교사는 학습자의 일상 경험이나 생각 자체에 관심을 두는 것이 아니라,

그것이 주어진 교안의 내용과 구조에 적합한 형태로 제시되기를 기대한다. 즉 교사는 학습자의 상식적 지식과 경험을 주어진 학습 목표에 적절한 교과관련 지식(subject-related knowledge)의 조성을 위한 '자료'로서 받아들이는 것이다(McHoul & Watson 1984).

교사와 학습자 간의 이러한 '비대칭적' 상호작용 구조는 대화(1)에서 잘 나타난다. 이 예에서는 초등학교 2학년 국어 과목 수업에서 학생들이 명사를 수식하는 형용사 용법을 연습하는 학습활동을 보여 주고 있는데, 교사가 먼저 수식어를 포함하는 예문(예: "큰 섬들이 보입니다.")을 제시하면 학생들이 수식어 부분만 다른 형용사로 바꾸는 '대체 연습(substitution drills)'의 형태로 수업이 진행되고 있다.[1)]

(1) (Y초등학교, 2-5)
57T ..... 자 희경이 (.)
58S1: 많은 섬.
59T: 많은 섬. (그럼) 자 다 같이 한번 해 볼까? 시작,
60Ss: 많은 섬들이 보입니다.
61T: 많은 섬들이 보입니다. 또 다른 꾸며주는 말. (2.0) 소연이.
: :
65T: ..... 선영이.
66S2: 어 동해안에 섬들이- 동해안에 ( ) 섬들이 많-
67 아니 동해안에 많이 (.) 섬들이 보입니다.
68T: 응 잠깐. (.) 이거 선영이가 어떻게 했어요?
69S2: //동해안에
[
70T: (동해안에) 많은 섬들이 보입니다 그랬지요? ( )
71 우리가 (지금 이) 꾸밀 수 있는 말은, (.) 뭐예요?
72S2: 많은.

1) 교실담화 자료를 전사하는데 있어서 아래의 대화분석의 전사 방식을 사용하였다(Sacks, Schegloff & Jefferson 1974).

//	말 끼어들기	=	연속 발화	-	말 끊어짐
.	하향 억양	?	상향 억양	,	계속 억양
:	소리 늘어짐	( )	불분명한 부분	(( ))	전사자 설명
(.)	0.2초 이하 쉼 간격	(0.0)			쉼 간격

73T: 어떤 섬들이?
74S2: 동해안에 많은 섬들이.
75T: 동해안에 많은 섬들?
76S2: 많은 섬들.=
77T: =어디를 얘기하는 게 아니라 지금은 뭐만 얘기하자고?
78Ss: (꾸미는 말.)
79T: 꾸미는 말.

예문의 57~61 번째 줄에서 가장 전형적인 대체 연습 활동의 예를 볼 수 있는데, 교사가 지명한 학생(S1)이 문장을 발화하자(58번째 줄), 교사는 이를 하향 억양으로 반복 발화하면서 타당한 답임을 확인해 준다(59번째 줄)(cf. Merrit 1982). 교사는 전체 학생들로 하여금 완전한 문장을 다함께 발화하도록 하고(59~60번째 줄) 자신이 이를 한 번 더 반복하여 적절한 답임을 다시 한 번 확인해 준다(61번째 줄). 이 패턴은 교사가 또 다른 학생을 지명하면서 계속된다(61번째 줄).

하지만 교사가 지명한 다음 학생(S2)은 두 번에 걸쳐 말을 중간에 끊고 문장을 다시 시작하는 과정을 거친 후(66~67번째 줄) 단일 형용사가 아닌 부사를 포함하는 표현을 답으로 제시한다('동해안에 많이'). 교사는 전체 학생에게 이 답안에 문제가 있음을 지적하고(68~71번째 줄), 학생은 부사인 '많이'를 형용사인 '많은'으로 수정한다(72번째 줄). 하지만 73번째 줄에서 교사가 다시 틀을 잡아 주는 후속 질문("어떤 섬들?")을 하자 학생(S2)은 '**동해안에 많은** 섬들' 이라고 대답함으로써, 처소격이 붙는 장소를 지칭하는 표현('동해안에')과 형용사('많은')가 함께 쓰인 문장을 답으로 제시한다. 교사가 이에 대하여 상향 억양으로 학습자의 답을 반복하여 수정 주도(repair initiation)를 함으로써 학생이 제시한 표현에 문제가 있음을 보인다(75번째 줄)(Schegloff & Sacks 1977). 이에 학습자는 단일 수식어를 포함하는 표현으로 수정하여 답한다(76번째 줄: '**많은** 섬들'). 기대되는 답이 나오자 교사는 곧바로 이어서 해당 학습활동의 초점을 강조하면서, '장소'를 지칭하는 표현이 아니라, '꾸미는 말'을 찾아야 함을 다시 지적한다(77~79번째 줄: "어디를 얘기하는 게 아니라 지금은 뭐만 얘기하자고? – (꾸미는 말) – 꾸미는 말")(61번째 줄과 71번째 줄 참조). 여기서 교사가 '장소'를 묘사하는 표현은 '꾸미는 말'에 해당하지 않는 것으로 간주하고 있음을 알 수 있다.

이처럼 학습자가 교사가 기대하지 않은 답을 할 경우 교사는 수정 주도를 함으로써 문제가 있음을 보이고, 학습자로 하여금 수정하도록 이끈다(75번째 줄). 하지만 학습자가 제시한 '상식적' 범주가 항상 교사의 '교과관련' 범주로 대체되는 것은 아니다. 때로는 학습자가 제시한 답이 교사로 하여금 정답의 기준을 수정하도록 이끌 수도 있다. 대화(2)가 그러한 경우인데, 대화(1)에 뒤이어 나오는 대화이다.

(2) (Y초등학교, 2－5)
94 S: 사람들이 사는 섬들이 보입니다.
95 T: 그러네, 이것도 꾸며줄 수 있는 말이네, 꼭 모양을
96 안 나타내도, 사람들 사는 섬들. 잘 했어요.
97 또 또 어- 어떤 섬들이 보이지? 유빈이.

대화(1)에서 형용사 수식어 외에 처소격이 쓰인 장소 명을 덧붙인 답을 한 학생에 뒤이어, 대화(2)에서는 또 다른 학생이 마찬가지로 교사가 기대하는 답에서 벗어나는 답을 하는데, 단일 형용사의 형태가 아니라, 명사를 꾸며주는 '관형사절' 형태의 표현으로 답을 하고 있다("**사람들이 사는** 섬들이 보입니다."). 교사는 이에 대해 학습자의 답이 적절한 답이 될 수 있음을 인정하는데, 종결어미 －네를 두 번 계속 사용함으로써 학생이 제시한 답이 적절한 것임을 새롭게 알았음을 보이면서(Kim 2004, Kim & Suh 2002, Lee 1993) 학생의 답을 긍정적으로 수용하는 태도를 보인다(95~96번째 줄: "그러네, 이것도 꾸며줄 수 있는 말이네 꼭 모양을 안 나타내도,").

이 과정에서 교사가 '꾸미는 말'을 '모양'을 묘사하는 수식어로 암묵적으로 제한하고 있었음이 드러나고 있다. 한 학생의 답안을 통하여 '꾸미는 말'이 '모양'을 묘사하는 것 이외에 '상태' 등 다른 측면을 묘사하는 수식어도 될 수 있다는 경험적 증거(empirical evidence)가 제시되자 교사는 자신의 기준을 수정하게 된 것이다.[2] 이와 같은 측면에서 볼 때 교사의 평가 기준이 학습 목표에 비추어 항상

2) 하지만, 교사가 '모양'을 수식해야 한다는 기준은 포기하면서도, 여전히 후행 맥락에서

'옳은' 기준이 되는 것은 아님을 알 수 있다.[3)]

대화(1)과 (2)에서 주목할 것은 교사가 기대하는 '꾸미는 말'이 무엇인지가 충분히 구체적으로 정의되고 있지 않다는 것이다. 단지 활동 시작 단계에서 '파란 바다', '높은 물결' 등의 예시 표현을 통해서 그 유형의 예가 제시되었을 뿐, 교사가 '꾸미는 말'이 무엇인지를 구체적으로 설명한 것은 아니었다. 교사는 학생들에게 과제를 제시하는데 있어서 '꾸미는 말'을 찾으라는 다소 모호한 지시를 주었을 뿐이었다(61, 71 및 79번째 줄 참조). 교사가 의미하는 '꾸미는 말'이 무엇인지는 학습과정을 통해 드러나는데, 대화(2)에서 교사가 암묵적으로 정향하고 있는 '꾸미는 말'의 속성 중 하나가 '모양'을 수식하는 표현이라는 것을 알 수 있다.

또한 '꾸미는 말'이 단일 어휘 형태의 형용사로 제한되고 있음을 알 수 있다. 장소를 나타내는 표현이 추가된 수식어('동해안에 많은'), 혹은 관형절 형태의 수식어('사람들이 사는')는 여기에 포함되고 있지 않다. 이러한 측면에서 볼 때, 학습자가 주어진 과제를 수행하는데 중요한 것은 교사의 그러한 '암묵적인' 정향성을 이해하고 공유함으로써, 교사가 기대하는 내용에 부응하는 정보를 제시하는 것이라고 할 수 있다(McHoul & Watson 1984, McHoul 1978). 즉 대화(1)과 (2)의 경우, 학습자는 교사가 기대하는 답이 단순한 '꾸미는 말'이 아니라 '모양'을 묘사하는 표현이면서 동시에 명사를 수식하는 단일 어휘 형태의 형용사임을 유추해내어야 하는 위치에 놓여 있는 것이다.

아래의 대화문(3)에서도 교사와 학습자의 정향성이 서로 어긋나고 있는 또 다른 예를 볼 수 있다. 이 대화문에서 학습자들은 여름방학을 어떻게 보낼 것인지 계획을 하는 내용을 담은 교과서 내용을 읽은 후, 교사가 배부한 카드에 각자 자신이 여름방학 동안에 가고 싶은 곳을 써 넣는 활동에 참여하고 있다.

'단일 어휘' 형용사 형태의 수식어를 학생들로부터 이끌어 내는 데에 정향하는 것이 관찰된다. 즉 '모양'을 수식해야 한다는 상식적 기준은 포기했지만, 교사의 예문에서 제시되고 있는 바, 기대되는 수식어가 '단일 어휘'이어야 한다는 잣대는 여전히 평가의 기준으로 사용되고 있는 것을 알 수 있다(아래의 논의 참조).

3) 이는 교사가 '문법'에 대하여 자신이 갖고 있는 '대중적 이론(folk theory)'을 교과서 내용에 접목시켜 나름대로의 일상적인 기준(vernacular standard)을 만들어 사용한 경우로 볼 수 있을 것이다.

(3) (Y초등학교 2－4)

1 S1: (   )
2 T: 음 그거는 어디에 하나 상관없는데: (   )
4 S1: 그럼요::: (   ) 상관있어요? (   )
5 상관없어요?
6 T: 음 (거의) 상관없는데, (   ) (1.0) 자, (1.4) 여러분이
7 쓴 거 중에 '바다'를 쓴 사람. (1.5) (   ) '바다'.
8 '바다', '수영장' 이런 거. '
9 S2: 저요.

:   :   :

19 S3: ((자기가 가고 싶은 곳을 자세히 설명함))
20 T: 그거는 수영장을 말하는 거//지,
[
21 S3: 네.

이 과정에서 학생들은 자신이 가고 싶은 곳을 어떠한 표현으로 범주화할 것인지에 대해 교사에게 질문을 하고, 교사는 이에 대해 '바다', '산', '수영장' 등 적절한 항목을 제시해 준다(6~8번째 줄, 20번째 줄). 이 과정에서 학생과 교사 간의 상이한 정향성과 태도가 관찰되는데, 학생은 자신들이 가고 싶은 곳이 어디인지 생각하고 이를 말로 표현하는 것 자체에 많은 노력을 기울이는 반면에 교사는 학생들이 제시한 다양한 지역과 장소를 재분류하여 적절한 수의 범주로 나누는 데에 관심을 둔다. 즉 학생들은 실제로 자신들이 여름방학 동안 가고 싶은 곳을 구체적으로 제시하는데 중점을 두는 반면(4~5번째 줄 및 19번째 줄), 교사는 학생들이 제시한 장소들의 유형을 간략하게 분류하여 미리 구상된(pre-conceived) 제한된 수의 범주로 재편성하는데 초점을 두고 있다(2번째 줄, 6~8번째 줄 및 20번째 줄).[4)]

---

4) 이처럼 서로 상충하는 관점의 차이는 교사와 학습자가 주어진 과제의 난이도를 다르게 감지한다는 데에서도 나타난다. 이 과제를 수행하는 동안 학습자들은 자신이 가고 싶은 장소를 생각하고 선택하는데 많은 고민을 하면서 교사에게 자신들이 생각해 낸 장소가 적절한지의 여부를 확인하는 질문을 많이 한다. 반면에 교사는 학습자에게 여름방학 중 방문하고 싶은 장소를 제시하는 것이 단순하고 쉬운 과제임을 학생들에게 부각시킨다. 그리하여 교사가 학생들에게 놀러 가고 싶은 곳을 쓰도록 하는 과정에서, 학

이러한 차이는 교사가 학생들이 카드에 적은 장소를 다음 활동 단계에서 각 범주를 비교하는 도표를 만들기 위한 자료로서 간주하고 있다는 데에 연유한다. 즉 교사는 학생들이 제시한 다양하고 구체적인 장소관련 정보를 서로 비교가 수월한 범주로 단순화시켜 후속 활동에서 도표로 작성하는 데 사용될 수 있도록 하는데 정향하는 반면에, 학생들은 자신이 실제로 가고 싶은 곳을 제시하는 데에 관심을 두고 있는 것이다. 이러한 교사와 학생 간의 관점 차이는 이 활동의 후속 맥락인 대화(4)에서 첨예하게 드러난다.

(4) (Y초등학교, 2－4)
1 T: 자, 안 붙인 사람. (   )
2 S: (아니) 다른 나라에 (   )

생들이 주어진 과제에 진지하게 몰입함으로 인하여 많은 시간이 소요되는 반면, 교사는 학생들로 하여금 빨리 과제를 끝내도록 종용하는 모습을 많이 보인다. 예를 들어 아래의 대화에서 교사가 학생들에게 고민하지 말고 장소 이름을 생각해내는 데 너무 많은 시간을 쓸 필요가 없음을 주지시키고 있지만, 학생들은 이에 아랑곳하지 않고 답을 쓰는 데 긴 시간을 사용하고 있다.

(Y초등학교, 2－4)
1 T: 고민하지 마:: 이건 고민하는 게 아니구
2 그냥 가고 싶은 곳 쓰면 돼요.
3 (15.0)
4 T: 다 썼니?=
5 Ss: =아니요:: ((한 목소리로))

이처럼 주어진 과제에 대해 교사와 학생들이 서로 다르게 정향하는 것은 이들이 주어진 과제가 학습맥락에서 갖는 의미와 중요성에 대해 서로 다른 관점을 갖고 있기 때문이다. 즉 학생들은 주어진 과제를 대하는 데 있어서 자신의 개인적인 일정이나 실생활 관심에 '국지적으로(locally)' 정향하는 반면, 교사는 주어진 과제가 전체 교과 학습이나 교실 활동 조직에 대해 갖는 효용성에 보다 더 '총체적으로(holistically)' 정향한다. 이러한 관점의 불일치로 인하여 교실 담화가 비대칭적 구조로 조직되는 측면이 있는데, 이러한 과정을 통해 학습자가 '국지적' 시각에서 보다 '총체적' 시각으로 나아가는 사회화 과정이 구성된다고 할 수 있다. 이러한 측면에서 볼 때, 학습자가 상식적 지식과 경험에 의거하여 자신의 개인적인 관심사를 부각시키는 시각에서 벗어나, 교사가 예정하고 있는 교과 관련 내용의 이해와 조작에 적절한 의사소통 스타일을 습득해 나갈 수 있는 맥락이 교실담화를 통해 조직된다고 할 수 있을 것이다(cf. Mishler 1972).

T: 너는 다른 나라에 가고 싶은 거야 아니면 놀이동산을
가고 싶은 거야.
S: (   )
T: (   ) 놀이동산이겠지.
(3.0)
S: (미국에 있는) 놀이동산.
T: 놀이동산에 가고 싶은 거야 아니면은 해외여행 다른
나라에 가서 다른 나라를 돌아다보고 싶은 거야. (1.0)
그거는 다른 나라- 나라 (//   )
[
S: 아니 미국에서요.

학생이 자기가 방학 중에 가고 싶은 곳으로 '미국에 있는 놀이동산'이라고 쓰자, 교사는 '놀이동산'과 '외국' 중 하나를 선택하라고 한다. 대화문에서 배경 소음 때문에 녹취가 잘 안 된 부분이 군데군데 있기는 하지만, 교사는 학생이 제시한 장소를 6번째 줄에서 '놀이동산'으로 분류하려고 하는 반면에, 학생은 이를 수용하지 않으면서 자신이 가고 싶은 곳은 미국에 있는 놀이동산임을 주장하고 있음을 알 수 있다(8번째 줄). 이에 9~11번째 줄에서 교사는 학생이 가고 싶은 곳이 '놀이동산'인지 아니면 '외국'인지를 다시 물음으로써, 둘 중 하나를 선택하도록 대화를 이끈다. 그러나 12번째 줄에서 볼 수 있는 것처럼, 학생은 교사가 제시한 두 가지 범주 중 어느 하나를 선택하지 않고, 자신이 가고 싶은 곳이 '미국에 있는 놀이동산'임을 다시 주장한다.

이 대화문에는 나와 있지 않지만, 후속 맥락에서 학생은 결국 자신의 주장을 접고 교사가 제시한 '외국'이라는 범주를 선택한다. 교사와의 긴 교섭 과정을 통하여 학생이 제시한 두 범주에 속하는 '미국에 있는 놀이동산'은 보다 거시적이고 다른 범주와 비교가 더 수월한 '외국'이라는 새로운 범주로 변환된다.[5)]

대화문(3)~(4)에서 소개된 학습활동에 이어서 학생들은 자신이 가고 싶은 곳을

5) 결과적으로 학생은 자신이 주장한 범주를 관철시키지는 못했지만, 서로 범주의 영역을 조율하는 과정을 통해 새로운 범주('외국')를 교사의 범주 목록에 추가하는 데에 기여하게 되는 것을 알 수 있다.

써 놓은 색지카드를 가지고 나가, 교사가 칠판에 써 놓은 '바다', '산', '놀이공원', '외국' 등 장소 범주 중 자신이 쓴 장소가 속하는 곳에 카드를 붙임으로써 도표를 협동적으로 작성한다. 위에서 지적한 것처럼, 앞 단계에서의 장소 명기 활동은 이처럼 장소를 범주화 하고 도표를 작성하여 다른 범주들을 서로 비교할 수 있도록 하는 학습활동을 위한 예비 단계로 수행된 것이었다. 따라서 전체 학습 과정을 통해 교사는 주어진 과제가 이러한 학습 목표에 대하여 갖는 의미와 효용성에 중점을 둔 것이었고, 이러한 면에서 교사의 관점은 실제로 자기가 가고 싶은 곳을 구체적으로 제시하는 데에 중점을 두었던 학생들의 관점과 차이가 있었던 것이었다.

이처럼 교사가 학습자로부터 이끌어 낸 정보를 토대로 일반화된 항목을 만드는 과정은 학습자의 개인적인 경험과 구체적인 선호 사항이 학과 관련 지식으로 변환되는 과정의 한 예라고 할 수 있다(McHoul & Watson 1984). 주어진 과제를 다른 시각에서 접근하는 교사와 학습자간의 정향성의 차이가 해소되어 가는 과정을 통해 학습자의 일상생활 관련 지식이 '격식성' 있는 교과 관련 지식으로 변환되는 것이다. 위에서 살펴본 것처럼, 대화(1)에서는 학습자가 제시한 '복합적인' 형태의 수식어가 교사가 기대하는 '단일 수식어 형태'의 형용사로 변환되고 있고, 대화(2)에서는 교사가 학습자의 '관형절' 형태의 답안을 새롭게 수용해 가는 과정을 통하여 교사가 정향하고 있는 범주의 범위가 확장되고 있는 모습을 보여준다. 대화(3)~(4)에서는 학습자의 개인적 범주인 '방학 중 놀이 장소'가 조율과정을 거쳐 교과관련 범주인 '일반화되어 비교 가능한 놀이 장소'로 변환되고 있는 예를 보여 준다.

이와 같은 언어 및 사실 범주의 측면에서 볼 때 교사와 학습자의 정향성 차이가 특히 저학년 아동 학급 교실에서 두드러지게 나타나는 것은 당연하다고 하겠다. 아동학습자의 입장에서는 교사의 정향성을 공유해 나감으로써 자신의 개인적 일상 지식을 학과관련 학습 목표에 기여할 수 있는 형태로 변환할 수 있는 능력을 함양하는 것이 곧 학교 사회화 과정의 중요한 부분이 된다. 이러한 정향성 수렴(convergence in orientations)이 바로 '학생임을 수행하는(doing being a student)' 과제를 성공적으로 성취하기 위하여 학습자가 거쳐야 하는 학교 사회화 훈련의 중요한 부분을 형성한다고 할 수 있다(cf. Garfinkel & Sacks 1970).

3. 소속 범주화(membership categorization)

대화(1)~(4)에서 살펴 본 바와 같이 교사와 학습자는 주어진 과제에 대하여 종종 서로 다르게 정향한다. 이는 Sacks(1972)의 '소속 범주화 장치(membership categorization device(MCD))'의 개념의 시각에서 볼 때, 교사와 학습자가 지시물을 범주화하는 방식이 다른 데에서 연유한다고 볼 수 있다. 사람들은 사회적 행위를 수행하는 과정에서 지시 대상을 다양한 방식으로 범주화하고 일반화하는데, Sacks는 이와 같은 조직적 관행을 가능하게 해 주는 장치로서 소속 범주(membership categories)의 집합인 소속 범주화 장치(membership categorization device) 및 그와 관련된 규칙을 제시한다(Sacks 1972).[6)]

예를 들어 Sacks(1972)가 분석한 "A baby cried. The mom picked it up. (아기가 울자 엄마가 그 아이를 안아 들었다.)"는 발화문에서 '아기'와 '엄마'라는 범주를 '가족'이라는 소속 범주화 장치에 속하는 범주로 우리가 이해하기 때문에 이 발화문에서 언급되고 있는 '엄마'와 '아이'가 서로 모자 관계에 있는 것으로 이해하게 된다. 즉 이 발화문 자체에서 언급되고 있는 '엄마'가 '아이'의 엄마라고 명시적으로 표현되어 있지는 않지만 우리는 '가족'이라는 소속 범주화 장치를 발동시켜 비명시적인 부분을 채워서 해석을 하게 되는 것이다.

그리고 각 범주는 특정 행위와 연관되는 것으로 이해되고 사용되는데, 위의 발

---

6) Sacks에 따르면 소속 범주화 장치는 다음과 같이 정의된다.

"소속 범주화 장치(membership categorization device(MCD))는 소속 범주(membership categories)의 집합으로 구성되고, 적어도 하나의 범주(category)를 포함하며, 적어도 한 개체의 구성원(Member)을 포함하는 대상 집단(population)에 적용될 수 있는 개념이다. 이러한 장치는 해당 집단의 적어도 한 개체의 구성원(a population Member)과 범주화 장치 집단의 (개념적) 구성원(categorization device member)이 서로 짝지어지도록 적용되는 규칙의 사용을 통해 조직된다. 따라서 (소속 범주화) 장치는 범주의 집합(collection)과 적용 규칙(rules of application)을 합친 개념이라고 할 수 있다." (Sacks 1972: 32)

여기서 대상 집단의 구성원을 범주화하는 데 적용되는 규칙(rules of application)에는 화자가 해당 구성원과 그의 행위의 성격에 대한 추론(inference)을 하는데 근거가 되는 '청자의 격률(hearer's maxim)'과 '관찰자의 격률(viewer's maxim)' 등이 포함된다(Sacks 1972, Hester & Eglin 1997, Lepper 2000).

화문에서 '아기'의 범주에 연관되는 행위는 곧 '우는 행위'이다. 이 경우 '우는 행위'가 '아기'의 범주에 연관되는 범주-기반 활동(category-bound activities)으로 이해되기 때문에, 이를 통해 또한 우리는 '가족'이라는 소속 범주화 장치와[7] 구별되는 '인생의 단계(stages in life)'라는 또 다른 소속 범주화 장치를 발동시켜 성인과 구별되는 '(어린) 아기'의 범주를 이끌어 내어 해당 발화문을 해석하게 된다.

Sacks의 소속 범주(category) 및 범주화 장치(categorization device)의 개념은 원래 '사람'을 지칭하는 데 쓰이는 행위를 구성하는 방식의 '방법적(methodic)' 기반을 규명하고자 제시된 개념이지만, 이는 사람 이외에 사물, 언어 행위, 계층 등 여러 다양한 지시대상을 지칭하고 표시하는 표현을 분석하는 데에도 확장하여 사용될 수 있다(Hester & Eglin 1997, McHoul & Watson 1984). 그리고 범주-기반 행위(category-bound activities)도 '행위'의 영역을 넘어서서 지시대상의 '속성'을 묘사하는 '술부(predicate)'로서 보다 넓은 영역의 자질들을 포함하는 범주-기반 자질(category-bound features)로 재해석될 수 있다(Jayyusi 1984, Sharrock 1974). 예를 들어 위의 대화(1)~(2)에서 살펴 본 교실 학습 활동에서 교사가 주어진 학습 과제와 관련된 소속 범주화 장치로 제시한 것은 일차적으로 '꾸미는 말(modifier)'이었다. 그리고 대화(3)~(4)에서는 '여름방학 동안에 놀러가고 싶은 곳'이었다. 그리고 이들 소속 범주화 장치에 소속되는 범주의 유형에 있어서 교사와 학습자는 상이한 정향성을 보이는데, 이는 교사와 학습자가 해당 범주의 범주-기반 자질이 무엇인지에 대해서 서로 다른 관점을 갖고 있는 데에 연유하는 것으로 분석할 수 있다.

즉 대화(1)~(2)에서 '꾸미는 말'로 대변되는 범주화 장치에 대하여 교사는 학습 활동 초기에 제시한 문장의 예가 보여주는 것처럼("큰 섬들이 보입니다."), '모양'

---

7) 여기서 '가족'이라는 범주화 장치에 의거하여 해석을 한다면, '아기'는 '엄마'와 대응되는 '(자식으로서의) 아기'로서, 반드시 '어린 아기'가 아닐 수도 있다. 즉 '장성한 자식'의 의미를 가질 수도 있는 것이다. Sacks(1972)는 이처럼 전형적으로 서로 짝으로 관계 지어질 수 있는 구성원의 짝을 '표준화된 관계의 짝(Standardized Relational Pair)'이라고 칭했는데, 여기에는 '엄마와 아기', '남편과 아내', '교사와 학생', '의사와 환자' 등의 짝이 포함되고, 이러한 짝 관계가 구성하는 해석의 틀을 통해 구성원 각자가 갖는 권리와 의무가 부여된다.

을 묘사하는 단일 수식어 형태인 '형용사'를 해당 범주로 보고 있다. 여기서 교사는 '꾸미는 말'로 대변되는 소속범주화 장치에 속하는 범주가 가져야 하는 범주-기반 자질(category-bound features)로서 두 가지 자질을 전제하고 있는데, 첫째 '모양'을 묘사한다는 '의미적' 자질과, 둘째 단일 '형용사' 수식어여야 한다는 '형식적/문법적' 자질을 포함해야 하는 것으로 전제하고 있다. 이와는 대조적으로 학습자는 형용사뿐만 아니라, 관형절 형태의 수식어도 '꾸미는 말'에 소속되는 항목으로 보고 있고, 또한 '모양' 이외에 '지역'이나 '상태' 등을 묘사하는 수식어도 관련 소속 항목의 자질로 보고 있는 것이다. 여기서 학습자는 '꾸미는 말'에 속하는 범주가 가져야 하는 자질을 (교사와 같이) 형식적/문법적으로, 혹은 의미적으로 제한하지 않고, 보다 넓게 '기능적'으로 해석하고 있음을 알 수 있다.

대화(3)~(4)에서는 '여름방학 동안 가고 싶은 곳'이라는 소속 범주화 장치의 범주가 갖는 범주-기반 자질에 대하여 교사와 학습자가 서로 상이한 태도를 보인다. 학습자들은 실제로 자신들이 가고 싶은 곳을 생각해 내고 그것을 적절한 범주로 표현하기 위해 애를 쓴다. 실제 일상생활에서의 지식과 경험 및 관심사를 적절히 반영하는 범주를 제시하는 데 초점이 맞추어지고 있는 것이다. 이와는 대조적으로 교사는 학생들이 제시한 장소의 구체성과 특별한 속성을 제거하여 '산', '바다', '수영장', '놀이동산'과 같은 일반적인 범주화 장치에 속하는 범주로 재편성하는데 중점을 둔다. 이는 위에서 지적한 것처럼 교사가 해당 범주화 작업을 다음 학습단계를 위한 예비 단계로 보고 있는 데서 연유한다. 즉 교사의 입장에서는 '여름방학 동안 가고 싶은 곳'에 소속 가능한 후보 범주는 단순히 학습자들이 가고 싶은 곳이 아니라, (도표를 통해) 서로 같은 차원에서 비교가능한 일반적인 범주여야 하는 것이다. 이러한 측면에서 볼 때 교사가 제시한 범주화 장치, 즉 '산', '바다', '수영장', 및 '놀이동산'의 범주화 장치들은 각각 '서로 비교/선택할 수 있는 놀이 장소'라는 관계에 놓여 있어야 하는 범주-기반 자질을 공유한다. '꾸미는 말'의 경우와 마찬가지로 이러한 범주-기반 자질에 대해서 교사가 명시적으로 충분한 설명을 제시하고 있지는 않지만, 주어진 학습목표와 교안의 내용에 비추어 교사가 중점적으로 정향하고 있는 자질임을 알 수 있다.

위의 대화에서 살펴본 바와 같이, 교사와 학습자가 주어진 과제에 정향하는 시각이 서로 다르다는 것이 가장 첨예하게 드러나는 경우는 교사가 기대하는 범주에 맞지 않는(deviant) 학습자의 답안이 나왔을 때이다. 이러한 정향성의 충돌은 의미의 교섭 과정을 초래하게 되고, 교사와 학습자가 각자 다르게 정향하고 있는 범주-기반 자질의 성격을 수정하여 서로 수용할 수 있는 범주가 새로 창출되기도 한다. 대화(1)~(2)를 보면 교사가 정답으로 기대하고 정향했던 '모습'을 묘사하는 '형용사' 형태의 '꾸미는 말'에서 벗어나는 관형절을 학습자가 답안으로 제시했을 때 교사는 이를 처음에는 수용하지 않지만 결국에는 적절한 답안의 한 유형으로 받아들인다. 교사가 평가의 기준으로 삼았던 해당 범주의 범주-기반 자질을 수정한 것이다. 마찬가지로 (4)에서 학습자가 '미국에 있는 놀이동산'이라는 구체적인 범주를 제시하자 교사는 이를 받아들이지 않고, '놀이동산' 혹은 '외국' 중 어느 하나의 범주를 선택하도록 이끈다. 이어지는 교섭과정을 통해 학생은 자신이 제시한 범주('미국에 있는 놀이동산')를 포기/수정하여 '외국'이라는 범주를 선택하게 되지만, 교사 입장에서도 '외국'이라는 새로운 범주를 수용하는 방향으로 서로의 정향성이 수렴되는 결과를 가져온다.[8)]

이와 같이 교사와 학습자가 해당 범주에 귀속되는 범주-기반 자질에 대하여 갖고 있는 상이한 시각을 조율해 나가는 과정을 통해, 교사는 학습자로 하여금 교과 관련 지식에 토대를 둔 학구적 동기(motive)를 공유하도록 이끈다. 아동학습자는 결과적으로 자신의 일상생활 경험과 상식적 지식에 근거한 범주를 교사가 정향하는 범주 자질에 맞추어 나가는 과정을 통해 역량 있는(competent) '학생'으로 사회화 된다고 할 수 있겠다(Mehan 1979b).

---

8) 하지만 두 가지 경우 모두 결국은 교사가 정향하고 있는 범주-기반 자질을 학습자가 상당 부분 수용하는 방향으로 수업은 진행된다. 대화(1)~(2)의 후속 맥락에서 교사는 여전히 단일 수식어 형태의 형용사를 답으로 이끌어 내는 활동을 지속하고(각주(2) 참조), 대화(4)에서는 새롭게 추가된 '외국'이라는 항목도 여전히 교사가 암묵적으로 적절한 범주-기반 자질로 간주하고 있는 '일반적인' 내용의 '비교 가능한' 범주로서의 속성을 갖고 있다는 점에서 그렇다. 여기서 교사와 학습자 간의 상호작용이 비대칭적으로 조직되는 미시적 과정의 한 측면을 엿볼 수 있다.

4. 맺는 말

학습자가 일상생활에서 벗어나 학교의 교실 학습 맥락에서 교사와 다양한 학습 활동에 참여하면서 학습하게 되는 것의 주된 부분은 물론 교과 내용일 것이다. 하지만 교과 내용을 배워 나가는 과정에서 학습자는 또한 교실담화의 발화교환체계(speech exchange system)에 적응해야 하는데, 이는 학생으로서 사회화되는 과정에서 매우 중요한 부분을 차지한다(Atkinson 1982). 교과 내용을 적절히 수용하고 교실 담화에 참여하는 방식을 익히는 과정에서 학습자가 다루어야 하는 과제는, 자신이 일상생활을 통해 습득한 상식적 지식과 익숙한 일상대화의 말차례 교환 규칙 등과 같은 상호작용 패턴을 수정해 나가는 것을 포함하는데, 이는 교사가 정향하는 교과 내용 및 학습목표에 자신의 시각과 행위를 맞추어 나감으로써 이루어진다.

이러한 시각에서 본 연구에서는 교사와 아동 학습자가 주어진 학습 과제에 접근할 때 보이는 정향성의 차이를 범주, 범주화 장치 및 범주－기반 자질과 연관지어 분석할 수 있음을 보이고자 하였다. Mehan(1979b)이 지적한 바와 같이 학습자와 교사는 서로 다른 관심사와 목표를 가지고 학습맥락에 참여하게 되며, 서로 상호작용하는 가운데 각자의 관점이 상응하고 일치하도록 조율되는 과정을 거치게 된다. 여기서 '학생으로서 기대되는 역량을 갖춘 학생(competent student)'이란 곧 교사의 관심사와 목표를 적절히 수용하여 자신의 일상적 지식과 상호작용 패턴을 교사가 정향하는 교과관련 지식 및 교실의 발화교환 체계에 맞추어 나갈 수 있는 학생이라고 할 수 있다. 본 연구에서 살펴본 바와 같이, 범주, 범주화 장치 및 범주-기반 자질의 차원에서 관찰되는 교사와 학습자의 정향성의 차이가 조율되어 가는 과정도, 이처럼 학습자가 교사가 정향하는 바를 공유해 나가는 학교 사회화 과정의 한 부분이라고 할 수 있다. 따라서 '학생으로서의 역량을 갖춘 학생'이란 교사가 (종종 '암묵적으로') 정향하는 범주화 장치의 속성과 그에 속하는 범주의 범주-기반 자질을 적절히 파악할 수 있는 학습자라고도 이야기할 수 있겠다. 즉 학습자가 학교 바깥의 일상생활을 통해 습득한 상식적 지식에 토대를 두는 일상적 범주를 어떻게 교사가 정향하는 교과관련 범주에 맞추어 나가는가 하는 것이 학생으로서 사회화되는 과정에서 매우 중요한 부분이라고 할 수 있다. 이러한 '범주화 합치(convergence in orientations)'가 바로 '학생으로 적절한 행위를 하는 것(doing being a student)'의 중요한 부분을 구성한다.

물론 교사와 학습자의 정향성이 조율되는 과정에서 학습자가 수동적으로 자신의 시각을 바꾸기만 하는 것은 아니다. 교사가 처음에 적절하지 못한 답으로 다루었던 범주를 나중에는 받아들이는 경우에서 살펴본 바와 같이 교사가 자신의 범주화 관련 기준을 수정하게 될 수도 있다. 이러한 경우 교사가 기대하지 않았던 범주를 학습자와 상호작용적으로 교섭하고 수용해 나가는 과정을 통해, 교사 중심의 학습활동이 보다 학습자 중심의 학습활동으로 재구성된다고 할 수 있다.

이러한 시각에서 볼 때, 최근 많은 관심을 끌고 있는 의사소통 중심 학습 및 학습자 중심 학습에서 근본적으로 중요한 것은, 교사가 학습자의 상식적 지식 및 그와 관련된 일상적인 상호작용적 원리를 거부하는 것이 아니라, 그것을 격식성이 상대적으로 높은 교실담화 맥락에 적절한 교과관련 지식과 그와 관련된 상호작용 구조에 접목시키는 것이라고 할 수 있다. 이와 같은 시각에서, 학습자(특히 아동 학습자)가 자신들이 갖고 있는 일상적인 지식과 경험을 사용하여 격식성이 높은 교실 담화로 구성되는 학습 활동에 적절히 기여할 수 있는 여지를 늘리는 방안을 교사는 모색하여야 할 것이다. 그러한 진정성 높은 의사소통활동을 구성하는 데 있어서, 교사와 학습자, 또는 학습자와 학습자가 각자가 갖고 있는 상식적 지식 및 학과 관련 지식에 의거하여 상호작용하는 가운데 학습이 어떻게 이루어지는지에 대한 연구가 이론 및 방법론적으로 중요한 토대를 제공해 줄 수 있을 것이다. 이와 같은 교실담화의 미시적 연구를 통해 '블랙 박스(black box)'로 비유되어 온 교실 학습의 구조적 및 내용적 체계성을 보다 심층적으로 조명해 볼 수 있을 것으로 기대해 본다(Long 1983, van Lier 1988).

√참고문헌

Atkinson, J. M. (1982). Understanding formality: the categorization and production of 'formal' interaction. *The British Journal of Sociology* 33, 86–117.

Coulthard, M. (1997). *An Introduction to Discourse Analysis*. London: Longman Group.

Garfinkel, H. and H. Sacks. (1970). On formal structures of practical actions. In J. C. McKinney and E. A. Tiryakian (eds.), *Theoretical Sociology*. New York: Appleton Century Crofts.

Heritage, J. (1984). *Garfinkel and Ethnomethodology*. Oxford: Polity Press.

Hester, S. and P. Eglin. (1997). *Culture in Action*. MD: University Press of America.

Jayyusi, L. (1984). *Categorization and the Moral Order*. London: Routledge and Kegan Paul.

Kim, K.–H. (1999). Organization of classroom discourse: A conversation–analytic perspective. *The Sociolinguistic Journal of Korea* 7(2), 159–187.

Kim, K.–H. (2004). A conversation analysis of Korean sentence–ending modal suffixes *–ney, –kwun(a), and –ta*: Noticing as a social action. *The Sociolinguistic Journal of Korea* 12(1), 1–35.

Kim, K.–H. and K.–H. Suh. (2002). The sentence–ending suffix *–ney* in Korean adult–child interaction: Immediate observation as an object of uptake. Paper Presented at the LASSO Conference. California State University, Los Angeles.

Lee, H.–S. (1993). Cognitive constraints on expressing newly perceived information, with reference to epistemic modal suffixes in Korean. *Cognitive Linguistics* 4(2), 135–167.

Lepper, G. (2000). *Categories in Text and Talk: A Practical Introduction to Categorization Analysis*. London: SAGE Publications.

Long, M. H. (1983). Inside the 'black box': Methodological issues in classroom research on language learning. In Seliger, H. W. and M. H. Long (eds.), *Classroom Oriented Research in Second Language Acquisition*, 3–36. Mass.: Newbury House.

McHoul, A. W. (1978). The organization of turns at formal talk in the classroom. *Language in Society* 7, 183–213.

McHoul, A. W. and D. K. Watson. (1984). Two axes for the analysis of commonsense and formal geographical knowledge in classroom talk. *British Journal of Sociology of Education* 5, 281–302.

Mehan, H. (1979a). *Learning Lessons: Social Organization in the Classroom*. Cambridge, Massachusetts: Harvard University Press.

Mehan, H. (1979b). The competent student. *Working Papers in Sociolinguistics Series*, Numbers 61–66. Southwest Educational Development Laboratory. Austin. Texas.

Merrit, M. (1982). Repeats and reformulations in primary classrooms as window on the nature of talk engagement. *Discourse Processes* 5, 127–145.

Mishler, E. G. (1972). Implications of teacher strategies for language and cognition: Observations in first-grade classrooms. In C. B. Cazden, John V. P. and D. Hymes (eds.), *Functions of Language in the Classroom*, 267–298. New York & London: Teachers College Press.

Sacks, H. (1972). An initial investigation of the usability of conversational data for doing sociology. In D. Sudnow (ed.), *Studies in Social Interaction*, 31–74. New York: Free Press.

Sacks, H. (1992). *Lectures on Conversation*. Oxford & Cambridge: Blackwell.

Sacks, H., Schegloff, E. A., and G. Jefferson. (1974). A simplest systematics for the organization of turn-taking for conversation. *Language* 50, 696–735.

Sharrock, W. W. (1974). On owning knowledge. In R. Turner (ed.), *Ethnomethodology: Selected Readings*. Harmondsworth: Penguin.

Schegloff, E. A., Jefferson, G. and H. Sacks. (1977). The preference for self-correction in the organization of repair in conversation. *Language* 53, 361–382.

van Lier, L. (1988). *The Classroom and the Language Learner*. London & New York: Longman.

제III부

언어 사용의 **규범과 문화**

11

주요 로마자 표기법의 한국인 성 표기상의 문제점: 영어 발음 및 의미를 중심으로

김혜숙(건양대학교)

1. 머리글

컴퓨터를 이용한 이메일이나 인터넷 등의 활용이 급신장함에 따라, 우리의 인명을 로마자로 표기하는 기회가 그 어느 때보다도 많아졌다. 하지만 개인에 따라, 그리고 한 개인이라도 상황에 따라 서로 다른 로마자로 인명을 표기하는 경우가 많아 혼란이 초래되고 있다.

물론 우리에게는 부분적으로나마 우리가 기준으로 삼을 수 있는 로마자 인명 표기법이 마련되어 있다. 정부의 네 번째 공식 표기법인 현행 <국어의 로마자 표기법>(문화관광부 2000)에 따르면 인명(personal names)은 성과 이름의 순서로 띄어 쓴다고 명시되어 있다. 이름(given names)은 붙여 쓰는 것(예: Yongha)을 원칙으로 하지만, 음절 사이에 붙임표(-) 쓰는 것(예: Yong-ha)을 허용하기도 한다. 그러나 공식 표기법에 따라 두 이름자를 표기하는 경우는 많지 않은 것으로 조사되고 있다. 두 이름자를 붙여 적는 경우(예: Yongha)는 1.8%밖에 되지 않으며, 두 이름자 사이에 붙임표를 넣는 경우(예: Yong-ha)도 2.0%에 불과하다(김혜숙

1998). <국어의 로마자 표기법>(2000)에는 그동안 써 온 인명 표기를 쓸 수 있다는 항목을 두고 있는데, 이는 표기법대로 표기(예: 김 Gim, 박 Bag 등)할 경우 관습적인 표기(예: 김 Kim, 박 Park 등)와 상충하는 경우가 많기 때문에 융통성을 부여한 것이라고 볼 수 있다. 국가대표선수 2,122명을 대상으로 조사한 양병선(2005)에서는 406명(19.1%)만 현행 로마자 표기법에 따라 표기하고 있어 현행 표기법을 따르는 비율은 낮은 것으로 나타났다. 서정수(1991)도 언론매체, 학술논문, 연감 등에 나타난 인명의 로마자 표기 실태를 분석하였는데, 당시의 표기법인 세 번째 공식 표기법(1984)에 따라 성을 표기하는 경우는 약 49%에 불과했다. 첫 번째(1948)와 두 번째(1959)의 공식 표기법 및 기타 로마자 표기안들도 상황은 마찬가지이다(김혜숙 1998).

우리에게 4차례의 공식 정부 표기법 및 기타 수십 여종의 로마자 표기안이 있음에도 불구하고 그 중 어떤 표기법도 인명 표기의 일반적 기준이 되지 못한 것은 무엇을 의미하는가? 물론 일반 대중에게 홍보나 교육이 잘 이루어지지 않았다는 이유도 있지만, 이 이유만으로는 설명될 수 없는 로마자 표기법 자체에 어떤 문제점이 존재하는지를 검토해 보아야 한다. 본고의 목적은 현행안인 <국어의 로마자 표기법>(2000)을 비롯하여 역대 주요 로마자 표기법에 따라 우리 성을 표기할 때 생기는 발음 및 의미상 문제점들을 영어에 근거해 조사 · 분석하여 한국인 성의 표기안을 만드는 데 활용될 수 있는 기초 자료를 준비하는데 있다.

로마자를 채택하는 언어는 영어 이외에도 불어, 독어, 이탈리아어, 스페인어, 스웨덴어에서 터키어, 베트남어 등까지 다양해서, 어느 언어를 기준으로 하느냐에 따라 우리 성의 로마자 표기가 다르게 발음되며 의미 또한 달라질 수 있다. Charles가 영어식으로 읽으면 "찰스"로 발음되지만 불어로는 "샤르"로 발음되며, Bad와 Die가 영어로는 부정적인 의미를 가지지만 독어로는 그렇지 않은 것이 그 예가 될 수 있다. 그러나 로마자를 쓰는 많은 언어 중에서 우리 일반에게 가장 익숙한 언어는 아무래도 국제어인 영어이기 때문에 우리나라 사람들이 로마자로 인명을 표기할 때 발음이나 의미를 영어에 근거하는 경우가 많다. 또한 영어는 일반 의사소통 언어, 과학기술 언어 및 인터넷 언어 등으로서의 세계어의 역할이 확고하므로 본고에서는 현행안을 비롯 역대 주요 로마자 표기법에 따라 우리 성을 표기할 때, 영어를 기준으로 하여 어떻게 발음되고 해석되는지 그리고 성의 표기로서 문제점이 있는지 등의 여부를 살펴보고자 하는 것이다.

본고에서 다룰 주요 역대 로마자 표기법은 (1) 현행안인 <국어의 로마자 표기법>(문화관광부 2000) ('현행안'으로 약칭) (2) <우리말 로마자 적기>(한글학회 1984) ('한글학회안'으로 약칭) (3) <국어의 로마자 표기법>(문교부 1984) ('1984년안'으로 약칭) (4) McCune-Reichauer 표기법(1939) ('M-R안'으로 약칭) 및 (5) 김복문 표기법(1996) ('김복문안'으로 약칭)이다.

2. 성과 이름의 표기 순서 및 이름의 표기 양상

인명의 로마자 표기는 1) 성과 이름의 표기 순서, 2) 이름의 표기 양상 그리고 3) 철자 표기 등 세 가지로 나누어 살펴볼 수 있다. 성과 이름의 표기 순서 및 이름의 표기 양상은 김혜숙(1998)에서 자세하게 다루었으므로 본고에서는 철자 표기에 역점을 두어 영어를 기준으로 한 발음 및 의미를 살펴보고자 한다. 성의 철자 표기에 들어가기 전에 성과 이름의 표기 순서와 이름의 표기 양상에 대해 간단히 살펴보겠다.

1) 성과 이름의 표기 순서

인명(personal name)은 대부분 성과 이름으로 구분되어 있다. 유럽어에서는 대체적으로 이름을 먼저 쓰고 그 뒤에 성을 쓰나, 한국을 비롯하여 중국, 일본, 헝가리(Crystal 1997) 등에서는 반대로 성을 먼저 쓰고 이름을 뒤에 쓴다. 이렇게 서양식과 우리식이 상반되기 때문에 우리 인명을 로마자로 표기할 경우 혼란의 여지가 생긴다.

현행안, 한글학회안, 1984년안 및 M-R안은 모두 성을 앞에 놓고 이름을 뒤에 놓는 우리식을 택하고 있다. 김복문안은 원칙적으로 성을 뒤에 놓는 서양식을 따르고 있지만, 성을 먼저 써야 하는 부득이한 경우가 생기면 참고문헌식으로 성 다음에 쉼표를 찍는다.

Korea Annual(1996)에 실린 818명의 로마자 인명 표기를 분석한 김혜숙(1998)에 의하면 성을 먼저 쓴 수가 96.1%에 달했으며, 299명의 국회의원을 분석한 정경일(1997)에서도 성을 먼저 쓴 수가 94.6%로 나타났다. 그리고 로마자로 표기하는 국내외 주요 일간지, 시사 주간지 및 통신에서 김영삼 전 대통령(김혜숙 1998) 및 김대중 전 대통령과 김정일 국방위원장[1](〈표 2〉 참조)의 인명을 예외 없이 성과 이름의 순으로 쓰고 있어 한국인의 인명을 우리 식의 성-이름 순서로 표기하는 것이 국내외에 대체적으로 정착되어 있음을 보여주고 있다.[2]

2) 이름의 표기 양상

이름(given name: GN 또는 gn)[3]의 표기 양상은 두 음절 이상의 이름을 어떻게

---

1) 참조한 국내외 언론 매체로는 *The Korea Herald*, *The Korea Times* (한국); *The Korean Central News Agency of DPRK* (북한); *The Japan Times* (일본); *China Daily, The South China Morning Post* (중국); *The Taipei Times* (대만), *The Straight Times* (싱가포르); *The Star* (말레이시아); *India World* (인도); *The Australian* (호주); *The Washington Post, The New York Times, Los Angeles Times, USA Today, TIME, Newsweek* (미국); *The Guardian* (영국); *Le Monde* (프랑스); *Berliner Zeitung* (독일); *AP, Reuters* (통신) 등으로 2000년 6월 13일부터 16일까지 입력된 김대중-김정일 남북정상회담에 관한 인터넷 기사를 참조하였다.

2) 미국에서 발간되는 일간지들은 '미국에 거주하는 한국계 미국인'과 '한국에 거주하는 한국인'을 구별하여 성과 이름의 순서를 상반되게 표기하고 있는 것으로 나타났다. 예를 들어, *The New York Times* 기자인 한국계 미국인 Connie Kang과 Mattew Ebnet이 2000년 6월 16일 공동으로 쓴 기사에 '김대중'과 '김정일'의 성은 앞에 쓰고 있으나(예: Kim Dae Jung, Kim Jong Il), 미국에 거주하는 한국계 미국인의 성은 뒤에 쓰고 있다(예: Kyung Kim, Nam Kyong Park, J. W. Park 등). *The Washington Post*나 *Los Angeles Times*에서도 한국의 장관 등 국내 거주 한국인의 인명은 우리식의 성-이름 순으로 표기하고, 미국에 거주하는 사람의 인명은 서양식의 이름-성 순으로 표기하고 있다. 미국 이외의 기타 다른 나라의 언론 매체에서도 한국 거주 한국인에 대한 성-이름 표기 순서는 대체로 지켜지고 있다.

3) 대문자로 시작하는 이름자(예: Sook)는 GN으로 표시하고 소문자로 시작하는 이름자(예: sook)는 gn으로 표시하였다.

표기하는지를 가리킨다. 즉, 두 이름자를 붙여 쓰는지(예: Yongha(GNgn)), 따로 떼어 쓰는지(예: Yong Ha(GN GN)), 아니면 두 이름자 사이에 붙임표(-)를 삽입하는지가 고려된다. 붙임표를 넣을 때는 두 번째 이름자를 대문자(예: Yong-Ha (GN-GN))로 시작해야 하는지 아니면 소문자(예: Yong-ha GN-gn))로 시작해야 하는지 등이 고려 사항이 된다.

정부의 세 번째 공식 표기법인 <국어의 로마자 표기법>(1984)은 이전의 두 공식 표기법－<한글을 로오마자로 적는 법>(1948)과 <한글의 로마자 표기법>(1959)－에서 언급되지 않았던 성과 이름의 표기 순서 및 이름의 표기 양상을 처음으로 규정하고 있다. 인명은 성(surname: SN)[4]과 이름(given name)의 순서로 띄어 쓰도록 하고 있으며, 두 이름자 사이에는 붙임표를 넣어(예: Kim Chŏng-ho) 각 이름자의 고유 발음을 인정하고 있다. 한자식의 이름이 아닌 경우에는 붙임표를 생략할 수 있다는 항목(예: Han Hana)을 두고 있다.[5] 현행안(2000)은 두 이름자를 붙여 쓰는 것(예: Kim Jeongho)을 원칙으로 삼고 있지만, 붙임표를 넣는 것(예: Kim Jeong-ho)도 허용하고 또한 그동안 써 온 표기도 쓸 수 있다고 하여 사실상 각 개인이 원하는 방식대로 표기하도록 한 셈이다. 현행안은 바로 이전 공식 표기법인 1984년안과 마찬가지로 두 이름자 사이에 일어나는 음운 변화를 표기에 반영하지 않는다. 반면 두 이름자를 붙여 쓰는 M-R안은 인명 내에서 생기는 음운 변화를 표기에 반영하여 '홍길동'을 '홍길똥'(Hong Kilttong)으로 적는다. 한글학회안(예: 김철수 Gim Cheolsu)과 김복문안(예: 이병철 Byurngchul Ree)은 모두 두 이름자를 한 묶음으로 표기하나, 이름 내에서 생기는 음운 변화를 표기에 반영하

4) 김혜숙(1998)에서는 성을 FN(family name)으로 썼으나, 이름을 의미하는 first name과 혼동할 우려가 있어 본고에서는 성을 SN(surname)으로 바꾸어 적는다.

5) 정부 공식 표기법은 네 번(1948, 1959, 1984, 2000) 제정되었는데 세 번째 표기법(1984)부터 인명 표기에 대한 언급이 시작되었다. 첫 번째 표기법(1948)에서는 인명 표기에 대한 언급이 없었고 단지 예문에서만 성의 표기(예: Pak 박, Pak i 박이, Pak ege 박에게 등)가 나올 뿐이다. 두 번째 표기법(1959)에서도 인명 표기에 대한 구체적인 언급은 없었으나, 지명 표기를 위해 작성한 <로마자의 지명 일람표>(1972. 4. 1)에서 인명을 로마자 표기할 때 "원칙에서 벗어나 자기 고유의 표기"를 할 수 있다고 언급하고 있다(김민수 1984, p. 839).

는 지에 대한 여부는 언급하지 않고 있다. 이들 표기법의 성과 이름의 표기 순서 및 이름의 표기 양상을 정리하면 〈표 1〉과 같다.

〈표 1〉 성과 이름의 표기 순서 및 이름의 표기 양상

	현행안	한글학회안	1984년안	M-R안	김복문안
순서 및 양상	SN GNgn (원칙) SN GN-gn (허용)	SN GNgn	SN GN-gn (원칙) SN GNgn (비한자식이름)	SN GNgn	GNgn SN (원칙) SN, GNgn (허용)
예	Gim Jeongho Gim Jeong-ho	Gim Cheolsu	Kim Chŏng-ho Han Hana	Paek Nakchun	Byurngchurl Ree Ree, Byurngchurl

GN(given name): 대문자로 시작하는 이름자
gn(given name): 소문자로 시작하는 이름자
SN(surname): 대문자로 시작하는 성

그러나 현행안, 한글학회안, M-R안 및 김복문안에서 제시한 두 이름자를 붙여 쓰는 GNgn(예: Jeongho)과 1984년안에서 원칙으로 삼고 있는 GN-gn(예: Jeong-ho)은 어느 것도 일반 대중에게 호응을 얻지 못하고 있다. 그러나 국내 및 국외의 주요 일간지, 시사 주간지 및 통신에서는 대중적인 GN GN(예: Jeong Ho)과 1984년안 및 현행안에서 허용하고 있는 GN-gn을 양분하여 사용하고 있다. 예를 들어, 김대중 전 대통령과 김정일 국방위원장의 이름이 언론매체에 따라 GN GN(예: Kim Dae Jung, Kim Jong Il) 또는 GN-gn(예: Kim Dae-jung, Kim Jong-il)으로 표기되고 있어, 로마자를 쓰는 국내외의 언론 매체는 대부분 우리 이름을 두 표기 양상 중 하나로 쓰고 있음을 보여준다. 그러나 중국의 *China Daily*, 말레이시아의 *The Star* 및 *AP* 통신은 남한과 북한의 이름을 각각 서로 다른 양상으로 표기하고 있다(〈표 2〉의 * 표 참조). 즉 김대중 전 대통령은 그 당시 표기법인 1984년안에 따라 GN-gn으로, 그리고 김정일 국방위원장은 북한식에 따라 GN GN으로 서로 다르게 표기하고 있다.

〈표 2〉 국내외 언론매체에서 사용한 '김대중'과 '김정일'의 로마자 인명 표기

	로마자 표기	국내외 언론 매체
SN GN-gn	Kim Dae-jung	*The Korea Herald, The Korea Times, China Daily*, South China Morning Post, The Taipei Times, India World, The Star*, The Guardian, Le Monde, AP*, Reuters, The Australian*
	Kim Jong-il	*The Korea Herald, The Korea Times, South China Morning Post, The Taipei Times, India World, The Guardian, Le Monde, Reuters, The Australian*
SN GN GN	Kim Dae Jung	*KCNA, The Japan Times, The Straight Times, The Washington Post, The New York Times, Los Angeles Times, USA Today, TIME, Newsweek, Berliner Zeitung*
	Kim Jong Il	*KCNA, The Japan Times, China Daily*, The Straight Times, The Star*, The Washington Post, The New York Times, Los Angeles Times, USA Today, TIME, Newsweek, AP*, Berliner Zeitung*

KCNA: The Korean Central News Agency of DPRK Associated Press

*China Daily, The Star, AP는 '김대중'과 '김정일'을 서로 다른 표기 양상으로 표기함.

3. 역대 주요 로마자 표기법의 철자 표기

국어의 로마자 표기법은 19세기 초 독일인 지볼트(Phillip Fr. von Siebold)의 안으로부터 시작하여 수십 여종에 이른다. 본고는 이 중 다섯 가지 주요 표기법에 따른 우리 성의 로마자 표기를 고찰하고, 이들 표기법에 따라 우리 성을 로마자로 표기했을 때 영어를 기준으로 발음 및 의미가 어떻게 나타나는지 살펴보고자 한다. 본고에서 다룰 다섯 가지 표기법은 위에서 언급한 바와 같이 문화관광부가 2000년 7월에 공고하여 현재까지 공식 표기법으로 있는 <국어의 로마자 표기법>(2000), 문교부가 1984년 1월에 제정한 현행안 바로 이전의 세 번째 공식 표기법인 <국어의 로마자 표기법>(1984), 1984년 문교부안의 토대가 되었으며 국내외 외국인들에게 호응을 받고 있는 <McCune-Reichauer 표기법>(1939), 1984년 문교부안이 학리 및 실용과 거리가 있는 표기법이라 판단한 한글학회가 1984년안이 발표된 지 한 달 만인 1984년 2월에 발표한 <우리말 로마자 적

기>(1984), 그리고 영어 철자를 기준으로 만든 <김복문 표기법>(1996)이다. 먼저 각 표기법의 자음과 모음의 특징을 살펴보겠다.

1) 자음

1984년안과 M-R안은 영미인 귀에 들리는 발음에 초점을 맞추는 전사법을 채택하고 있다. 무성음과 유성음을 표기에 반영하여 'ㄱ', 'ㄷ', 'ㅂ'를 어두와 어말에는 k, t, p(예: *kuk* 국, *tat* 닫, *pap* 밥)로 쓰고 유성음 사이에서는 *g, d, b*(예: *kage* 가게, *tado* 다도, *pubu* 부부)로 쓴다. 또 첨가부호 어깨점(')을 사용하여 'ㅋ', 'ㅌ', 'ㅍ', 'ㅊ'를 *k', t', p', ch'*로 나타낸다. 1984년안에서는 입력이 불편할 경우 첨가부호를 생략해도 된다는 항목을 두고 있어 'ㄱ'과 'ㅋ'은 *k*로, 'ㄷ'과 'ㅌ'은 *t*로, 'ㅂ'과 'ㅍ'은 *p*로, 'ㅈ'과 'ㅊ'은 *ch*로 동일하게 표기되어 혼동을 초래하기도 한다. 어깨점의 생략으로 인해 같은 철자로 표기되는 성으로는 '조'와 '초' Cho, '전'과 '천' Chon, '자'와 '차' Cha, '주'와 '추' Chu, '변'과 '편' Pyon, '단'과 '탄' Tan 등이 있다. 1984년안과 M-R안의 자음 표기 중 유일한 차이점은 'ㅅ'의 s와 sh 표기이다. 1984년안은 'ㅣ' 앞의 'ㅅ'만 *sh*(예: 신 *shin*, 쉬 *swi*)로 표기하나, M-R안은 'ㅟ' 앞의 'ㅅ'만 *sh*(예: 신 *sin*, 쉬 *shwi*)로 표기한다.

현행안도 발음 위주의 전사법을 채택하여 *g, d, b*와 *k, t, p*로 나누어 적으나, 1984년 안 및 M-R안과는 달리 모음 앞에서는 *g, d, b*(예: 가게 *gage*, 다도 *dado*, 부부 *bubu*)로, 자음 앞(예: 합덕 *Hapdeok*)이나 어말(예: 국 *guk*, 닫 *dat*, 밥 *bap*)에서는 *k, t, p*로 적어, *g, d, b*를 쓰는 범위가 바로 이전 표기법인 1984년안보다 훨씬 넓어졌다. 'ㅋ', 'ㅌ', 'ㅍ', 'ㅊ'는 어깨점 없이 *k, t, p, ch*로 표기한다.

한글학회안은 1음운 1기호 원칙을 고수하는 전자법을 택하고 있어 위치에 상관없이 'ㄱ', 'ㄷ', 'ㅂ'는 항시 *g, d, b*로 표기되며(예: 국 *gug*, 가게 *gage*; 닫 *dad*, 다도 *dado*; 밥 *bab*, 부부 *bubu*), 'ㅋ', 'ㅌ', 'ㅍ', 'ㅊ'는 언제나 *k, t, p, ch*로, 그리고 'ㄹ'[6]도 항상 l로 표기된다. 한글학회안의 로마자 표기는 한글로의 환원성이 뛰어

6) 한글학회안은 'ㄹ' 표기만 제외하면 우리나라의 두 번째 공식안인 <한글의 로마자 표

난 반면, 발음 면에서는 원음과의 괴리 정도가 다른 표기안들보다 훨씬 심하다.

김복문안은 영어 철자법에 근거한 발음 위주의 전사법으로 'ㄱ', 'ㄷ', 'ㅂ', 'ㅈ'를 원칙적으로 *g, d, b, j*(예: 먹으니 *murguhnee*, 믿으니 *meeduhnee*, 입으니 *eebuhnee*, 잊으니 *eejuhnee*)로 쓰나 자음이 뒤따르거나 어말에서는 *k, t, p, t*(예: 먹다 *murkdah*, 믿다 *mitdah*, 입다 *ipdah*, 잊다 *itdah*)로 쓴다고 규정한다. 그러나 성의 표기에 있어 원음을 유도하지 못할 경우 또는 부정적인 의미가 내포되는 경우에는 규정을 따르지 않고 선별적으로 다른 표기를 쓰는 것을 허용한다. 예를 들어, '김', '길', '기' 등을 Gim, Gil, Gee로 표기할 경우 원음과 동떨어지게 되므로 예

〈표 3〉 역대 주요 로마자 표기법의 자음 표기

	현행안	한글학회안	1984년안	M-R안	김복문안
ㄱ	g, k	g	k, g	k, g	g, k
ㅋ	k	k	k'	k'	k
ㄲ	kk	gg	kk	kk	kk, k
ㄷ	d, t	d	t, d	t, d	d, t
ㅌ	t	t	t'	t'	t
ㄸ	tt	dd	tt	tt	tt
ㅂ	b, p	b	p, b	p, b	b, p
ㅍ	p	p	p'	p'	p
ㅃ	pp	bb	pp	pp	pp
ㅈ	j	j	ch, j	ch, j	j, t
ㅊ	ch	ch	ch'	ch'	ch, t
ㅉ	jj	jj	tch	tch	tj
ㅅ	s	s	s, sh	s, sh	s, sh, t
ㅆ	ss	ss	ss	ss	ts
ㅎ	h	h	h	h	h, t
ㄴ	n	n	n	n	n
ㄹ	r, l	l	r, l	r, l	r, l
ㅁ	m	m	m	m	m
ㅇ	ng	ng	ng	ng	ng

기법>(1959)과 같다. <한글의 로마자 표기법>은 'ㄹ'을 *r*과 *l*로 나누어 표기하고 있다.

외를 두어 Kim, Kil, Kee로 표기하고, '신'을 Sin으로 표기시 '죄'라는 부정적인 의미를 갖게 되므로 Sin 외에 Shin으로 쓰는 것도 허용하여[7] 전체적인 일관성이 떨어진다(〈표 3〉 참조).

2) 모음

모음 표기의 특징을 살펴보면, 김복문안을 제외한 네 개의 표기안은 이탈리아어의 모음을 기준으로 하여 'ㅏ', 'ㅔ', 'ㅣ', 'ㅗ', 'ㅜ'에 *a, e, i, o, u*를 배당하고 있다. 이는 대부분의 기존 표기법들이 합의하고 있는 사항이나[8], 김복문안은 영어 발음을 기준으로 하여 'ㅏ'를 *ah*, 'ㅔ'를 *eh* 또는 *e*, 'ㅣ'를 *ee, yee* 또는 *i*, 'ㅗ'를 *oh* 또는 *o*, 'ㅜ'를 *oo* 또는 *woo*로 적고 있다.

논란의 쟁점이 되어왔던 'ㅓ'와 'ㅡ'에 1984년안과 M-R안은 첨가부호 반달표(breve)를 써서 ŏ, ŭ로, 현행안과 한글학회안은 첨가부호를 쓰지 않고 이중자(digraph) *eo*와 *eu*를 쓰고 있다. 김복문안은 *r*을 첨가하여 'ㅓ'는 *ur*로 적으며, 'ㅡ'는 받침이 없으면 *h*를 첨가하여 *uh*로 그리고 받침이 있으면 *u*로 적는다. 1984년안에서는 반달표를 입력하기 어려우면 생략하여 '어'와 '으'를 *o*와 *u*로 쓸 수 있다는 조항을 두고 있기 때문에 '서'와 '소'가 So, '선'과 '손'이 Son, '성'과 '송'이 Song, '어'와 '오'가 O, '허'와 '호'가 Ho, '조'와 '저'가 Cho, '운'과 '은'이 Un 등으로 표기되어 성 표기에 혼란을 초래할 수 있다. 1984년안과 M-R안의 유일한 차이는 'ㅝ'를 각각 *wo*와 *wŏ*로 표기하는 것이다. 현행안과 한글학회안은 'ㅝ'와 'ㅢ'를 각각 *wo*와 *weo*로, *ui*와 *eui*로 쓰는 것만 다르다. 김복문안을 제외한 네 표기안은 21개 모음 중에서 'ㅓ' 계열('ㅓ', 'ㅕ', 'ㅝ')과 'ㅡ' 계열('ㅡ', 'ㅢ')의 5개

---

7) Sin 이외에 김복문안에 따라 성을 표기할 경우 '마리화나용 빨대'인 Bong, '야유하는 소리'인 Boo, '찐득이'란 뜻의 Goo, '아시아인을 비하하는 용어'인 Gook, '껌'의 Gum, '총'이란 의미의 Gun, '오줌 누다'란 의미의 Pee 등의 부정적인 의미를 담은 성이 많은데 유독 '신'만 지목하여 Shin을 허용하는데 대한 설명을 김복문안은 하지 않고 있다.

8) 기존에 있는 대부분의 표기안들이 *a, e, i, o, u*를 택하고 있으나, 예외적으로 Yale 표기법이 'ㅔ'를 *ey*로, 'ㅜ'를 *wu*로 표기하고 있으며 이상억(1994)은 'ㅜ'를 *oo*로 표기하고 이보다 빈도수가 많은 'ㅡ'에 *u*를 배당하는 것이 더 타당하다고 주장한다.

모음만 다르고 그 외 16개의 모음은 동일하게 표기하고 있다(〈표 4〉 참조).

〈표 4〉 역대 주요 로마자 표기법의 모음 표기

	현행안	한글학회안	1984년안	M-R안	김복문안
ㅏ	a	a	a	a	ah
ㅓ	eo	eo	ŏ	ŏ	ur
ㅗ	o	o	o	o	oh, o-
ㅜ	u	u	u	u	(w)oo, -oo
ㅡ	eu	eu	ŭ	ŭ	uh, u-
ㅣ	i	i	i	i	ee, yee, i-
ㅐ	ae	ae	ae	ae	ae
ㅔ	e	e	e	e	eh, e-
ㅚ	oe	oe	oe	oe	weh, we-
ㅟ	wi	wi	wi	wi	wee, wi-
ㅑ	ya	ya	ya	ya	yah
ㅕ	yeo	yeo	yŏ	yŏ	yur
ㅛ	yo	yo	yo	yo	yoh, yo-
ㅠ	yu	yu	yu	yu	yoo
ㅒ	yae	yae	yae	yae	yae
ㅖ	ye	ye	ye	ye	yeh, ye-
ㅘ	wa	wa	wa	wa	wah
ㅙ	wae	wae	wae	wae	wae
ㅝ	wo	weo	wo	wŏ	woh, wo-
ㅞ	we	we	we	we	ooeh, ooe
ㅢ	ui	eui	ŭi	ŭi	ui

4. 역대 주요 로마자 표기법에 입각한 한국인 성의 철자 표기: 영어 기준에서 본 발음과 의미

1) 우리나라의 성씨

<대한민국성씨변천사>(1992)에 의하면, 우리 성은 1985년 1월 1일 기준으로 285개이다. 285개라는 숫자는 본관 및 한자가 다르면(예: 곡부 孔과 김포 公)[9] 같은 한글 '공'으로 표기되더라도 각기 다른 성으로 분류된 결과이기 때문에, 본고에서는 로마자 표기를 위해 본관 및 한자가 다르더라도 같은 한글로 표기되면 함께 묶어 같은 성으로 분류하였다. 다시 말해, 孔과 公은 모두 '공'으로 표기되기 때문에 같은 항목에 포함시켰다. 이렇게 한글을 기준으로 성을 분류하면 성의 종류가 180개가 된다. 그 중 대다수인 169개가 외자 성이고 나머지 11개[10]가 두자 성이다.

180개의 성 중에서 백만 명 이상의 인구를 가진 성은 '김', '이', '박', '정', '최', '조', '강' 등 7대 성으로 전 인구의 60%를 차지하고 있다[11]. 10만이 넘는 인구를 가진 성은 45개로 총 인구의 약 93%를 차지하고 있어, 우리나라 사람들의 성은 대부분이 4~50개 정도로 구성되어 있다고 볼 수 있다. 〈부록〉의 〈표 11〉에 인구수가 5,000명이 넘는 97개의 성(총 인구의 96%)을 현행안, 한글학회안, M-R안, 1984년안 및 김복문안에 따라 인구가 많은 순에서 적은 순으로 표기하였다.

---

9) 유만근(1993)에서는 같은 한글이라도 한자가 다르면 발음이 달라질 수 있어서, 公과 孔은, 예를 들어, 모음 길이에 있어 2.5배 정도의 차이가 난다고 지적한다. 이러한 차이는 일반인들이 잘 인식하고 있는 바가 아니므로, 본고에서는 로마자 표기를 위해 한자가 달라도 동일한 한글로 표기되는 성을 같은 항목에 포함하였다.

10) 두자 성으로 '남궁', '황보', 제갈', '사공', '선우', '서문', '독고', '동방', '망절', '강전'과 '소봉'이 있다.

11) <대한민국성씨변천사>(1992)에 따르면 백만이 넘는 인구수를 가진 성은 '김', '이', '박', '최', '정'의 5대 성이나, 본관이나 한자에 관계없이 한글을 기준으로 분류하면 백만이 넘는 성은 '김', '이', '박', '정', '최', '조', '강'의 7대 성이 된다.

2) 역대 주요 로마자 표기법에 따른 우리 성의 철자 표기: 발음과 의미

일반 로마자 표기에서는 19개의 자음 중에서 파열음('ㄱ', 'ㅋ', 'ㄲ', 'ㄷ', 'ㅌ', 'ㄸ', 'ㅂ', 'ㅍ', 'ㅃ')과 파찰음('ㅈ', 'ㅊ', 'ㅉ')을 어떻게 표기할 것인가가 논의의 쟁점이다. 21개의 모음 중에서는 중설음 'ㅓ'와 'ㅡ' 를 어떻게 표기할 것인가에 대해 표기안에 따라 서로 다른 표기들을 제시하고 있으나, 'ㅏ', 'ㅔ', 'ㅣ', 'ㅗ', 'ㅜ'를 *a, e, i, o, u*에 대응시키는 것에 대해서는 대부분 합의를 하고 있다. 본고에서는 1) 논쟁의 초점이 되는 자모음 중에서 성에 많이 나타나는 'ㄱ', 'ㄷ', 'ㅂ', 'ㅈ' 및 'ㅓ'와 2) 대부분의 표기안이 합의하고 있는 모음 중에서 성에 나타나는 'ㅏ', 'ㅣ', 'ㅗ', 'ㅜ'를 영어 철자에 근거해서 발음 및 의미를 살펴보겠다.

(1) 'ㄱ', 'ㄷ', 'ㅂ', 'ㅈ' 및 'ㅓ'

파열음과 파찰음 중에서 경음 'ㄲ', 'ㄸ', 'ㅃ', 'ㅉ'은 우리 성에 나타나지 않으며, 유기음 'ㅋ', 'ㅌ', 'ㅍ', 'ㅊ'가 성에 나타나는 빈도수가 적어 본고에서는 자음에 있어서의 논의를 'ㄱ', 'ㄷ', 'ㅂ', 'ㅈ'에 국한한다. 모음에서는 중설모음 'ㅓ'와 'ㅡ'가 논의의 초점이나, 'ㅓ' 계열('ㅓ', 'ㅕ', 'ㅝ')의 성이 35개(이 중 5,000명이 넘는 인구를 가진 성이 23개)에 달하는데 비해 'ㅡ'계열('ㅡ', 'ㅢ')의 성은 '금', '은', '음', '승', '근', '응' 등 5개(이 중 5,000명이 넘는 인구를 가진 성은 2개뿐)의 소수 성이어서 본고에서는 'ㅓ' 만을 살펴본다.

① 'ㄱ'

자음 중에서 'ㄱ'이 들어가는 성은 어두음, 어말음, 어중음을 합해서 전체 180개의 성 중에서 40개에 달하며, 이 중에서 어두음 'ㄱ'을 포함한 '김', '강'과 어말음 'ㄱ'이 들어있는 '박'은 백만 명이 넘는 인구수를 가지고 있는 다수 성들이므로 'ㄱ'을 어떤 로마자로 표기하는 가는 우리 로마자 인명 표기에 매우 중요하다고 할 수 있다.

㉮ 어두음 'ㄱ'

'ㄱ'으로 시작하는 성은 전체 인구의 21.7%를 차지하는 최다 성 '김'을 포함하여 26개로 전 인구의 약 28%이다. 〈표 5〉는 어두음이 'ㄱ'인 성을 다섯 가지 로마자 표기안에 따라 표기한 것인데, 그 중에서 인구수가 5,000명이 안 되는 소수 성은 기타 항목[12]에 넣었다.

'ㄱ'의 로마자 표기는 *k*와 *g* 중 어느 것을 선택하는 가의 대립이다. 센 무성음 *k*이나 유성음 *g*의 두 표기 모두 여린 무성음 'ㄱ'을 정확하게 나타내지 못하므로 *k*와 *g* 중에서 어느 것을 택해도 원음과 동일하게 발음되지 않는다. 유성음과 무성음을 구별하는 영미인들은 무성음 'ㄱ'이 유성음 *g*보다는 무성음 *k*에 근접하다고 느끼기 때문에 외국인 위주의 표기법인 1984년안과 M-R안에서는 'ㄱ'을 k로 표기하고 있다. 그러나 내국인 위주의 표기법인 현행안과 한글학회안에서는 우리 정서에 맞게 'ㄱ'에 *g*를 그리고 'ㅋ'에 *k*를 나눠 배당하고 있다. 김복문안은 'ㄱ'을 *g*로 표기하고 있으나, '김', '길', '기' 등을 Gim, Gil, Gee로 표기할 경우 *g*가 [ʤ]로 발음될 가능성이 높아 예외 항목을 두어 Kim, Kil, Kee로 표기한다.

어두음 'ㄱ'을 *k*로 쓰고 있는 1984년안과 M-R안의 경우, 영어 의미상 적합하지 않은 예로는 '국' Kook(괴짜)이 있으며 '곽' Kwak과 '길' Kil이 각각 *quack*(꽥꽥 또는 돌팔이 의사)과 kill(죽이다)을 연상시킬 수 있다. *g*를 사용하는 현행안과 한글학회안의 경우 부정적인 의미로 '강' Gang(패거리), '고' Go(가다), '공' Gong(징), '감' Gam(다리), '갈' Gal(여자), '근' Gun(총) 등이 있다. 또한 '가' Ga는 *gaga*(어리숙한, 노망한)를, '궁' Gung은 *gung ho*(열렬한)를, 그리고 '길' Gil은 *gill*(아가미, 턱밑의 처진살)을, '갈' Gal은 *gall*(고통)을 연상시킬 수도 있어 어두음 'ㄱ'을 *k*로 쓰는 1984년안이나 M-R안보다 부정적인 의미를 갖는 경우가 많다. 김복문안에서 부정적인 의미를 갖는 것으로는 '구' Goo(찐득찐득한 것), '공' Gong(징), '금' Gum(껌), '국' Gook(동양인을 비하하는 말) 등이 있으며 1984년안 및

12) 〈표 5〉의 기타 항목에 포함되어있는 '갈'을 비롯한 11개의 성은 다 합쳐도 총 인구의 0.02% 정도 밖에 안 되어 전체 분포도에 별 영향을 미치지 못하므로 통계 수치를 적지 않았다. 다른 표의 기타 항목에 있는 성들도 마찬가지여서 이들의 통계 수치를 포함하지 않았다.

M-R안처럼 '길' Kil은 *kill*(죽이다)을 연상시킬 수 있다.

〈표 5〉 어두음이 'ㄱ'인 성

순위	성	현행안	한글학회안	1984년안	M-R안	김복문안	백분율(%)
1	김	Gim	Gim	Kim	Kim	Kim	21.71
2	강	Gang	Gang	Kang	Kang	Gahng	2.55
3	권	Gweon	Gweon	Kwon	Kwŏn	Gwon	1.40
4	고	Go	Go	Ko	Ko	Goh	0.95
5	구	Gu	Gu	Ku	Ku	Goo	0.42
6	곽	Gwak	Gwag	Kwak	Kwak	Gwahk	0.40
7	공	Gong	Gong	Kong	Kong	Gong	0.18
8	길	Gil	Gil	Kil	Ki	Kil	0.08
9	기	Gi	Gi	Ki	Ki	Kee	0.06
10	금	Geum	Geum	Kŭm	Kŭm	Gum	0.05
11	국	Guk	Gug	Kuk	Kuk	Gook	0.04
12	경	Gyeong	Gyeong	Kyŏng	Kyŏng	Gyurng	0.02
13	가	Ga	Ga	Ka	Ka	Gah	0.01
14	계	Gye	Gye	Kye	Kye	Gyeh	0.01
15	감	Gam	Gam	Kam	Kam	Gahm	0.01
합계							27.89
기타	갈, 간, 견, 궁, 근, 궉, 군, 곡, 개, 교, 강전						

그 외 'ㄱ' 뒤에 오는 모음으로 인해 원음과 다르게 발음되는 경우가 생긴다. *a*가 [æ]로 발음될 가능성이 많은 성으로는 현행안, 한글학회안, 1984년안, M-R안의 '강' Gang/Kang, '곽' Gwak/Gwag/Kwak, '감' Gam/Kam, '갈' Gal/Kal, '간' Gan/Kan, '강전' Gangjeon/Kangjŏn[13]이 있다. 김복문안은 'ㅏ'에 *a* 대신 *ah*를 배당하여 다른 안들의 표기보다 원음에 제일 근접하게 발음된다(예: Gahng, Gwahk, Gah, Gahm, Gahl, Gahn, Gahngjurn). 그러나 Gahngjurn과 같이 단어가 길어져

13) 현행안/한글학회안/1984년안/M-R안의 순으로 표기하였다. 표기가 동일한 경우는 중복하여 적지 않고 한 표기만 적었다.

시각적으로 자연스럽지 못한 단점이 있다. 김복문안을 제외한 네 안에 따른 표기 '국' Guk/Gug/Kuk, '궁' Gung/Kung의 *u*는 [ʌ]로 발음될 가능성이 많아 원음인 'ㅜ'와 동떨어지게 된다. 김복문안은 'ㅜ'를 *oo*로 표기하여 원음에 근접하도록 하나 필요 이상으로 길게 발음되는(예: Gook, Goong) 문제가 따른다. '계' Gye/Kye의 *ye*는 *bye, dye, lye, rye* 등의 연상작용으로 [ai]로 읽힐 가능성이 높아 김복문안에서는 h를 덧붙여 *yeh*로 표기하여 원음과 가깝도록 하였다.

㉯ 어말음 'ㄱ'

'ㄱ'이 어말에 오는 성은 전체 180개 성 중에서 14개로 전체 인구의 약 10%를 차지한다. 현행안, 1984년안, M-R안 및 김복문안은 어말음 'ㄱ'을 *k*로 적고 있으나, 1음운 1기호를 택하는 한글학회안은 어두음과 어말음을 구별하지 않고 같은 표기 *g*로 적고 있다(〈표 6〉 참조).

〈표 6〉 어말음이 'ㄱ'인 성

순위	성	현행안	한글학회안	1984년안	M-R안	김복문안	백분율(%)
1	박	Bak	Bag	Pak	Pak	Bahk	8.49
2	백	Baek	Baeg	Paek	Paek	Baek	0.76
3	곽	Gwak	Gwag	Kwak	Kwak	Gwahk	0.40
4	석	Seok	Seog	Sŏk	Sŏk	Surk	0.12
5	옥	Ok	Og	Ok	Ok	Ok	0.05
6	육	Yuk	Yug	Yuk	Yuk	Yook	0.05
7	탁	Tak	Tag	T'ak	T'ak	Tahk	0.04
8	국	Guk	Gug	Kuk	Kuk	Gook	0.04
9	복	Bok	Bog	Pok	Pok	Bok	0.02
10	목	Mok	Mog	Mok	Mok	Mok	0.02
합계							9.99
기타	묵, 궉, 곡, 적						

현행안, 1984년안 및 M-R안으로 표기할 경우 부정적인 의미를 연상하게 하는 성으로 '육' Yuk(*yuck, yucky* 몹시 싫은), '탁' Tak/T'ak(*tack* 압정), '목' Mok(*mock*

비웃다) 등이 있다. 그리고 1984년안 및 M-R안의 '복' Pok이 *poky*(질질 끄는)나 *poke*(게으름뱅이)를 연상시킬 수 있다. 한글학회안은 어두, 어중, 어말의 위치에 상관없이 'ㄱ'을 모두 *g*로 표기하기 때문에 영어의 감각으로 볼 때 어감이 좋지 않은 단어가 되는 경우가 다섯 표기안 중 제일 많다. '박' Bag[14](자루, 눈 밑의 처진 살, 또는 매력 없는 여자), '탁' Tag(꼬리표), '복' Bog(수렁), '묵' Mug(찻잔, 강도가 목을 조르다)는 우스꽝스럽게 들릴 수 있다. 특히 '박'은 '김', '이'에 이어 세 번째로 인구수가 많은 성인데, 사람들이 관례를 저버리고 부정적인 의미를 주는 Bag으로 쓰지는 않을 것이다. 김복문안에서 부정적인 의미로는 동양인을 비하하는 '국' Gook이 있으며, '목' Mok이 *mock*(비웃다), '적' Jurk이 *jerk*(바보)를 연상시킬 수 있다.

모음에서 오는 발음의 괴리현상은 앞서 지적되었듯이 'ㅏ'를 a로 표기하는 데서 많이 비롯된다. '박' Bak/Bag/Pak, '곽' Gwak/Gwag/Kwak, '탁' Tak/Tag/T'ak의 a가 [æ]로 발음되기 때문에 원음과 다르게 들린다. 김복문안에서는 '박' Bahk, '곽' Gwahk, '탁' Tahk 등으로 'ㅏ'를 *ah*로 표기하여 원음에 가까이 발음할 수 있는 장점이 있다. '육' Yuk/Yug, '묵' Muk/Mug의 *u*는 [ʌ]로 발음될 가능성이 많아 원음과 동떨어지게 된다. 김복문안에서는 '육' Yook, '묵' Mook으로 표기하여 'ㅠ' 및 'ㅜ'와 비슷한 음을 도출해 내는 것은 장점이지만, 불필요하게 길게 발음되는 것이 문제점으로 남는다.

㉰ 어중음 'ㄱ'

어중음 'ㄱ'이 쓰이는 경우는 '남궁', '제갈', '사공', '독고' 등 두자 성에서 나타나는데, 이 중 인구수가 5,000명이 넘는 경우는 '남궁'뿐(총 인구의 0.04%)이다. '독고'를 제외한 '남궁', '제갈', '사공'의 어중음 'ㄱ'은 유성음 환경에 있으므로 다섯 표기안 모두 *g*로 표기한다. '독고'의 '고'는 유성음 환경에 있지 않기 때문에 1984년안 및 M-R안에서는 Tokko로 표기되고, 단어 내부에서의 경음화를 표기에

14) Mr. Bag은 영어 화자에게 "당황스럽고 모욕적(embarrassing and insulting)"으로 들린다고 Ramsey(1982)는 언급한다(p. 32).

반영하지 않는 현행안에서는 Dokgo, 한글학회안에서는 Doggo로 쓰인다. 김복문안은 Dokgoh로 표기한다. '남궁'은 현행안, M-R안, 1984년안에서 모두 Namgung으로 표기되는 데, *a*는 [æ]로, *u*는 [ʌ]로 발음될 가능성이 많아 원음과 달라질 수 있다. Nahmgoong으로 표기하는 김복문안은 '남'과 '궁'을 원음에 비슷하게 도출해낼 수 있으나, 앞서 지적한 바와 같이 '궁'을 불필요하게 길게 발음해야 하는 문제점이 있다.

② 'ㄷ'

'ㄷ'은 성의 어두에만 나타나며 어중, 어말에는 나타나지 않는다(〈표 7〉 참조). 'ㄷ'으로 시작하는 성은 180개의 성 가운데 10개로 이 중에서 5,000명이 넘는 인구를 가진 성은 '도'와 '두'뿐(총 인구의 0.13%)이다. '도'의 경우 'ㄷ'에 해당하는 로마자를 *t*를 택하든 *d*를 택하든 영어에 이미 *to*와 *do*가 각각 [tu:] 및 [du:]로 발음되고 있어서 원음을 유도하기가 어렵다. 김복문안은 *o* 뒤에 *h*를 추가(예: Doh)하여 원음에 가깝게 발음되도록 하였다. 또한 김복문안을 제외한 네 표기안에서 *a*가 [æ]로 발음되는 성으로는 '단' Tan/Dan, '당' Tang/Dang, '담' Tam/Dam이 있다. 김복문안은 h를 추가하여 각각 Dahn, Dahng, Dahm으로 표기한다. *o*가 [ɔ] 또는 [ʌ]로 발음되는 성으로는 '동' Tong/Dong, '돈' Ton/Don이 있다. 김복문안도 'ㅗ' 뒤에 받침이 오는 경우에는 *o*로 표기(예: Don과 Dong)하여 원음과 다르게 발음된다.

1984년안과 M-R안의 표기에 영어 의미를 가지는 단어로 Tang(톡쏘는 맛 또는 냄새, 오렌지 주스의 상표 이름)이 있다. 현행안과 한글학회안의 표기 중에서 속어로 '남성 성기'를 의미하는 Dong과 Dang이 있다.

〈표 7〉 어두음이 'ㄷ'인 성

순위	성	현행안	한글학회안	1984년안	M-R안	김복문안	백분율(%)
1	도	Do	Do	To	To	Doh	0.12
2	두	Du	Du	Tu	Tu	Doo	0.01
합계							0.13
기타	동, 단, 당, 독고, 대, 동방, 돈, 담						

③ 'ㅂ'

전체 180개의 성 중에서 'ㅂ'이 성에 나타나는 수는 어두에 12개, 어중에 2개로 모두 14개이다. 'ㅂ'이 어두음일 경우 현행안과 한글학회안 및 김복문안은 *b*로, 1984년안과 M-R안은 *p*로 표기한다. 유성음 환경에 있는 '황보'와 '소봉'의 어중음 'ㅂ'은 다섯 표기안 모두 *b*로 표기한다(〈표 8〉 참조).

부적당한 의미로는 현행안 및 한글학회안으로는 '방' Bang(쿵), '반' Ban(금지), '봉' Bong(마리화나용 빨대)이 있으며, 1984년안과 M-R안의 '방' Pang(격통), '반' Pan(냄비), '빈' Pin(핀), '빙' Ping(부딪히는 소리) 등이 있다. 특히 한글학회안에 따르면 세 번째로 인구수가 많은 '박'이 부정적인 의미를 내포한 Bag으로 표기되며, '복'은 Bog(수렁)으로 그리고 '빈'은 Bin(쓰레기통)으로 표기된다. 김복문안에서 부정적인 의미를 주는 성으로 '봉' Bong과 '빈' Bin이 있으며 '부' Boo(야유하는 소리)는 *boo-boo*(실수), *boo-hoo*(엉엉 울다) 또는 *boob*(우둔한 사람, 가슴)을 연상시킬 수 있다.

원음과 동떨어진 발음은 *a*에서 비롯되는 것으로 현행안, 한글학회안, 1984년안

〈표 8〉 'ㅂ'이 들어있는 성

위치	순위	성	현행안	한글학회안	1984년안	M-R안	김복문안	백분율(%)
어두	1	박	Bak	Bag	Pak	Pak	Bahk	8.49
	2	배	Bae	Bae	Pae	Pae	Bae	0.80
	3	백	Baek	Baeg	Paek	Paek	Baek	0.76
	4	변	Byeon	Byeon	Pyŏn	Pyŏn	Byurn	0.28
	5	방	Bang	Bang	Pang	Pang	Bahng	0.21
	6	반	Ban	Ban	Pan	Pan	Bahn	0.05
	7	봉	Bong	Bong	Pong	Pong	Bong	0.03
	8	부	Bu	Bu	Pu	Pu	Boo	0.02
	9	복	Bok	Bog	Pok	Pok	Bok	0.02
	합계							10.66
	기타	범, 빈, 빙						
어중	1	황보	Hwangbo	Hwangbo	Hwangbo	Hwangbo	Hwahngboh	0.02
	합계							0.02
	기타	소봉						

및 M-R안의 Bak/Bag/Pak, Bang/Pang, Ban/Pan, Hwangbo가 있으며, o에서 비롯되는 것으로 Bong/Pong, Bok/Bog/Pok, Sobong이 있다. 김복문안은 *a* 대신 *ah* 그리고 *o* 대신 *oh*를 써서 원음과 가깝게 발음되도록 하였다.

④ 'ㅈ'

파찰음 'ㅈ'이 들어가는 성은 19개로 어두 및 어중에 나타난다. 이들 중 5,000명 이상의 인구를 가진 성은 8개로 총 인구의 약 12.4%를 구성하고 있다. '정', '조'는 100만명 이상의 인구를 갖고 있어서 'ㅈ'에 어떤 로마자를 배당하는 가는 우리 인명 표기에 매우 큰 영향을 미친다(〈표 9〉 및 〈부록〉 참조). 특히 '정'은 'ㅈ' 외에 논쟁이 되고 있는 모음 'ㅓ'까지 들어있기 때문에 표기가 매우 다양하게 나타난다(예: Chung, Chong, Cheong, Choung, Chyung, Jung, Juhng, Jeong, Jeung, Jeng, Johng, Jheong, Zong, Zung, Tschung 등). 원음에서 동떨어지는 성으로는 a에서 비롯되는 '장' Jang/Chang, '제갈' Jegal/Chegal, 그리고 *o*에서 비롯되는 '정' Jong/Chong이 있다. 부정적인 의미로는 1984년안 및 M-R안의 '진' Chin(턱) 정도로 'ㄱ', 'ㄷ', 'ㅂ'에 비해서는 그 숫자가 적은 편이다.

〈표 9〉 'ㅈ'이 들어있는 성

위치	순위	성	현행안	한글학회안	1984년안	M-R안	김복문안	백분율(%)
어두	1	정	Jeong	Jeong	Chŏng	Chŏng	Jurng	4.83
	2	조	Jo	Jo	Cho	Cho	Joh	2.92
	3	장	Jang	Jang	Chang	Chang	Jahng	2.05
	4	전	Jeon	Jeon	Chŏn	Chŏn	Jurn	1.43
	5	주	Ju	Ju	Chu	Chu	Joo	0.46
	6	진	Jin	Jin	Chin	Chin	Jin	0.34
	7	지	Ji	Ji	Chi	Chi	Jee	0.31
	8	저	Jeo	Jeo	Chŏ	Chŏ	Jur	0.04
	합계							12.38
	기타	제갈, 좌, 종, 점, 준, 자, 종, 적, 제						
어중	기타	망절, 강전						

⑤ ‘ㅓ’

‘ㅓ’ 그리고 ‘ㅓ’가 포함되는 ‘ㅕ’, ‘ㅝ’가 들어가는 성은 35개에 달하는데, 그 중 5,000명이 넘는 인구수를 가진 성이 23개나 되기 때문에 ‘ㅓ’의 표기를 어떻게 하느냐에 따라 우리 인명의 표기의 모습이 많이 달라지게 된다(〈표 10〉 참조).

〈표 10〉 모음 ‘ㅓ’가 들어있는 성

	순위	성	현행안	한글학회안	1984년안	M-R안	김복문안	백분율(%)
ㅓ	1	정	Jeong	Jeong	Chŏng	Chŏng	Jurng	4.83
	2	서	Seo	Seo	Sŏ	Sŏ	Sur	1.51
	3	전	Jeon	Jeon	Chŏn	Chŏn	Jurn	1.43
	4	허	Heo	Heo	Hŏ	Hŏ	Hur	0.65
	5	성	Seong	Seong	Sŏng	Sŏng	Surng	0.40
	6	엄	Eom	Eom	Ŏm	Ŏm	Urm	0.29
	7	천	Cheon	Cheon	Ch'ŏn	Ch'ŏn	Churn	0.24
	8	석	Seok	Seog	Sŏk	Sŏk	Surk	0.12
	9	설	Seol	Seol	Sŏl	Sŏl	Surl	0.09
	10	선	Seon	Seon	Sŏn	Sŏn	Surn	0.08
	11	저	Cheo	Cheo	Chŏ	Chŏ	Jur	0.04
	12	어	Eo	Eo	Ŏ	Ŏ	Ur	0.04
	합계							9.72
	기타	선우, 범, 서문, 점, 적						
ㅕ	1	변	Byeon	Byeon	Pyŏn	Pyŏn	Byurn	0.28
	2	현	Hyeon	Hyeon	Hyŏn	Hyŏn	Hyurn	0.18
	3	여	Yeo	Yeo	Yŏ	Yŏ	Yur	0.16
	4	염	Yeom	Yeom	Yŏm	Yŏm	Yurm	0.13
	5	연	Yeon	Yeon	Yŏn	Yŏn	Yurn	0.07
	6	명	Myeong	Myeong	Myŏng	Myŏng	Myurng	0.06
	7	편	Pyeon	Pyeon	P'yŏn	P'yŏn	Pyurn	0.03
	8	경	Gyeong	Gyeong	Kyŏng	Kyŏng	Gyurng	0.02
	9	형	Hyeong	Hyeong	Hyŏng	Hyŏng	Hyurng	0.01
	합계							0.94
	기타	평, 엽, 견, 련, 영, 려						
ㅝ	1	권	Gweon	Gweon	Kwon	Kwŏn	Gwon	1.40
	2	원	Won	Won	Won	Wŏn	Won	0.26
	합계							1.66
	기타	궉						

현행안과 한글학회안은 ‘ㅓ’를 *eo*로, 1984년안과 M-R안은 ŏ로, 김복문안은 *ur*로

표기하고 있다. Fouser(1998)에서 언급되었듯이 *r*을 강하게 발음하는 일부 미국 사람들에게 나타나는 것처럼 *r*을 삽입함으로써 오히려 원음에서 더 멀어질 수 있다. ŏ, *eo*, *ur*의 세 표기는 어느 것도 일반 대중의 지지를 얻지 못하고 있다. 서정수(1991)에 의하면 'ㅓ' 뒤에 받침이 있으면 대부분 *u*(예: '정' Jung/Chung, '전' Chun, '성' Sung, '엄' Um, '천' Chun, '석' Suk, '설' Sull, '선' Sun)로, 받침이 없으면 대부분 *uh*(예: '서' Suh, '허' Huh)로 일반 사람들이 표기하고 있다. 이는 'ㅕ'에서도 마찬가지이다. 대다수가 'ㅕ'를 *yu*(예: '변' Byun/Pyun, '현' Hyun, '염' Yum, '연' Yun, '명' Myung, '경' Kyung)로 쓰고 있다. 그러나 *eo*(예: '전' Jeon/Cheon, '성' Seong, '설' Seol)가 *u* 다음으로 많이 사용하고 있는데 비해, 첨가부호가 있는 ŏ나 *r*을 첨가한 *ur*로 표기하는 사람은 소수로 나타났다. 부정적 의미를 나타내거나 연상하게 하는 표기로는 김복문안의 '전' Churn(휘젓다), '범' Burm (*burn* 또는 *bum*을 연상) 및 '적' Jurk(*jerk*을 연상)이 있다.

(2) 'ㅏ', 'ㅣ', 'ㅗ', 'ㅜ'

이탈리아어의 모음 체계를 바탕으로 'ㅏ', 'ㅔ', 'ㅣ', 'ㅗ', 'ㅜ'에 *a, e, i, o, u*를 배정하는데 대해 대부분의 표기안이 합의하고 있다. 본고에서는 우리 성을 *a, e, i, o, u*로 표기하는데 문제가 없는지 아니면 문제가 있는지를 현행안, 한글학회안, 1984년안, M-R안 그리고 김복문안에 따라 살펴보고자 한다. 'ㅏ', 'ㅔ', 'ㅣ', 'ㅗ', 'ㅜ'를 *a, e, i, o, u*로 표기하는 앞의 네 안과는 달리 김복문안은 영어 철자의 발음에 근거하여 *ah, eh/e-, ee/i-, oh/o-, (w)oo/-oo*로 표기한다. 우리 성에는 'ㅔ'가 잘 나타나지 않으므로 'ㅔ'를 제외한 'ㅏ', 'ㅣ', 'ㅗ', 'ㅜ'를 살펴보겠다.

① 'ㅏ'

*a*를 영어 철자에 따라 발음하면 우리가 원하는 'ㅏ'와 다르게 발음되는 경우가 많다. 전체 180개의 성 가운데 'ㅏ'를 포함하는 성이 37개(인구수가 5,000명 이상인 성은 18개)인데, 그 중 'ㅏ' 밑에 받침이 있는 성 29개의 *a*는 [æ]로 발음된다(예: '박' Bak/Bag/Pak, '강' Gang/Kang, '장' Jang/Chang, '한' Han, '안' An, '남'

Nam, '방' Bang/Pang, '함' Ham, '반' Ban/Pan, '탁' Tak/Tag/T'ak, '남궁' Namgung, '감' Gam/Kam, '제갈' Jegal/Chegal, '사공' Sagong, '갈' Gal/Kal, '상' Sang, '간' Gan/Kan, '단' Dan/Tan, '당' Dang/Tang, '창' Chang/Ch'ang, '낭' Nang, '만' Man, '판' Pan/P'an, '동방' Dongbang/Tongbang, '탄' Tan/T'an, '삼' Sam, '담' Dam/Tam, '망절' Mangjeol/Mangjŏl, '강전' Gangjeon/Kangjŏn). 김복문안에서는 *a* 뒤에 *h*를 추가하여 원음 'ㅏ'와 유사한 발음을 유도한다. 그러나 받침이 없는 8개의 성('하' Hah, '차' Chah, '나' Nah, '마' Mah, '사' Sah, '가' Gah, '아' Ah, '자' Jah) 대부분은 *h* 없이도 원음과 비슷하므로 이 경우 *h*는 사실상 잉여적이다. 'ㅏ'가 들어가는 이중 모음 'ㅑ'는 김복문안을 제외한 네 안에서 모두 *ya*로 표기되어 받침이 있는 '양' Yang과 '량' Ryang의 'ㅑ'는 [jæ]로 발음된다. 김복문안은 원음과 비슷하게 하기 위해 *h*를 추가하여 *yah*로 표기한다. 'ㅘ'가 포함되는 성은 '황', '곽', '황보', '좌', '화', '환' 등 6개로 그 중 받침이 있는 '황' Hwang, '곽' Kwak/Gawk/Gwag, '황보' Hwangbo, '환' Hwan이 원음과 다르게 [wæ]로 발음된다. 김복문안에서 이를 피하기 위하여 *wah*로 표기하고 있다. 김복문안은 원음과 유사성은 다른 안들 보다 뛰어나다. 그러나 황보 Hwahngboh와 같이 단어가 길어져 시각적 그리고 심미적으로 어색해지는 취약점이 있다.

② 'ㅣ'

'ㅣ'가 포함되는 성은 18개('김' Kim/Gim, '이' I, '신' Shin/Sin, '임' Im, '심' Shim/Sim, '민' Min, '진' Chin/Jin, '지' Chi/Ji, '길' Kil/Gil, '기' Ki/Gi, '인' In, '피' P'i/Pi, '빈' Pin/Bin, '시' Shi/Si, '빙' Bing, '필' P'il/Pil, '미' Mi, '십' Ship/Sip/Sib)로 그 중에서 원음에서 동떨어지게 [ai]로 발음되는 표기는 I, Chi, Ki, Pi 등이다. 특히 우리 성 중에서 두 번째로 인구가 많은 '이'를 I로 표기하면 원음과 동떨어진 [ai]로 발음되어 일반 사람들이 수용하기가 쉽지 않을 것이다. 김복문안은 자음이 뒤따르지 않는 'ㅣ'를 *yee* 또는 *ee*로 표기(예: '이' Yee, '지' Jee, '기' Kee, '피' Pee, '시' See, '미' Mee)하여 원음에 가까운 발음을 유도하려고 하고 있다. [ai]보다는 [i:]가 원음에 더 근접하지만 불필요하게 길게 발음되는 문제점은 남는다. 그리고 '피' Pee는 '오줌 누다'라는 부정적인 의미, '시' See는 영어 단어로 '보다'라는 의미가 있어 사람에 따라서는 성의 표기로 선호하지 않을 수도 있다.

부정적인 의미로는 현행안, 한글학회안, 1984년안 및 M-R안의 '신' Sin(죄), 1984년안과 M-R안의 '빈' Pin(핀) 그리고 현행안 및 한글학회안의 '빈' Bin(쓰레기통)이 있다. '인' In은 전치사로 성에 사용하기가 부적당하게 느낄 수 있고, '십'을 표기하는 Ship(배), Sip(한 모금), Sib(친척)은 의미가 있는 영어 단어여서 사람에 따라 성으로 표기하기를 꺼려할 수도 있다.

③ 'ㅗ'

'ㅗ'가 포함되는 성은 30개('조' Jo/Cho, '오' O, '송' Song, '홍' Hong, '고' Go/Ko, '손' Son, '노' No, '공' Gong/Kong, '도' Do/To, '소' So, '옥' Ok/Og, '모' Mo, '봉' Bong/Pong, '황보' Hwangbo, '복' Bok/Bog/Pok, '목' Mok/Mog, '동' Dong/Tong, '온' On, '사공' Sagong, '호' Ho, '로' Ro, '독고' Dokgo/Doggo/Tokko, '옹' Ong, '종' Jong/Chong, '포' Po/P'o, '초' Cho/Ch'o, '곡' Gok/Gog/Kok, '동방' Dongbang/Tongbang, '돈' Don/Ton, '소봉' Sobong)로 *o* 뒤에 자음이 오면 [ɔ], [ə] 또는 [ʌ]로 발음되어 원음과 달라질 수 있다. 예를 들어, Song, Hong, Son, Gong/Kong, Ok/Og, Bong/Pong, Bok/Bog/Pok, Mok/Mog, DongTong, On, Sagong, Dokgo/Doggo/Tokko, Ong, Jong/Chong, Gok/Gog/Kok, Dongbang/Tongbang, Don/Ton, Sobong의 *o*가 [ɔ]로 발음되어 원음과 달라진다. 또 Do/To는 기존 단어의 발음 때문에 원하는 '도'를 유도해 내기 힘들다. 김복문안에서는 받침이 없는 'ㅗ'는 *oh*로 표기하고 받침이 있는 'ㅗ'는 *o*로 표기하여 우리음에 근접하려는 시도를 하고 있다. 그러나 받침이 없는 *o*는 대부분 [ou]로 발음되어 *h*를 삽입하는 것은 잉여적(예: Joh, Oh, Goh, Noh, Doh, Soh, Moh, Hoh, Roh, Poh, Choh)인 반면, 받침이 있는 *o*는 [ɔ]로 발음(예: Gok, Gol, Gong, Dong, Mok, Bok, Bong, Son, Song, Ok, On, Ong, Jong)되어 *h*의 유무가 원음을 유도하는데 별 도움이 안되고 있다.

④ 'ㅜ'

'ㅜ'가 들어있는 19개('문' Mun, '주' Ju/Chu/Joo, '구' Gu/Ku, '우' U, '추' Chu/Ch'u, '국' Guk/Gug/Kuk/, '부' Bu/Pu, '선우' Seonu/Sŏnu, '서문' Seomun/Sŏmun, '순' Sun, '묵' Muk/Mug, '궁' Gung/Kung, '풍' Pung/P'ung, '준' Jun/Chun, '수' Su, '운' Un, '후' Hu, '춘' Chun/Ch'un, '루' Ru/Lu)의 성 중에서 *u* 뒤에 자음이 오면(예: *-uk, -un -uk/-ug -ng*) 원음 'ㅜ'를 도출하지 못하고 *u*가 [ʌ]로 발음된다. 예를 들어, '문'을 표기한 Mun은 '먼'에 가깝게 발음된다. 김복문안에서는 *oo*를 써서 원음에 가까운 발음을 내려는 시도를 하였다 (예: Goo, Gook, Goong, Doo, Moon, Boo, Soo, Soon, (W)oo, (W)ook, (W)oon, Joo, Joon, Choo, Poong, Hoo). 발음이 원음보다 길어지는 단점과 Gook(찐득이), Gook(동양인을 비하하는 말), Moon(몽상가), Boo(야유하는 소리) 등이 부정적인 의미를 띠게 되는 단점이 있다. 또한 김복문안의 Doo는 *doo*로 시작되는 단어(*doobie, doodad, doodah, doodle, doodally, doodoo, doohickey* 등)에 부정적인 의미가 많아 성 표기에 어색한 느낌을 줄 수 있다.

5. 맺음글

본고는 현행안, 한글학회안, 1984년안, M-R안 및 김복문안에 따른 성의 로마자 표기의 발음 및 의미를 영어 철자에 근거하여 살펴보았다. 영어를 기준으로 볼 때, 다섯 표기법 중 어느 로마자 표기법에 따라 표기를 해도 문제점이 생겼다. 즉, 원래의 우리 음과 동떨어지게 발음되기도 하고, 우리말에 없었던 부정적인 의미를 갖거나 함축하는 성이 생기기도 하였다. 그리고 관사, 전치사 및 외자 등 성으로 쓰기에는 부적절한 표기도 있었다. 물론 로마자로 표기한다는 것이 영어로 표기한다는 것을 뜻하는 것은 아니다. 앞서 언급했듯이 로마자를 사용하는 언어는 영어 이외에도 불어, 독어를 포함하여 수십 여종의 언어가 있기 때문이다. 그러나 로마자를 쓰는 언어 중에서 우리나라 사람들에게 일반적으로 가장 익숙한 언어는 영어이므로 자신의 인명을 로마자로 표기할 때 영어식으로 읽어 원래의 음과는 거리가 멀거나 부정적인 의미로 해석되는 경우는 피하려고 한다. 기존의 로마자 표기법에 따라 인명을 표기하는 것이 현실성이 없다면, 영어를 기준으로 한 발음 및 의미 그리고 관례 등을 고찰하여 일반 표기법에서 인명의 표기법을 분리하여 인명만을 위한 로마자 표기법을 만드는 방안을 재고해 보아야 한다. 그러나 무엇보다 중요한 것은 일단 표기법이 정해지면 일반 대중 및 국내외 언론 매체 모두가 지키고 사용할 수 있도록 적극적인 홍보 및 계몽교육을 실시해야하는 점을 잊지 말아야 한다.

√참고문헌

국립국어원 (2000). 로마자 표기법 이렇게 바뀌었습니다. 문화관광부.

김민수 (1984/1973). 국어정책론. 서울: 탑출판사.

김복문 (1996). 한글의 영어발음기준 로마자 표기법 이론과 실제. 서울: 무역출판사.

김혜숙 (1998). "한국 인명의 로마자 표기 순서 및 표기 양상." 사회언어학 6(1), 90-111.

대한민국성씨변천사연구소 (1992). 대한민국 성씨 변천사. 서울: 역사편찬회 출판부.

서정수 (1991). "우리말 이름의 로마자 표기에 관하여." 새국어생활 1(1), 101-113. 국립국어연구원.

양병선 (2005). "인명로마자표기 실태 및 분석: 국가대표선수를 중심으로." 언어학 13(1), 135-157. 대한언어학회.

유만근 (1993). "한글 전용엔 맞춤법 개선이 필수." 어문연구 21(3), 490-491. 한국어문교육연구회.

이상억 (1994). 국어 표기 4법 논의: 맞춤법·표준어·외래어·로마자화. 서울: 서울대학교 출판부.

정경일 (1997). "한국 인명의 로마자 표기 양상에 대하여." 한국언어문학 39, 171-186. 한국언어문학회.

한글학회 (1984). 한글 맞춤법(붙임: 우리말 로마자 적기). 한글학회.

Crystal, D. (1997). *The Cambridge Encyclopedia of Language*(2nd ed.). New York:

Cambridge University Press.
Fouser, R. J. (1998). Putting market forces to work: The rationale for two Romanization systems of Korean. 논문집: 한국어의 로마자 표기법 1, 21-38. 한국어표기법연구소.
Hook, N. J. (1982), *Family Names: How our surnames came to America.* New York: MacMillan.
Kaliher, K. L. (1982). Once more with fearing: Romanization in 1982. *Korea Journal*22(8), 44-48.
Klein, E. F. (1982). Romanization of Korean: Do armchair linguists have the answer. *Korea Journal* 22(8), 16-23.
McCune, G. M. & Reischauer, E. O. (1939). *The Romanization of the Korean Language Based upon Its Phonetic Structure.* Seoul: Transactions of the Korea Branch of the Royal Asiatic Society.
Ramsey, S. R. (1982). Writing Korean with Roman letter. *Korea Journal* 22(8), 29-34.

√부록

대한민국 성씨 변천사(1992)에 수록된 285개의 전체 성 중에서, 본관 및 한자에 상관없이 한글 표기에 따라 성을 분류하면 그 수가 180개가 된다. 〈표 11〉은 180개 중에서 5,000명이 넘는 인구수를 가진 97개의 성을 숫자가 많은 수에서 적은 수의 순으로 적은 것이다. 적지 않은 나머지 83개의 성을 인구수가 많은 수에서 적은 수의 순으로 적으면 "동, 음, 온, 제갈, 사공, 호, 좌, 선우, 갈, 범, 빈, 팽, 서문, 승, 시, 상, 간, 화, 로, 단, 순, 당, 창, 량, 독고, 옹, 평, 종, 엽, 묵, 궁, 대, 빙, 견, 근, 풍, 련, 염, 낭, 아, 만, 해, 궉, 포, 판, 초, 매, 군, 요, 필, 점, 곡, 동방, 개, 미, 준, 수, 야, 자, 운, 뇌, 돈, 탄, 삼, 애, 후, 예, 묘, 적, 교, 제, 담, 환, 망절, 십, 흥, 응, 려, 춘, 뢰, 루, 강전, 소봉" 이다.

〈표 11〉 5,000명이 넘는 인구수를 가진 성의 표기

순위	성	현행안	한글학회안	1984년안	M-R안	김복문안	백분율(%)
1	김	Gim	Gim	Kim	Kim	Kim	100만명 이상 (60%)
2	이	I	I	I	I	Yee/Ree	
3	박	Bak	Bag	Pak	Pak	Bahk	
4	정	Jeong	Jeong	Chŏng	Chŏng	Jurng	
5	최	Choe	Choe	Ch'oe	Ch'oe	Chweh	
6	조	Jo	Jo	Cho	Cho	Joh	
7	강	Gang	Gang	Kang	Kang	Gahng	
8	유	Yu	Yu	Yu	Yu	Yoo	50만명 이상 (18.82%)
9	윤	Yun	Yun	Yun	Yun	Yoon	
10	장	Jang	Jang	Chang	Chang	Jahng	
11	신	Sin	Sin	Shin	Sin	Sin/Shin	
12	임	Im	Im	Im	Im	Im/Yim	
13	한	Han	Han	Han	Han	Hahn	
14	오	O	O	O	O	Oh	
15	서	Seo	Seo	Sŏ	Sŏ	Sur	
16	전	Jeon	Jeon	Chŏn	Chŏn	Jurn	
17	권	Gwon	Gweon	Kwon	Kwŏn	Gwon	
18	황	Hwang	Hwang	Hwang	Hwang	Hwahng	
19	송	Song	Song	Song	Song	Song	
20	안	An	An	An	An	Ahn	
21	홍	Hong	Hong	Hong	Hong	Hong	10만명 이상 (14.04%)
22	양	Yang	Yang	Yang	Yang	Yahng	
23	고	Go	Go	Ko	Ko	Goh	
24	문	Mun	Mun	Mun	Mun	Moon	
25	손	Son	Son	Son	Son	Son	
26	배	Bae	Bae	Pae	Pae	Bae	
27	백	Baek	Baeg	Paek	Paek	Baek	
28	허	Heo	Heo	Hŏ	Hŏ	Hur	
29	노	No	No	No	No	Noh	
30	남	Nam	Nam	Nam	Nam	Nahm	
31	심	Sim	Sim	Shim	Sim	Shim	
32	하	Ha	Ha	Ha	Ha	Hah	
33	주	Ju	Ju	Chu	Chu	Joo	

34	구	Gu	Gu	Ku	Ku	Goo	
35	성	Seong	Seong	Sŏng	Sŏng	Surng	
36	곽	Gwak	Gwag	Kwak	Kwak	Gwahk	
37	차	Cha	Cha	Ch'a	Ch'a	Chah	
38	우	U	U	U	U	Oo/Woo	
39	나	Na	Na	Na	Na	Nah	
40	민	Min	Min	Min	Min	Min	
41	진	Jin	Jin	Chin	Chin	Jin	
42	지	Ji	Ji	Chi	Chi	Jee	
43	엄	Eom	Eom	Ŏm	Ŏm	Urm	
44	변	Byeon	Byeon	Pyŏn	Pyŏn	Byurn	
45	원	Won	Weon	Won	Wŏn	Won	
46	천	Cheon	Cheon	Ch'ŏn	Ch'ŏn	Churn	3만명 이상 (2.14%)
47	채	Chae	Chae	Ch'ae	Ch'ae	Chae	
48	방	Bang	Bang	Pang	Pang	Bahng	
49	공	Gong	Gong	Kong	Kong	Gong	
50	현	Hyeon	Hyeon	Hyŏn	Hyŏn	Hyurn	
51	함	Ham	Ham	Ham	Ham	Hahm	
52	여	Yeo	Yeo	Yŏ	Yŏ	Yur	
53	염	Yeom	Yeom	Yŏm	Yŏm	Yurm	
54	추	Chu	Chu	Ch'u	Ch'u	Choo	
55	석	Seok	Seog	Sŏk	Sŏk	Surk	
56	도	Do	Do	To	To	Doh	
57	소	So	So	So	So	Soh	
58	설	Seol	Seol	Sŏl	Sŏl	Surl	
59	선	Seon	Seon	Sŏn	Sŏn	Surn	
60	길	Gil	Gil	Kil	Kil	Kil	
61	마	Ma	Ma	Ma	Ma	Mah	
62	연	Yeon	Yeon	Yŏn	Yŏn	Yurn	1만명 이상 (1.22%)
63	표	Pyo	Pyo	P'yo	P'yo	Pyoh	
64	위	Wi	Wi	Wi	Wi	Wee	
65	명	Myeong	Myeong	Myŏng	Myŏng	Myurng	
66	기	Gi	Gi	Ki	Ki	Gee	
67	반	Ban	Ban	Pan	Pan	Bahn	
68	왕	Wang	Wang	Wang	Wang	Wang	
69	금	Keum	Keum	Kŭm	Kŭm	Gum	
70	옥	Ok	Og	Ok	Ok	Ok	

71	육	Yuk	Yug	Yuk	Yuk	Yook	
72	인	In	In	In	In	In	
73	맹	Maeng	Maeng	Maeng	Maeng	Maeng	
74	저	Cheo	Cheo	Chŏ	Chŏ	[Jur]	
75	탁	Tak	Tag	T'ak	T'ak	Tahk	
76	남궁	Namgung	Namgung	Namgung	Namgung	Nahmgoong	
77	국	Guk	Gug	Kuk	Kuk	Gook	
78	모	Mo	Mo	Mo	Mo	Moh	
79	어	Eo	Eo	Ŏ	Ŏ	Ur	
80	은	Eun	Eun	Ŭn	Ŭn	Un	
81	편	Pyeon	Pyeon	P'yŏn	P'yŏn	Pyurn	
82	룡	Ryong	Lyong	Ryong	Ryong	[Ryong]	
83	내	Nae	Nae	Nae	Nae	Nae	
84	봉	Bong	Bong	Pang	Pong	Bong	
85	경	Gyeong	Gyeong	Kyŏng	Kyŏng	Gyurng	
86	사	Sa	Sa	Sa	Sa	Sah	5,000명 이상 (0.2%)
87	부	Bu	Bu	Pu	Pu	Boo	
88	황보	Hwangbo	Hwangbo	Hwangbo	Hwangbo	Hwahngboh	
89	가	Ga	Ga	Ka	Ka	Gah	
90	태	Tae	Tae	T'ae	T'ae	Tae	
91	복	Bok	Bog	Pok	Pok	Bok	
92	목	Mok	Mog	Mok	Mok	Mok	
93	계	Gye	Gye	Kye	Kye	Gyeh	
94	피	Pi	Pi	P'i	P'i	Pee	
95	형	Hyeong	Hyeong	Hyŏng	Hyŏng	Hyurng	
96	두	Du	Du	Tu	Tu	Doo	
97	감	Gam	Gam	Kam	Kam	Gahm	

12

한국어와 영어에서의 칭찬에 대한 응답전략의 문화적 의미

백경숙(한양여자대학)

1. 서론

1) 연구문제

본 연구는 한국어 및 미국 영어에서의 칭찬에 대한 응답(compliment response) 전략을 교차문화적 관점에서 비교분석하여 그 결과가 갖는 사회언어학적 의의를 고찰한다. 좀 더 구체적으로 본 연구는 한국어와 미국 영어에서의 칭찬에 대한 응답의 유형을 결정짓는 말하기 규칙(rules of speaking) 내지는 행위의 동기를 분석함으로써, 이들 두 언어공동체가 보이는 언어행위양식(interaction style)을 고찰한다. 따라서 본 연구는 그 이론적 토대를 일찍이 의사소통의 민족지학의 근간을 이루었던 Dell Hymes의 초창기 주장(Hymes 1962) —즉, 언어의 용법이 사회문화적 문법으로 조직되는 일, 그리고 이 용법이 여타 문화적 구조물과 갖는 관계는 문화에 따라 다양하며 언어학자들의 진지한 연구를 요한다는 주장—에 둔다.

칭찬 및 응답이라 함은 일상대화에서 흔히 발견되는, 가령 아래의 예와 같은 발화의 '인접쌍'(adjacency pair) 내지는 '연쇄행위'(action chain)[1]의 하나로 쉽게 파악되는 일련의 화행을 일컫는다.

(1) A: 역시 모든 일에 완벽하네요.
B: 뭐 별것도 아닌데요. 당연한 일을 한 것뿐인데 너무 그렇게 추켜세우지 마세요.

(2) A: 넌 정말 착하구나.
B: 그럼, 나만한 남자가 어디 있어.

(3) A: Why, it's the loveliest record I ever heard.
B: Well, thank you.

(4) A: Gee, Hon, you look nice in that dress.
B: Do you really think so? It's just a rag my sister gave me.

한국어 및 영어에서의 칭찬에 대한 응답의 예들을 보면, 이들은 칭찬의 내용에 대한 하향평가, 어색함의 표시, 혹은 농담조의 응수일 수도 있고, 칭찬의 내용에 대한 감사의 표시나 반문 등 매우 다양한 의미구조를 표출하고 있다. Herbert(1989)도 지적했듯이 일반적으로 칭찬 및 응답은 도식화했을 때 기본적으로 C - CR(; Compliment - Compliment Response)의 구조를 가지며, 더 긴 연쇄행위로 실현될 때도 C - CR구조를 근간으로 한다는 것을 보여준다. 다음과 같은 예를 보자.

(5) C1: Nice shirt.
CR1: I got it for my birthday.

---

1) '인접쌍'(Adjacency pair) 개념은 Schegloff와 Sacks(1973)가 정의한 바에 의하면, 가령 질문-응답과 같이 '조건적 상관관계로 짝지어지는 발화체의 전후 관계물'이다. Pomerantz는 '연쇄행위'(action chain)가 인접쌍과 매우 유사한 개념이지만 인접쌍와 구분되는 가장 큰 차이점을 짝의 후반부(second pair-part)가 당위가 아닌 몇 가지 가능성 가운데 하나(an option among several specifiable options)로 보고 있다. 자세한 것은 Schegloff와 Sacks(1973, p. 296) 및 Pomerantz(1978, pp. 109-110) 참조.

C2: The colors really suit you.
CR2: (smile and nod)

(Herbert 1989, p. 6)

이 같은 구조는 한국어에서도 어렵지 않게 그 예를 찾아 볼 수 있다.

(6) C1: 아이구, 이렇게 멋진 옷을 입고 오시고.
CR1: (수줍은 듯) 아유 뭐.
C2: 최신 유행이네.
CR2: 최신 유행은요. 10년도 더 된 건데요.

이에 영어와 한국어에서의 칭찬 및 응답은 기본적으로 다음과 같은 구조를 갖는다고 보며 본 연구의 초점은 연쇄행위의 후반부에 맞춘다.

(7) A가 B를 칭찬한다.
B는 A의 발화를 인정하거나 이에 대해 응답한다.

2) 연구의 배경 및 의의

(1) 칭찬에 대한 응답행위의 본질

칭찬은 상대방에 대한 긍정적 평가나 호감의 표시를 담고 있어 결과적으로는 대화자들 간의 유대관계를 돈독히 하는데 큰 역할을 한다. 이 같은 이유로 칭찬행위는 화행이론에서는 '예절행위(behabtives)'(Austin 1962)나 '표현행위(expressives)'(Leech 1983; Searle 1976)로, Brown & Levinson(1978; 1987)의 공손이론에서는 '적극적 공손전략(positive politeness strategies)'의 하나로 간주되기도 했다. 그러나 칭찬이 대부분 발화자의 호의에서 비롯되는 것임에도 불구하고 칭찬을 흔쾌히 받아들인다는 것은 그리 쉬운 일이 아닌데, 그 까닭은 칭찬의 수용은 결국 자신의 상대적 우위를 인정하는 일이 되기 때문이다. 칭찬받은 이들이 종종 어색함이나 당황스러움을 표출하는 것은 바로 이 때문이다. 이 같은 응답자의 갈등의 본질은

Pomerantz(1978)가 지적해낸 바 있다.

Pomerantz(1978)는 어째서 미국 영어 화자들이 예절지침서들의 권고에도 불구하고 '품위있게' 칭찬을 받아들이지 못하고, 많은 경우 칭찬을 회피하거나 거절하게 되는지를 다음과 같은 다차원적인 제약 충돌로 분석해내었다. Pomerantz는 칭찬 및 응답을 하나의 연쇄행위(action chain) 구조로 파악하고 칭찬에 대한 응답이 두 가지의 차원, 즉 행위의 측면에서 칭찬을 받아들이거나(accept) 거절하는 행위(reject)로, 또 다른 차원에서는 명제적 차원에서 응답자가 칭찬의 내용에 대해 동의(agreement)하거나 의견을 달리하는 것(disagreement)으로 실현된다고 설명하였다. 이 때 칭찬의 수용은 감사함의 표현이나 동의로, 거절은 의견의 불일치로 실현된다.

(8) A: Isn't he cute?
B: O::h he::s ado::rable. (동의)

(9) A: Oh it was just beautiful.
B: Well thank you. Uh I thought it was quite nice. (감사+동의)

(10) A: (You) Did a great job cleaning up the house.
B: Well I guess you haven't seen the kids' room. (의견의 불일치)

위의 (10)에서 보면, B는 A의 칭찬에 동의하지 않음으로써 A의 칭찬의 내용을 무효화시키고 있다. Pomerantz는 일반적으로 상대방의 의견에 동의하는 것이 그렇지 않은 경우에 비해 상대적으로 우세한 현상이지만, 영어에서 발견되는 칭찬에 대한 많은 거절의 예는 '상대방의 의견에 동의하거나 칭찬을 받아들여라'(Agree and/or accept compliment)는 제약 못지않게 '자신에 대한 칭찬을 피하라'(Avoid self-praise)는 제약이 작용하기 때문이라 하고 있다. 왜냐하면 칭찬의 내용에 동의하는 일은 결과적으로는 자신에 대한 긍정적 평가를 수용하고 인정하는 것이기 때문이다. 이에 Pomerantz는 이 같은 갈등적 제약 속에 빠진 응답자들이 다음의 예에서 보듯 칭찬의 긍정적 평가 정도를 낮추든지(Grade shift: Praise Downgrade)

칭찬의 수혜자를 교체시킴으로써(Referent shift: Reassignment & Return) 이 난관을 돌파하려는 전략(solution type of responses)을 종종 구사하게 된다고 설명하고 있다(괄호 안의 화살표의 방향은 칭찬이 주는 공(功)의 조절 방향을 나타낸다).

(11) A: Good shot.

B: Not very solid though. (Praise Downgrade) (↓)

(12) A: You're a good rower, honey.

B: These are very easy to row. Very light. (Reassignment) (→)

(13) A: Yer lookin good.

B: Great. So'r you. (Return) (←)

Pomerantz의 설명은 그녀가 제시한 응답의 유형이 비록 자연언어 사례에서 발견되는 모든 응답 전략을 망라한 것은 아니지만, 칭찬에 대해 어째서 수용도 거절도 아닌 여러 형태의(가령 예문 (11)~(13)에서 보듯) 비껴가기 식 응답 유형(해결유형)이 존재하는지에 대한 이론적 규명을 시도했다는 의의를 지닌다.

Leech(1983)는 자신의 언어적 공손이론의 틀로써 칭찬에 대한 응답의 본질에 대해 Pomerantz(1978)와 궁극적으로 같은 설명을 제공하였다. Leech의 이론에서 칭찬에 대한 응답은 대화자간 수사(Interpersonal Rhetoric)의 한 원칙인 공손원칙(Politeness Principle)의 작용으로 이해된다. 널리 알려진 대로 Leech의 공손원칙은 재치격률(Tact Maxim)을 비롯한 여섯 가지의 하위 격률로 구성되어 있는데, 칭찬에 대한 응답행위는 이들 중 동의격률(Agreement Maxim)[2]과 겸양격률(Modesty Maxim)[3]의 작용으로 설명된다. 즉 칭찬에 대한 수용은 동의격률에, 거절은 겸양

2) (단언행위에서) 동의격률

(a) 자신과 타인과의 의견의 불일치는 최소화하라.

[(b) 자신과 타인과의 공감은 최대화하라] (Leech 1983, p. 132).

3) (표현행위와 단언행위에서) 겸양격률

격률에 의해 각각 발현된 것으로 이해된다. Leech 이론의 설명력은 그의 이론 틀이 이들 격률의 충돌 가능성도 인정하고 있다는 점에서 두드러지는데, Leech는 칭찬 및 응답을 그 대표적 경우의 하나로 예시하고 있다. 즉 칭찬―응답화행은 칭찬자와 응답자간의 관계에서 보면 승인격률(Approbation Maxim)[4]과 겸양격률이 충돌하게 되는 경우이며, 응답자의 입장에서 보면 동의격률과 겸양격률의 갈등이 불가피해지는 경우가 된다. 이 두 격률의 충돌은 Leech의 이른바 격률 간의 거래(trade-off)를 낳게 되고, 우리가 접하게 되는 여러 가지의 비껴가기식 응답전략의 존재는 이 거래의 산물로 설명되는 것이다. Leech는 이어서 언어행위의 문화 간 차이는 각 문화가 이들 격률에 부여하는 상대적 중요도에 따르는 것이라 함으로써, 화행의 교차문화적 다양성 연구의 틀을 제시하기도 했다.

Brown과 Levinson(1978; 1987)도 자신들의 공손이론의 틀 안에서 칭찬에 대한 응답전략의 본질을 이해하였다. 이들의 이론은 잘 알려진 대로 인간대화의 합리성 및 효율성과 인간의 두 종류의 체면 ―적극적 체면(positive face)과 소극적 체면(negative face)[5] ―에 대한 욕구를 전제로 모든 문화에 걸쳐 타당성을 가질 뿐 아니라 언어행위의 문화적 다양성까지도 설명해 줄 수 있는 명시적인 공손모형을 개발하는데 목적을 두었다. Brown과 Levinson(1987)은 Pomerantz(1978)가 인식한 세 종류의 응답전략들(수용, 거절 및 해결유형)이 자신들이 주장하는 체면보존욕구와 잘 부합하는 언어행위라고 설명한다(p. 39). 즉, 칭찬의 수용은 상대방의 적극적 체면을 살리기 위한 동의 내지는 비평의 자제라는 점에서 적극적 공손전략(positive politeness strategies)의 일환이며, 명시적인 설명은 없지만 Brown과 Levinson의 이론에 의하면 해결유형응답 역시 대체적으로 적극적 공손전략에 해

(a) 자신에 대한 찬양은 최소화하라
[(b) 자신에 대한 비하는 최대화하라] (Leech 1983, p. 132)

4) (표현행위와 단언행위에서) 승인격률
(a) 타인에 대한 비하는 최소화하라
[(b) 타인에 대한 찬양은 최대화하라] (Leech 1983, p. 132).

5) 적극적 체면은 사람들이 지니고 있는 일상적 자아상으로서 다른 사람들에게 인정받고 싶은 욕구를 말하며, 소극적 체면이란 자신의 행동이 타인으로부터 방해받지 않기를 바라는 욕구를 뜻한다. Brown과 Levinson(1987, p. 61) 참조

당된다. 그리고 칭찬의 거절은 자기 높힘을 자제한다는 점에서 공대표시(giving deference)인 존칭어(honorifics)의 사용과 같은 맥락에서 기능한다고 한다. Brown과 Levinson은 공대표시를 소극적 공손전략(negative politeness strategies)의 하나로 분류하고 있다. 이 때 Brown과 Levinson의 적극적 공손전략개념은 칭찬의 수용이나 해결유형을 설명하는데 무리가 없다. 문제는, 칭찬의 거절이 자기겸하의 동기에서 비롯된다는 것은 사실이지만, 과연 그들이 설정한 바대로의 소극적 공손 전략개념에 부합하는 일인지가 의문으로 남는다.

Brown과 Levinson 이론의 문제점은 Chen(1993)이 먼저 제기한 바 있다. Chen은 Brown과 Levinson이 공대표시를 소극적 공손전략의 하나라 하였으나 실제로는 공대표시가 적극적 공손과 소극적 공손의 양면을 두루 갖고 있다고 설명함으로써 모순에 빠졌다는 점을 지적하였다.

> "공대(deference)의 실현이라는 동전에는 양면이 있다; 하나는 화자가 자신을 겸손하게 낮추는 일이고, 다른 하나는 화자가 청자를 높이는 일이다. (그리하여 청자에게 특정한 종류의 적극적 체면, 즉 우월하게 대접받고 싶은 청자의 욕구를 만족시키는 일이다.)" (Brown & Levinson 1987, p. 178)

Chen은 만일 우리가 칭찬의 거절을 적극적 공손전략으로 이해한다면 이는 상대방의 의견에 동의하지 않는 일은 상대방의 적극적 체면을 손상시키는 일이라는 Brown과 Levinson의 주장에 정면으로 위배된다고 본다. 하나의 언어행위가 상대방의 적극적 체면을 세우기도 하고 동시에 손상시킬 수는 없기 때문이다. 그리고 나서 Chen은 만일 우리가 칭찬의 거절은 소극적 공손전략으로 여긴다고 해도 존칭어의 사용이 자기 겸하적 응답과 어떤 관계로 연결되는지 반문하고 있다. 그러나 여기서 Chen은 문제의 본질을 완전히 포착하지는 못한 것으로 보인다. 그 까닭은 Brown과 Levinson이 그들의 공대표시 논의에서 주로 존칭어 사용을 다룬 것은 사회적 요인(이 경우 '힘'의 요인)이 언어형태에 침투한 가장 대표적인 사례로 간주했기 때문으로 여겨지며,[6] 칭찬의 거절에 자기 겸하적 동기가 있음은 부정할 수 없는 사실이기 때문이다. Brown과 Levinson 이론의 근본적인 문제점은 공대표시개념의 모순성보다도 자기 겸하적 응답이 이들이 제시한 바대로의 공대표시전략으로 이해되기 어렵다는 데 있다. Brown과 Levinson은 공대표시전략이 청자의 소극적 체면이 위협받을 만한 상황에서 화자가 이 위협을 축소하기 위한 소극적 공손전략의 하나로 이용한다고 하였다. 그렇다면 자기 겸하적 응답을 소극적 공손전략으로 보기 위해서는 칭찬에 대한 응답행위자체가 상대방의 소극적 체면을 위협하는 행위(face threatening act: FTA)라는 뜻인데, 어째서 그것이 체면 위협적인지 납득하기 어렵다. 다시 말해서, Brown과 Levinson의 이론에 의하면 적극적 공대전략은 적극적 체면에 대한 욕구가 영속적이고 일반적인 욕구여서 특정 FTA x와 무관하게도 이루어질 수 있는 것이나, 소극적 공손전략은 특정 FTA x와의 관련하에서 체면위협을 축소하기 위해서 이루어진다. 칭찬 행위는 아주 넓게 해석해서 어떤 식으로든 응답자에게 응답해야 할 의무를 지운다는 의미에서 응답자의 소극적 체면을 위협할 수는 있지만, 칭찬에 대한 응답이 어떻게 칭찬한 이의 소극적 체면을 위협하게 되는지 설득력이 없기 때문이다.

Brown과 Levinson 이론의 이 같은 결함은 그들이 주장하는 바대로의 그들 이론의 장점에서 비롯된다. Brown과 Levinson 이론은 규칙에 의해(그 동기 설정이 임의적이 될 수도 있는) 공손현상을 설명하는 여타 이론과는 달리 인간이란 무엇인가—즉 합리적이고 체면에 대한 욕구를 가진 존재—라는 좀 더 근본적인 개념으로부터 공손이론을 도출하기 때문에, 이 두 가지 근본 가정을 받아들이도록 요구하고 있다. 그러나 여러 문화에서의 언어행위를 살펴보면 이들이 설정한 '체면'이라는 개념이 문제가 되거나, 아니면 문제의 언어행위를 체면보존욕구의 차원에서 설명하는 것이 문제일 수 있다는 것을 알게 된다. 특히 체면개념은 비서구권 문화의 언어행위에 대한 여러 연구로부터 그것이 민족중심주의적인(ethnocentric) 성향을 띠고 있다는 비판을 받아왔다(Gu 1990; Ide 1989; Mao 1994; Matsumoto 1988 등 참조).

---

6) 실제로 Brown과 Levinson은 존칭어 사용 예 이외에도 여타 자기 겸하적 표현들을 공대표시전략으로 일부 제시하고 있다. Brown과 Levinson(1987) pp. 185-187 참조.

지금까지의 논의의 결과, 본 연구는 Pomerantz나 Leech가 칭찬에 대한 응답의 본질을 정확히 이해했다고 보고 이들과 동일한 시각에서 연구를 진행한다. 본 연구는 여러 언어에서의 응답유형을 통해 이들의 이론이 설명적 타당성을 갖고 있다는 것도 아울러 증명하게 될 것이다.

(2) 기존연구의 검토

여러 언어에서의 칭찬에 대한 응답행위를 연구한 앞선 연구들의 결과를 살펴보면 칭찬에 대한 응답 방식은 언어마다 매우 다양하다는 사실을 알 수 있다. 가장 빈번히 연구된 언어는 영어로, Herbert(1986)에 의하면 미국의 대학생 집단은 그들이 주고받는 칭찬의 36% 정도만 수용한다고 한다. 그러나 사회적 요인과 관련하여 다양한 미국인 계층을 조사한 Knapp, Hopper와 Bell(1984)에 따르면 미국인들이 칭찬을 받아들이는 비율은 약 70%에 이른다고 보고하였다. 같은 언어를 사용하더라도 언어공동체에 따라 응답행위는 차이를 보인다. Holmes(1988a)는 뉴질랜드 영어에서는 칭찬의 수용이 가장 빈번하여 전체 응답행위의 61%를 차지한다고 보고하였으며, Herbert(1989)나 Herbert와 Straight(1989)에 따르면 남아프리카공화국의 영어를 사용하는 백인 대학생집단 내에서는 칭찬행위가 매우 드문 반면 칭찬에 대해서는 매우 수용적인 태도를 보여 거의 80%에 이르는 칭찬이 흔쾌히 받아들여진다고 한다. 이와는 대조적으로 일본어나 중국어에서는 칭찬을 선뜻 받아들이는 일이 거의 없어 겨우 5% 미만의 칭찬만이 받아들여지는 것으로 각각 보고되었다(Daikuhara 1986; Chen 1993). 이 같은 연구결과로 미루어 우리는 칭찬에 대한 응답이 교차문화적 다양성을 극명히 드러내는 언어행위들 중의 하나라는 것을 알 수 있으며, 이에 미국 영어와 한국어에서의 응답행위를 비교 고찰하는 일은 매우 흥미로울 것이라 짐작할 수 있다.

교차문화적 시각에서 한국어와 영어에서의 응답행위를 분석한 연구로는 Han(1992), 김경석(1993) 및 Kim(1996)이 있다. 소규모의 연구조사를 통해 미국에 있는 한국 학생들의 응답행위를 비교해 본 결과, Han(1992)은 한국인들이 영어를 말할 때에는 대부분 칭찬을 받아들임에도 불구하고 한국어를 사용하는 경우에는 칭찬을 거절하거나 비껴가기식의 응답을 하고 있어 이들이 한국어와 영어에서의 규범을 서로 다르게 인식하고 있다고 보고하였다. 김경석(1993)은 한국어에서의 응답행위를 영어의 경우에 대한 기존의 연구결과와 비교하였는데, 그는 칭찬의 주제에 따른 응답유형은 두 언어가 비슷하지만 한국어의 경우 친근 관계가 없는 낯선 이로부터의 칭찬을 받아들이는 비율은 영어의 경우보다 낮은 것으로 보아, 한국어에서는 칭찬이 영어에서처럼 새로운 인간관계를 만들어나가는 기능은 별로 수행하지 않는다고 결론지었다. Kim(1996)은 한국어 원어민 집단 및 영어 원어민 집단, 그리고 한국인 영어학습자 집단을 선정하여 이들의 칭찬 및 응답행위를 분석하였다. 그 결과, 한국어와 영어 사용자들은 여러 가지 사회적 변인들과 관련하여 서로 다른 행위규범을 갖고 있음이 밝혀졌다. 이들 세 연구가 공통적으로 지적한 바는 칭찬은 일반적으로 한국어에서 보다 영어에서 수용되는 비율이 높다는 것이었다. 그런데 여기서 한 가지 흥미로운 사실은, 이들 연구가 모두 대학생 집단을 주 연구 대상으로 삼았음에도 불구하고 한국어에서의 칭찬에 대한 수용비율이 연구마다 매우 큰 폭으로 차이가 난다는 점이다. 다시 말해서 Han(1992)의 경우, 한국인 학생들은 칭찬을 거의 수용하지 않는 것으로 보고한 반면, Kim(1996)은 한국어 화자들은 40%가 넘는 칭찬을, 김경석(1993)은 무려 80%에 이르는 칭찬을 받아들인다고 함으로써 한국어에서의 응답행위 규범을 정확히 인식하는 데에 어려움을 주고 있다. 이처럼 서로 다른 결과의 원인은 무엇일까? 그 원인은 이들 연구의 방법론에서 찾아야 할 것으로 보인다. 먼저 각 연구가 연구대상으로 삼은 대학생 집단의 수가 적을 뿐 아니라, 그들의 동질성 또한 확신할 수 없다는 문제가 제기될 수 있다. 두 번째로는 언어자료 수집 방법인데, Han은 적은 수이기는 하되 자연언어자료를 분석한 반면, 김경석이나 Kim은 DCT(Discourse Completion Test)라는 언어도출방법을 사용했다는 점도 가능한 원인으로 꼽을 수 있다. 특히 DCT를 이용한 두 연구는 이들이 응답을 이끌어 내기 위해 설정한 제 담화상황이 그 상황맥락적 요인들과 관련하여 이미 언급된 결과의 차이를 초래할 소지를 안고 있을 수 있다는 점이다. 마지막으로 지적할 사항은 이들 연구가 행한 응답 분류방식—개별 응답전략을 범주화하는 방식—이 일치하지 않는다는 사실이다. 더구나 김경석(1993)의 경우에는 그가 정확히 어떤 전략들을 '수용'이라는 범주에 포함시켰는지가 명시되어있지 않아, 이들 연구의 결과를 평면적으로 비교하는 일이 무의미할 수 있다. 사실 응답분류방식의 차이는 비단 한국어 연구에서 뿐 아니라 칭찬에 대한 응답을 연구한 모든 기존 연구의 결과들을 교차문화적 관점에서 논의할 때 고려해야 할 중요한 사항이다.[7]

이상 기존 연구의 결과는 한국어와 (미국)영어에서의 칭찬에 대한 응답행위의 사회언어학적 의미의 고찰을 위해서는 본 연구가 다양한 사회적 배경의 발화자들(informants)에 의한 보다 광범위한 자연언어사례를 바탕으로 이루어져야 함을 시사한다. 본 연구의 결과는 비단 사회언어학적 의의뿐 아니라 교차문화적 의사소통이나 외국어 교육 분야에도 실용적인 도움을 줄 수 있을 것으로 기대한다.

3) 연구의 방법 및 분석자료

본 연구에 사용된 자료는 한국어의 경우, 연구자가 현장조사자들(field workers)의 도움을 받아 3년 동안(1993~1995) 관찰한 697건의 응답사례이다. 한국어 사용자들(informants)은 서울 지역에 거주하는 만 18세 이상의 한국어를 모국어로 하는 사람들로서, 직업이나 연령 및 성별 분포와 관련하여 다양한 계층을 망라하고 있다. 수집 · 분석된 칭찬 및 응답 행위들은 다양한 대화 정황들 속에서 일상적으로 발생한 예들을 받아 적거나 녹음한 예로서, 조사자들은 자료 수집시 언어자료 외에도 대화 상황 및 언어 사용자들에 대한 민족지학적 정보를 같이 기록하였다.

영어 자료는 M. L. Knapp, R. Hopper, 및 R. A. Bell이 발표한 1984년도 연구를 참조하였다. 이들은 인터뷰 방법으로 영어사용자들이 그 근래에 행한 응답행위를 조사하였는데,[8] 언어자료 제공자들의 민족지학적 성격은 대체로 한국어자료

7) 실제로 본문에 언급된 기존 연구들에서의 응답분류방식은 대부분 일치하지 않는다.

8) 인터뷰 방법에 의해 자료를 수집할 경우 응답자들 회상의 정확성 여부가 문제될 수 있지만, 본 연구에서 중요한 것은 정확한 표현 자체(exact verbatim) 보다는 응답행위의 의미구조(semantic formula)이므로 이들의 연구결과를 참조하는데 무리가 없는 것으로 보인다.

제공자들의 그것에 대응하는 특색을 지녔다. 참조된 영어자료는 미국 중서부에 거주하는 396명의 응답자들에 의한 768건의 응답사례다.

이상의 방법으로 수집된 한국어에서의 응답행위는 앞서의 논의에 근거하여 수용(accept), 거절(reject) 및 비껴가기(deflect)라는 세 범주로 유형화했으며, 이에 더하여 무응답(no acknowledgment)이라는 전략을 독립 범주로 설정하였다. '수용'의 범주는 칭찬을 감사히 받아들이거나 칭찬의 내용에 동의하는 전략들을 포함한다. '거절'은 칭찬의 내용을 부정하거나 이견을 제시하는 경우이며, '비껴가기'는 칭찬의 내용을 부분적으로 긍정 혹은 부정하거나 또는 긍정도 부정도 하지 않음으로써, 말 그대로 칭찬이 주는 공(功, credit)을 슬쩍 비껴가는 전략들을 포함한다. '무응답'이라 함은 칭찬행위와 관련하여 응답자가 어떠한 명시적인 언어행위도 하지 않은 경우를 뜻한다. 무응답을 독립적인 범주로 다룬 까닭은 명시적인 응답의 부재로 인해 칭찬을 받은 이가 자신에게 돌아온 공을 어떻게 받아들였는지 불분명하여 다른 범주에 포함시키기가 어렵기 때문이다. Knapp 외(1984)가 제시한 영어자료 역시 이 방법에 의해 재구성하여[9] 두 언어를 비교하였다. 본 연구에서 채택된 전략명칭은 Herbert(1986)의 것을 기본으로 수정 보완한 것들이며 각 응답전략의 성격은 전략명칭에 드러나 있으므로 자세한 설명은 생략하기로 한다.[10] 응답전략의 예들은 〈표 1〉에서 제시한 바와 같다.

9) 응답행위에 대한 기존의 연구들을 보면 연구자에 따라 응답전략 명칭과 이들의 분류가 조금씩 차이나는 것을 볼 수 있다. 본 연구가 시도한 모든 교차 문화적 분석은 (영어와 한국어는 물론 여타 언어와의 비교까지) 그 엄격성을 위하여 기존 연구가 제시한 명칭과 분류를 본 연구의 그것으로 바꾸어 행한 것임을 미리 밝혀둔다. 기존 연구에서의 전략 명칭 및 분류는 부록 참조.

10) 자세한 설명은 Paik(1998, pp. 75-94) 참조.

〈표 1〉 칭찬에 대한 응답전략 및 분류

범주	예문
I. **수용** (Accept)	
감사 (Appreciation Token)	A: 벽의 그림이 정말 멋있네요 B: 감사합니다
수용논평 (Comment Acceptance)	A: 재킷이 멋있어요 B: 네, 꽤 괜찮아요
상향조정 (Praise Upgrade)	A: 네 셔츠 참 근사하다 B: 그 말 하는 사람이 네가 처음도 아니고 또 마지막도 아닐걸!
II. **비껴가기** (Deflect)	
내력논평 (Comment History)	A: 그 옷 참 멋져요 B: 아리조나 여행하는 중에 하나 샀어요
양도(Reassignment)	A: 화분을 참 잘 키우셨어요 B: 뭘요, 물만 주면 잘 자라요
반환답례 (Return)	A: 참 재미있으시기도 하세요 B: 듣는 분이 잘 들어주시는 거죠
하향조정 (Scale Down)	A: 그거 새 옷이야? 멋있는데? B: 뭘 맨날 입던 건데
한정 (Qualification)	A: 당신 포트폴리오 정말 잘 나왔어요 B: 네, 흉하진 않은데, 사진은 몇 장 다시 찍어야 할까봐요.
질문 (Question)	A: 그 스웨터 정말 멋지다 B: 정말 그런 것 같니?
제공 (Offer)	A: 그 바지 좋다 B: 뭐 필요하면 언제든지 말해. 빌려줄께
감정표현 (Showing Embarrassment)	A: 참 부지런하기도 하지 B: (수줍게) 아이 자꾸 그러시면 내일부터는 그만둬야 되겠어요.

보상 (Reward)	A: 너 오늘 정말 이쁘다 B: 뭐 먹고 싶냐? 오늘 내가 한 턱 낼께
농담 (Joke)	A: 머리 정말 예쁘게 했다 B: 그 말 참 빨리도 하네
III. **거절** (Reject) 이견제시 (Disagreement)	 A: 머리 멋지게 잘랐네 B: 난 마음에 안 들어
IV. **무응답** (No Acknowledgement)	A: 그 스웨터 멋있다 B: 무응답

2. 본론

1) 한국어와 영어에서의 칭찬에 대한 응답유형

분석 결과 두 언어에서의 응답유형은 매우 대조적인 것으로 드러났다. (미국) 영어 화자들은 한국어 화자들 보다 칭찬을 받아들이는 비율이 훨씬 높아서 절반이 넘는 칭찬을 흔쾌히 받아들였으며(53.64%), 그 나머지의 대부분을 비껴가기 식으로 받아들이고(32.94%), 칭찬을 정면으로 거절하거나 응답하지 않는 일은 매우 드물었다(각각 6.77%, 6.64%). 반면 한국어 화자들은 많은 경우 칭찬을 비껴가고 있으며(42.75%), 칭찬을 기꺼이 수용하는 비율은 높지 않았다(18.36%). 한국어에서도 명시적으로 칭찬을 거절하는 예는 영어에서처럼 매우 드물었으나(7.88%), 놀라운 것은 무응답의 비율이 매우 높게 나타났다는 사실이다(29.98%). 〈표 2〉가 두 언어에서의 응답전략 분포를 보여준다.

〈표 2〉 한국어와 영어에서의 칭찬에 대한 응답전략 분포

		한국어		영어*	
I	**수용** (Accept)	#	(%)	#	(%)
	감사(Appreciation Token)	49	(7.03)	214	(29.86)
	수용논평(Comment Acceptance)	57	(8.17)	198	(25.78)
	상향조정(Praise Upgrade)	22	(3.15)	–	
	소계	128	(18.36)	412	(53.64)
II	**비껴가기** (Deflect)				
	내력논평(Comment History)	42	(6.02)	–	
	양도(Reassignment)	7	(1.00)	–	
	반환답례(Return)	33	(4.73)	44	(5.72)
	하향조정(Scale down)	93	(13.34)	128	(16.66)
	한정(Qualification)	5	(.71)	–	
	질문(Question)	65	(9.32)	62	(8.07)
	제공(Offer)	7	(1.04)	–	
	감정표현(Showing Embarrassment)	26	(3.73)	19	(2.47)
	보상(Reward)	7	(1.00)	–	
	농담(Joke)	20	(2.86)	–	
	소계	305	(43.79)	253	(32.94)
III	**거절** (Reject)				
	이견제시(Disagreement)	55	(7.88)	52	(6.77)
IV	**무응답** (No Acknowledgment)	209	(29.98)	51	(6.64)
	합계	697	(100)	768	(100)

$x^2 = 247.449$, $p < .001$ (네 가지 범주에 근거하여 계산)

* 영어 자료 출처는 Knapp, M. L.외 (1984, p. 13)

비껴가기 전략들을 구체적으로 살펴보면 한국어 화자들은 칭찬이 주는 공(功)을 회피하기 위하여 영어화자들보다 훨씬 다양한 종류의 전략을 구사하고 있는 것으로 드러났다. 그럼에도 불구하고 두 언어에서 가장 선호되는 비껴가기 전략은 공히 하향조정(Scale Down)과 질문(Question)이었으며 다른 전략들의 발생 빈도는 매우 낮았다.

이상의 결과로 미루어 볼 수 있는 두 언어에서의 응답유형이 갖는 사회언어학적 의미는 무엇일까? 우리는 이에 답하기 위해서 먼저 한 가지 사실에 주목할 필요가 있다. 그것은 한국인 화자들이 칭찬에 대해 아무런 응답도 하지 않는 예가 매우 빈번하다는 사실이다. 〈표 2〉를 보면 영어에서 가장 빈번히 들을 수 있는 대

답은 감사함의 표현인데 반해, 한국어에서의 그것은 무응답이라는 사실을 알 수 있다. 이들 두 단일 전략은 두 언어의 대조적인 응답유형의 결정적 인자가 되고 있다. 앞서 언급했듯이 무응답의 경우를 독립 범주로 설정한 이유는 응답자의 칭찬에 대한 태도를 정확히 알기 어렵기 때문이었다. 그러나 이처럼 빈번히 응답을 하지 않고서도 대화가 원만히 진행될 수 있다는 사실은, 무응답을 대화 당시 응답자의 어떤 특별한 심리적 상태나 상황맥락적 요인에 기인한 예외적 결과로만 간주할 수 없음을 뜻하며,[11] 한국어에 고유한 무응답의 해석 규칙이 있음을 시사한다. 그렇다면 칭찬에 대한 무응답이 한국어에서 갖는 의미는 무엇일까?

2) 한국어에서 칭찬에 대한 무응답의 의미

말하지 않는다는 것(silence)의 의미는 상황맥락에 따라 다양하며 따라서 종종 해석하는 이의 통찰력을 요구하게 된다. 침묵은 때로는 긍정을 혹은 부정을 뜻할 수 있다. 침묵은 또한 공감이나, 혼란스러움, 적대감, 놀람, 분노 혹은 슬픔 등의 정의적 태도를 드러내기도 한다. 이 같은 이유에서 Barnlund(1989)는 침묵이야말로 '가장 고차원적인 의사소통 형태 중의 하나이며 또한 오해의 가장 큰 원인 중의 하나'(one of the highest forms of communication and one of the greatest sources of misunderstanding)라고 하였다(p. 142).

한국어에서의 칭찬에 대한 무응답의 예들을 살펴보더라도 역시 그 의미를 정확

---

11) 이와 관련하여, 가령 다음과 같이 담화의 구조상 칭찬에 응답하지 않는 일이 자연스러울 수도 있는 경우는 본 연구가 설정한 무응답 전략의 예로 간주하지 않고 논외로 했음을 밝혀둔다.

(1) A: *<u>화장하니까 예쁘다.</u>* (a) *<u>오늘 어디가?</u>* (b)
B: 아니야, 그냥 했어.

여기서 A는 칭찬(a)에 이어 바로 관련 질문(b)을 던짐으로써 B가 칭찬에 대해서는 응답을 하지 않을 수도 있는 상황을 조성했는데, 이 경우 B의 무응답은 Holmes(1988a)의 분류를 따라 합법적인 무응답(Legitimate Evasion)으로 간주하고 본 연구에서는 다루지 않았다.

히 읽어내기란 쉽지 않음을 알 수 있다. 가령 다음의 예들을 보자.

(14) 추석 명절에 모인 친지들 간의 대화. 고모(A)가 조카(B)가 내어온 음료수를 맛보며 조카를 칭찬한다.
A: 와, 시원하다. *B는 이제 다 컸네, 이런 것도 잘 타고* *시집가도 되겠다.*
B: 무응답 (자리에 있는 이들이 모두 같이 웃는다) (#163-1, -2)

(15) 출근길에서의 남매간의 대화
A: *오빠가 운전하는 차를 타면 참 편해.* *역시 운전 하나는 끝내주게 한다니까.* 왜 지난번 오빠 후배가 운전한 적 있잖아. 말은 하지 않았어도 급정거하는 바람에 얼마나 겁을 먹었었는지…
B: (미소 짓는다) 무응답 (#183-1, -2)

위의 (14)나 (15)의 예를 보면 칭찬받은 이들이 웃거나 미소를 짓고 있는 것으로 보아 이들이 칭찬을 받아들인 것으로 생각할 수도 있으나, 사실 웃음이나 미소 역시 침묵만큼이나 다양한 뜻을 지닐 수 있으므로 그렇다고 단언하기도 어렵다. (14)의 예에서는 웃음이 수줍음이나 겸연쩍음의 표현일 수도 있고 (15)에서의 미소는 A가 말한 우스운 일화 때문일 수도 있다. 혹은 (15)에서의 무응답은 높은 친근관계에 기인한 것일 수 있다. 남매처럼 아주 가까운 사이에서의 무응답은 대단한 결례가 되지 않을 수도 있기 때문이다. 또 다른 예를 보면 응답자가 칭찬을 의도적으로 간과하고 있는 듯한 느낌을 받기도 한다.

(16) 미용실에서 미용사(A)와 단골고객(B)과의 대화
A: 아이 하나 더 안 낳으세요?
B: (한숨을 약하게 쉬며 미소 짓는다) 아휴, 낳긴 낳아야죠.
지금 여러 가지로 능력이 없어서 그렇죠.
A: *아이가 아주 이쁘던데,* 엄마 닮아서.
B: 무응답 (#75-1)

(16)의 경우, B는 이 같은 칭찬을 상점이나 미용실에서 흔히 있을 수 있는 매우 의례적이고 상투적인 칭찬으로 보고 응답하지 않은 것일 수 있다. 즉 그것이 의례

적인 만큼 무응답도 큰 결례가 되지 않을 수 있다. 한편 다음의 예에서는 무응답의 원인이 연속된 칭찬으로 인해 칭찬을 받은 이(D)가 적절한 발화시점을 놓친 것으로 보이기도 한다. 혹은 D가 상급자인 동료들에 대해 다소곳한 태도를 견지하기 위해 명시적인 응답을 회피하는 것 아닌가 하는 의심이 들기도 한다.

(17) 직장 동료들 간의 대화. A, B, C는 모두 D보다 상급인 직원이다. D가 화병에 꽃을 꽂는 것을 보고 모두 칭찬을 한 마디씩 한다.
C: *어머 너무 예쁘다.* 이거 어디서 난거야?
D: 저희 언니가 사주신 거예요.
C: *너의 언니 너무 좋다. 이런 것도 사주고.* (D가 미소짓는다)
A: *분홍색 꽃이 꼭 D씨 닮았다. 얼굴까지 환해보이는데.* (D가 수줍어함)
B: *정말 책상 위에 꽃이 있으니까 분위기가 아주 환한데요.*
D: 무응답 (#191-1, -2, -3, -4. -5)

이상 우리는 무응답에 대한 여러 가지의 해석가능성을 살펴보았는데 위에서 제시된 해석은 그야말로 가능성이지 사실이라고 단언할 수 없다. 그렇다면 한국어에서 칭찬에 대한 무응답의 의미는 무엇일까? 좀 더 정확히 표현하자면 한국인들이 칭찬을 받고서 이에 대한 자신의 생각을 명시적으로 표현하지 않는 주된 이유는 무엇일까? 그 이유는 여러 가지가 있을 수 있음에도 불구하고 수집된 자료에 나타난 200여 개가 넘는 무응답의 사례들을 면밀히 관찰해보면, 많은 경우에 무응답으로써 칭찬의 효과가 축소 내지는 부정되고 있다는 느낌을 받는다. 다시 말해서 응답자들은 본질적으로 칭찬을 수용하거나 거절하기 어려운 난처한 입장에 놓이게 되는데 무응답의 경우는 응답자들이 응답행위 자체를 회피함으로써 이 난관을 해결하는 것으로 보인다는 것이다. 그렇다면 무응답을 독립범주로 간주하기 보다는 칭찬을 긍정도 부정도 하지 않는 여타 비껴가기 전략들과 같은 맥락에서 이해하는 것이 옳지 않을까? 그러나 무응답이 비껴가기 전략들과 다른 점은 후자가 응답자의 갈등에 대한 직접적인 의사표시라면, 전자는 간접적이고 소극적인 표현방법이라는 점에서 찾을 수 있다. 즉 무응답은 가장 소극적이고 간접적인 전략임에도 불구하고 결과적으로는 칭찬에 응대하지 않음으로써, 칭찬으로 말미암은 공

(功, credit)을 축소하여 비껴가기 전략들보다도 더욱 칭찬의 효과를 감소시킨다는 것이다. 그렇다면 이 같은 효과를 기대하는 무응답의 주된 동기는 비껴가기보다는 거절전략(자신을 낮추려는 의도)에 가깝다고 할 수 있는데, 우리는 이 주장에 대해 몇 가지의 지지근거를 갖고 있다.

먼저 우리는 무응답이 간접적인 의사표현이라는 점에 주목할 필요가 있다(사실 침묵은 간접 표현의 극치라 할 수 있다). 많은 연구에서 지적된 바에 의하면(이규태 1977; Kalton 1979; Klopf & Park 1982; Park 1979; Sohn 1986 등 참조) 한국어에서의 간접적인 표현 방법은 주로 겸양의 가치를 중히 여기는 한국문화의 한 양상으로 이해되며, 겸양의 표현으로서의 간접성은 특히 윗사람에게 부정적인 응답을 해야 하는 경우에 더욱 큰 가치를 지니게 된다고 한다. 이 맥락에서 무응답을 이해한다면, 우리는 무응답이 칭찬이 주는 공(功)을 응답자가 인정하는가의 여부와 무관하게 이에 대한 자신의 의견을 내세우지 않는 것으로써 자신의 존재를 낮추는 행위라고 볼 수 있을 것이다. 이 같은 해석은 다음의 사실에 의해 다시금 뒷받침된다. 본 연구의 분석에 따르면 한국어에서의 응답전략은 제 상황맥락적 변인들 중 어떤 것과도 유의미한 상관관계를 갖지 않지만, 대화자 간의 지위관계에는 영향을 받는 것으로 드러났다.

〈표 3〉 한국어에서 대화자 간 지위관계에 따른 칭찬에 대한 응답유형

대화자의 지위관계	칭찬자〉응답자		칭찬자=응답자		칭찬자〈응답자	
	#	%	#	%	#	%
I. 수용	30	(16.57)	80	(19.60)	18	(16.66)
II. 비껴가기	63	(34.80)	200	(49.01)	42	(38.88)
III. 거절	14	(7.70)	30	(7.35)	11	(10.18)
IV. 무응답	74	(40.88)	98	(24.01)	37	(34.25)
합계	181	(100)	408	(100)	108	(100)

$x^2 = 20.855$, ($p < .005$)

한국어 대화자들의 지위관계를 세 가지로 분류하고 응답유형을 살펴본 결과, 〈표 3〉에서 보듯 무응답은 응답자가 칭찬한 이보다 낮은 지위일 때 가장 높은 비율을(40.88%) 보이고, 대화자가 동등한 관계일 때 가장 낮은 비율(24.01%)로 나

타났다. 이는 무응답과 겸양의 동기가 서로 무관하지 않다는 하나의 증거가 된다.

두 번째 지지근거는 여러 언어공동체에서의 칭찬에 대한 응답유형이다. 먼저 〈표 4〉를 보자.

〈표 4〉 7개 언어공동체에서의 칭찬에 대한 응답유형

	남아공 영어	뉴질랜드 영어	미국 영어	한국어	말레이어	일본어	중국어
	%	%	%	%	%	%	%
I. 수용	76.08	53.74	53.64	18.36	18.3	5.0	4.44
II. 비껴가기	23.33	35.1	32.84	43.79	33.3	36.10	70.18
III. 거절	–	7.48	6.77	7.88	31.7	33.25	25.35
IV. 무응답	0.2	3.7	6.64	29.98	16.7	26.65	–

언어자료 출처 : 남아프리카공화국 영어(백인 대학생 집단), Herbert(1989),
뉴질랜드 영어 및 말레이시아어, Holmes(1988a),
미국 영어, Knapp 외(1984),
한국어, 본 연구
일본어, Daikuhara(1986),
중국어, Chen(1993).

〈표 4〉에 나타난 7개 집단의 응답유형을 보면, 칭찬의 수용비율은 남아프리카공화국 백인 학생집단에서 가장 높아 무려 80% 가까이 되며, 뉴질랜드 영어나 미국 영어에서는 이보다 훨씬 낮아, 과반수가 조금 넘는 칭찬이 받아들여지는 것으로 나타난다. 반면 한국어나 말레이시아어에서의 칭찬은 겨우 20%에도 못 미치는 정도만이 받아들여지고, 일본어나 중국어 화자들은 칭찬을 거의 받아들이지 않고 있어, 7개 언어공동체에서의 응답전략의 분포가 하나의 연속선(continuum)을 그리고 있다. 여기서 흥미로운 사실은 무응답 전략이 한국어를 비롯하여 말레이시아어나 일본어 등 유교나 불교의 영향으로 겸양의 가치가 매우 강조되는 문화권(Kalton 1979 참조)의 언어에서 크게 선호되는 반면, 명시적인 의사표시나 자기주장이 높은 가치를 지니는 것으로 알려져 있는 영어 사용 문화권에서는 그 예가 무시할만한 정도로 밖에 나타나고 있지 않다. 더욱이 7개 언어집단을 비교했을 때, 무응답의 비율은 수용전략과는 반비례관계를, 거절전략과는 비례관계를 보인

다[12]는 사실 역시 무응답의 주된 동기가 거절전략의 동기와 맥을 같이 한다는 또 하나의 증거가 된다. 즉 Pomerantz나 Leech의 용어로 한다면 한국어에서의 무응답은 거절과 마찬가지로 겸양격률('Avoid self-praise' 내지는 'Modesty Maxim')에 의해 발현된 것이다.

〈표 4〉에서 드러나는 또 한 가지 의미 있는 사실은 칭찬의 응답구조에 대한 Leech의 설명이 옳다는 것이 경험적으로 입증된다는 점이다. Leech(1983, p. 80)는 한 언어에서의 응답구조는 동의격률과 겸양격률의 우위구조에 의해 결정되며, 응답구조의 교차문화적 다양성은 각 문화가 이들 격률에 부여하는 상대적 비중(gravity)에 따르는 것이라 하였다. 만일 Leech의 설명이 맞다면 우리는 두 가지 사실을 예측해볼 수 있다. 하나는 지극히 당연한 듯하다 각 문화마다 어느 한쪽 격률의 우세함은 나머지 격률의 열세함을 보여줄 것이며, 또 하나는 비껴가기 전략들은 두 격률의 충돌의 결과이므로 두 격률의 우위구조가 비껴가기 전략들의 발생율을 결정할 것이라는 점이다. 즉 어느 한 쪽의 격률이 지배적이면 그것이 더욱 지배적인 만큼 두 격률의 충돌 가능성이 적어지므로 비껴가기 전략의 비율이 감소할 것이다. 이 예측은 〈표 4〉에서 그대로 사실로 확인됨으로써 Leech의 이론이 설득력이 있다는 것을 입증한다(단, 중국어의 경우가 진정한 예외가 아닐 수 있다는 것은 이미 언급했다). 만일 어떤 자연 언어에서 수용이나 거절전략이 팽팽히 맞서면서 비껴가기 전략이 매우 낮은 비율로 발생하는 경우가 있다면(예컨대, 수용이나 거절이 약 40%정도로 팽팽히 맞서고 비껴가기는 20% 정도만 된다든지 하는) 이는 Leech의 이론에 대한, 동시에 본 연구의 결과 해석에 대한 진정한

12) 여기서 중국어의 경우는 무응답의 사례가 한 건도 없어 일견 예외인 듯 보이지만, 이는 중국어 연구의 방법론에 따른 결과(artifact)로 여겨진다. 즉 Chen(1993)은 비교된 다른 언어의 연구와 달리 언어자료를 자연언어(natural data)가 아니라 DCT를 이용해 수집하였는데, 이 때 칭찬에 응답하지 않을 수도 있는 선택의 여지를 주지 않았기 때문이다. 만일 자료가 자연언어였다면 중국어에서도 무응답의 예가 분명히 발견되었을 것이며, 여러 가지 정황으로 미루어 - 중국어와 일본어에서의 칭찬 수용율이 거의 같고, 무응답은 가장 소극적 형태의 비껴가기 전략이라는 점, 또한 중국문화 역시 겸양의 미덕이 존중되는 문화적 특성을 가진다는 사실 등에 비추어 볼 때 - 중국어에서의 응답유형은 일본어에서의 그것과 매우 유사한 형태를 보였을 것으로 추정된다. 이에 대한 경험적 연구도 흥미로울 것이다.

반증례가 될 것이다.

이제까지의 논의를 종합하면 한국어에서의 무응답은 주로 자신을 낮추려는 의도와 관계있으며 한국어와 영어에서의 응답구조는 각각 겸양격률과 동의격률의 우위에 의한 것으로 설명된다.

3) 한국어와 영어에서의 칭찬에 대한 응답행위의 사회적 기능

우리는 이제까지 두 언어에서 칭찬에 대한 응답행위의 말하기 규칙을 살펴보았다. 본 절에서는 본 연구의 궁극적 목표라 할 수 있는 행위의 동기를 고찰한다. 구체적으로 말하면, 본질적으로 동일한 갈등구조에 직면하여 어째서 한국어 화자들은 극구 칭찬의 공을 받지 않으려 하는 반면 영어 화자들은 많은 경우에 자신을 높이면서까지 상대방의 의견에 동의하려고 노력하는 것일까? 이 물음은 두 언어의 화자들이 칭찬에 응답함으로써 하는 일은 무엇인가라는 응답행위의 사회적 기능에 관한 것이며, 이에 대한 논의는 먼저 두 언어에서 칭찬이 수행하는 사회적 기능으로부터 출발해야 할 것으로 보인다.

칭찬은 본질적으로 상대방에 대한 긍정적 평가나 호감의 표시를 담고 있어 평가로서의 기능 뿐 아니라 대화자간의 관계를 돈독히 하는 유대기능까지 두 가지의 기능을 겸한다. Paik(1998)은 한국어와 영어에서의 칭찬의 형식 및 기능을 비교・고찰한 결과, 영어에서는 칭찬의 유대기능이 극대화 되어 사용되는 반면 칭찬의 평가기능은 영어보다 한국어에서 상대적으로 높다고 결론지었다. 그 근거로서 Paik은 두 언어에서의 칭찬행위의 상대적 빈도를 든다. Paik의 조사에 의하면 영어에서의 칭찬행위는 매우 빈번하여 한국어에서보다 무려 20배 이상 빈번한 것으로 조사되었다. 또한 칭찬의 언어적 구현(linguistic realization)에 있어서도 영어에서의 칭찬은 사용되는 어휘나 통사구조와 관련하여 매우 정형화되어 있고 일반적인 평가가 대부분이지만 한국어에서의 칭찬은 훨씬 다양한 구조로 실현되며 구체적인 평가내용을 담고 있다는 점을 근거로 제시하였다. 다음은 영어와 한국어에서 칭찬 형식의 상대적 특질을 보여주는 대표적 예들이다.

(18) Your sweater is really nice.
(19) I like your car.
(20) That's a good question.
(21) 그 스웨터랑 같이 입으니까 더 멋있다.
(22) 선생님은 서구적으로 멋있게 생겼어요.
(23) 보통 목소리가 예쁘면요 얼굴이 별로인데, 우리 윤선생님은 얼굴도 잘 생기시고 목소리도 좋으시단 말입니다.

칭찬의 내용이 구체적이라는 점은 평가자의 평가 기준과 진지함을 드러내주므로 그것이 적어도 무성의한 '빈 말'은 아니라는 것을 드러내며, 칭찬이 빈번하고 형식이 단순하다는 것은 칭찬 행위가 그만큼 상투적이고 의례적일 수 있다는 것을 뜻한다고 하겠다. 영어에서의 칭찬의 정형성(formulaicity)에 대해서 Manes와 Wolfson(1981), Wolfson과 Manes(1980) 등은 그것이 어떤 상황에서든 칭찬이 유대감의 표시임을 즉각적으로 드러나게 하기 위한 적응의 결과라고 지적한 바 있다. 이는 바꾸어 말하면 미국 영어에서의 칭찬은 칭찬이 갖는 두 가지 기능 중 유대 기능이 극대화되어 사용되고 있다는 의미라 하겠다. 그렇다면 미국 영어에서는 칭찬에 대한 응답 역시 칭찬의 이 같은 사회적 기능에 부합하는 행위로서 인식되어야 하며 따라서 미국 영어 화자들이 칭찬을 많이 하고 또 많이 받아들인다는 사실은 그 같은 유대감을 표시하고 이를 인정한다는 것으로 해석된다. 이처럼 칭찬과 응답행위 모두가 유대관계의 창출내지는 유지를 위한 행위로 인식되면 문자적 의미(literal meaning)의 비중은 매우 낮아진다. 이는 '인사－인사(greeting-greeting)'라는 화행의 연쇄를 위해 사용되는 표현들이 다양한 언어형식과 문자적 의미를 가지고 있음에도 불구하고 이들이 수행하는 한가지의 사회적 기능을 생각해 보면 쉽게 이해된다.

그렇다면 미국 영어에서의 칭찬과 응답이 갖는 사회적 기능은 어디에서 연유하는 것일까? 그 이유를 Herbert(1989) 및 Herbert와 Straight(1989)는 미국 사회의 커다란 두 가치인 '평등'과 '민주주의적 이상주의'에서 찾는데 이 문제에 대한 이들의 고찰은 눈여겨 볼만하다. 이들은 미국의 뉴욕주립대(The State University of New York at Binghamton, 1980-1983)와 남아프리카 공화국의 윗트워터스랜드대학(University of Witwatersrand, 1981-1982) 학생집단의 응답행위를 분석하였다. 이들은 미국 영어 쪽이 칭찬행위는 빈발한데 비해 칭찬의 수용비율은 36%로 낮은 반면, 남아프리카 공화국에서는 칭찬이 드문데 비해 무려 76%에 이르는 칭찬이 받아들여지는 정 반대 현상에 주목하였다. Herbert(1989)는 이처럼 '미국에서는 거절될 확률이 높은 칭찬이 왜 그렇게 빈번한가?'라는 일견 모순되는 듯한 현상을 친소관계 타협(solidarity negotiation)으로 설명하고 있다. 다시 말해서 미국에서의 빈발하는 칭찬행위는 일종의 '사회적 개시행위'(social gambit)로서 친소관계를 설립 내지는 타협할 수 있는 화두 역할을 한다. 이에 응답자는 칭찬을 수용하기보다는 따라서 자신의 상대적 우월성을 인정하기 보다는, 평등개념에 입각하여 너와 내가 다르지 않다는 것을 표출하는 것으로써 상대방과의 친소관계를 타협해 나간다는 것이다. 반면 남아공에서의 응답구조의 특성은 언어 사용자 집단의 사회문화적 가치인 선민의식(elitism)에 기인한다. Herbert와 Straight에 따르면 이들은 미국인 학생 집단 보다 우월감이 강한 집단이다. 대화자 간의 친소관계는 이미 정해진 것으로서 새로운 친소관계의 시도나 타협에 의해서 어떤 변화가 초래될 성질이 아니므로, 친소관계 설립의 유용한 수단이 될 수 있는 칭찬이 미국에서처럼 남발될 이유도 없고, 또한 굳이 칭찬을 거절하여 자신을 낮추려는 노력을 할 필요가 없다는 것이다. Herbert의 설명대로라면 미국에서의 칭찬은 남발되는 만큼 기계적일 수 있는 반면 남아공에서의 칭찬은 드문 만큼 상대적으로 더욱 진솔하여 칭찬 본래의 기능—긍정적 평가—에 더욱 충실한 면을 지녔다고 볼 수 있다.

이 같은 맥락에서 본다면 한국어에서의 칭찬과 응답이 갖는 사회적 기능은 남아공 학생 집단의 그것과 매우 유사하다고 하겠다. 한국사회의 구조는 남아공의 그것에 못지않은(어디까지나 상대적인 관점에서 논의할 때, 미국사회보다) 계층적인 질서를 유지하여 왔고, 이 구조 속에서의 지배적인 행동 규범 내지는 가치가 상대방을 높이고 자신을 낮추는 것이 예(禮)로 여겨지기 때문에(최홍기 1986 참조) 우리가 보는 바와 같은 겸양의 표현으로 요약되는 응답구조를 갖게 된 것이다. 이는 비단 한국어에서의 응답구조 뿐 아니라 본 연구에서 논의된 여타 아시아권 국가의 응답구조에 대해서도 똑같이 적용되는 인식일 것이며, 또한 이들 언어 사용자들이 미국 영어에서 발견되는 별로 진심이 어리지 않은 듯한 칭찬의 홍수 속에서 당황하게 되는 이유를 설명해준다. 요컨대 남아공의 응답구조와 한국어의 응답구조는 극적으로 상반됨에도 불구하고 그것이 수행하는 사회적 기능에 있어서는 평가에 대한 응대라는 점에서 같다.

그런데 우리가 이상 논의한 Herbert와 Straight의 주장을 받아들인다고 할 때 한 가지 모순점이 발견된다. 앞선 논의에서 연구자는 미국 영어에서의 높은 칭찬의 수용비율은 화자들이 칭찬을 유대감의 표시(solidarity marker)로 여기고 이를 흔쾌히 받아들이기 때문이라고 했는데, Herbert의 설명대로라면 미국인들은 오히려 칭찬을 수용하지 않는 것으로써 대등한 관계를 표명하는 것이 유대감을 형성하는 길이 되므로, 두 설명 사이에는 커다란 모순이 있어 보인다. 그러나 이 문제는 Herbert와 Straight 연구의 대상이 된 학생 집단의 특성과 미국 영어에서의 대화자간의 지위관계에 따른 응답구조를 살펴보면 두 설명이 결코 모순되지 않는다는 것을 알 수 있다. 만일 Herbert의 주장대로 미국 영어에서의 응답구조 저변에 평등주의적 인간관(egalitarianism)이 자리 잡고 있는 것이 사실이라면 우리는 다음과 같은 사실을 예측해 볼 수 있다. 즉 칭찬을 받아들이는 비율은 차등적 지위관계의 대화자들보다는 대등한 지위관계의 대화자들 사이에서 훨씬 낮을 것이라는 점이다. 왜냐하면 칭찬으로 초래되는 대화자간의 불균형은 이미 대화자 간의 지위관계가 확립된 사이에서보다는 대등한 관계의 대화자에게 훨씬 위협적일 것이기 때문이다. 이 같은 예측은 Knapp 외(1984)가 행한 별도의 연구에서 간접적으로 증명된다. 우리가 이미 살펴본 바와 같이 이들 연구는 모든 유형의 대화자 관계를 포함하는 언어 사용자들의 응답행위를 연구한 것이다. 이 연구에서의 칭찬의 수용비율이 53%로 과반수를 넘었다는 사실은(〈표 2〉 참조), Herbert의 (대등한 관계인) 대학생 집단에서의 수용비율이 36%에 지나지 않았음을 고려할 때(2절의 2)에서의 논의 참조), 결국 차등적 지위관계의 대화자들 간의 응답비율이 53%를 월등하게 상회하는 정도로 높았기 때문이라고 밖에 볼 수 없기 때문이다. Herbert의 연구대상인 대학생 집단에서 칭찬을 받아들이는 비율이 그처럼 낮았던 이유는 이들 집단이 다른 어떤 대화자들보다도 대등한 관계를 유지해야 하는 필요성이 크기 때문이며 미국 영어 화자 전체로 본다면 칭찬의 수용 비율은 높은 편으로 보아야 한다. 따라서 평등적 인간관에 입각한 Herbert의 설명은 미국 영어 화자들이 칭찬을 유대감의 표현으로 보고 감사히 받아들이지만, 그럼에도 불구하고 또한 절반에 가까운 칭찬을 비껴가거나 받아들이지 못하는 미국 영어 화자들의 곤경(dilemma)을 설명하는 것으로 이해할 수 있다. 이 같은 특성은 미국 영어에서의 칭찬의 수용 비율이 선민의식이 팽배한 남아공 백인 학생집단에서의 수용 비율보다는 훨씬 낮지만, 겸양이라는 사회적 규범이 강력한 아시아권 언어에서보다는 훨씬 높다는 사실에 의해 상징적으로 설명된다.

이상의 논의를 요약하면, 한국어와 영어에서의 대조적인 응답구조는 칭찬과 응답행위가 두 언어에서 각각 수행하는 사회적 기능에 따른 것이며, 이 현상의 기저에는 두 언어공동체의 서로 다른 사회 문화적 가치 내지는 규범이 자리 잡고 있다는 것을 알 수 있다.

4) 상황맥락적 변인에 따른 응답구조

영어와 한국어에서의 상황맥락의 특성에 따른 응답구조는 칭찬이 본질적으로 수행하는 두 가지 기능과 칭찬 및 응답행위가 갖는 두 언어에서의 사회적 기능, 그리고 개개의 상황맥락적 변인이 갖는 특성이 서로 작용하여 매우 흥미로운 양상을 보인다.

먼저 영어의 경우를 보자. 대화자의 지위관계에 따른 응답구조에 대해서는 앞 절에서 Herbert(1989)와 Knapp 외(1984)의 연구 결과를 비교하여 그 의의를 논의하였으므로 다시 반복하지 않기로 한다.

영어에서의 응답구조는 대화자의 성(性)에 따라서도 의미 있는 차이를 보이는 것으로 나타났다. Herbert(1990)의 연구[13]에 따르면 여성이 칭찬을 하는 경우에는 응답자의 성별과 무관하게 응답자가 칭찬을 별로 받아들이지 않지만, 남성이 칭찬

---

13) 이 연구는 대학생 집단만을 대상으로 한 것이므로 연구의 결과가 미국 영어 화자 전체의 성별에 따른 응답구조와는 다를 수 있다는 제한점이 있다.

을 하는 경우의 칭찬의 수용 비율은 높으며 특히 응답자가 여성인 경우에 더욱 높다고 한다. 이상의 결과에 대해 Herbert는 그 원인이 여성이 남성보다 칭찬을 유대감의 표현을 위해 활용하는 경우가 많기[14] 때문이라 보았다. 즉 미국인 응답자들은 여성으로부터의 칭찬이 주로 유대감 표시의 기능을 수행한다는 사실을 인식하기 때문에 칭찬을 비껴가거나 거절하여 칭찬으로 야기된 불균형을 해소함으로써(Herbert의 용어에 의하면) 유대감을 '타협'(solidarity 'negotiation')한다는 것이다.

〈표 5〉 영어에서 대화자 간 성별관계에 따른 칭찬에 대한 응답구조

칭찬자-응답자	남-남		남-여		여-남		여-여		합계	
	#	(%)	#	(%)	#	(%)	#	(%)	#	(%)
수용	92	(40.35)	177	(68.60)	45	(18.29)	73	(22.12)	387	(36.44)
비껴가기	93	(40.78)	66	(25.58)	150	(60.98)	205	(62.12)	514	(48.40)
거절	17	(7.45)	13	(5.03)	34	(13.82)	43	(13.03)	107	(10.07)
무응답	26	(11.40)	2	(0.77)	17	(6.91)	9	(2.72)	54	(5.08)
합계	228	(100)	258	(100)	246	(100)	330	(100)	1062	(100)

$x^2 = 213.243$, $p < .001$ (Herbert 1990)

Herbert의 설명은 그의 연구 집단이 대등한 관계의 대화자라는 점을 고려하면 설득력이 없지 않다. 그럼에도 불구하고 Herbert의 설명은 어째서 유독 여성이 남성의 칭찬을 수용하는 비율이 그처럼 현저히 높은지에 대해서는 다소 미흡한데 이에 대한 설명은 여성이 받는 칭찬의 내용에서 찾아야 할 것으로 보인다. 이제까지의 칭찬 행위에 대한 여러 연구에서(Wolfson 1984; Holmes 1988b) 지적된 바에 의하면 여성에게 하는 칭찬의 압도적인 주제는 외모와 관련된 것들이다. 이는 특히 여성 화자들 사이에서 더욱 두드러지는데, Paik(1998, p. 139)은 이 현상이

14) 일반적으로 칭찬행위는 여성 편향적이다. 이는 여성이 남성보다 칭찬을 많이 하고 또 받기도 한다는 뜻인데, 이 현상은 일반적으로 여성이 남성보다 친화적이고(affiliative) 협력적인(cooperative) 언어행위를 많이 한다는 사실과 궤를 같이 한다. 이외에도 칭찬행위가 상황맥락적 변인들과 상호작용하는 제 양상은 본 절의 논의를 이해하는데 많은 도움이 되지만, 본 연구에서는 그 내용을 모두 상술할 수 없으므로 진행되는 논의와 직접 관련이 되는 사항만 언급한다. 자세한 내용은 Paik (1998, pp. 131-150) 참조.

외모가 여성의 가장 중요한 가치 중의 하나로 여겨지고 또한 여성들의 주된 관심사이기도 하지만, 외모라는 주제가 칭찬을 유대감을 나타내기 위하여 사용하는 경우 상황맥락의 특성과 무관하게 즉각적인 판단에 의해 손쉽게 채택할 수 있는 주제[15]이기 때문이라는 점을 지적한 바 있다. 어쨌든 여성이 외모에 관한 칭찬을 받는 경우, 이것이 여성으로부터 받는 칭찬이라면(따라서 외모의 우월성을 인정받는다면) 남성에게서 받는 경우보다도 같은 여자로서 자신을 낮추어야 할 필요가 그만큼 더 클 것이다. 이성인 남성에게서 받는 칭찬이라면 겸손을 보이기보다는 오히려 기쁘게 칭찬을 받아들일 수도 있다는 사실이 유독 여성이 여성의 칭찬보다 남성의 칭찬을 많이 받아들이는 주된 이유라 여겨진다.

영어에서의 응답구조는 칭찬의 주제와도 밀접한 상관관계를 맺는 것으로 보고되었다. Knapp 외(1984)의 분석에 따르면 칭찬의 주제를 크게 외모, 소유물, 능력, 그리고 개인의 품성으로 나누었을 때, 칭찬의 수용 비율은 주제가 소유물인 경우에 가장 높고 능력이나 품성일 때 가장 낮다. 〈표 6〉을 보면 미국 영어 화자들은 칭찬이 능력에 관한 것일 때 가장 많이 거절하거나 무응답으로 일관하며, 품성에 관한 칭찬에 대해서는 비껴가기 응답을 가장 빈번히 하는 것으로 나타난다.

〈표 6〉 영어에서 칭찬의 주제에 따른 응답구조

	외모		소유물		능력		인품		합계	
	#	(%)	#	(%)	#	(%)	#	(%)	#	(%)
수용	165	(54.09)	50	(66.66)	172	(50.88)	25	(50)	412	(53.64)
비껴가기	110	(36.06)	23	(30.66)	99	(29.28)	21	(42)	253	(32.94)
거절	18	(5.90)	1	(1.33)	32	(9.46)	1	(2)	52	(6.77)
무응답	12	(3.93)	1	(1.33)	35	(10.35)	3	(6)	51	(6.64)
합계	305	(100)	75	(100)	338	(100)	50	(100)	768	(100)

$x^2 = 36.277,\ p < .001$ (Knapp 외, 1984)

Knapp 외(1984)가 이 결과에 대해 어떤 해석을 내리지는 않았지만 칭찬의 주

15) 이는 칭찬이 유대감 표시의 가장 대표적인 행위인 인사(greeting)와 더불어 행해지거나 인사를 대신하는 경우, 영어는 물론 한국어에서도 거의 예외 없이 그 주제가 외모에 관한 것이라는 사실에서 입증된다.

제가 갖는 개별 특성을 고려하면 가능한 설명을 찾는 일이 그리 어렵지는 않다. 소유물에 관한 칭찬이 가장 많이 받아들여지는 이유는 외모에 대한 칭찬과 마찬가지로 소유물에 관한 칭찬도 비교적 상황맥락에 의한 제약(context-bound 혹은 task-oriented)이 약한 편이어서, 건네기도 쉽고 듣는 입장에서도 비교적 받아들이기 쉬운 가벼운 주제에 속하기 때문일 것이다. 반면 개인의 능력이나 품성에 관한 칭찬은 상황맥락에 의한 제약이 강한 편이라, 건네는 일도 받아들이는 일도 상대적으로 어려운 주제에 속한다. 요컨대, 우리가 보는 바와 같은 결과는 응답자가 자신의 자아(ego)를 구성하는 요체인 능력이나 품성에 대한 칭찬을 받아들이는 일이(따라서 자신의 우위를 인정하는 일이) 여타 칭찬을 받아들이는 일보다 상대적으로 어렵기 때문에 빚어진 결과라고 보는 것이 가장 설득력이 있다.

이상에서 보듯 영어에서의 응답구조가 여러 상황맥락적 변인들과 관련하여 재미있는 양상을 보이는 것과 달리, 한국어에서의 응답구조는 이들 변인에 대해서 거의 반응하지 않는 것으로 드러난다. 이미 앞서 논의된 바와 같이 한국어 화자들은 상대방의 지위에 대해서만 반응을 보여 높은 지위에 있는 사람이나 손 위의 화자에게 더욱 겸손한 태도를 보이지만(〈표 3〉 참조), 다른 상황적 변인과 관련하여 응답 행위의 양상이 달라지는 예는 발견되지 않았다. 즉 한국어 화자들은 대화자의 성별관계 및 친소관계, 그리고 칭찬의 주제와 상관없이 확고하게 칭찬에 대해 겸양의 태도를 고수한다. 다음의 〈표 7, 8, 9〉가 이 사실을 요약한다.

〈표 7〉 한국어에서 대화자 간 성별관계에 따른 칭찬에 대한 응답구조

칭찬자-응답자	남-남		남-여		여-남		여-여		합계	
	#	(%)	#	(%)	#	(%)	#	(%)	#	(%)
수용	5	(13.88)	38	(23.03)	12	(16.43)	73	(17.25)	128	(18.36)
비껴가기	18	(50)	62	(37.58)	27	(36.98)	198	(46.80)	305	(43.79)
거절	1	(2.77)	16	(9.69)	8	(10.95)	30	(7.09)	55	(7.88)
무응답	2	(33.33)	49	(29.69)	26	(35.61)	122	(28.84)	209	(29.98)
합계	36	(100)	165	(100)	73	(100)	423	(100)	697	(100)

$x^2 = 9.314, p > .05$

〈표 8〉 한국어에서 대화자 간 친소관계에 따른 칭찬에 대한 응답구조

	낯선 관계		친구, 동료		가족 등 매우 친근한 관계		합계	
	#	(%)	#	(%)	#	(%)	#	(%)
수용	22	(17.28)	64	(17.34)	42	(21)	128	(18.36)
비껴가기	54	(42.19)	166	(44.99)	85	(42.5)	305	(43.79)
거절	12	(9.37)	32	(8.67)	11	(5.5)	55	(7.88)
무응답	40	(31.25)	107	(28.99)	62	(31)	209	(29.98)
합계	128	(100)	369	(100)	200	(100)	697	(100)

$x^2 = 3.682,\ p > .05$

〈표 9〉 한국어에서 칭찬의 주제에 따른 응답구조

	외모		소유물		능력		인품		합계	
	#	(%)	#	(%)	#	(%)	#	(%)	#	(%)
수용	66	(19.18)	13	(20.96)	23	(12.99)	26	(22.8)	128	(18.36)
비껴가기	148	(43.02)	32	(51.61)	83	(46.89)	42	(36.84)	305	(43.79)
거절	32	(9.30)		–	13	(7.34)	10	(8.77)	55	(7.88)
무응답	98	(28.48)	17	(27.41)	58	(32.76)	36	(31.57)	209	(29.98)
합계	344	(100)		(100)	177	(100)	114	(100)	697	(100)

$x^2 = 13.807,\ p > .05$

가장 흥미로운 점은 응답자의 연령에 따라서도 응답구조에는 아무런 변화가 없다는 사실인데 〈표 10〉이 그 결과를 보여준다.

〈표 10〉 한국어에서 응답자의 연령에 따른 칭찬에 대한 응답구조

	응답자의 연령									
	18-29		30-39		40-49		50-		Total	
	#	(%)	#	(%)	#	(%)	#	(%)	#	(%)
수용	76	(18.71)	21	(14)	17	(21.51)	14	(22.58)	128	(18.36)
비껴가기	165	(40.64)	71	(47.33)	42	(53.16)	27	(43.54)	305	(43.79)
거절	41	(10.09)	7	(4.66)	3	(3.79)	4	(5.06)	55	(9.88)
무응답	124	(30.54)	51	(34)	17	(21.51)	17	(27.41)	209	(29.98)
합계	406	(100)	150	(100)	79	(100)	62	(100)	697	(100)

$x^2 = 14.746,\ p > .05$

이 결과는 두 가지 점에서 의외다. 첫째, 근래에 와서 많은 한국어 화자들이 요

즈음의 젊은 세대들은 이전 세대와 달리 칭찬을 흔쾌히 받아들인다는 인상을 갖고 있다는 점에서다. 두 번째로는 젊은 대학생 집단(주로 20대)을 대상으로 한 기존 연구들에서의(김경석 1993; H. Kim 1996) 칭찬의 수용 비율은 40% 이상인 것으로 보고되었는데 본 연구의 분석 결과는 그 같은 한국어 화자들이 받은 인상이나 앞선 연구의 결과와 상치되기 때문이다. 그러나 응답자의 연령에 따른 응답 행위를 좀 더 구체적으로 살펴보면 한국어 화자들이 젊은 세대에게서 받은 인상이 전혀 근거 없는 일은 아님을 알 수 있다. 이 문제에 대한 답은 응답자의 연령에 따른 수용전략의 분포상황에 있다.

〈표 11〉 한국어에서 응답자의 연령에 따른 수용전략의 분포

	응답자의 연령			
	18-29	30-39	40-49	50-
감사+ 상향조정	50 (66%)	7 (34%)	7 (41%)	5 (36%)
수용논평	26 (34%)	14 (66%)	10 (59%)	9 (64%)

감사=Appreciation Token, 상향조정=Praise Upgrade, 수용논평=Comment Acceptance

〈표 11〉을 보면 30대 이후의 연령층의 수용 전략이 칭찬에 긍정적으로 동의하는 수용논평이 주가 되는 반면, 20대 응답자들의 주된 전략은 칭찬을 감사히 받아들이거나 심지어는 칭찬의 공을 높이는 상향조정전략임을 알 수 있다. 이 사실은 많은 한국어 화자들이 받는 젊은이들에 대한 인상을 설명해 주는데, 그럼에도 불구하고 20대 화자들의 칭찬의 수용 비율이 다른 연령층에 비해 높은 것은 아니다. 그렇다면 기존 연구들의 결과는 어디에서 연유하는 것일까? 그 이유는 앞선 연구들의 언어자료 수집방법에 있다고 여겨진다. 서론에서 소개한 바대로 이들 연구는 DCT에 의해 응답 자료를 모았는데, 우리는 응답자가 가상의 대화에서 칭찬을 받아들이는 일이(즉 자신의 우위를 인정하는 일이) 칭찬한 사람의 면전에서(face-to-face interaction) 칭찬을 받아들이는 일보다는 훨씬 용이할 것이라는 점을 어렵지 않게 생각할 수 있다. 이처럼 사람들의 실제 언어 행위가 그들의 생각과

다른 경우가 많다는 사실은 이미 여러 사회언어학적 연구에서 증명된 바 있다.

본 절에서의 논의를 요약하면, 영어화자들은 자신들의 화용론적 목적에 따라 상황적 요인에 부응하는 응답전략을 구사하는 반면, 한국어화자들은 대부분의 경우에 사회적으로 요구되는 강력한 규범인 겸양의 표현을 고수하고 있다. 이를 Ide(1989)나 Hwang(1990)의 언어적 공손이론의 개념으로 바꾸어 말하면 영어에서의 응답행위는 '자유의지'(volition) 혹은 '공손'(politeness)적 특성을, 한국어에서의 응답 행위는 '분별'(discernment) 혹은 '공대'(deference)적인 특성을 지닌 언어행위로 볼 수 있다.

3. 결론

우리는 이제까지의 분석을 통해 본 연구가 목적으로 제시한 바인 한국어와 영어에서의 칭찬에 대한 응답행위의 말하기 규칙과 그 행위의 동기를 논의했다. 이 목적을 위해 우리는 다른 언어에서의 응답행위까지를 비교 고찰함으로써, 칭찬 및 응답행위가 교차문화적 다양성을 뚜렷이 드러내는 언어행위라는 사실을 다시 한 번 입증하였다. 그 다양성은 이들 행위가 각 언어공동체에서 수행하는 다양한 사회적 기능에서 연유한다는 사실, 그리고 이 현상의 기저에는 서로 다른 사회 · 문화적 가치가 놓여있다는 사실을 밝혀냈다. 본 연구의 결과는 이미 본문에서 논의된 사회언어학적 의의 이외에도 한국어와 영어를 각각 모국어로 하는 대화자들의 교차문화적 의사소통에 있어서 이들이 상대방 언어행위의 말하기 규칙을 이해하는데 많은 도움을 줄 것으로 기대된다.

본 연구의 결과 중에서도 가장 흥미로운 사실 한 가지는 젊은 한국어 화자들에게서 볼 수 있는 말하기 규칙의 변화의 조짐이다. 앞서 살펴본 대로 이들의 응답행위에서는 장년층이나 노년층에서와는 달리 칭찬을 감사히 받아들이려는 태도가 두드러졌는데, 현재의 한국의 사회 · 문화구조가 서구의(특히 미국사회의) 그것에 많은 영향을 받고 있다는 점을 고려해 보면, 이 같은 추세의 변화가 향후 10년 혹은 20년 뒤의 한국어 화자들의 응답행위를 어떤 양상으로 바꾸어 놓게 될 것인지를 예상해 보는 일은 매우 흥미롭다 하겠다.

√참고문헌

김경석 (1993). "한국어와 영어에서의 칭찬에 대한 응답의 비교분석." 영어교육 46, 223-237. 영어교육학회.

이규태 (1977). 한국인의 의식구조. 서울: 신원문화사.

최홍기 (1986). "한국인의 질서의식에 관한 역사적 고찰." 한국의 사회와 문화 제6집, 103-142. 서울: 한국정신문화연구원.

Austin, J. L. (1962). *How to do things with words.* Oxford: Clarendon Press.

Barlund, D. C. (1989). *Communicative styles of Japanese and Americans: Images and realities.* Belmont: Wadworth Publishing.

Brown, P., & Levinson, S. (1978). Universals in language usage: Politeness phenomena. In E. Goody (ed.), *Questions and politeness: Strategies in social interaction,* 56-311. Cambridge: Cambridge University Press.

Chen, R. (1993). Responding to compliments: A comparative study of politeness strategies between English and Chinese speakers. *Journal of Pragmatics* 20(1), 49-75.

Daikuhara, M. (1986). A study of compliments from a cross-cultural perspective: Japanese vs. American English. *Penn Working Papers in Educational Linguistics* 2, 103-134.

Gu, Y. (1990). Politeness phenomena in modern Chinese. *Journal of Pragmatics* 14, 237-257.

Han, J. H. (1992). A comparative study of compliment responses of female Koreans in Korean speaking situations and in English speaking situations. *Penn Working Papers in Educational Linguistics* 8(2), 17-32.

Herbert, R. K. (1986). Say "Thank you" or something. *American Speech* 61(1), 76-88.

Herbert, R. K. (1989). The ethnography of English compliment and compliment responses: A contrastive sketch. In W. Oleksey (ed.), *Constrastive pragmatics,* 3-36. Philadelphia, PA: John Benjamins.

Herbert, R. K. (1990). Sex-based difference in compliment behavior. *Language in Society* 19, 201-224.

Herbert, R. K., & Straight, H. S. (1989). Compliment-rejection vs. compliment-avoidance: Listener-based vs. speaker-based pragmatic strategies. *Language and Communication* 9, 35-47.

Holmes, J. (1988a). Compliments and compliment responses in New Zealand. *Anthropological Linguistics* 28(4), 485-508.

Holmes, J. (1988b). Paying compliments: A sex-preferential positive politeness strategy. *Journal of Pragmatics* 12, 445-465.

Hwang, J. (1990). Deference versus politeness in Korean speech. *International Journal of Sociology of Language* 82, 41-55.

Hymes, D. (1962). The ethnography of speaking. In T. Gladwin & W. C. Sturdevant (eds.), *Anthropology and human behavior,* 15-53. Washington, DC: Anthropological Society of Washington. Reprinted in J. A. Fishman (ed.), (1968). *Readings in the sociology of language,* 99-138. The Hague: Mouton.

Ide, S. (1989) Formal forms and discernment: Two neglected aspects of linguistic politeness. *Multilingua* 8, 223-248.

Kalton, M. C. (1979). Korean ideas and values. *Philip Jaisohn Memorial Paper* 7, 1-23.

Kim, H. J. (1996). *A constrastive analysis of compliments and compliment responses in Korean and English.* MEd. thesis, Seoul National University. Seoul, Korea.

Klopf, D., & Park, M. (1982). *Cross-cultural communication: An introduction to the fundamentals.* Seoul: Hanshin Publishing.

Knapp, M. L., Hopper, R., & Bell, R. A. (1984). Compliments: A descriptive texonomy. *Journal of Communication* 34(4), 12-31.

Leech, G. N. (1983). *Principles of pragmatics.* London: Longman.

Manes, J., & Wolfson, N. (1981). The compliment formula. In F. Coulmas (ed.), *Conversational routine,* 115-132. The Hague: Mouton.

Mao, L. R. (1994). Beyond politeness theory: 'Face' revisited and renewed. *Journal of Pragmatics* 12, 451-486.

Matsumoto, Y. (1988). Reexamination of the universality of face: Politeness in Japanese. *Journal of Pragmatics* 12, 403-426.

Paik, K. S. (1998). *A cross-cultural study of compliments and compliment responses in English and Korean.* Ph.D. Dissertation, Seoul National University. Seoul, Korea.

Park, M. (1979). *Communication styles in two different cultures: Korean vs. American.* Seoul: Hanshin Publishing.

Pomerantz, A. (1978). Compliment responses: Note on cooperation of multiple constraints. In J. Shenkin (ed.), *Studies in the organization of conversational interactions,* 79–112. New York: Academic Press.

Searle, J. R. (1976). The classification of illocutionary acts. *Language in Society* 5(1), 1–24.

Sohn, H. (1986). Intercultural communication in cognitive values: Americans and Koreans. In H. Sohn (ed.), *Linguistic expeditions,* 438–471. Seoul: Hanshin Publishing.

Stewart, E. C. (1972). *American cultural patterns:* A cross–cultural perspective. Yarmouth: Intercultural Press.

Wolfson, N. (1984). Pretty is as pretty does: A speech act view of sex roles. *Applied Linguistics* 5(3), 236–244.

Wolfson, N., & Manes, J. (1980). The compliment as a social strategy. *Papers in Linguistics* 13(3), 391–410.

√ 부록

다음에 제시되는 것은 본 연구에서 언급된 기존 연구들에서의 응답전략 명칭 및 분류이다. 이를 보면 응답전략 명칭이나 전략 분류 방식이 연구자에 따라 조금씩 차이나는 것을 알 수 있는데, 본 연구에서는 교차 문화적 비교를 위해 본 연구가 채택한 명칭과 분류에 따라 기존 연구의 결과를 재구성하여 참조・논의하였다. 응답전략 명칭의 혼란을 막기 위하여 기존 연구에서의 명칭 뒤에 본 연구에서 사용한 명칭을 괄호 안에 첨가하였는데, 물론 이들은 같은 전략에 대한 다른 명칭인 것으로 확인된 것들이다. 가령, Holmes(1988)가 사용한 Disagreeing utterance는 본 연구에서는 이견제시(Disagreement)에, Informative comment는 내력논평(Comment History)에, 그리고 Chen(1993)의 Denigrating은 하향조정(Scale Down)에 해당되는 식이다. 또한 참고로, 일본어를 연구한 Daikuhara(1986)는 명시적인 분류를 제시하지 않아 부록에는 첨부하지 않는다. 그러나 본문에서의 교차문화적 논의는 연구자가 그녀의 논의로부터 재구성하여 행한 것임을 밝힌다.

1. Knapp, M. L. 외(1984)의 분류(미국 영어 연구)

Acceptance
- Ritual acceptance (감사)
- Pleased acceptance (수용논평)
- Embarrassed (감정표현)

Acceptance with amendment
- Tempered acceptance (하향조정)
- Return compliment (반환답례)
- Solicit confirmation (질문)
- Magnified acceptance (상향조정)

No Acknowledgment

2. Herbert, R. K.(1986; 1989) 및 Herbert, R. K와 Straight, H. S.(1989)의 분류 (미국 영어 및 남아프리카공화국 영어 연구, 대학생 집단)

Agreements
- Appreciation Token (감사)
- Comment Acceptance (수용논평)
- Praise Upgrade (상향조정)
- Comment History (내력논평)
- Reassignment (양도)
- Return (반환답례)

Nonagreements
- Scale Down (하향조정)
- Disagreement (이견제시)
- Qualification (한정)
- Question (질문)
- No Acknowledgment (무응답)

Request Interpretation (제공: Offer)

3. Holmes, J. (1988)의 분류 (뉴질랜드 영어 및 말레이지아어 연구)

Accept
- Appreciation/Agreement Token (감사)
- Agreeing utterance (수용논평)
- Downgrading/qualifying utterance (하향조정)
- Return compliment (반환답례)

Reject
- Disagreeing utterance (이견제시)
- Question accuracy (질문)
- Challenge sincerity (질문)

Deflect/Evade
- Shift credit (양도)
- Informative comment (수용논평)
- Ignore (무응답)
- Legitimate evasion (논외)
- Request reassurance/repetition (질문)

4. Chen, R. (1993)의 분류 (중국어 연구)

Super Strategy
- Rejecting (이견제시)
- Disagreeing and denigrating (이견제시 및 하향조정)
- Expressing embarrassment (감정표현)
- Explaining (내력논평)

Super Strategy
- Thanking and denigrating (감사 및 하향조정)

Super Strategy
- Accepting (수용논평)
- Thanking only (감사)

13

태도표지로서의 *뭐*: 상호작용적 기능을 중심으로

서경희(한국외국어대학교)

1. 들어가는 말

본 논문에서는 일상대화에서 관찰되는 한국어 *뭐*의 상호작용적 기능(interactional functions) 및 표현적 기능(expressive functions)을 기능 언어학 및 대화분석의 시각에서 분석하고자 한다. *뭐*는 기본적으로 의문사로서 예문(1)에서와 같이 의문문에서 사용된다.

(1) A: **뭐** 먹을래?
　　B: 커피 냉커피 냉커피.

이 경우 *뭐*는 정보탐색 질문(information-seeking question)을 구성하며, 질문에 대한 답이 되는 정보를 제시하는 대답이 후속맥락에서 나오도록 이끈다. 여기에서 정보 탐색 기능을 하는 *뭐*를 포함한 질문과 그에 대한 대답은 인접쌍(adjacency pairs)을 구성하게 된다(Schegloff 1968).

재미있는 것은 의문사 *뭐*가 의문문에서 뿐만 아니라 비의문문 맥락에서도 사용된다는 것이다.

(2) **뭐** 이미 마감되었다고?

(2)에서 사용된 *뭐*는 정보탐색 질문의 범주에 속하지 않는다. (2)는 실제 대화에서 관찰된 용례인데, *뭐*에 대한 대답이 기대되지 않는다는 점에서 *뭐*가 비의문문사로 쓰이고 있다고 할 수 있다. 이러한 예는 일상대화에서 빈번하게 관찰되지만, 최근까지 언어학 분야에서 일상대화에서 비의문사로서의 *뭐*가 어떻게 쓰이는 지를 밝혀내려는 연구는 많지 않았다. 이와 같이 비의문문 맥락에서 쓰인 *뭐*는 그 자체가 무의미한 것으로 간주되어왔으며 또한 언변이 부족한 사람들에 의해 사용되는 '언어적 목발'(verbal crutches)로서 낙인찍히기도 하였다(cf. Schourup 1985). 예를 들면, 비의문문에 사용된 *뭐*는 *허*, *아* 및 *글쎄*와 같은 표현과 더불어 허사/감탄사로 분류되었는데, 말을 더듬을 때 쓰이는 표지 내지는 그 자체 고유의 의미나 기능이 없는, 단순한 말버릇으로 분류되었다(남기심-고영근 1985). 강상호(1989)는 비의문사 *뭐*가 놀라움, 강조, 겸손, 대립, 확신감 및 불확실 등을 표현하는 기능이 있음을 열거하였지만 각각의 기능이 어떻게 서로 연관되어있는 지에 대해서는 설명하고 있지 않다.

일상대화에 대한 연구 및 '담화표지'(discourse markers)에 대한 연구가 최근에 활성화되고 그에 대한 관심이 증폭됨에 따라 소위 '허사' 내지 '감탄사'라고 일컬어지던 표현들의 기능이 구두 담화에서 검토되기 시작했고, 나아가 이러한 표현들은 그 자체의 의미나 기능뿐만 아니라 흥미로운 분포적 특징을 지닌 '담화표지'로 분류되어 연구되기 시작했다. 이한규(1999)는 *뭐*의 기본의미를 "(무엇인가) 확실치 않다"라고 정의하면서 *뭐*의 모든 담화적 의미는 다양한 담화 상황에서 Grice(1975)의 협력원리(Cooperative Principle)에 따라 추론된다고 주장하였다. W. Lee(1992)는 *뭐*와 관련된 형태인 *뭐야*를 담화표지로 보고, Schiffrin(1987)[1]의 다

1) Schiffrin(1987)은 담화 일관성을 다섯 가지의 사회적 성분 및 상호 작용 성분 또는 담화

섯 가지 담화 결합 단계 가운데에서 '정보 상태의 변이'를 표시하는 것으로 분석하였다. 이와 같은 *뭐* 또는 *뭐야*에 대한 분석은 주로 인지적인 관점에서 수행되었는데, 예를 들면 어떤 명제/상황에 대한 화자의 불확실성을 나타낼 때 쓰인다거나(이한규 1999), 또는 "알고 있는" 상태로부터 "의식 속에 있는" 상태로 전이되는 정보 상태를 표시할 때 쓰이는 것으로 분석되었다(W. Lee 1992).

본 연구와 특별히 연관되는 것은 비의문문 문맥에서 쓰이는 일본어 의문사 어구 *nan(i)* 'what'에 대한 분석이다(Maynard 2000). Maynard는 비의문사 *nan(i)*가 담화 양상 지시체(Discourse Modality Indicator)[2)]로서 대화에서 말로 표현할 수 없는 순간을 표시하며 동시에 중요한 표현적 기능을 수행한다는 점을 지적한다. 예를 들어 대치(replacement), 부정적 반응 및 호격으로 쓰여서 대화상의 행위흐름(conversational move)을 결정짓는 상호작용적 기능을 수행할 뿐만 아니라, 예상, 놀라움, 감탄, 대립 등과 같은 화자의 태도를 표시하기도 한다는 것이다. 일본어 *nan(i)*의 이러한 기능은 한국어 일상대화에서 관찰되는 비의문사 *뭐*의 표현적 기능 및 상호작용적 기능에 대하여 시사하는 바가 크다.

Maynard의 일본어 *nan(i)*에 대한 분석에 의거하여 본 연구에서는 *뭐*의 상호작용적 측면에 대하여 살펴보고 아울러 대화분석의 시각에서 이러한 표지에 의해 수행되는 행위가 무엇인지를 살펴보고자 한다. 특히 화자가 자신의 인지적 태도(cognitive stance)나 혹은 정의적 태도(affective stance)를 표현하기 위하여 *뭐*를 사용하는 방식이 어떻게 상호작용적으로 구성되고 순차적으로 엮여지는지를 분석할 것이다.

본 연구에 사용된 자료는 자연스러운 일상 대면대화에서 수집된 것이며 다음과 같이 6가지의 자료로 구성되어있다:[3)]

구조 단계로 구성되는 것으로 보았는데 여기에는 교환 구조, 행동 구조, 관념 구조, 참여 구조 및 정보 구조 등이 포함된다.

2) 담화 양상(Discourse Modality)은 담화에서 메시지의 내용, 화행 자체 또는 대화자에 대한 화자의 주관적인 정서적, 정신적 내지 심리적인 태도를 표시한다(Maynard 1993: 38).

3) 이 밖에 때때로 우연히 엿들은 대화도 분석의 자료로 사용되었다. A, B, C 세 개의 대화 집합은 본 논문의 저자가 수집하여 전사하였으며 *K&H*와 *S&H*는 미국 인디애나 대학교 이효상 교수가 수집하여 전사하였고 *S-H Park* 자료는 박성현이 수집하여 전사한 것이다.

A. *석식 후*: 대학원생과 그들의 가족 구성원들의 대면 대화

B. *중식 대화*: 미국에서 유학 중인 대학원생들의 대면 대화

C. *조교 회의 후*: 미국 대학교에서 가르치고 있는 한국인 유학생 조교들의 대면 대화

D. *K & H*: 두 남성 친구간의 대면 대화

E. *S & H*: 두 남성 친구간의 대면 대화

F. *S-H Park 자료*: 한국 대학교 대학원생들의 대화

대화 자료를 살펴보면 정보탐색 질문에서 쓰인 *뭐*의 빈도수는 비의문문에서 쓰인 *뭐*의 빈도수에 비하여 많이 낮은 편인데, 후자 즉 비의문사 *뭐*는 해당 명제나 화행 자체 또는 청자에 대한 화자의 감정적 태도를 나타내는 데에 사용된다. 본 연구에서 분석한 자료를 보면, *뭐*를 포함한 여러 변이 형태들(*뭐*, *뭐야*, *뭐가*, 및 *뭐요*)이 모두 219 사례에서 발견되는데, 주목할 만한 것은 정보탐색 질문에 사용된 *뭐*는 단 21회(10%)에 그치고 있는데 비해서 그 외의 다른 문맥에서 발생된 *뭐*의 쓰임은 198(90%) 사례에 달한다는 것이다.[4] 아래 대화문 (3)~(8)은 정보탐색 질문 이외의 문맥에서 발생하는 *뭐*의 대표적인 용례이다.

(3) 야 그 언어 야 언어학회 그거 있잖아 **뭐** 주소랑 **뭐** 그거 없어?

(4) (휴강되었다고 말한 친구에게)
저기 오시네 **뭐** (교수님이 오시는 걸 보면서)

(5) **뭐** 이미 다 마감되었다고?

(6) K: 아 참 그거 해보셨어요? 그거?
L: **뭐요**.

---

4) *뭐*가 (i) 비한정적 대명사인 경우(영어의 'something'에 해당하는)와 (ii) 어떤 명제의 구성요소로서 사용될 경우는 분석대상에서 제외하였다. 다음은 그에 해당하는 경우이다:
J: **뭐** 안 시켰었어?
S: 예 아직 안 시켰어요.

K: 이메일.

(7) A: 요새 수능준비 잘 되냐?
B: 글쎄 그냥 **뭐**...

(8) A: 요즘 어떻게 지내세요?
B: **뭐** 잘 지냅니다.

(3)에서 *뭐*는 대화 채움어(conversation filler) 역할을 하고, (4)에서는 상대방의 발화를 부정하는 데에 사용된다. *뭐*는 또한 (5)에서와 같이 화자가 상대방이 발화한 내용을 믿기 어려울 때 놀라움을 나타나는 데 사용되기도 한다. 이와 유사한 문맥에서 (6)에서처럼 수정 개시어(repair initiator)로서 종종 사용되기도 하고, (7)과 (8)에서처럼 현재 진술의 의미나 영향력을 감소시킬 때 사용되기도 한다.

*뭐*를 포함한 이러한 표현들은 정보전달보다는 감정전달에 더 많이 치중하는 것으로 보인다. 이러한 표현들은 전행 혹은 후행 명제나 청자에 대한 화자의 태도를 표현할 때 주로 사용되는데, 특히 의사소통과정에서 화자의 감정적, 상호작용적 태도를 전경화(foregrounding)시키는 역할을 한다. *뭐*의 이러한 표현적 기능은 *뭐*의 지시적 기능(referential function)인 "무언가가 화자에게 불확실하다"로부터 파생되는 것으로 볼 수 있다(이한규 1999). 이러한 의미적 특성에 비추어 볼 때, 미지의 정보, 손에 넣을 수 없는 정보, 접근 불가한 정보, 식별이 불가한 정보, 혹은 중요하지 않은 정보를 표현할 때 *뭐*가 쓰이는 근거를 설명할 수 있고, 또한 *뭐*가 왜 우선적으로 정보탐색 질문에 사용되는지를 설명할 수 있다.

*뭐*가 정보탐색 질문 이외의 문맥에서 나타날 때에는 화용적 기능에 치중하여 상호작용적 혹은 표현적 기능을 중점으로 수행하게 된다. 화자는 비의문문 문맥에서 *뭐*를 발화함으로써 구체적 정보를 언명하지 않으려는 자신의 태도를 표현한다. 이러한 맥락에서는 (정보의) 구체성을 드러내지 않으려는 화자의 태도가 부각된다는 점에서 *뭐*가 일종의 태도표지(stance marker)의 역할을 하는 것으로 볼 수 있다. 즉 일본어의 *nan(i)*와 마찬가지로 '말로 형언할 수 없는 것에 관해 말하기'(speaking for the unspeakable) 위하여 사용된다고 하겠다(Maynard 2000). 예를

들어 비의문사 *뭐*는 어떤 적절한 표현이 떠오르지 않을 때임에도 무엇인가를 말해야 될 필요성을 충족시키기 위하여 화자가 전략적으로 사용하는 언어장치로서의 역할을 담당하는 것이다.

이러한 *뭐*의 기능은 다양한 문맥에서 관찰된다. *뭐*는 우선 담화 공간을 채우는 대화 채움어로서 쓰이기도 하고 비연속적이거나 비선호적인 행위(dispreferred actions)를 시작하기 전에 일종의 지연 장치로 사용되기도 한다. 또한 *뭐*는 진술의 충격을 약화시킬 목적으로 사용되어 순화장치(downgrader)의 역할을 하기도 한다. *뭐*는 종종 수정주도(repair initiation) 표현으로 쓰이기도 하는데 대화자의 사전 발화가 잘 들리지 않거나 혹은 그 발화를 이해하거나 수용하는데 있어서 어려움이 있다는 것을 표시한다. 나아가 *뭐*는 화자가 현 상황과 관련된 정보를 완곡하게 부정하는 문맥에서도 관찰되는데 주로 놀라움을 표현하거나 정도가 약한 대립상황을 나타낼 때 사용된다.

다음 절에서는 이러한 *뭐*의 다양한 기능들이 대면대화에서 어떻게 사용되는지를 분석한다. 각각 다른 범주 아래 분류된 이러한 기능들은 본 연구에서 분석대상으로 한 자료에 의거한 것임을 밝혀둔다. 본 논문에서 분류된 기능범주들은 *뭐*에 관한 모든 기능을 망라하지는 않으며 또한 각각의 기능상의 범주는 상호 배타적이지 않다. 따라서 이러한 기능의 범주 일부가 서로 중복될 수도 있으며 각각의 *뭐*의 발생 및 사용은 한 가지 유형 이상의 기능을 가질 수도 있다.

2. 대화에서 *뭐*의 기능

1) 대화 채움어

대화 채움어로서 *뭐* 내지 *뭐야*는 미지의 정보, 손에 넣을 수 없는 정보, 접근 불가한 정보, 식별이 불가한 정보, 혹은 중요하지 않은 정보를 표시하며 어떤 적절한 표현이 생각나지 않음에도 불구하고 화자가 무엇인가를 말할 필요에 직면할 때 종종 사용된다. 따라서 화자가 다음에 말해야 할 것을 발화하는 데에 어려움이 있다는 것을 표시한다고 할 수 있다. 이러한 기능을 수행하는 *뭐*는 자리유지 표현(place holder)으로서 종종 사용되는 바, 즉 화자는 당장에 상세한 서술을 피하거나 혹은 나중에 좀 더 정교하게 서술되도록 상대방에게 기회를 주기 위한 책략으로 *뭐*를 사용하여 발화를 지연시킨다(cf. Suh 2000).

(9) (S-H Park)
야 그 언어 야 언어학회 그거 있잖아 **뭐** 주소랑 뭐 그거 없어?

(10) (S-H Park)
무슨 익스프레슨가 **뭐** 하는 거 있잖아. 그거 한 삼일 걸린대거든

(9)와 (10)에서 *뭐*의 사용을 통해 화자는 자신이 적절한 단어를 생각해내느라 곤란함을 겪고 있음을 나타낸다. *뭐가 뭐 그거, 뭐 그런 거* 및 *뭐 하는 거*에서와 같이 집합표시 인식표(set-marking tags)의 일부로서 쓰일 경우에는, 범주를 일반화함으로써 구체적이고 특정적인 정보를 제시하는 것을 피하려는 화자의 태도를 강조하는 것이라고 할 수 있다. 이와 관련하여 Dines(1975)는 집합표시 인식표의 담화 기능에 대하여 "선행 요소를 좀 더 일반적인 사례에 대한 하나의 예시라고 해석하도록 청자에게 힌트를 주는" 것이라고 주장한다(1975: 22). (9)에서 "주소랑 뭐" 그리고 (10)에서 "익스프렌슨가 뭐 하는 거"라고 발화함으로써, 화자는 구체적인 정보를 일일이 제시하는 대신에 좀 더 일반적인 개념을 표현하게 된다. 즉 집합원소 중 단 한 개만(위의 대화문에서 각각 '주소'와 '익스프레스')을 호명하고 다른 불특정한 가능성이 존재함을 지적함으로써 지시 대상 집합의 정확한 본질은 감춰진 채로 남아있게 되는 것이다. Dines는 또한 영어에서 부분을 미지의 전체와 연결시키거나 혹은 모호한 아이디어 집단에 연결시키는 경우에도 집합표시 인식표가 사용됨을 지적하였다.

이러한 측면에서 주목할 것은 "익스프렌슨가 뭐 하는 거"에서도 보인 바와 같이 집합표시 인식표는 종종 격하조의 뉘앙스를 담는다는 것이다. 아래 대화문

(11)에서도 관찰된다.

(11) (우연히 듣게 된 대화에서)
A: 요새 걔 뭐 하고 지낸다든?
B: 빵집인가 **뭔가** 차렸대드라

여기에서 *뭐*는 화자가 전달하는 진술의 의미나 중요성을 축소시키거나 이를 넘어서 무시하기까지 하는 화자의 태도를 나타낸다(Suzuki 1998). (11)에서 *뭔가*의 의미는 영어에서의 'the likes of: and all that; such a thing/person/place etc' 정도로 해석될 수 있겠는데, 이와 같은 어구가 전달하는 의미는 "그 항목은 긴 리스트에 속해있는 하나의 구성요소일 뿐이며 이는 나머지 요소를 일일이 다 언급하려고 노력할 가치가 없음을 드러내는 것"이라고 할 수 있다(Haiman, ms., Suzuki로부터 재인용, 1998: 458). 따라서 "빵집인가 뭔가" 라는 표현은 '빵집'을 특별하지 않은 상투어구로서 간주하는 화자의 태도를 나타냄으로써 그것의 가치를 격하시키는 메시지를 함축하고 있다고 할 수 있다.[5)]

2) 비연속적 행위에 대한 서언(preface)

대화 채움어로서의 *뭐*는 새로운 화제나 행위를 시작하기 전에 많이 사용된다. 여기에서 *뭐*는 선행 담화의 화제나 행위와 불연속선상에 있는 새로운 화제를 도입하기 이전에 일종의 완충 역할을 한다고 할 수 있다.

(12) (S & H)
S: 그리고 저기 **뭐야**? 그 waiver 있죠/ 그 non-resident 학기마다
apply 하는 거예요?

---

5) 영어에서 'X or anything'이라는 표현이 순화표지(downgrader)(cf. House and Kasper 1981)라는 주장은 여기에서 설명한 기능과 잘 부합된다고 할 수 있으며 이는 언어기능의 다양성을 보여주는 예라고 할 수 있다. 순화표지로서의 *뭐*의 기능은 3번째 항목에서보다 자세히 논의될 것이다.

(12)의 선행맥락에서 S와 H는 S가 속한 학과에 대해 이야기하고 있었다. (12)에서 S는 화제를 전환하여 자신이 신청하려고 하는 학자금 지원에 대한 질문을 하고 있는데, 이 화제는 후행 대화맥락에서 좀 더 자세히 다루어지게 된다. 여기에서 *뭐야*의 사용은, '저기'라는 말채움어의 사용과 더불어 정보 요구라는 화행을 시작하기 위한 서언(preface)으로서의 역할을 하며, 이는 결과적으로는 새로운 화제를 시작하는 수단으로서의 역할을 한다. *뭐야*가 이러한 문맥에서 하는 역할은 현재 문맥에서 요구되는 상호작용 공간을 채워주면서 갑작스러운 화제 전환과 같은 체면위협 행위를 하기 전 일종의 완충 역할을 하는 것으로 볼 수 있는데, 이에 따라 청자는 화제가 전환될 것에 대한 준비를 하게 되며 청자로서의 적절한 위치를 취할 준비를 하게 된다. 즉 화자는 *뭐야*를 사용하여 자신의 말차례를 잠시 유지하면서 상대방의 주의를 끌고 난 후 자신이 말하려던 것에 대하여 좀 더 자세한 정보를 주는 순서로 진행하는 것이다. 따라서 *뭐야*는 여기에서 예고(pre-announcement)를 하는 역할을 담당하며 대화 채움어라는 형태를 취함으로써, 후행진술이나 후행화행의 영향력이나 충격을 약화시키는 데에 기여한다.

여기서 주목할 만한 것은 이와 같이 화제 전환시 사용되는 *뭐(야)*는 다른 대화 채움어인 그, 저, 저기 및 담화 표지인 어 또는 있잖아와 같은 대화 연결어들과 같이 나타난다는 것이다. 그러한 공기(co-occurrence) 현상은 *뭐(야)*가 새로운 화제 제시 내지 화제 전환 문맥에 사용된다는 것을 입증한다. 새로운 화제를 시작하거나 전환하는 문맥에서 화자는 *뭐*와 같은 대화 채움어와 연결사를 사용하여 주저하면서 새로운 화제를 제시하려 한다는 의도를 보이면서 동시에 말순서를 놓칠 염려 없이 비연속적인 화제를 부드럽게 소개해 나갈 수 있다. 그렇게 함으로써 대화상대자로 하여금 새로운 화제에 주목하도록 준비시키는 기능을 한다(Suh 2000, 2002).[6]

---

6) *잖아*는 종종 *있잖아*의 형태로, 화자가 대화상대자에게 공통기반(common ground)을 환기시킴으로써 새로운 화제를 시작하려는 문맥에서 발견된다. 화제 도입은 본질적으로 상대방에게 부담을 주는 '체면위협행위'를 구성하기 때문에(cf. Brown and Levinson 1978, Goldberg 1981), 화자가 종종 사용하는 의사소통 전략 중 한 가지는 명백하고 돌연한 화제 변화가 초래할 수 있는 체면위협 행위(face-threatening act)를 잠재적으로 완화시키기

(13) (석식 후)

1 R: 내가 저기 **뭐야** 진공 청소기 산다니까 훈이 아빠가 못 사게 하는 거 있죠

2 (2.0)

3 K: 지금 어떡 뭐 어떻게 하세요?

대화문 (13)에서는 두 쌍의 부부가 자기들이 마시고 있는 커피에 대해 이야기하고 있었다. 첫 줄에서 R은 갑자기 새로운 이야기를 시작하는데, 새 진공청소기를 구입하려다 남편의 반대로 못 샀다는 이야기를 새로운 화제로 꺼내고 있다. 이 맥락에서 '저기'는 *뭐야*와 더불어 새로운 이야기를 시작함을 표시하면서 동시에 다음에 나오는 발화는 그 자리에 있는 화자의 남편을 향하여 불평행위를 수행하는 것이 된다. 여기에서 '저기'와 함께 쓰인 *뭐야*는 새로운 이야기를 시작하면서 동시에 불평이라는 화행을 수행하기 위한 예비(preliminary) 단계로서 사용된다 (Suh 2000).

지금까지의 논의에서 *뭐*가 상호 작용상의 이유 때문에 사용되는 것이었다면 다음에 제시되는 *뭐*의 논의는 사회적인 이유 때문에 사용되는 경우라고 할 수 있다. 즉 부적절하거나 너무 적나라한 것으로 상대방에게 받아들여질 수도 있는 표현을 완곡한 어조로 제시하는 경우이다.

(14) (이한규(1999)에서 인용)

사회자: (학생이) 많이 다쳤어요?

선생님: 얼굴은 얼굴대로 **뭐**, 몸은 몸대로 **뭐**, 캠프 화이어 기름 붓다가 불이 그냥 붙어가지고 이건 **뭐**

위해 '친밀 전략'(intimacy ploy)을 사용하는 것이다(Schegloff 1968: 1078). 따라서 화자는 청자와의 관계에 있어서 공통기반을 전제로 서로 (담화전개상) 공유하는 입장임을 부각시키게 된다. 이는 Schourup(1985: 109)이 영어의 담화 표지인 *you know*에 관해 주장한 것과 일맥상통한다고 할 수 있다. 즉 화자가 "우리는 서로를 신뢰하고 있다. 즉, 우리의 지각은 서로 잘 조율이 되어 있어서 내가 말하려는 것의 본질을 네가 충분히 이해하리라고 믿는다…"와 같은 메시지를 전달함으로써 청자와의 공통기반을 확인하고 창출한다고 볼 수 있는 것이다.

대화문 (14)는 토크쇼의 대화인데 자기 학생에게 일어났던 일을 목격한 교사가 그 사고 상황을 상세히 설명하는 과정에서 다소 주저하고 있는 모습을 보인다. 여기에서 화자는 자신의 마음속에 있는 생각을 명확히 표현하는 것을 피하고자 *뭐*를 사용하는데 이는 아마도 공손하지 않거나 그 상황에서 부적절하게 들릴 수도 있는 가능성 때문일 것이다. 즉 화자 자신이 생각하는 바를 어떻게 전달할지 모르겠다는 태도를 보임으로써, 자신의 생각을 명확하게 표현하는 것이 불편한 상황을 초래할 위험성이 있음을 인지하고 있다는 메시지를 전달하고 있다. 이처럼 *뭐*를 사용하여 구체적이고 상세한 설명을 피하는 것은, 화자가 심리적이고 상호작용적이며 사회적인 의사소통의 측면에 초점을 두고 있기 때문이라고 할 수 있다. 이러한 *뭐*의 맥락적 특성은 아래 (15)에서도 관찰된다.

(15) (S-H Park)

J: 내가 이런 말 써서 참 **뭐하지만** 뭐 만든 문장 이런 거 그런 거 결국은 나중에는 이런 거에서 뽑아야지 되는 거 아니니

(15)에서 "(말하기) 뭐하다"라는 표현은 "말로 형언할 수 없는 것에 관해 말할" 때 쓰이는 *뭐*의 의미와 부합된다. 즉 만일 명확하고 구체적인 언어로 표현한다면, 상대방에게 체면위협이 되거나 혹은 사회적인 예법을 그르칠 위험성이 인지되기 때문에 화자는 '말하기 뭐하다'라는 표현을 사용함으로써 "어떻게 표현할 줄 모르겠다"라는 입장을 표명하고 있는 것이다.

위의 논의에서 보여 주듯이 '회피(avoidance)' 전략이 함축하는 전형적인 의미는 *뭐*의 의미적 자질에 기인하기 보다는 *뭐*가 쓰이는 문맥—화자가 전달하고자 하는 것을 어떻게 표현할지 모르겠다는—에서 조성된다. 회피의 원인이 사회적 요인에 있는지 인지적인 제약 때문인지 혹은 다른 요인에 기인하는 지는 문맥에 의존하는 것이다(Enfield 2003: 110).

3) 순화표지(downgrader)

"말로 형언할 수 없는 것에 관해 말하는" 장치로서의 기능과 "대화 채움어"로서의 기능을 하는 *뭐*는 인접쌍(adjacency pair)에서 비선호반응을 이끄는 서언(preface)으로 쓰이기도 한다. Levinson(1983: 334)은 선호조직(preference organization)과 관련하여 비선호반응의 특징으로서 지연(delay), 서언(preface), 설명 및 거절 등의 순차적 자질을 제시하고 있는데, *뭐*는 일종의 지연장치로서 비선호 행위[7]의 서언으로서 종종 쓰인다.

(16) (우연히 듣게 된 대화에서)
A: 이야기 좀 했으면 하는데요.
B: 글쎄 **뭐** (.) 천천히 하죠 뭐

(16)은 화자가 상대방의 제의에 대한 거절을 하는 맥락인데 *뭐*가 서언의 일부로 발화되고 있다. 이러한 경우 화자는 특정한 지시어 없이 단지 (내용 없는) 말을 채워 넣음으로써 의사소통상의 공간을 마련하여 대화가 덜 거슬리도록 하며, 이는 결국 완곡한 부정의 의미를 가져와 선행발화에 대한 비선호 반응을 구성하게 된다. 구체적 정보를 언명하지 않으려는 화자의 태도는 상황의 중요성을 축소하고 격하시키려는 태도로 종종 풀이되기도 한다.

(17) (이한규(1999)로부터 인용)
광봉: 요새 재기 뭐하니?
승현: 공부하지 **뭐**

(17)에서 *뭐*는 광봉의 질문("요새 재기가 뭐하니?")에 대한 응답으로 사용되고 있다. 이한규(1999)[8]는 이러한 대화문에서 *뭐*가 발화내용을 강조하기위해 사용된

---

7) Pomerantz(1984: 70)는 "지연 장치의 사용은 동의(agreement)가 요청되는 문맥에서 동의하지 않을 때의 전형적인 말차례의 모습을 구성한다"고 지적한다.

8) 이한규(1998: 152)에서는 화자인 '승현'이 '광봉'이 무엇을 확인하려고 하는지 알기 때문

다고 주장하고 있지만, 본 논문에서는 '승현'이 자신의 응답에서 *뭐*를 추가함으로써 발화명제의 의미나 효과를 축소하고자 하는 것으로 보고자 한다. 이러한 발화는 '공부하는' 행위를 대단치 않은 것으로 간주하여[9] "공부하지 아니면 뭐겠어?"라는 의미를 전달한다. (18)번 대화 또한 같은 맥락에서 해석될 수 있다:

(18) A: 요즘 어떻게 지내세요?
B: **뭐** 잘 지냅니다.

(18)번에서 *뭐*의 사용은 자신의 발화에 대한 불확실성을 나타낸다기보다는(cf. 이한규 1998),[10] 구체적 정보를 언명하지 않으려는 화자의 태도를 강조하고 있다고 하겠다. 즉 *뭐*는 정보전달보다는 감정전달의 측면에 더 기여하고 있다고 할 수 있는데, 이는 사회적인 이유 혹은 상호작용적인 이유 때문에 구체적이고 특정한 정보를 언명하기를 피하려는 화자의 정의적 태도(affective stance)를 나타내는 것으로 볼 수 있다. 위 대화문에서 화자는 *뭐*를 사용함으로써 자신의 발화의 의미를 완화하고 있는데, 즉 실제로 '아주 잘 지내는' 것처럼 해석되는 것을 원치 않는 것으로 볼 수 있다.

이러한 맥락에서 화자의 태도 표지인 *뭐*는 함께 쓰이는 표현이 글자 그대로 해석되어서는 안 된다는 것을 표시하기도 한다. 예를 들어 (19)번 대화문에서 *뭐*의 사용은 3.2 나 3.3의 학점이 이 화자가 염두에 두고 있는 바로 그 정확한 숫자는 아닐 수 있음을 나타낸다.

에 그런 '광봉'의 태도를 불식시키기 위해 *뭐*를 사용한 것으로 본다. 따라서 '승현'은 '재기'가 하는 여러 가지 일(공부, 아르바이트, 운동, 놀기 등) 중에서 공부하는 것이 중요하다고 보기 때문에 이를 선택하여 강조하고 있다는 것이다. 또한 이러한 강조 의미를 *뭐*의 기본적인 의미로부터 나온 의미론적 확장형으로 보고, 대결, 확신 또는 겸손을 표현하는 다른 화용론적 사용을 설명할 수도 있음을 지적하고 있다.

9) 그러한 *뭐*의 사용은 영어에서의 단정적 어조인 'or what'의 사용과 부합되는데(Lighter 1998), 이러한 표현들은 상대방으로부터의 반응을 기대하지 않는다 (예: "그러면 종친거지 아님 **뭐야**").

10) 이한규(1998)는 *뭐*가 후속 발화를 화자가 정확히 염두에 두고 있는 것은 아니라는 것을 표시한다는 의미가 있음을 지적한다.

(19) (S & H)

S: GPA가 3.2 **뭐** 3.3 그랬어요.

*뭐*는 또한 화자가 겸손해 보이고자 할 경우, 예를 들면 (20)에서처럼 상대방의 칭찬에 대하여 반응하는 맥락에서 사용되기도 한다.

(20) (우연히 듣게 된 대화에서)

A: 자네 없었으면 어쩔 뻔 했나

B: 제가 한 일 있나요 **뭐**

A의 칭찬에 대하여 B는 자신이 한 일이 별 것 아니었다고 겸손한 태도를 보이고 있다. 발화의 의미 가치를 감소시키고 약화시키는 속성으로 인하여 *뭐*는 이와 같이 울타리 표현(hedge expression)으로서의 역할을 수행하기도 하는 것이다.

4) 수정주도 표지(repair initiator)

뭐[11]는 타인주도 수정순차(other-initiated repair sequences)[12]에서 다음 말순서 수정주도 표지(next-turn repair initiator)로 사용되는데, 이를 통해 화자는 대화 상대방의 선행발화를 이해하거나 청취하는데 문제가 있었다는 것을 보여준다(Sacks, Schegloff and Jefferson 1974, Schegloff 1979). 이런 문맥에서 *뭐*는 우선 인지상의 이유-이해나 청취에서의 문제에서 비롯된-로 인하여 의사소통에 문제가 있음을 표시한다.

---

11) 여기에서 *뭐*는 *뭐*를 포함하는 다른 다양한 형태들, 예를 들면 하강어조의 '뭐.' 뿐만 아니라 상승어조의 '뭐요?', '뭐가?' 등을 포함한다.

12) 상호작용맥락에서 화자는 발화하는데 있어서 혹은 선행발화를 듣거나 이해하는데 있어서 여러 가지 어려움에 처하게 되는 상황에 놓이게 되어 수정구문을 사용해야 하는 경우가 생긴다. 수정의 한 가지 유형은 '타인주도 수정'으로서 화자가 선행 발화의 문제점을 지적함으로써 수정을 주도하는데, 이로써 문제의 근원이 되는 발화를 한 당사자에게 문제점을 수정하도록 촉구하게 된다.

(21) (중식 대화)

1 K: 아참 그거 해보셨어요? 그거?

2 L: **뭐요**.

3 K: 이메일.

여기에서 화자는 *뭐*를 사용함으로써 K가 의도한 지시대상을 찾아내는 일에 문제가 있음을 표시하는데 이를 통해 수정순차(repair sequences)가 구성된다(cf. Auer 1984, Kim and Suh 2002). 여기서 L은 하강 어조로 *뭐요*를 발화하는데 이는 다음 줄에서 K로 하여금 원래 의도했던 지시대상('이메일')을 명확히 구체화하도록 촉구하는 역할을 한다. 이러한 *뭐*는 정보탐색 기능을 갖는 것처럼 보일 수 있지만, 수정 주도표지로서 쓰인 *뭐*의 기능을 좀 더 세밀히 관찰하면 *뭐*가 어떤 감정상의 함축(emotional overtones), 즉 화자의 부정적인 태도를 나타내는 경우가 많음을 알 수 있다(Schegloff 2007). 예를 들어 *뭐*를 포함한 여러 다른 표현들이 수정주도 표지로서 사용되는 문맥을 살펴보면, 화자가 상대방의 논점에 동의하지 않을 것임을 투사(project)하거나 대화 상대자의 논점을 축소하고 격하하는 경우가 많다(Kim 1993, 2001). (22)에서 그러한 예를 볼 수 있다.

(22) (중식 대화)

1 A: 설거지도 해주잖아요: 내가 (0.5) dishwasher에다 다

2 넣어 놓으면(0.5) turn on the dishwasher, you know,

3 짝 설거지

4 C: ( ) .hhh.hhhh

5 C: 아니 그 마찬가지 아냐, 그런 거 그런 건.

6 (0.8)

7 A: **뭐가**.=

8 C: =와이프도 마찬가지지.

9 (0.5)

10A: 아 근데 어려운 건 **뭐냐** 하면요 (.) 다 이렇게 씻어

11 가지고 이렇게 이렇게 넣어놓는 거잖아

첫 번째에서 세 번째 줄까지 A는 자신이 모든 접시를 식기세척기에 집어넣는

수고를 다 하지만 남편은 단지 식기세척기를 작동시켜 일만 한다고 이야기 하면서, 그럼에도 불구하고 남편이 마치 자기가 설거지를 다 하는 듯이 생각한다는 이야기를 농담조로 꺼낸다. 이에 C는 웃음으로 반응한 후 A의 논점에 이의를 제기하는데, 와이프인 A 입장에서도 마찬가지로 설거지를 자신이 다 하는 것으로 말할 수 없다는 점을 지적한다. 이에 대한 응답으로 A는 일곱 번째 줄에서 수정주도 표지로서 *뭐가* 를 발화하고 있는데, 여기서 A는 *뭐*를 사용하여 선행 말차례에서의 대화 상대방의 발화를 문제 삼으면서 자신의 비판적인 태도를 전달하고 있다. 이처럼 *뭐*는 화자가 단순히 상대방의 말을 잘 못 들었거나 혹은 이해하는 데에 문제가 있음을 나타내는 것 이외에, 화자가 상대방의 의견에 동의하지 않거나 그를 반박하는 비선호반응이 나올 것임을 시사하는 맥락에서 많이 사용된다(Kim 1993, 2001).

위에서 논의한 것처럼 *뭐*와 *뭐*를 포함한 언어형태들은 대화상의 문제를 해결할 수 있는 실마리를 요청하는 역할을 하는데, 많은 경우에 대화 상대자로 하여금 문제의 근원이 어디에 있는지를 찾아내도록 촉구하는 질문(prospective question)을 구성한다고 이야기할 수 있다(Besnier 1989). 이런 측면에서 수정주도 표지로서의 *뭐*의 사용은 화자가 정보부족에 대한 일차적 책임을 대화 상대자에게 둠으로써, 대화상대자의 선행발화에 대한 화자의 의문적인 태도나 부정적인 태도를 나타내는 것이다(Kim 1993).[13] 다음의 대화문을 살펴보자.

(23) **뭐** 이미 다 마감되었다고?

(24) (대화자로부터의 불합리한 요구에 당황하고 귀찮아하며)
뭐라고?

(23)번과 (24)번에서 화자가 *뭐*와 *뭐*라고를 발화하고 있지만, 이는 상대방의 대

13) 연장자이거나 지위가 높은 사람에 대한 그러한 부정적인 태도의 표현은, 위계질서에 따른 대인관계를 유지하는 데에 많은 배려를 해야 하는 한국어의 상호 작용 문맥에서는 분명히 불손하고 부적절할 수 있다.

답을 이끌어내고자 하는 것은 아니다. 즉 화자는 상대방이 한 말을 그대로 수용할 수 없음을 나타내며 그에 대해 도전하기 위해 *뭐*를 사용하고 있는 것이다.[14)] Goffman이 영어에서 감탄사 'what?'이 "재진행의 요청(request to rerun)"이라기보다는 "행위에 대한 비난(rebuke to conduct)"으로 종종 해석된다고 하였는데 (Goffman 1981: 81), 한국어에서 *뭐*도 이와 같은 역할을 한다고 할 수 있다. 이러한 *뭐*의 특징은 *뭐*에 대한 전통적 연구에서 언급된 기능 중의 하나인 '놀라움'의 의미를 전달하는 것과 연관이 있는 것처럼 보인다(cf. 강상호 1989). 여기에서 *뭐*의 사용은 화자가 해당 정보를 수용할 수 없다는 정의적 태도를 나타내는데, 이는 결국 담화 상에서 "말로 형언할 수 없는 순간"을 의미한다고 할 수 있다(cf. Maynard 2000).

5) 부정 응답(negative response)

화자의 부정적인 태도를 표시하는 *뭐*는 화자가 상대방의 선행 발화 및 행위를 구체적으로 반박하지 않고 모호하게 기술함으로써 완곡하게 비난하는 맥락을 구성한다(cf. Maynard 2000).

(25) 남자 아이: 아 **뭐야**::

(25)는 4살짜리 어린 여자 아이가 7살짜리 남자 아이가 지어 놓은 레고 집을 계속해서 부수자, 남자 아이가 이에 반응하면서 발화한 표현이다. 여기에서 남자 아이는 *뭐*의 사용을 통해 구체적인 내용을 언급하지 않은 채 불평하는 태도를 보이면서 상대방의 행위를 비난하고 있는 것이다. 예를 들어 (25)번 대화문에서 화자는 "네가 계속해서 내 레고집을 부수기 때문에 화가 난다"라거나 "내 레고집을 그만 부숴"라고 명확히 말하고 있지는 않지만 여전히 화자자신의 비난하는 태도를 보

14) 대화문 (23)에서 *뭐*는 놀라움을 나타내는 인용구가 따라 나오고 대화문 (24)와 같은 경우에는 *뭐*가 인용표지인 '라고'와 함께 나타난다. 이러한 인용표지는 놀라움의 원인을 다른 누군가의 탓으로 돌리는 데에 기여한다(Maynard 2000).

이고 있는 것이다. 이런 경우에 혹자는 *뭐*를 하나의 대명사 또는 명제의 일부 성분으로 간주할 수 있다고 주장할지도 모른다. 그러나 이 경우에 *뭐*는 정보탐색 질문으로 사용된 것이 아니므로 해당정보를 제시해 주는 대답이 오히려 적절치 않게 받아들여 질 수 있다. 대화문 (26)을 살펴보자.

(26) (우연히 듣게 된 대화에서)
((아들이 아무런 예고 없이 아주 늦게 귀가했을 때))
아버지: 너 **뭐하는** 놈이야

10대의 아들이 미리 집에 알리지도 않고 늦게 귀가했을 때 아버지가 아들을 꾸짖는 맥락인데, 이런 경우에 "너 뭐하는 놈이야"라는 의문문은 정보탐색 질문이 아니므로 화자는 그에 상응하는 대답이 나오기를 기대하지는 않는다. 따라서 "저는 아버지의 아들이에요" 내지 "이제 집에 왔어요"와 같은 대답은 해당 맥락에 적절하지 않은 대답으로서 반항조로 들릴 수도 있다.

이 같은 표현은 대립상황에서 전형적으로 관찰되는데, 여기에서 주목할 만한 것은 대동사 '하다'가 정보의 구체성을 경감시키는 데 기여한다는 것이다. 즉 상세하고 구체적 정보대신 *뭐*와 대동사형을 사용함으로써, 관련된 사건/제안/상황에 대한 특정한 언급을 회피하면서 동시에 화자의 감정적 태도를 강조하는 역할을 한다. 즉 상대방이 그에 대해 직접적으로 대답할 수 없는 질문을 함으로써, *뭐*는 비판, 비난, 꾸짖음 내지 대립 관계를 표현하는 데에 사용되는 것이다(Maynard 2000).

아래의 예문 (27)과 (28)에서 부정적 응답으로서의 *뭐*가 대립상태에 있는 대화자 사이에 사용되는 경우를 볼 수 있다. 여기서 화자는 해당 상황에 대한 특정 언급을 회피함으로써 상대방과의 직접적인 대립이나 불일치를 피하고 있다.

(27) (휴강되었다고 말한 친구에게)
저기 오시네 **뭐** (교수님이 오시는 것을 주목하며),

(28) (S-H Park)

S: 누가 와갖고 키워줘야 되겠다 야.

J: 걱정 안 해도 돼 괜찮아 그만한 능력이 충분한데 **뭐**.

(27)에서 화자는 교수가 오고 있다는 경험적 증거를 제공함으로써 휴강되었다는 대화상대자의 진술 내지 믿음을 부정하고 있다. 이와 유사하게 (28)에서는 누군가(예컨대 유모)가 와서 세 명의 아이들을 돌보아야 한다고 S가 주장할 때, J는 완곡하게 S의 발언을 부정하면서 그 아이들의 부모가 다른 사람의 도움 없이도 자신의 아이들을 잘 돌볼 수 있다고 덧붙인다. 각각의 경우에서 *뭐*는 특정한 지시대상을 가리키고 있지 않으며 완곡한 대립(mild confrontation) 상황을 구성하는데 기여하고 있는데, 이는 *뭐*가 '강력한 어조로 말할 수 없는 것'에 대해 말해야 할 때 쓰이는 경우라고 할 수 있다(cf. Maynard 2000).

앞의 논의에서 살펴 본 바와 같이 *뭐*는 선행 발화문의 의미나 그것이 구성하는 행위를 중요하지 않은 것으로 보고자 하는 화자의 태도를 나타내기도 하고, 아니면 화자가 말로 쉽게 형언할 수 없는 부분을 지칭하는 표현으로 사용하기도 한다. 이러한 속성으로 인하여 (27)과 (28)에서와 같이 *뭐*가 약한 대립의 뉘앙스를 주는 데에 기여하는 것으로 볼 수 있다. 예를 들면 (27)번 대화문에서 만약 화자가 *뭐*를 쓰는 대신 "네 말/생각과는 반대로 지금 교수님 오고 계시거든"과 같은 표현을 사용하였다면 상대방 주장을 더 명확하고 직접적으로 부정하는 상황이 되었을 것이다. 이와 같이 체면위협행위를 구성하는 다양한 맥락에서 *뭐*는 화용적인 완화기제(pragmatic softner)로서의 기능을 한다.

3. 맺는 말

*뭐*는 인지적인 이유나, 상호작용적인 이유 혹은 사회적인 이유 때문에 화자자신이 말하고자 하는 것을 어떻게 표현할지 모를 때뿐만 아니라 무엇인가를 말하는 것을 회피할 때 사용된다. 예를 들어, (9)번과 (10)번 대화문에서 *뭐*의 사용은

일차적으로는 인지적인 이유 때문이라고 할 수 있는데, 이는 화자가 적절한 단어를 상기하는데 있어서 어려움을 겪고 있음을 나타낸다. (12)와 (13)번 대화문에서 *뭐*의 사용은 상호작용적 요인에 근거하는데, 즉 *뭐*는 어떤 비연속적인 행위를 수행하기 전에 일종의 완충기제로서 사용되어 자칫 어색하게 느껴질 수도 있는 상호작용을 완화시키는 데에 기여한다. 마찬가지로 (14)번 대화문에서 *뭐*의 사용은 주로 사회적인 이유에 의한 것이라고 할 수 있다.

하지만 이러한 *뭐*의 사용은 각 범주에서 서로 중복될 수도 있다. 즉 주어진 맥락에서 *뭐*는 여러 중첩적인 기능을 수행할 수도 있는데, 어떤 비연속적인 행위를 수행하기 전에 서언으로서, 또 순화표지로서, 또 수정주도 표지로서도 사용될 수 있고, 이와 동시에 선행발화에 대하여 부정적 반응을 보이는 데 사용될 수도 있다.

*뭐*의 사용은 (정보의) 구체성/특수성을 드러내기를 회피함으로써 의사소통과정에서 대화자들 사이에 공유되는 시각을 촉진시키는 데에 기여한다. 이러한 관찰은 *뭐*가 왜 일상대화에서 많이 사용되는 지를 설명해주는데, 즉 일상대화에서는 어떤 화제에 대하여 정확한 정보를 전달하는 것보다는 대화당사자간에 공유되는 지식/경험/시각을 서로 표현하는 것이 중요하기 때문이다.[15] 자연스러운 대면대화에서 *뭐*가 압도적으로 많이 사용되는 것은 또한 구체적이지 않고(unspecific) 불명확한 것을 선호하는 한국인 화자의 의사소통 경향을 반영한다고 볼 수 있겠다. 즉 한국인 화자들은 '필요 이상으로 추정하고 필요 이하로 적게 말하는 경향(tendency to over-suppose and under-tell)'이 있다는 점에서(Kim 1993, cf. Levinson 1983), *뭐*의 사용은 어떤 국면에 대하여 '자세히 기술하기보다는 그 국면을 상호간에 공유된 것으로 다루고자 하는 의사소통성향'에 의해서 유발될 수 있다(Kim 2001). 구체적 정보를 언명하지 않으려는 화자의 태도는 궁극적으로는 화자의 감정적인 태도를 강조하게 되는데, 이는 대화 상대방이 화자의 시점을 공

---

15) W. Lee(1992)에 따르면, *뭐야*는 구두 담화, 특히 계획되지 않은 구두 담화에서만 관찰되는데 비해 대학 교재나, 설득조의 에세이, 신문 사설 및 현지 보고서와 같은 문어체의 계획된 담화에서는 나타나지 않는다고 한다.

유하도록 도와주며 나아가 대화 상대자로 하여금 화자의 인지적 혹은 감정적 태도를 이해하고 그것에 조율하도록 하는 데에 도움이 된다고 하겠다.

결론적으로 본 논문에서 제시한 관찰의 많은 부분은 예비적인 성격의 것이긴 하지만, 이러한 연구결과는 여러 가지 문제점들을 좀 더 논의할 수 있는 방안을 제시한다고 할 수 있다. 첫째, 비의문문 문맥에서 한국어의 의문사 *뭐*와 다른 언어에서 이와 상응하는 형태들을 교차언어적 연구 시각에서 비교할 수 있다. 예를 들어, 위에서 논의한 *뭐*와 연관된 많은 특징들은 일본어의 의문사 어구인 nan(i)에서도 발견되는데, '인지적이거나 심리적이거나 혹은 상호 작용 및 사회적인 이유 때문에 말로 형언할 수 없는 것에 관해 말하기' 위해 사용된다(Maynard 2000). 교차언어적 연구가 보다 심층적으로 진행된다면 서로 다른 언어 간에 존재하는 기능상의 공통점을 설명할 수 있게 될 것이다. 둘째, 본 연구에서 *뭐*를 분석한 결과 어떤 특정한 발화에서의 의미를 찾아내기 위해서는 공유하는 다른 언어자질－억양뿐 아니라, 다른 말채움어나 담화표지등과 같은－에도 주의를 기울일 필요가 있음을 보여준다. 셋째, *뭐*의 연구와 연관지어, 한국어의 다른 의문사인 왜가 비의문사로 쓰이는 경우를 분석하는 것이 또 하나의 연구 과제라고 할 수 있겠다. 이와 같이 전통적으로 소위 '허사'로 분류되어 온 언어형태에 대해서는 후속연구에서 보다 깊이 다루어져야 할 것으로 본다.

본 연구에서는 구어담화에서 비의문사 *뭐*의 다양한 기능을 분석하였는데, 본 연구에서 제시된 연구결과와 관련하여 제기된 문제들은 후속연구에서 좀 더 상세하게 기술될 필요가 있겠다. 구술 담화에서 비의문사로 쓰인 *뭐*는 미지의 정보, 손에 넣을 수 없는 정보, 접근 불가한 정보, 식별이 불가한 정보, 혹은 중요하지 않은 정보를 표현하는 지시적 기능에만 제한되어 쓰이는 것이 아니라, 대인간(interpersonal) 기능과도 같은 화용적 기능을 수행하는데, 이는 화자의 태도나 감정, 또는 의사소통의 대인관계적인 측면을 강조하는 맥락을 구성한다. 후속 연구에서 이와 같은 의문사의 비지시적(non-referential) 의미에 대한 보다 많은 논의가 이루어졌으면 한다. 이러한 취지에서 본 연구에서는 언어의 상호 작용적이고 표현적인 측면이 언어 사용에서 중요한 국면을 차지하며, 언어가 실제 사용맥락에서 어떻게 상호 작용과 정서 및 문화를 구성하고 조직하는데 기여하는지를 보이고자 하였다. 이와 아울러 언어표현이 갖는 이처럼 풍부한 의미를 보다 깊이 이해하기 위해서는 지시적 의미의 범위를 넘어 다양한 종류의 비지시적 의미(non-referential meaning)에도 주의를 기울일 필요가 있음을 보이고자 하였다.

√ 참고문헌

강상호 (1989). 조선어 입말체 연구. 평양: 사회과학출판사.

남기심 · 고영근 (1985). 표준국어문법론. 서울: 탑출판사.

이한규 (1999). "한국어 담화 표지어 '뭐'의 의미" 담화와 인지 6(1), 137-157.

Auer, J. P. (1984). Referential problems in conversation. *Journal of Pragmatics* 8, 627-648.

Besnier, N. (1989). Information withholding as a manipulation and collusive strategy in Mukelaelae gossip. *Language in Society* 18, 315-41.

Brown, P. and S. C. Levinson (1987). Politeness: *Some universals in language usage.* Cambridge: Cambridge University Press.

Enfield, N. J. (2003). The definition of WHAT-d'you-call-it: semantics and pragmatics of recognitional deixis. *Journal of Pragmatic* 35, 101-117.

Goldberg, J. A. (1981). Hey, y'know, have I got a topic for you. unpublished paper.

Haiman, J. ms. *Repetition and Identity.* Macalest College.

House, J and G. Kasper (1981). Politeness Markers in English and German. In F. Coulmas (ed.), *Conversation Routine,* Mouton: the Hague.

Kim, K. H. (1993). Other-Initiated Repair Sequences in Korean Conversation as Interactional Resources. *Japanese/Korean Linguistics* Vol. 3, 3-18.

Kim, K. H. (2001). Confirming intersubjectivity through retroactive elaboration: Organization of phrasal units in other-initiated repair sequences in Korean conversation. In M. Selting and E. Couper-Kuhlen (eds.), *Studies in Interactional Linguistics,* 345-372. Amsterdam: John Benjamins.

Kim, K. H. & K. H. Suh (2002). Demonstrative as Prospective Indexicals: *ku* and *ce* in Korean Conversation. *Japanese and Korean Linguistics* Vol. 10, 192-205.

Lee, W. (1992). A Discourse Marker *mweya* in Korean. *SICOL Proceedings,* 556-572.

Levinson, S. C. (1983). *Pragmatics.* Cambridge: Cambridge University Press.

Lighter, J. E. (1998). Word Improvisation, Say What?, *The Atlantic Monthly.* October: 20.

Maynard, S. K. (1993). *Discourse Modality: Subjectivity, emotion and voice in the Japanese Language.* Amsterdam: Benjamins.

Maynard, S. K. (2000). Speaking for the unspeakable: Expressive functions of nan(i) in Japanese discourse. *Journal of Pragmatics* 32, 1209–1239.

Pomerantz, A. (1984). Agreeing and disagreeing with assessments: Some features of preferred/dispreferred turn shapes. In J. M. Atkinson and J. Heritage (eds.), *Structures of social actions,* 57–101. Cambridge: Cambridge University Press.

Sacks, H., Schegloff, E., and G. Jefferson (1974). A simplest systematics for the organization of turn-taking for conversation. *Language* 50, 696–735.

Schegloff, E. (1968). Sequencing in conversational openings. *American Anthropologist* 70, 1075–95.

Schegloff, E. (1979). The relevance of repair to syntax-for-conversation. In T. Givon (ed.), *Syntax and semantics 12: Discourse and syntax,* 261–86. N.Y.: Academic Press.

Schegloff, E. (2007). *Sequence Organization in Interaction: A Primer in Conversation Analysis.* Volume 1. Cambridge: Cambridge University Press.

Schiffrin, D. (1987). *Discourse Markers.* Cambridge: Cambridge University Press.

Schourup, L. C. (1985). *Common discourse particles in English conversation.* New York: Garland.

Suh, K. H. (2000). Distal Demonstrative as Fillers. *Language Research* 36(4), 887–903.

Suh, K. H. (2002). The Korean Sentence-final Marker cianha in Conversational Discourse. *The Sociolinguistic Journal of Korea* 10(2), 283–309.

Suzuki. S. (1998) *Tte* and *nante*: Markers of psychological distance in Japanese conversation. *Journal of Pragmatics* 29, 429–462.

14

아기말의 구조와 사용

왕한석(서울대학교)

1. 머리말

'한국의 언어와 사회'에 대한 지금까지의 연구에서 전혀 다루어지지 않았던 주제 중 하나는 아마도 '아기말'(baby talk)에 대한 기술일 것이다. 아기말에 대한 기술은 한 특이한 변이어(variety) 또는 상황 변이어(register)에 대한 흥미로운 사회언어학적 연구가 될 뿐 아니라, 언어 사회화(language socialization) 과정에 대한 심층적인 기술에서도 핵심 부분을 이룰 것이다.

현대 언어학에서 아기말에 대한 학술적 관심은 넓게는 '어린이 말'에 대한 포괄적인 관심을 가졌던 Jespersen(1922: 101-188)에게까지 소급될 수 있을 것이다. 그러나 개별 언어 내의 한 변이어로서의 아기말에 대한 구체적인 기술, 분석은 주로 북미주 인디언어를 전공한 일군의 언어학자 및 인류학자들에 의해 시작된 것으로 보인다. 대표적으로 Sapir(1929)가 일찍이 Nootka어의 아기말을 처음으로 보고한 이래, Casagrande(1948)는 Comanche어의 아기말을 심층적으로 기술하였고, 뒤이어 Voegelin과 Robinett(1954)은 Hidatsa어의 아기말을 그리고 Crawford(1970, 1978)는 Cocopa어의 아기말을 각기 기술하였다(이 외에도 Kess and Kess 1986,

Pye 1986, Silver and Miller 1997: 159-164 등의 여러 연구가 있음). 물론 북미주 외의 다른 지역 언어들에서의 아기말에 대한 보고도 이후 이루어져 왔지만(여러 언어들에서의 아기말에 대한 연구의 주요 목록은 Ferguson 1977: 211을 참조할 것), 이들 선구적인 연구는 아기말에 대한 이후의 보다 본격적인 연구, 즉 사회언어학적 연구의 기본 토대를 이룬 것으로 생각된다.

아기말이 갖는 일반적 또는 보편적 특성들은 60년대에 들어 보다 명료히 밝혀지기 시작하였는데, 대표적으로 Ferguson(1964)은 6개 언어(시리아 아랍어, Marathi어, Comanche어, Gilyak어, 미국 영어, 그리고 스페인어)의 아기말들을 체계적으로 비교함으로써 대부분의 언어가 내부적 하위체계로 발달시켜온 아기말의 구조 및 사용상의 주요 특성들을 처음으로 정리하였다. 아마도 이 연구 이후 아기말은 개별 언어 내의 흥미로운 변이어로 그 위상이 규정되고 따라서 사회언어학적 연구의 중요한 기술 대상이 되어온 것으로 보인다. 뿐만 아니라 Ferguson은 뒤이어 아기말의 일반적 특성에 대한 보다 광범하고 진전된 비교 연구의 결과를 체계적으로 정리함과 동시에, 아기말을 '외국인에게 하는 말'(foreigner talk)과 같은 '단순화된 상황 변이어'(simplified register) 중의 하나인 것으로 그 성격을 새로이 규정하였다(1975, 1977).

한편 한국의 학계에서는 사회언어학의 영역뿐만 아니라 인접한 연구 분야인 아동의 언어 습득 및 초기 사회화 과정에 대한 연구에서도 아기말에 대한 본격적인 연구 관심은 아직 발달하지 않은 것으로 보인다. 즉 한국 아동의 언어 습득에 대한 일련의 언어학적 또는 국어학적 연구(가령 이남덕 1953, 김종훈 1969, 1975: 9-43, 이석주 1978, 이순형 · 유안진 1982, 이영옥 · 안승신 · 이영숙 1982, 이인섭 1986 등)에서는, 아동의 어휘 발달과 관련하여 아기말의 사례들을 아동이 습득한 어휘 자료로서 부분적으로 (그러나 실제 그 숫자는 많지 않음) 제시는 하면서도, 개념상으로 아기말의 범주와 다른 어휘 범주들을 전혀 구분짓지 않고 있다. 이인섭(1986: 86-87)의 경우 다른 연구들과는 달리, 아기말을 가리키는 것으로 보이는 '육아어'(育兒語)라는 표현을 직접 사용하면서도, 다른 범주의 어휘들과 구분되는 아기말에 대한 독립적인 연구 관심은 보여주지 않는 아쉬움을 남긴다(앞의 책

pp.86-88, 100-101 등).

한국어의 습득에 대한 심리학적 연구(가령 조명한 1984, 이승복 1984 등)에서도 사정은 마찬가지인 것으로 보인다. 가령 단일 언어 시기의 어휘 사용의 예(이승복 1984: 30-36)나 두 단어 시기의 어휘 사용의 예(조명한 1984: 48-66)에서 몇몇 아기말의 단어들을 관찰한 자료로서 제시는 하지만, 이들 연구에서도 아기말이라는 전문 용어는 전혀 사용되지 않는다.

대신 한국 아동의 초기 사회화에 대한 몇몇 연구들(가령 한국정신문화연구원 교육연구실 1983, 유안진 1986, 1990 등)에서는 적어도 아기말에 대한 초보적인 연구 관심은 가졌던 것으로 나타난다. 구체적으로 이들 연구는 '유아어'(유안진 1983: 95, 1986: 247, 252, 289 등, 1990: 361 등, 박감순 · 고형일 1983: 154, 김옥지 · 김광웅 1983: 329) 또는 '아기말'(송병순 · 여중철 1983: 225-227)이라는 용어 표현과 함께 초기 언어 및 아기말을 간략히 기술하는데, 그러나 대체로 10개 전후의 아기말 어휘를 소개하는 선에서 그치고 있다. 따라서 이들 초기 사회화 과정에 대한 연구에서도 아기말에 대한 개념 이해는 일반적으로 이루어진 것으로 보이지만, 아기말에 대한 본격적인 연구 관심은 안타깝게도 아직 발달하지 않은 것으로 볼 수 있을 것이다.

이 글은 위와 같은 맥락 속에서 최근까지 한국 사회에서 전래되어온 아기말에 대한 일차적 기술을 그 목적으로 한다. 위에서 간략히 살펴본 대로 한국의 아기말에 대한 본격적인 경험적 연구는 아직까지 없었던 것으로 보여지므로, 이 글에서는 전통적인 아기말의 어휘 집합을 중심으로 그 목록을 수집 작성하고 그리고 그것의 개략적인 구조 및 사용상의 특색들을, 특히 구조상의 특색들을, 일차적으로 검토해 보고자 하는 것이다.

2. 아기말과 '엄마말'(또는 '육아어')

아기말에 대한 대표적인 개념 정의는 Ferguson에 의해 제시된다. 즉 아기말이란

"개별 언어 공동체에서 일차적으로 어린 아이들에게 말하는 데에 적절한 것으로 간주되는 그러나 정상적인 어른들이 사용하는 데에는 적절하지 않은 것으로 일반적으로 간주되는, 개별 언어의 어떤 특수한 형태"(1964: 103)인 것으로 규정된다. 여기서 나아가 Ferguson에 의하면 아기말에는 적어도 세 종류의 '자료들'이 포함되는데, 한 종류는 "정상 언어 및 다른 아기말 자료들과 함께 사용되는 억양(intonational) 및 부차언어적(paralinguistic) 현상"이고, 또 한 종류는 "정상적 언어로부터 수정된 형태소나 단어 그리고 어구들(constructions)"이고, 그리고 마지막 한 종류는 "아기말에만 특이한 어휘 항목의 집합"인 것으로 설명된다(1964: 105).

그런데 이 '개별 언어의 어떤 특수한 형태'를 가리키는 표현에는 비교적 널리 쓰이는 용어인 '아기말'(baby talk) 외에도, 근래의 언어 습득 및 언어 사회화에 대한 연구의 발달과 함께 '엄마말'(motherese)(Elliot 1981: 150-163 등) 또는 '육아어'(caretaker speech 또는 caregiver register)(Blount 1977, Schieffelin and Ochs 1986b, Ochs 1988 등) 등이 함께 사용되어온 것으로 보인다. 이 용어들이 의미상으로 별다른 차이가 없는 것으로 일단 가정한다면, 한 부류는 말이 전달되는 대상을 중심으로 하는 표현법일 것이고, 또 다른 부류는 그 말을 주로 사용하는 화자를 중심으로 하는 표현법이 될 것이다.

그런데 어떤 연구(가령 Elliot 1981: 149-163)에서는 엄마말과 아기말을 구분지어, 전자를 넓은 의미에서의 아기말, 즉 일반적 범주로서의 '아기말'(예를 들어 Ferguson 1964, 1977, Snow and Ferguson 1977 등에서와 같이)로 규정하고, 대신 후자는 이 '엄마말'을 구성하는 핵심적 성분 즉 그것의 한 하위 범주인 것으로 규정하기도 한다. 이 구분을 받아들이면, 좁은 의미에서의 아기말은 지금까지 이 분야의 연구에서 주로 기술되어온 (아기말을 구성하는) '특수한 어휘들'의 집합이 아마도 그 중심을 이룰 것이다. 다시 말하여 앞서 Ferguson이 구분한 아기말의 세 번째 자료, 즉 '아기말에만 특이한 어휘 항목의 집합' 그리고 부분적으로 두 번째 자료, 즉 '정상적 언어로부터 수정된 형태소나 단어 그리고 어구들'이 바로 이에 해당할 것으로 생각된다.[1)]

---

1) 한편 Elliot(1981: 150-152)은 일반적 범주로서의 엄마말은 좁은 의미에서의 아기말이 갖

이 글에서는 이 상황 변이어를 가리키는 여러 명칭 중 지금까지 가장 널리 쓰여온 그리고 '전통적인' 표현인 아기말을 그것의 표제어로 선택, 사용하기로 하겠다. 그러나 이 글에서 다루고자 하는 아기말의 주 내용은 한국 사회에서 과거부터 전승되어온 아기말의 아마도 그 핵심 부분을 이루는 것으로 여겨지는 특수한 어휘 항목의 집합, 즉 Elliot이 구분한 좁은 의미에서의 아기말이 됨을 미리 밝혀두고자 한다.

3. 아기말의 어휘 목록 및 개략적 의미

1) 아기말의 어휘 목록

필자는 지금까지 개략적이나마 한국 사회의 아기말에 대한 기초 자료를 수집해 왔는데, 다음의 네 지역에서 간헐적인 조사가 이루어졌다.

(1) 인천광역시 강화도: 이 지역의 전반적인 '언어 문화'에 대한 기초적인 자료 수집의 한 부분으로 아기말에 대한 어휘 목록도 조사되었고, 그 결과는 간략한 형태로나마 보고된 바 있다(왕한석 1996: 481-483).

는 주요 특성 외에도, 성인어를 수정하는 여러 특성을 갖는데 그 주요한 내용은 대략 다음과 같은 것으로 정리하고 있다. (여기서 Elliot의 '엄마말'은 앞서 인용한 Ferguson의 '아기말'보다 더 확장된 개념임을 추정할 수 있을 것이다.)

"(a)부차언어적 특질 (i)높은 음조
(ii)과장된 억양
(b)통사적 특질 (i)발화의 평균 길이(MLU)가 짧음
(ii)동사 및 수식어가 적음
(iii)발화당 종속절 및 내포문이 적음
(iv)선동사형(preverb)의 평균 길이가 짧음
(v)동사가 없는 발화가 많음
(vi)내용어가 많고 기능어가 적음
(c)담화적 특질 (i)의문문과 명령문이 많음
(ii)보다 유창하고 이해 가능한 말임
(iii)전체 또는 부분의 반복이 많음"

(2) 중국 요령성 거주 조선족 사회: 이 곳 조선족 사회의 '언어 생활'에 대한 기초적인 자료 수집의 일환으로 아기말의 어휘 목록도 조사되었고, 그 결과 또한 간략히 보고된 바 있다(왕한석 1997: 207-208). 그런데 조사 대상 지역의 조선족 주민들은 거개가 과거 평안북도 북부 지역(특히 벽동 및 초산지역)에서 요령성 지역으로 이주한 동포들의 후손이었고, 따라서 이들은 현재까지도 그들의 원 고향의 방언을 대체적으로 유지하고 있는 것으로 보였다.

(3) 부산 동래 지역: 필자는 2003년 4월 필자의 고향인 이 지역에서 위의 (1)과 (2)에서 수집된 자료를 바탕으로 보다 본격적인 아기말에 대한 어휘들을 수집하고자 노력하였다. 아마도 위의 (1)과 (2)에서보다는 상대적으로 심층적인 자료 수집이 이 지역에서 이루어진 것으로 생각된다.

(4) 경남 함양군 개평리: 필자의 주 조사지인 이곳에서는 80년대 초반 아기말에 대한 부분적인 조사가 이루어졌었다. 그러나 이 자료는 필자의 현지조사 노트 속에 오랫동안 잠자고 있었는데, 2003년 5월 부산 동래 지역의 조사가 일단락된 뒤 이를 바탕으로 하여 간략한 보충 조사를 행하였다. 그러나 조사의 결과는 유감스럽게도 동래 지역의 자료보다 더 제한된 숫자의 아기말 어휘를 수집하는 선에서 그치고 말았다.

위의 네 지역에서 수집된 자료는 모두 장기간의 현지조사에 의해 실제로 아기말을 사용하는 사례들을 직접 관찰한 것은 아니다. 대신 소수의 제보자들을 상대로 주로 그들이 과거에 사용하던 또는 부분적으로 현재 사용하고 있는 (이 경우에는 주로 손자녀에게) 아기말의 용례를 면접에 의해 파악한 것들이다.

그런데 20세기 후반 산업화와 함께 일어난 우리 사회의 급격한 문화변동은 전통적인 육아방식(child-rearing practices)에도 커다란 변화를 가져 왔고, 그것은 동시에 전통적인 아기말의 사용도 젊은 세대에서는 거의 계승되지 않는 결과를 야기한 것으로 보인다. 대체로 말해 50대 이하의 세대들은 어린 자녀를 양육하는 데서 아기말을 거의 사용하지 않거나, 사용하더라도 극히 적은 부분만을 사용해온 것으로 짐작된다. 필자의 조사 경험으로는 현재의 시점에서 적어도 70대 이상만이 전통적인 아기말에 대한 나름의 체계적인 지식을 가지고 있는 것으로 나타났는데, 단 중국 요령성의 경우에는 이보다 젊은 세대들도 (조사 당시의 시점으로는 대체로 50대 이상이면) 아기말의 사용에 비교적 친숙한 것으로 보였다.

다음의 표는 위의 네 조사 지역에서 수집된 아기말 어휘들을 목록화한 것이다. 먼저 조사가 이루어진 두 지역(인천 강화도와 중국 요령성)의 자료가 상대적으로 소략한 느낌을 주지만, 유감스럽게도 이후 보충 조사의 기회를 갖지 못하였음을 밝혀둔다.

〈표 1〉 아기말의 어휘 목록

일련 번호	인천 강화도	중국 요령성	부산 동래	함양 개평리
(1)	어비	어비	이비	에비
(2)	지지	찌찌	지지	지지
(3)	·	·	디/디디	·
(4)	·	·	패/애패	패/패패
(5)	·	·	아야(하다)	아야(하다)
(6)	·	·	호(오)(하다)	호(오)(하다)
(7)	맘마	맘마	맘마	맘마
(8)	·	·	빠빠	빠빠
(9)	쭈쭈	·	찌지	찌찌
(10)	·	·	암	암
(11)	까까	·	까까	까까
(12)	코자다	·	·	·
(13)	·	자증자증	자장자장	자장자장
(14)	·	·	잠마잠마	·
(15)	·	·	넨네	·
(16)	쉬(이)	쉬(이)	시(이)	시(이)
(17)	응가/끙가	응응	애/애애	응가
(18)	·	흥(하다)	흥(하다)	흥(하다)
(19)	·	아(아)(하다)	아(아)(하다)	아(아)(하다)
(20)	꼬까	꼬까	고까	꼬까
(21)	·	쏙쏙	속속	쏙쏙
(22)	·	·	숙숙/술술	·
(23)	아꿍/까꿍	·	까꿍	까꾹/까꿍
(24)	넝꿍/엉꿍	·	·	·
(25)	·	뽀뽀	뽀뽀	뽀뽀
(26)	·	·	따찌/애찌	·
(27)	맴매	·	맴매	매매
(28)	·	·	앙(하다)	앙(하다)

(29)	·	어빠	어부바/부바/어빠	어부배
(30)	·	어야(가다)	어(어)(가다)	·
(31)	·	띠띠	띠띠	띠띠
(32)	·	·	쭉쭉	쭉쭉
(33)	·	·	엉금엉금	·
(34)	도리도리	도리도리	도래도래	도래도래
(35)	좜좜	죔죔	쪼막쪼막	조얌조얌
(36)	짝짜꿍(짝짜꿍)	·	짝짜꿍(짝짜꿍)	짝짱(짝짱)
(37)	곤지곤지	도곤도곤	진진	진진
(38)	지게지게	·	·	·
(39)	부라부라	·	·	·
(40)	·	모디모디	·	·
(41)	·	·	헐레헐레	·
(42)	·	·	불미불미	·
(43)	섬마섬마	서마서마 /섬바섬바	섬마섬마 /섬바섬바	섬마섬마
(44)	용타용타	·	·	·
(45)	·	·	따리섬마 (따리섬마)	따로따로
(46)	꼰아꼰아	·	꼰지꼰지	·
(47)	·	·	걸음마(걸음마)	걸음마(걸음마)
(48)	·	멍멍	멍멍	멍멍이
(49)	·	·	엄마(아)	움매(애)
(50)	·	꿀꿀(이)	꿀꿀	꿀꿀
(51)	·	·	아옹	야옹
(52)	·	꼬꼬댁	꼬꼬	꼬꼬
(53)	·	·	매(애)/음매(애)	맴맴
(54)	·	옴메	·	·
(55)	·	아빼	·	·

2) 개략적 의미 및 사용법

이제 위 표에서 모두 55개의 항목으로 정리된 아기말 어휘의 개략적 의미와 그것의 일반적 쓰임새를 기술하기로 하겠다. 그런데 여기서의 기술은 자연히, 상대적으로 깊이 있는 조사가 이루어진 부산 동래 지역의 자료를 중심으로 구성될 것이다(아래에서의 일련번호는 모두 위 〈표 1〉상의 일련번호임).

(1) 위험한 것 또는 무서운 것을 가리키고, 따라서 그러한 것에 가까이 가지 말라는 뜻이기도 하다.
동래 지역에서는 '이비', '이비야', '이비다', '이비이비' 등으로 쓰인다. 그런데 반복어 '이비이비'는 일반적으로 '이비'보다 더 강한 뜻을 전달하므로, 주로 아기의 행동을 급하게 또는 강하게 제재할 때 쓰이는 형태이다.

(2) 더러운 것 또는 지저분한 것을 가리키고, 따라서 그러한 것에 가까이 가지 말거나 또는 만지지 말라는 뜻이 된다.
동래 지역에서는 '지지', '지지야', '지지다' 등으로 쓰인다.

(3) 뜨거운 것 또는 불을 가리키고, 따라서 그러한 것에 가까이 가지 말거나 또는 만지지 말라는 뜻이 된다.
동래 지역에서는 '디야', '디디', '디디야', '디디다' 등으로 쓰이는데, 그러나 이 말은 소수의 제보자만이 사용한 것으로 보고하는 형태이다.

(4) 주로 깨끗하지 못한 것을 입에서 뱉어내게 하는 말인데, 여기서 나아가 깨끗하지 못한 것을 입 속에 넣지 못하게 하는 말로도 쓰인다.
동래 지역에서는 '패', '패야', '패해라', '애패', '애패야', '애패해라' 등으로 쓰인다.[2)]

(5) 아픈 것을 가리키는데, 동시에 아픈 것의 원인이 되는 다치는 것과 그리고 다칠 위험성이 있는 대상에 가까이 가지 말라는 뜻이 되기도 한다.
동래 지역에서는 '아야', '아야한다', '아야하나?' 등으로 쓰인다.

(6) 두 가지 구분되는 의미를 가지는 것으로 보인다. 한 가지는 고추 같은 매운 것을 가리키고 따라서 그러한 것을 먹지 말라는 의미가 된다. 그런데 또 한 가지는 살을 베거나 다쳤을 때에 상처난 곳 또는 아픈 곳을 입김으로 불어

---

2) 잘 알려진 대로 동래 지역의 방언은 '에/e/'와 '애/ɛ/'의 구분 없이 모두가 '/E/'로 실현된다. 그러나 이 '/E/'를 우리말로 표기하는 데에는 문제가 있으므로, 여기서는 편의상 중부 지역어에 맞추어 '애' 또는 '에'로 개별 어휘에 따라 구분하여 적기로 하겠다.

심리적으로 낫게 해 주는 행위를 가리킨다.

동래 지역에서는 '호(오)', '호(오)다', '호(오)한다', '호(오)하자' 등으로 쓰인다.

(7) 밥 또는 먹을 것을 가리킨다.

동래 지역에서는 '맘마', '맘마 먹자' 등으로 쓰인다.

(8) 위의 (7)과 같은 뜻이나 주로 밥을 가리키는 것으로 보인다. 즉 동래 지역에서는 아기가 밥을 먹기 이전의 단계 다시 말하여 암죽과 같은 초기 이유식을 먹을 때는 주로 (7)'맘마'를 쓰지만, 아기가 보다 성장하여 밥을 먹을 때는 '맘마'보다 이 '빠빠'를 더 많이 쓰는 것으로 보고된다.

이 지역에서 이 말은 '빠빠', '빠빠 먹자' 등으로 쓰인다.

(9) 젖 또는 젖 먹는 것을 가리킨다. 그런데 강화도에서도 '쭈쭈'는 과거부터 쓰이던 말이 아니라 중년(中年)에 새로 생긴 말로 기억되는데, 동래 지역에서도 '찌지'는 옛부터 쓰이던 말이 아닌 중간에 새로 생긴 말로 보고된다. 아마도 '찌지'는 일본어 chichi에서 차용된 말로 보인다.

(10) 물을 가리킨다.

동래 지역에서는 '암', '암 먹자' 등으로 쓰인다.

(11) 과자를 가리킨다. 그런데 강화도에서도 '까까'는 옛부터 쓰이던 말이 아닌 것으로 기억되는데, 동래 지역에서도 마찬가지이다. 말할 것도 없이 이는 오늘날의 과자가 우리 사회에 보급되기 시작한 것이 그리 오래지 않았다는 사실과 바로 연관될 것이다.

동래 지역에서는 '까까', '까까 먹자' 등으로 쓰인다.

(12) 잠자다의 의미이다.

강화도에서는 '코자자 코자자' 등으로 쓰인다.

(13)과 (14) 아기를 재울 때에 등을 두드리며 어르는 말인데, 또 잠자는 것 자체를 가리키기도 한다.

동래 지역에서는 '자장자장', '자장자장하자', '잠마잠마', '잠마잠마하자' 등으로 쓰인다.

(15) 잠 또는 '자장자장'의 의미를 가진다.

동래 지역에서는 '넨네', '넨네 하자', '넨네넨네' 등으로 쓰이는데, 이 말도 그리 오래된 말은 아닌 것으로 기억된다. 아마도 이 '넨네'도 일본어 nenne에서 최근에 차용된 말로 보인다.

(16) 오줌 또는 오줌 누는 것을 가리킨다.

동래 지역에서는 '시(이)', '시(이)하자', '시(이)해라' 등으로 쓰인다.

(17) 똥 또는 똥 누는 것을 가리킨다.

동래 지역에서는 '애', '애애', '애하자', '애애하자', '애해라', '애애해라' 등으로 쓰인다(그런데 이 '애' 또는 '애애'의 실제 발음은 비음(nasal)에 가깝다).

(18) 코 푸는 것, 즉 막힌 코를 풀도록 콧속으로 힘을 주는 동작을 가리킨다.

동래 지역에서는 '흥', '흥하자', '흥해라' 등으로 쓰인다(그런데 이 '흥'의 발음도 실제로는공기가 콧속으로 강하게 밀려 나오도록 하는 것인 경우가 많다).[3]

(19) 무얼 먹기 위해서나 또는 다른 행동을 하기 위해 입을 크게 벌리게 하는 동작을 가리킨다.

동래 지역에서는 '아(아)', '아(아)해라', '아(아)하자' 등으로 쓰인다.

(20) 새 옷을 포함하여 입는 옷을 가리킨다.

동래 지역에서는 '고까', '고까 입자', '고까 입어라' 등으로 쓰인다.

(21) 옷을 입자는 뜻과 옷을 입게 팔 다리를 내밀라는 뜻을 모두 가진다.

동래 지역에서는 '속속', '속속하자', '속속해라' 등으로 쓰인다.

(22) 옷을 벗자는 뜻과 옷을 벗게 팔 다리를 내밀라는 뜻의 말이다.

동래 지역에서는 '숙숙', '술술', '숙숙하자', '술술하자', '숙숙해라', '술술해라' 등으로 쓰이는데, 그러나 이 말은 소수의 제보자만이 보고하는 형태

---

3) 동래 지역의 방언은 또 '으/ɨ/'와 '어/ə/'의 구분 없이 모두를 중간 소리인 '/ㅓ/'로 발음한다. 이 '/ㅓ/'를 표기하는 데서도, 여기서는 편의상 중부 지역어에 맞추어 '어' 또는 '으'로 개별 어휘에 따라 구분하여 적도록 하겠다.

이다.

(23) 아기를 장난스레 놀래주는 말 또는 어르는 놀이의 말이다. 동래 지역에서는 흔히 어른이 아기 앞에서 두 손으로 눈을 가렸다 풀거나 또는 얼굴이나 몸을 잠시 숨겼다 내밀면서, 아기와 함께 눈을 맞추고 웃으면서 이 말을 쓴다.

이 지역에서는 '까꿍', '까꿍까꿍', '까꿍하자' 등으로 쓰인다.

(24) 강화도에서는 (23)의 '아꿍' 또는 '까꿍'은 아기를 놀래주는 말로, 그리고 이 '넝꿍' 또는 '엉꿍'은 아기를 얼러주는 말로 보고된다.

(25) 서로 입을 맞추거나 볼에 입을 맞추는 것을 가리킨다. 그런데 동래 지역에서는 이 말도 중년에 새로 생긴 말로 기억하는데, 다시 말하여 과거에는 아기와 입을 맞추는 육아의 행동이 없었던 것으로 보고된다.

이 지역에서는 '뽀뽀', '뽀뽀하자', '뽀뽀해라' 등으로 쓰인다.

(26) 손바닥으로 아기나 다른 상대방의 몸을 살짝 때리는 것을 가리키는데, 이 뜻이 확대되어 두 손으로 손바닥을 치면서 무엇(가령 파리 등)을 잡는 행위까지 가리키기도 한다.

동래 지역에서는 '따찌', '애찌', '따찌한다', '애찌한다', '따찌하자', '애찌하자' 등으로 쓰인다.

(27) 매 또는 매로 때리다의 뜻이다. 강화도와 동래 지역 모두에서 이 말도 과거부터 쓰이던 말이 아니라 중년에 새로 생긴 말로 기억된다.

동래 지역에서는 '맴매', '맴매한다', '맴매하자' 등으로 쓰이는데, 때로는 위의 (26)과 결합하여 '맴매 따찌'로 쓰이기도 한다.

(28) 입으로 물다의 뜻이다. 주로 짐승이 무엇을 무는 것을 가리키지만, 사람이 무는 것, 즉 장난스레 아기의 팔 등을 무는 것도 가리킨다.

동래 지역에서는 '앙', '앙한다', '앙하자' 등으로 쓰인다.

(29) 등에 업다의 뜻이다.

동래 지역에서는 '어부바', '어부바하자', '부바', '부바하자', '어빠', '어빠하자' 등으로 쓰인다.

(30) 밖으로 놀러가다 또는 멀리 놀러가다의 뜻이다.

동래 지역에서는 '어(어) 가자', '어(어) 간다' 등으로 쓰이는데, 위의 (29)와 결합하여 '어부바하고 어(어) 가자'는 흔히 쓰이는 표현이다.

(31) 차 또는 차를 타다의 뜻이다.

동래 지역에서는 '띠띠', '띠띠 가자', '띠띠 간다' 등으로 쓰이는데, 근래에는 젊은 세대에 의해 '띠띠 뽀뽀'란 형태가 새로 쓰이기도 한다.

(32) 아기가 자고난 후나 기저귀를 갈아준 후 아기의 다리를 곧게 펴고 아래위로 주물러 줄 때 쓰는 말이다. 다시 말해 아기의 다리를 주물러 주는 동작을 가리키는 말이다.

동래 지역에서는 '쭉쭉', '쭉쭉하자' 등으로 쓰인다.

(33) 아기가 기는 것을 배울 때 기라는 뜻으로 그리고 잘 기도록 격려하는 말로 쓰인다.

동래 지역에서는 '엉금엉금', '엉금엉금하자' 등으로 쓰인다.

(34) 아기가 앉거나 안긴 채로 고개를 좌우로 계속 돌리게 하는 말이다.

동래 지역에서는 '도래도래', '도래도래하자' 등으로 쓰인다.

(35) 아기가 주먹을 쥐었다 폈다 하게 하는 말이다.

동래 지역에서는 '쪼막쪼막', '쪼막쪼막하자' 등으로 쓰인다.

(36) 아기가 손뼉을 치게 하는 말이다.

동래 지역에서는 '짝짜꿍', '짝짜꿍 짝짜꿍', '짝짜꿍하자' 등으로 쓰인다.

(37) 아기가 둘째손가락 끝으로 다른 쪽 손바닥을 (주로 바른 손 검지 끝으로 왼손 손바닥을) 치게 하는 말이다.

동래 지역에서는 '진진', '진진하자' 등으로 쓰인다.

(38) 강화도에서 아기가 새끼손가락으로 다른 쪽 손바닥을 치게 하는 말이다.

(39) 강화도에서 아기가 앉은 상태로 몸을 앞뒤로 흔들게 하는 말이다.

(40) 중국 요령성에서 아기가 두 팔을 감듯이 차례로 돌리게 하는 말이다.

(41) 아기가 팔에 힘을 빼고 두 손과 팔을 흔들게 하는 말이다.

동래 지역에서는 '헐레헐레', '헐레헐레하자' 등으로 쓰인다.

(42) 어른이 아기의 겨드랑이 밑을 잡고 아기를 좌우로 흔들어 줌으로써, 아기가 한번은 왼쪽다리를 들고 오른쪽 방향으로 몸을 기울이고 또 한 번은 오른쪽 다리를 들고 왼쪽 방향으로 몸을 기울이게 하는 놀이를 가리킨다.
동래 지역에서는 '불미불미', '불미불미하자' 등으로 쓰인다.

(43) 일어서라는 뜻이다. 강화도에서는 아기가 방의 구석 같은 데에 기대어 혼자서 서게 하는 말로 보고되지만, 동래 지역에서는 주로 어른이 도와 즉 아기의 두 팔을 잡고 아기로 하여금 일어서게 할 때에 사용하는 말이다.
동래 지역에서는 '섬마섬마', '섬바섬바', '섬마섬마하자', '섬바섬바하자' 등으로 쓰인다.

(44) 강화도에서 아기가 일어서는 것을, 주로 일어서는 동안에 격려하는 말로 쓴다.

(45) 아기가 혼자서 일어서게 하는 말이다.
동래 지역에서는 '따리(서울말로 '따로') 섬마 따리 섬마', '따리 섬바 따리 섬바', '따리 섬마하자', '따리 섬바하자' 등으로 쓰인다.

(46) 어른의 손바닥(주로 왼쪽 손바닥) 위에 아기를 일으켜 세울 때에 쓰는 말이다.
동래 지역에서는 '꼰지꼰지', '꼰지꼰지하자' 등으로 쓰인다.

(47) 걸어라는 뜻으로, 아기를 혼자서 걷게 하거나 또는 혼자서 걷는 것을 격려하는 말이다.
동래 지역에서는 '걸음마 걸음마', '걸음마하자' 등으로 쓰인다.

(48) 개를 가리킨다.
동래 지역에서는 '멍멍', '멍멍 가자', '멍멍 온다' 등으로 쓰인다.

(49) 소를 가리킨다.
동래 지역에서는 '엄마(아)', '엄마(아) 가자', '엄마(아) 온다' 등으로 쓰인다.

(50) 돼지를 가리킨다.
동래 지역에서는 '꿀꿀', '꿀꿀 가자', '꿀꿀 온다' 등으로 쓰인다.

(51) 고양이를 가리킨다.

동래 지역에서는 '아웅', '아웅 가자', '아웅 온다' 등으로 쓰인다.

(52) 닭을 가리킨다.

동래 지역에서는 '꼬꼬', '꼬꼬 가자', '꼬꼬 온다' 등으로 쓰이는데, 여기서는 중국 요령성과는 달리 '꼬꼬댁'은 닭의 울음소리를 가리키는 말로 사용된다.

(53) 염소를 가리킨다.

동래 지역에서는 '매(애)', '음매(애)' '매(애) 가자', '음매(애) 가자', '매(애) 온다', '음매(애)온다' 등으로 쓰인다(여기서의 '매(애)' 또는 '음매(애)'의 발음도 실제로는 거의 비음이다).

(54) 오늘날 서울말의 엄마에 대응되는 말로, 중국 요령성에서 아기가 커서 사용하는 어머니에 대응되는 말은 '오마니'이다.

(55) 오늘날 서울말의 아빠에 대응되는 말로, 중국 요령성에서 아기가 커서 사용하는 아버지에 대응되는 말은 '아바지'이다.

4. 아기말의 구조적 특성

위에서 정리한 목록이 물론 한국의 아기말에 대한 완벽한 목록은 아닐 것이다. 차후의 깊이 있는 조사에 의해 새로운 아기말 어휘가 위의 목록에 더 추가될 수 있을 것이다. 뿐만 아니라 위의 목록은 조사 대상 지역에 따라 아기말 어휘가 부분적으로 다른 지역적 변이 상을 보여주고 있다. 따라서 앞으로의 연구에서 조사 대상 지역이 달라지면 아기말의 어휘 목록도 부분적으로 달라질 수 있음을 상정할 수 있겠다.

그러나 현재의 단계에서는 위의 목록으로 일단은 한국 아기말의 대체적인 윤곽이 파악된 것으로 생각된다. 따라서 여기서는 위 아기말 어휘들에서 나타나는 한국 아기말의 주요한 구조적 특성들을 검토해 보기로 하겠다.

1) 의미적 특성

먼저 의미적 특성을 기술하기에 앞서, 한국 아기말의 상대적인 발달 정도에 대한 간략한 검토가 필요할 것으로 보인다. 즉 Ferguson의 첫 비교 연구(1964: 109)에서는 6개 비교 대상 언어의 아기말 어휘수가 적게는 약 25개에서 많게는 약 60개 이상까지 분포하는 것으로 보고하였다. 그런데 Ferguson의 두 번째 연구(1977: 220)에서는 언어에 따라 아기말 어휘수가 100개선 또는 그 이하인 것으로 간략하게만 언급하고 있다. 따라서 아기말 어휘의 비교(또는 교차) 언어적 수치가 명확하지는 않지만, 55개의 항목으로 정리된 한국의 아기말 어휘수는 대체로 다른 언어들의 평균치 수준이거나 또는 그것을 약간 상회하는 수준인 것으로 짐작할 수 있겠다. 다시 말하여 한국의 아기말은 세계적인 평균치 또는 그것을 약간 넘어서는 수준의 상대적인 발달을 보여주는 것으로 일단 추정할 수 있겠다.

이제 위의 목록으로 돌아가, 모두 55개 항목으로 정리된 한국의 아기말 어휘는 어떠한 의미범주들(semantic categories)로 주로 구성되어 있을까? 이들은 대체로 여덟 부류의 의미범주로 일차적인 구분이 가능할 것으로 보인다. 즉,

1: 일련번호 (1)~(6)의 6개 어휘
2: 일련번호 (7)~(11)의 5개 어휘
3: 일련번호 (12)~(19)의 8개 어휘
4: 일련번호 (20)~(22)의 3개 어휘
5: 일련번호 (23)~(31)의 9개 어휘
6: 일련번호 (32)~(47)의 16개 어휘
7: 일련번호 (48)~(53)의 6개 어휘
8: 일련번호 (54)~(55)의 2개 어휘

각 의미범주별로 그 내용을 간략히 기술하면, 1의 범주에 속하는 어휘들은 일반적으로 아기에게 위해(危害)가 되는 것을 조심시키고 아기를 보호하려는 말들일

것이다. 2의 범주에 속하는 어휘들은 먹을 것 그리고 먹는 행동에 대한 말들일 것이다. 3의 범주에 속하는 어휘들은 기본적인 신체적 기능과 관련되는 말들일 것이다. 4의 범주에 속하는 어휘들은 옷과 그것을 입고 벗는 행동에 관한 말들일 것이다. 5의 범주에 속하는 어휘들은, 물론 (30)과 (31)의 경우 구분이 모호하겠지만, 대체로 아기와의 신체적 접촉에 관한 말들일 것이다. 6의 범주에 속하는 어휘들은 모두 아기의 신체적 발달을 촉진시키는 훈련 및 놀이에 관한 말들일 것이다. 7의 범주에 속하는 어휘들은 일상적으로 접촉하는 가축 즉 동물에 대한 명칭들일 것이다. 마지막으로 8의 범주에 속하는 2개 어휘는 부모를 가리키는 핵심적인 친척 호칭일 것이다.

그런데 Ferguson은 아기말의 보편적 특성을 논의하면서 아기말 어휘는 대체로 여섯 부류의 의미범주로 나누어지는 것으로 보았다(1977: 220-222).[4] 즉 먼저 한 가지는 Ⅰ. '친척 및 기타 호칭들'이고, 또 한 가지는 Ⅱ. '신체 부위 및 신체적 기능'에 대한 말들인데, 이 범주에는 옷에 관한 어휘들도 포함된다. 다음으로 Ⅲ. '음식'에 관한 말들이 있고, 또 Ⅳ. '동물의 이름들'이 있다. 다음으로는 Ⅴ. 소위 '특성'(qualities)에 대한 말들인데, 여기서의 특성이란 "어른의 생각으로는 아이에게 흥미롭거나 위험한, 환경 내의 대상이나 사건을 가리키는 형용사적 술어(predicates)"(p.221)를 의미한다. 마지막으로 Ⅵ. '유아의 놀이'에 관한 말들이 있다. 이 여섯 범주 외에 앞으로 또 다른 범주가 여기서 더 추가된다면 그것은 아마도 '귀신'(bogeyman)에 대한 말들이 될 것으로 Ferguson은 예측하고 있다.

그러면 여기서 앞서 구분한 한국 아기말의 일차적인 8개 의미범주와 Ferguson의 보편적인 6개 의미범주와의 상호관계를 검토해 보기로 하자. 일견 아기말의 의미범주에 대한 이 두 구분법은 거의 체계적으로 상호 대응하는 것으로 보인다. 즉 한국 아기말의 1. '위해로부터의 조심과 보호'의 말들은 Ferguson의 Ⅴ. '특성'의 범주에 속할 것이다. 한국 아기말의 2. '먹을 것 및 먹는 행동'에 대한 말들은

4) Ferguson의 첫 연구(1964: 109)에서는 아기말 어휘가 일반적으로 4개의 의미범주로 구성되는 것으로 보았다. 즉 (1)친척호칭, (2)신체 부위 및 신체적 기능, (3)기본적 '특성', 그리고 (4)동물 및 놀이의 네 범주이다.

Ferguson의 Ⅲ. '음식'의 범주에 해당할 것이다. 한국 아기말의 3. '신체적 기능'에 대한 말과 4. '옷 및 관련 행동'에 대한 말들은 Ferguson의 Ⅱ. '신체 부위 및 신체적 기능'의 범주에 속할 것이다. 한국 아기말의 6. '훈련 및 놀이'에 관한 말들은 Ferguson의 Ⅵ. '유아의 놀이' 범주에 그대로 대응할 것이다. 한국 아기말의 7. '동물 명칭'의 말들도 Ferguson의 Ⅳ. '동물의 이름' 범주에 그대로 대응할 것이다. 그리고 한국 아기말의 8. '친척호칭'의 말들은 Ferguson의 Ⅰ. '친척 및 기타 호칭'의 범주에 속할 것이다. 문제는 한국 아기말의 5. '신체적 접촉'에 관한 말들인데, 이 어휘들은 Ferguson식의 구분법으로 하면, 일부분은 Ⅱ. '신체 부위 및 신체적 기능'의 범주에 속할 것이고, 그리고 나머지 부분은 Ⅵ. '유아의 놀이'의 범주에 속할 것으로 생각된다. 마지막으로 Ferguson에게서 또 하나의 가능한 범주인 '귀신'에 대한 말들은 한국의 아기말에서는 전혀 나타나지 않는 것으로 보인다.

이상을 정리하면, 한국의 아기말은 Ferguson의 보편적인 의미범주의 구분법에, 적어도 외형적인 범주 구분의 면에서는, 거의 그대로 일치하는 것으로 말할 수 있겠다. 이 두 구분법의 대응관계를 다시 한 번 요약하면 다음의 〈표 2〉와 같이 될 것이다.

위의 비교는 나아가 개별 의미범주의 구성면에서 한국의 아기말이 갖는 몇 가지 특성에 대한 추론을 또한 가능케 한다. 즉 한국의 아기말은, 물론 정확한 비교 수치를 제시하기는 어렵겠지만, Ferguson식의 구분법으로 말하면 '신체적 기능'(일련번호 (12)~(19)의 8개 어휘 및 (23)~(31)의 9개 어휘 중 수개의 어휘) 및 '유아의 놀이'(일련번호 (32)~(47)의 16개 어휘 및 (23)~(31)의 9개 어휘 중 수개의 어휘)에 대한 어휘가 상대적으로 발달한 것으로 보인다.[5] 반면에 '친척 및 기타 호칭'(일련번호 (54)~(55)의 그것도 특정 지역에서만 나타나는 2개 어휘) 그리고 '신체 부위'에 대한 명칭(앞의 목록에서는 전혀 나타나지 않음)은 상대적으로 저발달한 것으로 볼 수 있을 것이다. 또 부분적인 특성에 대한 것이기는 하지만, '음식'

5) 기존의 관련 연구에서 한국의 전통적인 유아 놀이는 많게는 8개 정도가 보고되었는데(유안진 1983: 78-79, 1986: 218-229, 1990: 255-260 등), 그것은 앞의 목록에서의 일련번호 (23), (34), (35), (36), (37), (42), (46), (43) 또는 (45)의 8개 어휘에 정확히 대응하는 것들이다.

〈표 2〉 아기말의 의미범주

한국의 아기말	Ferguson의 보편적 구분
1. 위해로부터의 조심과 보호 (어휘수 6개)	Ⅴ. 특성
2. 먹을 것 및 먹는 행동 (어휘수 5개)	Ⅲ. 음식
3. 신체적 기능 (어휘수 8개)	
4. 옷 및 관련 행동 (어휘수 3개)	Ⅱ. 신체 부위 및 신체적 기능
5. 신체적 접촉 (어휘수 9개)	
6. 훈련 및 놀이 (어휘수 16개)	Ⅵ. 유아의 놀이
7. 동물 명칭 (어휘수 6개)	Ⅳ. 동물의 이름
8. 친척 호칭 (어휘수 2개)	Ⅰ. 친척 및 기타 호칭

에 대한 어휘도 우리의 경우 그리 발달한 것 같지 않으며(가령 Ferguson 1977: 221 참조), Ferguson이 말하는 소위 '특성'에 대한 어휘도 우리의 경우는 위험한 것에 대한 금지의 표현만 나타나지 다른 언어들에서처럼 good이나 bad 또는 little 등과 같은 범주의 어휘들은 전혀 발달하지 않았음을 본다(Ferguson 1964: 107-108 참조).

이제 한국의 아기말에서 특히 저발달한 것으로 나타나는 '친척 및 기타 호칭' 그리고 '신체 부위' 명칭에 대해 좀 더 생각해 보기로 하겠다.

먼저 위의 목록에서는 아기말로만 쓰이는 특이한 신체 부위 명칭은 전혀 나타나지 않는다. 그런데 부산 동래 지역에서 남자 아기의 생식기를 '꼬치'(서울말의 '고추')라는 말로 흔히 가리키는데, 아마도 이 말은 '잠지'와 함께 우리 사회에서 널리 쓰이는 표현일 것이다. 그러나 이 말을 아기말 중의 하나로 보기는 어려울 것 같은데, 그 주된 이유는 이 말을 어른이 아기에게 능동적으로 그리고 의도적으로 가르쳐주지는 않기 때문이다. 다시 말하여 이 말은 아기들에게 널리 사용하기는 하지만(그렇다고 해서 어린 유아들에게만 사용하는 말도 아님), 아기말의 한 갈래이기보다는 문화적 금지(taboo)에 따른 완곡적 표현(euphemism)인 것으로 보는 것이 아마도 맞을 것 같다.

친척호칭 및 기타 호칭이 우리의 아기말에서 그리 잘 발달하지 않았다는 사실은 비교문화적으로 어쩌면 놀랄만한 일일 것이다. 왜냐하면 가령 Sapir(1929)가 보고한 Nootka어의 아기말 총 13개 어휘 중 5개가 친척용어이고, 또 Casagrande (1948)가 보고한 Comanche어의 아기말 총 52개 어휘 중 12개가 친척용어이기 때문이다. 뿐만 아니라 Ferguson(1977: 220)도 "… 최소한 아기나 부모, 조부모에 대한 호칭은 [아기말에서] 보편적인 듯 하다"고까지 말하고 있음을 본다.

현대 한국 사회의 경우 '엄마'와 '아빠'는 분명 아기들이 가장 먼저 배우는 말 중의 하나일 것이다. 그런데 앞의 목록에서 나타나듯이 필자의 조사 지역 네 곳 중 중국 요령성을 제외하고는 그 어디에서도 '엄마'와 '아빠'에 상응하는 아기말 어휘가 발견되지 않는다. 보다 본격적인 연구가 물론 필요하겠지만, 필자의 비공식적 조사로는 서울을 비롯한 중부 지역 일원에서도 과거에는 '엄마'와 '아빠'를 쓰지 않은 것으로 보고된다. 그러면 오늘날 전국적으로 거의 표준형으로 사용되는 이 '엄마'와 '아빠'는, 그것이 과거의 아기말에서 연원한 것이 아니라면 어디에서부터 연원한 것일까? 잘 알려진 Jakobson의 아기가 배우는 첫 단어의 보편적인 형태에도 정확히 부합하는 이 두 말의 연원은 적어도 현재의 단계에서는 커다란 미스터리로 남을 수밖에 없겠다. 그러나 앞의 아기말 목록은 우리 사회에서 적어도 한 지역 즉 평북 북부 지역에서만은 과거부터 아기말의 하나로서 '옴메'와 '아빼'가 사용되어 왔음을 증언해 주고 있다고 하겠다.[6]

---

6) 여기서 '엄마'와 '아빠'의 확산 시기에 대해 간략히 언급해 둘 필요가 있겠다. 이 두 말이 널리 쓰이기 시작한 것은 아마도 20세기 후반에 들어서 일 것이다. 먼저 '엄마'가 '어머니'를 대치하여 널리 쓰이기 시작하였고, 일정한 시차를 둔 뒤 '아빠'도 '아버지'를 대치하여 널리 쓰이기 시작한 것으로 생각된다. 그리하여 가령 필자의 세대는 대체로 '엄마'는 어려서 배워 썼지만 '아빠'는 종내 써보지를 못하였다. 일반적으로 말하여, 필

여기서 논의를 보다 단순화시켜, 일반 호칭은 물론이고 친척호칭마저도 우리 사회에서 아기말 어휘로는 잘 발달하지 않았다면 이는 어떻게 설명할 수 있을까? 아마도 가능한 답 한 가지는, 한국 사회에서의 친척관계는 기본적으로 수직적, 위계적 관계이기 때문에 일종의 '애칭'(愛稱)으로도 이해할 수 있는 아기말의 특수 어휘마저도 우리 사회에서는 문화적으로 용인되지 않았던 것으로 일단 추측해 볼 수가 있을 것이다. 어쨌든 친척용어가 거의 발달하지 않았다는 사실은 한국의 아기말이 의미 차원에서 갖는 주요한 특색 중의 하나가 될 것이고, 이에 대한 보다 본격적인 경험적 연구가 앞으로 개척되어야 할 것으로 생각된다.[7)]

2) 음운 · 형태적 특성

이제 한국의 아기말이 갖는 일반적인 음운 · 형태적 특성들을 검토해 보기로 하겠다. 그런데 체계적인 분석 결과를 얻기 위해서는 네 조사 지역의 아기말 어휘 전부를 분석 대상으로 삼기보다는, 그 중 한 지역의 것만을 분석 대상으로 삼는 것이 보다 효율적일 것으로 생각된다. 여기서는 상대적으로 깊이 있는 조사가 이루어진 부산 동래 지역의 자료를 그 대상으로 선정하기로 하겠다. 〈표 1〉에서 나타나듯이 동래 지역에서 수집된 아기말 어휘는 모두 47개 항목의 어휘들로

자의 윗세대(대체로 10세 이상 연상인 세대)는 '엄마'도 잘 써보지 못한 세대인 것 같고, 반면에 필자의 아랫세대(대체로 10세 이상 연하인 세대)는 '엄마'뿐 아니라 '아빠'도 자유롭게 배워서 사용한 세대인 것으로 보인다. 물론 여기에는 당연히 예외 또는 변이도 있는데, 가령 함양군 개평리의 필자와 동일 연령대의 한 남성 제보자는 '아빠'는 말할 것도 없고 '엄마'도 어려서 써보지 못하였다고 말하였다. 아마도 반촌 특유의 보수적인 분위기 때문에 '엄마'라는 새 어휘의 확산이 이 마을에서는 매우 늦게 이루어졌기 때문일 것으로 짐작된다.

7) 확실하지는 않지만, 아기말 친척용어가 더 있었을 개연성도 생각해 볼 수 있겠다. 가령 서부 경남 일원에서는 어린 여동생이 언니를 '엉가야'로 그리고 어린 남동생이 누나를 '잉야'로 흔히 부른다. 과거에는 이들 화자가 나이가 들면 각각 '성아'와 '누부야'로 호칭을 바꾼 것으로 알고 있다. (충북 청주 지역에서도 '엉가'에 대응하는 말인 '엉아'가 과거에 쓰였던 것으로 들었다.) 여기서의 '엉가'와 '잉'이 유년 시절에 형제자매간에 쓰던 정의적(emotional) 호칭임에는 틀림없는 것 같은데, 이 말들이 혹시 아기말로 원래 습득되어 유년시까지 계속 사용되었던 것은 아닌지 하는 의구심이 든다.

구성된다.

그런데 형태적 · 음운적 차원에서의 특성들을 검토하기에 앞서, 먼저 이 아기말 어휘들의 단어 형성 과정 또는 어원을 찾아보는 작업이 필요할 것이다. 물론 모든 아기말 단어들의 어원을 명료히 찾아낼 수는 없겠지만, 추정 가능한 범위까지 그것의 어원을 일단 생각해 보기로 하겠다. 아래에서의 일련번호는 모두 〈표 1〉상의 일련번호 그대로이다.

(1) 이비: 어원을 알 수 없음.

(2) 지지: 어원을 알 수 없으나, 여기서의 '지'가 '지저분하다'의 '지'와 같은 말일 가능성이 있어 보인다.

(3) 디/디디: '데다'의 이 지역 방언형이 '디다'인데, 아마도 이 말은 '디다'의 '디'에서 만들어진 것 같다.

(4) 패/애패: '패'는 아마도 입 속에 든 것을 밖으로 뱉어낼 때의 소리를 형상화한 것 같다.

(5) 아야(하다): '아야'는 아픔 또는 신음의 소리를 형상화한 것일 게다.

(6) 호(오)(하다): '호(오)'는 입김을 내뿜는 소리를 형상화한 것 같다.

(7) 맘마: 이 말은 아마도 '먹다'의 '머'에서 만들어진 단어로 보인다.

(8) 빠빠: '밥'의 '바'에서 만들어진 단어로 보인다.

(9) 찌지: 이는 일본어 chichi의 차용어일 것이다.

(10) 암: 어원을 알 수 없으나, '암죽'의 '암'과 연관될 가능성도 있어 보인다.

(11) 까까: '과자'의 이 지역 방언형이 '까자'인데, 이 말은 '까자'의 '까'에서 만들어졌을 것이다.

(13) 자장자장: '자장'은 '자다'의 '자' 또는 그것의 청유형인 '자자'에서 만들어졌을 것이다.

(14) 잠마잠마: '잠마'는 '잠'에서 만들어졌을 것이다.

(15) 넨네: 이는 일본어 nenne의 차용어일 것이다.

(16) 시(이): 오줌이 떨어지는 소리 또는 물소리를 형상화한 것으로 보인다.

(17) 애/애애: 이 말은 용변을 보기 위해 용쓰는 소리를 그대로 옮긴 것 같다.

(18) 흥(하다): '흥'은 콧속에 든 것을 밀쳐내기 위해 공기를 세게 내뿜는 소리를 형상화한 것일 게다.

(19) 아(아)(하다): 기본 모음 중 입을 가장 크게 벌리는 소리가 '아'이므로, 이 말은 아마도 이러한 모음의 발성 원리에서 나온 것 같다.

(20) 고까: 어원을 알 수 없음.

(21) 속속: 이 말은 팔다리를 쉽게 집어넣는 모양을 가리키는 서울말의 '쏙쏙'에 해당한다.

(22) 숙숙/술술: '숙숙'은 팔다리가 잘 빠지는 모양을 가리키는 말인 '쑥쑥'일 것이고, '술술'은 무언가 막힘이 없이 잘 풀려나오는 모양을 가리키는 '술술'일 것이다.

(23) 까꿍: 어원을 알 수 없음.

(25) 뽀뽀: 확실하지는 않지만, 여기서의 '뽀'가 '볼'의 '보'와 관련될 가능성이 있어 보인다.

(26) 따찌/애찌: 어원을 알 수 없으나, '따찌'의 '따'가 '때리다'의 '때'와 연관될 가능성도 있어 보인다.

(27) 맴매: 이 말은 '매'에서 만들어졌을 것이다.

(28) 앙(하다): 이 '앙'은 짐승이 무엇을 물려고 할 때 내는 소리를 형상화한 것으로 보인다.

(29) 어부바/부바/어빠: '어부바'는 '업다'의 '업'에서 만들어졌을 것이고, '부바'와 '어빠'는 '어부바'의 변형일 것이다.

(30) 어(어)(가다): 어원을 알 수 없음.

(31) 띠띠: 차의 경적 소리를 형상화한 말일 것이다.

(32) 쭉쭉: 이는 다리를 곧게 편안히 펴는 모양을 가리키는 '쭉'일 것이다.

(33) 엉금엉금: 이는 느리게 기는 모양을 가리키는 '엉금엉금'일 것이다.

(34) 도래도래: 이는 서울말로는 '도리도리'이고 또 서울말에는 '도리질'이라는 표현이 있지만, 원래는 '돌리다'에서 만들어졌을 것으로 짐작된다.

(35) 쪼막쪼막: 이 말은 작은 주먹을 가리키는 '조막'의 반복어일 것이다.

(36) 짝짜꿍 (짝짜꿍): 확실하지는 않지만, 여기서의 '짝'이 쌍을 가리키는 '짝' 또는 손뼉이 부딪히는 소리를 형상화한 것으로 추측된다.

(37) 진진: 어원을 알 수 없음.

(41) 헐레헐레: 확실하지는 않지만, 숨을 가쁘게 내몰아 쉬는 모양을 가리키는 말인 '헐레벌떡'의 '헐레'와 연관될 듯싶다. 즉 숨이 가빠 힘 빠진 모양처럼 힘을 뺀 채로 팔 운동을 하는 것을 이 말이 가리키게 된 것이 아닌가 한다.

(42) 불미불미: 어원을 알 수 없음.

(43) 섬마섬마/섬바섬바: '섬마' 또는 '섬바'는 '서다'의 '서'에서 만들어졌을 것이다.

(45) 따리섬마/따리섬바: 이 말은 '따로'의 방언형인 '따리'와 '섬마' 또는 '섬바'가 결합된 말이다.

(46) 꼰지꼰지: 어원을 알 수 없음.

(47) 걸음마 (걸음마): 이는 '걸음'에서 만들어진 말일 것이다.

(48) 멍멍: 개 짖는 소리를 형상화한 말일 것이다.

(49) 엄마(아): 소 우는 소리의 형상화일 것이다.

(50) 꿀꿀: 돼지 우는 소리의 형상화일 것이다.

(51) 아웅: 고양이 우는 소리의 형상화일 것이다.

(52) 꼬꼬: 닭 우는 소리의 형상화일 것이다.

(53) 매(애)/음매(애): 염소 우는 소리의 형상화일 것이다.

위의 어원 추정 결과를 대체로 정리해 보면, 동래 지역의 아기말 어휘는 여섯 부류로 일단 나눌 수 있겠다. 즉 (1)어원이 미상인 말(일련번호 1, 10, 20, 23, 26, 30, 37, 42, 46의 9개 어휘), (2)어원이 미상이지만 부분적인 추정이 가능한 말(일련번호 2, 25, 36의 3개 어휘), (3)넓은 의미에서의 의성어에서 기원한 말(일련번호 4, 5, 6, 16, 17, 18, 19, 28, 31, 48, 49, 50, 51, 52, 53의 15개 어휘), (4)통상적인 어른말에서 그것의 의미가 부분적으로 바뀐 말(일련번호 21, 22, 32, 33, 35, 41의 6개 어휘), (5)어른말에서 형태적 변형을 거쳐 파생된 말(일련번호 3, 7, 8, 11, 13, 14, 27, 29, 34, 43, 45, 47의 12개 어휘), (6)최근에 차용된 외래어 어휘(일련번호 9, 15의 2개 어휘).

그런데 위의 구분은 다시 네 부류의 보다 일반적인 구분으로 단순화될 수 있을 것으로 보인다. 즉 위의 (1)과 (2)는 물론 미세한 차이는 있겠지만, 대체로 어원이 불분명한 어휘들의 집합일 것이다. 그리고 (4)는 일반적으로 의태어의 영역에 속하는 말들이므로, (3)과 (4)를 합쳐 광의의 의성어 및 의태어에서 기원한 말로 묶을 수 있을 것이다. 그러면 여기서 분석 대상인 아기말 어휘들은 그 구성의 면에서, 약 1/4(12개 어휘)이 어원 미상의 범주에 속하고, 절반 가량(21개 어휘)이 광의의 의성어 및 의태어에서 연원한 말들이고, 또 약 1/4(12개 어휘)이 어른말에서 형태적 변형을 거쳐 만들어진 아기말 특유의 어휘들이고, 그리고 소수의 예외적인 어휘(2개 어휘)가 일본어에서 차용된 말인 것으로 정리할 수 있겠다. 물론 분석 대상인 아기말 어휘의 집합이 완벽한 목록과는 거리가 있겠지만, 현 단계에서 잠정적인 일반화를 시도한다면, 한국의 아기말은 많은 숫자의 어휘가 의성 · 의태어에서 연원하였고, 상대적으로 적은 숫자의 어휘만이 '정상어' 즉 어른말에서 형태적으로 변형된 특수 어휘인 것으로 이해할 수 있겠다. 아마도 이 점은 비교문화적인 시각에서 볼 때 한국의 아기말이 그 구성의 면에서 갖는 주요 특성 중의 하나가 될 것으로 짐작된다.

아기말의 형태적 특성 한 가지가 반복(현상) 또는 반복어(reduplication)인 것은 이미 초기 연구에서부터 잘 알려진 사실이다. 따라서 Casagrande는 일찍이 아기말에서의 "반복(현상)의 보편성"(1948: 247)을 상정하였고, Ferguson도 반복이 "전세계적인 아기말의 특질"(1964: 109)인 것으로 파악하였다. 위의 목록에서 보면 한국의 아기말도 이 보편적인 경향에서 결코 예외가 아닌 것으로 드러난다. 반복 현상을 보다 넓게 보면, 분석 대상인 자료에서 9개 정도의 어휘(대체로 일련번호 5, 10, 18, 20, 23, 26, 28, 29, 51)를 제외하고는, 모두가 부분적이거나 (즉 단어의 부분적 반복) 또는 전면적인 (전체 단어의 반복) 반복어들이다. 따라서 수치상으로는 높게 보아 약 4/5 가량이 반복어로 구성되는, 다른 언어들보다 상대적으로 강한 반복(현상)의 경향이 위의 자료에서 나타난다. 특히 아기의 신체적 발달과 관련되는 '훈련 및 놀이'의 말(일련번호 32~47의 어휘들)은 모두가 반복어로 구성되는 특색을 보여준다.

아기말의 형태 분석에서 빼놓을 수 없는 사항은 특이한 아기말 어휘를 구성하는 소위 지소형(diminutive) 접사 또는 애칭형(endearing 또는 hypocoristic) 접사(Casagrande 1948: 246, Ferguson 1964: 106, 1977: 224-225 등)의 발견일 것이다. 그런데 한국 아기말의 경우 지소형 또는 애칭형 접사가 외형상으로는 그리 발달하지 않은 것으로 보이는데, 이는 앞서 언급한 어른말에서 형태적으로 파생된 아기말 어휘의 숫자가 상대적으로 많지 않은 사실과 바로 연관될 것이다. 그러나 정상어에서 파생된 아기말 어휘 중 몇 사례는 '숨겨진' 지소형 또는 애칭형 접사의 발견을 가능케 한다. 즉 일련번호 (7)'맘마', (14)'잠마', (27)'맴매', (43)과 (45)의 '섬마', 그리고 (47)'걸음마'에서 형태소 '－(ㅁ)마'가 추출될 수 있을 것인데, 적어도 주어진 자료의 범위 내에서는 이 '－(ㅁ)마'가 한국어에서 특이한 아기말 어휘를 형성하는 지소형 또는 애칭형 접미사인 것으로 보인다.[8] 물론 아기말 어휘를 특징지우는 또 다른 지소형 또는 애칭형 접사의 존재 여부는 앞으로 계속 추적되어야 할 것이다.

이제 한국 아기말의 음운적 특성에 대한 검토로 넘어가기로 하자. 먼저 기존의 연구에서 잘 알려진 사실 한 가지는 광범위한 음운 대치(phonemic substitution) 현상(Casagrande 1948: 246-247, Ferguson 1964: 105-106)이다. 즉 "보다 어렵고 복잡하고 유표적인 소리에서 보다 쉽고 단순하고 덜 유표적인 소리로의 대치"(Ferguson 1977: 216) 현상이 아기말에서는 널리 일어나는 것으로 보고된다. 그런데 이 음운 대치 현상이 우리가 분석하고 있는 위의 자료에서는 거의 나타나지 않는 것으로 보인다. 한국의 아기말에서 음운 대치 현상이 발달하지 않았는지

---

8) 여기서 이 '-(ㅁ)마'와 근래 들어 크게 발달한 말인 '엄마', '아줌마' 등과의 연관성도 생각해 볼 수 있겠다. 그런데 위의 목록 중 (29)'어부바'/'부바'/'어빠', 그리고 (43) 및 (45)의 '섬바'에서 접미사 '-(ㅁ)바'의 추출 가능성도 생각해 볼 수 있겠으나, 어휘 숫자가 너무 한정되어 일단 유보하기로 하겠다.

의 여부는 물론 계속 추적되어야 할 사항이겠지만, 현재의 단계에서 보면, 이 음운 대치 현상의 미발달 또는 결여는 지소형(또는 애칭형) 접사의 저발달과 함께 한국 아기말의 어휘 형성상의 주요 특색을 이루는 것으로 보인다.

다음으로 앞선 연구들은 아기말에서 사용되는 음소가 대체로 "단순"하고 "보다 기본적인" 자음 그리고 "소수의" 모음 또는 소위 "기본"(cardinal) 모음으로 구성되는 것으로 분석하였다(Casagrande 1948: 247, Ferguson 1964: 109). 이 경향은 일반적인 수준에서는 한국의 아기말에서도 대체로 마찬가지일 것으로 짐작된다.

그런데 위의 자료에 대한 일차적 검토에서 한 단계 더 진전된 추론이 가능해 보인다. 즉 위의 아기말 자료에서 초성 자음의 경우 그 분포의 면에서 ㅁ과 ㄲ이 가장 많이 나타나고, 다음으로는 ㅅ, ㅈ, ㅉ이 많이 나타나며, 그 다음으로는 ㅂ, ㅃ 등이 나타난다. 대신에 단 한 사례 나타나는 ㅍ을 제외하면 여타 유기음(ㅋ, ㅌ, ㅊ)은 전혀 나타나지 않는다. 그런데 초성 자음의 이 분포 경향은 놀랍게도 이인섭(1986: 81-92)이 정리한 한국어 자음 습득의 개략적 순서와 상당 부분 일치하는 것으로 보인다. 즉 이인섭에 의하면 아기의 자음 습득에서 가장 먼저 출현하는 것은 ㅁ이고, 그 다음이 ㅃ과 ㄲ이며, 그 다음으로 ㅂ, ㅈ, ㅅ 등이 나타난다고 한다. 대신에 유기음 ㅋ, ㅌ, ㅍ, ㅊ은 대체로 늦은 시기에 출현하는 것으로 보고 한다.

그렇다면 여기서 한 가지 가설적 추론, 즉 아기말 어휘에서의 초성 자음의 분포 경향과 통상적인 아기의 자음 습득 순서 간에는 일정한 상관관계가 있을 개연성을 생각해 볼 수 있겠다. 달리 말하여 아기말에서 높은 빈도로 나타나는 초성 자음의 분포 순위와 아기의 언어 습득 과정에서 먼저 출현하는 자음의 순서 간에는 대체적인 일치관계가 나타날 개연성을 생각해 볼 수 있을 것이다.

위의 아기말 어휘를 구성하는 모음으로는 이 지역 방언의 단모음 6개가 모두 나타난다. 즉 '이', 'E(에/애)', 'Ǝ(으/어)', '우', '오', '아'가 모두 실현되지만, 그 중에서 가장 많이 나타나는 것은 '아'이고, 다음이 '이'이며, 그 다음으로는 'Ǝ', '우', '오'가 비슷한 수치의 분포를 보여준다. 앞서 인용한 이인섭(앞의 책)의 연구에서는 한국의 아기들이 가장 먼저 배우는 모음은 '아'와 '어'인 것으로 보고하고 있지만(아마도 여기서 '어'의 경우는 오늘날 '엄마'라는 단어의 조기 사용 때문인 듯하다), 일반적으로는 i도 a와 함께 가장 먼저 습득하는 모음인 것으로 알려져 있다(Munroe and Munroe 1975: 52). 따라서 모음의 경우에도 위의 가설적 추론이 대체로 적용될 수 있을 것으로 생각된다.

정리하면, 아기말에서 사용되는 음소가 보다 '단순'하고 보다 '기본적'인 자모음으로 구성된다는 일반적인 진술을 넘어서서, 한국 아기말의 경우에는 보다 특화된 또는 보다 구체적인 가설적 진술이 가능할 것 같다. 즉 아기말을 구성하는 주요 음소는 대체로 언어 습득 과정에서 비교적 초기에 습득하는 음소들로 구성될 가능성이 매우 높다는 것이다. 물론 위의 제한된 자료에서는 모음보다는 초성 자음의 경우에서 이 가설적 진술이 더 잘 맞아 들어가는 것으로 보인다. 어쨌든 차후의 보다 본격적인 한국어 습득 과정에 대한 경험적 연구와 그리고 보다 확장된 아기말 어휘의 수집에 의해 이 가설적 추론의 타당성 여부가 가려질 수 있을 것으로 생각된다.

다음으로 Ferguson(1964: 109-110)에 의하면 아기말에서 가장 흔히 나타나는 음절 구조는 CVC이고 다음이 CVCV인 것으로 보고된다. 그런데 우리의 경우에는 CV가 가장 많고 다음이 CVC이고 V는 아주 제한적으로만 나타난다. 이 음절 구조의 분포적 특성이 어떠한 언어적 그리고 사회문화적 함의를 가지는지는 명확하지 않다. 그러나 음절수의 면에서 절반을 훨씬 넘어서는 숫자가 종성 자음은 없이 끝나는데(즉 CV와 V), 이는 분명히 유아의 입장에서의 발음의 용이성의 측면과 연관될 것으로 믿어진다.

마지막으로 종성 자음을 가진 음절(CVC)의 경우, 그것은 ㅁ, ㄴ, ㄹ, ㄱ, ㅇ의 5개 소리로만 구성되는데 분포 빈도의 면에서는 ㅇ이 가장 많고 다음으로 ㅁ과 ㄱ이 많이 나타난다. 여기서 ㄱ을 일단 제외하면, 아기말의 주요 종성 자음으로 ㅇ과 ㅁ이 많이 나타나는 것은, 아마도 이 두 소리가 모두 비음이고 따라서 일반적으로 '맑고 부드러운' 청각 인상을 전달해 주는 음성 상징(sound symbolism)의 특성과 연관될 것으로 추측된다.

5. 유아의 언어 발달과 아기말의 사용

아기말은 우리 사회에서도 말, 즉 '정상어'를 제대로 배우기 전 단계의 어린 유아에게 최소한의 의사소통을 위해 잠정적으로 쓰는 특수한 말이다. 이 아기말을 어린 유아에게 왜 쓰느냐는 질문에 제보자들은 한결같이 '예전부터 그렇게 해 오던 것이기 때문'이라는 일반적인 답만을 하였다. 이는 어느 사회에서나 들을 수 있는 문화적 관습(cultural customs)에 대한 통상적인 설명 방식일 것이다.

물론 필자의 조사는 실제적인 아기말의 사용 장면을 미시적으로 관찰하는 체계적인 경험적 연구는 아니었다. 따라서 아기말의 사용상의 특성을 구체적으로 찾아낼 수준의 연구와는 일정 정도 거리가 있을 것이다. 그러나 아기말의 주요한 위상은 아동, 즉 유아의 언어 발달 또는 언어 사회화의 맥락 속에서 제대로 이해될 수 있을 것이고, 나아가 유아의 언어 발달은 전체적인 신체적 · 인지적 발달의 맥락 속에서 제대로 이해될 수 있을 것으로 보인다. 따라서 여기서는 한국 아동의 초기의 발달 과정과 관련하여 아기말의 사용 측면을 개략적이나마 살펴보기로 하겠다.

먼저 어느 사회에서나 유아는 보편적인 신체적 · 인지적 발달 단계를 거쳐 성장하지만(조복희 · 정옥분 · 유가효 1989, 유안진 1999, 이옥형 2002 등), 동시에 개별 사회에 따라 그것의 구체적인 양상은 부분적으로 다를 수 있을 것이다(Read 1968, Middleton 1970, LeVine 1974, Munroe and Munroe 1975, Barnouw 1985 등). 특히 유아의 발달 단계에 대한 문화내적(emic) 시각에서의 지각 양식은 개별 사회에 따라 상당한 정도로 다를 것으로 보인다. 그런데 한국 아동의 초기 발달 또는 초기 사회화 과정에 대한 지금까지의 연구는, 이러한 유아의 발달 단계에 대한 토착적인 민간 지식(folk knowledge) 또는 민속 모형(folk model)에 대한 관심과는 일정 정도 떨어져 있었던 것으로 보인다.

한국 사회에서는 전통적으로 아동의 초기 발달 과정을 어떠한 단계들로 구분 짓고 인지해 왔을까? 다시 말하여 유아의 발달 과정을 어떠한 단계들의 연속체로 이해해 왔을까? 보편적인 유아의 발달 단계 중 어떤 단계들을 상대적으로 중시하여 독립된 범주로 구분 짓고 이에 대한 토착적 명칭을 부여해 왔을까? 이 질문들에 대한 일차적인 조사의 결과는 대략 다음의 〈표 3〉과 같이 정리될 수 있다. 즉 임의로 추출된 네 지역의 제보자들을 나름대로 심층 면접한 결과 지역에 따라 약간의 변이는 있지만, 아동의 초기 발달 단계에 대한 대체로 일치된 단일한 민속 모형을 발견할 수 있었다. 이는 아마도 유아의 발달 단계에 대한 우리 사회의 전통적인 인지 또는 지각 모형이 될 것으로 생각된다.

〈표 3〉 한국 유아의 발달 모형

단계 구분	조사 지역			
	부산 동래	함양 개평리	전북 전주	충북 청주
1	배속질 한다	배속짓 한다	배내짓 한다	배냇짓 한다
2	엉가리 한다	옹얼이 한다	옹알이 한다	옹알이 한다
3	사실 한다	새설 한다	새살 한다	·
4	디빈다	엎친다	뒤집는다	엎친다
5	배밀래기 한다	배밀이 한다	배밀리기 한다	배밀이 한다
6	긴다	긴다	긴다	긴다
7	(일어나) 앉는다	앉는다	(일어나) 앉는다	앉는다
8	선다	선다	선다	따로따로 한다 /선다
9	자죽 띤다 /걷는다	걷는다	걷는다	걸음마 한다
10	말한다	말한다	말한다	말한다

위 표에서 어린 유아의 신체적 · 인지적 발달 단계는 모두 10 단계 정도로 구분 지어진다. 먼저 각 단계별로 주요한 행동상의 특성과 대략적인 발달 시기를 간략히 기술하기로 하겠다. 물론 각 단계마다의 대략적인 발달 시기는 개별 아기에 따라 약간씩 다를 수 있을 것이다. 그리고 각 단계를 가리키는 명칭은 편의상 부산 동래 지역의 것을 대표형으로 삼아 기술하기로 하겠다.

(1) '배속질 한다': 아기가 태어난 직후부터 하는 일련의 행동 양태를 포괄적으로 가리키는 말이다. 아기가 자면서 눈을 떴다 감았다 하기도 하고, 아기가 입을 씰룩이기도 하고, 웃기도 하고(때로는 껄껄거리는 소리를 내며 웃기도 함), 얼굴을 찡그리기도 하고, 눈물을 흘리기도 하고, 그리고 하품을 하기도 한다. 아기의 이러한 표정 변화 또는 행동상의 표현을 모두 어머니 뱃속에 있을 때 아기가 하던 '짓'을 태어난 뒤에도 계속 하는 것으로 생각하여, 이를 '배속질 한다'라고 부른다. 뿐만 아니라 이 '배속질'은 아기가 태어난 직후부터 다음 단계의 시작까지를 가리키는 아기의 첫 발달 단계에 대한 명칭이기도 하다.

(2) '엉가리 한다': 아기의 입에서 '옹' (또는 '엉')하는 초기 발성이 들리기 시작하는 단계를 말한다. 이 '엉가리'의 단계는 흔히 아기가 사람을 쳐다보고 사람을 알아보기 시작하는 단계인 것으로 생각한다. 이 '엉가리'의 시기는 대체로 '막칠'(생후 49일)에서부터 '백날'(백일) 전의 시기에 시작하는 것으로 본다.

(3) '사실 한다': 아기가 만들어내는 발성, 즉 소리의 형체가 보다 분명해지는 단계이다. 아기가 혼자서 무엇을 중얼거리는데 어른이 그 말을 알아듣지는 못하지만 아기가 무슨 말을 한다는 느낌을 갖게 된다. 다시 말하여 아기가 나름대로 자신의 의사표현을 하는 단계인 것으로 흔히 생각한다. 함양군 개평리에서는 "아이구 이제 아기가 사람 알아보고 새설(을) 한다"는 표현을 흔히 쓴다. 이 '사실'의 단계는 '엉가리'가 끝나는 시점인 생후 약 5~6개월 때에 시작하는 것으로 본다.

그런데 이 '사실 한다'는 말이 위 표에서 나타나듯이 충북 청주 지역에서는 보고되지 않는다. 청주 출신의 제보자는 앞의 '엉가리'와는 다른 언어 발달의 단계가 이 시기의 유아에게 나타난다는 사실을 분명히 인지하였다. 그러나 이러한 언어 발달의 단계를 가리키는 명칭, 즉 민간 표현은 들어보지 못하였다고 하였다. 필자의 비공식적 조사로는 서울 지역에서도 이 '사실'에 해당하는 말은 없는 것으로 보인다. 형태상으로는 서울말로 '사설'(辭說?)이 될 것 같은데, 잠정적인 생각이긴 하지만, 이 '사실'이라는 표현이 남부(영호남) 지역에서는 사용되어온 반면 의아스럽게도 중부 지역에서는 사용되어오지 않은 것으로 일단 가정할 수 있겠다.

(4) '디빈다': 아기가 누운 상태에서 스스로 몸을 뒤집어 엎드리는 자세로 바꾸

는 것을 말한다. '디비는' 시기는 '사실'을 한 뒤로 대체로 생후 7~8개월경이다.

(5) '배밀래기 한다': 아기가 배를 바닥에 붙인 채로 두 팔과 배로만 앞으로 기어 나가는 것을 말한다. 그러나 아기에 따라서는 이 단계를 거치지 않고 (4) '디빈다'에서 바로 (6) '긴다'의 단계로 나아가기도 한다. '배밀래기'의 시기는 '디비는' 단계 바로 직후에 나타난다.

(6) '긴다': 아기가 무릎을 세워 두 팔과 두 무릎으로 기는 것을 말한다. 통상 '배밀래기'를 하자마자 바로 '기기' 시작한다.

(7) '(일어나) 앉는다': 아기가 상체를 세워 혼자 앉는 것을 말한다. '긴다'의 단계와 거의 동시에 나타나는데 대체로 생후 9개월쯤이면 아기는 '(일어나) 앉는다'.

(8) '선다': '서는' 것은 일반적으로 두 하위 단계로 구분되어 인지된다. 즉 동래 지역의 경우 '잡고 선다'와 '혼자서 선다'로 구분하고, 개평리의 경우는 '붙잡고 선다'와 '따로 선다'로 구분한다. 전자는 아기가 보호자의 손이나 (벽 같은) 다른 단단한 물체에 기대어 서는 것을 말하고, 후자는 아기가 혼자 힘으로 스스로 일어서는 것을 말한다. 대체로 생후 10개월쯤이면 아기는 '선다'.

(9) '자죽 띤다' 또는 '걷는다': 아기 혼자서 걷는 것을 가리킨다. 여기서 '자죽 띤다'는 말은 중부 지역어로는 '(발)자국 뗀다'가 된다. 대체로 돌을 지나 약 12~13개월경에 아기는 '자죽'을 '띤다'.

(10) '말한다': 아기가 말을 시작하는 단계를 가리킨다. 대체로 약 두 돌 경이면 아기는 '말(을) 하는' 것으로 지각된다.[9)]

---

9) 여기서 아기의 성장과 관련하여 초기의 훈육 과정에서 중요한 몇 관습들의 대체적인 시행 시기에 대해 보고해 두도록 하겠다. 우리 사회의 전통적인 육아방식에서는 (특히 동래 지역의 경우) '오줌을 가리는 것'은 빨라도 18개월이 지나서 시작했고, '똥을 가리는 것'은 대체로 두 돌이 지난 후에 시작했다고 한다. 비교문화적으로 대체로 늦게 배변 훈련(toilet training)을 시키는 문화가 될 것이다. 한편 '이유'의 시기는 일정하지 않았는데 그것은 아우가 언제 태어나느냐는 문제와 바로 연관되기 때문이었다. 즉 아우가 일찍 태어나면 일찍 젖을 떼어야 했고 아우가 늦게 태어나면 비교적 오랫동안 젖을 먹일 수 있었다. 심한 경우 막내로 태어나면 흔히 네 돌이 지나서까지도 어머니 젖을 계속 먹었다고 한다. 그러나 일반적으로 말하여 우리의 육아방식은 이유를 대체로 늦게 행하는 문화가 될 것으로 믿어진다.

이제 위의 한국 유아의 발달 모형이 보여주는 몇 가지 특징 및 그것이 갖는 문화적 중요성에 대해 생각해 보기로 하겠다. 먼저 위의 구분 방식에서 10 단계로 나누어진 각 발달 단계는 (1)'배속질 한다'를 제외하면 모두가 특정의 신체적 발달이나 언어적 발달을 가리키는 범주 및 명칭들이다. 이는 바꾸어 말하면 유아의 성장에 대한 우리의 전통적인 시각이 아기의 신체적 발달과 언어적 발달에 그 초점이 맞추어져 있음을 반영하는 것이 될 것이다. 또 위의 구분 방식은 아기의 출생 이후 대체로 첫 돌 경까지의 신체적, 언어적 발달을 구분 짓는 데에 그 강조점이 주어져 있는 모형일 것이다. 특히 (4)'디빈다'에서 (9)'자죽 띤다' (또는 '걷는다')까지의 신체적 발달 과정은 상대적으로 중시되어 세밀한 구분이 이루어지고 있는 반면에, 아기가 '걷는' 단계 이후의 신체적 발달(예를 들어 '달리는 것' 등)은 상대적으로 경시되어 독립된 발달 단계로 범주화되지 않고 있음을 볼 수 있다.

아기의 신체적 발달 단계에 대한 위의 우리의 전통적인 민속 모형은 잘 알려진 서양 사회의 그것과는 커다란 대조를 이루는 것으로 보인다. 즉 서양 사회의 경우 표준적인 발달 단계는 '앉기'(sitting)—'배밀이'(creeping)—'기기'(crawling)—'서기'(standing)—'걷기'(walking)—'쪼그려 앉기'(squatting)의 여섯 단계인 것으로 일반적으로 말해진다. 또 실제 서양의 유아는 대체로 이 순서대로 신체적 발달을 이루는 것으로 보고되어 왔다(Munroe and Munroe 1975: 28). 우리의 눈으로 보면 '배밀이'와 '기기'에 앞서 '앉기'를 먼저 시작하는 것이나, 또 우리가 독립된 발달 단계로 인지하지 않는 '쪼그려 앉기'를 중요한 발달 단계의 하나로 보는 것 등은 쉽게 이해하기 힘든, 그야말로 초기 사회화 과정에서의 두 문화 간의 중요한 차이점이 될 것이다. 동래 지역의 제보자들은 '쪼그려 앉기'에 대한 필자의 질문에, 그것은 아이들이 뒤에 '저절로 배우는 것'이고 용변 볼 경우 등을 제외하면 '그리 잘 하지도 않는 동작'인 것으로 그 가치를 낮추어서 말하였다.

신체적 발달과 함께 언어적 발달이 우리의 민속 모형에서 상대적으로 중시되는 측면은 어떻게 이해할 수 있을까? 아마도 이는 유아에게 일찍부터 말을 적극적으로 가르치려는 언어 사회화에 대한 우리의 문화적 가치관(cultural value)과 관련될 것으로 보인다. 즉 언어 사회화에 대한 지금까지의 비교문화적 연구는 유아의 언어 교육에 대한 상이한 문화적 가치관들이 개별 사회에 따라 존재함을 밝혀왔다. 그런데 다양한 가치관 중 서로 대(對)가 되는 두 극단은, 유아에게 부모나 다른 보육자가 말을 가르치려는 노력을 전혀 하지 않는 유형과, 반대로 유아에게 일찍부터 말을 가르치려는 적극적인 노력을 행하는 유형으로 나뉠 수 있다. 전자의 대표적인 사례로는 뉴기니아의 Kaluli 사회(Ochs and Schieffelin 1984, Schieffelin 1990)나 미국 남부의 흑인 노동계급 사회(Heath 1983, 특히 pp.73-112, 166-189, 190-211) 등을 들 수 있을 것이고, 후자의 대표적인 사례로는 아마도 미국의 백인 중산층 사회(Heath 1983, Ochs and Schieffelin 1984, Schieffelin and Ochs 1986a, 1986b)를 들 수 있을 것이다. 그런데 이 두 대표적인 유형 중 우리 사회가 전승해온 것은 말할 것도 없이 후자, 즉 유아의 언어 교육에 부모나 다른 보육자의 적극적인 역할을 중시하는 유형의 문화적 가치관일 것이다. 따라서 일반적인 추론이기는 하지만 유아의 언어 습득에 부모의 능동적인 교육 또는 역할을 중시하는 언어 사회화에 대한 우리의 전통적인 가치관과, 아기의 성장 과정에서 언어 발달을 상대적으로 중시하는 위의 민속 모형의 발달, 그리고 아마도 이 글에서 다루는 아기말의 상대적 발달 간에는 분명한 상호연관성이 있을 것으로 믿어진다.

또한 위의 민속 모형은 아기의 언어 발달과 관련하여 본격적인 언어 습득 단계(즉 (10)'말한다'의 단계) 이전에 2개의 전(前) 단계를 전통적으로 인지해 왔음을 밝혀준다. 즉 (2)'엉가리 한다'와 (3)'사실 한다'의 단계가 그것인데, 흥미롭게도 이 두 단계는 영어권에서 말하는 소위 'cooing'과 'babbling'의 구분(Farb 1973: 282-284, 이기동 · 김혜숙 · 김혜숙 1997: 282-283, Elliot 1981: 62-64 등)에 거의 그대로 일치하는 것으로 보인다. 물론 언어 습득론에서 'babbling의 시기'가 본격적인 말(speech sound)의 발달 시기와 대조되어 말을 배우기 이전의 모든 단계를 총칭하는 넓은 의미로도 쓰인다. 하지만 그 어느 경우든 babbling을 '옹알이'로 이해 또는 번역해온 국내학계의 그간의 시도는 잘못된 것으로 보인다. 물론 중부 지역어에서 '사실 한다'에 대응되는 범주의 명칭이 발달하지 않은 것으로 보이기는 하지만, 그래도 유아의 언어 발달에 대한 우리의 전통적인 지식체계에 보다 진지한 관심을 가졌어야만 했을 것이다.

이제 제보자들이 인지하는 아기의 언어 발달 과정과 아기말의 사용 시기에 대해 간략히 기술하기로 하겠다. 앞서 밝혔듯이 이 연구는 아기말의 사용 모습을 장기간에 걸쳐 직접적으로 관찰한 것이 아니므로, 여기서의 기술 내용은 매우 제한적이고 불완전한 것이 될 것이다.

그런데 부산 동래 지역의 제보자들은 아기의 구체적인 언어 발달 과정에 대한 필자의 질문에, 유아의 언어 발달은 앞의 '엉가리' 단계에 앞서 아기의 출생 직후부터 나타나는 '울음(소리)'에서부터 시작하는 것으로 보았다. 즉 '울음(소리)'의 단계를 지나 '엉가리'의 단계로 그리고 '사실'의 단계를 거쳐 '말'을 하는 단계로, 아기의 언어 발달이 이루어지는 것으로 보는 것이다. 이는 아마도 울음소리 자체를 발성의 시작인 것으로 보고 또 그것이 아기의 입장에서 일종의 의사표현인 것으로 보는 시각을 담고 있는 것으로 생각된다.[10)]

아기가 태어나서부터 시작하는 '울음(소리)'의 단계와 '엉가리'의 단계를 지나 '사실'의 단계가 되면, 이때부터 어머니나 다른 보육자가 어린 아기에게 아기말을 사용하기 시작한다. 앞의 〈표 1〉로 정리한 아기말 어휘는 모두 한꺼번에, 즉 동일한 시기에 아기에게 사용하는 것이 아니라, 아기의 발육 단계에 따라 필요한 말들을 순차적으로 사용하는 것이다. 가령 아기의 신체 동작과 관련되는 '훈련 및 놀이'의 말들(〈표 1〉상의 일련번호 (32)~(47)의 어휘들)은 거개 첫 돌 전에 신체적인 발육 단계에 따라 그때그때 사용하기 시작하는 말들이다. 여기서 개별 아기말 어휘의 사용 시기를 목록화하지는 못하지만, 많은 어휘가 돌 전에 사용하기 시작

---

10) 여기서 한 가지 필자의 지나친 확대해석일런지는 몰라도, 아기의 언어 발달에 대한 이러한 민간 지각은 과학적인 언어 발달의 구분 모형에 사실상 매우 근접하는 것으로 느껴진다. 가령 Stark(1979)은 생후 18개월까지의 vocal productions의 발달을 다음과 같은 다섯 단계로 구분하고 있는데(Elliot 1981: 62-63에서 재인용), 여기서 단계 3의 'vocal play'를 제외하면 우리의 민간 지식과 거의 유사함을 볼 수 있다:

"단계 1 (0~8주): reflexive crying and vegetative sounds
단계 2 (8~20주): cooing and laughter
단계 3 (16~30주): vocal play
단계 4 (25~50주): reduplicated babbling
단계 5 (9~18개월): non-reduplicated babbling and expressive jargon"

하는 것이고 나머지는 거개 돌이 지난 후에 순차적으로 사용하는 것들이다. 아마도 가장 늦게 두 돌 경에야 사용하기 시작하는 예외적인 말 중의 하나는 일련번호 (17)의 '애'/'애애' 같은 말일 것이다. 그런데 여기서 한 가지 주목할 만한 사실은 ('사실' 단계에서의) 어린 아기에게 아기말을 사용하기 시작하는 시점부터를 제보자들은 아기가 말을 배우기 시작하는 시점인 것으로 흔히 인지한다는 점이다. 이는 달리 말하면 아기말 사용의 주요 기능(function)이 아기와의 초보적인 의사소통뿐만 아니라, 아기에게 말을 가르치는 데에 또는 아기의 언어 발달을 촉진시키는 데에도 있음을 말해주는 것이 될 것이다.

아기가 만들어내는 첫 발성의 시기는 대체로 첫 돌 경 또는 그 직후인 것으로 제보자들은 인지한다. 뿐만 아니라 이 때 아기가 만들어내는 첫 단어는 '엄마' 또는 그것에 가까운 말인 것으로 흔히 어머니들은 말한다. 이 첫 발성을 만들어 내는 시기를 지나 아기는 빠르면 18개월 그러나 대체로는 두 돌을 지나 말을 하기 시작하는데, 이 초기의 말은 거개 아기말인 것으로 생각한다. 물론 초기의 말이 거개 아기말로 구성된다는 제보자들의 진술은 다소간 과장된 표현일 것이다. 이후의 단계는 말할 것도 없이 본격적인 언어 습득의 '경이로운' 시기가 될 것이다.

그러면 어린 아동이 아기말의 사용을 그만 두는 시기는 대략 언제쯤일까? 제보자들에 의하면 대체로 아기가 세 돌이 지나면 아기말을 그만 쓰고 보통말, 즉 정상어만을 쓸 것을 기대한다고 한다. 그러나 아기가 네 돌이 지나서도 계속 아기말을 쓰면 그 때는 더 이상 쓰지 못하도록 제지를 하는 것으로 말해진다. 이 때 부모나 다른 보육자가 취하는 제지의 수단으로는 아기말을 그만 쓰도록 이르고 가르치는 것과 함께 아기에게 수치 즉 부끄러움(shame)의 느낌을 주는 방식도 우리 사회에서는 널리 쓰였던 것 같다. 그런데 아기말 사용의 중단을 기대하는 만 세 살의 시기는 아기가 모국어를 거의 다 배워가는 단계이고, 또 아기말 사용을 적극 제지하는 만 네 살의 시기는 잘 알려진 대로 아기가 모국어의 습득을 거의 끝내가는 시점이다. 따라서 아기말 사용의 중단 시기는 대체로 유아가 말을 거의 다 배워가는 시점인 것으로 이해할 수가 있겠다.[11)]

11) 아기말의 사용과 직접 관련되는 것 같지는 않지만 유아시의 언어 습관이 성장 후에도

이제 마지막으로 아기말의 이차적인 사용상, 즉 어린 유아와의 언어적 상호작용이 아닌 상황에서 사용하는 아기말에 대해 간략히 언급하도록 하겠다. 아기말은 당연히 말을 제대로 배우지 못한 유아에게 쓰는 것이지만, 유아가 아닌 다른 범주의 청자에게도 때로는 그것을 사용하는 것으로 알려져 있다. Ferguson의 비교문화적 연구(1964: 110-111, 1977: 229-232)에 의하면, 유아가 아닌 아기말의 대상 즉 청자는 대체로 세 범주 정도로 나뉠 수 있는 것 같다. 그런데 이들 청자의 범주는 모두가 어머니 (또는 부모)와 어린 아기의 정서적 유대관계가 비유적으로 확대될 수 있는 관계의 대상들일 것이다. 먼저 한 범주는 동물 즉 정서적으로 매우 가까운 애완동물에게 아기말을 쓰는 것인데, 미국 사회의 경우는 특히 이러한 사용법이 널리 퍼져 있는 것으로 보고된다. 그러나 우리의 경우는 아마도 과거에나 지금이나 동물에게는 아기말을 쓰지 않는 것으로 생각된다. 두 번째 범주는 입원중인 환자나 노인 그리고 치료나 보살핌을 받는 어른들인데, 이 경우는 우리 사회에서도 아기말을 부분적으로 쓰는 것 같다. 필자의 경우 노환중인 어른에게 옆에 있는 간병인이 아기말 투의 말씨를 쓰는 장면을 여러 번 직접 목격한 바 있다. 그런데

중단되지 않고 지속되는 것을 가리키는, 흥미로운 고차 언어적(metalinguistic) 표현이 부산 지방에는 사용되고 있다. 즉 '세뻔디기', '세뻔디기 소리', '세뻔디기 소리 한다'와 같은 말이 그것인데, '세뻔디기'의 말 그대로의 의미는 아마도 '혀가 뻗은 (그리하여 뻣뻣한) 사람'인 듯하다. 따라서 '세뻔디기 소리'는 '혀가 뻗은 사람의 말'이라는 뜻이 될 것이다. 이 '세뻔디기 소리'는 한마디로, 유아의 단계를 지난 나이의 아동(가령 5~6세 또는 그 이상의 나이)이 어리광을 피우는 유아투의 말을 계속 쓰는 것을 가리킨다. 그리고 이러한 말투를 쓰는 아이나 행위를 일러 조롱조로 '세뻔디기', '세뻔디기 소리 한다'라고 부른다. 이 '세뻔디기 소리'는 엄밀히는 여러 언어적 특질들로 이루어지겠지만, 대표적으로 구개음(palatal)이 아닌 소리(즉 치음(dental)이나 치조음(alveolar)인 소리)를 구개음에 가깝게 조음하는 음성적인 측면과 그리고 '어리광 말투' 특유의 억양 및 부차언어적 자질들로 특징지어지는 것으로 보인다. 어쨌든 어린 유아기에 배우는 아기말이 말을 다 배우는 시점까지만 그것을 쓰는 것이 허용되듯이, 어리광을 피우는 유아투의 말도 일정한 성장의 단계까지만 문화적으로 허용되는 말버릇이다. 그러나 이 허용의 시점을 지나서도 계속 어리광을 피우는 유아투의 말을 쓰게 되면, 그 말은 '세뻔디기 소리'로 그리고 그 말을 쓰는 아동은 '세뻔디기'로 규정되어 부정적인 평가와 함께 사회적인 조롱의 대상이 되는 것이다. 달리 말하여 부산 지방의 이 전래 표현들은 정상적인 언어 사회화 과정을 벗어난 또는 따라가지 못한 일탈적인(deviant) 말투와 그 사용 아동을 범주화한, 그럼으로써 당연히 그 속에 부정적인 함의를 가지는, 언어에 관한 민간 명칭들(folk terms)일 것이다.

이 두 번째 경우는 우리가 다루고 있는 아기말 어휘를 직접 쓴다기보다는 넓은 의미에서의 아기말, 즉 아기말 특유의 억양이나 부차언어적 특질들을 일시적으로 사용하는 것이 될 것이다. 세 번째 범주는 친한 친구나 연인 등에게 아기말을 사용하는 경우이다. 필자가 직접 목격한 것은 아니지만, 우리 사회에서도 연인 사이에서는 상황에 따라 아기말의 사용이 가능할 것으로 생각된다. 그러나 이 경우에도 아기말 어휘의 직접 사용이기보다는 두 번째 경우처럼, 아기말 투의 억양이나 부차언어적 특질 등의 사용이 될 것으로 추측할 수 있겠다.

아기말을 위와 같이 유아 외의 청자에게 사용하여 강한 감정적 유대를 전달하는 것 외에도, 아기말의 유표적인(marked) 사용 예는 더 있을 것으로 생각된다. 아마도 우리 사회에서 쉽게 볼 수 있는 대표적인 예는 아기가 아닌 상대방을 놀리기 위해 아기말을 일시적으로 사용하는 경우일 것이다. 즉 아기말을 쓰는 단계가 지난 상대방에게 아기말을 쓰거나 또는 그것을 흉내 냄으로써, 상대방의 지위를 일시적으로 즉 비유적인 의미에서 어린 유아의 지위로 떨어뜨리는 놀림이나 장난의 말 행위가 바로 그것일 것이다. 흔히 어린이를 놀릴 때에, 즉 어린이를 아기의 지위로 규정지음으로써 장난스레 놀릴 때에 많이 쓰는 것이긴 하지만, 필자의 기억으로는 성인이 다 된 친구 사이에서도 장난 또는 놀이의 목적으로 또 때로는 조금 더 심각하게 상대방에게 창피를 주기 위해, 이러한 말장난을 주위에서 주고받았던 것으로 기억한다. 아기말의 이러한 넓은 의미에서의 유희적 사용은 아마도 아기말이 발달한 사회에서는 비교적 널리 또는 거의 보편적으로 나타날 것으로 생각된다.

아기말을 쓰는 또 다른 대표적인 예는 아마도 이야기를 하는(story-telling) 상황에서일 것이다. 과거식의 옛날 이야기를 들려주거나 또는 오늘날처럼 동화책을 읽어줄 경우에도 생생한 구연(口演)을 위해서는 아기말을 쓸 것으로 짐작된다. 즉 이야기 속에 등장하는 어린 유아의 말을 청자에게 제대로 전하고자 할 때에는 아기말을 쓰거나 흉내 냄으로써, 이야기 속의 화자가 어린 아기로 바뀌었음을 그리고 화자에 따라 사용하는 변이어가 다를 수 있음을 표시할 것으로 보인다. 아마도 이야기의 구연에서 아기말을 사용하는 용례도 아기말이 발달한 사회에서는 거의 보편적으로 나타나는 현상일 것으로 짐작된다. 이 두 경우 외에도 우리 사회에서 쓰이는 아기말의 유표적 사용 예는 아마도 더 있을 것으로 생각된다.

6. 맺음말

이 글은 한국 사회에서 전승되어온 아기말(baby talk)에 대한 일차적인 기술, 분석이었다. 전통적인 아기말, 그 중에서도 아기말의 핵심을 이루는 특수한 아기말 어휘를 중심으로, (1)네 조사 지역에서 사용되어 온 아기말 어휘의 목록과 그것의 개략적 의미 및 사용법을 기술하고, (2)아기말 어휘의 구조적 특성 즉 의미적 특성과 음운・형태적 특성들을 분석하고, 그리고 (3)한국 유아의 발달 특히 언어 발달의 맥락 속에서 아기말의 사용상의 특성을 기술하려고 한 것이었다. 아기말에 대한 구조 및 사용상의 특색을 파악하는 데서는, 상대적으로 깊이 있는 조사가 이루어진 부산 동래 지역의 자료를 중심으로 주로 분석이 이루어졌다. 그런데 이 분석 과정에서의 기본 시각은 비교문화적 또는 교차언어적(cross-linguistic) 시각에서, 한국 아기말의 주요 특징 또는 특수성을 일반적인 보편성의 틀 내에서 파악하려고 한 것이었다. 그리고 한국 유아의 언어 발달 과정을 이해하는 데서는 문화내적(emic) 시각에서의 지각 또는 인지 방식, 달리 말하여 문화 행위자들의 전통적인 민간 지식을 상대적으로 중시하였다.

아기말이라는 흥미로운 상황 변이어(register)에 대한 연구가 그동안 국내 학계에서는 이루어지지 않았기 때문에, 이 글은 한국의 아기말에 대한 일차적인 자료의 수집 그리고 주요 특성에 대한 개략적인 분석 결과로서의 가치를 나름대로 가질 것으로 생각된다. 그러나 이 글에서 정리한 연구 결과는 한국의 아기말에 대한 어떤 완결된 연구 결과이기보다는 오히려 앞으로의 보다 본격적이고 전문적인 연구를 위한 시작이 될 것으로 믿어진다. 따라서 이 글에서 제시한 어휘 목록 및 주요 분석 결과는 여러 다양한 방향에서의 확장과 보완이 앞으로 가능하고 또 필요할 것으로 여겨진다. 앞으로의 보다 진전된 연구를 위한 첫 단계는 말할 것도 없이 새로운 아기말 어휘의 수집에 의한 아기말 어휘 목록의 확충이 될 것이다. 그리고 확충된 어휘 목록에 대한 체계적인 분석으로부터, 이 글에서 제시한 구조상의 특성에 대한 여러 잠정적인 분석 결과의 타당성 여부가 검증되고 또 보완될 수 있을 것이다. 그런데 이 자료 수집 및 분석의 과정에서 간과되어서는 안 될 한 가지 요인은 아마도 지역적인 변이의 문제일 것으로 생각된다. 물론 현재의 단계에서 지역적인 변이의 정도는 명확하지 않지만, 그래도 어느 정도의 지역적인 차이가 아기말 어휘 목록에서 있어온 것으로 보는 것이 맞을 것이다.

이 글에서 상대적으로 미흡한 부분은 아마도 아기말의 사용상의 주요 특성들에 대한 기술 부분이 될 것이다. 이는 기본적으로 본 연구가 아기말의 실제 사용 장면들에 대한 장기간에 걸친 미시적 관찰에 기반하고 있지 않은 데서 연유할 것이다. 따라서 앞으로의 보다 전문적인 연구는 무엇보다도 아기말의 실제 사용 모습에 대한 체계적인 관찰로부터 시작되어야 할 것이고, 그러한 접근법은 한국의 아기말이 갖는 다양한 차원에서의 사용상의 특성들뿐만 아니라 구조적인 특성들에 대해서도 새로운 사실들을 밝혀줄 것으로 기대된다. 또 한 가지 이 글에서 미처 주의를 기울이지 못했던 부분은 아기말의 변화 측면에 관한 것이 될 것이다. 전체적으로 우리 사회에서 아기말의 사용은 근래에 들어 크게 축소되어온 것으로 보이지만, 구체적인 변화의 내용과 변화의 방향 그리고 그것이 육아방식의 변화와 갖는 상호관련성 등은 앞으로 탐구되어야 할 흥미로운 질문일 것이다.

마지막으로 아기말에 대한 앞으로의 보다 본격적인 연구는 두 가지 정도의 방향으로 그 연구 범위가 확장될 필요가 있어 보인다. 한 가지는 특수한 어휘 집합을 중심으로 하는 좁은 의미의 아기말에서, 억양 및 부차언어적 특질 그리고 담화적 특질까지를 포함하는 넓은 의미의 아기말, 즉 엄마말(motherese) 또는 육아어(caretaker speech)의 영역으로 그 연구 범위를 확대하는 것이다. 물론 '특수한 어휘의 집합'이 전체적인 아기말의 핵심 부분을 이루는 것은 사실이겠지만, 그러나 그 외의 여러 특징적인 언어적 자질들과 함께 그것이 기술될 때에, 아기말의 전반적인 구조적 특성들이 보다 명료히 밝혀질 것으로 기대된다. 또 한 가지의 연구 방향은 아기말의 연구에서 언어 사회화(language socialization) 과정에 대한 연구로의 확장이다. 물론 언어 사회화에 대한 연구(Fischer 1970, Ervin-Tripp and Mitchell-Kernan 1977, Blount 1977, Heath 1983, Ochs and Schieffelin 1984, Schieffelin and Ochs 1986a, 1986b, Ochs 1988, Saville-Troike 1989: 220-264, Schieffelin 1990 등)가 매우 포괄적인 새로운 연구 영역이기는 하지만, 기본적으로 아기말의 습득과 사용은 언어 사회화 과정의 한 부분일 것이다. 따라서 앞으로의 아기말에 대한 연구는 최소한 아기말을 언어 사회화 과정의 맥락 속에서 바라보아야 할 것이고, 그러한 시각 속에서만 아기말의 제대로 된 위상, 그것의 사용상의 특성, 그리고 그것의 사용 목적과 다양한 기능(functions) 등이 밝혀질 수 있을 것으로 믿어진다.

√ 참고문헌

김신일 (1983). "한국인의 초기 사회화 과정: 종합." 한국정신문화연구원 교육연구실 (편). 한국인의 초기 사회화 과정 연구, 5-28. 경기 성남: 한국정신문화연구원.

김옥지·김광웅 (1983). "한국 도시 사회의 특성과 초기 사회화." 한국정신문화연구원 교육연구실 (편). 한국인의 초기 사회화 과정 연구, 287-376. 경기 성남: 한국정신문화연구원.

김종훈 (1969). "소아어(小兒語) 연구." 국어국문학 46, 47-56. 국어국문학회.

김종훈 (1975). 어린이 말 연구: 언어 발달과 말하기 지도. 서울: 개문사.

박감순·고형일 (1983). "한국 도서 벽지 사회의 특성과 초기 사회화." 한국정신문화연구원 교육연구실 (편). 한국인의 초기 사회화 과정 연구, 117-198. 경기 성남: 한국정신문화연구원.

송병순·여중철 (1983). "한국 농촌 사회의 특성과 초기 사회화." 한국정신문화연구원 교육연구실 (편). 한국인의 초기 사회화 과정 연구, 199-285. 경기 성남: 한국정신문화연구원.

왕한석 (1996). "언어 문화." 한국의 향촌 민속지(Ⅲ): 인천광역시 강화도 편, 409-506. 경기 성남: 한국정신문화연구원.

왕한석 (1997). "언어 생활." 중국 요녕성 한인 동포의 생활 문화, 185-211. 서울: 국립민속

박물관.
유안진 (1983). "한국 전통 사회의 특성과 초기 사회화." 한국정신문화연구원 교육연구실 (편). 한국인의 초기 사회화 과정 연구, 29-116. 경기 성남: 한국정신문화연구원.
유안진 (1986). 한국의 전통 육아방식. 서울: 서울대학교 출판부.
유안진 (1990). 한국 전통 사회의 유아 교육. 서울: 서울대학교 출판부.
유안진 (1999). 아동 발달의 이해. 서울: 문음사.
이기동·김혜숙·김혜숙 (옮김) (1997). 말의 모습과 쓰임: 사람들이 말을 할 때 어떤 일이 일어나는가?. 서울: 한국문화사.
이남덕 (1953). "어린이의 말." 국어국문학 6, 3-5. 국어국문학회.
이석주 (1978). "유아어 고." 국어교육 33, 77-92. 한국국어교육연구회.
이순형·유안진 (1982). "한국 아동의 언어 획득에 관한 연구." 논문집 7, 51-68. 서울대학교 가정대학.
이승복 (1984). "단일 언어." 조명한 (편). 한국 아동의 언어 획득 연구: 책략 모형. 증보판, 21-44. 서울: 서울대학교 출판부.
이영옥·안승신·이영숙 (1982). 한국 어린이의 언어 발달 연구. 서울: 언어교육.
이옥형 (2002). 아동·청년 발달. 서울: 집문당.
이인섭 (1986). 아동의 언어 발달: 한국 아동의 단계별 위상. 서울: 개문사.
조명한 (1984). 한국 아동의 언어 획득 연구: 책략 모형. 증보판. 서울: 서울대학교 출판부.
조복희·정옥분·유가효 (1989). 인간 발달. 서울: 교문사.
한국정신문화연구원 교육연구실 (편) (1983). 한국인의 초기 사회화 과정 연구. 경기 성남: 한국정신문화연구원 (연구총서 83-1).
Barnouw, V. (1985). *Culture and Personality.* (4th ed.). Homewood. Il: The Dorsey Press.
Blount, B. G. (1977). Ethnography and caretaker-child interaction. In C. E. Snow, and C. A. Ferguson (eds.), *Talking to Children,* 297-308. Cambridge: Cambridge University Press.
Bynon, J. (1977). The derivational processes relating berber nursery words to their counterparts in normal inter-adult speech. In C. E. Snow, and C. A. Ferguson (eds.), *Talking to Children,* 255-269. Cambridge: Cambridge University Press.
Casagrande, J. B. (1948). Comanche baby language. Reprinted in D. Hymes (ed.), 1964, *Language in Culture and Society,* 245-250. New York: Harper & Row.
Crawford, J. M. (1970). Cocopa baby talk. *International Journal of American Linguistics* 36, 9-13.
Crawford, J. M. (1978). More on Cocopa Baby Talk. International Journal of American Linguistics 44, 17-23.
Elliot, A. J. (1981). *Child Language.* Cambridge: Cambridge University Press.

Ervin-Tripp, S. and C. Mitchell-Kernan, (eds.). (1977). *Child Discourse.* New York: Academic Press.

Farb, P. (1973). *Word Play: What Happens When People Talk.* Toronto: Bantam Books.

Ferguson, C. (1964). Baby talk in six languages. *American Anthropologist* 66(6), Part 2, 103-114.

Ferguson, C. (1975). Towards a characterization of English foreign talk. *Anthropological Linguistics* 17, 1-14.

Ferguson, C. (1977). Baby talk as a simplified register. In C. E. Snow, and C. A. Ferguson (eds.), *Talking to Children,* 209-235. Cambridge: Cambridge University Press.

Fisher, J. L. (1970). Linguistic socialization: Japan and the United States. In R. Hill, and R. K nig (eds.), *Families in East and West.* 107-119. Paris: Mouton.

Heath, S. B. (1983). *Ways with Words: Language, Life and Work in Communities and Classrooms.* Cambridge: Cambridge University Press.

Jespersen, O. (1922). *Language: its Nature, Development and Origin.* London: George Allen & Unwin Ltd..

Kess, J. F. and A. C. Kess (1986). On Nootka baby talk. *International Journal of American Linguistics* 53, 201-211.

LeVine, R. A. (ed.). (1974). *Culture and Personality: Contemporary Readings.* Chicago: Aldine Publishing Company.

Middleton, J. (ed.). (1970). *From Child to Adult: Studies in the Anthropology of Education.* Austin: University of Texas Press.

Munroe, R. L. and R. H. Munroe (1975). *Cross-Cultural Human Development.* Monterey. CA: Brooks/Cole Publishing Co..

Ochs, E. (1988). *Culture and Language Development: Language Acquisition and Language Socialization in a Samoan Village.* Cambridge: Cambridge University Press.

Ochs, E. and B. B. Schieffelin (1984). Language acquisition and socialization: three developmental stories and Their Implications. In R. A. Shweder and R. A. LeVine (eds.), *Culture Theory,* 276-320. Cambridge: Cambridge University Press.

Pye, C. (1986). Quich Mayan speech to children. *Journal of Child Language* 13, 85-100.

Read, M. (1968). *Children of Their Fathers: Growing up among the Ngoni of Malawi.* New York: Irvington Publishers Inc..

Rūķe-Draviņa, V. (1977). Modifications of speech addressed to young children in

Latvian. In C. E. Snow and C. A. Ferguson (eds.), *Talking to Children,* 237–253. Cambridge: Cambridge University Press.

Sapir, E. (1929). Nootka baby words. Reprinted in *The Collected Works of Edward Sapir.* Vol.VI, 1991, 465–466. Berlin: Mouton de Gruyter.

Saville-Troike, M. (1989). *The Ethnography of Communication: An Introduction* (2nd ed.). Oxford: Basil Blackwell.

Schieffelin, B. B. (1990). *The Give and Take of Everyday Life: Language Socialization of Kaluli Children. Cambridge:* Cambridge University Press.

Schieffelin, B. B. and E. Ochs (1986a). Language socialization. *Annual Review of Anthropology* 15, 163–191.

Schieffelin, B. B. and E. Ochs (eds.) (1986b). *Language Socialization across Cultures.* Cambridge: Cambridge University Press.

Silver, S. and W. R. Miller (1997). American Indian Languages: *Cultural and Social Contexts.* Tucson: The University of Arizona Press.

Snow, C. E. and C. A. Ferguson (eds.) (1977). *Talking to Children: Language Input and Acquisition.* Cambridge: Cambridge University Press.

Stark, R. E. (1979). Prespeech segmental feature Development. In P. Fletcher and M. Garman (eds.), *Language Acquisition. Cambridge: Cambridge University Press.*

Voegelin, C. F. and F. M. Robinett (1954). Mother language in Hidatsa. *International Journal of American Linguistics* 20, 65–70.

§ 찾아보기 (인명) §

ㅈ

ㅊ

ㅎ

A

B

C

D

E

F

G

H

I

J

K

L

M N

§ 찾아보기 (용어) §

ㅂ

ㅅ

ㅇ

ㅈ

ㅊ

ㅋ

ㅌ

ㅍ

ㅎ

엮은이 왕한석(王翰碩)

1950년 부산 동래 출생
서울대학교 국어교육과 및 인류학과 졸업
미국 캘리포니아 대학교(UCLA) 대학원 인류학과 졸업 (인류학 석사 및 박사)
현재 서울대학교 인류학과 교수
주전공 언어인류학, 사회언어학, 인지인류학

집필진

박정운 캘리포니아 대학교(UC-Berkeley) 대학원 언어학과 졸업(언어학 박사)
현재 한국외국어대학교 영어대학 영어학과 교수
채서영 펜실베니아 대학교(U of Pennsylvania) 대학원 언어학과 졸업(언어학 박사)
현재 서강대학교 인문대학 영어영문학과 교수
강희숙 전북대학교 대학원 국어국문학과 졸업(문학 박사)
현재 조선대학교 인문대학 국어국문학과 교수
이진성 인디애나 대학교(Indiana U) 대학원 언어학과 졸업(언어학 박사)
현재 인천시립대학 인문사회학부 영어과 교수
이정복 서울대학교 대학원 국어국문학과 졸업(문학 박사)
현재 대구대학교 인문대학 국어국문학과 교수
강현석 오하이오 주립 대학교(OSU) 대학원 언어학과 졸업(언어학 박사)
현재 단국대학교 인문대학 영어과 교수
이장희 경북대학교 대학원 국어국문학과 졸업(문학 박사)
현재 경북대학교 영남문화원 책임연구원
김혜숙(I) 동국대학교 대학원 국어국문학과 졸업(문학 박사)
현재 동국대학교 사범대학 국어교육과 교수
김용진 남캘리포니아 대학교(USC) 대학원 언어학과 졸업(언어학 박사)
현재 숭실대학교 인문대학 영어영문학과 교수
이원표 남캘리포니아 대학교(USC) 대학원 언어학과 졸업(언어학 박사)
현재 연세대학교 문과대학 영어영문학과 교수
김규현 캘리포니아 대학교(UCLA) 대학원 응용언어학과 졸업(응용언어학 박사)
현재 경희대학교 문과대학 영어학부 교수
김혜숙(II) 매사추세츠 대학교(U of Massachusetts) 대학원 커뮤니케이션학과 졸업(커뮤니케이션학 박사)
현재 건양대학교 Global Communication College EFL 영어과 교수
백경숙 서울대학교 대학원 영어교육과 졸업(교육학 박사)
현재 한양여자대학 영어과 교수
서경희 캘리포니아 대학교(UCLA) 대학원 응용언어학과 졸업(응용언어학 박사)
현재 한국외국어대학교 영어대학 영어학과 교수
왕한석 캘리포니아 대학교(ULA) 대학원 인류학과 졸업(인류학 박사)
현재 서울대학교 사회과학대학 인류학과 교수